JN441532

人權과 人倫

※ 이 저서는 2012년 정부(교육부)의 재원으로 한국연구재단의 지원을 받아 수행된 연구임
(NRF-2012S1A6A4016533)

인권과 인륜

자유주의 · 사회주의 · 전통유교

개인의 권리 · 사회의 돌봄 · 五倫과 忠恕

人倫과 人權의 개념 / 傳統과 現代 / 人倫論과 人權論의 인간학적 기초 / 본성 본능과 마음의 문제 / 人倫論과 人權論의 文明觀 / 유기체적 세계관과 기계론적 세계관 / 조선시대의 人倫論과 그 한계 / 조선의 立憲 정신 : 人倫共同體의 구현 / 조선시대 人倫共同體의 양상 / 국가의 책무 : 養民과 教民 / 가족의 운영 : 宗法秩序와 家禮 / 향촌의 운영 : 鄕約과 社倉 / 조선시대 人倫論의 한계 / 조선시대에서의 人權문제 / 人倫을 통한 人權의 보호 / 기본권 보장의 이념과 실제 / 社會的 弱者의 보호 / 현대 人權論과 그 딜레마 / 제1세대 인권론과 제2세대 인권론의 갈등 / 기본권 상호 간의 충돌 및 권리와 의무의 충돌 / 공동체의 파편화 / 현대사회에서의 人倫문제 / 인간의 존엄성과 사람다운 삶 / 인간의 존엄성과 그 근거 / 사람다운 삶의 두 차원 / 人倫의 한계 안에서의 人權 / 행복에의 징검다리 / 깨달음과 절제

이상익 지음

심산

序

나는 그동안 우리의 傳統 儒敎와 서구의 自由民主主義를 비교, 논의하는 일에 많은 관심을 지니고 있었다. 오래전에 출간된 拙著『儒家社會哲學研究』(2001)나『儒敎傳統과 自由民主主義』(2004)는 물론『朱子學의 길』(2007)도 이러한 문제의식에 입각한 것이었다. 이러한 일련의 연구를 진행해 오면서, 나는 전통유교와 서구 자유민주주의의 핵심 개념을 각각 '인륜'과 '인권'으로 파악하게 되었다. 그리하여 이 두 핵심 개념을 중심으로『인권과 인륜』이라는 책을 구상하게 된 것이다.

'인권'이라는 개념을 중심으로 서구 근대의 정치사상을 공부하다보니, 근대의 인권사상이 제1세대 인권론과 제2세대 인권론으로 대별되며, 양자는 각각 自由主義와 社會主義를 배경으로 삼는 것임을 알게 되었다. 그리하여 이 책에서는 '전통유교와 자유주의 · 사회주의'를 세 축으로 삼아 논의를 전개하게 되었다. 이 세 이념은 인간의 자연스러운 생존의 단위를 각각 달리 상정하고 있다. 주지하듯이, 전통유교는 자연스런 생존의 단위를 가족으로 설정한 반면, 자유주의는 개인으로, 사회주의는 사회(국가)로 설정하는 것이다. 그런데 이러한 異見의 저변에는 人間觀과 世界觀은 물론

文明觀(바람직한 삶의 모습)의 차이가 놓여 있음을 알게 되었다. 그리하여 이 책에서는 단순히 인권과 인륜이라는 개념에 집착하지 않고 보다 근원적으로 인간관과 세계관·문명관의 차이를 규명하는 일로부터 논의를 시작하였다.

내가 '인권과 인륜' 이라는 연구 주제를 설정한 것은 학문적 연구주제의 발전과정이기도 하지만, 한편으로는 우리 사회의 현실에 대한 안타까움 때문이기도 하다. 1987년의 민주화 이후 우리의 인권 상황은 매우 호전되었고, 그 결과 오늘날 자신의 권리주장이나 사회적 차원의 인권의식은 날로 심화되어, 이제는 오히려 '인권만능주의' 나 '인권의 과잉' 이 문제가 되는 실정이다. 그런데 이렇게 인권의식이 심화되는 동안 인륜에 대한 관심은 차츰 퇴보하여, 이제는 '人倫' 이라는 말보다도 '悖倫' 이라는 말이 더 자주 매스컴에 등장하게 되었다. 가장 극단적인 예로, 친족 간에서조차 종종 재산이나 보험금을 노리고 참극이 벌어지고 있지 않은가?

이 책에서 밝힌 것처럼, 근대의 인권사상은 본질적으로 '인간의 본능적 욕구를 자유롭게 충족시킬 수 있는 권리' 를 요구하는 것이었다. 그런데 본능적 욕구에 있어서는 사람과 짐승의 차이가 별로 없다. 따라서 인권이 충분히 보장된 사회는 '배부른 돼지들의 사회' 일 수도 있다. 이것이 '世俗化' 된 근대 사회의 한 단면이다. 이와 달리, 동양과 서양을 막론하고 전통적 인륜론은 사람과 짐승이 구별되는 근거로서의 '사람의 사람다움' 을 문제 삼았다. 전통적 인륜론자들은 인간의 도덕적 본성을 주목하고, 이를 발휘함으로써 인간의 존엄성을 보증하고 사람의 사람다움을 실현하고자 했다.

오늘날 인권사상은 대개 아무런 전제 없이 인간의 존엄성과 인권을 주창한다. 요컨대 인간은 누구나 존엄하다는 것이요, 따라서 누구나 인권을 지닌다는 것이다. 근대 인권사상의 모태가 되었던 천부인권사상이 바로 그것이다. 이러한 사상은 여러 반론에 직면할 수 있는바, 그 중에 가장 심각한 도전은 바로 '진화윤리학' 의 등장일 것이다. 진화론에 입각한 윤리학자들은 인간과 동물의 위상에 별 차이가 없다고 보며, 마침내 '동물 해방' 과 '동물의 권리' 를 제창하게 되었다. 이러한 논리가 극단화되면 인간의 존엄성과 다른 동물의 존엄성은 같은 수준으로 취급될 것이며, 마찬가지로 인간의 권리와 다른 동물의 권리도 같은 수준으로 인정되어야 할 것이다. 벌써 몇몇 선구적 진화윤리학자들은 기존의 인간중심적 인권사상을 '인간중심적 種差別主義' 라고 비판하고 있지 않은가?

오늘날 인권론자들은 인간의 존엄성과 다른 동물의 존엄성이 같은 수준으로 취급되는 사태, 인간의 권리와 다른 동물의 권리가 같은 수준으로 인정되는 사태를 감당할 수 있는가? 아마 감당할 수 없을 것이다. 왜냐하면 동물의 권리가 신장될수록 인간의 권리는 줄어들게 마련이기 때문이다. 동물들이 자유롭게 뛰어놀 수 있도록 인간의 교통체계도 바꾸어야 할 것이요, 동물들의 생존권을 위해 인간이 점유하고 있는 산과 들도 내놓아야 할 것이다. 인간과 동물의 위상에 별 차이가 없다면, 인간이 천부적 권리를 지닌 것과 마찬가지로 동물들도 천부적 권리를 지닌 것 아닌가? 그렇다면 우리는 산과 들뿐만 아니라 도로와 건물도 동물들과 평등하게 이용해야 할 것이 아닌가?

내 생각에, 이러한 곤혹스러운 도전을 피하려면 우리는 이제 천부인권사상을 수정해야 하고 인간의 존엄성의 근거를 다시 설정해야 한다. 그에 대한 해답을 찾는 길은 전통적 인륜론처럼 '사람과 짐승이 구별되는 지점' 을 성찰하는 것뿐이다.

위와 같은 심각한 문제를 접어두고 그저 소박하게 생각해보더라도, 오늘날 우리의 진정한 이상은 자유와 풍요, 인간의 존엄성과 사람의 사람다움이 함께 실현되는 것이 아니겠는가? 이러한 맥락에서 이 책에서는 전통유교의 인륜론과 근대의 인권사상을 비교 논의하고, 양자를 지양시킬 수 있는 길을 모색해 보고자 했던 것이다. 江湖諸賢의 많은 叱正을 바란다.

이제 주위의 여러분들께 간단한 감사의 말씀을 올려야겠다. 학문의 길로 인도해주신 恩師 杏邨 李東俊 선생님께 우선 커다란 감사의 말씀을 올린다. 학문의 體와 用, 동양과 서양, 전통과 현대, 형이상학과 사회정치철학을 겸해서 공부해야 한다는 것은 행촌 선생님의 지도노선이었다. 서강대학교 정치외교학과의 紫山 姜正仁 선생님은 나의 최근의 연구주제들에 대해 많은 가르침과 조언을 주셨으며, 물심양면으로 성원해주셨다. 자산 선생님께도 큰 감사의 말씀을 올린다.

고향의 부모님께는 자주 찾아뵙지 못하는 不孝에 대해 용서를 빌어야 하겠다. 부모님께서는 아직 건강하신 모습으로 고향을 지켜주셔서, 내가 마음의 부담을 덜고 공부할 수 있도록 해주셨다. 앞으로도 부디 萬壽無疆하시길 빈다. 사랑하는 아내 菊窓은 내가 공부하러 학교에 간다고 하면 모든 일을 면제해 주었다. 아내의 헌신적인 內助에 감사한다. 이제는 다 커서 각자 제 갈 길을 개척하고 있는 豚兒 碩熙, 蕙貞, 佰熙에게도 아비의 말 없는 사랑을 전하고 싶다.

이 책의 연구는 韓國硏究財團의 지원을 받아 수행된 것이다. 공공기관으로부터 연구비를 지원받는다는 것은 한편으로는 혜택이기도 하고, 한편으로는 채찍이기도 하다. 감히 고백하자면, 나는 혜택에 안주하기보다는 채찍에 분발하고자 노력했다. 한국연구재단에 깊이 감사드린다.

2015년 夏至節

이상익 삼가 씀

目次

제1장

序論

1. 人倫과 人權의 개념과 내용

동서고금을 막론하고, 인간의 공동생활은 본질적으로 분업과 협동의 체계이다. 공동체의 구성원 각자에게는 일정한 몫이 주어지는데, 각자는 그 몫에 충실함으로써 한 사회의 어엿한 구성원이 되는 것이다. 여기서 각자의 몫을 어떻게 이해하느냐에 따라 근대의 人權論과 전근대의 人倫論이 나뉘게 된다. 구체적으로 말해, '각자의 몫' 이란 '권리의 몫' 이기도 하고 '의무의 몫' 이기도 하며, '법적으로 규정된 몫' 이기도 하고 '도덕적으로 규정된 몫' 이기도 하다. 그런데 인권론에서는 권리의 측면에서 각자의 몫을 설정하고, 이를 법적으로 보호하려는 것이다. 반면에 인륜론에서는 의무의 측면에서 각자의 몫을 설정하고, 이를 도덕적으로 권장하는 것이다. 그러면 먼저 인륜과 인권의 개념을 살펴보자.

'人倫' 이란 글자 그대로 '인간의 윤리' 를 말한다. 우리 인간은 사회나 국가 등 일정한 공동체를 만들어 살아간다. 인간의 공동생활에는 일정한 질서가 필요한데, 그 질서의 원리와 그에 상응하는 도덕적 의무를 인륜이라 하는 것이다.[1] 동·서를 막론하고, 前近代 사회에서는 대부분 그 질서의 원리를 도덕적 차원에서 의무를 중심으로 모색하였다. 요컨대 사회 구성원 각자에게 도덕적 의무를 부여하고, 그것을 실천하도록 촉구함으로써 사회의 질서를 확립하고자 했던 것이다. 몇 가지의 예를 살펴보자.

고대 그리스의 플라톤[2]은 사람들은 각자 다른 적성과 관심을 가지고 있다는 점, 그리고 독자적으로는 衣·食·住의 기본적 필요를 해결하기 어렵다는 점에서 '분업과 협동'의 필요성을 제기하고, 이러한 맥락에서 '국가'의 성립을 해명하였다.[3] 플라톤은 "각자는 자기 나라와 관련된 일들 중에서 자기의 성향이 천성으로 가장 적합한 그런 한 가지에 종사해야 된다."[4] 고 주장하고, 이러한 맥락에서 국가의 구성원을 '통치계급, 전사계급, 생산계급'으로 대별하였다. 플라톤은 이 세 계급에 각각 '지혜, 용기, 절제'라는 몫을 부여한 다음, 각 계급이 각각에 부여된 몫을 발휘하여 서로 조화를 이룬 상태를 '正義'라 하였다.[5] 플라톤은 '정의'를 '제 일을 하고 남의 일에 참견하지 않는 것'으로도 설명했거니와,[6] 이는 각자 자신의 本分에 충실할 것을 요구한 것이다.

---

1) 요컨대 '질서의 원리'라는 점에서는 人倫論과 人權論이 같다. 그런데 인륜론에서는 '도덕적 의무'를 중심으로 질서의 원리를 모색한 것이요, 인권론에서는 '법적 권리'를 중심으로 질서의 원리를 모색한 것이다.

2) 월린(Seldon S. Wolin)은 플라톤을 "정치사회를 차등적이고 분화된 역할의 체계로 그려낸 최초의 사상가"라고 평한 바 있다. 플라톤은 각 역할들의 조화와 통합을 통해 정치사회를 기능적이고 상호 의존적인 전체로 만들고자 했다는 것이다(월린, 『정치와 비전』 1, 73~74쪽 참조).

3) 플라톤, 『국가』, 369a~371e.

4) 플라톤, 『국가』, 433a.

5) 플라톤, 『국가』, 427d~e.

6) 플라톤, 『국가』, 433a.

기독교에서는 우리의 기본적 의무를 "① 야훼 이외의 다른 신을 섬기지 말라. ② 우상을 섬기지 말라. ③ 하느님의 이름을 망령되이 부르지 말라. ④ 안식일을 거룩히 지키라. ⑤ 너희 부모를 공경하라. ⑥ 살인하지 말라. ⑦ 간음하지 말라. ⑧ 도둑질하지 말라. ⑨ 이웃에게 불리한 거짓증언을 하지 말라. ⑩ 네 이웃의 재물을 탐내지 말라."는 십계명으로 제시하였다. 이 가운데 ①~④는 우리의 사회적 삶과는 무관한 종교적 계명이라 하여 논외로 치더라도, ⑤~⑩은 자식으로서, 이웃으로서, 또 사회의 일반인으로서 준수해야 할 도덕적 의무들을 규정한 것이다.

孔子는 '正名' 이라는 관점에서 인간의 도리를 논했다. '正名' 이란 '名에 따르는 分을 바로 세움' 또는 '名과 分을 바르게 합치시킴' 으로서, 공자는 '임금은 임금답고, 신하는 신하다우며, 부모는 부모답고, 자식은 자식다움' 을 正名이라 했다. 임금 · 신하 · 부모 · 자식 등의 '이름(名)' 에는 일정한 '몫(分)' 이 부여되어 있는데, 그 몫을 다 발휘하는 것이 바로 '다움' 이요 '正名' 이다.[7] 유교의 '五倫' 은 가장 기본적인 인간관계를 다섯 가지로 분류하고, 각각의 경우에 요구되는 바람직한 몫을 규정한 것이다.[8] 五倫은 전통적 인륜의 관념을 대표하는바, 이제 조선시대에 널리 읽혔던 아동교육교재 『童蒙先習』[9]을 중심으로 五倫을 구체적으로 살펴보기로 하자.

『동몽선습』에서는 '父子有親' 을 다음과 같이 설명했다. "父子는 천성적

7) 공자의 正名論은 사회를 '분업과 협동의 체계' 로 인식하는 데서 출발하는 것이다. 맹자 역시 분업과 협동의 불가피성을 옹호한 바 있다(『孟子』 滕文公上 4 참조).

8) 유교에서는 인륜을 두 차원에서 논한다. 첫째는 '父子, 君臣, 夫婦, 長幼, 朋友' 를 인간관계의 기본 유형으로 규정하고 각각에 합당한 덕목들을 제시한 것으로, 五倫이 그것이다. 둘째는 五倫에 속하지 않는 '남과 남의 관계' 를 규율하는 원리로서, 『論語』의 '忠恕論' 이나 『大學』의 '絜矩之道' 가 그것이다(忠恕論에 대해서는 이 책의 제3장 제2절 참조).

9) 『童蒙先習』은 조선 중기의 유학자 逍遙堂 朴世茂(1487~1564)가 지은 책이다.

으로 친한 관계이다. 부모는 자식을 낳아서 기르고 사랑하여 가르치며, 자식은 부모를 받들어 계승하고 효도하여 부양한다. 그러므로 부모는 자식을 의로운 방향으로 가르쳐서 사악한 데 빠지지 않게 하고, 자식은 부모께 부드러운 말로 간언하여 마을과 고을에서 죄를 얻지 않게 한다. 진실로 간혹 부모가 그 자식을 자식으로 여기지 않고, 자식이 그 부모를 부모로 여기지 않는다면 어찌 세상에 설 수 있겠는가? 비록 그러하나 세상에 옳지 않은 부모가 없으니, 부모가 비록 사랑하지 않더라도 자식이 不孝할 수는 없다. 옛날에 舜의 아버지는 완고하고 어머니는 어리석어 일찍이 舜을 죽이려 했는데, 위대한 舜께서는 능히 孝로써 화해시키고 차츰차츰 다스려서 간사한 데 이르지 않게 했으니, 孝子의 도리를 다한 것이다."

'君臣有義' 에 대해서는 다음과 같이 설명했다. "君臣은 하늘과 땅처럼 직분을 나눈 관계로서, 임금은 높고 귀하며, 신하는 낮고 천하다. 존귀한 사람이 비천한 사람을 부리고, 비천한 사람이 존귀한 사람을 섬기는 것은 천지의 떳떳한 법도요, 고금의 공통된 의리이다. 그러므로 임금은 으뜸의 지위를 체현하여 명령을 내리고, 신하는 으뜸이 되는 사람을 조절하여 선을 베풀고 악을 막아야 한다. 임금과 신하가 만나는 즈음에 각각 그 도리를 다하여, 서로 협력하고 서로 공경하여, 지극한 정치를 이루어야 한다. 진실로 간혹 임금이 임금의 도리를 다하지 못하고 신하가 신하의 직분을 닦지 않는다면, 함께 천하와 국가를 다스릴 수 없을 것이다. 비록 그러하나 자기 임금을 무능하다고 하는 신하를 도적이라 일컫는 것이다. 옛날에 商나라 紂王이 포학하자, 比干이 간언하다 죽었으니, 忠臣의 절개를 다한 것이다."

'夫婦有別' 에 대해서는 다음과 같이 설명했다. "夫婦는 姓이 다른 두 사람이 만난 것으로서, 백성을 낳는 시작이요, 온갖 행복의 근원이다. 중매를 행해서 혼인을 의논하고 폐백을 바치고 친히 맞이하는 것은 그 분별을 두텁게 하는 것이다. 그러므로 아내를 맞이하되 同姓을 피하며, 집을 짓되

內·外를 구별하여, 남편은 밖에서 살며 안의 일을 말하지 않고, 아내는 안에서 살며 밖의 일을 말하지 않는다. 진실로 남편은 씩씩하게 아내에게 임하여 하늘의 강건한 도리를 체현하고, 아내는 부드럽게 남편을 바로잡아 땅의 유순한 도리를 계승한다면 집안의 법도가 바르게 된다. 이와 반대로, 남편은 아내를 오로지 제어하지 못하여 바르지 못한 방도로 제어하고, 아내는 남편을 올라타서 의리에 어긋나게 섬기며 三從之道에 어둡고 七去之惡을 범한다면, 집안의 도리가 망할 것이다. 모름지기 남편은 그 몸을 공경하여 아내를 거느리고, 아내는 그 몸을 공경하여 남편을 받들어서, 夫婦가 서로 和順해야만 부모께서도 안락을 누리실 것이다. 옛날에 극결(郤缺)이 밭에서 김을 맬 때 그 아내가 들밥을 가져갔는데, 공경하여 서로 손님처럼 대했으니, 夫婦의 도리는 마땅히 이와 같아야 한다."

'長幼有序'에 대해서는 다음과 같이 설명했다. "長幼는 天倫의 순서이다. 형은 형이 되는 까닭과 아우는 아우가 되는 까닭에서 長幼의 도리가 나온다. 대개 宗族과 마을에는 모두 어른과 어린이가 있으니, 그 질서를 어지럽힐 수 없다. 천천히 가서 어른의 뒤를 따르는 것을 공경스럽다고 하며, 빨리 가서 어른보다 앞서는 것을 공경스럽지 못하다고 한다. 그러므로 나이가 나보다 곱이 많으면 부모로 섬기고, 10년이 많으면 형으로 섬기며, 5년이 많으면 어깨를 나란히 하며 따른다. 어른은 어린이를 사랑하고, 어린이는 어른을 공경한 다음에야 어린이를 업신여기고 어른을 능멸하는 폐단이 없어져, 사람의 도리가 바르게 된다. 하물며 兄弟는 같은 기운의 사람이요 骨肉의 지극히 친한 관계이니, 더욱 우애해야 마땅하며, 노여움과 원망을 쌓아두어 天理의 떳떳함을 무너뜨려서는 안 된다. 옛날에 司馬光은 그 형 伯康과 함께 우애가 매우 독실하여, 형을 엄한 아버지처럼 공경하고 아우를 어린 아이처럼 보호했으니, 兄弟의 도리는 마땅히 이와 같아야 한다."

'朋友有信'에 대해서는 다음과 같이 설명했다. "朋友는 같은 부류의 사람이다. 이로운 벗이 셋이요, 해로운 벗이 셋이다. 정직한 사람, 믿음직스러운 사람, 학식이 많은 사람을 사귀면 이로우나, 몸가짐은 좋으나 마음가짐은 비뚠 사람, 줏대 없이 아첨하는 사람, 말만 잘하고 내실이 없는 사람을 사귀면 해롭다. 벗이란 그 덕을 사귀는 것이다. 天子로부터 보통 사람에 이르기까지 벗이 없이 성공하는 경우는 없으니, 벗의 역할은 대수롭지 않은 것 같으나 그 관계된 바는 매우 중대한 것이다. 그러므로 반드시 단정하고 나보다 뛰어난 사람을 벗으로 골라서, 요컨대 마땅히 信義로써 善을 권하고, 간절하게 서로 격려하며, 충고하여 善으로 이끌다가, 듣지 않으면 그만두어야 한다. 진실로 간혹 서로 사귀는 즈음에 서로 切磋琢磨를 하지 않고, 다만 기쁘게 친압하며 놀고 희롱하는 것만 일삼는다면 어찌 오래도록 서로 소원해지지 않겠는가? 옛날에 晏平仲은 남과 사귈 때 오래도록 공경했으니, 朋友의 도리는 마땅히 이와 같아야 한다."

이상에서 유교의 五倫을 소개했거니와, 이는 '父子, 君臣, 夫婦, 長幼, 朋友'를 인간관계의 다섯 가지 기본 유형으로 규정하고, 각각의 경우에 합당한 덕목들을 체계화하여 제시한 것이다. 이 다섯 가지 기본 유형에 속하지 않는 일반적 인간관계, 즉 '남과 남의 관계'를 규율하는 원리로서는 『論語』의 '忠恕論'을 들 수 있다. 曾子는 "남을 위해 일을 도모함에 있어서 忠하라"[10]고 했는데, 忠은 바로 '남의 행복을 증진시키기 위해 자신의 최선을 다함'을 말한다. 공자는 子貢이 종신토록 실천할 만한 한 마디 말을 청했을 때 '恕'라고 대답하고, "자기가 원치 않는 것을 남에게 베풀지 말라"[11]고 말해주었는데, 이처럼 恕는 '자신의 마음을 미루어 남을 대하는 것'이다.

10) 『論語』 學而 4.

11) 『論語』 衛靈公 23.

이상에서 전근대적 인륜론의 몇 가지 예들을 소개했거니와, 또 하나 우리가 주목할 것은 헤겔의 인륜론이다.[12] 대부분의 근대 자유주의 정치철학자들과는 달리, 헤겔은 자신의 정치철학의 정점에 '人倫性(sittlichkeit)'을 배치하였다. 헤겔은 근대의 자유주의를 '원자론적 개인주의'로서 인륜성이 결여된 체계라고 비판했다. 요컨대 근대의 자유주의는 개인의 권리를 중심개념으로 삼고, 공동체를 다만 개인의 권리를 보호하기 위한 도구로 간주함으로써, 가족, 시민사회, 국가에서의 인륜적 삶을 파괴한다는 것이다. 헤겔에 의하면 공동체 속에서의 상호 인정을 통해서만 개인의 자유(권리)가 성립할 수 있는바, 따라서 진정한 자유는 공동체적 삶을 통해서만 가능한 것이다. 헤겔의 이러한 인식은 다분히 플라톤과 아리스토텔레스의 전통에 입각한 것이었다.[13]

---

12) 많은 사람들이 人倫과 道德을 동일시하나, 헤겔은 人倫性과 道德性을 명확하게 구별했다. 이는 칸트에 대한 비판적 입장이 담긴 것이다. "이 세계에서 무제약적으로 善이라고 볼 수 있는 것은 善意志뿐"이라는 말과 "네 행위의 준칙이 진정으로 보편화될 것을 의욕할 수 있을 때에만 그에 따라 행위하라"는 말에 보이듯이, 칸트는 道德性의 핵심을 善意志(良心)와 普遍性으로 규정했다. 그러나 헤겔은 양심과 보편성만으로는 윤리의 근거가 제대로 확보될 수 없다고 보았다. 예컨대 어떤 사람은 진심으로 "모든 사람이 자신의 힘으로 살아가야 하며, 남을 도와주어서는 안 된다."거나 "제국주의를 타도하기 위한 테러는 정의로운 것"이라고 생각할 수도 있다는 것이다. 이러한 맥락에서 헤겔은 칸트의 양심을 '형식적 양심'이라고 비판했다. '형식적 양심'이란 '자기 자신에 대한 무한한 확실성'을 뜻하는바, 이러한 '주관적 확신'은 갖가지 惡의 형태로 돌변할 수 있다는 것이다. 헤겔은 '객관적으로 참다운 내용'과 결합될 때에만 양심은 그 본래의 고귀함을 드러낸다고 보고, 이를 '참다운 양심'이라 하였다. 이러한 맥락에서 헤겔은 칸트의 도덕을 '형식적 양심'과 '형식적 보편성'만을 지니는 것으로 비판하고, 자신이 말하는 인륜은 '참다운 양심'과 '참다운 보편성'에 근거한 것이라 하였다(나종석, 『차이와 연대 : 현대 세계와 헤겔의 사회·정치철학』, 178~180쪽, 230~250쪽 참조).

13) 김용찬, 『근대적 자아의 이해 : 홉스와 헤겔』, 31쪽, 94~103쪽 참조. 김용찬은 헤겔의 '인륜성'은 "타자가 무의미한 존재 또는 단순한 사물로 간주되는 것을 멈추고 마침내 '스스로 결정하는 목적(self-determining end)'으로 인식될 때" 시작되는 것이라고

헤겔은 인륜성의 첫째 단계를 '正義' 로 설명했고, 다음 단계를 '상대방에 대한 호의적 경향' 으로 설명했다.[14] 정의는 근대 자유주의에서도 중시된 개념이지만, 상대방에 대한 호의적 경향은 근대 자유주의에서는 찾아보기 힘든 요소이다. 요컨대 헤겔이 근대 자유주의를 비판하고 보완하고자 했던 요소는 바로 '상대방에 대한 호의적 경향' 이었다.[15]

헤겔의 인륜론의 특징은 둘로 요약된다. 첫째, 인륜을 '權利와 義務의 통일' 로 규정했다는 점이다. 예컨대 "가족에 대한 家長의 권리는 가족에 대한 의무이다. 그것과 같이 자녀들의 복종의 의무는 자유스러운 인간으로 교육받을 수 있는 자녀들의 권리이기도 하다. 정부의 사법권 · 행정권 등은 동시에 처벌하고 관리한다는 정부의 의무이다. 이것과 마찬가지로, 납세나 병역이행은 국민의 의무인 동시에 국민생활의 근저가 되어 있는 자기들의 사유재산과 보편적 · 기본적인 생활을 보호받게 된다는 국민의 권리가 된다."는 것이다.[16] 둘째, 인륜을 '객관적 진리와 주관적 의지의 통일' 로 규정했다는 점이다. 헤겔은 "人倫的 規定이나 宗敎的 規定은 다함께 權威에 의한 外的 法則과 指令으로서 인간에 의하여 준수되기를 요구할 뿐만 아니라, 인간의 心情 · 性向 · 良心 및 洞察 등에 있어서 同意되며, 承認되

설명하고, 이러한 맥락에서 '상호인정' 에 의한 '사랑' 과 '권리와 의무의 상응성' 을 인륜성의 핵심으로 파악했다.

14) 헤겔, 『哲學綱要』, 516절. 헤겔의 '正義' 는 유교의 '義' 와 상응하고, 헤겔의 '상대방에 대한 호의적 경향' 은 유교의 '禮讓' 과 상응하는 것으로 이해할 수 있다.

15) 조극훈은 다음과 같이 '고대의 인륜성' 과 '근대의 인륜성' 을 구별한 바 있다. '고대의 인륜성' 은 '개인과 전체의 직접적, 자연적 결합체' 로서, 따라서 개인은 전체에 맹목적으로 복종해야 하는 존재이기 때문에 개인의 자유는 실현될 수 없다. 이러한 고대의 인륜성을 개별적 의지의 반성에 의해 해체하고, 다시 '개체와 전체가 상호승인에 의해 매개된 통일체' 가 '근대의 인륜성' 으로서, 이것이 바로 헤겔이 추구한 인륜성이라는 것이다(조극훈, 「도덕성과 인륜성 : 칸트 실천철학에 대한 헤겔의 비판」, 182쪽 참조).

16) 헤겔, 『哲學綱要』, 486절.

거나 定礎되기까지 한다." 고 하였다.[17] 요컨대 인륜성은 '심정 · 성향 · 양심 · 통찰' 등 인간의 '주관적 의지' 만으로 성립하는 것이 아니요, 이데아나 神과 같은 '초월적 권위체' 가 제시하는 '객관적 진리' 를 동시에 담고 있다는 것이다. 헤겔은 주관적 의지와 객관적 진리를 지양시킨 것을 '이성적 의지' 라 하고, 이성적 의지가 바로 인륜성의 성립근거라고 보았다.[18]

이상의 내용을 정리해 보자. 漢字語 '人倫' 이란 '인간의 질서' 를 말하거니와, 구체적으로는 '인간 사회의 질서를 정립하기 위한 각자의 도리' 를 뜻한다. 英語로는 人倫을 'Human Relationships' 또는 'Human Moral Relationships' 이라 하는바, 이처럼 인륜은 도덕적 차원에서 인간관계의 원리를 제시하는 것이다. 이렇게 본다면, 플라톤의 국가론이나 기독교의 십계명에서는 명백하게 '인륜' 이라는 말을 내세우지는 않았지만, 사실은 모두 본질적으로 인륜의 관념에 입각한 것이다. 이제 위에서 소개한 내용들을 중심으로 전통적 人倫論의 특징을 간략히 정리해 보자.

첫째, 인륜론은 인간을 '독립적 개인' 으로 이해하지 않고, 공동체의 '유기적 구성원' 으로 이해한다. 플라톤에 의하면, 인간은 독자적으로는 생존하기 어렵기 때문에 공동체(국가)를 만들고, 각자의 적성과 관심에 따라

---

17) 헤겔, 『哲學綱要』, 503절.

18) 오크숏(M. Oakeshott)은 서양의 정치철학사를 다음의 세 전통으로 분류한 바 있다. 첫째는 '이성(reason)과 자연(nature)' 을 중심개념으로 삼는 전통으로서, 플라톤의 『국가』가 이를 대표한다. 둘째는 '의지(will)와 인위적 고안(artifice)' 을 중심개념으로 삼는 전통으로서, 홉스의 『리바이어던』이 이를 대표한다. 셋째는 '이성적 의지(rational will)' 를 중심개념으로 삼는 전통으로서, 헤겔의 『법철학』이 이를 대표한다(나종석, 『차이와 연대』, 23~24쪽 참조). 플라톤의 『국가』는 국가의 철학적 기초를 이데아(idea)에 대한 이성적 직관에 둔 것이요, 홉스의 『리바이어던』은 구성원들의 자유의지에 입각해 국가를 인위적으로 구성해낸 것이다. 그런데 플라톤적인 객관주의(直觀主義)와 홉스적인 주관주의(構成主義)를 지양시킨 것이 바로 헤겔의 『법철학』이라는 것이다. 헤겔은 '주관적 정신' 과 '객관적 정신' 을 지양시킨 것을 '절대정신' 이라 하고, 인륜성을 절대정신의 구현으로 규정했다(헤겔, 『哲學綱要』, 513절 참조).

임무를 분담하여, 공동체의 일원으로 서로 협동하면서 살아가는 것이다. 인간을 독립적 개인이 아닌 공동체의 유기적 구성원으로 이해하는 것은 기독교나 유교도 마찬가지였다.[19] 특히 전통유교에 의하면, 나는 독립적으로 존재하는 것이 아니라 '남의 자식이나 부모, 남의 임금이나 신하, 남의 배우자, 남의 형이나 아우, 남의 벗' 으로 존재하는 것이다.

둘째, 인륜론은 '개인의 이익' 보다는 그가 속한 공동체의 '共同善' 을 우선으로 삼는다. 플라톤에 의하면, 각자가 조화롭게 협력하여 '국가의 正義' 를 실현하면 그 속에서 각자는 행복한 삶을 누리게 되는 것이다. 유교에서는 우리 삶의 궁극적 목표를 '지극한 善에 머묾' [20] 또는 '中和를 이루어, 天地가 제 자리를 잡고 萬物이 제대로 자라나게 함' [21]으로 제시했다. 유교의 五倫은 각자의 위치에서 공동선의 실현에 동참하는 방법이었다. 자신만의 행복보다는 공동선의 실현에 힘써야 하고, 그런 가운데 개인의 행복도 저절로 실현된다는 것이 유교의 지론이었다.

셋째, 인륜론은 의무를 중심으로 각자의 몫을 규정한다. 인륜론이 의무를 중심으로 각자의 몫을 규정했다고 하여, 오늘날 우리가 중시하는 개인의 권리를 무시한 것은 아니다. 인륜론에서 요구하는 의무는 또한 '쌍방의 상호적 의무' 였던바, 내가 상대방에 대한 의무를 다한다면, 그를 통해 상대방의 권리가 보호되는 것이다. 이러한 맥락에서 헤겔은 인륜을 '권리와 의무의 통일' 로 규정했거니와, 인륜론에서는 상호 간의 의무를 통해서 각자의 권리를 보호하는 체계를 구상한 것이다.[22]

---

19) 이에 대해서는 다음 章에서 자세히 살펴보기로 하자.

20) 『大學章句』 經一章 : 大學之道 在明明德 在親民 在止於至善

21) 『中庸章句』 제1장 : 致中和 天地位焉 萬物育焉

22) 論者가 이 책에서 人倫論으로 분류한 '플라톤의 국가론, 기독교의 십계명, 유학의 五倫' 등에 대해, 이샤이(Micheline Ishay)는 '근대적 인권사상의 고전적 토대' 라는 관점에서 논의한 바 있다. 요컨대 논자가 '人倫論' 으로 분류한 것을 이샤이는 '人權論

넷째, 인륜론에서는 '繼天立極' 을 표방한다. '繼天立極' 이란 '자연의 理法(天)' 을 계승하여 '인간의 도덕적 표준(極)' 을 정립한다는 뜻이다.[23] 요컨대 인간의 규범체계는 자연의 理法과 궤를 같이 해야 한다는 것이 전통적 인륜론의 기본 입장이었다. 『童蒙先習』에서는 이를 "三綱五倫의 道는 天地와 더불어 서로 시작과 끝을 같이 한다" 는 말로 표현했다.[24] 이는 근대의 인권론이 각자의 自由意志에 입각한 社會契約論을 표방한 것과 구별된다. 전통적 인륜론은 규범의 정당성의 궁극적 근거를 '인간의 자유의지' 가 아닌 '자연의 이법' 에서 찾았던 것이다.

전근대의 인륜론에 대해서 근대 사상가들은 대부분 혹독하게 비판했는데, 그것은 다음의 네 가지로 요약된다.

첫째, 전근대의 인륜론이 개인의 행복보다 공동선을 우선시킨 것은 '全體主義' 의 발상이라는 비판이다.[25] 실제로 공동선을 우선시키다 보면 개인의 자유나 행복은 일정 부분 제약되기 쉬운바, 근대 자유주의 사상가들

의 맹아' 로 분류한 것이다. 이샤이는 "자유라는 이상이 계몽주의 시대에 갑자기 無에서 창조된 것이 아니라 고대의 여러 전통 속에서 이미 자유에 대한 암시가 존재했었다." 고 지적하고, "각 종교에서 가르치는 의무론은 여러 형태의 계명으로 표현되는데 그것은 세속적 권리 개념과 밀접한 관련이 있다. 따라서 '죽이지 말라' 는 계명은 인간이 생명을 보장받을 권리와 대응되고, '훔치지 말라' 는 계명은 재산권과 관련하여 새길 수 있다." 고 설명했다(이샤이, 『세계인권사상사』, 72쪽). 논자는 이러한 주장에 십분 동의한다. 그런데 '근대의 권리중심적 체계' 와 '전근대의 의무중심적 체계' 를 구별해서 논의할 필요가 있다는 맥락에서, 논자는 人權論과 人倫論을 분명히 구분하는 바이다.

23) '繼天立極' 에 대한 자세한 설명은 이 책의 제2장 2절 참조.

24) 플라톤이 '좋은 국가' 의 규범적 근거를 '이데아' 에서 찾은 것이나, 헤겔이 '인륜' 을 '객관적 진리와 주관적 의지의 통일' 로 설명한 것 역시 전통유교의 계천입극론과 취지를 같이 하는 것이다.

25) 플라톤의 國家論에 대해, 현대의 많은 학자들은 '全體主義' 라고 비판했다. 대표적인 예로, 포퍼(Karl R. Popper)는 플라톤의 正義論에 대해서 '全體主義的 正義' 라고 혹평했다(포퍼, 『열린사회와 그 敵들 I : 플라톤과 유토피아』, 128~165쪽 참조).

은 이를 용납하지 않았던 것이다.

둘째, 전근대의 인륜론이 '不平等'을 내포하고 있다는 비판이다.[26] 전근대의 인륜론은 이념적으로는 '雙務'를 내세웠으나 실제로는 '片務'에 그친 경우도 많았고, 실제로 쌍무라 하더라도 노예나 여성 등에게 불리한 경우가 많았던 것이다.

셋째, 전근대의 인륜론은 합리적 근거가 없는 '신비주의' 또는 '직관주의'에 의존하고 있다는 비판이다. 사실 전근대의 윤리사상은 대부분 '이데아, 神, 자연의 理法' 등과 같은 초월적 권위체에 근거하여 자신들의 사상체계를 정당화했다. 그러나 대부분의 근대 사상가들은 이를 합리적으로 납득할 수 없다고 비판하고, 그 대안으로 사회계약이론을 제시한 것이다.[27]

넷째, 전근대의 인륜론은 '完全主義'로서 부담스럽고 편협하다는 비판이다. 전근대의 인륜론은 이상적인 사회와 바람직한 삶의 모습을 설정하고 그 구성원들에게 이를 독려했던 것인데, 근대 자유주의자들은 이에 대해 '편협한 삶의 이론으로서, 우리의 삶에 너무 무거운 짐을 부과한다'고 비판한 것이다. 그 대안으로, 근대 자유주의는 각 개인들이 다양하게 추구

---

26) 이샤이는 고대의 윤리 전통은 모두 '노예, 여성, 동성애자' 등을 무시하고 불평등하게 대우했다고 비판한 바 있다(『세계인권사상사』, 125쪽 참조).

27) '직관주의'란 '이데아(idea)·神·自然의 理法' 등과 같은 초월적 권위체를 직관하여 우리 삶의 규범을 정립하려는 시도를 말한다. 사회계약론은 구성원 상호 간의 합의에 의해 우리 삶의 규범과 제도를 창출하자는 것이니, 이는 '구성주의'에 해당된다(직관주의와 구성주의에 대한 자세한 논의는 T. K. Seung(승계호), 『직관과 구성』 참조). 승계호는 오늘날의 규범 문제를 제대로 해결하려면 직관주의와 구성주의를 지양시켜야 한다는 입장을 취하였다. 論者 역시 승계호의 입장을 적극 지지하나, 직관의 대상으로는 이데아나 神보다는 '자연의 理法'이 더욱 적합하다고 생각한다(이에 대한 자세한 논의는 拙著, 『儒教傳統과 自由民主主義』 제6장 〈유교와 자유주의 規範論의 지양 방향〉 참조).

하는 삶의 목표에 대해 시비나 우열을 논하지 말고 중립을 지키며, 다만 각 개인들이 정해진 규범과 절차에 따르도록 유도하기만 하면 된다는 '反完全主義'를 표방하였다. 요컨대 우리는 善의 증진을 추구할 것이 아니라, 다만 害惡의 방지를 추구하자는 것이다.[28]

근대의 인권론은 전근대의 인륜론을 이와 같이 비판하면서 출발하였다. 근대 사상가들은 합리적 이성에 입각하여 모든 사람이 자유와 평등을 누리는 地上樂園을 건설하자고 주창하였다. 지상낙원은 각자의 인권을 보장하는 것으로부터 시작된다. 이러한 맥락에서 근대의 인권론이 등장하게 된 것이다.

'人權'이란 글자 그대로 '인간의 권리'를 뜻한다. 인권론자들은 대체로 인권을 '인간이 인간이라는 種에 속한다는 이유만으로 가지는 권리'[29]로서, '公的인 정치적 질서에 대해 제기되는 정당한 요구들'[30]이요, '인간의 기본적 욕구를 충족시킬 수 있는 권리'[31]라고 정의한다. 그런데 그 권리가 '자연법적(천부적) 권리'인지 '실정법적 권리'인지에 대해서, 그리고 그 권리의 구체적인 내용은 무엇인지 등에 대해서는 많은 논란이 있다.[32] 여

---

28) 김주성, 「자유주의의 세계사적 근대성 완성과 철학적 위기」, 49쪽 참조.

29) 이샤이, 『세계인권사상사』, 36쪽.

30) 멩케 · 폴만, 『인권철학입문』, 49쪽.

31) 조효제, 『인권의 문법』, 123쪽.

32) 대체로 말해, 홉스와 로크 등 근대 초기의 자연권론자들은 人權을 천부적 권리로 규정했으나, 보수주의자 버크(E. Burke)는 권리란 본래 특정한 정치 공동체의 역사와 전통 속에 결박되어 있는 것이므로 선험적이고 보편적인 권리란 존재하지 않는다고 주장했다. 또 인권론자들 중에서도 공리주의자들은 自然權이란 '철학적 헛소리'라고 규정함으로써 인권의 천부성을 부정하고, 인권은 功利的 관점에서 인정되거나 폐지될 수 있다고 보았다. 한편 매킨타이어나 샌델 등 오늘날의 공동체주의자들은 인권의 천부성을 부정함은 물론, 인권 개념의 규범적 타당성조차 부정했다. 인권은 마녀나 유니콘처럼 그 존재를 입증할 수 없는 허구적 개념이요, 인권의 정치는 공동체를 타락시키고 해체시키는 제도라는 것이다(김비환, 「현대 인권 담론의 쟁점과 전

기에서는 이러한 논란을 모두 접어두고, 오늘날 인권론의 典範이 되는 〈세계인권선언〉과 〈경제적 · 사회적 · 문화적 권리에 관한 국제협약〉(A협약) 및 〈시민적 · 정치적 권리에 관한 국제협약〉(B협약)에 입각하여 오늘날 인권론의 주요 내용을 정리해 보기로 하자.

〈세계인권선언〉은 1948년 국제연합(UN)에서 선포한 것으로서, 前文과 30개의 조항으로 구성되었다. 〈세계인권선언〉의 前文에서는 다음과 같이 말한다.

> 인류 모든 구성원이 타고난 존엄성과 평등하고도 양도할 수 없는 권리를 인정하는 것이 전 세계의 자유와 정의와 평화의 기초이며, 인권에 대한 무시와 경멸은 인류의 양심을 짓밟는 야만적 행위로 귀결되며, 인류가 언론의 자유와 신념의 자유를 누리고 공포와 결핍으로부터 자유로운 세상은 보통 사람의 지고한 열망으로 천명되며, 인간이 폭정과 억압에 대항하는 마지막 수단으로서 반란에 호소하도록 강요받지 아니하려면, 인권이 법에 의해서 필수적으로 보호되어야 하며, 유엔의 여러 국민들은 그 헌장에서 기본적 인권과, 인간의 존엄성과 가치, 남녀의 동등한 권리에 대한 신념을 재확인하였으며, 더 폭넓은 자유 속에서 사회적 진보와 생활수준의 개선을 촉진할 것을 다짐하였고, 회원국은 유엔과 협력하여 인권과 기본적 자유를 보편적으로 존중할 것과 꾸준히 준수할 것을 서약하였다.

〈세계인권선언〉의 제1조에서는 "모든 인간은 태어날 때부터 자유롭고, 존엄성과 권리에 있어서 평등하다. 인간은 이성과 양심을 부여받았으므로

망」, 18~19쪽 참조). 한편, 멩케 · 폴만의 『인권철학입문』에서는 人權에 대한 여러 핵심 쟁점들을 간결하게 소개하고 있다.

서로에게 형제 · 자매의 정신을 실천해야 한다."고 하였고, 제2조에서는 "모든 인간은 인종, 피부색, 성, 언어, 종교, 정치, 또는 그 밖의 견해, 민족 또는 사회적 출신, 재산, 출생 또는 다른 지위 등과 같은 그 어떤 종류의 차별도 없이, 이 선언에 제시된 모든 권리와 자유를 누릴 자격이 있다."고 하였다.

제3조에서는 생명권과 신체의 자유 및 안전의 권리를, 제4조에서는 노예제도와 인신매매의 금지를, 제5조에서는 고문과 비인도적 처우의 금지를, 제6조와 7조에서는 법 앞의 평등을, 제8조에서는 기본권 침해에 대한 구제의 권리를, 제9조에서는 자의적인 체포와 구금의 금지를, 제10조와 11조에서는 공정한 재판과 유죄판결 때까지의 무죄추정 원칙 및 소급처벌 금지를, 제12조에서는 사생활과 명예의 보호를, 제13조에서는 거주이전의 자유를, 제14조에서는 정치적 망명의 권리를, 제15조에서는 국적을 가질 권리를, 제16조에서는 결혼과 가정을 이룰 권리를, 제17조에서는 재산을 소유할 권리를, 제18조에서는 사상 · 양심 · 종교의 자유를, 제19조에서는 표현의 자유를 규정하였다.

제20조에서는 집회와 결사의 자유를, 제21조에서는 참정권과 보통 · 평등 · 자유 · 비밀에 의한 투표권을, 제22조에서는 사회보장제도에 대한 권리 및 경제 · 사회 · 문화적 혜택을 누릴 권리를, 제23조에서는 직업선택과 노동의 권리 및 인간다운 생존의 권리를, 제24조에서는 휴식과 여가의 권리를, 제25조에서는 의식주와 의료 등에 대한 사회보장의 권리 및 건강과 안녕에 적합한 생활수준을 누릴 권리를, 제26조에서는 교육의 권리를 규정하였다.

제27조에서는 공동체 안에서의 문화생활의 권리를, 제28조에서는 이상의 모든 권리와 자유가 완전히 실현될 수 있도록 하는 사회적 · 국제적 질서에 대한 권리를 규정하였다.

제29조에서는 공동체에 대한 의무와 타인의 권리에 대한 존중 및 민주사회의 공공질서와 안녕을 위해 개인의 권리와 자유를 제한할 수 있는 조건을, 제30조에서는 이 선언에 대한 악의적 해석의 금지를 규정하였다.

〈세계인권선언〉의 주요 成案者 가운데 한 사람이었던 카생(Rene Cassin)에 의하면, 〈세계인권선언〉의 조항들은 '인간의 존엄성, 자유, 평등, 박애' 라는 네 이념을 주축으로 삼은 것이었다.[33] 이 가운데 '인간의 존엄성'은 '자유 · 평등 · 박애' 라는 세 이념의 토대가 되는 것이다. '자유 · 평등 · 박애' 는 프랑스혁명(1789년)의 기치이기도 했다. 바삭(Karel Vasak)은 여기에서 영감을 얻어, '자유' 를 '제1세대 인권' 으로, '평등' 을 '제2세대 인권' 으로, '박애' 를 '제3세대 인권' 으로 분류하였다.[34] 카생과 바삭의 견해를 바탕으로, 오늘날의 인권론자 이샤이(Micheline Ishay)는 〈세계인권선언〉 30개 조항의 배열 순서는 인권사상의 역사적 발전과정을 그대로 반영한 것이라고 보고, 다음과 같이 분류하여 설명하였다. 제1조와 제2조는 인간의 존엄성을 표명한 것이다. 제3조~제19조는 계몽주의 시대에 쟁취했던 시민적 자유 및 기타 자유권 등 '제1세대 인권' 을 표명한 것이다. 제20조~제26조는 산업혁명 시기에 쟁취했던 정치적 · 사회적 · 경제적 평등 등 '제2세대 인권' 을 표명한 것이다. 제27조~제28조는 19세기 말과 20세기 초 그리고 식민시대 이후에 고취됐던 공동체적 유대 또는 민족적 연대 등 '제3세대 인권' 을 표명한 것이다. 이처럼 〈세계인권선언〉의 권리 조항들은 인권사상의 역사적 발전과정과 밀접하게 대응되는 방식으로 구성되었다는 것이다.[35]

한편, 〈경제적 · 사회적 · 문화적 권리에 관한 국제협약〉은 1966년 국

---

33) 이샤이, 『세계인권사상사』, 36쪽 참조.

34) 박병도, 「연대의 권리, 제3세대 인권」, 165쪽 참조.

35) 이샤이, 『세계인권사상사』, 36~37쪽 참조.

제연합에서 채택된 것으로서, 간단하게 'A협약' 이라고도 부르며, 前文과 31개의 조항으로 구성되었다. 前文에서는 〈국제연합헌장〉과 〈세계인권선언〉의 정신에 따라 인간의 존엄성과 평등하고 양도할 수 없는 권리를 다시 확인하고, 모든 사람이 공포와 굶주림에서 벗어날 권리가 있다고 명시했다. 제1조에서는 먼저 모든 인민의 자기결정권을 천명하고, 따라서 "모든 인민은 그 정치적 지위를 자유로이 결정하고 또한 그 경제적 · 사회적 · 문화적 발전을 자유로이 추구한다" 고 명시한 다음, 소유권과 호혜적 원칙에 따른 경제적 의무를 규정하였다. 제2조에서는 "협약의 당사국은 자국의 가용자원 및 국제적 원조와 협력을 통해 이 협약에서 인정된 권리를 완전하게 실현시킬 수 있는 여러 조치를 취할 의무가 있다" 고 규정했다. 이하 조항들의 주요 내용은 공정하고 유리한 조건에서 노동할 권리, 사회보장을 받을 권리, 가정에 대한 보호와 원조, 적절한 衣食住를 누릴 권리, 육체적 · 정신적 건강을 누릴 권리, 교육을 받을 권리, 문화생활을 누릴 권리, 과학발달의 혜택을 누릴 권리 등으로 요약된다.

〈시민적 · 정치적 권리에 관한 국제협약〉 역시 1966년 국제연합에서 채택된 것으로서, 간단하게 'B협약' 이라고도 부르며, 前文과 53개의 조항으로 구성되었다. B협약의 前文은 A협약의 前文과 대체로 같은데, 다만 "인간의 여러 권리는 인간이 나면서부터 가지고 있는 존엄성에서 유래한다" 고 명시한 점이 주목된다. B협약의 제1조도 A협약의 제1조와 동일하다. 제2조에서는 "협약의 당사국은 그 영토 안에 살고 또 그 관할 아래 있는 모든 개인에 대해 이 협약에서 인정된 여러 권리를 존중해 주고 또 보장해 줄 의무가 있다" 고 규정했다. 이하 조항들의 주요 내용은 생명권, 고문과 비인도적 처우의 금지, 노예제 및 강제노동의 금지, 신체의 자유와 안전의 권리, 수감자의 처우, 이동 · 거주 · 출입국의 자유, 공정한 재판을 받을 권리, 소급처벌의 금지, 사생활과 명예의 존중, 사상 · 양심 · 종교의 자유, 표현의 자유, 집회와 결사의 자유, 가정 및 결혼에 관한 권리, 아동의 권리, 공직 참여의 권리, 법 앞에서의 평등과 차별 금지, 소수민족 보호 등으로 요약된다. 한편, 제4조에서는 국민의 생존을 위협하는 공공의 긴급사태가 발생한 경우 당사국은 이 협약에서 규정한 의무에서 逸脫하는 조치를 취할 수 있다고 인정했는데, 다만 '생명권, 고문과 비인도적 처우의 금지, 노예제, 소급처벌 금지, 사상 · 양심 · 종교의 자유' 등에 대해서는 긴급사태시에도 일탈할 수 없다고 명시했다.

A협약과 B협약은 〈세계인권선언〉의 내용을 보다 구체화하고, 협약의 당사국에 각종 인권의 보장을 의무로 부과한 것이다. '제1세대 인권, 제2세대 인권, 제3세대 인권' 이라는 바삭의 분류에 따르면, A협약에서 천명한 인권은 '제2세대 인권' 에 해당되고, B협약에서 천명한 인권은 '제1세대 인권' 에 해당된다. 이렇게 본다면, A협약과 B협약에서는 각각 '평등' 과 '자유' 만 강조하고 '박애' 를 외면한 셈이다.

그리하여 바삭은 '박애' 라는 맥락에서 새롭게 '連帶權' 을 제창하고, 이를 '제3세대 인권' 이라고 불렀다. 바삭은 1977년에 '제3세대 인권' 의 목록으로 '발전권, 환경권, 평화권, 인류공동유산에 대한 소유권' 등을 제시했고, 1979년에는 여기에 '의사소통권' 을 추가했다. 1980년에는 세계의 인권전문가들이 모여, 바삭이 주장한 다섯 가지 권리 외에 '서로 다를 수 있는 권리' 와 '인도주의적 도움을 요구할 수 있는 권리' 를 추가하였다. 연대권으로서의 제3세대 인권론의 특징은 '전 지구적 연대의 불가피성' 을 인식시킨 점에 있다. 그러나 제3세대 인권은, 제1세대 인권이나 제2세대 인권처럼 국제법 및 국내법 질서에서 완성된 권리가 아니라, 지금 현재 형성되는 과정에 있는 권리이다.[36)]

---

36) 박병도, 「연대의 권리, 제3세대 인권」, 165~176쪽 참조. 한편, 바삭이 말하는 연대권

이제 이상의 내용을 정리해 보자. 오늘날의 인권론은 '인간의 존엄성'을 전제로 모든 개인의 '자유'와 '평등'을 옹호하고자 하는 것이다. 자유는 제1세대 인권의 핵심으로, B협약은 이를 구체화한 것이다. 평등은 제2세대 인권의 핵심으로, A협약은 이를 구체화한 것이다. 또한 A협약은 대체로 '善의 증진'을 추구한 것으로서, 이를 위해서는 국가의 적극적 作爲가 필요하다. 반면에 B협약은 대체로 '害惡의 금지'를 추구한 것으로서, 이를 위해서 국가는 '害惡의 不作爲' 외에 특별한 역할을 수행해야 하는 것이 아니다.[37] 이제 위에서 소개한 내용들을 중심으로 인권론의 특징을 간략히 정리해 보자.

첫째, 인권론은 인간을 공동체의 '유기적 구성원'으로 이해하기 전에 '독립적 개인'으로 이해한다. 이러한 맥락에서, 개인의 주요 기본적 권리는 결코 침해하거나 양도할 수 없는 것으로 규정되었다. 다만 오늘날 새롭게 형성되고 있는 제3세대 인권론에서는 '독립적 개인'이라는 관념에서 벗어나 '공동체적 연대'를 모색하는 것이다.

둘째, 인권론은 '인간의 존엄성'에서 인권의 근거를 도출한다. 모든 인간은 존엄하므로 각자는 자신의 권리를 누려야 한다는 것이다. 또 인권론에서는 '理性과 良心'으로 인간의 존엄성과 권리를 뒷받침한다. 우리는 모두 이성과 양심을 지녔으므로, 자신의 권리를 누리면서 남의 인권도 존중해야 한다는 것이다.

셋째, 인권론은 '권리'를 중심으로 각자의 몫을 규정한다. 요컨대 인권

은 '박애'에 근거한 '전 지구적 연대'에 초점이 있으나, 이샤이가 말하는 연대권은 '인권의 보편성을 빙자한 강대국의 횡포'에 맞서기 위한 '개발도상국(제3세계)의 연대'에 초점이 있다(『세계인권사상사』, 46~47쪽 참조).

37) 自由를 주축으로 삼는 제1세대 인권론은 자유주의자들이 옹호한 인권론이었고, 平等을 주축으로 삼는 제2세대 인권론은 사회주의자(공산주의자)들이 표방한 인권론이었다(이샤이, 『세계인권사상사』, 46~47쪽 및 369~373쪽 참조).

론에서는 인권의 보장이 곧 정의와 평화의 길이라고 보고, 인권을 국가의 질서를 구성하는 기본 요소로 삼는다.[38] 이는 인권론이 인간의 모든 의무를 외면한다는 말이 아니요, 다만 인권론이 문제 삼는 것은 개인의 의무보다는 개인의 권리라는 말이다.[39] 다만 오늘날 새롭게 형성되고 있는 제3세대 인권론에서는 개인의 권리뿐만 아니라 개인의 인도적 의무를 부각시키고 있다.

넷째, 인권론은 주로 개인과 국가의 관계를 문제 삼는다. 인륜론에서는 주로 개인과 개인의 관계를 문제 삼고, 개인 상호 간의 의무를 강조하였다. 그런데 인권론에서는 관심의 초점이 개인과 국가의 관계로 옮겨간 것이다.[40] 이는 인권침해의 주체를 무엇보다도 국가로 규정하는 것이요, 동시에 인권보호의 주체 역시 국가로 규정하는 것이다. 요컨대 인권론에서는 개인을 권리의 주체로, 국가를 인권보호 의무의 주체로 설정하는 것이다.[41]

오늘날은 異口同聲으로 인권을 주창하는 시대이지만, 한편으로는 인권론 자체에 대한 문제제기도 점차 늘어나는 추세이다. 인권담론 내부에서는 인권론자들 사이에서 인권에 대한 이해의 차이로 인해 상호 비판이 계

---

38) 이상돈, 『인권법』, 171~172쪽 참조.

39) 우리나라 현행 헌법의 제2장에서는 '국민의 권리와 의무' 를 밝혀놓았는데, 권리조항은 제10조에서 제37조까지 28개 조항이나, 의무조항은 제38조(納稅)와 제39조(國防)뿐이다.

40) 인권론에서는 주로 개인과 국가의 관계를 문제 삼으나 인륜론에서는 주로 개인과 개인의 관계를 문제 삼는다는 점을 긍정적으로 보자면, 인권론과 인륜론이 서로 모순되는 것이 아니라 오히려 양립할 수 있다는 의미가 된다.

41) 〈세계인권선언〉이나 A협약 · B협약과 마찬가지로, 우리나라 현행 헌법 제10조에서도 "모든 국민은 인간으로서의 존엄과 가치를 가지며, 행복을 추구할 권리를 가진다. 국가는 개인이 가지는 불가침의 기본적 인권을 확인하고 이를 보장할 의무를 진다." 고 규정했다.

속되고 있으며, 외부에서는 인권만능주의를 경계하면서 인권의 과잉을 비판하기 시작한 것이다. 이제 앞으로의 논의를 위해 근대 인권론의 문제점을 간략히 지적해 보기로 하겠다.

첫째, 자유권과 평등권(사회권) 사이의 긴장과 갈등이다. 주지하듯이 개인의 자유를 옹호하면 사회적 평등이 손상되기 쉽고, 사회적 평등을 강조하면 개인의 자유가 손상되기 쉽다. 또 자유권을 강조하는 사람들은 국가를 인권의 침해자로 상정하여 국가권력의 축소를 지향하고, 평등권을 강조하는 사람들은 국가를 인권의 보호자로 상정하여 국가권력의 확대를 지향한다. 이러한 맥락에서, 제1세대 인권론과 제2세대 인권론은 서로 양립되기 어렵다.[42] 국제연합의 인권협약이 A협약과 B협약으로 나뉘게 된 것 자체가 자유권과 평등권의 갈등에서 기인한 것이었다.[43]

둘째, 자유권과 평등권의 갈등 외에도, 오늘날의 인권론에서는 여러 양상으로 권리의 충돌 문제가 발생하고 있다. 요컨대 각자의 권리만을 중시하다보면, 나의 권리와 남의 권리가 충돌하는 일이 자주 발생하는 것이다.[44] 대표적인 예로, 나의 표현의 자유가 남의 명예권과 충돌하는 경우,

---

42) 이상돈, 『인권법』, 46쪽 참조. 한편 오늘날의 인권론자 프레드먼(Sandra Fredman)은 자유권과 평등권을 '二分法' 으로 이해한 기존의 인권담론을 비판하고 있다. 프레드먼은 자유의 진수는 '소극적 자유' 가 아닌 '적극적 자유' 에 있다고 주장하고, 적극적 자유를 위해서는 실질적으로 '평등' 을 전제해야 한다는 점과 적극적 자유를 보장하기 위해서는 국가가 '적극적 의무' 를 져야 한다는 점을 강조함으로써 기존의 이분법을 극복하고자 하였다(프레드먼, 『인권의 대전환』, 63~68쪽 참조).

43) 이샤이, 『세계인권사상사』, 369~373쪽 참조.

44) 마르크스는 〈'유대인 문제' 에 관하여〉에서 '(부르주아의) 인권' 은 '다른 인간들 그리고 전체 공동체로부터 동떨어진 이기적 개인의 권리를 말하는 것' 이라고 비판한 바 있다. 같은 맥락에서, 현대의 철학자 레비나스(Emmanuel Lévinas)도 근대의 인권은 오로지 '자기의 권리' 에 집착한 것으로서 '에고이즘(egoism)' 을 보장하는 수단에 불과하고 비판했다. 에고이즘에 입각한 나의 권리 요구는 결국 타자의 권리를 부정하게 됨으로써 '인권에서 출발한 만인에 대한 만인의 투쟁' 을 야기한다. 근대 인권

범죄자의 인권보호가 선량한 시민의 인권을 위협하는 경우, 경영자의 자유권이 노동자의 생존권을 위협하는 경우 등을 들 수 있다. 이러한 권리의 충돌 문제를 원만하게 조정하기 위해서는 효용성이나 인륜성과 같은 인권 이외의 척도를 도입해야 한다.

셋째, 인권론은 개인의 권리를 중시하는바, 때때로 개인의 권리는 그 자신의 의무와 충돌을 빚는다. 오늘날 종종 문제가 되는 대표적인 예로는 '양심의 자유'와 '병역의 의무' 사이의 충돌,[45] '信仰(宣教)의 자유'와 '국가가 제시하는 안전조치를 따라야 할 의무' 사이의 충돌 등이 있다.[46] 국가는 국민의 안전권을 보장하기 위해 안전을 위한 여러 조치와 수칙을 제시하고 국민들에게 그것을 따르도록 의무를 부과하는데, 몇몇 개인들은 그것이 자신들의 권리를 침해하는 것이라고 반발하는 것이다. 문제는 개인의 권리를 중심 가치로 삼는다면, 이러한 충돌을 원만하게 해결하기 어렵다는 점이다.

넷째, 인권론은 흉악범에 대한 死刑이나 테러범에 대한 拷問 등을 두고 많은 논란을 야기한다.[47] 생명권의 절대불가침성을 옹호하는 사람들은 흉

담론에서 나와 남의 평화적 관계는 요원한 것인바, 그리하여 레비나스는 '남의 권리'와 그에 대한 '나의 책임'이라는 관점에서 인권론을 재구성하고자 했다(김도형, 「레비나스의 인권론 연구 : 타인의 권리 그리고 타인의 인간주의에 관하여」, 2~6쪽 참조).

45) 몇몇 사람들은 우리 憲法에서 '양심의 자유'를 보장하고 있으니, 따라서 '양심적으로 兵役을 거부할 권리가 있다'고 주장하고 있다.

46) 근래에 정부에서 국민의 안전을 이유로 이슬람권에서의 기독교 선교사들의 선교활동을 제한하려 하자, 일부 기독교 단체에서는 여행의 자유와 종교의 자유를 침해하는 것이라고 반발했다(《조선일보》 2009년 8월 27일자 보도 참조).

47) 선우정은 '흉악범의 인권'과 '무고한 일반 시민의 인권'을 똑같이 취급하는 인권론자들에 대해 "인권론자들은 유영철의 사형을 이야기하면 37년 전 인혁당 사건을 들먹이고, 조두순의 고환 적출을 말하면 2000년 전 사마천의 궁형(宮刑) 이야기까지 쏟아낸다. 유식한 것도 탈이라고 했다. 인권론자들 세계에선 유영철과 인혁당, 조두순과 사마천을 함께 입에 올려도 괜찮은지 궁금하다."고 비판한 바 있다. 그는 "흉악범

악범에 대한 死刑조차 반대하고 終身刑을 주장하나, 자유권을 옹호하는 사람들은 반대로 자유회복의 아무런 가능성도 없이 감옥에서 평생을 살게 하는 것은 사형보다 더 큰 인권침해일 수 있다고 주장한다.[48] 또 이제까지 인권론은 '고문을 당하지 않을 권리' 를 보편적 인권의 하나로 천명해 왔다. 그런데 오늘날 무고한 사람을 대량으로 살상하는 테러가 빈발하는 상황에서, 테러범들에 대해서도 '고문당하지 않을 권리' 를 보장해야 하는가를 두고 많은 논란이 일고 있다.[49] 이러한 사례들은 가장 기본적인 인권으로 인식된 生命權과 自由權조차 과연 '절대로 침해할 수 없는 것' 인지 의문을 품게 한다. 가해자의 인권조차 절대로 침해할 수 없는 것이라면, 피해자의 인권은 어떻게 되는가? 만약 양자의 경중을 비교해서 사형이나 고문을 허용하기로 한다면, 이는 인권 외에 효용성이라는 척도를 도입하는 것이다. 이렇듯 인권이라는 이념만으로는 우리의 현실을 제대로 타개하기 어려운 것이다. 보다 근본적으로, 우리는 인권론의 성립근거인 '인간의 존엄성' 문제를 다시 성찰해야 한다. '모든 사람이 그 자체로 존엄하다' 고 전제하는 한, 이러한 딜레마를 벗어나기 어렵기 때문이다.

다섯째, 이제까지 암묵적으로 전제되었던 '인권의 보편성' 에 대해서도 오늘날에는 반론이 일고 있다. 제3세대 인권론에서 등장하고 있는 '남들과 다를 수 있는 권리' 는 '서구적 인권의 보편성' 에 대한 반론이기도 하다. 실제로 유교문화권이나 이슬람문화권 등에서는 종종 자신들의 고유한

의 인권은 그 자체가 괴물" 이라고 규정하고, 흉악범의 인권을 옹호하는 것은 무고한 일반 시민들의 희생을 방조하는 것이라고 비판했다(선우정, 〈羊들의 침묵〉, 《조선일보》 2012년 9월 17일자 칼럼).

48) 이상돈, 『인권법』, 12~14쪽 참조.

49) 예컨대 테러범의 폭탄 설치장소를 알아내서 무고한 사람의 생명권을 보호하기 위해서는 고문이 불가피하다는 주장이 제기되고 있고, 실제로 이른바 인권선진국에서도 다시 테러범에 대한 고문을 허용하려는 추세이다(이상돈, 『인권법』, 133~134쪽 참조).

문화적 가치를 반영하는 인권론을 제창함으로써 서구적 인권담론에 이의를 제기하고 있다.[50] 이러한 움직임은 자칫 문화상대주의로 흐를 가능성이 있는데, 상대주의의 함정을 피하려면 우리는 인권의 보편성의 근거를 다시 확보해야 한다. 이제까지 인권의 보편성의 근거로 간주되었던 理性이나 良心은 이제 그 타당성이나 보편성을 의심받게 되었기 때문이다.[51] 그렇다면 우리는 결국 초월적 권위체에 의존하지 않을 수 없는바, 이는 일정한 범위 내에서 直觀主義의 필요성을 다시 제기하는 것이다.

여섯째, 인권론은 '멋대로 자유(exousia)' 나 '추잡한 삶(obscene life)' 의 문제를 야기한다.[52] 자유권을 옹호하는 인권론자들은 '남에게 해를 끼치지 않는 한' 모든 행위를 자유롭게 허용해야 한다고 주장한다. 그런데 이러한 논리는 '멋대로 자유' 나 '추잡한 삶' 을 방치하는 결과를 낳는다. '표현의 자유' 나 '자기결정의 권리' 등으로 포장되는 음란물 · 간통 등은 설령 남에게 해를 끼치지 않는다 하더라도, 결국 자신에게 해를 끼친다. 따라서 우리는 자유주의자들의 反完全主義와 中立主義에 대해서도 그 득실을

50) 이상돈, 『인권법』, 51~53쪽 ; 이샤이, 『세계인권사상사』, 46~48쪽 참조.

51) 오늘날 많은 식자들은 '理性의 道具化' 를 비판하고 있거니와, 이성은 이처럼 도구화될 수 있기 때문에 인권의 보편성의 근거로 삼기 어려운 것이다. 한편 '良心의 自由' 라는 말이 함축하듯이, 양심은 본래 보편적인 것이 못된다. 나의 양심적 판단과 너의 양심적 판단이 다를 수 있다는 것을 인정하는 한, 양심은 보편성의 논거가 되기 어렵다(헤겔은 良心을 '그 자신을 절대적인 진리로 확신하는 정신' 으로 규정하고, "양심은 결국 자기 마음에 내키는 임의의 내용을 자기의 知와 意志의 터전 속에 자리 잡게 한다" 고 지적했다. 이러한 맥락에서 헤겔은 "양심이 과연 도덕적으로 善한 것인지 惡한 것인지 알 수 없다" 고도 했고, "양심을 악한 것으로 받아들이지 않을 수 없게 된다" 고도 했다. 헤겔, 『정신현상학』 II, 763쪽, 781~782쪽, 787쪽 참조).

52) '멋대로 자유(exousia)' 에 대한 비판적 논의는 서병훈, 『자유의 미학 : 플라톤과 존 스튜어트 밀』 제5장 〈민주적 자유 또는 멋대로 자유〉 참조. 서병훈은 이 글에서 아테네 사람들이 향유한 '민주적 자유' 는 가치의 객관성을 부정함으로써 '멋대로 자유' 로 전락하고 말았기 때문에, 플라톤은 '민주적 자유' 를 배척하면서 '객관적 가치의 척도(idea)' 에 기초한 '참된 자유' 를 추구한 것이라고 설명했다.

따져보아야 한다.

마지막으로, 인권의 홍수 속에서 개인은 의무를 등한시하고 권리의 수혜자로 안주하려는 경향을 낳는다. 사회권이나 평등권을 옹호하는 인권론자들은 국가가 모든 사람에게 인간답게 살 수 있는 여건을 보장해주어야 한다고 주장한다. 약자의 생존권을 보장하는 것은 물론 중요한 일이다. 그러나 사회보장제도나 각종 복지제도가 발달할수록 그 구성원들의 '도덕적 해이(moral hazard)' 가 심화된다는 것도 잘 알려진 사실이다. 약자의 소외도 한 사회를 공멸하게 만들지만, 도덕적 해이도 결국 한 사회를 공멸하게 만든다. 따라서 우리는 사회권이나 평등권을 어느 수준까지 보장해야 하는지에 대해서도 숙고해야 한다.

2. 한국의 傳統과 現代

정치철학적 맥락에서 본다면, 전통사상의 중핵을 이루는 것은 儒教이고, 현대사상의 주류를 이루는 것은 自由民主主義이다. 그런데 전통유교는 人倫을 중심개념으로 삼고, 현대 자유민주주의는 人權을 중심개념으로 삼는바, 따라서 한국의 전통적 가치관과 현대적 가치관은 각각 人倫과 人權으로 요약할 수 있다. 이러한 맥락에서 한국의 전통과 현대를 개관해 보기로 하자.

유교는 고대 이래 한국의 정치사상에 지대한 영향을 끼쳤다. 그런데 조선은 '유교(朱子學) 이념에 입각해 건국한 나라' 라고 하듯이, 조선시대는 더욱 유교와 분리시켜 생각하기 어렵다. 조선의 건국자들은 종종 '東周의 건설' 을 표방했는데,[53] 이는 '東方에 周禮에 입각한 이상국가를 세우자' 는 뜻이었다. 이러한 이념은 후기까지 면면히 계승되었거니와, 조선 중기의 유학자 朴世茂는 『童蒙先習』에서 이를 다음과 같이 다시 확인한 바 있다.

> 우리나라는 비록 궁벽하게 바다 모퉁이에 있어서 땅이 좁고 작으나, 禮樂法度와 衣冠文物을 모두 中華의 제도에 따라, 위로는 人倫이 밝혀지고 아래로는 敎化가 행해져서, 風俗의 아름다움이 중국에 견줄 만한 것이다. 그러므로 중국 사람들이 '小中華' 라고 칭송하니, 이 어찌 箕子가 남긴 교화가 아니겠는가? 아! 너희 어린이들은 마땅히 이것을 보고 느껴서 떨쳐 일어나야 할 것이다.

박세무는 中華文物의 핵심을 '人倫' 으로 규정하고, 조선의 正體性을 '小中華' 에서 찾았는데, 이는 조선시대 지식인들의 일반적 인식이었다.[54] 이에 따른다면, 국가의 존재 이유는 '人倫의 실현' 에 있는 것이다. 『童蒙先習』에서는 더 나아가 국가의 흥망성쇠도 인륜으로 설명했다.

> 三綱五倫의 道는 天地와 더불어 서로 시작과 끝을 같이 한다. 三代(夏 · 殷 ·

---

53) 『三峰集』 卷7 頁2, 『朝鮮經國典』 〈國號〉 참조.

54) 조선시대의 유학자들은 대부분 中華를 '文明의 표준' 으로, 箕子를 '中華文明의 전파자' 로 인식하고, 朝鮮을 '작은 中華의 나라' 라고 규정했다. 小中華 사상에 대해 오늘날 민족주의적 관점에서는 종종 '중국중심적 세계관' 을 벗어나지 못했다고 비판한다. 그러나 아무리 민족의식이 소중한 것이라 하더라도, 또한 '문명의 보편적인 척도' 를 외면할 수는 없는 것이다(유학자들은 王道와 覇道를 엄격히 구분하고, '人倫에 근거한 통치' 로서의 '王道' 가 바로 '문명의 보편적 척도' 라고 인식했다. 朱子가 漢 · 唐 시대를 覇道로 규정하여 폄하했던 것처럼, 王道論에 근거한 전통유학의 중화사상은 단순한 중국중심주의가 아니었다). 문명의 보편적 척도를 외면한 민족주의는, 20세기 전반의 독일이나 일본의 경우에서 알 수 있듯이, 야만적 침략주의로 귀결되게 마련이다. 조선시대의 小中華 사상은 무엇보다도 문명의 보편적 척도를 수용하고 발전시킨다는 의미를 지닌다. 조선시대의 유학자들은 보편적인 문명을 추구한다는 점에서는 小中華 사상을 전개했지만, 조선의 주체성을 견지한다는 점에서는 또한 조선을 중국과 구별되는 '別邦' 으로 인식했다(이에 대한 자세한 논의는 拙稿, 「조선시대 中華主義의 두 흐름」 참조).

周) 이전에는 성스럽고 밝은 帝王과 어질고 훌륭한 臣下가 서로 三綱五倫을 강론하여 밝혔으니, 그러므로 다스려진 날이 항상 많았고 어지러운 날은 항상 적었었다. 그런데 三代 이후에는 용렬하고 어리석은 君主와 亂臣賊子가 서로 三綱五倫을 파괴하였으니, 그리하여 어지러운 날이 항상 많았고 다스려진 날은 항상 적었다. 세상의 治亂安危와 나라의 興廢存亡이 모두 人倫이 밝혀졌느냐 밝혀지지 못했느냐의 如何에 달려 있으니, 살피지 않을 수 있겠는가?

위에서 우선 주목할 것은 "三綱五倫의 道는 天地와 더불어 서로 시작과 끝을 같이 한다"는 말로서, 유교적 인륜은 자연의 이법과 궤를 같이하는 보편적 규범체계라는 뜻이다. 보편적 이법을 어기고서는 사회가 안정을 이룰 수도 없고 국가가 장구하게 발전할 수도 없다. 그러므로 박세무는 "세상의 治亂安危와 나라의 興廢存亡이 모두 人倫이 밝혀졌느냐 밝혀지지 못했느냐의 여하에 달려 있다"고 단언한 것이다.

박세무의 이러한 주장은 조선시대 유학자들의 일반적 인식을 대변한 것이다. 그러나 이러한 인륜중심적 문명관은 조선 말기 '서구의 충격'으로 인해 커다란 시련에 봉착하게 되었고, 마침내는 '근대화(서구화)'와 함께 지도적 위상을 상실하게 되었다.

서구의 충격에 직면하여, 전통유학에 충실한 지식인들은 '衛正斥邪'를 주창했고, 근대화를 추구한 지식인들은 '開化'를 주창했다. 위정척사파는 서구의 문물을 '야만'으로 규정한 반면, 개화파는 서구의 문물을 '선진'으로 규정했던 것이다. 위정척사파가 서구 문물을 야만으로 규정한 까닭은 제국주의 열강의 침략적 행태로 인한 것이기도 했지만, 보다 근본적으로 서구 문물은 육체적 욕망을 추구할 뿐 人倫이 결여된 것이라고 보았기 때문이다. 반면에 개화파가 서구 문물을 선진으로 규정한 까닭은 서구 열강의 부강함 때문이기도 했지만, 보다 근본적으로는 서구 문물이 人權(民權)

을 보호하는 것이라고 보았기 때문이다. 이제 유길준·박영효·서재필 등 개화파 주요 인사들의 人權論을 살펴보기로 하자.

유길준은 인간의 권리를 크게 '自由'와 '通義'로 구분했다. '自由'란 무엇이든지 자기가 좋아하는 바를 추구하는 것을 의미하지만, 그렇다고 任意放蕩을 의미하는 것은 아니다. 自由란 어디까지나 國法의 한계 안에서 타인을 방해하지도 않고 타인의 방해를 받지도 않는 것이다. 유길준에 의하면 개인의 자유는 법률에 의해서 제한된다. 그러나 "人間의 自由는 天賦的이지만 法은 人爲的인 것"이기 때문에, 개인의 자유가 국가의 법보다 우선함은 명백하다. '通義'란 當然한 正理를 의미한다. 예를 들어 官職에 있는 사람이 그 임무를 수행하기 위해 그에 상당한 職權을 보유하는 것이라든지, 財產을 소유한 사람이 재산권을 행사하는 것이라든지, 타인에게 돈을 빌려준 사람이 약속한 이자를 청구한다든지, 땅을 빌려준 사람이 임대료를 요구하는 것 등이 당연한 正理로서의 通義이다. 自由와 通義의 권리는 "普天率土 億兆人民의 同有共享하는 者"로서, 인간이 이 세상에 태어남과 동시에 지니는 것이다. 다시 말해 개인의 권리는 보편적인 동시에 천부적이다. 따라서 개인은 "無理한 束縛을 不被하고 不公한 窒碍를 不受한다."[55)]

한편, 박영효는 "하늘이 백성을 낸 것은 億兆蒼生이 모두 동일하여, 누구도 움직일 수 없는 通義를 품부하였다. 그 通義란 자기의 生命을 보호하고 自由를 추구하며 幸福을 바라는 것이니, 이것은 다른 사람이 어찌할 수 없는 것이다"[56)]라고 하여, 생명권·자유권·행복추구권 등의 권리는 천부적인 동시에 보편적인 것이라고 옹호했다. 인간의 권리는 보편적인 것이라는 인식으로부터 平等의 관념이 확인된다. 그리하여 개화파들은 한결같

55) 유길준, 『西遊見聞』, 제4편 〈人民의 權利〉, 129~130쪽 참조.
56) 박영효, 〈開化에 대한 上疏〉, 23쪽.

이 男女의 차별이라든가 班常의 차별을 혁파할 것을 요구하였다.

개인의 권리는 천부적이요 보편적이라는 것으로부터 自由主義가 성립한다. 이러한 권리는 보편적인 것이기 때문에 선천적인 上下貴賤이 존재할 수 없는 것이요, 따라서 누구도 자의적으로 타인의 권리를 제약할 수 없다. 또 그 권리는 천부적인 것이기 때문에 정부도 법에 의하지 않고는 개인의 권리를 제약할 수 없다. 박영효는 다음과 같이 말한다.

> 사람들이 정부를 세운 본래 취지는 이러한 通義(개인의 生命權 · 自由權 · 幸福追求權)를 공고히 하기 위한 것이요, 결코 帝王을 위해 정부를 세운 것은 아니다. 그러므로 정부가 그 通義를 보호하여 백성들이 좋아하는 바를 좋아하고 백성들이 싫어하는 바를 싫어한다면, 정부는 그 권위를 인정받을 수 있다. 만일 이와 반대로 이러한 通義를 어기어, 백성들이 좋아하는 바를 싫어하고 백성들이 싫어하는 바를 좋아한다면, 백성들은 반드시 그 정부를 타도하고 새로운 정부를 수립하여 본래의 취지를 보호하려고 할 것이니, 이것이 백성들의 公義이며 職分이다.[57]

박영효가 "사람은 누구나 財產을 늘리어 富者가 되고자 하며, 需用을 넉넉히 하고자 하며 歡樂을 누리고자 한다"고 했듯이, 백성들이 좋아하는 바란 당연히 자신의 生命과 財產과 幸福이다. 국민들이 이를 마음껏 추구하도록 도와주는 것이 정부의 존재이유이며, 그렇지 못한 정부는 타도되어야 한다. 국민이 정부를 타도할 수 있는 이유는, 정부는 본래 '국민에 의해, 국민을 위해' 세워진 것이기 때문이다. 따라서 국민은 영원해도 정부는 영원할 수 없다. 이는 기존의 政府觀과는 다른 것으로서, 근대의 계약론적 관

57) 박영효, 〈開化에 대한 上疏〉, 22쪽.

점에 입각한 것이다. 이러한 생각은 서재필에게 있어서도 마찬가지였다. 서재필은 다음과 같이 말한다.

> 나라가 진보되어 가는지 안 가는지 첫째 보이는 것은 그 나라 사람들이 자기들이 백성된 권리를 찾으려고 하는 것이라 우리가 백성이라 말하는 것은 다만 벼슬 아니하는 사람만 가지고 말하는 것이 아니라 누구든지 그 나라에 사는 사람은 모두 그 나라 백성이라 백성마다 얼마큼 하느님이 주신 권리가 있는데 그 권리는 아무라도 뺏지 못하는 권리요 그 권리를 가지고 백성노릇을 잘 하여야 그 나라 인군의 권리가 높아지고 전국 지체가 높아지는 법이라 조선 백성들은 몇 백년을 자기 나라 사람들에게 압제를 받아 백성의 권리라 하는 것은 당초에 다 잊어버렸고 또 무슨 뜻인지도 모르는지라[58]

서재필은 '국민의 권리 보장' 을 진보의 척도로 제시하였다. 인간의 권리는 천부적인 것이기 때문에 누구도 침탈할 수 없다. 그런데 당시 조선 국민들은 긴 세월의 압제로 인해 권리가 무엇인지도 모른다는 것이다. 그는 "나라의 法律과 規則과 章程을 만든 본의는 첫째 사람의 권리를 정해놓고 사람마다 가진 권리를 남에게 뺏기지 않게 함이요 또 남의 권리를 아무나 뺏지 못하게 함이라" [59]고 하여, 법의 취지는 무엇보다도 인권을 보호하는 데 있다고 주장했다. 그는 마침내 "자기의 권리를 옹호하기 위해서는 國王이나 아버지까지도 죽일 수 있다" [60]고 극언하였다.

이상에서 소개한 것처럼, 개화파는 말 그대로 '자유민주적 인권론자' 였다.[61] 개화파는 당시의 조선 국민들은 권리가 무엇인지도 모른다고 개탄

---

58) 《독립신문》 1897년 3월 9일자 論說.

59) 《독립신문》 1897년 3월 18일자 論說.

60) 『尹致昊日記』, 1897년 11월 30일자. 培材學堂協成會 창립 1주년 기념강연 내용.

했는데, 이는 대체로 사실이었을 것이다. 純祖의 등극(1800년)과 함께 시작된 60여 년간의 가혹한 세도정치로 인해 백성들의 권리가 형언할 수 없을 정도로 침해당했기 때문이다.

그러나 人倫共同體를 추구했던 조선이 본래 人權을 무시한 나라는 아니었다. 물론 개화파 이전에는 '권리' 라는 말 자체가 존재하지 않았었다. 그런데 유념해야 할 것은, 권리라는 말이 없었다고 하여 국민의 권리가 모두 부정된 것은 아니었다는 점이다. 인륜이 본래의 이상대로 실현된다면, 오늘날 우리가 추구하는 인권이 상당 부분 실현되기 때문이다. 조선시대에도 오늘날 우리가 추구하는 基本權을 대부분 충실히 보장하고 있었으며, 社會的 弱者에 대해서는 더욱 각별한 보호책을 마련하고 있었다. 다만 오늘날의 관점에서 보자면 '平等權' 과 '私生活의 자유' 에 있어서는 여러모로 부족한 점이 많았거니와, 이에 대해서는 곡진한 이해가 필요한 것이다.[62]

개화파의 꿈대로, 오늘날 우리 한국은 産業化와 民主化를 통하여 '부강한 人權의 나라' 가 되었다. 오늘날 우리가 인권의 향연 속에서 마음껏 행복을 누리고 있다면, 그것은 무엇보다도 개화파의 功일 것이다. 그리하여 많은 사람들은 개화파를 '근대화의 선구자' 로 칭송하는 것이다. 그러나 세상은 또 변하여, 지금 우리는 근대화의 성과에 안주하는 것 이상으로 근대화의 문제점을 고민해야 하는 시점에 이르렀다. 아직도 우리 사회에는 인권을 누리지 못하고 음지에서 신음하는 사람들이 많이 있으나, 지금 우리 사회에서 더욱 문제가 되는 것은 '인권의 결핍' 보다 '인권의 과잉' 이다. 이는 전상인의 다음과 같은 말에서 잘 드러난다.

---

61) 이에 대한 자세한 논의는 拙著, 『서구의 충격과 근대 한국사상』, 209~227쪽 참조.

62) 이에 대한 자세한 논의는 이 책의 제5장 참조.

지금 우리 사회가 필요로 하는 것은 각 개인의 인격적 發心과 시민적 立身이다. 언제부턴가 우리는 자기주장과 권리만 말할 뿐, 의무에 대해서는 입을 다무는 분위기에 젖어 있다. 똑똑하고 성난 개인의 비위를 건드리는 것이 마치 사회적 금기처럼 되어 있는 셈이다. 개인화 시대로 나아가는 세계사적 길목에서 한국사회가 특히 우려스러운 것은 바로 이 대목이다. 염치 · 정직 · 도덕 · 책임 · 배려 같은 인간적 미덕은 사회 해체에 맞서 公共善을 유지하고 배양할 수 있는 기본 역량이자 지속 가능한 민주주의를 담보하는 기초 체력이다.[63)]

이처럼 전상인은 '인권의 과잉' 풍조를 비판하면서 '염치 · 정직 · 도덕 · 책임 · 배려 같은 인간적 미덕' 을 다시 제창했는데, 이는 바로 전통적 인륜론이 추구했던 내용이었다. 한편, 이종은은 "자유주의는 권리를 지나치게 주장한 나머지 공동체, 우의 같은 가치에 반대되는 이기심과 경쟁을 조장해 사회를 분열시키게 된다."[64)]고 했거니와, 그렇다면 오늘날 인권의 과잉은 무엇보다도 자유주의의 소산일 것이다. 그러나 사회주의 역시 맥락만 다를 뿐 인권의 과잉을 초래하는 것은 마찬가지이다. 사회복지에 대한 비현실적 기대를 증폭시키고, 결국엔 도덕적 해이를 조장하는 것이 그 예이다.[65)] 인권의 과잉으로 인해 분열된 사회에서는 각종 소송이 난무하게 된다. 이종은은 다음과 같이 말한다.

---

63) 전상인, 〈한국 민주주의의 자멸 가능성〉, 《조선일보》 2010년 7월 8일자 칼럼.

64) 이종은, 『평등, 자유, 권리』, 748쪽.

65) 글렌던(M. Glendon)은 "우리의 권리 담화는 권리의 절대성을 주장함으로써 비현실적 기대를 증진하고 사회적 갈등을 강조하며 합의, 조화 혹은 적어도 공통의 기반의 발견으로 이끌 수 있는 대화를 금지한다. (…) 개인적 · 시민적 의무는 수용하지 않으면서 민주적 사회복지국가에서 사는 것의 혜택만 수용하는 것을 묵과하는 것처럼 보인다."고 지적한 바 있다(이종은, 『평등, 자유, 권리』, 746쪽 참조).

권리의 나라라는 미국이 소송의 나라인 것은 우연이 아닌 듯하다. 소송이 많다는 것은 개인이 原子化되었다는 것을 의미하며, 인권이라는 명목으로 소송을 많이 한다는 것은 인권이라는 개념이 정치 사회의 조직 원리로서 한계를 드러낸 것이라고 말할 수 있다.[66]

우리 한국도 이제는 미국에 버금가는 '소송의 나라'가 되었거니와,[67] 그렇다면 "인권이라는 개념이 정치 사회의 조직 원리로서 한계를 드러낸 것"은 한국의 경우에도 예외는 아닐 것이다. 한편, 김비환은 오늘날의 인권 담론의 현실을 '인권만능주의'로 규정하고, 이를 다음과 같이 비판한 바 있다.

인권이 보호 또는 실현하고자 하는 가치나 목적이 필히 인권을 통해서만 실현될 수 있으며 또 실현되어야 하는지에 대해서도 강한 의문이 제기되어 왔다. 이와 같은 의문은 자질구레한 도덕적 요구까지도 다 인권이란 기치 아래 포섭시켜가고 있는 오늘날의 인권만능주의 경향의 문제점과 함께, 인권 일변도의 문제 해결 방식에 강한 거부감을 불러일으키고 있다. 현대의 인권 만능주의 경향은 그다지 중요하지 않은 사소한 도덕적 요구 사항들마저 인권에 포함시켜 인권 목록을 급격히 확장시켜 왔는데, 이런 경향은 인권의 가치를 평가절하시키는 결과를 초래하고 있다.[68]

---

66) 이종은, 『평등, 자유, 권리』, 747쪽.

67) 소송을 통해 각자의 권리 문제가 정의롭게 해결된다면 그나마 다행일 것이다. 그런데 소송의 승패는 '사실 관계'와 '法理'보다는 '거물급 변호사'(우리 한국의 경우 '禮遇를 받을 수 있는 前官 출신 변호사')를 동원하는 데 달려있는 경우가 많다. 그리하여 항간에서는 '有錢無罪, 無錢有罪'라는 말이 공공연히 떠도는 것이다.

68) 김비환, 「현대 인권 담론의 쟁점과 전망」, 22쪽. 김비환의 이러한 설명은 Mahoney와 Jones의 견해를 인용한 것이다.

현대는 인권을 최상의 가치로 존중하는 사회인바, 따라서 아무리 사소한 문제라도 인권의 영역에 소속시키면 중대한 문제로 부각된다. 그리하여 사람들은 각자 자신의 사소한 문제들마저 인권 문제로 부각시킴으로써 사회나 국가에 그 해결책을 요구하게 된다. 요컨대 사람들은 인권을 자신의 모든 문제를 해결할 수 있는 '만능 열쇠' 로 인식하게 되는데, 그리하여 오늘날에는 인권의 목록이 급속하게 확장되는 것이다. 그런데 이는 한편으로는 다른 사람들의 '강한 거부감' 을 야기하고, 다른 한편으로는 결국 '인권의 가치를 절하시키는 결과' 를 초래하게 된다.[69]

인권이라는 개념이 원자화를 조장하여 사회의 조직 원리로서 한계를 드러낸다는 것, 또한 인권을 최상의 가치로 옹호함은 인권만능주의를 야기하여 결국 인권의 가치를 절하시키게 된다는 것이 사실이라면, 우리는 현대의 인권 담론을 초극할 필요가 있다. 김비환은 다음과 같이 말한다.

> 인권 개념의 확산에 따른 소송 문화의 확산과 사회적 원자화 경향은, 인권 개념이 정치사회의 조직 원리로서는 뚜렷한 한계가 있다는 비판 및 대안적인 사회조직 원리에 관한 모색을 자극하고 있다. 특히 유교 문화권이나 이슬람 문화

69) 후쿠야마(Fransis Fukuyama)도 "대부분의 자유민주주의 국가에서는 전 세대에 새로운 '권리들' 이 우후죽순처럼 생겨났다. 생명과 자유, 재산을 보호하고 그것으로 만족하는 것이 아니라 많은 민주주의 국가가 프라이버시와 여행, 고용, 여가, 性的 嗜好, 임신중절, 아동의 생활 등에 관한 권리를 규정했다. 물론 이러한 권리의 대다수는 사회적 의미도 불분명하고 상호 모순되어 있다. (美國) 독립선언과 헌법에 정해진 기본적 권리들이 사회의 한층 더 철저한 평등화를 지향하는 신세대의 권리에 의해 심각한 제한을 받고 있는 것과 같은 사태를 예상하는 것은 어려운 일이 아니다."라고 설파한 바 있다(후쿠야마, 『역사의 종말』, 435쪽). 후쿠야마 역시 '자질구레한 인권 목록' 에 의해 오히려 '기본적 인권' 이 손상되는 사태를 우려한 것이다. 조효제도 오늘날의 '인권 인플레' 를 지적하면서 "사회공동체를 배려하지 않는 권리주장은 인권이 아니다. 그것은 분열적 · 이기적 · 단자적 사익추구일 뿐이다. 인권운동은 이런 경향에 단호히 맞설 의무가 있다." 고 설파한 바 있다(『인권의 문법』, 312쪽).

권에 속하는 철학자들은 권리 개념에 반영되어 있는 서구 중심주의를 비판하는 한편으로, 서구의 권리 개념이 수행해온 기능들을 훌륭히 수행하면서도 권리 문화가 조장하는 개인주의 문화의 폐단을 극복할 수 있는 다른 제도나 원리를 모색할 필요성을 강조한다.[70]

위의 인용문은 바로 이 책의 출발점이기도 하다. 이 책에서는 지난 한 세기 동안 근대화의 과정에서 폐기처분을 받았던 전통유교의 근본이념을 다시 조명하고, 이를 통해 오늘날 인권론의 근본 취지를 충분히 실현하면서도 인권의 과잉이나 인권만능주의를 해소할 수 있는 '제3의 길' 을 모색해 보고자 하는 것이다.

많은 사람들은 근대 서구에서 발원한 人權論과 전통유학의 人倫論은 전혀 상반된다고 생각한다. 그러나 전통유학이 서구 근대 계몽주의의 발원에 큰 영향을 끼쳤다는 점은 관계 분야의 학자들 사이에서는 잘 알려진 사실이다.[71] 전통유학의 民本思想과 合理主義[72] 등이 그것이다. 따라서 열린 마음으로 우리의 전통을 대한다면, 우리의 전통은 얼마든지 재평가될 수 있고, 나아가 앞으로 '제3의 길' 을 모색하는 데 유용한 자원이 될 수 있다.[73]

---

70) 김비환, 「현대 인권 담론의 쟁점과 전망」, 22~23쪽. 또한 김비환은 "개인들의 권리와 자유가 억압받았던 봉건체제에서는 민주주의가 개인들의 자유와 권리를 보호하는 방어역할을 수행함으로써 그 존재 의의를 입증했다. 하지만 개인의 자유와 권리를 신성시하는 강력한 경향 때문에 공동생활의 도덕적 지반과 경제사회적 조건이 붕괴되고 있는 오늘날에는 개인주의적 성격이 강한 자유민주주의가 반드시 최상의 민주주의라고 단정하기 어렵다." 고도 했다(김비환, 「현대 민주주의의 스펙트럼 : 좋은 민주주의 모색을 위한 민주주의 이론사의 재검토」, 338쪽).

71) 크릴, 『孔子 : 인간과 신화』 ; 朱謙之, 『中國哲學對歐洲的影響』 ; 喬清擧, 「유가 사상과 인권의 관계에 대한 연구」 ; 황태연, 『공자와 세계』 1~5 등의 論著 참조.

72) 전통유학의 '합리주의' 는 '도구적 합리주의' 가 아니요, '合當性' 을 겸하는 합리주의였다.

3. 이 책의 기본 입장과 구성

이 책에서는 人倫과 人權을 중심으로 한국의 '전통적 이념'과 '현대의 이념'을 비교 논의하면서, 이를 통해 '제3의 길'을 모색해 보고자 한다.[74] 이 책의 기본적 문제의식은 다음과 같다.

첫째, 한국의 현대사회에 대한 비판적 성찰이라는 맥락이다. 아직도 우리 사회에서 인간으로서의 여러 권리, 특히 사회적 약자의 인권은 충분히 보호받지 못하는 측면이 있다. 그러나 우리 사회에서는 또한 自由의 오용이나 權利의 남용 문제도 종종 간과할 수 없는 수준에 이르고 있다. 요컨대 인륜의 관념을 외면한 채 인권만 치우치게 강조한 결과, 인권의 향연이 종종 반인륜적 양상으로 드러나는 것이다. 인권과 자유의 홍수 속에서 우리 사회의 기본 질서는 종종 위협을 당하고 있으며, 더 나아가 '인간의 인간다움'도 점차 실종되고 있다. 이러한 현실은 전통적 인륜의 관념을 되돌아보게 만든다. 전통사회에서는 인간의 인간다움은 인륜에서 비롯되며, 인간다운 인간만이 존엄한 인간이라고 가르쳤다. 그러나 오늘날에는 아무런 전제 없이 인간의 존엄성을 주창하고, 존엄한 인간은 당연히 모든 다양한 권리를 지닌다고 주장한다.[75] 그러나 인간답지 못한 인간의 자유와 권리

---

73) 박홍규는 서구 근대의 인권론은 개인주의를 전제로 함에 반하여 전통유교는 공동체 중심 이념이었다는 점에서 兩者를 相反되는 것으로 규정하면서도, 개인의 권리와 사회의 공익이 조화를 이루어야 한다는 점에서 전통유교에 대한 적극적 인식의 필요성을 강조한 바 있다(박홍규, 「유교와 인권」 참조).

74) 여기서 말하는 '理念'은 '倫理的 이념'이요 '政治的 이념'이다. 아리스토텔레스는 倫理學과 政治學을 표리의 관계로 인식했거니와, 같은 맥락에서 월린은 政治哲學이란 본질적으로 '질서의 학문'으로서, "사람들 간의 적절한 관계를 추적하고, 공동체 내에 있는 惡의 원천을 지적하며, 전체를 위한 포괄적인 본(paradeigma)을 처방하는 것"이라고 설명한 바 있다(『정치와 비전』 1, 76쪽).

75) 예컨대 멩케와 폴만은 "인권은 무조건적으로, 그러니까 어떤 사람이 누구이고 또는

는 오용과 남용을 피하기 어렵다. 따라서 우리는 人權을 논하기 전에 먼저 人倫을 정립할 필요가 있다.[76)]

둘째, 보다 넓은 관점에서 이른바 '아시아적 가치'와 '서구적 가치'를 비교, 논의한다는 맥락이다. '아시아적 가치 논쟁'의 불을 지폈던 리콴유(Lee Kuan Yew, 李光耀)는 '신분, 인종, 종교적 차이에 얽매이지 않고 자유롭고 개방적으로 교류하는 것' 등을 들어 서구의 자유민주주의를 높이 평가하면서도, 서구적 자유민주주의는 '총기, 마약, 폭력범죄, 무질서, 공공장소에서의 무례한 행동' 등으로 인해 '시민사회의 붕괴'를 초래하고 있다고 비판한 바 있다.[77)] 한편 함재봉은 "서구의 많은 지식인들과 인권단체들은 '인권유린은 정부에 의해서만 용인되거나 자행되는 것'이라고 규정하고 있는 반면에, 아시아의 정부와 지식인들은 '인권이란 衣食住와 같이 가장 기본적인 生存權과 외부의 위협으로부터 자유로울 수 있는 安保權'이라고 주장한다. 자유주의자들이 볼 때 범죄는 인권유린의 범주에 들지 않는다. 그러나 아시아적 가치론자들이 볼 때 범죄로부터 보호받을 수 있는

무엇을 하는가와 상관없이 유효한 것이다. 가장 흉악한 인권침해를 자행한 자조차도 그로 인해 자신의 인권을 상실하는 것은 아니다."라고 역설한다(『인권철학입문』, 62쪽).

76) 2014년 7월 慶北 安東에서 개최된 '21세기 인문 가치 포럼'에 참석한 미국 하와이대 짐 데이토(Jim Dator) 교수는 《조선일보》와의 인터뷰에서 "18~19세기까지 서양에선 개인주의가 극심했어요. 개인에게 자유와 권리를 보장해줬지만 공동체의 일원으로서 반드시 지켜야 할 책임과 의무는 사라져버렸어요. (…) 한 남자가 아버지가 돼 아이를 낳으면 반드시 아내와 아기를 책임져야 합니다. 아버지가 되고서 아내와 아기를 떠나는 건 불합리합니다. 자신의 권리를 찾는 동시에 의무와 책임도 지는 밸런스가 중요하지요"라고 했다. 데이토 교수는 "인간은 함께 모여서 산다. 자기주장만 펼쳐선 곤란하다. 권리를 지키되 상대를 존중하고 책임지는 인식이 중요하다"면서, 이러한 맥락에서 "미래 사회, 인류의 나침반은 三綱五倫"이라고 역설했다(《조선일보》 2014년 7월 7일자, 인터뷰 기사 참조).

77) 함재봉, 『유교 자본주의 민주주의』, 73~74쪽 참조.

권리야말로 가장 중요한 인권의 하나이며, 이러한 인권을 보호하는 것이 국가와 정부의 존재이유이다."[78]라고 설명한 바 있다. 요컨대 서구적 자유민주주의자들은 인권과 인륜을 별개로 인식하는 반면, 아시아적 가치론자들은 인권과 인륜을 불가분의 관계로 인식하는 것이다. 그런데 개인의 인권은 정부에 의해서도 침해받을 뿐만 아니라, 타인에 의해서도 침해받는 것이 분명하다.[79] 이렇게 본다면 人權과 人倫을 상함의 관계로 보는 것이 보다 타당할 것이다.

셋째, 현대 인권론 자체의 딜레마에 대한 비판적 논의라는 맥락이다. 앞에서 살펴보았듯이, 현대의 인권론은 제1세대 인권론(자유주의 인권론)과 제2세대 인권론(사회주의 인권론)으로 대별되는바, 양자 사이에는 커다란 간극이 존재하여 종종 심각한 갈등을 야기한다. 개인의 자유권을 옹호하면 사회적 평등이 침해되고, 사회적 평등권을 옹호하면 개인의 자유가 침해되기 쉽다. 요컨대 개인의 자유권을 옹호하는 제1세대 인권론은 이기주의의 심화와 사회의 양극화를 초래하고, 사회적 평등권을 옹호하는 제2세대 인권론은 도덕적 해이를 초래한다. 사정이 이러하기 때문에, 우리 사회에서의 좌파와 우파 사이의 이념적 갈등은 쉽게 타협점을 찾기 어려운 것이다. 이러한 갈등은 '자유권 · 평등권' 처럼 '권리' 의 관점에서 접근한다면 영원히 해소되기 어려울 것인바, 따라서 우리는 '권리' 라는 관점을 초극할 필요가 있다. 이러한 맥락에서, 이 책에서는 자유권과 평등권의 대립을 매개시킬 수 있는 개념의 하나로 '인륜' 을 다시 주목하는 것이다. 전통적 인륜론은 인륜이라는 관념을 중심으로 개인의 자유와 사회적 평등을

78) 함재봉, 『유교 자본주의 민주주의』, 76~78쪽.

79) 오늘날에는 '가정폭력' 이나 '인신매매' 등이 새롭게 인권문제로 인식되고 있거니와(조효제, 『인권의 문법』, 185쪽 참조), 그렇다면 인권은 '개인과 국가 사이의 문제' 일 뿐만 아니라 '개인과 개인 사이의 문제' 이기도 한 것이다.

조화시키고자 했던 것이 사실이기 때문이다.

넷째, 민족 통일의 이념적 토대를 구축한다는 맥락이다. 우리 민족은 1945년 8월 15일 解放과 동시에 分斷되었다. 민족 분단의 원인에 대해서는 여러 맥락에서 설명할 수 있지만, 무엇보다도 중요한 원인으로는 미국과 소련을 중심으로 한 냉전체제의 형성이라는 점을 들 수 있다. 그런데 냉전의 배경에는 바로 '자유민주주의와 인민민주주의' 또는 '자유주의(자본주의)와 사회주의(공산주의)' 라는 이념의 대립이 있었다. 한편, 보다 근원적으로 日帝治下의 독립운동가들은 점점 정치적 노선을 달리하여, 마침내 左·右로 분열되고 있었거니와 이들은 해방 후에도 각각 美·蘇를 자신들의 세력기반으로 삼고자 했었다. 이처럼 우리 민족의 분단은 내부적으로나 외부적으로나 左·右 이념의 대립과 밀접한 관련이 있었다. 따라서 우리의 통일담론은 左·右 이념의 문제를 회피할 수 없는 것이다. 한편, 통일의 방법으로는 '무력통일, 흡수통일, 평화통일' 등을 거론할 수 있는데, 우리 대한민국의 國是는 '평화통일' 이다. 그런데 평화통일을 위해서는 서로 상대방의 입장을 이해하고 포용할 수 있어야 한다. 요컨대 평화통일을 위해서는 기존의 左·右 어느 한쪽 이념에 매달리기 어렵고, '左·右를 지양시키는 이념' 을 모색해야 한다. 이와 관련하여, 박세일은 다음과 같이 주장한 바 있다.

> 통일성공을 위해선 반드시 올바른 '통일사상' 이 있어야 한다. 남북의 국가체제를 어떠한 방향으로 개조하고 통합하여 갈 것인가에 대한 올바른 이론과 철학이 있어야 한다. 그러면 한반도에 맞는 올바른 통일사상은 무엇일까? 한마디로 '공동체 자유주의' 이다. 공동체적 가치를 존중하는 자유주의이다. 공동체와 자유주의의 융합이 필요하다. 우선 북한은 자유민주주의·시장경제·법치주의·국제평화주의 등 자유주의적 체제개혁을 해야 한다. 동시에 남한에는 공동

체적 가치와 연대 복원을 위한 의식개혁 운동이 있어야 한다. 현재 남한의 물질만능주의, 퇴폐적 소비문화를 그대로 북한에 확산시켜선 안 된다. 남한의 포퓰리즘 정치, 집단 및 지역 이기주의, 기초질서와 공중도덕의 붕괴, 탈북동포와 조선족 동포, 외국근로자들에 대한 차별과 무관심을 이대로 북한에 가지고 가서는 성공적 통일은 할 수 없다. '수령 절대주의' 의 혁파 없는 통일이 있을 수 없듯이 나만 잘살면 된다는 생각을 가지고 통일은 결코 성공할 수 없다. 그래서 한반도 통일은 반드시 거대한 '국가의 재창조' '국민의 재탄생' 과 함께해야 한다. (…) 지난 50년의 산업화 · 민주화 과정 속에서 사라진 공동체 가치와 연대를 대대적으로 재구축해야, 우리는 새로운 통일의 시대를 열 수 있고 21세기 동북아에 우뚝 서는 가장 선진적 세계국가를 만들 수 있다.[80)]

박세일은 올바른 통일사상으로 '공동체 자유주의' 를 제창했다. 그가 말하는 '공동체 자유주의' 는 자유주의와 사회주의의 지양으로 이해할 수도 있지만, "지난 50년의 산업화 · 민주화 과정 속에서 사라진 공동체 가치와 연대를 대대적으로 재구축해야" 한다는 내용에서 분명히 드러나듯이, 근원적으로 전통적 인륜론과 현대 인권론의 지양을 의미하는 것이다.

위와 같은 네 맥락에서 이 책에서는 현대의 인권론과 전통적 인륜론을 비교 논의하면서, 그 상호 지양을 통하여 '제3의 길' 을 모색해 보고자 한다. 이 책의 구성 내용과 그 취지를 소개하면 다음과 같다.

제2장에서는 전통유교의 인륜론과 서구 근대의 인권론이 각각 기초로 삼고 있는 人間觀을 개관할 것이며, 제3장에서는 인륜론과 인권론이 지향하는 文明觀을 개관할 것인바, 이 두 章은 인권론과 인륜론의 철학적 토대를 해명하려는 것이다. 제4장에서는 조선시대 인륜론의 이상을 고찰하고

80) 박세일, 〈'통일시대' 어떻게 성공시킬까〉, 《조선일보》 2010년 9월 3일자 칼럼.

그 한계를 논할 것이며, 제5장에서는 조선시대에서의 인권 문제를 살펴볼 것인바, 이 두 章은 조선시대의 이상과 현실을 조명하려는 것이다. 제6장에서는 현대의 인권론과 그 딜레마를 논할 것이며, 제7장에서는 현대사회에서의 인륜 문제를 살펴볼 것인바, 이 두 章은 현대 사회의 이상과 현실을 조명하려는 것이다.[81)]

제8장에서는 '인간의 존엄성'의 근거와 '사람다운 삶'의 의미를 해명하고 이를 토대로 인권과 인륜 사이의 우선순위를 논의할 것이며, 제9장에서는 현대물리학에 의해 기계론적 세계관이 무너지고 유기체적 세계관이 부활하고 있음을 살펴보고 이를 토대로 바람직한 미래 문명의 방향을 논의할 것이다. 제10장에서는 인륜과 인권은 서로 대립하기만 하는 개념이 아니라 일정한 지평을 공유하는 개념이기도 하며, 또한 상호보완적 개념이기도 하다는 점을 논하고, 결론적으로 人倫과 人權이 조화를 이루어야 하는 당위성을 밝힐 것이다.

마지막으로, 이 책의 서술 방침을 소개하자면 다음과 같다.

---

81) 국제연합(UN)의 〈세계인권선언〉 초안을 작성하는 데 참여했던 현대의 저명한 인권 운동가 에셀(Stéphane Hessel)은 자신의 회고담에서 "제가 세 살 때, 어머니는 내 아버지 프란츠 에셀의 절친한 친구인 앙리 피에르 로셰와 사랑에 빠졌습니다. (…) 제 입장에서, 어머니가 아버지 아닌 다른 남자와 산다는 것은 거슬리는 일이 아니었습니다. 두 사람은 서로 사랑했고, 아버지도 그 사랑에 동의했으니까요. 아버지는 이를 비도덕적인 일로 여기지 않았습니다. 뿐만 아니라 이 일은 일찍이 나라는 인간을 형성하는 데 아주 깊은 곳까지 영향을 주었습니다. 그래서 일찍부터 저는 세간의 도덕이나 윤리 같은 것과는 거리를 두게 된 것 같습니다. 결국 도덕이란 타인들과 사회가 만들고 우리에게 강요하는 규범에 순응하는 것일 터입니다. 또 윤리란 완성된 것이 아니라 여전히 만들어가야 할 것, 즉 발명이며 창조(말하자면 결국 각자 자기만의 자유를 얻어내는 일)일 테니까요."라고 말한 바 있다(에셀, 임희근 역, 『분노하라』, 돌베개, 2013, 53~54쪽). '인권의 침해'에 대해서는 '분노하라'고 열변을 토한 에셀은 '도덕'에 대해서는 '타인들과 사회가 만들고 우리에게 강요하는 규범에 순응하는 것'이라 폄하하면서 무덤덤하게 거리를 둔 것이다. 논자는 에셀의 이러한 태도는 오늘날 인권론자들의 도덕(윤리)의식을 가늠해 볼 수 있는 좋은 예라고 생각한다.

첫째, 普遍主義와 相對主義의 문제이다. 멩케와 폴만은 상대주의를 '오늘날의 인권 체제에 대한 敵' 으로 지목한 바 있으나,[82] 조효제는 인권에 대한 상대주의적 문제 제기를 충분히 수긍하면서 보편주의와 상대주의의 지양을 모색했다.[83] 유홍림은 "문화적 차이와 인권의 보편성을 둘러싼 논쟁은 인권담론의 내용을 풍부하게 만드는 데 기여함과 동시에 인권의 보편성을 새로운 각도에서 재인식할 수 있는 기회를 제공한다."[84]고 하여, 인권에 대한 보편주의와 상대주의를 상호보완적인 것으로 설명한 바 있는데, 이 책에서도 이러한 점을 유의할 것이다. 인권을 강조했던 서양 여러 나라의 그동안의 행태는 사실 '인권제국주의' 에 불과했다는 비판이 줄기차게 제기된 바 있듯이, 서구중심적 인권론은 비서구 사회에 대해서는 '강자의 이데올로기' 로 작용한 점이 있었다.[85] 그러므로 전통유교나 이슬람 등 '아시아적 가치' 를 옹호하는 문화다원주의나 상대주의의 문제의식이 타당한 점은 분명히 있다. 그러나 이 책에서는 기본적으로 보편주의를 견지할 것이다. 동서고금을 막론하고 인간이 인간으로서 '누구나 누려야 할 권리' 와 인간이 인간으로서 '누구나 구현해야 할 인간다움' 이 있다는 것이 이 책의 전제이다. 이러한 맥락에서, 이 책에서 전통유교를 다시 거론하는 것은 문화상대주의의 입장에서 전통유교를 옹호하려는 것이 아니다. 이 책에서는 인권의 보편성 못지않게 인륜의 보편성을 천명하려는 것인바, 다만 인륜을 논함에 있어서는 논의의 素材를 주로 전통유교에서 찾은 것일 뿐이다.

둘째, 理念과 現實의 문제이다. 이념과 현실 사이에 일정한 괴리가 있는

---

82) 멩케 · 폴만, 『인권철학입문』, 91~92쪽 참조.

83) 조효제, 『인권의 문법』, 225~228쪽 참조.

84) 유홍림, 『현대 정치사상 연구』, 333쪽.

85) 호이어 · 쉬르머, 〈인권제국주의〉, 154~159쪽 참조.

것은 동서고금의 常例이다.[86] 그런데 오늘날의 논자들이 '동양과 서양' 또는 '전통과 현대'를 비교하여 논의할 때 흔히 취하는 태도는, 서양의 이념에 입각하여 동양의 현실을 비판하거나 전통의 이념에 입각하여 현대의 현실을 비판하면서, 어느 한쪽을 일방적으로 폄하하는 것이다. 그러나 이는 불공평한 처사이다. 예컨대 오늘날의 평등 이념에 입각하여 조선시대의 신분차별을 비판하는 것은 얼마든지 타당할 것이다. 그런데 이를 근거로 현대를 옹호하고 전통을 폄하하는 것은 불공평한 것이다. 평등의 시대라고 하는 오늘날 실업자나 비정규직 근로자들의 형편은 과거 조선시대 서얼이나 노비들의 형편과 실제적으로 얼마나 차이가 있는가?[87] 또한 우리 사회에서 '進步의 旗手'를 자처하는 민주노총 소속 정규직 노조가 비정규직을 과연 얼마나 배려하고 있는가? 이렇게 본다면, 사회적 불평등은 정도의 차이만 있을 뿐 예나 지금이나 여전한 것이다.[88] 이러한 맥락에서, 이 책에서는 전통적 인륜론과 현대의 인권론을 비교 논의함에 있어서, 이념은 이념끼리, 현실은 현실끼리 대응시키면서 각각의 功過를 논하고자 한다.

셋째, 인권론과 인륜론의 경계 설정 문제이다. '기계론적 세계관' 또는 '개인의 자유'에서 출발하는 제1세대 인권론은 전통적 인륜론과 대립되는

---

86) 이러한 괴리는 이념이 너무 高遠하여 현실과 크게 동떨어졌기 때문이기도 하고, 우리의 실천적 의지가 부족하기 때문이기도 할 것이다. 전자의 경우에는 이념을 우리의 현실에 맞게 수정해야 할 것이요, 후자의 경우에는 우리의 실천적 의지를 독려해야 할 것이다.

87) 김홍수는 프랑스에서는 학력 간 소득 격차가 심각하다는 점, 권력자와 일반 국민 간 구조적 불평등도 심하다는 점, 부유층 거주지역과 극빈층 거주지역이 뚜렷이 갈린다는 점 등을 거론하면서 "프랑스는 평등 면에서 최고 선진국으로 알려져 있지만, 실상은 다르다. 제도적 평등은 그럴싸한 외양을 갖추고 있지만, 내면화된 구조적 불평등은 한국 사회보다 훨씬 심각하다."고 지적한 바 있다(김홍수, 〈선진국, 내면화된 불평등〉, 《조선일보》 2011년 1월 1일자 칼럼).

88) 이러한 사회적 불평등을 하루아침에 해소할 수 없는 이유는, 현실 여건의 제약 때문이기도 하고, 기득권층의 이기심 때문이기도 할 것이다.

점이 많지만, '유기체적 세계관' 또는 '형제애' 에서 출발하는 제2세대 인권론은 전통적 인륜론과 공통되는 점이 많다. 그런데 '박애와 연대' 를 내세우는 제3세대 인권론에 이르면, 특히 '서구적 인권의 보편성' 을 부정하면서 "국가가 아닌 작은 공동체에 모여 살고, 다수결 투표가 아니라 대화를 통한 합의를 강조하고, 권리와 의무를 서로 존중하며, 사람들의 동의에 의해 통치하는 그런 공동체에서 살 권리"[89]를 강조하는 제3세계 문화상대주의자들의 주장에 이르면, 전통적 인륜론과의 차이점이 거의 희석되고 만다.[90] 이처럼 오늘날의 인권론과 전통적 인륜론의 경계선을 설정하기가 쉽지 않은바, 이 책에서는 제1세대 인권론과 제2세대 인권론을 중심으로 오늘날의 인권론을 논의하고, 제3세대 인권론은 제외하고자 한다. 그 이유는 다음과 같다.

이샤이의 분류에 따르면, 〈세계인권선언〉의 30개 조항 가운데 '제3세대 인권' 에 속하는 것은 제27조~제28조의 두 조항뿐이다. 여기서 알 수 있듯이, 제3세대 인권론은 아직 충분히 전개되지 못한 상태이다. 뿐만 아니라, '제3세대 인권' 은 그것이 과연 '권리' 에 속하는 것인지, 아니면 '의무' 또는 '윤리' 에 속하는 것인지도 애매하다.[91] 멩케와 폴만도 "제3세대

89) 조효제, 『인권의 문법』, 233쪽.

90) 조효제는 '자기 권리를 줄기차게 내세우면서 따지고 요구하는(claims and demands) 방식에 익숙한 쟁취형 사회' 와 '이타심과 배려, 사회적 책임을 선호하는 연대형 사회' 를 구분한 바 있는데(『인권의 문법』, 217~218쪽), 서구 근대의 인권론은 '쟁취형' 인권론인 반면, 오늘날 제3세계의 문화상대주의자들이 강조하는 인권론은 '연대형' 인권론인 것이다.

91) 박병도, 「연대의 권리, 제3세대 인권」, 175~176쪽 참조. 실제로 제3세대 인권론의 선구자 바삭(Karel Vasak)은 "이러한 권리들은 사회적 세계의 모든 행위자들, 즉 개인과 국가와 공공기구와 사적 기구, 그리고 국제 공동체가 힘을 합칠 때에만 구현될 수 있다. 민족적 그리고 국제적 수준에서 연대 행위에 대한 최소한의 합의, 우리에게 그러한 연대의 책임이 있다는 인식에 관한 최소한의 합의가 그 구현을 위한 전제조건이다."라고 말한 바 있는데(필즈, 『인권』, 84쪽 참조), '연대의 책임' 이라는 말에서

인권이 실제로 인권에 해당하는지는 지속적인 논쟁의 대상이며 그 결말은 불확실하다"[92]고 지적한 바 있다. 이처럼 제3세대 인권론의 위상은 여러모로 불확실한바, 따라서 이 책에서는 제1세대 인권론과 제2세대 인권론을 중심으로 오늘날의 인권론을 고찰하고, 이를 전통적 인륜론과 비교하여 논의하고자 한다.[93]

알 수 있듯이 제3세대 인권은 다분히 '의무' 또는 '윤리'에 속하는 것이다.

92) 멩케 · 폴만, 『인권철학입문』, 144쪽.

93) 요컨대 제3세대 인권론이나 제3세계의 문화상대주의적 인권론은 다분히 자신들의 전통적 인륜론을 기초로 삼는 것으로서, 본질적으로 '제1세대 인권, 제2세대 인권'과 자신들의 '전통적 인륜론'을 지양시킨다는 성격을 지니는 것이다.

제2장

人倫論과 人權論의 인간학적 기초

주지하듯이, '인간'에 대한 이해는 이 '세계'의 본질에 대한 이해와 더불어 모든 철학적 논의의 토대가 된다. 현대의 철학자 트리그(Roger Trigg)는 다음과 같이 말한바 있다.

> 인간 본성과 관련된 사상은 개인에게 중요할 뿐만 아니라, 우리가 살고 있는 종류의 사회 그리고 우리가 살고자 하는 종류의 사회에 대해 근본적으로 영향을 미친다. 어느 정도까지 우리는 사회를 필요로 하는가? 화려한 고독 속의 삶을 상상할 수 있는가? 이것은 우리가 본성상 우리 자신의 이익에만 관심을 두고 있으므로, 우리에게 이익이 될 때에만 타인과 협동하려고 하는지의 여부와 관련된 문제이다. 이와는 다르게 과연 우리는 본성상 共同善을 달성하려고 타인과 협동하고자 하는 사회적 존재인가? 우리의 정치적 견해는 이러한 문제에 대한 우리의 답변에 달려 있는지 모른다.[1)]

1) 트리그, 『인간 본성에 대한 철학적 논쟁』, 23~24쪽.

트리그에 의하면, 인간을 '사회적 존재' 로 이해하는 사람들은 '공동선에 기여하는 삶' 을 추구하나, 인간을 '이기적 존재' 로 이해하는 사람들은 '화려한 고독 속의 삶' 을 추구한다. 트리그의 이러한 분류는 전근대의 人倫論과 근대의 人權論에도 그대로 적용된다. 전근대의 인륜론과 근대의 인권론은 인간을 전혀 달리 이해했고, 그에 따라 전혀 다른 방식의 삶을 옹호했기 때문이다. 요컨대 인륜론은 '인간(사회)의 질서' 를 중시하고, 인권론은 '개인의 권리' 를 중시한다. 이 章에서는 먼저 本性과 本能의 문제를 해명한 다음, 인륜론의 인간관과 인권론의 인간관을 비교하면서 살펴보고자 한다.

1. 本性 · 本能과 마음의 문제

인간이란 과연 어떤 존재인가? 이에 대한 답변으로는 먼저 '인간은 理性的 동물' 이라거나 '인간은 政治的 동물' 이라는 등의 말이 떠오를 것이다. 이에 의하면 인간은 다른 동물들과 일정한 성질들을 공유하는 한편, 동물들과는 달리 '○○的' 이라는 특징을 지닌다. 따라서 인간을 제대로 논하자면, 우리는 '인간만의 고유한 성질' 과 '인간과 동물이 공유하는 성질' 을 동시에 살펴야 한다. 여기서 本性과 本能의 문제가 제기된다. '인간의 본성' 은 '인간만의 고유한 성질' 을 뜻하고, '인간의 본능' 은 '인간과 동물이 공유하는 성질' 을 뜻하기 때문이다.

또한 인간은 흔히 '마음과 몸' 의 결합체로 설명된다.[2] 인간을 마음과 몸

2) 이 밖에도 인간은 흔히 '영혼과 육체' 또는 '정신과 육체' 의 결합체로도 설명된다. 여기서 알 수 있듯이, '마음' 은 '영혼' 이나 '정신' 과 유사한 개념인데, 각각의 개념에 대한 구분은 학자들마다 제각각이어서 일률적으로 단정하기 어렵다. 여기에서는 두

의 결합체로 규정할 때, 인간에 대한 철학적 논의는 결국 '마음' 으로 모아진다. 인간의 '自我' 라는 것도 결국 '자신의 마음' 을 뜻하는 것이다. 한편, 흔히 말하듯이 우리는 '마음먹기' 에 따라 짐승처럼 살 수도 있고 인간처럼 살 수도 있다. '인간만의 고유한 성질' 곧 '인간의 본성' 을 발휘하기로 마음먹으면 '사람다운 사람' 이 되고, '인간과 동물이 공유하는 성질' 곧 '인간의 본능' 을 충족하는 것에 만족하기로 마음먹으면 '짐승 같은 사람' 이 되는 것이다. 이제 이러한 점들을 구체적으로 살펴보자.

먼저, 本性과 本能의 문제이다. 우선 분명히 해 두어야 할 것은 본성과 본능의 개념이다.[3] 本性이란 어떤 사물이 선천적으로 지니는 요소로서 種(類)에 따라 그 사물을 그 사물답게 만들어주는 성질을 말하고,[4] 本能이란

사람의 견해만 소개하기로 하겠다. 아리스토텔레스는 인간을 '영혼과 육체' 의 결합체로 규정하고, 인간의 영혼은 '영양섭취능력, 감각능력, 욕구능력, 장소운동능력, 사고능력' 등을 지닌다고 설명했다. 한편 오늘날의 철학자 반 퍼슨(C. A. van Peursen)은 영혼을 마음과 동일시하고, 정신은 영혼과 육체를 포괄하는 통합적 주체라고 설명한 바 있다(반 퍼슨, 『몸 영혼 정신』, 212~213 참조). 이 책에서는 영혼과 정신을 별도로 거론하지 않고, 다만 마음을 중심으로 논의하기로 하겠다.

3) 많은 사람들이 本性과 本能을 구분하지 않고(못하고) 혼용하기도 한다. 예컨대 性惡說을 주장하는 사람들은 모두 本性과 本能을 구분하지 않고(못하고), 本能을 本性으로 간주하는 것이다. 그러나 本性과 本能을 구별하지 않으면 '사람의 사람다움' 을 해명할 수 없다는 문제가 야기된다. 그리하여 人倫을 논하는 이 책에서는 本性과 本能을 엄격하게 구분하는 것이다.

4) 이는 동양의 儒學(朱子學)이나 서양의 플라톤 · 아리스토텔레스의 전통이 공유하는 내용이다. 유원기는 '본성' 을 다음과 같이 규정한 바 있다. ① x라는 개체가 x이기 위해 반드시 소유해야 하는 성질이다. 즉 본성은 x가 x인 한에 있어서, 반드시 가져야 하며, 그 본성을 잃게 되면 x는 더 이상 x일 수 없다. ② x라는 개체가 탄생하면서 내재적으로 갖는 성질이다. 즉 본성은 외부로부터 주어지는 것이 아니라 x라는 개체가 본래적으로, 그리고 내재적으로 갖는 성질이다. ③ X라는 種(species)에 속하는 x들의 본성은 과거나 현재 그리고 미래에도 동일하다. 인간을 예로 들자면, 인간이란 種의 본성은 과거로부터 현재를 거쳐 미래에 이르기까지 더해지거나 감해지지 않고 동일하다는 것이다(유원기, 「아리스토텔레스의 인간본성론」, 272~273쪽). 유원기의 이러한 설명은 아리스토텔레스의 전통에 따른 것이지만, 주자학의 설명과도 정확히 일치하는 내

어떤 생물이 선천적으로 지니는 요소로서 자신의 생명을 지속시키기 위한 성향(욕구)이나 능력을 말한다. 인간으로 말하자면, 선천적으로 타고난 것이라는 점에서는 본성과 본능이 같으나, 본성은 '사람의 사람다움' 을 뒷받침하는 요소이며, 본능은 '인간의 생존' 을 뒷받침하는 요소이다.

인간은 하나의 생명체로서 생존하기 위해서는 衣·食·住 특히 食의 문제를 해결해야 하며, 또 자신의 생명을 대대로 지속시키기 위해서는 異性과 결합하여 후손을 낳고 길러야 한다. 과연 모든 인간은 食·色의 성향이나 능력을 타고났는바, 이를 '인간의 본능' 이라 한다. 그런데 食·色의 성향이나 능력은 모든 생명체가 함께 지닌 것이다. 따라서 본능의 차원에서는 인간과 여타의 생명체가 본질적으로 같은 것이다.[5)]

반면에, 本性이란 '種(類)에 따라, 그 사물을 그 사물답게 만들어주는 성질' 이라 했으니, 사람을 사람답게 만들어주는 요소가 '사람의 본성' 이요, 호랑이를 호랑이답게 만들어주는 요소가 '호랑이의 본성' 이며, 독수리를 독수리답게 만들어주는 요소가 '독수리의 본성' 인 것이다. 따라서 본성의 차원에서는 각각의 생명체가 類마다 본질적으로 다른 점이 문제된다.

그러면 인간(人類)과 여타의 생명체를 본질적으로 구별해주는 요소, 즉 사람을 사람답게 만들어주는 요소는 무엇인가? 아리스토텔레스는 그 요소

용이다. 한편 本性을 英語로는 'nature' 라 하는바, 'nature' 는 本性의 '자연적, 선천적' 측면이 부각된 용어이다(김용민, 『루소의 정치철학』, 58쪽 참조). 유학에서도 '性' 과 '自然' 은 같은 맥락으로 이해되었다(『孟子集註』 盡心上 12, 朱子註 : 輔其性之自然 使自得之).

5) 아리스토텔레스에 의하면, 식물은 '영양섭취능력' 만 지니고, 동물은 일반적으로 '영양섭취능력, 감각능력, 욕구능력, 장소운동능력' 을 지니는데, 인간은 동물의 일반적 능력에 추가로 '사고능력' 을 지닌다. 그런데 그는 동물이 장소이동 운동을 하는 까닭은 근본적으로 '생식' 과 '영양섭취' 를 위한 것이라고 설명했다(『영혼에 관하여』, 432a~b). 요컨대 아리스토텔레스도 本能의 차원에서는 인간과 다른 동물들이 같다고 설명한 것이다.

를 '理性' 이라 했다. 아리스토텔레스의 이성이란 '認識 능력' 과 '思量 능력' 을 뜻한다. 인식능력은 '학문적 사유의 능력' 으로서, 이는 '달리 있을 수 없는 것' 즉 '불변하는 것' 을 대상으로 삼는다. 반면에 사량능력은 '심사숙고하는 능력' 으로서, 이는 '달리 있을 수 있는 것' 즉 '변할 수 있는 것' 을 대상으로 삼는다.[6] 아리스토텔레스는 인식능력의 목표는 智慧요, 사량능력의 목표는 實踐知라고 규정했다. '지혜' 란 '영원하고 보편적이어서 가장 고귀한 것들' 에 관해 '학문적으로 완성된 인식' 을 말하고, '실천지' 는 '인간적인 것들' 및 '달리 있을 수도 있는 것' 들에 관해서 사량함으로써 '참된 이치를 따라 행동할 수 있는 상태' 를 말한다.[7]

아리스토텔레스는 理性을 '인간 속에 있는 神的인 것' 또는 '자신 속에 있는 최선의 것' 이라고 규정하고, "자기의 이성을 따라 활동하고 그 이성을 가꾸고 자라게 하는 사람은 최선의 정신 상태에 있으며 또한 神에게 가장 사랑받는 사람이라고 여겨진다."[8]고 설파했다. 그렇다면 이성을 발휘하는 삶이야말로 최선의 삶이라고 하겠는데, 그는 과연 다음과 같이 말한다.

> 어떤 것에든지 그것에 고유한 것이 본성상 그것에 가장 좋고 즐거운 것이다. 그러므로 사람에게 있어서는 理性을 따른 생활이 가장 좋고 즐거운 것이다. 理性은 다른 무엇보다도 인간을 인간이게 하기 때문이다. 그러므로 이러한 생활이 또한 가장 즐거운 것이다.[9]

만물의 근본적인 성격은 그들의 기능과 능력에서부터 나오는 것이다. 따라서

---

6) 아리스토텔레스, 『니코마코스 윤리학』, 1139a 참조.
7) 아리스토텔레스, 『니코마코스 윤리학』, 1140b~1142a 참조.
8) 아리스토텔레스, 『니코마코스 윤리학』, 1179a.
9) 아리스토텔레스, 『니코마코스 윤리학』, 1178a.

만일 어떤 것이 더 이상 그것의 고유한 기능을 수행할 수 없게 된다면 그것을 같은 것이라고 할 수 없다.[10)]

위의 첫째 인용문에서는 '어떤 것에든지 그것에 고유한 것이 본성상 그것에 가장 좋고 즐거운 것' 이라는 맥락에서 이성적 삶을 최선의 삶으로 예찬했다. 이에 입각한다면 이성적인 삶이야말로 가장 인간다운 삶이요, 가장 행복한 삶인 것이다. 둘째 인용문에서는 '만일 어떤 것이 더 이상 그것의 고유한 기능을 수행할 수 없게 된다면 그것을 같은 것이라고 할 수 없다' 고 했는데, 그렇다면 이성을 발휘하지 못하는 사람은 더 이상 사람으로 간주될 수 없는 것이다. 이러한 맥락에서 아리스토텔레스는 이성에 의해 통제되지 않은 '향락적 생활' 을 '짐승에 합당한 생활' 이라고 폄하했던 것이다.[11)]

이제 유교의 경우를 살펴보자. 유교에서 人性論을 본격적으로 논의하기 시작한 인물은 孟子이다. 맹자 당시에 '性' 이란 용어는 '인간이 타고난 동물적 本能' 을 지칭하기도 하고, '인간이 타고난 도덕적 本性' 을 지칭하기도 했었다. 예컨대 맹자의 論敵이었던 告子는 "사람이 타고난 것 그 자체가 바로 本性" 이라 하고,[12)] 보다 구체적으로는 "食色의 本能이 바로 인간의 本性" 이라 하였다.[13)] 그러나 맹자는 '食色의 本能' 을 '仁義禮智의 本性' 과 구분하고, "군자는 食色의 本能을 本性으로 여기지 않는다" 고 단언했다. 군자는 오직 仁義禮智만을 本性으로 여긴다는 것이다.[14)] 이러한 맥락에서, 맹자

---

10) 아리스토텔레스, 『정치학』, 1253a.

11) 아리스토텔레스, 『니코마코스 윤리학』, 1095b 참조.

12) 『孟子』 告子上 3 : 告子曰 生之謂性

13) 『孟子』 告子上 4 : 告子曰 食色 性也

14) 『孟子』 盡心下 24 : 口之於味也 目之於色也 耳之於聲也 鼻之於臭也 四肢之於安佚也 性也 有命焉 君子不謂性也 仁之於父子也 義之於君臣也 禮之於賓主也 智之於賢者也 聖人之於

는 仁義禮智야말로 사람과 금수를 구별해주는 '인간의 고유한 본성' 이라고 규정했다.

仁義禮智의 本性은 우리의 삶에서 '四端' 으로 드러난다. 맹자는 "惻隱之心이 없으면 사람이 아니요, 羞惡之心이 없으면 사람이 아니며, 辭讓之心이 없으면 사람이 아니요, 是非之心이 없으면 사람이 아니다."[15]라고 단언했다. 측은지심은 仁이라는 본성이 드러난 것으로서, '남을 사랑하는 마음' 특히 '곤경에 처한 사람을 불쌍히 여기고 도와주려는 마음' 이다. 수오지심은 義라는 본성이 드러난 것으로서, '자신의 잘못을 부끄러워하고 남의 잘못을 미워하는 마음' 이다. 사양지심은 禮라는 본성이 드러난 것으로서, '자신을 낮추고 상대방을 존중하는 마음' 이다. 시비지심은 智라는 본성이 드러난 것으로서, '옳고 그름을 분별하는 마음' 이다. 여기서 알 수 있듯이, '仁義禮智' 는 모두 '인간의 사회성' 과 관련된 것이다. 요컨대 맹자에 의하면, 여타의 동물들과는 달리 인간에게는 사회적 삶을 뒷받침하는 요소들이 본성적으로 갖추어져 있다는 것이다.

맹자는 또한 "사람에게는 道가 있거니와, 배불리 먹고 따뜻하게 입으며 편안히 살되 가르침이 없다면 곧 금수에 가깝게 된다. 聖人이 이를 근심하시어, 설(契)을 司徒로 삼아 人倫을 가르치게 하셨다."[16]고 하였다. 衣食住의 충족이라는 본능의 차원에서는 사람과 금수가 다르지 않으므로, 오직 '인륜' 만이 사람과 금수를 구별해주는 준거가 된다는 것이다. 맹자가 말하는 '인륜적 삶' 이란 바로 인의예지의 본성을 실현하는 삶이다. 요컨대 인의예지의 본성을 바탕으로 동물적 본능을 제어함으로써 사회적 삶을 바람

天道也 命也 有性焉 君子不謂命也

15) 『孟子』 公孫丑上 6 : 無惻隱之心 非人也 無羞惡之心 非人也 無辭讓之心 非人也 無是非之心 非人也

16) 『孟子』 滕文公上 4 : 人之有道也 飽食煖衣 逸居而無敎 則近於禽獸 聖人有憂之 使契爲司徒 敎以人倫

직하게 이루어나가는 것이 바로 '인륜적 삶' 이요 '인간다운 삶' 인 것이다.

이상에서 인간의 본능과 본성을 논했거니와, 이제는 '마음' 에 대해서 논의하기로 하자. 마음은 흔히 '知覺(認識) · 感情 · 意志' 등의 작용을 주관하는 주체로 설명된다. 우리는 상처를 입고 신음하는 사람을 보면 불쌍하다는 감정을 품고 그를 도와야겠다고 다짐하게 되며, 아름다운 異性을 보면 사랑스럽다는 감정을 품고 그와 함께 살고 싶다는 생각을 하게 되는데, 이 모든 것이 마음의 작용이다.[17] 우리는 흔히 마음을 '良心과 欲心' 으로 구분하는데, 도덕을 추구하는 마음을 양심이라 하고, 욕구를 충족시키려는 마음을 욕심이라 하는 것이다. 유교에서는 '양심과 욕심' 이라는 말보다 '道心과 人心' 이라는 말을 애용하였다. 이제 '도심과 인심' 이라는 개념을 중심으로 마음의 두 측면을 살펴보기로 하자.[18]

『書經』에서는 "人心은 오직 위태롭고, 道心은 오직 은미하니, (人心인지 道心인지) 정밀하게 살피고 (道心을) 專一하게 지켜서, 진실로 그 中庸을 잡

---

17) 오늘날 우리가 말하는 '理性' 은 서양에서 도입된 개념인데, 마음의 인식능력이나 사랑능력을 理性이라 하는 것이다.

18) 유교적 맥락에서는 '良心과 欲心' 이 '道心과 人心' 으로 대치될 수 있는 것이다. 그러나 오늘날 일반적으로 말하는 良心은 유교에서 말하는 道心과는 차이가 있다. 유교에서는 인의예지의 본성에서 우러난 마음을 도심이요 양심이라 한 것인데, 오늘날 일반적으로 말하는 양심은 꼭 인의예지의 본성에서 우러난 마음을 뜻하는 것이 아니기 때문이다. 이 책의 제1장에서 살펴보았듯이, 헤겔은 양심을 '형식적 양심' 과 '참다운 양심' 으로 구분했다. 헤겔은 '형식적 양심' 은 '주관적 확신' 에 불과하기 때문에 테러리즘으로 연결될 수 있다고 비판하고, '객관적으로 참다운 내용' 과 결합된 양심만이 '참다운 양심' 이라 하였다. 이렇게 본다면, 헤겔이 말하는 '참다운 양심' 만이 전통유학의 '도심' 과 합치하는 것이다. 이처럼 오늘날 일반적으로 말하는 양심은 두 측면이 혼재하기 때문에, 이 책에서는 '양심과 욕심' 이라는 개념보다는 '도심과 인심' 이라는 개념을 사용하고자 한다. 한편, 유교에서 말하는 '人心' 에도 두 맥락이 혼재한다. 하나는 輿論이라는 맥락에서 '사람들의 마음' 을 人心이라 한 것이요, 다른 하나는 道心과 대비되는 맥락에서 '육체의 욕구에서 우러난 마음' 을 人心이라 한 것이다. 이 책에서 말하는 人心은 물론 道心과 대비되는 맥락의 人心이다.

으라.”[19]고 했는데, 이에 대해 朱子는 다음과 같이 설명했다.

> 마음의 虛靈知覺은 하나일 뿐인데 人心과 道心의 다름이 있는 것은, 人心은 ‘形氣의 사사로움(形氣之私)’ 에서 생기고 道心은 ‘性命의 바름(性命之正)’ 에 근원하여, 그 지각하는 바가 같지 않기 때문이다. 그러므로 人心은 위태하여 불안하고, 道心은 은미하여 드러나기 어렵다. 그러나 인간은 누구나 形氣를 지니고 있기 때문에 비록 上智라 하더라도 人心이 없을 수 없고, 또한 누구나 本性을 지니고 있기 때문에 비록 下愚라 하더라도 道心이 없을 수 없다.[20]

人心이란 形氣(육체)로 인해 생기는 마음으로서, 배가 고프면 먹고자 하고, 추우면 입고자 하며, 정욕이 일면 異性을 그리워하는 것 등을 말한다. 오늘날 우리는 이러한 것들을 ‘本能’ 또는 ‘본능적 욕망’ 이라 하는데, 人心은 곧 ‘본능적 욕망을 추구하는 마음’ 이다. 주자는 人心을 ‘形氣之私’ 또는 ‘人欲之私’ 와 연결시켜 설명했다. ‘私’ 란 ‘개체에 속한다’ 는 뜻이니, 각자 자신의 본능적 욕망을 추구하는 것이 人心이다. 道心이란 인의예지의 본성으로부터 나오는 마음으로서, 이른바 ‘四端’ 이다. 주자는 道心을 ‘天理之公’ 또는 ‘性命之正’ 과 연결시켜 설명했는데, 남도 함께 할 수 있도록 公正性을 추구하는 것이 道心이다. 이렇게 본다면, ‘본성으로부터 유래하는 마음’ 또는 ‘본성을 실현하려는 마음’ 이 바로 道心으로서, 道心은 互惠性을 지닌다. 반면에 ‘形氣로부터 유래하는 마음’ 또는 ‘본능적 욕망을 추구하는 마음’ 이 바로 人心으로서, 人心은 利己的인 특징을 지닌다. 그런데

---

19) 『書經』「虞書」〈大禹謨〉: 人心惟危 道心惟微 惟精惟一 允執厥中

20) 『中庸章句』〈中庸章句序〉: 心之虛靈知覺 一而已矣 而以爲有人心道心之異者 則以其或生於形氣之私 或原於性命之正 而所以爲知覺者不同 是以 或危殆而不安 或微妙而難見耳 然人莫不有是形 故雖上智 不能無人心 亦莫不有是性 故雖下愚 不能無道心

주자는 '人心과 道心이 모두 없을 수 없다' 고 설명했다. 人心만으로는 위태롭고, 다른 동물들과 구별되는 인간의 존엄성을 담보할 수 없다. 반면에 道心만으로는 자신의 육체적 생존을 뒷받침하기 어렵다. 따라서 人心과 道心 사이에서 '中庸' 을 추구해야 한다는 것이다.[21)]

이제 이상의 내용을 정리해보자. 인간은 선천적으로 本性과 本能을 지니고 태어났다. 本性은 '公的(互惠的), 사회적(정치적)' 인 것으로서 '사람다움' 을 뒷받침하는 것이요, 本能은 '私的, 利己的' 인 것으로서 '육체적 생존' 을 뒷받침하는 것이다. 인간의 마음은 '지각(인식) · 감정 · 의지' 등의 작용을 주관하는데, 마음의 이러한 작용들은 한편으로는 본성으로부터 유래하기도 하고 한편으로는 본능으로부터 유래하기도 한다. 유교에서는 본성으로부터 유래하는 마음을 道心이라 했고, 본능으로부터 유래하는 마음을 人心이라 했다. 그런데 이러한 설명체계는 유교의 특수한 체계에 그치는 것이 아니요, 많은 철학자들이 공유하는 일반적 체계이기도 하다. 이를 우리에게 잘 알려진 프로이트(Sigmund Freud)나 롤즈(John Rawls)의 견해와 비교해 보기로 하자.

주지하듯이, 프로이트는 인간의 정신을 '原初我(id), 自我(ego), 超自我(superego)' 라는 세 개념으로 분석했다. '원초아' 는 즉각적인 만족을 추구하는 본능적 충동(libido)으로서, 性的 충동으로 대변된다. '초자아' 는 사회적 규범을 체화한 양심적 자아를 말한다. '자아' 는 원초아와 초자아, 그리고 외부 현실 사이에 일어나는 대립적 요구들을 조화시키는 주체이다.[22)]

21) 유교에서 人心을 단순히 '惡' 으로 규정하지 않고 다만 '위태롭다' 고 규정한 점을 유의해야 한다. '人心과 道心 사이의 中庸' 이란 '道心의 주재 아래 人心을 충족시키는 것' 이다.

22) 월하임, 『프로이트』, 206~207쪽 ; 스티븐슨, 『인간의 본질에 관한 일곱 가지 이론』, 100~101쪽 참조. 한편 트리그는 프로이트의 이러한 설명체계는 플라톤의 영혼론으로부터 영향을 받은 것이라고 해명했다. 즉 '원초아' 는 플라톤이 말하는 영혼의 '欲

프로이트는 본능적 충동이 인간의 모든 에너지의 근원이라고 규정한 다음, 자아가 초자아를 준거로 삼아 원초아(본능적 충동)를 억제하거나 조절함으로써 에너지를 보존하고, 그 에너지를 유용한 노동에 활용함으로써 文明을 발전시킬 수 있다고 보았다.[23] 프로이트의 이러한 개념체계는 朱子의 개념체계와 궤를 같이하는 것이다. 즉 '자아'는 지각 · 감정 · 의지의 주체인 '마음'과 상응하고, '원초아'는 본능 또는 본능에서 유래하는 '인심'과 상응하며, '초자아'는 본성 또는 본성에서 유래하는 '도심'과 상응하는 것이다.

롤즈는 正義論을 전개하면서 자신의 인간관을 피력한 바 있다. 그에 의하면 인간은 본래 善觀과 正義感을 지니는데, 善觀은 '합리적인 인생계획'으로 표현되고, 正義感은 '정당성의 원칙에 입각해서 행위하고자 하는 규제적인 욕구'로 표현된다. 그는 合理性(rationality)을 善(좋음)으로 규정하고, 合當性(rightness) 또는 公正性(fairness)을 正義(옳음)로 규정했다.[24] 合理性은 자신만의 고유한 목적을 추구하는 것이요, 合當性은 타인과의 공정

求' 부분과 대응되고, '자아'는 플라톤이 말하는 영혼의 '理性' 부분과 대응되며, '초자아'는 플라톤이 말하는 영혼의 '氣槪' 부분과 대응된다는 것이다(『인간 본성에 대한 철학적 논쟁』, 272~273쪽 참조).

23) 스티븐슨, 『인간의 본질에 관한 일곱 가지 이론』, 101~105쪽 참조. 요컨대 프로이트에 의하면, 文明이란 원초아 또는 리비도에 대한 억압의 체계라는 것이다. 그런데 프로이트의 후계자들 가운데 빌헬름 라이히, 게자 로하임, 허버트 마르쿠제 등은 프로이트의 이런 주장에 동의하지 않았다. 이들은 리비도가 인간의 모든 에너지의 근원이라는 점은 받아들이면서도, 사회적 노동에 필요한 에너지는 리비도를 '억압'하는 데서 나오지 않고 리비도를 '승화'시키는 데서 나온다고 주장하고, 따라서 文明의 발전을 위해서는 성욕을 억압해야 하는 것이 아니라 성욕을 해방시켜야 한다고 주장했다. 그런데 이는 계몽주의자들이 '욕망의 해방'을 주창한 것과 같은 맥락이었다(로빈슨, 『프로이트 급진주의』, 22~27쪽 참조).

24) 롤즈, 『사회정의론』, 570쪽 ; 롤즈, 『정치적 자유주의』, 23쪽 및 371쪽 참조. 우리의 日常語法에서는 종종 合理性과 合當性을 구별하지 않고 혼용하나, 롤즈는 兩者를 엄격히 구별했다.

한 협력조건 즉 정의의 원칙을 제시하고 수용하는 것이다. 合理性이 결여되면 자신만의 고유한 인생목표를 실현할 수 없고, 合當性이 결여되면 구성원 상호 간의 신뢰나 협력을 보장할 수 없기 때문에, 양자는 '상호보완적인 것' 이다.[25] 롤즈의 이러한 주장 역시 주자의 人心道心論과 전적으로 일치하는 것이다. 우선, 롤즈가 말하는 合理性(善觀의 능력)은 人心에 해당하고, 合當性(正義感의 능력)은 道心에 해당하는 것이다. 나아가, 롤즈의 '좋음과 옳음은 별개' 라는 주장은 주자의 '인심은 形氣의 사사로움에서 나오고, 도심은 性命의 바름에서 나온다' 는 주장과 상응하고, 롤즈의 '좋음과 옳음은 상호보완적' 이라는 주장은 주자의 '인심과 도심이 모두 없을 수 없다' 는 주장과 상응한다.

이상에서 '본능 · 본성 · 마음 · 인심 · 도심' 등을 중심으로 몇몇 철학자들의 인간관을 정리해 보았다. 그러면 이제 人倫論이 전제하고 있는 인간관과 人權論이 전제하고 있는 인간관이 어떻게 다른지 살펴보기로 하자.

2. 人倫論의 인간관

人倫을 강조하는 사람들은 다른 동물과 구별되는 '인간의 고유한 본성' 을 주목하고, 인간의 고유한 본성을 실현하는 삶이야말로 '사람다운 삶' 이라고 주장한다.

아리스토텔레스가 인간을 '정치적 동물' 로 규정한 것은 '이성적 동물' 로 규정한 것과 궤를 같이한다. 예컨대 다음의 인용문을 보자.

25) 롤즈, 『정치적 자유주의』, 65쪽 참조.

다른 여타의 동물들과 비교하여 볼 때 사람의 독특한 점은 사람만이 선과 악, 정의와 불의, 또는 다른 유사한 성질들을 인식할 수 있는 능력이 있다는 것이다. 그리고 이러한 인식이 사람들 사이에서 공통되므로 가족이나 국가가 형성되는 것이다.[26]

아리스토텔레스의 체계에서 '선과 악, 정의와 불의, 또는 다른 유사한 성질들을 인식할 수 있는 능력' 이란 곧 理性을 뜻한다. 위의 인용문에서는 다른 동물들과 달리 인간은 이성을 지니고 있다고 전제하고, 이것이 바로 정치적 결사를 형성할 수 있는 근거라고 설명했다. 이렇게 본다면, '이성적 동물' 과 '정치적 동물' 은 서로 표리를 이루는 것이다.[27] 이제 '정치적 삶' 에 대해 간략히 살펴보기로 하자.

아리스토텔레스에 의하면, 인간은 禽獸나 神과는 달리 자족적 존재가 못되기 때문에, 본성적으로 정치적 결사체의 일원이 되도록 만들어졌다.[28] 아리스토텔레스는 인간의 政治的 結社를 '가족 · 부락 · 국가' 의 세 단계로 구분하고, 다음과 같이 말한다.

국가는 자연적으로 존재하는 결사들의 완성이므로 모든 국가는 자연적으로 존재하는 것이며, 이런 뜻에서 국가 성립 이전의 관계인 여러 결사들이나 마찬가지의 성격을 갖는 것이다. 국가는 이런 여러 결사의 종착역이며 최고의 단계

---

26) 아리스토텔레스, 『정치학』, 1253a.

27) 아리스토텔레스는 사물의 '形相' 을 사물의 '본성' 으로 규정했거니와(아리스토텔레스, 『형이상학』, 1015a), 따라서 엄밀히 말하면 인식능력과 사량능력을 뜻하는 理性 자체가 인간의 본성인 것은 아니요, 이성을 발휘하여 '정치적 삶' 을 사는 것이 인간의 본성인 것이다.

28) 아리스토텔레스, 『정치학』, 1253a. 아리스토텔레스의 이러한 견해는 소크라테스 · 플라톤의 견해와 완전히 일치하는 것이다(플라톤, 『국가』, 369a~374a 참조).

이다. (…) 국가가 실현을 목적으로 삼는 自給自足이야말로 최종의 목표이며 따라서 최선의 단계이다.[29]

아리스토텔레스는 가족 · 부락 · 국가를 모두 '자연적' 결사체라 했는데, 이는 정치적 삶을 추구하는 인간의 '본성으로 인해' 이러한 결사체들이 '자연스럽게' 성립할 수밖에 없다는 뜻이다. 그런데 여러 결사체 가운데 국가만이 '완전한 자급자족' 이 가능한 결사체라면, 진정으로 인간다운 삶은 국가를 통해서만 이루어질 수 있는 것이다. 여기서 유의할 것은 '자급자족' 의 의미이다.

아리스토텔레스에 의하면, 국가는 본래 '자급자족의 생존' 을 추구하는 과정에서 성장하는 것이나, 일단 완전히 성숙하고 나면 '좋은 생활' 을 위해 존재하게 된다. 그는 이를 '완전한 자급자족' 이라고 규정하고,[30] "국가의 목적은 그저 생존만이 아니며, 좋은 생활의 질이 목적이 되어야 한다. (…) 이름만이 아니고 진실로 국가라고 불릴 수 있는 국가는 善을 고취하는 목표에 헌신하지 않으면 안 된다."[31]라고 주장했다. 그렇다면 '좋은 생활' 이란 무엇인가? 아리스토텔레스는 다음과 같이 말한다.

사람은 완성되었을 때 동물 중에서 가장 뛰어난 존재이지만, 法과 正義가 없

29) 아리스토텔레스, 『정치학』, 1252b~1253a.

30) 아리스토텔레스, 『정치학』, 1253a.

31) 아리스토텔레스, 『정치학』, 1280a~b. 아리스토텔레스는 "정치 분야에서의 善은 正義이다. 그리고 正義는 共同利害를 증진시키는 방향으로 나아가는 데 있다." 고 규정하고(『정치학』, 1282b), "한 사람, 소수의 사람, 혹은 다수의 사람이 공동이익을 위하여 통치를 하는 경우에, 그들이 통치를 하는 정치질서는 필연적으로 올바른 정치질서라고 말할 수 있다. 이와 반대로 1인, 소수인 혹은 대중의 개인적 이익을 지향하는 정치질서는 왜곡된 형태의 정치질서이다." 라고 했다(『정치학』, 1279a). 요컨대 '왕정 · 귀족정 · 공화정' 은 좋은 政體요, '폭군정 · 과두정 · 민주정' 은 나쁜 政體라는 것이다.

으면 가장 나쁜 동물로 전락하고 만다. 不義는 유용한 도구가 있을 때 더욱 심각한 것이 된다. 그런데 사람은 날 때부터, 예를 들어 言語 같은 유용한 도구를 갖고 태어난다. 이런 도구들은 워낙이 도의적인 德이나 사려분별을 이루기 위한 것이지만 때로는 그 반대의 목적을 위하여 사용될 수도 있는 것이다. 그렇기 때문에 사람이 德이 없으면 가장 추악하고 야만스러운 존재이며 탐욕과 무절제함이 다른 동물보다도 더 강하다. 사람은 국가의 正義를 통하여 구원받는다. 왜냐하면 정의란 옳고 그름을 판별하는 것인데 이것을 정치적 결사가 실현하는 것이기 때문이다.[32)]

위에 보이듯이, 아리스토텔레스가 말하는 '좋은 생활' 이란 '法과 正義를 통해 德을 발휘하는 삶' 이다. 요컨대 그는 사람다움의 근거를 덕과 정의에서 찾고, 인간은 '정치적 결사' 즉 '인륜적 삶' 을 통해서만 '사람다움' 을 실현할 수 있다고 설명했다. 이상의 내용을 정리하면, 아리스토텔레스가 말하는 인간의 '본성적 삶' 은 '이성적 삶' 또는 '정치적 삶' 으로서, 한편으로는 '분업과 협동의 삶' 이요, 다른 한편으로는 '法과 正義를 통해 德을 발휘하는 삶' 이다.

맹자도 아리스토텔레스와 마찬가지로 인간의 사회적 삶을 분업과 협동의 체계로 이해했다.[33)] 분업과 협동의 삶은 士 · 農 · 工 · 商과 같은 身分(職分)의 분화를 자연스러운 현실로 수용함과 동시에, 그것을 뒷받침하는 토대로서 人倫을 요청하게 된다. 맹자의 이러한 입장은 당시의 여러 학파들에 대한 비판에 잘 나타나 있다. 맹자는 法家에 대해서는 '부국강병을 위해 覇道를 일삼는다' 고 비판했거니와,[34)] 패도는 功利를 위해 人倫을 외

32) 아리스토텔레스, 『정치학』, 1253a.

33) 『孟子』 滕文公上 4 : 一人之身而百工之所爲備 如必自爲而後用之 是率天下而路也 故曰 或勞心 或勞力 勞心者治人 勞力者 治於人 天下之通義也

면하는 것이다. 農家에 대해서는 '사회적 분업의 원리를 외면한다' 고 비판했거니와,[35] 농가는 획일적 평등을 추구한 것이다. 道家에 대해서는 '자신의 이익만 추구한다' 고 비판했거니와,[36] 도가는 公的 영역을 무시하고 사회적 협동을 외면한 것이다. 墨家에 대해서는 '자기의 부모를 무시한다' 고 비판했거니와,[37] 묵가는 가족(私的 영역)의 자율성을 외면한 것이다. 요컨대 맹자가 말하는 인륜은 사적 영역과 공적 영역, 또는 개인의 자율과 사회적 협동이 조화를 이루는 것이다.

맹자는 "사람이 禽獸와 다른 점은 거의 드물다. 庶民은 그 차이를 없애버리고, 君子는 그 차이를 보존한다."[38]고 하였다. 그렇다면 사람이 금수와 같은 점은 무엇이고, 다른 점은 무엇인가? 이에 대해 맹자는 다음과 같이 말한다.

> 사람에게는 道가 있거니와, 배불리 먹고 따뜻하게 입으며 편안히 살되 가르침이 없다면 곧 禽獸에 가깝게 된다. 聖人(舜)이 이를 근심하시어, 설(契)을 司徒로 삼아 人倫을 가르치게 하셨으니, 父子有親 · 君臣有義 · 夫婦有別 · 長幼有序 · 朋友有信이 그것이다.[39]

맹자에 의하면, 衣食住의 충족이라는 본능의 차원에서는 사람과 금수가 다르지 않으므로, 오직 '人倫' 만이 사람과 금수를 구별해준다. 맹자는 '인

---

34) 『孟子』 公孫丑上 3 참조.

35) 『孟子』 滕文公上 4 참조.

36) 『孟子』 滕文公下 9, 盡心上 26 참조.

37) 『孟子』 滕文公下 9, 盡心上 26 참조.

38) 『孟子』 離婁下 19 : 人之所以異於禽獸者幾希 庶民去之 君子存之

39) 『孟子』 滕文公上 4 : 人之有道也 飽食煖衣 逸居而無教 則近於禽獸 聖人有憂之 使契爲司徒 教以人倫 父子有親 君臣有義 夫婦有別 長幼有序 朋友有信

륜적 삶'의 가능근거를 '仁義禮智의 本性'에서 찾았다. 맹자는 다음과 같이 말한다.

> 舜은 여러 사물에 밝았고, 人倫을 자세히 살피셨다. 이는 仁義에 말미암아 실천하신 것이요, 仁義를 실천하신 것이 아니다.[40]

위의 인용문에서 주목할 것은 '仁義에 말미암아'라는 말이다. '仁義를 실천한다'고 하면 자칫 仁義가 인간의 본성과 무관한 것으로 여겨질 수도 있다. 그러므로 맹자는 '仁義에 말미암았다'고 하여, 仁義가 인간에게 본성적으로 내재하는 것임을 강조한 것이다.[41] 舜은 人倫을 자세히 살피어 비로소 五倫으로 구체화시킨 聖人이다. 그런데 舜이 정립한 五倫은 仁義禮智라는 인간의 本性으로부터 유래한 내용이라는 것이다.

이상에서 알 수 있듯이, 맹자는 인륜적 삶을 사람다운 삶으로 규정하고, 그 가능근거를 인의예지의 본성에서 찾았다. 인간의 고유한 본성을 발휘하는 삶이야말로 사람다운 삶이요, 의식주의 본능을 충족하는 것으로 만족하는 삶은 금수의 삶과 다를 바 없다는 것이다. 그런데 "사람이 금수와 다른 점은 거의 드물다"고 했듯이, 인간의 삶은 대부분 동물적 본능에 지배당하는 것이다. 동물적 본능이 인간적 본성을 압도하는 현실에서, 인간다움을 실현한다는 것은 결코 쉽지 않다. 그럼에도 불구하고 맹자는 '사람이 금수처럼 살 수는 없다'는 취지에서 '사람의 본성을 발휘하는 삶'을 주

40) 『孟子』 離婁下 19 : 舜明於庶物 察於人倫 由仁義行 非行仁義也

41) 주자는 "仁義에 말미암아 실천하신 것이요, 仁義를 실천하신 것이 아니다."라는 말에 대해 "仁義가 이미 마음속에 뿌리박고 있어서 모든 행실이 이로부터 나왔다는 말이요, 仁義를 아름답게 여겨서 힘써 실천했다는 말이 아니다."라고 주석한 바 있다(『孟子集註大全』 離婁下 19, 朱子註 : 由仁義行 非行仁義 則仁義已根於心 而所行皆從此出 非以仁義爲美而後 勉强行之).

창한 것이다.

이상에서 살핀 바와 같이, 인륜론자들이 말하는 '인륜적 삶' 이란 '인간의 본성을 발휘하는 삶' 이었다. 그런데 문제가 되는 것은 荀子의 경우이다. 순자는 인륜적 삶을 사람다운 삶으로 규정하면서도, 性惡說을 표방하면서 '본성의 극복' 을 주창했기 때문이다. 이제 이에 대해서 좀 더 살펴보기로 하자.

순자는 맹자의 性善說을 정면으로 비판하고 성악설을 주장했다. 그리하여 순자의 인성론은 맹자의 인성론과 相反되는 것으로 이해하기 쉬우나, 꼭 그런 것은 아니었다. 우선 순자가 인성을 惡으로 규정하는 논거를 살펴보자.

> 사람의 性은 惡하다. 그 善은 인위적 노력의 결과이다. 이제 사람의 性은 태어나면서부터 利益을 좋아하거니와, 이를 따르기 때문에 爭奪이 생기고 辭讓이 없어지는 것이다. 태어나면서부터 미워하고 싫어하는 바가 있거니와, 이를 따르기 때문에 殘賊이 생기고 忠信이 없어지는 것이다. 태어나면서부터 耳目의 욕망이 있어서 聲色을 좋아하거니와, 이를 따르기 때문에 淫亂이 생기고 禮義와 文理가 없어지는 것이다. 그렇다면, 사람의 性과 情을 따르면 반드시 爭奪이 생겨서, 분수를 범하고 이치를 어지럽혀 暴惡하게 되는 것이다. 그러므로 반드시 장차 師法의 敎化와 禮義의 道가 있은 다음에야 辭讓이 생겨서, 文理에 부합하여 다스려지게 되는 것이다. 이것으로 본다면, 사람의 性은 惡함이 분명하다. 그 善은 인위적 노력의 결과이다.[42)]

---

42) 『荀子』〈性惡〉: 人之性惡 其善者 僞也 今人之性 生而有好利焉 順是故爭奪生 而辭讓亡焉 生而有疾惡焉 順是故殘賊生 而忠信亡焉 生而有耳目之欲 有好聲色焉 順是故淫亂生 而禮義文理亡焉 然則從人之性 順人之情 必出於爭奪 合於犯分亂理 而歸於暴 故必將有師法之化 禮義之道 然後出於辭讓 合於文理 而歸於治 用此觀之 然則人之性惡 明矣 其善者 僞也

순자는 '이익을 좋아하고 손해를 싫어하는 마음', 또는 '이목구비의 욕망'을 사람의 본성으로 규정했다. 순자는 "지금 사람의 性은, 굶주리면 배부르게 먹고자 하고, 추우면 따뜻하게 입고자 하며, 피로하면 쉬고자 하는데, 이것이 사람의 情이요 性이다."[43]라고 말하기도 했다. 요컨대 순자는 육체적 本能을 사람의 本性으로 규정한 것이다. 사람이 이목구비의 본능적 욕망에 충실하다보면 금수처럼 爭亂을 일삼게 되거니와, 순자는 이러한 사실을 바탕으로 性惡說을 주장한 것이다. 순자는 이처럼 성악설을 주장했지만, 한편으로는 사람에게는 '仁義와 法正을 알고 행할 수 있는 자질'이 있다고 주장했다.

> 무릇 禹가 禹가 된 까닭은 仁義와 法正이 있기 때문이다. 그렇다면 仁義와 法正은 알 수 있고 행할 수 있는 이치가 있는 것이다. 그런데 길을 가는 사람들도 모두 仁義와 法正을 알 수 있는 자질이 있고, 仁義와 法正을 행할 수 있는 도구가 있다. 그렇다면 그들도 禹처럼 될 수 있음이 분명한 것이다. (…) 지금 길을 가는 사람들도 모두 안으로는 父子의 義를 알 수 있고, 밖으로는 君臣의 正을 알 수 있으니, 그렇다면 길을 가는 사람에게도 알 수 있는 자질과 행할 수 있는 도구가 있음이 분명한 것이다.[44]

순자는 길을 가는 보통사람에게도 '仁義와 法正을 알고 행할 수 있는 자질'이 있다고 주장하고, 따라서 그들도 禹처럼 훌륭한 사람이 될 수 있다

43) 『荀子』〈性惡〉: 今人之性 飢而欲飽 寒而欲煖 勞而欲休 此人之情性也

44) 『荀子』〈性惡〉: 凡禹之所以爲禹者 以其有仁義法正也 然則仁義法正 有可知可能之理 然而塗之人也 皆有可以知仁義法正之質 皆有可以能仁義法正之具 然則其可以爲禹 明矣 (…) 今塗之人者 皆內可以知父子之義 外可以知君臣之正 然則其可以知之質 可以能之具 其在塗之人 明矣

고 확언했다. 한편 순자도 사람이 금수와 구별되는 '사람다움의 근거'는 人倫에 있다고 보았다.

> 사람이 사람이 되는 까닭은, 다만 두 발이 있고 털이 없기 때문이 아니라, '辨'이 있기 때문이다. 무릇 금수에게도 父子는 있으나 父子의 親은 없으며, 암수는 있으나 男女의 別은 없다. 人道에는 辨이 없는 것이 없으니, 辨은 分보다 큰 것이 없고, 分은 禮보다 큰 것이 없다.[45)]

위의 인용문에서는 사람다움의 근거를 人倫에서 찾았다. 그런데 人倫은 분명 '仁義와 法正을 알고 행할 수 있는 자질'로부터 비롯되었을 것이다. 이렇게 본다면 순자 역시 人倫을 사람다움의 근거로 설정하고, 인간의 本性에서 그 가능근거를 찾은 것이다. 요컨대 순자는 인간의 본성에는 '惡하게 될 수 있는 요소'와 '善하게 될 수 있는 요소'가 모두 포함되어 있다고 본 것이다. '惡하게 될 수 있는 요소'는 '耳目口鼻의 욕망'으로서, 이는 '食色의 본능'에 해당한다. '善하게 될 수 있는 요소'는 '仁義와 法正을 알고 행할 수 있는 자질'로서, 이는 '仁義의 본성'에 해당한다. 그런데 순자는 食色의 本能이 仁義의 本性을 압도하는 현실을 보고, 性惡說을 주장한 것이다. 요컨대 순자가 惡이라고 규정한 '本性'은 사실 '本能'에 해당되는 것이다. 따라서 순자가 주창한 '本性의 극복'도 사실은 '本能의 극복'을 뜻하는 것이었다.

이제 주자의 人心道心論을 다시 살펴보자. 앞에서 살폈듯이, 주자는 道心을 '본성으로부터 유래하는 마음' 또는 '본성을 실현하려는 마음'이라

---

45) 『荀子』〈非相〉: 人之所以爲人者 非特以其二足而無毛也 以其有辨也 夫禽獸有父子 而無父子之親 有牝牡 而無男女之別 故人道莫不有辨 辨莫大於分 分莫大於禮

설명했고, 人心을 '육체로부터 유래하는 마음' 또는 '본능적 욕망을 추구하는 마음'이라 설명했다. 이를 바탕으로 주자는 인심과 도심의 바람직한 관계를 다음과 같이 논했다.

> 人心과 道心이 方寸에 섞여 있어 다스릴 줄을 모른다면, 인심은 더욱 위태로워지고 도심은 더욱 미묘해져서, '天理의 공정함'이 마침내 '人欲의 사사로움'을 이길 수 없을 것이다. (…) 반드시 도심으로 항상 一身의 主宰者를 삼아 인심이 항상 그 명령을 따르게 한다면, 위태로운 인심은 편안해지고 미묘한 도심은 드러나게 되어, 言行이 저절로 過·不及의 잘못이 없게 될 것이다.[46)]

자신의 본능적 욕구를 추구하는 인심은 그 자체로는 정당성이나 공정성을 담보할 수 없기 때문에 위태로운 것이다. 정당성이나 공정성을 담보하는 것은 도심의 역할이다. 그리하여 주자는 인심과 도심의 바람직한 관계는 '도심이 인심에게 합당한 길을 제시하고, 인심이 항상 그에 따르는 것'이라고 설명했다. 주자는 이것이 바로 堯·舜이 인심·도심을 거론한 취지였다고 주장하고, 治國·平天下의 근본원리도 이에서 벗어나지 않는다고 역설했다.[47)]

한편, 앞에서 주자의 人心·道心은 프로이트의 '원초아·초자아' 및 롤즈의 '합리성·합당성'과도 상응하는 개념이라 했는데, 프로이트나 롤즈가 추구한 삶의 모습도 주자의 경우와 크게 다르지 않았다. 즉, 프로이트의

---

46) 『中庸章句』〈中庸章句序〉: 二者雜於方寸之間 而不知所以治之 則危者愈危 微者愈微 而天理之公 卒無以勝夫人欲之私矣 (…) 必使道心 常爲一身之主 而人心每聽命焉 則危者安微者著 而動靜云爲 自無過不及之差矣

47) 『中庸章句』〈中庸章句序〉: 夫堯舜禹 天下之大聖也 以天下相傳 天下之大事也 以天下之大聖 行天下之大事 而其授受之際 丁寧告戒 不過如此 則天下之理 豈有以加於此哉

'본능적 충동의 억압이나 조절을 통해서 文明이 발전한다'는 주장은 주자의 "도심으로 항상 一身의 主宰者를 삼아 인심이 항상 그 명령을 따르게 한다면, 위태로운 인심은 편안해지고 미묘한 도심은 드러나게 되어, 言行이 저절로 過·不及의 잘못이 없게 될 것"이라는 주장과 궤를 같이한다. 한편, 롤즈는 합리성과 합당성은 상호보완적인 것이므로, 모든 사람들에게 있어서 합리성과 합당성은 반드시 결합되어야 한다고 설명하고, 그 결합은 합당성이 합리성에 우선하는 결합이어야 한다고 주장했다(좋음에 대한 옳음의 우선성). 요컨대 우리는 합당성(정의의 원칙)이 허용하는 범위 안에서 자신의 목표(善)를 추구해야 한다는 것이다.[48] 그런데 롤즈의 '옳음이 좋음에 우선한다'는 주장은 주자의 '인심은 도심의 명령에 따라야 한다'는 주장과 상응하는 것이다.[49]

이상의 내용을 정리해보자. 아리스토텔레스와 맹자·주자는 인륜적 삶을 인간다운 삶으로 규정하고, 그 가능근거를 인간의 고유한 본성에서 찾았다. 요컨대 이들의 인륜론은 다른 동물과 구별되는 인간의 고유한 본성에 토대를 둔 것이다. 한편 프로이트나 롤즈는 전근대의 인륜론자들과는 일정한 거리가 있으나, 이들이 추구한 삶의 모습 역시 주자가 추구한 삶의 모습과 크게 다르지 않았다는 것은 우리의 논의에 많은 점을 시사하는 것이다.[50]

---

48) 롤즈, 『정치적 자유주의』, 23쪽 및 384쪽 참조.

49) 이에 대한 보다 자세한 논의는 拙著, 『朱子學의 길』, 251~257쪽 참조.

50) 롤즈의 人權論은 自由至上主義(libertarianism)와는 달리 상호성(reciprocity, 호혜성)을 전제로 삼는다는 점에서 전근대의 人倫論과 일정 부분 궤를 같이한다. 롤즈는 자유지상주의에 대해 상호성의 기준을 결여함으로써 극심한 사회적 및 경제적 불평등을 허용한다고 지적하고, "자유지상주의적 정치 체제는 올바른 명분에 입각한 안정성을 유지할 수 없을 것"이라고 비판했다(롤즈, 『萬民法』, 84~86쪽 참조).

3. 人權論의 인간관

이제 인권론자들의 인간관을 살펴보자. 앞에서 밝혔듯이, 오늘날의 인권론은 '개인의 自由'를 강조하는 '제1세대 인권론'과 '사회적 平等'을 강조하는 '제2세대 인권론'으로 대별된다. 제1세대 인권론은 자유주의자들이 옹호한 인권론이었고, 제2세대 인권론은 사회주의자들이 표방한 인권론이었던바,[51] 자유주의와 사회주의는 근본적으로 인간관과 세계관을 달리하므로, 우리는 양자를 구별해서 살펴볼 필요가 있다.

먼저 제1세대 인권론자들, 즉 자유주의자들의 인간관을 살펴보자. 서구의 近代는 르네상스(Renaissance)로부터 발단하거니와, 콜링우드는 르네상스의 意義에 대해 다음과 같이 말한 바 있다.

> 역사철학은 다시 그 구도의 중심에 人間을 배치하였다. 그러나 그리스 · 로마 사상에 대한 새로운 관심에도 불구하고, 인간에 대한 르네상스의 개념은 그리스 · 로마의 그것과는 이미 본질적으로 다른 것이었다. (…) 르네상스 역사가에게 있어서의 인간이란, 고대철학에서 묘사한 바와 같이 知性에 의하여 행동을 통제하고 운명을 창조하는 인간이 아니라, 기독교적 사상이 말하는 情念(passion)[52]과 충동에 의해 지배되는 피조물로서의 인간이었다.[53]

---

51) 이샤이, 『세계인권사상사』, 46~47쪽 및 369~373쪽 참조.

52) 'passion'은 '情熱, 熱情, 情念, 情慾' 등 조금씩 語感이 다른 다양한 말로 번역된다. 'passion'은 그리스어로는 'pathos'라 하는바, 아리스토텔레스는 'pathos'를 "욕망, 분노, 공포, 태연, 질투, 환희, 사랑, 증오, 동경, 경쟁심, 연민, 그리고 일반적으로 쾌락이나 고통을 수반하는 감정들"이라고 설명한 바 있다(『니코마코스 윤리학』, 1105b). 한편, 홉스는 『리바이어던(Leviathan)』 제6장의 제목에서 'passion'을 '자발적 운동의 內的 端初(the interiour beginnings of voluntary motions)'라고 설명한 바 있다. 아리스토텔레스의 설명에 따라 'passion'을 '쾌락이나 고통을 수반하는 감정들'

"역사철학은 다시 그 구도의 중심에 人間을 배치하였다"는 말은 중세의 '神' 중심적 세계관으로부터 탈피하여 고대 그리스의 '인간' 중심적 휴머니즘으로 복귀했다는 뜻이다. 그런데 르네상스는 휴머니즘에로의 복귀라 해도, 르네상스적 인간은 이미 '그리스적' 인간이 아니라 '기독교적' 인간이었다는 것이다. 그리스적 인간이란 이성에 의해 정념을 통제하는 인간인 반면,[54] 기독교적 인간이란 자연적 욕망에 의해 지배되는 인간이다. 기독교에서는 자연적 욕망에 지배되는 것을 '原罪'라고 규정했으나, 근대인들은 이것을 오히려 당연한 것으로 긍정한 것이다. 그리하여 근대에 접어들면서 理性과 情念의 관계가 역전되었다.[55] 즉 그리스인들은 이성이 정념을 통제해야 하는 것으로 규정했었으나, 근대인들은 반대로 이성이 정념을 위해 봉사해야 한다고 규정했던 것이다.[56] 예컨대 흄은 "이성은 정념의 노예요, 오직 노예여야만 한다. 이성은 정념에게 시중들며 복종하는 것 외에는 다른 어떠한 직분도 절대로 가질 수 없다."[57]고 선언한 바 있다.

르네상스의 인간관은 근대 自由主義 인간관의 원류가 되었다. 자유주의

이라고 정의한다면, 홉스는 '쾌락이나 고통을 수반하는 감정들'을 '자발적 운동의 內的 端初'로 규정한 것이다.

53) Collingwood, *The Idea of History*, 57쪽.

54) 플라톤의 '靈魂三分說'이나 아리스토텔레스의 '中庸論'이 바로 그것이다.

55) 예컨대 르네상스를 대표하는 인문주의자로 불린 에라스뮈스(Desiderius Erasmus)는 '아랫녘 샅' 이야말로 '생명의 샘'으로서 '경건한 聖地'라고 규정하고, "삶에서 쾌락을 제거해 버린다면, 삶을 도대체 삶이라고 부를 수 있겠습니까?"라고 반문한 바 있다(에라스뮈스, 『우신예찬』, 34~36쪽 참조). 에라스뮈스는 '정열'의 지배를 받는 자를 '어리석은 자'로, '이성'의 지배를 받는 자를 '지혜로운 자'로 규정하고, 자신은 '어리석은 자(愚神)'를 예찬했다(『우신예찬』, 73쪽 참조).

56) 케닝턴(Richard Kennington)에 의하면, '이성은 정념을 위해 봉사하는 도구'라는 생각의 선구자는 마키아벨리였으며, 이후 베이컨 · 데카르트 · 홉스 등에 의해 계승된 것이다(Strauss & Cropsey (ed), *History of Political Philosophy* (Second Edition), 411~412쪽 참조).

57) Hume, *A Treatise of Human Nature*, 415쪽.

자들의 인간관은 '주권적 욕망'과 '도구적 이성'이라는 말로 요약된다. 한마디로 인간은 '합리적 이기주의자'라는 것, 또는 '모든 인간은 자신의 이익을 극대화하고자 한다'는 것이다.[58] 여기서 '이기주의'란 '자신의 본능적 욕구를 추구한다'는 뜻이요, '합리적'이란 '이성을 통해 본능적 욕구를 가장 효율적으로 충족시킬 수 있는 방법을 모색한다'는 뜻이다. 이기주의는 종종 다른 사람과의 갈등(투쟁)을 낳는데, 이성은 갈등을 회피하거나 줄일 수 있는 길을 알려주는 것이다. 홉스는 『리바이어던』에서 이러한 인간관의 전형을 제시하였다.

『리바이어던』 제6장에서는 인간의 情念(passions)을 논했다. 홉스에 의하면, 인간의 삶은 운동의 연속이다. 홉스는 인간의 운동을 두 종류로 나누어 설명한다. 하나는 '생명적(vitall)' 운동으로, 혈액순환 · 맥박 · 호흡 · 소화 · 영양 · 배설 등 출생과 동시에 시작되어 죽을 때까지 지속되는 운동이다. 다른 하나는 '의지적(voluntary, 자발적)' 운동으로, 우리의 마음에 최초로 상상된 대로 걷고 말하고 우리의 四肢를 움직이는 운동이다. 홉스는 의지적 운동을 일으키는 내적 단초를 情念이라 했다. 홉스의 정념론은 다양한 내용을 포괄하고 있지만, 그것은 욕망(desire)과 혐오(aversion)로 대별된다. 욕망은 그 대상으로 접근하는 운동을 낳고, 혐오는 그 대상으로부터 도망가는 운동을 낳는다.[59] 즉 정념이 추동하는 인간의 의지적 운동이란 이익이 되는 대상에게 달려가고 손해가 되는 대상으로부터 도망치는 '趨利避害'의 운동이라는 것이다.[60]

58) 강정인, 『자유민주주의의 이념적 초상』, 23~25쪽 참조.

59) Hobbes, *Leviathan*, 118~120쪽 참조.

60) 이러한 맥락에서, 조긍호는 홉스의 정념을 '자기보전을 위한 이기적 욕구와 이를 달성하기 위한 자유의지를 포괄하는 것'으로 풀이한 바 있다(조긍호, 『사회관계론의 동 · 서 비교』, 421쪽 참조).

『리바이어던』 제13장에서는 '인간의 본성'과 그에 따른 '자연상태'의 모습을 묘사하였다. 홉스는 인간의 본성에는 競爭 · 不信 · 名譽心 등 세 가지 주요한 분쟁의 원인이 있다고 한다. 홉스는 다음과 같이 말한다.

競爭은 인간으로 하여금 (자신의) '이득'을 얻기 위하여 (남을) 침략하게 만들고, 不信은 (자신의) '안전'을 위하여 (남을) 침략하게 만들며, 名譽는 (자신의) '평판'을 위하여 (남을) 침략하게 만든다. 競爭은 자신을 남의 人格 · 婦人 · 子女와 가축의 '지배자'로 만들기 위하여 폭력을 사용하게 한다. 不信은 남으로부터 '방어'하기 위하여 폭력을 사용하게 한다. 名譽心은 직접적으로는 자신의 인격, 간접적으로 자신의 친구나 친지 · 국가 · 직업 · 家門 등과 관련된 한 마디 말이나 웃음 또는 상이한 의견, 과소평가의 조짐 등 '사소한 것' 때문에 폭력을 사용하게 한다.[61]

'인간의 본성' 속에 있는 위와 같은 세 요소는 모두 '인간의 자기보존 본능'과 관계된 것인바,[62] 이러한 본능적 요소들은 결국 자연상태를 '전쟁상태'로 몰아넣는다. 자연상태란 모든 사람이 두려워서 복종하는 '공통의 권력'이 없는 상태이다. 홉스는 자연상태에서는 "萬人은 萬人에 대해 敵"이라고 하였다. 자연상태 즉 전쟁상태는 한마디로 문명의 발달을 불가능하게 하고, 개인의 안락한 삶을 불가능하게 한다. 인간은 고독과 가난과 추

---

61) Hobbes, *Leviathan*, 185쪽.

62) 홉스가 여기서 말하는 '인간의 본성'이란 고전적 의미의 본성 즉 '인간을 인간답게 만들어주는 선천적 요소'를 뜻하는 것이 아니요, 다만 '인간의 자기보존 본능'을 뜻하는 것이다. 競爭과 不信이 자기보존 본능과 관계된 것임에 대해서는 더 이상 설명이 필요 없을 것이다. 名譽心은 권력과 관계된 것이요, 권력은 자기의 이익을 장구하게 확보하는 수단이므로, 모든 사람은 부단히 권력을 추구하게 된다는 것이 홉스의 견해였다(Hobbes, *Leviathan*, 161쪽 참조).

잡과 잔인 속에서 시름하다가, 제 명대로 살지도 못하고 죽게 된다. 자연상태의 불편함 가운데 가장 큰 것은 '공포와 위험' 인바, 공포와 위험은 인간으로 하여금 平和를 지향하지 않을 수 없게 만든다. 홉스는 다음과 같이 말한다.

> 인간으로 하여금 평화를 지향하게 하는 情念은 죽음에 대한 恐怖이며, 또한 쾌적한 삶에 필요한 재화에 대한 慾望이며, 동시에 노동을 통해 그것을 얻고자 하는 希望이다. 그리고 理性은 사람들이 동의할 수 있는 평화를 위한 적절한 조항들을 제시한다. 이러한 조항들을 '自然法' 이라 한다.[63]

죽음에의 공포, 쾌적한 삶에 대한 욕망, 자신의 노동을 통해 그것들을 얻고자 하는 희망 등의 情念은 인간으로 하여금 평화를 지향하게 하는데, 理性이 평화를 달성하기 위한 구체적인 조항들을 제시한다는 것이다.[64] 위의 인용문을 중심으로 볼 때, 홉스가 상정하고 있는 인간성의 두 요소는 정념과 이성이다. 이제 홉스에게 있어서 이성의 역할을 살펴보자.

『리바이어던』 제11장에서는 "인간의 욕망의 목적은 한 번만 그리고 한 순간만 향유하려는 것이 아니라, 장래의 욕망을 충족시킬 수 있는 방법을 영원히 확보하려는 것"[65]이라 했다. 인간은 현재의 욕망만을 고려하는 것이 아니라, 장래의 욕망도 고려한다는 것이다. 장래의 욕망을 고려하기 때문에 인간의 욕망은 무한해진다. 그런데 장래의 욕망을 고려하는 것은 바

---

63) Hobbes, *Leviathan*, 188쪽.

64) 理性이 平和를 위해 제시하는 조항이란 결국 主權讓渡의 契約을 체결하고 政治體 또는 主權者를 세우는 것이다. 즉 홉스에게 있어서 정치체를 만들게 하는 기본 동기는 공포 · 욕망 · 희망 등 情念에 있고, 理性은 다만 정치체를 만드는 방법을 알려 주는 것이다. 다시 말해, 理性은 '情念에 봉사하는 도구' 로 인식되었다.

65) Hobbes, *Leviathan*, 160~161쪽.

로 이성의 역할이다. 즉 이성은 인간의 욕망을 무한히 증대시키는 것이다.[66)]

『리바이어던』 제14장에서는 自然權 · 自由 · 自然法 등을 차례로 설명한다. 자연권 · 자유 · 자연법 등은 자유주의의 핵심 개념들인데, 이러한 개념들을 뒷받침하는 것이 바로 이성이다. 이성은 자신의 권리를 알려주기도 하고, 자신이 지켜야 할 법을 알려주기도 한다. 이성이 알려준 권리와 법 사이에서 자신의 자유가 성립하는 것이다. 홉스는 다음과 같은 내용이 이성에 의해 발견된 가장 기본적인 일반법칙이라고 말한다.

> 모든 인간은 스스로 평화를 얻으려는 희망을 가지는 한 평화를 얻기 위해 노력해야 한다. 그리고 평화를 얻을 수 없을 때에는 모든 도움과 전쟁의 이익을 추구하고 사용할 수 있다.[67)]

위의 첫째 문장은 제1의 自然法을 말한 것이며, 둘째 문장은 自然權을 요약한 것이다. 즉 제1의 자연법은 "평화를 추구하고 그것을 따르라"는 것이며, 자연권의 요점은 "우리가 취할 수 있는 모든 수단에 의하여 우리 자신을 방어하라"는 것이다. 제2의 자연법은 제1의 자연법으로부터 도출된 것으로서, "인간은, 다른 사람들도 그렇게 하고 또 자신이 생각해도 평화와 자신의 방어를 위해 필요하다고 보는 한, 모든 것에 대한 이러한 권리를 포기해야만 한다. 그리고 타인에게 나 자신에 대해 허락한 만큼의 자유를 타인에 대해 갖는 것으로 만족해야 한다."[68)]는 것이다. 제2의 자연법은 평화

---

66) 윤홍근, 「홉스의 '새로운 政治學'에 대한 再解釋」, 242쪽 참조. 理性이 욕망을 증대시킨다는 점은 로크에게 있어서도 마찬가지이다. 로크는 '미래의 안락한 생활을 위해' 화폐(사유재산)를 무한히 축적하는 것을 긍정했다(로크, 『통치론(제2론)』 제5장 참조).

67) Hobbes, *Leviathan*, 190쪽.

를 위해 자신의 자연권을 다른 사람과 동등하게 일정 부분 포기(양도)하라는 것인데, 그것은 '이성의 打算能力' 에 기반을 둔 것이다.

이상의 고찰을 통해 볼 때, 홉스에게 있어서 理性의 역할은 두 측면을 지닌다. 이성은 한편으로는 미래의 불안(가난)을 고려해 욕망을 증대시키고, 한편으로는 자신을 방어하고 타인과 공존(평화)하고자 타인과 동등하게 자신의 권리를 포기(양도)하도록 하는 것이다. 이 두 가지는 모두 이성의 타산능력에 기반을 둔다.[69]

이제 홉스의 정념론과 이성론을 하나의 인간론으로 종합해 보자. 인간의 정념 가운데 핵심은 자기보존을 위한 이기적 욕망이다.[70] 이기적 욕망은 자연상태를 전쟁상태로 몰아넣는다. 이성은 욕망을 무한히 증대시키기도 하고, 자신의 권리를 포기시키기도 한다. 이성이 자신의 욕망을 증대시키는 것도 더 큰 만족을 위한 것이지만, 이성이 자신의 권리를 포기하도록 하는 것도 더 큰 만족(평화에 의해 자신의 안전을 보장받는 것)을 위한 것이다. 이러한 인간관에 입각할 때, 政治體의 목적은 분명해진다. 정치체란 구성원들의 안전을 보장하는 데 본질적인 목적이 있다는 것이다.[71] 자유주의의 이러한 정치관을 '도구적 정치관' 이라 하는 것이다.

이상에서 홉스의 인간관을 개관했거니와, 인간의 본능적 욕망을 그 자체로 승인하는 것은 자유주의자들의 일반론이었다. 요컨대 근대의 자유주

---

68) Hobbes, *Leviathan*, 190쪽.

69) 이러한 맥락에서 조긍호는 홉스의 이성을 '양날의 칼' 에 비유한 바 있다(『사회관계론의 동 · 서 비교』, 310쪽).

70) 싱어(Peter Singer)는 흄의 '이성은 정념의 노예' 라는 말에서의 '정념(passion)' 을 '이기적 욕구' 또는 '생물학적 근거를 갖는 개인으로서의 인간적 욕구' 로 풀이했다(싱어, 『사회생물학과 윤리』, 214쪽 및 246쪽). 싱어 역시 '情熱(情念)' 을 '인간의 본능적 욕망' 으로 풀이한 것이다.

71) Hobbes, *Leviathan*, 223쪽.

의자들은 인간의 욕망 자체에 주권적 성격을 부여한 것이다. 현대의 정치학자 아블라스터(Anthony Arblaster)는 이를 다음과 같이 설명하였다.

> '인간의 욕망' 이라는 관념은 인간 본성에 대한 자유주의적 개념 안에서 강력한 힘을 획득한다. 홉스 · 흄 · 벤담에게 있어 욕망들은 일종의 주권적 독립성을 갖는바, 그 독립성은 욕망들을 도덕의 영역 너머에 위치시킨다. 욕망은 인간 본성에 본질적으로 주어진 불변의 사실로서, 도덕성은 그 자신을 욕망에 맞추어야 한다.[72]

아블라스터에 의하면, 자유주의자들은 욕망에 主權을 부여함으로써, 욕망과 도덕성 사이의 전통적 主從 관계를 역전시킨 것이다. 이처럼 인간의 이기적 욕망을 그 자체로 긍정하는 것은 자유주의자들의 일반론이었다.[73] 자유주의자들은 두 가지 근거에 입각하여 인간의 이기심을 긍정하였다. 첫째는 理性의 타산능력에 대한 신뢰였다. 홉스의 설명에 보이듯이, 무한한 이기심은 전쟁상태를 초래하나, 자신의 이익을 최대화하고자 하는 이성은 우리를 평화의 길로 인도한다는 것이다. 둘째는 豫定調和說이다.[74]

---

72) Arblaster, *The Rise and Decline of Western Liberalism*, 28쪽.

73) 아블라스터는 "비판적 질문을 하고, 회의적 관점을 취하기를 좋아하는 自由主義가 욕망에 대해서는 놀랍도록 무비판적이고 의문 없는 태도를 취한다" 고 꼬집은 바 있다. 자유주의는 암암리에 '인간의 욕망 · 願望 · 열망' 이 단순히 존재한다는 것만으로 그것을 '인간의 본성' 으로 간주한다는 것이다(Arblaster, *The Rise and Decline of Western Liberalism*, 29쪽 참조). 한편 월린(Sheldon S. Wolin)도 自由主義를 "인간이 본질적으로 합리적인 존재이며 그 행실은 실제로 이성에 의해 지배된다는 견해" 로 간주하는 많은 학자들의 통념은 '상당한 오류' 를 범하는 것이라고 지적하고, "로크에서 시작해서 스미스, 흄, 공리주의자들을 거치면서 확장된 자유주의 논자들은 반복해서 인간이 강한 情念을 지닌 피조물임을 강조했다" 고 해명한 바 있다(월린, 『정치와 비전』 2, 221쪽 참조).

스미스(Adam Smith)가 말했듯이, 모든 개인이 각자 자신의 이익만을 추구해도 사회는 전체적으로 조화를 이루게끔 예정되어 있다는 것이다. 이러한 두 맥락에서 자유주의자들은 利己心을 '문명사회의 추진력' 이라고 옹호했거니와, 맨더빌(Bernard de Mandeville)은 "私惡이 바뀌어 公益이 된다"는 말로 이를 선전했다.[75] 이제 이기심이 초래할 수 있는 파괴적 결과에 대한 우려는 말끔히 가시게 되었다. 자유주의자들은 이러한 맥락에서 본능적 욕망의 실현을 각자의 천부적 권리로 주창하게 된 것이다.

그러나 타산능력으로서의 道具的 理性은 평화의 길잡이가 되지 못했고, 예정되어 있다던 조화도 실현되지 못했다. 또 대부분의 자유주의자들은 인권을 천부적 권리로 규정했음에도 불구하고, 그 인권을 모든 계급에게 두루 보편화하기보다는 자신들만의 特權으로 한정하는 경향을 보여주었다. 이에 서구의 근대는 애초의 선전과는 달리 樂園보다는 地獄에 가깝게 변하고 있었다. 이러한 정황 속에서 제2세대 인권론이 등장하게 되었던 것이다. 제2세대 인권론자들은 理性의 한계를 직시하고 良心을 주목하게 되었으며, 自由와 함께 平等을 요구하게 되었다. 제2세대 인권론은 사회주의의 인권론이라 했거니와, 여기에서는 루소와 마르크스의 인간관을 개관해 보기로 하자.[76]

---

74) 홉스의 自然法에 보이듯이, '理性의 타산능력' 은 결국 어느 정도 욕망의 절제를 요구하는 것이다. 그러나 '예정조화설' 은 욕망의 절제를 전혀 요구하지 않는 것이다.

75) 브로노프스키 · 매즐리슈, 『西洋의 知的 傳統』, 435~437쪽 참조.

76) 김용민은 마스터스(Roger D. Masters)의 견해를 빌어 "루소를 제대로 이해하지 못하고는 칸트 · 헤겔 · 마르크스 · 뒤르켕, 그리고 현대의 대표적 사상가인 존 롤즈를 이해할 수 없다."고 주장하고, 프로이트와 하이데거 역시 루소의 계승자였다고 설명한 바 있다(김용민, 『루소의 정치철학』, 55쪽 참조). 주지하듯이 루소는 자유주의자로 해석되기도 하고, 사회주의자 심지어는 전체주의자로 해석되기도 한다. 루소를 자유주의자로 규정하더라도, 그의 사상이 홉스 · 로크 등 이른바 '主流 자유주의자' 들과는 맥락을 달리한다는 점은 분명하다.

루소는 『인간불평등기원론』의 〈서문〉에서 "인류의 모든 지식 중에서 가장 유익하면서도 발전이 가장 덜 된 것이 곧 인간에 관한 지식인 것 같다."고 갈파한 바 있다.[77] 모든 지식 가운데 '인간에 대한 지식'이 가장 중요함에도 불구하고, 당시의 철학자들은 인간을 제대로 해명하지 못하고 있다는 것이다. 루소의 이러한 비판은 두 측면에서 이해할 수 있다.

첫째, 그로티우스 · 홉스 · 로크 · 몽테스키외 등 당시의 철학자들이 자연상태의 인간과 사회상태의 인간을 혼동하고 있다는 비판이다. 루소는 양자의 특징을 다음과 같이 구별하여 설명한다.

> 자연상태로부터 사회화 상태로의 이행은 인간에게 극히 현저한 변화를 가져다준다. 인간의 행위에 있어서 本能 대신에 正義를 기본으로 삼게 하고, 이제까지 결여되었던 도덕성을 부여해 준다. 이때에 이르러서야 비로소 육체의 충동 대신에 義務의 소리가 들리고, 욕망 대신에 權利가 나타나게 된다. 이제까지 자기 자신의 일만 생각했던 사람도 이제는 다른 원칙에 따라 행동하지 않을 수 없다는 것을 알게 되고, 자기의 욕구에 귀를 기울이기 전에 자기의 理性과 의논하지 않으면 안 된다는 것을 깨닫게 되는 것이다.[78]

요컨대 권리 · 정의 · 의무 등은 사회상태에서나 적용될 수 있는 개념이요 자연상태에 적용시킬 수 없는 개념인데, 당시의 학자들은 사회상태에서 얻어지는 개념들을 자연상태에 적용시키고 있다는 것이다.[79]

둘째, 당시의 학자들은 인간성의 두 측면 가운데 한 측면만 주목하고 있다는 비판이다. 우선 다음의 인용문을 보자.

---

77) 루소, 『인간불평등기원론』, 39쪽.

78) 루소, 『사회계약론(外)』, 35쪽.

79) 김용민, 『루소의 정치철학』, 97~98쪽 참조.

인간의 본성을 사색하면서 나는 그로부터 전혀 다른 두 가지 원리를 발견했다는 생각이 드네. 그 하나는 인간을 높이고, 영원한 진리를 탐구하게 하며, 정의와 도덕적인 아름다움을 사랑하게 하며, 그 관조가 현자의 더없는 기쁨이 되는 지적인 세계에 이르게 하네. 그 반대로 다른 하나는 인간 자신에게 비천함을 가져다주며, 관능의 지배에 굴복시키며, 그 관능의 수행기관인 정념에 예속시키며, 그 정념에 의해 전자의 원리의 감정이 인간에게 불러일으키는 모든 것을 방해하네. 그 두 상반된 움직임의 공격을 받아 질질 끌려다니는 것을 나는 이렇게 생각하곤 했네. '그렇다. 인간은 전혀 한쪽 면만 가진 게 아니다. 나는 원하기도 하면서 원하지 않기도 한다. 나는 예속과 자유를 동시에 느낀다. 나는 선을 알며, 그것을 사랑한다. 그러면서도 나쁜 짓을 한다. 이성에 귀를 기울이면 나는 능동적이 되지만, 정념에 끌려다니면 수동적이 된다. 그리고 내가 굴복할 때 받는 가장 큰 고통은 저항할 수도 있었는데 하고 느끼는 것이다' 라고 말일세.[80)]

모든 배려 중에서 첫 번째 배려는 자기 자신에 대한 배려라네. 하지만 내면의 목소리는, 우리가 타인을 희생하여 우리의 행복을 추구한다면 우리는 나쁜 짓을 하는 것이라고 몇 번이나 우리에게 이야기해주는가! 우리는 자연의 충동을 따르고 있다고 생각하지만 자연을 거역하고 있네. 자연이 우리의 관능에 이야기하는 것은 귀 기울여 들으면서 우리의 마음에 이야기하는 것은 무시하지. 능동적인 존재가 복종하고, 수동적인 존재가 명령하는 것이네. 양심은 영혼의 목소리이고, 정념은 육체의 목소리이지. 그 두 목소리가 서로 자주 상반되는 것이 뭐 놀라운 일인가? 그렇다면 그때 어느 쪽 소리를 경청해야 하는가? 이성은 너무도 자주 우리를 속이지. 그러기에 우리는 그 이성을 거부할 권리를 당연히 얻

---

80) 루소, 『에밀』, 498쪽.

었던 것일세. 하지만 양심은 절대로 속이는 법이 없어. 영혼에 대한 良心의 관계는 신체에 대한 本能의 관계와 같다네. 양심을 따르는 사람은 자연에 복종하는 자이며, 길을 잃지 않을까 두려워하지 않네.[81]

위의 두 인용문은 루소가 『에밀』에서 사부아 神父의 입을 빌려 말한 내용이다. 위의 첫째 인용문에서 말하는 '인간의 본성' 이란 둘째 인용문에서 말하는 '자연' 과 같은 말인바, 그렇다면 루소는 '인간이 타고난 자연 그대로의 성질' 을 '인간의 본성' 으로 규정한 것이다. 루소의 인간관은 靈肉二元論에 입각한 것으로서, 영혼의 요소가 발휘된 것이 良心이며, 육체의 요소가 발휘된 것이 情念이라는 것이다. 정념은 '육체적 관능의 수행기관' 으로서 그것은 무엇보다도 '자기 자신에 대한 배려' 즉 '자신의 안위와 자기보존에 대한 열렬한 관심' 으로 표출되고, 양심은 정념을 제어하는 기제로서 그것은 '자기보존을 위해 타인을 희생시키지 말라' 는 도덕적 원리로 작용한다. 이러한 맥락에서 루소가 말하는 '인간 본성의 전혀 다른 두 원리' 란 결국 '도덕적 본성' 과 '동물적 본능' 을 뜻하는 것이다. 요컨대 루소는 인간은 '도덕적 본성' 과 '동물적 본능' 을 동시에 지니고 태어났다고 보고, 양자를 모두 '인간의 본성' 에 포함시킨 것이다. 위의 인용문에 의하면, 인간의 본성에는 이 두 원리가 공존하므로, 그로 인해 인간은 항상 양자의 갈등 속에서 모순적인 행태를 보인다는 것이다.[82]

---

81) 루소, 『에밀』, 513쪽.

82) 위의 인용문에서 또 주목할 것은 "양심을 따르는 사람은 자연에 복종하는 자"라는 말이다. 『에밀』에서는 "도덕적인 善이 우리의 本性에 부합하는 것"(515쪽)이라고도 했다. 自然과 本性은 궤를 같이하는 개념임을 주목한다면, 양심(도덕적 善)은 본성(자연)에서 우러나는 것이라는 말이 된다. 이를 "양심은 영혼의 목소리이고, 정념은 육체의 목소리이다."라는 말 및 "영혼에 대한 良心의 관계는 신체에 대한 本能의 관계와 같다"는 말과 연결시켜 보면, 루소는 '양심 - 영혼 - 본성' 을 '정념 - 육체 - 본능' 과

루소에 의하면 인간의 본성에는 '자기보존에 대한 욕구' 와 함께 '타인에 대한 동정심' 이 있고, 인간의 마음에는 '이성' 뿐만 아니라 '양심' 이 있으며, 인간의 의지에는 '특수의지' 와 함께 '일반의지' 가 있다. 그런데 당시의 학자들은 '자기보존의 욕구, 이성, 특수의지' 등만 주목하고, '동정심, 양심, 일반의지' 등을 외면하고 있다는 것이다. '동정심, 양심, 일반의지' 등은 인간의 사회성을 뒷받침하는 요소들이다. 이러한 요소들을 외면하면 인간의 이기심(개인성)만 부각될 뿐 사회성은 제대로 해명될 수 없는바, 루소는 이러한 맥락에서 당시 학자들을 비판했던 것이다. 이제 루소의 인간관을 보다 구체적으로 살펴보자.

루소는 인간의 본성에는 '자기보존에 대한 욕구' 와 함께 '타인에 대한 동정심' 이 존재한다고 보았다. 루소는 다음과 같이 말한다.

> 인간 영혼의 최초의 가장 단순한 작용들에 대해 숙고해 보면, 理性 이전의 두 원리를 발견할 것으로 나는 생각한다. 그중의 하나는 우리에게 우리 자신의 안위와 자기보존에 열렬히 관심을 갖게 하며, 다른 하나는 모든 감성적 존재, 특히 우리 인간이 죽거나 고통을 당하는 것을 보기 싫어하게 하는 자연적인 혐오감을 불러일으킨다.[83]

대비시킨 것이다. 이처럼 本性과 本能을 대립적인 것으로 설명한 것은 육체적 본능과 도덕적 본성을 인간 본성의 두 원리로 설명한 것(『에밀』, 498쪽의 내용)과는 논법이 다른 것이다. 요컨대 루소는 한편으로는 본성과 본능을 대립시켜 설명하기도 하고, 한편으로는 본능을 본성 속에 포함시켜 설명하기도 한 것이다. 이는 本性이라는 개념이 본래 두 맥락에서 거론되었기 때문이다. 단순히 '타고난 그대로의 것' 을 본성이라 할 때에는 본능이 본성 속에 포함되어 설명되는 것이고, 타고난 그대로의 것 가운데 '인간다움의 근원' 만을 인간의 본성이라 할 때에는 본능(육체적 본능)과 본성(도덕적 본성)이 대립적으로 설명되는 것이다.

83) 루소, 『인간불평등기원론』, 205쪽.

위의 인용문에서 주목할 것은 두 가지이다.[84] 첫째는 '본성이 이성에 앞선다' 고 보았다는 점이다. 본성은 말 그대로 '타고나는 것' 이나 이성은 '일정한 나이가 되어야만 가지게 되는 것' 이라는 점에서, 루소는 본성이 이성에 앞선다고 보았다. 둘째는 두 가지 본성 가운데 '자기보존에 대한 욕구' 가 '타인에 대한 동정심' 보다 우선한다는 것이다. 루소는 다음과 같이 말한다.

> 인간에게 있어서 제일가는 법칙은 自己保存에 유의하는 것이고, 그 제일의 배려는 자기 자신에 대한 배려이다. 그리하여 인간이 理性을 가질 수 있는 나이가 되면 자기 자신만이 자기보존에 적합한 수단을 판단할 수 있는 유일한 자가 되며, 따라서 자기 자신의 주인이 되는 것이다.[85]

루소는 '자기보존에 대한 욕구' 즉 '自己愛' 가 '타인에 대한 同情心' 보다 우선한다고 보았고, 더 나아가 동정심도 근원적으로는 자기애에서 유래한다고 보았다.[86] 내가 동정심을 통해 타인을 나처럼 생각하는 이유, 즉

---

84) 위의 인용문은 '자기보존에 대한 욕구' 와 '타인에 대한 동정심' 을 설명한 것이지만, 한편으로는 홉스의 '欲 · 惡' 와도 맥락을 같이 한다. 루소가 말하는 '자기보존에 대한 욕구' 는 홉스의 '欲' 과 일치한다. '惡' 에 있어서는 방향을 달리하는바, 홉스는 '자신의 고통' 을 혐오한다는 점을 주목했고, 루소는 '타인의 고통' 을 혐오한다는 점을 주목한 것이다. 그러나 이는 표면적으로만 방향을 달리하는 것이다. 루소 역시 타인이 고통을 느끼지 않기를 내가 원하는 것은 "나 자신이 고통을 느끼지 않기 위해서" 라고 보았기 때문이다.

85) 루소, 『사회계약론(外)』, 16쪽.

86) 루소는 『인간불평등기원론』 에서는 "이기심(Amour propre)과 자기애(Amour de soi-mêre)를 혼동해서는 안 된다. 이 두 정념은 그 성질에 있어서나 효과에 있어서 아주 다르다. 自己愛는 모든 동물로 하여금 자기보존에 신경을 쓰게 하고, 이성에 의해 인도되고 동정심에 의해 변형되어 인간애와 미덕을 자아내게 하는 자연적인 감정이다. 利己心은 사회 속에서 생긴 상대적이고 인위적인 감정일 뿐이다. 그것은 각 개인으로

타인이 고통을 느끼지 않기를 내가 원하는 것은 "나 자신이 고통을 느끼지 않기 위해서"라는 것이다.[87] 루소는 이처럼 자기애를 동정심보다 궁극적인 것으로 보았지만, 홉스나 로크와 비교할 때, 루소가 '동정심'을 인간 본성의 한 축으로 설정한 것은 매우 큰 의미가 있는 것이다.[88]

루소는 옳음과 그름의 관념을 알게 해주는 理性의 발달과 더불어, 동정심은 '옳은 것을 좋아하고 나쁜 것을 싫어하는' 良心으로 변화된다고 설명했다. 당시의 자연법학자들은 양심을 '이성의 한 부분'으로 설명하고 自然法을 '이성의 법'으로 규정했는데, 루소는 양심을 '이성과 별개'라고 설명

하여금 다른 모든 사람보다 자기 자신을 중시하게 하고, 사람들에게 그들이 서로에게 행하는 모든 악을 부추기기도 하지만, 명예의 진정한 원천이 되기도 한다."(173쪽)고 설명하고, 『에밀』에서는 "자기 자신만 생각하는 自己愛는 자신의 진짜 욕구만 충족되면 만족한다. 하지만 利己心은 자기를 남들과 비교하기 때문에 절대 만족하지 않으며 만족할 수도 없다. 왜냐하면 타인보다 자신을 더 아끼는 그 감정은, 타인으로 하여금 그 자신보다 자기를 더 아껴주기를 요구하기 때문이다. (…) 온화하고 애정이 넘치는 정념은 자기애에서 유래하며, 앙심 깊고 성을 잘 내는 정념은 이기심에서 유래한다."(382쪽)고 설명했다. 한편, 同情心에 대해서는 "각 개인에게 自己愛의 활동을 완화시킴으로써 인류 전체의 상호적인 자기보존에 기여하는 천성적인 감정"이라고 설명하였다(『인간불평등기원론』, 83쪽).

87) 루소, 『에밀』, 420쪽 참조. 쥘리앙(François Jullien)은 루소의 同情心을 맹자의 惻隱之心과 상응하는 것으로 해석하면서, 루소가 동정심의 근원을 자기애로 설명한 것은 결국 이기주의를 벗어나지 못한 것이라고 지적한 바 있다(쥘리앙, 『맹자와 계몽철학자의 대화』, 43~47쪽 참조). 사실 루소는 '자기애'와 '이기심'을 구분했지만, 『에밀』에서는 자기애를 '광의의 이기심'이라고 규정하고(161쪽 참조), 자기애가 성장과정의 일정한 시점(이웃과 접촉하면서 자신과 이웃을 비교하기 시작하는 시점)에서 이기심으로 변한다고 설명했다(420쪽 참조).

88) 루소는 '합리적인 正義'가 제시하는 격률은 "무엇이든지 남에게 대접을 받고자 하는 대로 너희도 남을 대접하라"는 것인 반면, '同情'이 제시하는 격률은 "가능한 한 타인에게 해를 덜 끼치면서 너를 행복하게 하라"는 것이라고 설명한 바 있다(『인간불평등기원론』, 83쪽). 홉스나 로크는 '합리적 正義'만으로도 충분히 사회를 운영할 수 있다고 본 것이나, 루소는 합리적 正義만으로는 부족하므로 同情心이 아울러 필요하다고 본 것이다.

하고 自然法을 '이성과 양심의 법' 으로 규정했다.[89] 루소가 이처럼 이성과 양심을 구분한 것은 '이성에 대한 不信' 때문이기도 했다.

루소는 理性을 '公共의 이성' 과 '個人의 이성' 으로 구분했다. 공공의 이성은 '사회의 共同善을 존중하라' 고 명령하나, 개인의 이성은 '남의 불행(손해) 속에서 자기의 이익을 찾으라' 고 강요한다.[90] 루소는 이처럼 이성의 양면성을 직시하고 있었기 때문에, 이성은 양심에 의해 보완되어야 한다고 생각했던 것이다.

루소는 意志에 대해서도 '특수의지' 와 '일반의지' 로 구분했다. 특수의지란 각 개인이 자신의 사익을 추구하는 의지를 말하고, 일반의지란 '공동의 이익' 또는 '공공의 복지' 를 추구하는 의지를 말한다. 루소에 의하면, 전체의지(또는 多數意志)는 사익을 추구하는 특수의지의 합계일 뿐으로, 그 정당성은 보장되지 않는다. 그렇다면 단순히 多數決을 통해서는 정의로운 사회를 만들 수 없는 것이다. 루소는 일반의지를 언제나 순수하고 올바른 것이라고 규정하고, 일반의지만이 사회계약의 진정한 토대가 될 수 있다고 주장했다.[91]

이상의 내용을 정리해 보자. 루소는 인간의 본성에는 '자기보존에 대한 욕구' 와 함께 '타인에 대한 동정심' 이 있다고 보았다. 루소가 말하는 '개인의 이성' 이나 '특수의지' 는 '자기보존에 대한 욕구' 와 맥락을 같이 하고, '공공의 이성' 이나 '일반의지' 는 '타인에 대한 동정심' 과 맥락을 같이 한다. 한편 루소가 사회계약의 진정한 토대를 일반의지에 둔 것은 궁극적

89) 루소, 『에밀』, 116쪽, 419쪽 ; 김용민, 『루소의 정치철학』, 111쪽 참조.

90) 루소, 『인간불평등기원론』, 146쪽 참조.

91) 루소, 『사회계약론(外)』, 30쪽 참조. 루소는 "다수의 사람들이 결합하여 스스로 一體를 형성하고 있다고 생각하는 한, 그들은 공동의 생존과 전체의 행복이라는 단 하나의 의지만을 갖게 된다." 고 하였다(『사회계약론』, 133쪽). 요컨대 일반의지에 입각해서만 바람직한 사회를 건설할 수 있다는 것이다.

으로 '자기보존에 대한 욕구' 나 '개인의 이성' 보다는 '타인에 대한 동정심' 이나 '공공의 이성' 을 우위에 둔 것이다.

이제 마르크스의 경우를 살펴보자. 주지하듯이, 마르크스는 인간의 본성을 '일반적 인간 본성' 과 '역사적으로 변형되는 인간 본성' 의 두 측면으로 나누어서 논의했다. 먼저 '일반적 인간 본성' 에 관한 논의를 살펴보자.

마르크스는 인간은 본질적으로 '자연적 존재' 인 동시에 '의식적 존재' 라고 규정했다. '자연적 존재' 로서의 인간은 다른 동물과 마찬가지로 '本能에 의해 지배되는 존재' 이다. 반면에 '意識' 은 다른 동물과 구별되는 인간만의 고유한 특징으로서, '의식적 존재' 로서의 인간은 '자유' 로운 존재요, '노동' 을 통해서 자신의 삶을 창조하는 존재이다. 이러한 맥락에서 마르크스는 인간과 다른 동물과의 차이를 다음과 같이 설명했다.

> 동물은 자신의 생활 활동과 직접적으로 하나이다. 동물은 자신의 생활 활동과 구별되지 않는다. 동물은 자신의 생활 활동인 것이다. 인간은 자신의 생활 활동 자체를 자신의 의지의 대상으로 삼는다. 인간은 의식적 생활 활동을 가진다. 인간이 직접적으로 그것에 융합되는 규정성이란 없다. 의식적 생활 활동은 인간을 동물적 생활 활동으로부터 직접적으로 구별짓는다. 바로 이 때문에 인간은 하나의 類的 *存在*인 것이다. 혹은 인간이 바로 유적 존재이기 때문에, 그는 의식적 존재이며, 다시 말해서 그 자신의 생활이 그에게 있어서 대상인 것이다. 바로 이 때문에 그의 활동은 자유로운 활동인 것이다.[92]

"동물은 자신의 생활 활동과 직접적으로 하나이다" 라는 말은 동물의 삶

92) 마르크스, 『1884년의 경제학 철학 초고』(『칼 맑스 프리드리히 엥겔스 저작 선집』 제1권), 78쪽.

은 본능적 욕구의 충족과정에 불과하다는 말이요, "인간이 직접적으로 그것에 융합되는 규정성이란 없다"는 말은 인간의 삶은 본능에 지배당하지 않는다는 말이다. 요컨대 인간은 한편으로는 동물과 마찬가지로 자연적 존재이기 때문에 본능의 지배를 받으나, 다른 한편으로는 의식을 지닌 존재이기에 본능으로부터 자유로울 수 있는 존재요, 자신과 세계를 대상화하면서 자신의 삶을 창조할 수 있는 존재라는 것이다.[93] 마르크스는 다음과 같이 말하기도 한다.

> 동물도 생산하기는 한다. 꿀벌 · 비버 · 개미 등등처럼 동물은 둥지 · 주거를 짓는다. 그렇지만 동물은 자기나 자신의 새끼들에게 직접적으로 필요한 것만을 생산한다. 동물은 일면적으로 생산하지만, 반면에 인간은 보편적으로 생산한다. 동물은 직접적인 육체적 욕구의 지배하에서만 생산하지만, 반면에 인간은 자신의 육체적 욕구로부터 자유로이 생산하며, 그러한 욕구로부터의 자유 속에서만 비로소 진정으로 생산한다. 동물은 자기 자신만을 생산하지만, 반면에 인간은 자연 전체를 재생산한다. 동물의 생산물은 직접적으로 그 동물의 육체에 귀속하지만, 반면에 인간은 자유로이 자신의 생산물에 대립한다.[94]

마르크스는 인간과 마찬가지로 다른 동물들도 생산활동을 한다는 것을 인정했다. 그런데 동물들의 생산활동은 본능적 욕구를 벗어나지 못하는 반면, 인간의 생산활동은 본능적 욕구로부터 벗어날 수 있다는 것이다. 마

---

93) 이러한 맥락에서 마르크스는 "먹는 일, 마시는 일, 생식하는 일 등등은 물론 인간적인 기능들이다. 그러나 그러한 일들을 인간적 활동의 여타 영역으로부터 분리하여 최종적이고도 유일한 궁극 목표로 만들어버리는 추상 속에서는, 그러한 일들은 동물적인 것이다."라고 하였다(『1884년의 경제학 철학 초고』, 79쪽).

94) 마르크스, 『1884년의 경제학 철학 초고』, 79쪽.

르크스는 더 나아가 본능으로부터 벗어난 자유로운 생산활동만이 진정한 생산활동이라고 규정했다. '본능으로부터 벗어난 자유로운 생산활동' 이란 '類的 存在' 로서 '보편적인 인간다움' 을 실현하는 생산활동을 말한다.

마르크스는 '인간의 일반적 본성' 을 논함에 있어서 인간은 '類的 存在 (species-being)' [95]라는 점을 부단히 강조했다. 마르크스에 의하면, 다른 동물들은 자기를 하나의 개체로서 의식하는 것에 그친다. 그러나 인간은 자기를 개인으로서 의식할 뿐 아니라 인류의 한 성원으로서 의식한다는 점에서, 다른 동물들과 구별되는 '類的 存在' 라는 것이다.[96] 그런데 인간은 分業과 私有制의 역사 속에서 '유적 존재' 로서의 면모를 상실하게 되었다. 이것이 바로 '疎外' 요, '역사적으로 변형되는 인간 본성' 인 것이다. 마르크스는 이를 "인간의 본질은 각각의 개체 속에 내재하는 추상물이 아니다. 인간의 본질은 그 현실에 있어서 사회적 관계들의 앙상블(ensemble, 總合)이다." 라는 말로 설명했다.[97] 이 말은 인간의 '사회성' 과 함께 '역사적 가변성' 을 강조한 것으로 풀이된다.

먼저 '사회성' 의 측면을 살펴보자. 마르크스에 의하면 인간은 자유로운 존재이지만, 그 자유는 공동체 안에서만 누릴 수 있다. 이를 마르크스는

---

95) 크랍시(Joseph Cropsey)는 '類的 存在' 란 단순히 "인간은 언제나 다른 사람들과 함께 살아갈 수밖에 없다" 는 뜻이 아니라, "다른 인간과 작용을 주고받지 않으면 인간이 가진 가능성을 실현할 수 없다" 는 뜻으로서, '社會的 存在' 와 같은 의미라고 설명한 바 있다(스트라우스 · 크랍시 편, 『서양정치철학사』 3, 297쪽 참조). 한편 조효제는 'species-being' 을 '種的 存在' 로 번역하고, "種的 존재로서의 인간은 자신의 힘을 개인적 힘이 아니라 사회적 힘으로 인식할 수 있고, 사회적 힘을 조직할 줄 알며, 자아와 사회적 힘을 분리하지 않고 같은 것으로 볼 수 있게 된다." 는 뜻으로 풀이한 바 있다(조효제, 『인권의 문법』, 145쪽).

96) 강재륜, 『칼 마르크스의 人間論』, 29쪽 참조.

97) 마르크스, 〈포이에르바하에 관한 테제들〉(『칼 맑스 프리드리히 엥겔스 저작 선집』 제1권), 186쪽.

"오직 타인과의 공동체 안에서만 각 개인은 자기의 소질을 각 방면으로 계발할 수 있는 수단을 가진다. 따라서 공동체 안에서만 개인의 자유가 가능하다."는 말로 설명했다.[98] 그런데 모든 공동체가 개인의 자유를 뒷받침하는 것은 아니다. 마르크스는 공동체를 '진정한 공동체'와 '겉보기만의 공동체'로 구분했다. '겉보기만의 공동체'란 '한 계급이 다른 계급에 대항하여 단결한 공동체'로서, 이는 피지배 계급에 대해서는 '족쇄'에 불과하다는 것이다.[99] 이러한 맥락에서, 마르크스가 말하는 '진정한 공동체'란 私有制가 철폐된 공산주의 사회를 뜻한다.

다음, '역사적 가변성'의 측면을 살펴보자. 마르크스는 인간의 '意識'을 강조했지만, '意識은 存在에 의해 구속된다'는 것이 마르크스의 또 다른 지론이었다.[100] 唯物論者로서 마르크스가 말하는 '존재'란 궁극적으로 '경제적 생산양식'을 뜻하는바, 경제적 생산양식이 바뀌면 그에 따라 인간의 의식도 바뀐다는 것이다. 마르크스가 문제 삼은 경제적 생산양식은 分業과 私有制였다. 정신적 노동과 물질적 노동의 분할은 필연적으로 불평등한 분배를 낳고, 사유제는 그 불평등을 고착시킨다.[101] 요컨대 "분업과 더불어, 서로 교류하고 있는 모든 개인들의 공동 이해와 각 개인 또는 한 가족의 이해 사이의 모순이 주어진다."는 것이다.[102] '共同 利害'와 '私的 利害' 사이의 모순은 개인으로 하여금 '사적 이해'에 몰두하게 만들고, 결국엔 계급투쟁을 불가피하게 만든다. 이러한 모순은 사유제를 청산하는 공산주의

---

98) 마르크스, 『독일 이데올로기』(『칼 맑스 프리드리히 엥겔스 저작 선집』 제1권), 246쪽.
99) 마르크스, 『독일 이데올로기』, 247쪽 참조.
100) 마르크스는 『독일 이데올로기』에서 이를 "정신은 애초부터 물질에 묶여있다"는 말로 표현했다(『칼 맑스 프리드리히 엥겔스 저작 선집』 제1권, 210쪽).
101) 이러한 맥락에서, 마르크스는 "分業과 私的 所有는 동일한 표현"이라고 했다(『독일 이데올로기』, 212쪽 참조).
102) 마르크스, 『독일 이데올로기』, 213쪽.

혁명에 의해서만 진정으로 극복될 수 있다. 공산주의 혁명을 통해 계급이 해체되고 나면 계급투쟁의 필요성 자체가 사라져서, 모든 인간이 兄弟愛를 발휘하게 된다는 것이다.

이상의 내용을 정리해보자. 마르크스는 자연적 존재로서의 인간은 다른 동물들과 마찬가지로 자신의 본능에 지배되는 개체적 존재이나, 의식적 존재로서의 인간은 다른 동물들과 달리 자신만의 본능적 욕구에서 벗어나는 '類的 存在' 라고 보았다. 마르크스가 말하는 '類的 存在' 란 사실 아리스토텔레스가 말하는 '정치적(사회적) 존재' 와 궤를 같이 하는 것으로서, 마르크스는 이를 '인간의 일반적 본성' 으로 파악했다. 그런데 마르크스는 인간의 본성을 또한 가변적인 것으로 보았다. 유적 존재로서의 인간은 본래 '共同 利害' 를 추구하는 존재이나, 분업과 사유제가 소외를 야기함으로써 공산주의 이전의 사회에서는 '私的 利害' 에 매달리게 된다는 것이다. 이러한 맥락에서, 마르크스가 제창한 공산주의 혁명은 유적 존재로서의 인간의 본성을 회복시킨다는 의미를 지닌다. 이렇게 본다면, 루소의 일반의지론과 마찬가지로, 마르크스의 공산주의론 역시 결국 본능(자기보존)의 충족보다 본성(인간다움)의 실현을 추구한 것이라 하겠다.

이상에서 루소와 마르크스의 인간관을 살펴보았거니와, 이들의 특징은 '인간의 사회성' 을 강조함과 동시에 '인간의 본성은 사회의 영향을 받는다' 는 점을 강조한 것이다.[103] 루소의 대원칙은 '인간은 자연적 선함을 지니고 태어났으나, 사회에서 타락되었다' 는 말로 요약된다.[104] 루소는 타락

103) 싱어는 "인간 본성이란 고정된 것이 아니라는 믿음은 좌파들에게는 특별히 중요한 것으로 여겨져 왔는데, 그 이유는 그 믿음이 지금까지와는 전혀 다른 유형의 인간사회가 가능하다는 희망의 근거를 제시해 왔기 때문" 이라고 설명한 바 있다(싱어, 『다윈주의 좌파 : 변하지 않는 인간의 본성은 있는가?』, 45쪽).

104) 루소는 『에밀』의 첫머리에서 이를 "모든 것은 창조자의 수중에서 나올 때는 선한데, 인간의 수중에서 모두 타락한다." 는 말로 표현했다(『에밀』, 61쪽).

의 계기를 무엇보다도 私有制의 등장에서 찾았다.[105] 루소의 결론은 '자연으로 돌아가라' 는 것이었던바, 이는 인간이 자연상태에서 지녔던 선한 본성을 회복할 수 있는 사회를 만들자는 뜻이었다.[106] 마르크스도 이러한 인식을 공유했다. 원시공산사회에서는 모든 인간이 평등하게 행복을 누렸으나, 분업과 사유제에 의해 대다수의 인간이 불행에 빠지게 되었다는 것이다. 마르크스의 목표는 공산사회의 건설에 있었던바, 이를 통해서만 인간은 '類的 存在' 로서의 사회적 본성을 회복할 수 있다는 것이다. 이러한 맥락에서, 사회주의자들의 인권론은 인간의 본성적 삶을 뒷받침할 수 있는 제반 여건을 사회가 제공해야 한다는 것으로 초점이 모아지는 것이다.

4. 비판적 논의

이 章의 첫머리에서는 本性과 本能을 명확하게 구분했다. 本性이란 어떤 사물이 선천적으로 지니는 요소로서, 種(類)에 따라 그 사물을 그 사물답게 만들어주는 성질을 말한다. 반면에 本能이란 어떤 생물이 선천적으로 지니는 요소로서, 자신의 생명을 지속시키기 위한 성향(욕구)이나 능력을 말한다. 인간을 제대로 논하자면, '인간만의 고유한 성질' 인 '도덕적 本性' 과 '인간과 여타의 동물들이 공유하는 성질' 인 '육체적 本能' 을 명확하게 구분해야 한다. 많은 사람들은 본능과 본성을 구분하지 못하거나, 구분하지 않는다. 그러나 인간의 인간다움을 논하고자 한다면, 우리는 반드시 본능과 본성을 구분해야만 한다. 本能이란 자신의 생명을 지속시키려는 것으로

105) 루소, 『인간 불평등 기원론』, 93쪽 참조.
106) 김용민, 『루소의 정치철학』, 118쪽 참조.

서, 食色의 本能에 있어서는 사람과 금수가 같은 것이다. 따라서 '사람의 사람다움' 은 인간에게만 고유한 '도덕적 本性' 에서 도출되는 것이다.[107)]

사람은 누구나 도덕적 本性과 육체적 本能을 함께 지니고 태어난다. 孟子 당시의 관행은 '사람이 선천적으로 타고난 것 자체' 를 '인간의 본성' 으로 규정하는 것이었다. 이러한 규정에 따르면, 인간의 본성에는 도덕적 본성과 육체적 본능이 모두 포함되는 것이다. 그러나 맹자는 이와 달리 '인간의 본성' 을 '사람을 사람답게 만들어주는 성질' 즉 '인간에게만 고유한 본성' 으로 규정하였다. 맹자의 규정에 따르면, 육체적 본능은 사람과 금수가 같은 것이므로 인간의 본성이라 할 수 없는 것이요, 도덕적 본성은 사람에게만 고유한 것이므로 오직 도덕적 본성만이 인간의 본성이라 할 수 있는 것이다. 맹자는 이러한 맥락에서 仁義禮智를 인간의 本性으로 규정하여 性善說을 주창하면서, 선한 본성을 발휘하는 삶을 '인간다운 삶' 으로 옹호했던 것이다.[108)]

荀子는 육체적 본능이 도덕적 본성을 압도하는 현실을 보고 性惡說을 주장했다. 그러나 순자가 惡이라고 규정한 '本性' 은 사실 '육체적 本能' 에 해당되는 것이다. 따라서 순자가 주창한 '本性의 극복' 도 사실은 '本能의 극복' 을 뜻하는 것이었다.[109)] 이렇게 본다면, 전근대의 人倫論은 모두 도덕적

---

107) '육체적 본능' 은 인간과 동물이 共有하는 것이나, '자신의 생존' 을 추구하는 것이라는 점에서 '私的' 이다. 반면에 도덕적 본성은 인간에게만 固有한 것이나, '만인의 공존' 을 추구하는 것이라는 점에서 '公的' 이다.

108) 싱어는 인간의 본성에는 '변하는 부분' 도 있고 '변하지 않는 부분' 도 있다고 전제하고, 인간 본성의 '불변적 요소들' 로서는 '사회성(협동성), 친족에 대한 관심, 위계(신분제도) 지향, 남성과 여성의 역할 구분' 등을 거론한 바 있다(『다윈주의 좌파 : 변하지 않는 인간의 본성은 있는가?』, 62~65쪽 참조). 유교에서는 인간의 본성을 '仁 · 義 · 禮 · 智 · 信' 으로 규정하고, 그 본성을 실현하는 삶의 구체적 양식을 '五倫' 으로 설명한 것인데, 이는 싱어가 '인간 본성의 불변적 요소들' 로 거론한 것과 놀라울 정도로 일치하는 것이다.

본성을 실현하는 삶을 인간다운 삶으로 규정했던 것이다. 그러나 근대의 人權論은 도덕적 본성보다도 육체적 본능을 주목하는 데서 출발하였다.

홉스는 인간의 본성에는 競爭·不信·名譽心 등 세 가지 주요한 분쟁의 원인이 있다고 했다. 그런데 홉스는 競爭의 주된 목적은 '자기보존' 이라 했거니와,[110] 여기서 알 수 있듯이 홉스가 말하는 '인간의 本性' 이란 사실은 '인간의 本能' 을 뜻하는 것이다. 아블라스터는 다음과 같이 말한 바 있다.

> 홉스의 '인간 본성' 개념은 이 시대에 일어난 '本性' 자체에 대한 개념의 변화를 보여준다. 인간의 본성은 개개의 자연적 존재들이 충족시켜야 할 神이 부과한 목표나 목적을 의미하였던 도덕적 범주로부터 (…) 줄일 수 없고, 無道德的이고, 反社會的이기조차 한 충동과 열정이 일어나는 밑바닥으로 개념이 바뀌었다. 이러한 인간 본성의 개념에 따라 '자연상태' 는 단순히 '무제한의 경쟁상태' 로 가정되는 것이다.[111]

'자연적 존재들이 충족시켜야 할 神이 부과한 목표나 목적' 은 인간의 '도덕적 本性' 을 뜻하고, '줄일 수 없고, 無道德的이고, 反社會的이기조차 한 충동과 열정이 일어나는 밑바닥' 은 인간의 '육체적 本能' 을 뜻할 것이다. 아블라스터에 의하면, 홉스 이전의 시대에는 도덕적 본성을 인간의 본성으로 간주했으나, 홉스의 시대에는 육체적 본능을 인간의 본성으로 간주했다. 이러한 개념의 변화는 중대한 의미를 지닌다. 왜냐하면, 本能에는

---

109) 맹자처럼 本性과 本能을 엄밀하게 구분하고 난 다음에는, 本能을 惡으로 규정할 수는 있어도 결코 本性을 惡으로 규정할 수는 없는 것이다. 이러한 맥락에서, '인간의 본성은 惡하다' 는 주장이나 '인간의 본성에는 善과 惡이 섞여있다' 는 주장은 모두 本性과 本能을 구분하지 않거나 못하는 것이다.

110) Hobbes, *Leviathan*, 184쪽.

111) Arblaster, *The Rise and Decline of Western Liberalism*, 135쪽.

事實的 의미만 포함되어 있지만, 本性에는 事實的 의미와 함께 當爲的 의미가 포함되어 있기 때문이다.[112] 예컨대 '어떠한 것' 이 인간의 본성이라고 규정된다면, '그것은 실현되어야 마땅하다' 는 의미를 부여받게 된다. 이러한 맥락에서 근대의 人權論은 '本能의 충족' 을 當爲的 權利로 주장했던 것이다. 예컨대 제1세대 인권론은 '생명권 · 재산권 · 자유권' 을 인간의 자연적 권리로 규정했는데, 이는 기본적으로 '본능적 욕구의 자유로운 충족' 을 옹호한 것이다.

제1세대 인권론의 인간관은 '육체적 본능' 만을 주목했기 때문에 '사람의 사람다움' 에 대해서는 충분히 해명할 수 없었고, 그로 인해 많은 사회적 폐단을 낳았다. 그리하여 제2세대 인권론의 인간관은 육체적 본능과 도덕적 본성을 함께 거론하면서, 사람다운 삶의 궁극적 근거를 도덕적 본성에서 찾은 것이다. 루소가 인간의 본성에는 '자기보존에 대한 욕구' 와 함께 '타인에 대한 동정심' 이 존재한다고 주장한 것이 그것이다. 그런데 루소의 '자기보존에 대한 욕구' 는 本能에 해당되고, '타인에 대한 동정심' 이야말로 本性에 해당되는 것이다. 이렇게 본다면, 루소의 일반의지론은 결국 본능(자기보존)의 충족보다 본성(사람다움)의 실현을 추구한 것이다. 그러나 루소의 일반의지론이 추구하는 사람다운 삶은 제반 권리의 평등한 향유에 초점이 있을 뿐, 그 밖의 인륜적 삶의 여러 측면을 두루 포괄하는 것은 아니었다.

루소는 一般意志는 共同善(공동의 이익)을 추구하는 것이라 전제하고, 일반의지에 입각한 사회계약론을 전개했다. 그런데 그 사회계약에 대해 루소는 다음과 같이 말한다.

---

112) 그레이엄(Angus C. Graham)은 중국어의 '性' 과 영어의 'nature' 에는 모두 事實的 의미와 함께 規範的 의미가 포함되어 있음을 밝힌 바 있다(그레이엄, 『道의 논쟁자들』, 230쪽 참조).

'구성원 전체의 공동의 힘으로 각자의 신체와 재산을 방어하고 보호하며, 각 개인은 전체에 결합되어 있지만 자기 자신에게밖에 복종하지 않고, 이전과 같이 자유로울 수 있는 하나의 결합형태를 발견하는 것', 이것이 바로 사회계약이 해결해 주는 근본 문제인 것이다.[113)]

사회계약은 모든 시민들 사이에 평등을 확립하는 것으로, 시민은 모두 같은 조건을 따르기로 약속하고 따라서 모두 같은 권리를 향유할 수 있다는 것이다. 이와 같이 사회계약의 성질상 주권의 모든 행위, 즉 일반의지의 모든 정당한 행위는 모든 시민들에게 평등하게 의무를 부과하거나 혜택을 베푼다.[114)]

위의 두 인용문에 보이듯이, 루소의 사회계약은 '모든 시민이 모두 같은 조건을 따르기로 약속하고 따라서 모두 같은 권리를 향유하자' 는 것으로서, 그 구체적 내용은 '자유권 · 소유권 · 평등권' 을 보장하기 위한 것이었다. 요컨대 루소는 '모든 사람이 동등한 조건에서 자유권 · 소유권 · 평등권을 누리는 것' 을 공동선이라고 규정했다. 분석적으로 말하자면, 루소는 '자유권 · 소유권을 누리는 것' 을 '善(행복)' 이라 규정하고, 이러한 권리들을 '모든 사람이 평등하게 누리는 것' 을 '共同' 이라 규정한 것이다. 이를 루소의 인간관과 결부시키면, 루소는 도덕적 본성과 육체적 본능이라는 두 측면에서 인간성을 해명했는데, 육체적 본능은 사회계약이 추구하는 善(행복)의 내용을 제시하고, 도덕적 본성은 그것을 모든 사람이 평등하게 충족시켜야 한다는 원칙을 제시한다. 이렇게 본다면, 루소가 추구한 '共同善의 삶' 은 '본능적 욕구의 동등한 충족' 에 초점이 있을 뿐, 유교의

113) 루소, 『사회계약론(外)』, 29쪽.
114) 루소, 『사회계약론(外)』, 48~49쪽.

五倫과 같은 '인륜적 삶' 을 포괄하는 것은 아니었다.

마르크스는 인간의 본성을 '일반적 인간 본성' 과 '역사적으로 변형되는 인간 본성' 으로 나누어 논하고, 인간의 역사를 '공산주의 혁명 이전의 시기' 와 '공산주의 혁명 이후의 시기' 로 나누어 논했다. 그런데 도덕적 본성과 육체적 본능을 명확하게 구분하고 본다면, '공산주의 혁명 이전의 시기' 는 본능이 본성을 압도한 시기이며, '공산주의 혁명 이후의 시기' 는 본성이 본능을 통제하는 시기이다.[115]

이상에서 정리한 것처럼, 육체적 본능과 도덕적 본성을 명확히 구별하고 본다면, 인륜론자들은 인간에게만 고유한 '도덕적 본성' 을 주목하고, 이를 중심으로 '인간다운 삶' 을 추구한 것이다. 그러나 인권론에 있어서는 제1세대 인권론과 제2세대 인권론이 서로 방향을 달리했다. 제1세대 인권론에서는 인간에게만 고유한 '도덕적 본성' 을 외면하고 인간과 동물이 공유하는 '육체적 본능' 을 중심으로 인간을 이해했는바, 이는 '사람의 사람다움' 을 제대로 해명할 수 없는 이론이다. 제2세대 인권론에서는 인륜론자들과 마찬가지로 '도덕적 본성' 을 중심으로 인간을 이해했다. 그러나 제2세대 인권론이 도덕적 본성을 토대로 이끌어낸 공동선의 삶도 '본능적 욕구의 동등한 충족' 에 초점이 있는 한, 역시 '사람의 사람다움' 을 충분히 해명할 수 없는 이론이다. 이에 대해서는 뒤의 제8장에서 다시 논의하기로 하자.

---

115) 마르크스가 인간의 본성을 '일반적 인간 본성' 과 '역사적으로 변형되는 인간 본성' 의 두 측면으로 나누어서 논의한 것에 대해서는 재고할 필요가 있다. 論者는 전통유학(주자학)의 持論에 따라, '인간의 본성' 은 옛날이나 지금이나 변함이 없는 것이요, 상황에 따라 변하는 것은 본성이 아니라 '마음' 이라고 본다.

제3장

人倫論과 人權論의 文明觀

東·西를 막론하고 전근대의 윤리사상은 대개 '유기체적 세계관'에 입각한 것이었으나, 근대의 윤리사상은 대개 '기계론적 세계관'에 입각한 것이었다. 같은 맥락에서, 전근대의 인륜론은 유기체론에 입각한 것이었으나, 근대의 인권론은 기계론에서 출발한 것이었다.[1] 이 章에서는 먼저 유기체론과 기계론을 대비하여 논한 다음, 전근대의 인륜론이 추구한 文明像과 근대의 인권론이 추구한 文明像이 어떻게 달랐는지 살펴보기로 하자.

---

1) 벌린(Isaiah Berlin)은 '有機體論'에 대해 "분리는 모두 나쁜 것이므로, 어떤 경우에도 짓밟히면 아니 될 人權이라는 관념은 사람들이 서로서로 분리되기 위해 스스로 요구하는 장벽으로서, 나쁜 사회에서는 혹 필요할지도 모르나, 인간의 모든 지류들이 큰 강으로 합류하여 나뉘지 않고 함께 흘러가는 정의로운 사회에서는 있을 수 없다는 것"이라고 묘사함으로써, '有機體論'을 '反人權論'으로 규정한 바 있다(벌린, 『자유론』, 533쪽). 벌린의 이러한 주장은 유기체론을 지나치게 原論的으로 해명한 것이다. 朱子學의 理一分殊論처럼, 유기체론에도 '적절한 분리를 승인하는' 경우도 있다.

1. 유기체적 세계관과 기계론적 세계관

有機體論(organism)이란 이 세계를 하나의 유기적 전체로 규정하고, 그에 입각해 각자의 몫을 호혜적으로 설정하고 분배함으로써, 전체적 統一과 調和를 실현하려는 사고방식을 말한다. 유기체론은 고대 그리스 철학의 주류를 형성하였고, 헬레니즘 시대를 거쳐, 중세에 이르러서는 더욱 일반화되었다. 전통유교도 철두철미 유기체론에 입각하여 人倫論을 전개한 것이다.

먼저 서양의 경우를 살펴보자. 고대 그리스의 유기체론은 플라톤의 靈魂三分說에 잘 나타나 있다. 플라톤에 의하면, 인간의 영혼은 크게 세 부분으로 이루어져 있다. 첫째는 '배움을 좋아하는 부분' 또는 '헤아리는 부분' 으로서, 이를 '理性' 이라 부른다. 둘째는 '발끈하기를 좋아하는 부분' 으로서, 이를 '氣槪(격정, 분노)' 라 부른다. 셋째는 '食 · 色 및 이와 관련된 쾌락을 좋아하는 부분' 으로서, 이를 '欲求' 라 부른다.[2)]

플라톤은 이 세 부분의 특징과 역할을 다음과 같이 설명한다. 첫째, 理性은 '지혜로우며 魂 전체를 위한 선견지명을 지니고 있는 헤아리는 부분' 으로서, "그 나름으로 이들 세 부분의 각각을 위해서 뿐만 아니라 이들 셋으로 이루어진 공동체 전체를 위해서 유익한 것에 대한 지식을 그 자신 속에 지니고 있다" 는 것이다. 따라서 이성은 다른 두 부분을 다스리는 '지배자' 의 역할을 하게 되는바, 이성의 미덕은 '智慧' 이다. 둘째, 氣槪(격정, 분노)는 '욕구와는 별개의 것으로서, 때로는 욕구들에 대항해서 다투는 역할' 을 한다. 다시 말해, 기개는 이성을 위해 무장을 하고, 이성을 보조하는 역할을 한다. 기개가 고통이나 쾌락에 굴복하지 않고 이성의 지시에 따라 용

---

2) 플라톤, 『국가』, 435c~436b 참조.

감하게 다투면 '勇氣있는 사람' 이 된다. 셋째, 欲求는 영혼의 대부분을 이루는 부분으로서, 그 성향상 도무지 재물에 대해 만족할 줄을 모른다. "이 부분이 이른바 육체적인 쾌락들로 그득하고 강대해진 나머지 제 할 일은 하지 않고, 이 부류로서는 어울리지도 않게 오히려 그 두 부분을 자기에게 종속시키어 지배하려 든다." 그러므로 욕구가 모두의 삶 전체를 뒤집어엎게 되는 일이 없도록, 이성과 기개가 욕구를 감시해야 하는바, 욕구가 이들의 감시와 지배를 받아들이면 '節制있는 사람' 이 된다.[3]

위의 설명에서 이미 윤곽이 드러났거니와, 플라톤에 의하면, 理性은 기개와 욕구를 통제해야 하고, 氣槪는 이성의 명령에 따라 이성이 욕구를 다스리는 것을 보조해야 하며, 欲求는 이성이나 기개의 통제를 받아들여야만 한다. 플라톤 철학에서 영혼의 세 부분은 국가의 세 계급과 상응하는바, '통치계급' 은 理性에 해당하고, '군인계급' 은 氣槪에 해당하며, '생산계급' 은 欲求에 해당한다. 따라서 통치계급은 공동체 전체의 이익을 위해 각자에게 임무와 역할을 부여하는 일을 맡아야 하고, 군인계급과 생산계급은 통치계급이 부여한 임무와 역할을 수행해야 한다. 플라톤의 지론은 "각자는 자기 나라와 관련된 일들 중에서 자기 성향이 천성으로 가장 적합한 그런 한 가지에 종사해야 한다"는 것인바, 이로써 각자는 自我를 실현하면서 共同善에 기여하게 된다는 것이다.[4]

헬레니즘 시대 스토아학파의 대표적 철학자 아우렐리우스(Marcus Aurelius, 121～180)는 "너 자신이 공동체 조직의 보완적 구성 요소이듯, 네 행동도 모두 공동체적 삶의 보완적 구성 요소여야 한다."[5]고 전제하고, 다음과 같이 말한 바 있다.

---

3) 플라톤, 『국가』, 440a~442d 참조.
4) 플라톤, 『국가』, 433a~435c.
5) 아우렐리우스, 『명상록』, 156쪽.

우주가 원자들의 집합체이든 아니면 질서정연한 전체이든, 나의 첫 번째 원칙은 나는 자연에 의해 지배되는 전체의 부분이라는 것이다. 두 번째로, 나는 다른 同種의 부분들과 밀접한 관계가 있다는 것이다. 이런 원칙들을 명심한다면, 내가 부분인 한 전체로부터 내게 할당된 그 어떤 것에도 나는 불만을 품지 않게 될 것이다. 전체에 유익한 것은 결코 부분에 해롭지 않은 까닭이다. 전체는 자신에게 유익하지 않은 것은 아무것도 내포하고 있지 않기 때문이다. (…) 따라서 내가 그러한 전체의 부분이라는 점을 명심하게 되면 내게 일어나는 모든 일에 만족하게 될 것이다. 그리고 나는 나와 同種인 부분들과 밀접한 관계를 맺고 있는 한, 공동체의 이익에 반하는 행동을 하지 않고, 오히려 내 모든 노력을 공동체에 유익하도록 조절하고 그와 반대되는 것은 삼가게 될 것이다. 이런 원칙들을 지켜나가면, 동료 시민들에게 유익한 일을 하나씩 실행해나가고 공동체가 부과하는 의무를 기꺼이 받아들이는 시민의 삶이 행복하리라고 네가 생각할 수 있듯이, 삶은 행복할 수밖에 없을 것이다.[6]

아우렐리우스에 의하면, 개체는 전체의 한 부분으로서 다른 개체와 밀접한 관계를 맺고 있으며, 전체에 유익한 것은 결코 개체에 해롭지 않으므로 공동선에 따르는 삶이 행복의 지름길인 것이다. 이러한 맥락에서 아우렐리우스는 "공동체적 목표와 직접적으로 또는 간접적으로 아무 관계도 없는 네 행동은 어떤 것이든 네 삶을 분리시키고 네 삶의 통일성을 깨뜨리고, 마치 민중들 사이에서 그러한 조화로운 관계를 외면하고 혼자 떨어져 있는 사람처럼, 반란의 성격을 띨 것이다."[7]라고 갈파하였다.

중세의 대표적 철학자 아퀴나스(Thomas Aquinas, 1225~1274)에 의하

6) 아우렐리우스, 『명상록』, 167~168쪽.
7) 아우렐리우스, 『명상록』, 156쪽.

면, 이 세계는 하나의 '유기적 전체' 로 창조되었다.[8] 우주의 질서는 '하나님의 법' 의 표현이다. 하나님은 모든 사물에게 마땅한 '자리' 와 그에 따른 '역할' 을 부여하였다. 하나님은 완전한 '理性的 存在' 로서, 피조물의 이성의 정도에 따라 세계의 질서를 정하였다. 인간의 사회도 마찬가지로서, 이성의 정도에 따라 위계질서를 형성한다. 그러므로 '보다 이성적인 사람' 이 '전체의 이익' 과 '하나님의 영광' 을 위해 '덜 이성적인 사람' 을 지배해야 한다. 아퀴나스는 가족의 구조도 인간의 신체 구조에 비유하였다. 아버지는 머리 또는 이성의 기관에 해당되므로, 가족 전체의 이익을 위하여 제반 사항을 유기적으로 구성할 책임이 있다. 가족의 각 구성원은 무조건적으로 아버지의 명령에 복종해야 한다. 그것은 손이나 발이 몸 전체의 건강을 위해 무엇이 필요한지 판단할 수 없는 것과 마찬가지이다. 그러나 머리는 육체의 여타 부분과 연결되는 동시에 육체의 여타 부분에 의존한다는 것을 잊어서는 안 된다. 장원의 농민은 장원 영주나 혹은 영주의 자녀를 長으로 하는 조직체의 구성원과 같은 존재이다. 왕국 전체를 보면 왕은 모든 인간의 아버지나 長과 같은 존재이다. 그러나 궁극적으로는 왕도 王中王이자 사랑의 아버지요, 세계 이성 그 자체인 하나님에게 복종해야 한다.[9]

8) 아퀴나스의 유기체적 세계관의 기본 골격은 아리스토텔레스의 自然學과 기독교 神學(윤리학)을 결합시킨 것이다(카프라, 『새로운 科學과 文明의 轉換』, 50쪽 참조). 아퀴나스는 중세를 대표하는 神學者였지만, 그의 사회철학의 기본적 사고방식은 사실 고대 그리스의 플라톤이나 아리스토텔레스의 그것과 본질적인 차이가 없다. 즉, 세계는 하나의 유기적 전체이며, 보다 이성적인 사람이 통치 계급이 되어야 하고, 통치 계급은 자신의 私益을 포기하고 철저히 전체의 이익이나 共同善을 추구해야 한다는 점에 있어서는 아퀴나스와 플라톤 · 아리스토텔레스가 같은 생각이었다(아블라스터, 『서구 자유주의의 융성과 쇠퇴』, 63~64쪽 참조). 다만 그 정당화의 근거로, 플라톤은 '이데아' 를 설정한 것이고, 아퀴나스는 '하나님의 법' 을 설정한 것이다. 그런데 여기서 '전체의 이익' 이라는 개념이 근대에 접어들어 비판의 대상이 되었다. 예컨대 포퍼(Karl R. Popper)는 플라톤이 전체의 이익이라는 미명하에 개인의 권익을 유린했다고 비판했다(『열린사회와 그 敵들』 제1권 '플라톤과 유토피아' 참조).

아퀴나스는 家族과 國家를 인간의 몸에 비유하여 설명하면서, 구성원들 사이의 '상호의존성'과 '위계적 질서'를 강조했다. 즉 유기체의 구성원으로서 각각의 존재들은 고유한 몫을 지니고 있거니와, 그들은 서로 의존하면서도 그들 사이에는 또한 위계적 관계가 존재한다는 것이다. 아퀴나스와 같은 맥락에서, 위클리프(John Wyclif, 1320~1384)는 敎會를 몸에 비유하여 설명하면서 다음과 같이 말한다.

> 교회는 이 세 부분, 즉 설교자 · 옹호자 · 노동자로 나뉘어져 있다. 교회는 우리의 어머니인 것과 마찬가지로 하나의 몸이기도 하다. 그래서 이 몸의 건강은 예수 그리스도가 정한 것과 똑같은 방식으로 그 몸의 한 부분이 다른 부분에 대응하는 데서 존립한다. (…) 친절하게도 인간의 손은 머리를 돕고 눈은 발을 도우며 발은 몸을 돕는다. (…) 그리고 교회의 여러 부분에 있어서도 당연히 그러하다. (…) 인간의 여러 부분은 하나가 다른 부분의 역할을 빼앗을 경우 인간에게 불친절하게 봉사하는 것과 마찬가지로, 교회의 여러 부분도 神에게 봉사하기 위한 고유의 업무를 갖고 있다. 그래서 만약 한 부분이 神이 그에게 국한시킨 업무를 떠나 다른 부분의 업무를 차지하면 죄스럽고 기이한 사태가 교회 안에 일어난다. (…) 이 하늘의 醫師와 인간의 藥에 의해 교회의 여러 부분의 균형이 회복되기 전에는 교회는 결코 온전해지지 못할 것이 틀림없다.[10]

위클리프는 유기체의 비유를 통해 구성원들 사이의 호혜성 또는 상호의존성을 밝히고, 구성원들 사이의 균형과 조화를 강조했다. 위클리프는 '전체의 건강' 곧 '共同善'을 위해서 구성원들 사이의 균형과 조화가 필요하

---

9) Fink, *Social Philosophy*, 15~16쪽 참조.

10) 토니, 『宗敎와 資本主義의 발흥』, 40~41쪽.

다고 했는데, 균형과 조화를 위해서는 구성원 상호 간의 절제와 협력이 필요한 것이다. 이러한 사고방식은 전통유학의 사고방식이기도 했다. 韓末의 유학자 毅菴 柳麟錫은 다음과 같이 말한 바 있다.

> 하늘은 渾然하여 둥글고 큰데 北辰과 南辰의 兩樞가 있다. 땅은 높고 낮고 평평하고 험한데 北氷海와 南氷海의 兩軸이 있다. 日月은 東西를 운행하여 어둠과 밝음이 되고, 南北을 운행하여 寒暑가 된다. 위대하도다, 하늘이여! 그 둥글고 큼을 고르게 하여 萬物을 덮어준다. 지극하도다, 땅이여! 그 넓고 두터움을 고르게 하여 萬物을 실어준다. 성대하도다, 日月이여! 그 晝夜寒暑를 고르게 하여 萬物을 消息하게 한다. 하늘은 비유컨대 大君과 같으며, 해는 비유컨대 大臣과 같다. 하늘은 아름답게 위에 있으면서 해와 運化의 자루를 관장하여, 이로써 四時를 운행한다. 君은 몸을 공손히 하여 南面하고서 臣과 宣化의 자루를 관장하여, 이로써 여러 政事를 행한다. 天地는 고르게 덮어주고 실어주며, 日月은 고르게 비추어주니, 天地는 한결같이 고르고 같아서 分別이 없는 것인가? 그렇지 않다.[11]

유인석은 우선 이 세계는 부분적 차원에서나 전체적 차원에서나 항상 '대립적 구조' 로 이루어져 있다고 설명했다. 이 세계는 전체적으로 보면 하늘과 땅이 짝을 이루고 있다. 그 속에서 하늘에는 南辰과 北辰이 짝을 이루고 있고, 땅에는 南氷海와 北氷海가 짝을 이루고 있다. 日月의 운동도 東

---

11) 『毅菴集』 卷53 頁3 : 天體渾然圓大 而有北辰南辰兩樞 地體高下平險 而有北氷海南氷海兩軸 日月 運行東西而爲昏明 推移南北而爲寒暑 大哉天也 均其圓大而覆萬物 至哉地也 均其廣厚而載萬物 盛哉日月也 均其晝夜寒暑而消息萬物 天譬則大君也 日譬則大臣也 天於穆在上而掌日運化之柄 以之行四時焉 君恭己南面而掌臣宣化之柄 以之行庶政焉 天地均覆載 日月均其照 一天地均同 而無分別乎 非然也

西와 南北의 두 방향으로 이루어져 晝夜와 寒暑를 만들어낸다. 自然界의 이러한 모습은 곧 人間界의 일로 비유된다. 天은 大君과 같으며, 日은 大臣과 같다. 天이 四時의 운행을 주재하듯이, 大君은 여러 政事를 주재한다.

天地와 日月은 공평하여, 모든 존재를 덮어주고, 실어주고, 비추어준다. 이렇듯 만물은 평등한 것 같지만, 그런데 그 가운데에는 위계의 차등이 있다는 것이다. 유인석은 위계의 차등에 대하여 다음과 같이 설명한다.

> 사람의 몸을 보지 못하였는가? 사람의 몸에는 머리와 발, 등과 배가 있다. 사물도 또한 그렇지 않음이 없다. 人物은 天地에서 태어났으니, 반드시 天地를 닮은 것이다. 天地가 또 어찌 그렇지 않겠는가? 하늘에는 비록 兩樞가 서로 맞서고 있으며, 땅에는 비록 兩軸이 서로 지탱하고 있어서, 사물에는 相對가 없는 것이 없으나, 또한 서로 均齊한 상대는 없는 것이 이치이다. 그러므로 兩樞와 兩軸이 각각 서로 本末과 頭尾가 된다. 天地는 비록 고르게 덮어주고 실어주며, 生物의 氣血은 고르게 전체에 퍼져 있으나, 몸에는 부분이 있는 것이 이치이다. 天地의 몸에 어찌 前後와 面背가 없겠는가?[12)]

유인석은 '天地의 本末과 頭足'을 다음과 같이 설명한다. 하늘로 말하자면 큰 별은 북쪽에 있고 남쪽에 있지 않으며, 땅으로 말하자면 왕성한 생물은 북쪽에 있고 남쪽에 있지 않다. 따라서 북쪽이 本과 頭가 되고, 남쪽이 末과 足이 된다. 또 '天地의 前後와 面背'에 대해서는 다음과 같이 설명한다. 즉 天地의 운행은 順逆이 서로 얽혀서 이루어지는데, 그 결과 모든 곳에

---

12) 『毅菴集』 卷53 頁4 : 不見人身乎 人身有頭足背腹 物亦無不然 人物生於天地 必肖天地也 天地豈其不然乎 天雖有兩樞相當 地雖有兩軸相持 物無有不對 而亦無均齊之對 理也 故兩樞兩軸 各有爲本末頭尾者 天地之體 雖均覆載 凡生物氣血 均遍全體 體有部分 理也 天地爲體 豈無前後面背於其間乎

風氣가 아름답게 모이는 것은 아니다. 또한 人物로 말하면 神聖이 많이 출현하였으나, 그 결과 모든 곳의 文明이 크게 발달한 것은 아니다. 따라서 風氣가 아름답게 모인 곳과 文明이 발달한 곳이 前面이 되고, 그렇지 못한 곳이 背後가 된다. 요컨대, 모든 존재는 상대적인 것이 서로 짝을 이루는 구조로 이루어져 있으나, 그 짝들 사이에는 위계의 차등이 있다는 것이다. 예를 들어 天 · 地가 짝을 이루나 天은 높고 地는 낮으며, 君 · 臣이 짝을 이루나 君은 높고 臣은 낮으며, 父 · 子가 짝을 이루나 父는 높고 子는 낮다.

이상의 내용은 유교의 유기체적 세계관의 전형적인 내용을 보여준다. 이 세계는 거대한 하나의 생명체인 바, 그 구조는 대립적 구조로 되어 있고, 대립물들의 관계는 감응의 관계이고, 대립물들 사이에는 위계의 차등이 있다. 자연은 만물에 고른 혜택을 주지만, 그러나 만물들 사이에는 또한 頭足과 本末의 위계가 있다. 유교에서 이러한 자연의 질서는 곧 인간의 질서의 원형으로 인식되었다. 유교의 이러한 사고방식을 체계적으로 표현한 것이 바로 易學思想이다.

『周易』은 만물의 生生은 대립적 위계구조 속에서 感應과 循環의 원리에 의해 이루어진다고 본다. 『주역』의 이러한 사상은 〈繫辭傳〉에 집약적으로 표현되어 있다. 〈繫辭上傳〉 제1장에서는 다음과 같이 말한다.

> 하늘은 높고 땅은 낮으니, 乾 · 坤의 자리가 정해진다. 높고 낮음이 이로써 진열되니, 貴賤이 자리를 잡는다. 動과 靜에 恒常이 있으니 강한 것과 부드러운 것이 판단된다. 만물은 형세가 같은 것끼리 모이고 무리를 따라 나뉘니, 吉凶이 생긴다. 하늘에 있어서는 象이 이루어지고 땅에 있어서는 形이 이루어지니, 變化가 드러난다. 그러므로 강한 것과 부드러운 것이 서로 문지르고, 八卦가 서로 움직이며, 천둥과 번개로써 두드리고, 바람과 비로써 윤택하게 한다. 해와 달이 운행하고, 한 번은 춥고 한 번은 더워서, 乾道는 男을 이루고 坤道는 女를 이룬

다. 乾은 위대한 시작을 주재하고, 坤은 만물을 이룬다. 乾은 '쉬움' 으로 위대한 시작을 주재하고, 坤은 '간단함' 으로써 능히 만물을 이룬다.[13]

易學에서 天地는 높고 낮음의 위계로 인식되고, 그것은 곧 乾坤 또는 陰陽의 貴賤이라는 관념으로 연결된다. 이 위계의 관념은 높은 것과 낮은 것 또는 귀한 것과 천한 것이 각각 정해진 자리가 있다는 관념과 표리를 이룬다. 이러한 맥락에서 '음은 낮고 양은 높다' 거나 또는 '음양은 각각 정해진 자리(또는 역할)가 있다' 는 등의 음양사상의 일반론이 도출된다. 이것을 易學에서는 '不易' 이라 한다. 이 세계가 아무리 변화하더라도, 세계의 이러한 기본 구조 자체는 변함이 없다는 것이다. 위의 인용문은 또 음양의 感應과 循環의 관념을 보여주고 있다.[14] '강한 것과 부드러운 것이 서로 문지른다' 는 것은 음양의 감응을 상징하고, '한 번은 춥고 한 번은 덥다' 는 것은 음양의 순환을 상징한다. 역학에서는 음양의 感應을 통해 만물이 끊임없이 生生한다고 보는데, 이것을 '交易' 이라 한다. 음양의 循環이란 한 실체의 生長衰滅을 말한다. 역학에서는 모든 존재는 나서 자라고 늙고 죽는다고 보는데, 이러한 순환적 변화를 '變易' 이라 한다.[15]

不易 · 交易 · 變易의 관념은 유교 사회철학의 기본 골격을 제시한다. 不易의 관념은 대립적 위계구조가 인간 사회의 불변적 사실이라는 점을 말

---

13) 『周易』 〈繫辭上傳〉 1 : 天尊地卑 乾坤定矣 卑高以陳 貴賤位矣 動靜有常 剛柔斷矣 方以類聚 物以群分 吉凶生矣 在天成象 在地成形 變化見矣 是故 剛柔相摩 八卦相盪 鼓之以雷霆 潤之以風雨 日月運行 一寒一暑 乾道成男 坤道成女 乾知大始 坤作成物 乾以易知 坤以簡能

14) 음양의 감응과 순환 즉 交易과 變易을 이해하는 데 유의해야 할 것은 양자의 경우에 음양의 개념이 서로 달리 설정되고 있다는 점이다. 즉 交易(感應)을 말할 때의 음양이란 '남자 · 여자' 와 같은 '두 개의 대립적 實體' 를 의미하며, 變易(循環)을 말할 때의 음양이란 '자라남 · 늙음' 과 같은 '한 實體의 生長과 衰滅' 을 의미한다.

15) 이에 대한 보다 자세한 논의는 拙著, 『歷史哲學과 易學思想』, 119~145쪽 참조.

해준다. 예를 들어, 사회가 아무리 변한다 해도 통치자와 피치자, 부모와 자식, 남편과 아내가 있다는 사실만큼은 불변이라는 것이다. 交易의 관념은 통치자와 피치자, 부모와 자식, 남편과 아내의 올바른 관계를 제시한다. 통치자와 피치자, 부모와 자식, 남편과 아내 등은 '敵對的으로 對立' 해서는 안 되고 '互惠的으로 感應' 해야 한다는 것이다. 變易의 관념은 인간의 사회(국가)도 흥망성쇠를 반복한다는 것을 말해준다. 따라서 흥성을 지키고 쇠망을 막으려면 끊임없이 節制하고 補修해야 한다.

이제 이상의 내용을 바탕으로 유기체적 세계관의 특징을 정리해 보자.

첫째, 이 세계는 '분리될 수 없는 하나' 라는 것, 즉 '유기적 전체' 라는 관념이다. 유인석은 '통치자와 피치자' 를 '머리와 사지' 에 비유했는데, 머리와 사지는 서로 분리되어 독자적으로 생존할 수 없다. 인간의 몸으로 말하자면, 머리와 사지뿐만 아니라 五臟六腑도 서로 분리될 수 없다. 이러한 맥락에서 유기체적 세계관에서는 개인들은 독자적으로 생존할 수 없다고 본다.

둘째, 이른바 '共同善' 이라는 관념이다. 이 세계는 '분리될 수 없는 하나' 라는 관념은 곧 이 세계의 구성원들은 '공통의 이해관계' 를 지닌다는 관념으로 연결된다. 머리는 사지를 명령하고, 사지는 머리의 명령을 받드는데, 그럼에도 불구하고 머리와 사지는 공통의 이해관계를 지닌다. 그 공통의 이해관계란 '생명의 지속' 이다. 이러한 관점에서 본다면 사회의 모든 구성원들은 '공동의 목적' 즉 '共同善' 을 위해 서로 협력해야 한다.

셋째, 이른바 '고유한 직분(本分)' 이라는 관념이다. 이 세계는 분리될 수 없는 하나이므로 모든 구성원들은 공동의 목적을 위해 협력해야 한다고 하더라도, 그 구성원들은 본래 각자 서로 다른 직분(역할)을 지니는 것이다. 머리는 머리로서의 고유한 직분이 있고, 손은 손으로서의 고유한 직분이 있듯이, 통치자는 통치자의 고유한 직분이 있고, 부모는 부모의 고유한 직분이 있으며, 농민은 농민의 고유한 직분이 있고, 상인은 상인의 고유한 직분이 있다. 각각의 구성원들이 공동의 목적을 위해 서로 협력하는 방법은 각자의 고유한 직분을 완수하는 것이다.[16)]

넷째, 이른바 '상호 의존'이나 '상호 협력' 또는 '互惠性'의 관념이다. 유기체의 여러 구성요소들은 서로 분리될 수 없으므로 '상호 의존'하면서 '상호 협력'을 통해 공동의 목적을 추구해야 한다. 머리와 사지가 서로 의존하면서 서로 협력하듯이, 통치자와 피치자, 남편과 아내, 부모와 자식 등도 서로 의존하면서 서로 협력하는 '호혜적 삶'을 추구해야 한다. 이러한 관점에서는 개인을 독립적 존재로 인정하지 않으며, 개인은 자신만의 목표를 추구하기 전에 공동의 목적을 존중해야 한다고 주장한다.

다섯째, 이른바 '위계질서'의 관념이다. 한 유기체의 생존을 위해서는 여러 구성 요소들이 모두 필요하지만, 그 요소들 사이에는 이른바 위계가 있다. 다시 말해, 유기체의 여러 구성 요소들 중에는 '보다 더 중요한 요소'와 '보다 덜 중요한 요소'가 있다. 인간으로 말하자면, 우리의 건강한 생존을 위해서는 머리와 사지, 오장육부 등이 모두 필요하다. 그런데 사지나 腎臟 등은 어느 하나가 없어져도 생존에는 큰 지장이 없으나, 두뇌나 심장 가운데 어느 하나가 없어지면 더 이상 생존할 수 없게 된다. 따라서 두뇌나 심장은 다른 요소들보다 더 중요한 직분을 맡고 있는 것이다. 마찬가지로 가정이나 국가에도 더 중요한 역할을 맡은 사람과 덜 중요한 역할을 맡은 사람이 있는바, 덜 중요한 역할을 맡은 사람은 더 중요한 역할을 맡은 사람의 指導에 따라야 한다는 것이다.

여섯째, 이 세계의 '기본구조는 불변한다'는 관념이다. 이 세계로 말하

16) '각자의 고유한 직분을 완수하는 것'을 유교에서는 '正名'이라 했다. 유교의 人倫論은 正名論(名分論)과 표리를 이룬다.

자면 하늘과 땅이 있다는 것, 하늘에는 해와 달이 있고 땅에는 산과 강이 있다는 것 등은 아무리 세월이 흘러도 변하지 않는다. 또한 인간이 아무리 진화해 왔다고 하더라도 인간의 몸은 변함없이 인식기관, 운동기관, 호흡기관, 소화기관, 배설기관 등을 갖추고 있다. 마찬가지로 인간의 사회가 아무리 변한다고 하더라도 사회에는 가족과 국가가 있으며, 가정에는 부모와 자식이 있고, 국가에는 통치자와 피치자가 있다는 것 등은 변하지 않는다. 이러한 관점에서, 유기체적 세계관에서는 이 세계의 기본질서와 기본가치는 변함이 없다고 본다.

일곱째, 인간과 자연은 '공동운명체'라는 관념이다. 인간과 자연이 유기적으로 연결된 공동운명체라면, 생태계도 인간과 마찬가지로 충분히 존중되어야 한다. 유학자들은 종종 '仁'을 '천지만물을 나와 一體로 여기는 것'이라고 설명했다. 머찬트(Carolyn Merchant)는 서양 중세의 유기체적 세계관을 설명하면서 "大地를 살아있는 생물이며 양육하는 모성의 영상으로 보는 것은 인간의 행위를 제약하는 문화적 억제 역할을 했다. 어머니를 쉽게 살해하지 않으며 金을 위해 그녀의 내장을 파헤치며 육체를 절단하지는 않는다. (…) 대지는 살아 있고 감성이 있는 것이라고 생각하는 한, 이것에 대해 파괴적인 행위를 한다는 것은 인간의 윤리적 행위에 위반되는 것으로 간주될 것이다."[17]라고 말한 바 있는데, 이러한 인식은 유교에서도 마찬가지였다.

위의 내용들은 前近代의 人倫論을 뒷받침하는 핵심적 관념들이었다. 인륜론은 인간은 서로 의존하면서 살 수밖에 없다는 것을 불변의 사실로 전제하고, 우리는 각자 자신에게 부여된 직분을 완수함으로써 이 사회의 공동의 목적에 기여하면서 자신의 목표를 추구해야 한다고 주장하는 것이

---

17) 카프라, 『새로운 科學과 文明의 轉換』, 57쪽.

다. 이러한 맥락에서 인륜론자들은 개인보다 전체를 우선시하고, 개인의 몫을 논함에 있어서도 권리보다는 의무(직분, 역할)에 초점을 두는 것이다. 또한 前近代의 人倫論者들은 인간의 규범체계는 이 세계의 기본질서와 기본가치를 반영해야 한다는 맥락에서 直觀主義를 표방했던 것이다.

機械論(mechanism)이란 이 세계를 독립적 부품들이 결합된 기계로 규정하고, 그에 입각해 전체의 질서보다 개인의 권리가 우선한다고 규정하는 사고방식을 말한다. 이러한 사고방식은 서양의 고대부터 싹트기 시작했으나, 오랜 세월 동안 별다른 호응을 얻지 못하고, 근대에 이르러서 널리 일반화된 것이다.

데모크리토스(Demokritos)는 세계의 모든 사물들은 '더 이상 분할될 수 없는 原子들의 결합체' 라고 규정하고, '原子들은 기계적으로 운동한다' 고 설명했다. 이 세계의 궁극적 실체는 물질로서(唯物論), 더 이상 분할될 수 없는 물질이 原子인데, 원자들은 기계적으로 운동한다는 것이 그의 지론이었다.[18] 약 2천 년의 세월이 지난 뒤에, 데카르트(R. Descartes)는 이러한 사고방식을 부활시켰다. 데모크리토스는 정신을 독립적 실체로 인정하지 않는 유물론자였다. 그러나 데카르트는 정신과 물질을 별개의 실체로 규정한 다음, 자연의 세계는 '물질적인 힘들의 기계적인 체계' 라고 설명했다.[19] 데카르트는 인간 이외의 동물들 역시 意識을 지니지 않는 자동기계라고 주장하고, 다만 인간은 정신(마음)과 물질(육체)이 결합된 존재라고 설명했다. 그러나 그의 후학 라 메뜨리(La Mettrie)는 인간마저 기계에 불과

---

18) 데모크리토스의 '原子' 는 엠페도클레스(Empedokles)의 '뿌리' 나 아낙사고라스(Anaxagoras)의 '種子' 와는 발상이 다른 개념이다(램프레히트, 『西洋哲學史』, 38~40쪽 참조). 뿌리나 종자는 有機體論에 입각한 개념들이다.

19) 데카르트의 기계론적 세계관에 대한 자세한 논의는 카프라, 『새로운 科學과 文明의 轉換』, 53~59쪽 참조.

하다는 '인간기계론'을 표방했다. 인간이란 '意識을 부산물로 지니는 물질적 기계'라는 것이다.[20]

데카르트의 기계론적 세계관은 그의 유명한 저작 『方法敍說』에 그대로 투영되어 있다. 『方法敍說』에서 학문의 방법론으로 제시된 네 가지 격률이 그것이다. 데카르트는 다음과 같이 말한다.

> ① 내가 명증적으로 참이라고 인식하지 아니하는 어떤 것도 진리로 받아들이지 않겠다. 그리하여 조심스럽게 조급한 판단이나 편견을 피하여서, 나의 정신에 명석하고 판명하게 나타나지 않는 것은 결코 나의 판단 속에 포함시키지 않고, 내가 의심할 수 없는 것만을 포함하겠다. ② 내가 검토하는 각각의 어려운 문제들을 가능한, 그리고 더 잘 해결하기 위하여 필요한 한에서 가급적 세분한다. ③ 나의 생각을 질서 있게 인도하기 위하여, 즉 인식하기에 가장 단순하고 가장 쉬운 대상들로부터 출발하여, 단계적으로 차례차례 복잡한 것의 인식에 이르기까지 거슬러 올라간다. 그리하여 자연대로는 피차 아무런 순서도 없는 것들 사이에도 질서를 부여한다. ④ 내가 아무것도 빼놓지 않았다는 것을 확신하기 위하여 어떠한 경우라도 전체적인 열거와 일반적인 검열을 실시한다.[21]

위의 네 격률은 물론 학문적 인식의 방법론을 제시한 것이나, 그 바탕에는 데카르트의 세계관이 그대로 깔려있는 것이다. ①의 "내가 명증적으로 참이라고 인식하지 아니하는 어떤 것도 진리로 받아들이지 않겠다."는 말

---

20) 램프레히트, 『西洋哲學史』, 334~339쪽 참조. 한편, 데카르트가 단초를 제시한 근대의 기계론적 세계관을 완성시킨 사람은 뉴턴이다. 그리하여 근대의 기계론적 세계관을 '데카르트-뉴턴적 세계관'이라고도 한다. 근대의 기계론적 세계관에 대해서는 이 책의 제9장에서 보다 자세히 논의하기로 하자.

21) 데카르트, 『方法敍說(外)』, 26쪽.

은 개인의 독립성과 주체성을 옹호한 것이다. 이는 '자신의 이익(행복)에 대한 최선의 판단자는 자신' 이라는 자유주의자들의 지론과도 궤를 같이 한다. ②는 '전체는 개체로 환원시켜 보아야 한다' 는 要素還元主義를 표방한 것이다. 아무리 복잡한 기계라도 단순한 부품들의 결합체에 불과한 것인바, 그러므로 '복잡한 전체는 단순한 개체들로 분해하여 고찰하라' 는 것이다. 요소환원주의에 입각하면, 인간의 사회 또한 개인들로 환원되는 것이다. ③은 '각각의 부품들을 순서에 따라 결합시켜 복잡한 전체를 재건하라' 는 것인데, 이는 '다양한 개인들의 의사를 결집하여 사회의 질서체계를 창출한다' 는 構成主義와 궤를 같이한다. ④의 '결합의 과정에서 아무것도 빼놓지 말라' 는 말은 사회를 구성하는 과정에서 '어느 누구의 권익도 소외시키지 말라' 는 것, 즉 '모든 사람의 권익을 고르게 반영하라' 는 平等主義와 궤를 같이한다. 이처럼 데카르트의 격률은 사회철학적 관점에서는 '개인의 독립성과 주체성, 요소환원주의, 구성주의, 평등주의' 로 해석될 수 있다. 이러한 관념들은 기계론적 세계관의 핵심내용으로서, 그대로 자유주의의 핵심원칙이 되었다.

데카르트와 같은 시대의 철학자 홉스(Thomas Hobbes)는 '자연세계' 와 '인간의 생명' 뿐만 아니라 '사회현상' 까지도 모두 포괄하는 더욱 체계적인 기계론을 제시하였다. 홉스는 『리바이어던』의 〈序說〉에서 다음과 같이 말한다.

> 자연은 神이 만들고 다스리는 예술품(창작품)이다. 인간도 神의 창조를 모방하여 자연을 人工動物로 만들어 볼 수 있을 것이다. 생명은 四肢의 운동을 통해서만 볼 수 있지만, 그 발동은 내부의 주요 기관에 의해서 시작되는 것이다. 時計가 용수철(스프링)과 바퀴에 의해 스스로 움직이는 것처럼, 모든 자동기계는 하나의 人工的生命을 지니고 있다. 心臟에 해당되는 것은 용수철이고, 神經網에

해당되는 것은 수많은 끈들이며, 關節에 해당되는 것은 수많은 바퀴들로서, 인공기계 전체에 운동을 전달해 주는 것이다. 이것이 인공적 제작자가 의도한 바이다. 자연의 가장 이성적이고 우수한 창작품은 인간인데, 인간을 모방함으로써 창작품은 한결 더 뛰어나게 될 것이다. 국가라고 불리는 '리바이어던(Leviathan)' 은 이런 기술로 만들어졌다. 리바이어던은 하나의 人工人間이다. 그것은 自然人보다 더 크고 힘도 센데, 自然人을 보호하기 위해서 만든 것이다. 主權(Soveraignty)은 인공적 靈魂으로서, 몸 전체에 생명과 운동을 제공한다. 각부의 장관이나 관리들은 人工關節이며, 賞과 罰은 神經網이다. 국민의 재산과 富는 힘이며, 국민의 안전은 사업이다. 顧問官은 記憶이며, 형평과 법은 人工理性이며 意志이다. 調和는 건강이며, 반란은 병환이며, 내란은 죽음이다. 끝으로, 이 政治體를 만드는 合意나 同意는 우주를 창조할 때 神이 "이제 사람을 창조하자"고 했던 命令과 같다.[22]

홉스는 우선 '자연세계' 를 '자연적인 것' 으로 보지 않고 '神의 창작품' 으로 보았다. 자연은 神에 의해서 만들어지고, 神에 의해서 관리된다는 것이다. 인간도 神의 창조를 모방하여 '人工動物' 을 만들 수 있다. 이 인공동물은 용수철과 끈과 바퀴 등에 의해 움직이는 것으로, 그것은 자연동물(생명체)을 모방한 기계인 것이다.

홉스는 생명체마저 하나의 기계로 비유하였다. 홉스는 생명체 가운데 가장 훌륭한 것은 인간이라고 전제하고, 그 인간을 모방하여 국가라는 '人工人間' 을 만들 것을 제안하였다. 국가의 주권은 인공적 영혼이며, 각부의 장관이나 관리들은 인공적 관절이며, 賞과 罰은 국가의 신경이다. 국민의 재산과 富는 국가의 힘이며, 국민의 안전은 국가가 수행해야 할 일이다. 국

22) Hobbes, *Leviathan*, 81~82쪽.

가 즉 政治體는 인공적인 것으로서, 국민들의 합의나 계약에 의해 만들어지는 것이다. 개인들이 합의나 계약에 의해 정치체를 만드는 과정은 부품들을 결합하여 기계를 만드는 과정과 같다.

자연적 존재로서의 自然物(생명체)이 자신의 고유한 목적을 추구하고 실현하는 것과 달리, 창작물로서의 기계는 제작자의 목적을 실현하는 도구인 것이다. 홉스는 자연인을 보호하기 위해 국가라는 인공인간을 만든 것이라 했는데, 자유주의의 국가관을 '도구적 국가관' 으로 규정하는 것은 이러한 맥락에 기인한다. 즉 국가란 자연상태의 혼란을 피해 개인의 자연적 욕구를 합리적이고 효율적으로 해결하기 위한 도구라는 것이다. 홉스는 이러한 도구적 국가관을 제창한 선구자였던 것이다.

홉스에 있어서 사회(국가)는 모든 구성원의 기본적 권익을 향상시키고자 고안된 인위적 構成體이다. 그것은 근본적으로 독립된 개인들 간의 계약(합의)에 의해서 만들어지고, 상호작용에 의해 움직이는 기계이다. 토마스 아퀴나스의 유기체론에 있어서는 모든 사람이 자신이 속해 있는 사회에 대하여 일정한 의무를 지닌다. 반면에 홉스에 있어서는 아무도 사회에 대하여 어떠한 자연적 의무를 지니지 않는다. 다만 사람들이 자신의 이익을 도모하고자 자유롭게 떠맡는 의무가 존재할 뿐이다. 홉스의 이러한 입장은 모든 自由主義에 공통되는 기본 관념이 되었다.[23]

이제 이상의 내용을 바탕으로 기계론적 세계관의 특징을 정리해 보자.

첫째, 이 세계는 '原子(개인)의 결합체' 에 불과하다는 관념이다. 이는 '전체는 그것을 구성하는 요소들로 환원시킬 수 있다' 는 要素還元主義와 표리를 이루는 것으로서, 곧 이 세계는 '분리될 수 없는 유기적 전체' 라는 관념을 부정하는 것이다. 하나의 기계(전체)는 여러 부품(개체)들을 먼저

---

23) Fink, *Social Philosophy*, 36쪽 참조.

만들고 그것들을 결합시킨 것이다. 요컨대 기계론적 세계관에 입각하면 개체가 전체에 우선하는데, 이러한 맥락에서 자유주의는 개인이 사회에 우선한다고 보는 것이다. 또한 유기체의 여러 부분들은 서로 분리된 채 독자적으로 생존할 수 없으나, 기계의 부품들은 분해된 채로 얼마든지 존립할 수 있다. 이러한 맥락에서 자유주의는 '원자론적 개인주의'를 그 바탕으로 삼는다.

둘째, 이른바 '사회적 행복의 총량'이라는 관념이다. 이 세계는 原子의 결합체에 불과하다는 관념이나 요소환원주의는 '전체의 궁극적 실재성'을 부정하는 것으로서, 결국 기존의 '共同善'이라는 관념을 부정하는 것이다. 사회는 개인들의 결합체에 불과하다면, 사회는 '개인을 초월하는 궁극적 실재'라는 의미를 지닐 수 없게 된다. 이러한 맥락에서, 자유주의자들은 고전적 의미의 共同善(개인의 이익을 초월하는 共同善)이라는 개념을 부정하거나, 共同善을 사회 구성원들의 행복의 총량(최대다수의 최대행복)으로 규정한다.[24]

셋째, 이른바 '自由'의 관념, 즉 개인에게는 '고유한 직분(本分)이 없다'는 관념이다. 유기체론에 의하면 사회의 구성원들은 각각 '고유한 직분'

---

24) Lukes, *Individualism*, 49쪽 참조. 실제로 벤담(Jeremy Bentham)은 '공동체'를 '허구적 실체'로 규정하고, '공동체의 이익'이란 '공동체를 구성하는 몇몇 구성원들의 이익의 총합'이라고 규정한 바 있다(벤담, 『도덕과 입법의 원리 序說』, 29쪽 참조). 한편 월린(Sheldon S. Wolin)은 홉스의 기계론적 세계관은 '개인과 개인의 단순한 결합'을 추구한 반면, 루소의 유기체적 세계관은 '개인과 개인의 진정한 융합'을 추구한 것이라고 설명한 다음, '홉스적 공동체는 진정한 통일성을 포기한 것'이라고 진단했다. 따라서 "(홉스의 경우) 이제 권력은 善의 공유 가능성이 부정된 사회, 다른 말로 하면, 사랑·감정·지식에 의해 생성된 '융합된 공동체'라는 예전의 관념이 더는 통용되지 않는 사회에서 행사되어야 했다. 권력은 예전에 그 정당화의 근거를 제공해 주던 共同善이라는 관념을 벗어 던지게 되었다. 왜냐하면 고립된 개별자로 구성된 정치적 세계에서 '共同善'이란 더는 아무런 의미도 지니지 않게 되었기 때문이다."라고 설명한 바 있다(『정치와 비전』 2, 136~139쪽 참조).

또는 '본래적 의무' 를 지니고 있는 것이다. 그러나 '분리될 수 없는 유기적 전체' 라는 관념을 부정하고 '사회보다 개인이 우선한다' 고 생각하는 자유주의자들은 선험적으로 개인에게 주어진 '고유한 직분' 이라는 관념 자체를 인정하지 않는다. 자유주의자들에 의하면 개인에게 '본래적 의무' 가 있는 것은 아니요, 다만 자신의 이익을 도모하고자 '자유롭게 떠맡는 의무' 가 있을 뿐이다.

넷째, 이른바 '개인의 利益' 이라는 관념이다. 유기체론에서는 이 세계는 분리될 수 없는 유기적 전체라는 관점에서 사회 구성원 상호 간의 협력이나 호혜성을 중시했다. 그러나 기계론에 의하면 개인은 '독립적 실재' 이기 때문에 사회적 협력의 필연성이 없는 것이다. 이러한 맥락에서 자유주의자들은 개인의 이익을 무엇보다도 중시한다. 자유주의에 의하면, 개인들이 모여 사회를 구성하는 것도 다만 각자 자신의 이익을 최대화하기 위한 자유로운 선택일 뿐이다. 또한 기계론에 의하면 사회는 개인들의 결합체에 불과한 것으로서, 개인이 사회에 우선하므로, 고전적 의미의 共同善보다는 개인의 이익이 중요한 것이다.

다섯째, 이른바 '平等' 의 관념이다. 유기체론에서는 유기체의 생존을 위해 '보다 더 중요한 요소' 와 '보다 덜 중요한 요소' 가 있다는 관점에서 사회적 위계질서를 강조했다. 그러나 기계론에서는 각각의 부품들은 모두 독자적으로 존립할 수 있다는 관점에서 부품들 사이의 위계질서를 인정하지 않는다. 같은 맥락에서 자유주의자들은 사회적 위계질서를 선천적인 것으로 인정하지 않고, 모든 개인을 평등한 존재로 규정한다. 자유주의자들은 '모든 사람의 능력은 기본적으로 평등하다' [25]거나 '사람은 누구나

25) 홉스는 "자연은 육체적 정신적 여러 능력의 측면에서 인간을 평등하게 만들었다. 때로 육체적으로 매우 강하거나 매우 뛰어난 정신을 가진 자들이 발견된다고 하더라도, 모든 것을 고려해 볼 때, 사람들 사이의 차이는 어떤 사람이 그 차이를 이유로, 다

기본적 권리를 지니고 태어났다' 는 관점에서 평등을 옹호했다.

여섯째, 이 세계에는 '변치 않는 기본구조란 없다' 는 관념이다. 유기체에는 분명 변치 않는 기본구조가 있으나, 기계에는 변치 않는 기본구조가 없다. 기계의 기본구조는 제작자의 의도에 따라 자유자재로 변경할 수 있다. 자유주의자들은 이러한 관점에서 인간 사회의 변치 않는 기본구조도 인정하지 않는다. 사회의 기본구조는 구성원들의 자유의사에 따라 얼마든지 자유롭게 변경할 수 있다는 것이다.

일곱째, 인간이 '자연의 주인' 이라는 관념이다. 중세의 유기체적 세계관은 인간과 자연을 공동운명체로 인식하여 '생태계의 보호' 를 추구한 것이나, 근대의 기계론적 세계관은 '인간은 자연의 주인이므로 자연을 마음껏 조종하고 착취할 수 있다' 는 관념을 심어주었다.[26] 근대의 기계론적 세계관은 더 나아가 인간과 자연을 '적대적 관계' 로 설정하고, '인간은 생존을 위해서 자연을 정복하고, 자연의 富를 착취하며 자연의 비밀을 밝혀내야 한다' 는 관념으로까지 발전하였다.[27]

위의 내용들은 近代의 自由主義(제1세대 인권론)를 뒷받침하는 핵심적

른 사람은 주장할 수 없는 어떤 이익을 자기의 것이라고 주장할 수 있을 만큼 큰 것은 아니다. 왜냐하면 (…) 가장 약한 사람도 가장 강한 사람을 죽일 수 있을 정도의 힘을 갖고 있기 때문이다." 라고 하였다(Hobbes, *Leviathan*, 183쪽). 사람은 각자가 서로를 죽일 수 있는 능력을 지니고 있다는 점에서 평등하며, 이러한 능력의 평등이 평등한 권리의 근거가 된다는 것이다. 반면에 롤즈는 도덕적 능력의 평등을 주목했다. 시민들은 모두 최소한으로 요구되는 정도의 '도덕적 능력' 을 지니고 있다는 점에서 평등하며, 평등한 시민들은 모두 동등한 기본적 권리와 자유의 기회를 가지게 된다는 것이다(롤즈, 『정치적 자유주의』, 99쪽 참조).

26) 카프라는 앞에서 소개한 머찬트의 말을 인용하면서 "(중세기의 유기체적 세계관이 추구한) 문화적 억제는 과학의 기계화와 함께 사라졌다. 기계적 조직으로 보는 데카르트적 우주관은 서구 문화의 특성이 되는 자연의 조종과 착취를 위한 '과학적' 승인을 부여한 것이다." 라고 지적한 바 있다(『새로운 科學과 文明의 轉換』, 57쪽 참조).

27) 월린, 『정치와 비전』 2, 197쪽 참조.

관념들이었다. 자유주의자들은 개인을 독립적 존재로 이해하고, 사회보다 개인이 우선한다고 규정함으로써, 개인의 權利를 절대화하였다. 자유주의자들은 자신의 이익(행복)에 대한 최선의 판단자는 자신이므로, 각 개인들이 스스로 판단하고 선택할 수 있는 自由를 보장해야 한다고 주장하였다. 자유주의자들은 개인적 차원이든 사회적 차원이든 '행복의 극대화' 가 중요하다고 보았는데, 그들이 말하는 행복이란 무엇보다도 '본능적 욕구의 충족' 또는 '쾌락' 을 뜻하는 것이었다. '행복의 극대화' 라는 관념은 '유용성' 을 추구하도록 유도했는데, 理性은 바로 유용성을 증진시키기 위한 도구라고 인식되었다. 또한 자유주의자들은 이 세계에는 변치 않는 기본구조란 없다는 맥락에서 기존의 直觀主義를 비판하고 構成主義(사회계약론)를 표방했다. 한편 기계론적 세계관에서는 平等의 관념도 도출되는데, 근대 자유주의의 역사에서 平等은 실제로는 거의 외면당했던 것이다.

2. 人倫論의 문명관

이제 전통유교에서 추구한 文明의 理想을 살펴보기로 하자. 유교의 문명관은 앞에서 살펴본 유기체적 세계관에 입각하는 것으로서, 孔子의 仁思想과 禮讓論, 孟子의 王覇論, 朱子의 繼天立極論과 理一分殊論 등으로 대변된다.

먼저, 공자의 仁思想을 살펴보자. 『논어』에서는 仁을 '愛人(사람을 사랑함)' 으로도 설명했고, '孝弟(孝悌)' 와 '忠恕' 로도 설명했다. 仁은 포괄적 개념으로서 '모든 종류의 사랑' 을 전반적으로 지칭하는 것이며, 孝弟와 忠恕는 仁의 실천방법을 두 가지로 대별한 것이다.

일반적으로 '孝' 는 자식이 부모를 봉양함을 말하고, '弟(悌)' 는 아우가 형을 공경함을 말한다. 孝弟는 혈연을 매개로 하는 '본능적 사랑' 이라면, 忠恕는 자기의 진심을 매개로 일반인들에게까지 사랑을 확충시켜 나가는 '이성적 사랑' 이다. 그런데 본능적 사랑은 모든 생명체들이 공유하는 것이다. 따라서 인간의 사랑이 孝弟에 그친다면, 그것은 본능적 차원에 머무는 것으로서, 다른 동물과 구별되는 인간의 존엄성을 주장할 여지가 없게 된다. 여기에 忠恕[28]의 의의가 있다. 즉 忠恕는 이성적 사랑으로서 다른 동물에게서는 찾아볼 수 없는 것이니, 孝弟를 忠恕로 확충시켜야만 비로소 존엄한 인간이 될 수 있는 것이다.

이상에서 仁을 孝弟와 忠恕로 구분해 보았는데, 모든 사랑의 근본은 孝弟에 있다는 것이 『논어』의 입장이다. 『논어』에서는 다음과 같이 말한다.

> 그 사람됨이 孝와 弟를 실천하면서도 윗사람에게 덤비는 경우는 드물다. 윗사람에게 덤비는 것을 좋아하지 않으면서 作亂을 좋아하는 자는 있지 않았다. 君子는 根本에 힘쓰니, 根本이 세워짐에 道가 생겨난다. 孝弟는 仁을 실천하는 근본이다.[29]

위의 인용문에서는 "孝弟란 仁을 실천하는 근본" 이라 하였다. 가족애인 孝弟는 보편적 인류애를 실천하는 근본이라는 것인데, 孝는 본래 그러한

---

28) '忠' 은 남을 돕기 위하여 '자신의 최선을 다하는 것' 이니, 이는 '적극적 사랑' 에 해당한다. 曾子는 "남을 위해 일을 도모함에 있어서 忠하라" (『論語』 學而 4)고 했는데, '忠' 은 바로 '남의 행복을 증진시키기 위해 자신의 최선을 다함' 즉 '善의 作爲' 에 해당하는 것이다. '恕' 는 "자기가 원하지 않는 일을 남에게 베풀지 말라" (『論語』 衛靈公 23)는 말로 대표되는데, 이는 '남에 대한 害惡의 금지' 즉 '惡의 不作爲' 에 해당하는 것이다(忠과 恕에 대한 자세한 논의는 拙著, 『儒教傳統과 自由民主主義』, 125~131쪽 참조).

29) 『論語』 學而 2 : 有子曰 其爲人也 孝弟 而好犯上者 鮮矣 不好犯上 而好作亂者 未之有也 君子務本 本立而道生 孝弟也者 其爲仁之本與

원리를 담고 있다. 부모는 무엇보다도 형제간의 우애를 원하기 때문에, 부모에게 효도하고자 한다면 형제간의 우애가 필수적인 것이다. 이러한 맥락에서, 父 · 子 관계에서 성립되는 종적인 효성은 횡적인 형제애와 직결되며, 조상에 대해 報本하는 정신이 소급되어 올라갈수록 동포애가 횡적으로 확대되게 마련이다.[30] 우리 민족이 모두 檀君의 자손임을 강조할수록 동포애가 우러나며, 온 인류가 같은 하늘(하느님)의 자손임을 강조할수록 인류애가 우러나는 것은 이러한 이치이다. 이러한 맥락에서, 『논어』에서는 孝가 부모뿐만 아니라 먼 조상에게까지 미쳐야 한다고 주장한다. 『논어』에서는 다음과 같이 말한다.

> (부모님이) 돌아가셨을 때 喪禮를 신중히 치르고, 먼 조상을 추모하여 정성스럽게 제사를 지낸다면, 백성들의 德이 두텁게 될 것이다.[31]

'먼 조상을 추모함' 이 백성들의 덕을 두텁게 만드는 이유는 두 가지로 설명된다. 첫째, 먼 조상을 추모함은 횡적으로는 조상이 같은 자손들 간의 우애를 북돋음과 직결되니, 따라서 같은 자손들끼리 우애가 두텁게 되는 것이다. 둘째, 같은 조상의 직계 자손이 아니라 하더라도, 남 또는 나의 이웃은 나의 가문과 혼인을 통해 얽혀 있는 것이다. 윗대로 소급될수록 혼인관계는 더욱 복잡하게 얽혀있어, 나와 혈연으로 맺어지지 않은 남이란 거의 없게 된다. 이런 맥락에서 대부분의 사람들이 '나의 同胞' 에 포섭되는데, 먼 조상을 추모하는 것은 바로 동포애를 북돋는 것이다.

『논어』에서는 '仁을 실천하는 방법' 으로는 '가까운 데서 취하여 깨달음

30) 이동준, 『유교의 인도주의와 한국사상』, 112쪽 참조.

31) 『論語』 學而 9 : 曾子曰 愼終追遠 民德 歸厚矣

(能近取譬)' 과 '자기를 이기고 禮로 돌아감(克己復禮)' 을 들었다. 能近取譬는 恕와 궤를 같이하는 것으로, 『논어』에서는 다음과 같이 말한다.

> 子貢이 말하기를, "만일 백성들에게 널리 베풀어 능히 대중을 구제한다면 어떻습니까? 仁이라 할 수 있겠습니까?" 孔子가 말씀하시길, "어찌 仁일 뿐이겠는가? 반드시 聖일 것이다. 堯 · 舜도 그것을 病으로 여기셨다. 무릇 仁者는 자기가 立身하고 싶음에 남도 입신할 수 있도록 하고, 자기가 榮達하고 싶음에 남도 영달할 수 있도록 한다. 능히 가까운 데서 취하여 깨닫는다면 仁을 실천하는 방법이라 할 수 있겠다."[32)]

공자는 '널리 베풀어 능히 대중을 구제함' 은 堯 · 舜도 실천하기 어려운 일이라 보고, 손쉽게 仁을 실천하는 방법으로 '能近取譬' 를 권했다. '가까운 데서 취하여 깨달음' 은 '자기의 참 마음을 미루어 나가는 것' 이다. 자기가 立身하고 싶음에 그 마음을 미루어 다른 사람도 입신을 원할 것임을 헤아려서 입신할 수 있도록 도와주고, 자기가 榮達하고 싶음에 그 마음을 미루어 다른 사람도 영달을 원할 것임을 헤아려서 영달할 수 있도록 도와주라는 것이다. 자기의 참 마음을 미루어 남을 대하려면 무엇보다도 자신의 사사로운 욕망을 극복해야 한다. 이러한 맥락에서 공자는 能近取譬와 함께 克己復禮를 강조했던 것이다.

> 顔淵이 仁에 대해 묻자, 孔子가 말씀하시길, "자기의 사사로운 욕망을 이기고 禮로 돌아가는 것(克己復禮)이 仁을 실천하는 것이다. 하루를 克己復禮하면 온

32) 『論語』 雍也 28 : 子貢曰 如有博施於民而能濟衆 何如 可謂仁乎 子曰 何事於仁 必也聖乎 堯舜其猶病諸 夫仁者 己欲立而立人 己欲達而達人 能近取譬 可謂仁之方也已

세상이 仁으로 돌아갈 것이다. 仁을 실천하는 것은 자기로부터 말미암는 것이니(爲仁由己), 남으로부터 말미암는 것이겠는가?" 顔淵이 말하기를, "청컨대 그 조목을 묻습니다." 孔子가 말씀하시길, "禮가 아니면 보지 말고, 禮가 아니면 듣지 말며, 禮가 아니면 말하지 말고, 禮가 아니면 행동하지 말라." 顔淵이 말하기를, "제가 비록 민첩하지 못하나, 청컨대 이 말씀들을 실천하겠습니다."[33]

위의 인용문에서는 '克己復禮'와 '爲仁由己'를 함께 말했다. '克己復禮'의 '己'는 사사로운 욕망의 주체로서 '본능적 자아'를 말하고, '爲仁由己'의 '己'는 도덕실천의 주체로서 '본성적 자아'를 말한다.[34] 요컨대 공자는 '인간의 자아'를 두 측면에서 규정하고, 본성적 자아가 본능적 자아를 주재해야만 仁을 실천할 수 있다고 본 것이다.

仁이란 사람을 사랑하는 것이되, 그것은 孝弟라는 혈연적 · 본능적 사랑을 理性을 매개로 하여 타인에게까지 미루어 나가는 것이다. 孝弟를 통하여 사랑의 소중함을 깨닫고 사랑의 감정을 북돋으며, 克己復禮를 통하여 남과 소통할 수 있는 길을 열고, 能近取譬를 통하여 忠恕로 사랑을 확장해 나갈 때 '호혜적 감응'도 가능하게 된다. 이것은 인간과 인간의 관계를 '수단적 관계' 또는 '무관심한 관계'나 '적대적 관계'로 규정하는 것이 아니라, '목적적 관계' 또는 '우호적 관계'로 규정하는 것이다. 많은 사람들은 다른 사람에게 호의를 베풀고자 하며, 호의를 받은 사람은 또 감사할 줄

---

33) 『論語』 顔淵 1 : 顔淵問仁 子曰 克己復禮爲仁 一日克己復禮 天下歸仁焉 爲仁由己 而由人乎哉 顔淵曰 請問其目 子曰 非禮勿視 非禮勿聽 非禮勿言 非禮勿動 顔淵曰 回雖不敏 請事斯語矣

34) 이처럼 自己를 두 측면으로 구분하는 것은 유교에서 흔히 '人心과 道心' 또는 '欲心과 良心'의 이분법으로 정형화된다. 맹자는 욕심이 양심을 이긴 상태를 '放心'이라 하고, "학문의 방도는 다른 것이 없다. 放心을 구해내는 것뿐이다."(『孟子』 告子上 11)라고 하였다.

알기 때문에, 이러한 우호적 관계가 성립될 수 있는 것이다.

이제 공자의 禮讓論을 살펴보자. 공자는 "이익을 좇아 행동하면 원망이 많다"[35]고 하여, 이기적 경쟁이 사회적 갈등의 원천이라고 보았다. 그리하여 공자는 경쟁을 폄하하고, 그 대안으로 '禮讓'을 제시했다.[36]

> 능히 禮讓으로써 한다면 나라를 다스리는 데 무슨 어려움이 있겠는가? 능히 禮讓으로써 나라를 다스리지 못한다면, 禮 같은 것은 무엇 하겠는가?[37]

예양은 자기를 낮추고 상대방을 높여주는 것이며, 자기의 몫보다는 상대방의 몫을 우선 배려하는 것이다. 따라서 예양론은 일견 자기가 손해를 보는 방식이다. 그런데 예양의 방식을 통해서도 자기의 몫을 확보할 수 있다는 것이 『논어』의 입장이다.

> 자금이 자공에게 묻기를, "공자께서 이 나라에 이르시면 반드시 이 나라의 정치에 대해서 들으시니, (공자께서) 요구한 것입니까? 아니면 (이 나라에서) 준 것입니까?" 자공이 답하기를, "공자께서는 온화하시고, 어질며, 공손하고, 검소하셔서, 사양함으로써 얻으신 것이다. 공자의 구하심은 다른 사람들이 구하는 것과 다를 것이다."[38]

---

35) 『論語』 里仁 12 : 子曰 放於利而行 多怨

36) 禮는 본래 명분론적 위계질서와 밀접한 관련이 있다. 오늘날 사람들은 '위계질서'를 말하면 흔히 上命下服을 연상한다. 그러나 공자가 말하는 명분론적 위계질서란, 상명하복의 위계질서가 아니라, 윗사람은 아랫사람을 사랑하고 아랫사람은 윗사람을 존경하는 위계질서를 의미하는 것이다. 즉 上·下 간에 각자의 본분을 다하면서, 윗사람은 아랫사람을 배려하고 아랫사람은 윗사람을 배려해야 한다는 것이다. 명분론적 위계질서는 上·下 간에만 적용되는 것이 아니고, 혈연의 親·疎 간에도 적용된다. 上·下 간이든 親·疎 간이든 항상 서로를 배려해야 한다는 것이 예양론의 취지이다.

37) 『論語』 里仁 13 : 子曰 能以禮讓 爲國乎 何有 不能以禮讓爲國 如禮 何

우리는 보통 어떤 목표물을 얻으려면 의도적으로 추구해야 한다고 생각한다. 그러나 자공은 "공자는 사양함으로써 얻으셨다"고 설명했다. '사양함으로써 얻는다'는 말은 얻음을 의도하지 않았는데도 결과적으로는 자연스럽게 얻게 된다는 뜻이다. 사양이란 겸허하게 자기를 비우는 것이요, 그 비운 것을 상대방에게 베푸는 것이다. 이렇게 자기를 비우면, 자기는 손해만 보고 이득이 없을 것 같은데, 다시 자기의 몫이 돌아온다는 것이다. 이것은 逆說 같지만, 또한 우리가 흔히 겪는 일상의 경험이기도 하다. 우리가 자신을 비우고 남을 배려할 때, 남은 그에 고마움을 느끼고 은혜를 갚으려고 하기 때문이다. 이러한 '互惠的 感應'이 바로 예양론이 추구하는 이상이다.

'현대는 자기 PR의 시대'라는 말이 상징하듯이, 경쟁의 논리는 '자기선전'을 중요한 덕목으로 내세운다. 오늘날의 선전은 자기의 장점은 부각시키고 단점은 감추며, 남의 단점은 부각시키고 장점은 무시하는 방향으로 치달아, 날마다 접하는 각종 광고선전물에는 허위·비방·과장이 헤아릴 수 없이 많다. 그러나 이는 결국 사람들 간의 우정과 신뢰를 파괴할 뿐, 사회 전체적으로는 득이 없다. 이와 달리, 『논어』에서는 다음과 같이 말한다.

> 君子는 남의 좋은 점을 이루어 주고 나쁜 점은 이루어 주지 않나니, 小人은 이와 반대된다.[39] ○ 자신의 악한 점을 다스리고, 남의 악한 점은 책망하지 않는다.[40] ○ 자신을 꾸짖을 때는 스스로 두텁게 하고 남을 꾸짖을 때는 엷게 한다면, 원망이 멀어지게 된다.[41] ○ 어진 사람을 보면 그와 같아질 것을 생각하고,

38) 『論語』 學而 10 : 子禽問於子貢曰 夫子至於是邦也 必聞其政 求之與 抑與之與 子貢曰 夫子 溫良恭儉 讓以得之 夫子之求之也 其諸異乎人之求之與

39) 『論語』 顔淵 16 : 子曰 君子 成人之美 不成人之惡 小人反是

40) 『論語』 顔淵 21 : 攻其惡 無攻人之惡

어질지 못한 사람을 보면 안으로 스스로를 반성하라.[42]

요컨대 남의 장점을 인정하고 본받으며 남의 단점은 감싸주라는 것이고, 자신의 장점은 내세우지 말고 자신의 단점은 개선하라는 것이다. 이러한 방식을 택한다면, 자신의 발전을 도모할 수 있음은 물론이요, 상대방과도 우정과 신뢰를 쌓을 수 있다. 이를 통해서 상호 간에 호혜적 감응이 실현되는 것이요, 이로써 '讓以得之' 도 이루어지는 것이다.

공자는 사회의 운영원리로 예양을 강조했으나, 경쟁을 전혀 무시한 것도 아니다. 우리는 보통 '생존경쟁' 과 '선의의 경쟁' 을 구분하는데, 이와 유사한 맥락에서 공자는 다음과 같이 말한다.

> 君子는 경쟁하는 바가 없으나, 반드시 활쏘기에서는 경쟁한다. 揖하고 사양한 다음 올라가서 활을 쏘고 내려와서 졌을 경우에는 罰酒를 마시나니, 그 경쟁하는 방식이 君子답다.[43]

위의 인용문을 제대로 이해하기 위해서, 우리는 경쟁을 두 가지로 분류해 볼 필요가 있다. 하나는 내가 이기기 위해서는 상대방을 곤경에 빠뜨려야 하는 방식으로서, 축구 · 배구 · 농구 · 야구 · 권투 · 유도 · 태권도 등이 여기에 해당한다. 다른 하나는 상대방을 방해함 없이 나의 최선을 다하기만 하면 되는 방식으로서, 마라톤 · 수영 · 골프 · 볼링 등이 여기에 해당하며, 활쏘기도 그중의 하나이다. '군자는 경쟁하는 바가 없다' 는 것은 군자는 前者와 같은 방식의 경쟁을 하지 않는다는 것이며, '활쏘기에서는 경

41) 『論語』 衛靈公 14 : 子曰 躬自厚而薄責於人 則遠怨矣

42) 『論語』 里仁 17 : 子曰 見賢思齊焉 見不賢而內自省也

43) 『論語』 八佾 7 : 子曰 君子無所爭 必也射乎 揖讓而升 下而飮 其爭也君子

쟁한다'는 것은 군자는 後者와 같은 방식의 경쟁은 한다는 것이다. 활쏘기와 같은 방식의 경쟁은, 경쟁에서 졌다고 하더라도 남을 탓할 이유가 없는 것이며, 오히려 경쟁을 통하여 자기의 기량을 더욱 연마할 수 있는 것이다.

오늘날 適者生存의 차원에서 수행되는 生存競爭은 대개가 前者의 방식을 취한다. 다시 말해, 생존을 위한 경쟁에서는 상대방을 배려할 여지가 없는 것이다. 공자는 이러한 종류의 경쟁에 대해서는 전혀 긍정하지 않았다. 공자는 경쟁을 자기의 기량을 연마하는 계기로 삼는 善意의 경쟁, 또는 상대방을 전혀 방해하지 않으면서 겨루는 後者와 같은 방식의 경쟁만 승인했다. 요컨대 공자의 사회운영론은 禮讓論을 근간으로 삼고, 그에 벗어나지 않는 범위에서만 경쟁을 승인한 것이었다.

이제 孟子의 王霸論을 살펴보자. 맹자는 당시의 政治를 王道와 霸道로 구분하여, 왕도를 옹호하고 패도를 비판했다. 맹자는 '德으로 仁政을 실천하는 것'을 王道로 규정하고, '권력으로 통치하되 仁政을 가장하는 것'을 霸道로 규정했다. 즉 왕도정치란 仁政을 목표로 삼는 것으로, 먼저 백성들의 생업을 보장하고 그다음에 백성들에게 人倫을 교육함으로써, 백성들로 하여금 편안하면서도 윤리적인 삶을 살 수 있도록 하자는 것이다. 반면에 패도정치란 霸權을 목표로 삼는 것으로, 수단과 방법을 가리지 않고 富國强兵을 달성한 다음 그를 바탕으로 이웃 나라들을 호령하거나 점령함으로써 이 세계의 霸者가 되자는 것이다.

왕도와 패도는 표면적으로는 '정치의 목적'과 '통치의 방법'을 두고 대립하는 것이지만, 근본적으로는 '인간의 본성, 궁극적 가치, 행복의 의미' 등을 서로 달리 이해하여 대립하는 것이다.

맹자는 인간의 본성은 선하다고 보았으며, 궁극적 가치는 功利가 아니라 人倫이라고 주장하였고, 행복이란 仁義禮智의 본성을 실현할 때 얻어지는 것이라고 보았다. 같은 맥락에서 맹자는 정치의 목적은 仁政을 통해 백성들의 생업을 보장하고 백성들로 하여금 인륜적인 삶을 살게 하는 것이라고 주장하였고, 바람직한 통치의 방법은 지도자의 率先垂範과 與民同樂이라고 주장하였다. 지도자가 백성들에게 먼저 모범을 보이면 백성들은 본래 착한 본성을 지녔으므로 지도자에게 감화되게 마련이며, 지도자가 백성들과 고락을 같이하면 백성들은 본래 착한 본성을 지녔으므로 그 지도자를 부모처럼 받들게 된다는 것이다.

패도를 옹호하는 사람들은 이와 반대로 생각했다. 사람들은 자기의 이익을 추구하기 위해 혈안이 되며, 人倫보다도 功利(부귀영화)를 더욱 가치 있는 것으로 여기고, 부귀영화를 누릴 때 행복하다고 여긴다는 것이다. 따라서 정치의 목적은 부귀영화나 부국강병을 실현하는 데 있으며, 백성들은 본래 성품이 악하기 때문에 도덕적 훈계로는 복종하지 않으므로 엄한 형벌로 다스려야 한다는 것이다.

그러나 맹자는 패도를 옹호하는 사람들에 대해 그것은 '緣木求魚' 만도 못한 것이라고 비판하고, '仁者無敵' 이라는 논리에 입각해 왕도정치를 옹호하였다. 맹자는 梁惠王에게 다음과 같이 말한다.

> 王께서 만약 백성들에게 仁政을 베푸시어, 형벌을 줄이고 세금을 가볍게 해주면, 백성들은 농사일에 열중할 것입니다. 젊은이들은 한가한 틈을 타 孝悌忠信을 닦아서, 집에 들어가서는 父兄을 섬기고 밖에 나와서는 윗사람을 섬길 것이니, 그들로 하여금 몽둥이를 만들어서 秦나라와 楚나라의 견고한 갑옷을 입고 예리한 무기를 지닌 병사들을 좋아리 치게 할 수 있을 것입니다. 저들(齊·秦·楚 등 敵國)이 (군사훈련을 위해) 백성들의 농사철을 빼앗아, 백성들로 하여금 제대로 농사를 지어 부모를 봉양할 수 없게 한다면, 그들의 부모는 추위와 배고픔에 시달리고 그 형제와 처자는 뿔뿔이 흩어지게 될 것입니다. 저들이 자기의 백성을 도탄에 빠뜨리거든, 王께서 가서 바로잡으신다면, 무릇 누가 王과

대적하겠습니까? 그러므로 "어진 사람에게는 대적할 사람이 없다(仁者無敵)" 고 하는 것이니, 王께서는 이 말을 의심하지 마십시오.[44]

맹자가 王道에 대해 '仁者無敵' 이라고 옹호한 논거는 둘로 정리된다. 첫째는 왕이 仁政을 베풀면 자기 나라의 백성은 물론 이웃 나라의 백성조차 그를 부모처럼 받들게 된다는 것이다. 둘째는 왕이 仁政을 베풀면 그 백성들은 자기의 나라를 사랑하게 되어 몽둥이로도 침략자의 튼튼하고 날카로운 무력에 맞서게 된다는 것이다.

맹자가 覇道를 '緣木求魚' 만도 못한 것이라고 비판한 논거도 역시 둘로 정리된다. 첫째는 무력으로 패권을 추구하는 것은 이웃 나라들과 원수를 맺는 것으로서, 한 나라가 주위 여러 나라를 모두 무력으로 굴복시킨다는 것은 불가능하다는 것이다.[45] 둘째는 패권을 위해 부국강병을 추구하다보면, 결국엔 내부적 반발 또는 붕괴에 봉착한다는 것이다. 즉 패도정치는 부국강병을 위해 民力을 과도하게 착취하게 되는데 그러면 국민들의 반발하게 된다는 것이며, 또한 패도정치는 부국강병을 위해 功利를 숭상하게 되는데 그러면 백성들 사이의 이익다툼으로 국가가 내부적으로 붕괴하게 된다는 것이다.[46]

---

44) 『孟子』 梁惠王上 5 : 王如施仁政於民 省刑罰 薄稅斂 深耕易耨 壯者以暇日 修其孝悌忠信 入以事其父兄 出以事其長上 可使制梃 以撻秦楚之堅甲利兵矣 彼奪其民時 使不得耕耨 以養其父母 父母凍餓 兄弟妻子離散 彼陷溺其民 王往而征之 夫誰與王敵 故曰 仁者無敵 王請勿疑

45) 『孟子』 梁惠王上 7 참조.

46) 『孟子』 梁惠王上 1 참조. 孟子의 王道論에 대하여, 韓非子는 無道한 세상에서 仁政을 주장하는 것은 '守株待兎' 처럼 어리석은 짓이라고 비판했다(『韓非子』 〈五蠹〉 참조). 한비자에 의하면, 仁政은 과거 한때에만 가능했던 것으로서, 보편적인 통치술이 될 수 없다. 한비자는 상황이 바뀌면 통치술도 바뀌어야 한다고 주장하고, 戰國時代와 같은 혼란기에는 信賞必罰의 法治, 權勢와 術數를 활용하는 통치가 필요하다고 주장

맹자의 왕패론은 功利보다 人倫을 중시하는 것을 王道로, 人倫을 무시하고 功利만을 추구하는 것을 霸道로 규정한 것이다. 맹자는 "배불리 먹고 따듯하게 입어 편안하게 살면서도 人倫을 가르침이 없다면 곧 禽獸에 가깝게 된다"[47]고 했는데, 같은 맥락에서 맹자는 패도를 '짐승 같은 삶'으로 비판했다. 맹자는 다음과 같이 말한다.

> 남의 신하가 된 사람이 이익을 추구하는 마음으로 그 임금을 섬기고, 남의 자식이 된 사람이 이익을 추구하는 마음으로 그 부모를 섬기며, 남의 아우가 된 사람이 이익을 추구하는 마음으로 그 형을 섬긴다면, 이것은 君臣·父子·兄弟가 仁義를 외면하고 서로 이익을 추구하는 마음으로 대하는 것인데, 그렇게 하고서도 망하지 않은 경우는 없었다. (…) 남의 신하가 된 사람이 仁義의 마음으로 그 임금을 섬기고, 남의 자식이 된 사람이 仁義의 마음으로 그 부모를 섬기며, 남의 아우가 된 사람이 仁義의 마음으로 그 형을 섬긴다면, 이것은 君臣·父子·兄弟가 이익을 추구하는 마음을 버리고 서로 仁義의 마음으로 대하는 것인데, 그렇게 하고서도 王者가 되지 못한 경우는 없었다.[48]

맹자는 사람들이 서로 利益만 추구하면 그 사회가 망하고, 사람들이 서로 仁義를 존중하면 그 사회는 흥한다고 보았다. '이익을 추구하는 마음'이란 '본능에서 우러난 人心'을 말하고, '인의를 추구하는 마음'이란 '본

하였다.

47) 『孟子』 滕文公上 4 : 人之有道也 飽食煖衣 逸居而無教 則近於禽獸 聖人有憂之 使契爲司徒 教以人倫

48) 『孟子』 告子下 4 : 爲人臣者 懷利以事其君 爲人子者 懷利以事其父 爲人弟者 懷利以事其兄 是君臣父子兄弟 去仁義懷利以相接 然而不亡者 未之有也 (…) 爲人臣者 懷仁義以事其君 爲人子者 懷仁義以事其父 爲人弟者 懷仁義以事其兄 是君臣父子兄弟 去利懷仁義以相接也 然而不王者 未之有也

성에서 우러난 道心' 을 말한다. 이렇게 본다면, 맹자의 王道論은 결국 본능의 충족보다 본성의 실현이 우선되어야 한다는 주장이었다.[49]

이제 朱子의 繼天立極論을 살펴보자. '繼天立極' 이란 '天道(天理, 자연의 理法)를 계승하여 人極(人道, 인간의 규범체계)을 정립한다' 는 뜻이다. 주자는 유교의 道統을 논함에 있어서 그 준거를 '계천입극' 에 두었다. 따라서 계천입극론은 주자가 유교의 기본 노선을 재확인한 것일 뿐, 주자가 새로운 노선을 제시한 것은 아니다.

孔子는 "堯의 위대함은 위대한 天道를 본받음에 있었다" 고 했거니와,[50] 자연의 이법에 근거하여 인간의 규범체계를 정립한다는 것은 실로 유교의 기본 노선이었다. 유교의 이러한 입장은 특히 『周易』과 『禮記』에 잘 드러나 있다. 『주역』에서는 자연의 이법을 '一陰一陽'[51]으로 설명하고, 一陰一陽의 이법을 계승하는 것이 '善' 이요, 一陰一陽의 이법을 머금고 있는 것이 '만물의 본성' 이라 하였다.[52] 요컨대 『주역』에서는 자연의 이법이 만물의 본성 속에 내재한다고 규정하고, '본성을 발휘하는 삶' 이 곧 '자연의 이법

49) 맹자의 이러한 주장에 대해, 朱子는 "天理(本性)를 따르면 이익을 추구하지 않아도 저절로 이롭지 않음이 없으나, 人欲(本能)을 따르면 이익을 추구해도 얻지 못하고 손해가 따른다." 고 옹호했다(『孟子集註』 梁惠王上 1, 朱子註 참조). 朱子의 이 말에 대해 다시 輔漢卿은 "天理를 따르면 자기와 남이 각각 마땅한 바를 얻으므로 저절로 이롭지 않음이 없으나, 人欲을 따르면 남을 해쳐서 禍를 부르므로 항상 손해가 따른다." 고 부연하였다(『孟子集註大全』 梁惠王上 1, 慶源輔氏小註 참조).

50) 『論語』 太伯 19 : 子曰 大哉 堯之爲君也 巍巍乎唯天爲大 唯堯則之 蕩蕩乎民無能名焉

51) '一陰一陽' 은 두 뜻을 동시에 지닌 것으로 풀이된다. 첫째는 '하나의 陰과 하나의 陽' 이라는 뜻으로서, 음과 양이 서로 감응하는 것을 말한다. 易學에서는 이를 交易(음양의 交感)이라 한다. 둘째는 '한 번은 陰이 되고 한 번은 陽이 된다' 는 뜻으로서, 음과 양이 서로 순환하는 것을 말한다. 易學에서는 이를 變易(음양의 循環)이라 한다. 여기서 주의할 것은, 交易에서 말하는 음양과 變易에서 말하는 음양은 서로 맥락이 다르다는 점이다. 交易에서 말하는 음양은 '남자와 여자' 처럼 서로 대립하는 두 실체를 뜻하나, 變易에서 말하는 음양은 '밤과 낮' 처럼 한 실체의 반대되는 두 측면을 뜻한다.

52) 『周易』 繫辭上 5 : 一陰一陽之謂道 繼之者 善也 成之者 性也

을 따르는 삶' 으로서 '善한 삶' 이라고 설명한 것이다. 한편 『예기』에서는 다음과 같이 말한다.

> 樂은 天地의 調和를 본받은 것이요, 禮는 天地의 秩序를 본받은 것이다. 조화를 이루기 때문에 만물이 모두 化育되고, 질서가 있기 때문에 만물이 모두 구별된다. (…) 天地에 대해 밝게 안 다음에야 능히 禮와 樂을 일으킬 수 있다.[53)]

위의 인용문에서는 天地를 '높고 낮은 位階의 체계' 인 동시에 '서로 짝을 이루는 調和의 체계' 라고 규정하고, 인간은 天地의 위계질서를 본받아 禮制를 정립하고, 天地의 조화를 본받아 音樂을 발전시켜야 한다고 설명했다.

이처럼 계천입극론은 유학의 지론이었던바, 주자가 다시 계천입극론을 부각시킨 것은 당시 사상계의 폐단 때문이었다. 주자는 漢·唐의 사상계를 주도한 法家·道家·佛家를 두루 비판하면서, 특히 禪宗의 '猖狂自恣' 를 심각한 문제로 인식했다. 선종에서는 '내 마음이 곧 부처의 마음' 이라는 卽心卽佛論을 표방했는데, 이는 결국 자신의 마음을 진리의 표준으로 삼는 것이었다. 주자는 유교의 입장과 불교의 입장을 다음과 같이 대조하여 설명한 바 있다.

> 儒學은 그 大要가 窮理를 우선으로 삼는 것이다. 대개 하나의 사물이 있으면 하나의 理가 있으니, 모름지기 먼저 이것을 밝힌 다음에야 마음이 발하는 데에 輕重長短이 각각 準則이 있게 된다. (…) 釋氏가 끝내 함께 堯舜의 道에 들어갈

53) 『禮記』 樂記 : 樂者 天地之和也 禮者 天地之序也 和故百物皆化 序故羣物皆別 (…) 明於天地 然後能興禮樂也

수 없는 것은 바로 天理를 보지 못하고 오로지 이 마음만을 알아 主宰로 삼기 때문이다. 그러므로 釋氏는 '스스로의 사사로움(自私)' 을 면치 못하는 것이다. 선배들이 "聖人은 天에 근본하고(聖人本天), 釋氏는 마음에 근본한다(釋氏本心)" 고 한 말은 대개 이것을 말한 것이다.[54)]

위의 인용문은 인간의 행위규범이 '天에 근본해야 하는가' 또는 '心에 근본해야 하는가' 의 문제를 논한 것이다. 여기서 '天' 은 '天理' 로서 '자연의 理法' 을 뜻하고, '心' 은 개인의 '자유의지' 를 뜻한다. 주자는 유학은 窮理(자연의 理法에 대한 탐구)를 우선시키는 것이라 했다. 窮理를 선행해야만 마음을 규제할 수 있는 準則을 정립할 수 있다. 주자는 불교에 대해서는 객관적인 理를 무시하고 주관적인 心을 진리의 척도로 삼음으로써 '스스로의 사사로움' 에 빠지게 되었다고 비판했다. 자신의 마음을 진리의 표준으로 삼으면, 자신의 모든 행위를 진리의 이름으로 정당화할 수 있게 되고, 마침내는 猖狂自恣를 서슴지 않게 된다. 이러한 맥락에서, 주자는 선종이 猖狂自恣에 빠진 원인을 卽心卽佛論에서 찾고, 그 대안으로 繼天立極論을 다시 천명한 것이다.

계천입극론은 天理를 인간의 규범적 표준으로 삼으라는 것이다.[55)] 그런데 그 天理란 또 인간과 전혀 별개의 것이 아니다. '인간의 本性은 곧 天理'

---

54) 『朱子大全』 卷30 頁23, 〈答張欽夫〉 : 儒者之學 大要以窮理爲先 蓋凡一物有一理 須先明此 然後心之所發 輕重長短 各有準則 (…) 卒不可與入堯舜之道者 正爲不見天理 而專認此心以爲主宰 故不免於自私耳 前輩有言聖人本天釋氏本心 蓋謂此也

55) '繼天立極' 이라는 말에는 '객관적 天理' 만 부각되어 있을 뿐 인간의 '주관적 意志(마음)' 는 드러나지 않고 있다. 그러나 주자의 繼天立極論은 실제로는 양자를 지양시킨 것이다. 주자의 규범이론은 '객관적인 자연의 理法과 주관적인 인간의 意志를 종합하여, 모든 사람이 함께 옳게 여기는 것' 을 추구한 것이다(이에 대한 자세한 논의는 拙著, 『朱子學의 길』, 170~175쪽 참조).

라는 것이 주자학의 대전제였다.[56] 따라서 계천입극의 삶이란 곧 '본성에 따르는 삶' 이다. 주자가 卽心卽佛論을 비판한 까닭은, 인간의 마음에는 '食色의 본능' 에서 우러난 人心(欲心)도 있고 '仁義禮智의 본성' 에서 우러난 道心(良心)도 있기 때문이었다. 자연의 理法은 만물의 共存同生을 뒷받침하는 것이다. 그렇다면 인의예지의 본성은 모든 사람의 공존을 추구하는 것이기 때문에 天理와 부합하나, 식색의 본능은 자기의 생존만을 추구하는 것이기 때문에 天理와 어긋나는 것이다. 이러한 맥락에서, 계천입극의 삶이란 '道心에 입각해 人心을 통제하는 삶' 이요, '克己復禮의 삶' 인 것이다. 주자는 다음과 같이 말한다.

> 대개 '仁' 이란 '天地의 生物之心(만물을 낳는 마음)' 으로서, 사람과 만물이 그것을 얻어 마음으로 삼는 것이다. (…) 그러나 사람에게는 肉身이 있어서 耳目口鼻와 四肢의 욕망이 있으니, 간혹 仁을 해치지 않을 수 없다. 사람이 이미 어질지 못하면 그 天理를 훼멸하고 끝없이 人欲을 추구함이 장차 이르지 않을 곳이 없게 된다. 이것이 君子의 학문이 求仁에 급급한 까닭이다. 求仁의 요령은 또한 '仁을 해치는 것을 제거함' 뿐이다. 禮가 아닌데 보는 것은 人欲이 仁을 해치는 것이요, 禮가 아닌데 듣는 것은 人欲이 仁을 해치는 것이며, 禮가 아닌데 말하고 행동하는 것은 人欲이 仁을 해치는 것이다. 人欲이 仁을 해치는 것이 여기에 있음을 알았으면, 그 뿌리를 뽑고 근원을 막아서, 이겨내고 또 이겨내야 한다. 그리하여 어느 날 豁然하게 人欲이 消盡하고 天理가 純粹하게 된다면, 그 가

---

56) '인간의 本性은 곧 天理' 라는 것을 주자는 "元亨利貞은 天道의 떳떳함이요, 仁義禮智는 人性의 벼리이다." 라는 말로 설명하기도 했다(『小學』〈小學題辭〉 참조). '元亨利貞' 은 각각 사계절의 德을 지칭하는바, 봄이 만물을 소생하게 함을 元이라 하고, 여름이 만물을 무럭무럭 자라게 함을 亨이라 하며, 가을이 만물이 결실을 맺게 함을 利라 하고, 겨울이 생명의 씨앗을 깊이 감추게 함을 貞이라 한다. 그런데 天道의 元亨利貞은 각각 人道의 仁禮義智와 상응한다는 것이다.

슴 속에 보존하고 있는 것이 어찌 순수한 '天地의 生物之心'으로서 봄볕의 따듯함처럼 온화하지 않겠는가? 묵묵히 이루어낸다면 진실로 하나의 理라도 갖추지 않음이 없을 것이요 하나의 사물이라도 빠놓음이 없을 것이며, 감응하여 통한다면 理에 맞지 않는 일도 없을 것이요 그 사랑을 입지 못하는 사물도 없을 것이다.[57]

주자는 仁을 '天地가 만물을 낳는 마음'으로 설명했다. 天理의 핵심은 '만물을 愛護함'인데, 그러한 天理가 그대로 인간의 본성 속에 내재한다. 그런데 인간은 또한 육신을 지니고 있어서 '人欲(본능적 욕망)'이 없을 수 없는바, 人欲은 때때로 天理(仁)를 해칠 수 있다. 이러한 사태를 방치하면 장차 못할 짓이 없게 되는바, 따라서 人欲을 막고 天理를 보존하려는 극기복례의 노력이 필요하다. 주자는 극기복례의 효과를 '봄볕의 따뜻함처럼 온화하게 天地의 生物之心을 體現하는 것'으로 설명했다. 극기복례를 통해서 나의 삶이 天理와 부합하게 될 때 만물은 이미 자연스럽게 나의 사랑을 입게 된다. 이러한 맥락에서 계천입극론은 또한 '인간과 자연의 調和'를 꾀하는 것이기도 하다.

周禮의 六官(天官·地官·春官·夏官·秋官·冬官) 체제가 상징하듯이, '자연과 조화를 이루는 文明'은 유교의 본래 理想이었다. 주자 역시 '인간의 삶의 양식을 자연의 理法과 조화시킬 것'을 강조한다. 주자는 다음과

57) 『朱子大全』 卷77 頁19~20, 〈克齋記〉: 蓋仁也者 天地所以生物之心 而人物之所得以爲心者也 (…) 然人有是身 則有耳目鼻口四肢之欲 而或不能無害夫仁 人旣不仁 則其所以滅天理而窮人欲者 將益無所不至 此君子之學 所以汲汲於求仁 而求仁之要 亦曰 去其所以害仁者而已 蓋非禮而視 人欲之害仁也 非禮而聽 人欲之害仁也 非禮而言且動焉 人欲之害仁也 知人欲之所以害仁者在是 於是乎有以拔其本塞其源 克之克之 而又克之 以至於一旦豁然欲盡而理純 則其胸中之所存者 豈不粹然天地生物之心 而藹然其若春陽之溫哉 默而成之 固無一理之不具 而無一物之不該也 感而通焉 則無事之不得於理 而無物之不被其愛矣

같이 말한다.

> 눈앞의 事事物物은 모두 지극한 理가 있으니, 한 포기의 풀이나 한 그루의 나무, 또는 한 마리의 새나 짐승 같은 것들도 모두 理가 있는 것이다. 초목은 봄에 나서 가을에 죽는 까닭에, 삶을 좋아하고 죽음을 싫어한다. 한여름에는 陽木을 베고 한겨울에는 陰木을 베는 것이 모두 음양의 도리를 따르는 것이다. 스스로 만물이 같은 氣를 나누어 가진 同體라는 것을 알았다면, 그것들이 살아 있던 모습을 보고는 차마 그 죽음을 보지 못하며, 그것들이 죽을 때의 슬픈 울음소리를 듣고서는 차마 그 고기를 먹지 못하는 것이다. 그 알맞은 때가 아니면 한 그루의 나무도 베지 않고, 한 마리의 짐승도 죽이지 않는다. 잉태한 짐승은 죽이지 않고, 새들의 보금자리를 뒤집지 않는다. 이것이 바로 '合內外之道' 이다.[58]

위의 인용문을 관통하는 핵심은 '萬物은 나와 같은 氣를 지닌 同體' 라는 관념으로서, 이는 張橫渠의 〈西銘〉과 程明道의 〈識仁篇〉이래 宋代 儒學에 있어서 '仁' 사상의 또 다른 표현방식이었다. 주자는 '萬物은 나와 같은 氣를 지닌 同體' 라는 관념을 바탕으로 만물에 대한 애호를 주장하고, 만물을 애호하기 위해 인간의 삶의 양식을 자연의 이법과 조화시킬 것을 주장한 것이다. 위에서 또 주목할 것은 '合內外之道' 라는 말이다. 위의 인용문은 본래 『大學』의 格物致知를 논하는 내용으로, 合內外之道란 格物致知와 誠意正心을 통해 '자연의 理法' 과 '인간의 마음' 을 합치시킨다는 뜻이었다. 그런데 주자는 合內外之道가 실천적으로는 '자연의 理法에 순응하여 인간의 삶의 樣式을 설정함' 을 뜻한다고 풀이한 것이다. 그것은 기본적으로 만물

58) 『大學或問』 傳5章條 : 目前事事物物 皆有至理 如一草一木 一禽一獸 皆有理 草木春生秋殺 好生惡死 仲夏斬陽木 仲冬斬陰木 皆是順陰陽道理 自家知得萬物均氣同體 見生不忍見死 聞聲不忍食肉 非其時 不伐一木 不殺一獸 胎不殀 不覆巢 此便是合內外之道

의 생명을 애호하는 것이며, 인간의 필요에 따라 불가피하게 만물의 收取가 요구될 때에는 음양 순환의 이치에 따르며 희생을 최소화하는 것이다. 이것은 다시 말해 '인간의 욕구충족 구조'를 '자연의 순환적 재생산 구조'와 일치시키는 것이다.

이제 주자의 理一分殊論을 살펴보자. 이일분수론은 공자의 正名論과 和而不同論, 맹자의 別愛論 등을 종합하여 주자가 하나의 형이상학 이론으로 체계화한 것이다. 공자의 正名論은 "임금은 임금답고, 신하는 신하다우며, 부모는 부모답고, 자식은 자식다워야 한다."[59]는 말로 대변되거니와, 이는 각자의 '사회적 지위(名)'에 따르는 '고유한 몫(本分)'에 충실해야 한다는 논리였다. 和而不同論은 사회의 기본질서를 존중하여 '전체적 조화'를 이루면서도 '자신의 개성'을 잃지 말아야 한다는 취지였다. 맹자의 別愛論은 "親族을 친하게 여기고 백성을 어질게 대하며, 백성을 어질게 대하고 만물을 아낀다."[60]는 말로 대변되거니와, 이는 親·疎에 따른 차등적 사랑을 통해 博愛에 도달해야 한다는 것이었다. 주자는 '자연의 理法은 본래 하나이되(理一), 각자에게 부여된 道理는 다르다(分殊)'는 명제로 위의 세 관념을 종합하였다. 주자는 다음과 같이 말한다.

> 萬物은 모두 이 理를 지니고 있고, 理는 모두 한 근원에서 함께 나온다. 다만 차지하고 있는 地位가 같지 않아 그 理의 쓰임이 같지 않은 것이다. 예를 들어, 君이 되어서는 모름지기 仁해야 하고, 臣이 되어서는 모름지기 敬해야 하며, 子가 되어서는 모름지기 孝해야 하고, 父가 되어서는 모름지기 慈해야 한다. 모든 사물이 각각 이 理를 지니고 있으나, 사물마다 그 쓰임이 각각 다른 것이다. 그

59) 『論語』 顔淵 11 : 君君 臣臣 父父 子子

60) 『孟子』 盡心上 45 : 親親而仁民 仁民而愛物

러나 一理의 流行이 아님이 없다. 聖人이 "理를 궁구하고 本性을 다하여 天命에 이르는 것"은, 무릇 世間에 존재하는 모든 사물에 대해 그 理를 궁구하여, 모든 사물이 각각 그 자리를 얻도록 조치하여, 하나의 사물이라도 그 마땅함을 얻지 못함이 없게 하는 것이다. 사물이 없으면 理도 없는바, 이미 사물이 있으니, 聖人은 그 理를 다하지 않음이 없는 것이다. 이것이 이른바 "오직 천하의 至誠만이 天地의 化育을 도울 수 있으니, 天地의 化育을 도우면 天地에 참여할 수 있다"는 것이다.[61]

유교에서 말하는 理(자연의 理法)란 근원적으로 『周易』의 '一陰一陽의 道', 또는 '生生의 理'를 의미한다. 모든 존재는 본질적으로 '一陰一陽을 통한 生生의 지속'에서 벗어날 수 없다. 이처럼 자연의 理法은 萬有를 관통하는바, 萬有는 그 이법을 각각 자기의 처지에 맞게 구현하는 것이다. 인간의 일로 말하면, 君의 '仁', 臣의 '敬', 父의 '慈', 子의 '孝'가 모두 자기 위치에서 生生의 理를 알맞게 구현한 것이다. 君·臣·父·子의 개별자들은 각각 자신의 지위에 맞는 도리, 즉 仁·敬·慈·孝를 발휘함으로써 '전체적 조화'에 참여하는 것이다. 聖人이란 모든 존재들의 처지에 알맞은 도리를 밝혀줌으로써, 궁극적으로 萬物이 協和하고 天地가 化育하게 하는 존재이다.

하나의 理가 다양한 양식으로 구현된다는 것은 뒤집어 보면 다양하게 구현되는 理(分殊)는 하나의 理(理一)에 의해 통섭된다는 뜻이다. 이것을

61) 『朱子語類』 卷18(중화서국본 398쪽) : 萬物皆有此理 理皆同出一原 但所居之位不同 則其理之用不一 如爲君須仁 爲臣須敬 爲子須孝 爲父須慈 物物各具此理 而物物各異其用 然莫非一理之流行也 聖人所以窮理盡性而至於命 凡世間所有之物 莫不窮極其理 所以處置得物物各得其所 無一事一物不得其宜 除是無此物 方無此理 旣有此物 聖人無有不盡其理者 所謂惟至誠贊天地之化育 則可與天地參者也

사회 현실에 적용시키면, 다양한 직분(本分)들은 유기적으로 통일되어야 한다는 뜻이요, 또한 개인들의 權益이나 個性은 사회적 질서와 조화를 이루어야 한다는 뜻이다. 개인이 사회와 조화를 이루려면 그 사회의 기본질서에 따른 각자의 本分을 준수해야 한다. 이러한 맥락에서, 개인의 권익과 개성을 충분히 인정하면서도, 그에 앞서 각자의 본분을 강조함으로써 전체의 조화를 이루고자 했던 것이 理一分殊論의 취지였다.

이상에서 유교의 문명관을 살펴보았다. 孔子의 仁思想은 '인류에 대한 사랑'을 추구한 것인데, 宋代의 유학자들은 '만물은 나와 일체'라는 관념으로 仁思想을 뒷받침했다. 이는 이 세계를 '유기적 전체'로 규정함으로써 自・他의 대립적 구별을 지양시키고자 한 것이다. 공자의 正名論과 和而不同論, 맹자의 別愛論은 전체와 개체의 조화로운 질서를 추구한 것인데, 주자는 理一分殊論으로 이러한 관념들을 뒷받침했다. 주자의 繼天立極論은 자연의 이법에 근거하여 인간의 규범체계를 정립함으로써, 한편으로는 규범의 보편타당성을 확보하고, 한편으로는 자연과 인간의 조화를 꾀한 것이었다.

그런데 위의 내용들은 모두 '本能과 本性' 또는 '人心과 道心'의 문제로 수렴된다. 인간에게는 육체적 본능과 도덕적 본성이 함께 존재한다는 것, 육체적 본능은 자신의 생존만을 추구함으로써 필연적으로 다른 사람과의 갈등을 낳는다는 것, 그러나 도덕적 본성은 다른 사람을 자신과 똑같이 배려함으로써 다른 사람과의 조화로운 공존을 가능하게 한다는 것, 따라서 금수와 구별되는 '인간다운 삶'은 본능을 억제하고 본성을 실현함으로써 이루어질 수 있다는 것이 儒敎的 文明觀의 핵심이었다.

3. 人權論의 문명관

서양 근대의 人權論은 제1세대 인권론과 제2세대 인권론으로 구분되거니와, 自由主義(啓蒙主義)[62]는 제1세대 인권론을 대변하는 것이요, 社會主義(共產主義)는 제2세대 인권론을 대변하는 것이다. 이제 이 두 이념을 중심으로 서양 근대의 인권론이 추구한 文明의 理想을 살펴보기로 하자.

주지하듯이, 서양의 근대는 中世에 대한 반동이었다. 서양의 중세는 유기체적 세계관을 바탕으로 '호혜적 人倫共同體' 를 추구한 시대였다. 브린튼(Crane Brinton)은 '서양 중세의 理想' 을 다음과 같이 묘사한 바 있다.

> 중세는 이상적으로는 지상의 인간들에게 잘 조직된 질서 있는 삶을 제공하였다. 교회는 인간의 영혼을 관리하였고, 봉건 귀족은 세속 질서를 유지하였으며, 농민들과 장인들은 타인들을 부러워하지 않고 꾸준히 가치 있는 작업을 하였다. 아름다운 질서를 갖춘 권리와 의무의 연계가 돼지치기로부터 황제와 교황에 이르기까지 개인과 개인을 결속시켰으며, 모든 사람이 자신의 신분을 알았고 또한 그 속에서 안전과 행복을 누렸다. 그 사회는 현대 사회와 같이 미친 듯한 경쟁과 불안으로 가득 찬 사회가 아니라 하나의 신분 사회였으며, 모든 사람이 神 앞에 평등하다는 기독교적 신념이 가장 비천하고 가난한 사람들에게도, 이를테면 튼튼히 설 자리를 형성해 주었던 사회였다. 요컨대 도덕적 자유인들로 구성된 질서 잡힌 계층적 사회였다.[63]

---

62) 홉스와 로크로 대표되는 17세기 영국의 自由主義는 '명예혁명(1688년)' 과 '權利章典(1689년)' 으로 결실을 맺었다. 영국 자유주의의 성공은 볼테르 · 몽테스키외 · 디드로 · 달랑베르 등 프랑스 사상가들을 자극하여 18세기 프랑스의 啓蒙主義를 꽃피게 하였고, 마침내 '프랑스혁명' 을 촉발시켜 '프랑스인권선언(1789년)' 으로 결실을 맺었다. 요컨대 17세기 영국 자유주의와 18세기 프랑스 계몽주의는 궤를 같이했던바, 이러한 맥락에서 이 책에서는 자유주의와 계몽주의라는 두 용어를 혼용하고자 한다.

한마디로 중세의 이상은 계급 간의 '구별' 과 '유대' 가 공존하는 안정적 신분사회였다. 그러나 계몽된 근대인의 눈으로 볼 때, 중세는 '질서' 만 강조할 뿐 '개인의 권리' 가 결여된 사회였다. 게다가 실제로는 중세에도 전쟁과 부패, 성직자의 타락과 대중의 빈곤이 상존했으며, 여러 차례 계급투쟁이 폭발하기도 했다.[64] 그리하여 근대의 계몽주의자들은 중세의 이념 자체를 부정하고, 중세를 '암흑의 시대' 로 규정했다. 특히 콩도르세(Marquis de Condorcet, 1743~1794)는 중세를 '재앙의 시대' 로 규정하면서, 다음과 같이 질타했다.

> 우리는 이 재앙의 시대에 인간 정신이 성취했던 본래의 정점에서 급속도로 쇠퇴하는 광경을 목격할 것이며, 또한 無知가 그 뒤를 따르는 모습을 볼 수 있을 것이다. (…) 재능이 있거나 도량이 넓거나 친절한 소수의 사람들을 제외하고는 그 어떠한 것도 이 깊은 어둠을 뚫을 수 없었다. 인간의 유일한 성취라고는 신학적인 백일몽과 미신적인 속임수였으며, 유일한 도덕성은 종교적 불관용에 불과하였다. 피와 눈물 속에서 司祭의 전제와 군사적 독재로 짓밟힌 채, 유럽은 계몽사상에 의해 인간성과 도덕성의 상속자로 자유롭게 다시 태어날 시대를 기다려야만 했다.[65]

'재앙, 쇠퇴, 無知, 어둠, 白日夢, 속임수, 불관용, 피와 눈물, 전제, 독재' 등은 계몽주의자들이 기독교적 중세를 폄하하는 상징적 표현이었다. 중세는 타파되고 저주받아야 할 시대요, 일말의 옹호의 여지도 없는 것이 되고 말았다. 그렇다면 계몽주의자들이 추구한 문명의 이상은 무엇이었던가?

---

63) 브린튼, 『西洋思想의 歷史』, 210쪽.
64) 브린튼, 『西洋思想의 歷史』, 210쪽 참조.
65) 부어스틴, 『탐구자들』, 350쪽.

계몽주의자들이 추구한 문명의 이상은 한마디로 '地上樂園' 이었다.[66] 계몽주의자들은 중세 기독교 神學이 표방한 '現世의 종말' 과 '天國의 도래' 를 백일몽으로 단정하고, 그 대안으로 地上樂園을 제시했다. 이제 神의 섭리와 은총에 의해 저절로 天國(樂園)이 도래할 것이라는 미몽에서 벗어나, 인간의 손으로 직접 이 땅에 낙원을 건설하자는 것이다. 인간이 사는 이 땅을 '자유 · 풍요 · 행복' 의 세상으로 만들면 이곳이 바로 天國이 되는 것이요, '啓蒙' 즉 '理性의 확산' 은 지상에 낙원을 건설하는 방법이다. 이러한 계몽주의의 이상을 브린튼은 다음과 같이 설명한 바 있다.

> 계몽주의는 인간이 完全하게 될 수 있다는 이설과 함께 進步의 이설을 주장하였다. (…) 그것은 진보의 물질적 측면을 크게 강조하였다. 그리고 무엇보다도 그것은 본성이 선하고 이성적인 인간들을 법률 · 전통 · 인습 및 권위의 속박들로부터, 그리고 전통적인 그리스도교가 1천 7백 년 동안 애써 세워 온 것의 대부분으로부터 解放시킴으로써, 進步가 있게 될 것을 기대하였다. (…) 계몽주의는 地上에 하늘나라가 쉬이 올 것을 약속하였다. 그리고 自己否定이나 內的規律이 아니라, 개인 속에 있는 팽창하고 욕구하는 힘들을 자연스럽게 풀어놓는 과정에 의하여 그것이 성취되리라고 약속하였다.[67]

---

66) 오늘날 공동체주의자로 분류되는 테일러(Charles Taylor)는 "계몽주의의 윤리관은 功利主義的이었으며, 사회철학은 原子論的이었다. 계몽주의는 자연과 사회가 도구적 의의만을 갖고 있을 뿐이라고 보았다. 자연과 사회는 인간의 욕망을 충족시키는 유력한 수단으로 간주되었고, 그 이상의 아무것도 아니었다. 그리고 계몽주의의 희망은 과학적 사회공학의 원리들에 따라서 인간과 사회를 재편성하고 완벽하게 상호 조정함으로써 인간의 행복을 실현하는 것이었다."라는 말로 계몽주의의 문명관을 요약한 바 있다(테일러, 『헤겔철학과 현대의 위기』, 121~122쪽 참조).

67) 브린튼, 『西洋思想의 歷史』, 421쪽. 브린튼은 위의 인용문에 이어서 "이 점은 계몽주의의 안이하고, 낙관적이고, 속되고, 극단적인 측면이며, 우리가 그것으로부터 계몽주의의 약점과 위험들의 일부를 파악할 수 있는 지나친 측면이다. 계몽주의자들이

위의 인용문의 논지는 다음과 같이 정리된다. 첫째, 계몽주의는 역사를 '진보' 의 과정으로 이해했다(進步史觀). 둘째, 진보의 궁극적 목적은 '地上樂園' 의 실현에 있는바, 지상낙원이란 무엇보다도 물질적으로 풍요로운 나라이다(世俗主義). 셋째, 진보의 가능근거는 理性에 있다. 인간은 본래 선하고 또 이성을 지니고 있기 때문에, 어떠한 속박도 불필요하다(自由主義). 넷째, 개인의 욕구를 자연스럽게 풀어놓으면 저절로 지상낙원에 도달하게 된다(樂觀主義).

요컨대 계몽주의가 추구한 지상낙원은 인간의 욕구가 충분히 충족되는 풍요의 나라요, 욕구의 억압이 존재하지 않는 자유의 나라였다. 앞의 제2장에서 살펴보았듯이, 자유주의의 인간관은 '욕망은 주인(주권적 욕망), 이성은 노예(도구적 이성)' 라는 것이었다. 이처럼 욕망을 주권자로 전제하면 욕망은 그 자체로 정당화된다. 그리하여 계몽주의자들은 욕망의 해방이나 충족을 강조할 뿐, 욕망의 극복을 논하지는 않았다.[68] 한편 도구로서의 이성의 역할은 둘로 요약된다. 하나는 욕망을 가장 효율적으로 충족시킬 수 있는 방법을 고안하는 것이요, 또 하나는 나의 욕망과 다른 사람의 욕망을 공평하게 배려하는 것이다. 이러한 맥락에서, 계몽주의자들이 추구한 문명의 이상은 '주권적 욕망, 효율성, 공평성' 등으로 요약되는바, 이에 대해 좀 더 자세히 살펴보기로 하자.

'주권적 욕망' 은 '自由' 와 궤를 같이하는 관념이다. 自由는 결국 선택을

모두 이렇게 유치하게 낙관적이었던 것은 아니다. 하지만 계몽주의는 분명히 피 · 고생 · 땀 및 눈물을 약속하는 데 이르지는 않았다." 고 하였다.

68) 아블라스터는 자유주의의 인간관을 '주권적 욕망, 도구적 이성' 으로 설명하고, 예외적인 인물로서 스피노자와 칸트를 들었다. 대부분의 계몽주의자들과는 달리, 스피노자와 칸트는 '이성을 통해 욕구와 욕망을 절제하는 삶' 을 추구했다는 것이다(『서구 자유주의의 융성과 쇠퇴』, 87~89쪽 참조). 루크스 역시 같은 맥락에서 스피노자와 칸트를 특별히 주목한 바 있다(Lukes, *Individualism*, 54~55쪽 참조).

필요로 하는데, 그 선택의 기준은 '자신의 욕망' 이라는 것이 자유주의의 핵심이다. 홉스는 인간의 정념을 '욕망(desire)과 혐오(aversion)' 로 대별하고, "욕망은 그 대상으로 접근하는 운동을 낳고, 혐오는 그 대상으로부터 도망가는 운동을 낳는다." 고 하였다.[69] 같은 맥락에서, 벤담은 그의 유명한 『도덕과 입법의 원리 序說』의 첫머리에서 다음과 같이 말한 바 있다.

> 자연은 인류를 苦痛과 快樂이라는 두 주인에게서 지배받도록 만들었다. 우리가 무엇을 할까 결정하는 일은 물론이요 무엇을 행해야 할까 짚어내는 일은 오로지 이 두 주인을 위한 것이다. 한편으로는 옳음과 그름의 기준이, 또 한편으로는 원인과 결과의 사슬이 이 두 주인의 왕좌에 고정되어 있다. 이들은 우리가 행하는 모든 행위에서, 우리가 말하는 모든 말에서, 그리고 우리가 생각하는 모든 사고에서 우리를 지배한다.[70]

요컨대 욕망을 주권자로 규정한 다음의 '自由로운 삶' 이란 결국 자신에게 이익(쾌락)이 되는 대상에게 달려가고 손해(고통)가 되는 대상으로부터 도망치는 '趨利避害의 삶' 이다. 게다가 자유주의자들은 '자신에게 이로운 것을 가장 잘 아는 사람은 자신' 이라는 논리로 남의 간섭이나 충고를 배제했다. 그리하여 자신의 판단에 따라 자신의 선호대로 사는 것이 자유주의의 이상이 되었다.

'주권적 욕망' 은 '극단적 쾌락주의' 를 옹호하는 것이기도 하다. 드 사드(de Sade)의 『寢室 哲學』은 '강간, 근친상간, 변태적 성행위, 고문, 간음, 폭력' 등의 내용으로 가득 찬 책인데, 그는 이 책의 헌사에서 다음과 같이

---

69) Hobbes, *Leviathan*, 118~120쪽 참조.

70) 벤담, 『도덕과 입법의 원리 서설』, 27쪽.

말한 바 있다.

모든 세대의, 모든 性의 주색난봉꾼들이여. 이 글을 바치는 대상은 바로 여러분들이다. 이 글의 원리들에 따라 자신들을 단련하라. 이 원리들은 당신의 열정(passions)에 우호적이다. 그리고 이러한 열정들은—재미없는 도덕가들은 이것들로 당신에게 겁을 주려 하지만—자연이 인간에게 정한 목표에 인간이 도달하도록 자연이 선택한 수단일 뿐이다. 이러한 달콤한 자극들에만 귀 기울여라. 열정의 소리 아니면 어느 소리도 당신을 쾌락으로 인도할 수 없을 것이니.[71]

홉스에게 있어서 행복이란 하나의 탐욕으로부터 또 다른 탐욕으로 끊임없이 발전하는 것이었으며, 라 메뜨리(La Mettrie)는 약제(마취제)를 적어도 행복의 환상을 주는 것이라고 추천하기까지 했다.[72] 드 사드에게 있어서는 잔인한 충동의 충족도 합당한 것이었다. 그 이유는 바로 그런 충동이 존재하며 충족되기를 갈망하기 때문이라는 것이다.[73] 이처럼 자유주의자들은 극단적 쾌락의 추구를 옹호하거나, 그것이 타인에게 고통을 주는 것이 아닌 한 막을 수 없다고 '寬容' 한 것이다.[74]

'효율성' 은 '풍요' 와 궤를 같이하는 관념이다. 계몽주의자들은 효율성을 높이는 방법으로 두 가지를 강조했다. 첫째는 과학과 기술의 계발을 통

---

71) 아블라스터, 『서구 자유주의의 융성과 쇠퇴』, 81쪽. '사디즘(sadism, 가학성 변태성욕)' 이라는 말은 드 사드(de Sade)의 이름에서 유래했다고 한다.

72) 라 메뜨리는 "행복의 관점에서 善과 惡 그 자체는 아무래도 좋다는 것은 매우 분명하다. 惡을 행함으로써 커다란 만족을 얻는 사람은 善을 행함으로써 더 적은 만족을 얻는 사람보다 행복할 것이다."라고도 했다(아블라스터, 『서구 자유주의의 융성과 쇠퇴』, 366쪽 참조).

73) 에리히 프롬, 『소유냐 삶이냐』, 21쪽 참조.

74) 그리하여 오늘날에도 포르노는 '표현의 자유' 라는 이름으로, 姦通은 '개인의 性的 자율성' 이라는 이름으로 寬容되는 것이다.

한 '자연의 정복(착취)' 이었다.[75] 安分知足의 삶을 추구한 前近代人들은 '자연과의 조화' 를 추구했으나, 무한한 행복을 추구한 近代人들은 '자연의 정복' 을 추구했다. 실로 당시에 이룩한 과학과 기술의 성과는 놀라웠거니와, 그 결과 産業革命을 통한 풍요의 시대가 도래한 것이다. 둘째는 '경쟁' 이었다. 경쟁심의 원천은 '자신이 남보다 더 많이 차지하겠다' 는 利己心이다. 전근대인들은 이러한 이기심을 私惡으로 규정했다. 그러나 맨더빌은 '私惡이 公益의 원동력' 이라는 관점에서 이기심을 예찬했고,[76] 스미스는 '보이지 않는 손' 에 의한 豫定調和說로 경쟁의 부작용에 대한 우려를 잠재웠으며,[77] 칸트는 '反社會的 社會性(the unsocial sociability)' 이라는 개념으로 경쟁을 예찬했다. 칸트는 다음과 같이 말한 바 있다.

---

75) 아블라스터, 『서구 자유주의의 융성과 쇠퇴』, 360~361쪽 참조.

76) 맨더빌(Bernard Mandeville)의 문제작 『꿀벌의 우화』의 부제는 '개인의 악덕, 사회의 이익(Private Vice, Publick Benefits)' 인바, 맨더빌은 이 부제를 "여러 요소들이 각각으로는 야비하더라도 한데 모여 뒤섞이면 질서 잡힌 사회를 만들어낸다" 는 뜻이요, "각 사람의 악덕을 솜씨 있게 다룬다면 전체가 위대해져서 세속적인 행복을 누릴 수 있다" 는 뜻이라고 설명했다. 맨더빌의 주장은 개인의 이기심을 비난하지 말고 적절하게(정의롭게) 활용하라는 것, 이기심을 비난하고 정직 · 미덕 · 절제 · 순수 · 만족 등만 강조하면 오히려 불행한 결과를 초래한다는 것, 이기심을 솜씨 있게 다루는 것이 슬기로운 정치의 핵심이라는 것으로 요약된다(맨더빌, 『꿀벌의 우화 : 개인의 악덕, 사회의 이익』, 89쪽 참조).

77) 그러나 자유경쟁의 부작용은 극심한 빈부의 격차, 주기적인 공황 등으로 드러났다. 케인스(J. M. Keynes)는 "하늘이 세계를 사적 이익과 사회적 이익이 항상 일치하도록 다스리는 것이 아니다. (…) 계몽된 자기 이익은 항상 공적 이익 내에서 움직인다는 것은 경제원칙들로부터 제대로 추론한 것이 아니다." 라고 하여 고전적 예정조화설을 비판하고, 자유경쟁과 국가의 통제를 조화시키려고 했다(아블라스터, 『서구 자유주의의 융성과 쇠퇴』, 178~179쪽 참조). 한편, 칼레츠키(Anatole Kaletsky)는 케인스식 자본주의를 '자본주의 2.0' 으로 규정하고, 다시 고전적 자유방임주의로 회귀한 하이에크의 신자유주의를 '자본주의 3.0' 으로 규정하였다(칼레츠키, 『자본주의 4.0』, 63~78쪽 참조).

자연이 인간들의 모든 소질을 계발시키기 위해서 사용하는 수단은 (…) 사회 속에서의 인간들 상호 간의 抗爭이다. 내가 여기에서 말하는 抗爭은 '反社會的 社會性'을 의미한다. (…) 따라서 불화라든가 악의적인 경쟁심, 만족할 줄 모르는 소유욕이나 지배욕이 있게 한 자연에 감사할지어다! 이러한 것들이 없이는 인간성 속에 있는 모든 탁월한 자연적 소질 역시 계발되지 못하고 永眠하고 말 것이기 때문이다.[78)]

칸트는 인간의 反社會性을 그 자체로서는 사랑할 만한 속성이 아니라고 규정하면서도, "그러한 反社會性이 없다면, 인간의 모든 재능들은 완전한 조화로움과 만족감 및 서로서로 사랑하는 목가적인 삶 속에서 영원히 꽃피우지 못하고 묻혀버리고 말 것"이라고 보았다. 홉스는 "競爭은 인간으로 하여금 (자기의) 이득을 얻기 위하여 (남을) 침략하게 만든다."고 했는데, 칸트는 그 침략(反社會性)을 '진보의 원동력'으로 예찬한 것이다.

예링(Rudolf von Jhering, 1818~1892)의 『권리를 위한 투쟁』도 같은 맥락에서 이해할 수 있다. 예링은 "법의 역사가 보여주는 모든 위대한 업적, 즉 노예와 농노제의 폐지, 토지소유권과 상업 및 신앙의 자유 등은 격렬한, 때로는 수 세기 동안 계속된 투쟁을 통해서만 비로소 획득될 수 있었던 것"이라 하였다.[79)] 투쟁을 통해서만 위대한 업적을 이룰 수 있다는 것이 예링의 지론이었던바, 이러한 맥락에서 예링은 권리를 위한 투쟁을 '자신에 대한 의무'요, '사회 공동체에 대한 의무'라고 규정했다.[80)] 경쟁을 통해

---

78) 칸트, 〈세계시민적 관점에서 본 普遍史의 이념〉, 제4명제.

79) 예링, 『권리를 위한 투쟁(外)』, 21쪽.

80) 『권리를 위한 투쟁』의 제1장의 제목은 〈법의 목적은 평화이며 그것을 위한 수단은 투쟁이다〉이며, 제3장의 제목은 〈권리를 위한 투쟁은 자기 자신에 대한 권리자의 의무이다〉이며, 제4장의 제목은 〈권리의 주장은 사회 공동체에 대한 의무이다〉이다.

서 진보가 이루어진다는 관념, 또는 투쟁을 통해서 평화가 이루어진다는 관념은 결국 경쟁과 투쟁을 도덕적으로 정당화하는 것이다.

'공평성' 은 '평등' 과 궤를 같이하는 관념이다. 계몽주의자들의 평등사상은 두 방면으로 전개되었다. 첫째는 모든 인간은 평등한 권리(自由)를 지닌다는 주장이었다. 전근대인들은 유기체적 세계관에 입각해 불평등한 위계질서를 자연스럽게 받아들였다. 그러나 근대인들은 기계론적 세계관에 입각해 모든 인간의 평등한 권리를 내세우게 된 것이다. 평등사상은 자유사상과 함께 市民革命의 확고한 토대가 되었다. 둘째는 공평성을 해치지 않는 한 개인의 모든 행위가 용납되어야 한다는 주장이었다. 이러한 주장은 自由 또는 寬容의 확대에 크게 기여하게 되었다. 이를 아블라스터는 다음과 같이 설명한다.

> 도덕과 정치의 직무는 욕망충족이라는 인간자신의 목표가 완전히 좌절되는 혼란스러운 불안정상태를 인간이 일으키지 않도록 보장하는 데 한정되어야만 한다. 자신의 욕망충족을 꾀하는 이러한 원자적 개인 사이의 초기관계에 대해 규제가 있어야 한다. 개개인의 욕망은 타인의 욕망과 동등한 정당성을 갖는다. 그리고 사람들이 타인의 희생 위에서 자신의 욕망충족을 추구하지 못하도록 법과 규칙은 고안되어야 한다. 만약 타인을 희생시키면 그들은 처벌되어야 한다. 이것은 文明化된 삶에 필요불가결한 것이다. 이것은 개인권리의 평등원리로부터 추론된다. 하지만 이것이 욕구자체에 대한 어떤 비판을 의미하는 것은 아니다.[81]

자유주의자들은 도덕이 비대해지면 개인의 자유를 침해하고, 정치가 비

81) 아블라스터, 『서구 자유주의의 융성과 쇠퇴』, 75쪽.

대해지면 개인의 권리를 침해한다고 보았다. 그러므로 '도덕과 정치의 직무는 혼란스러운 불안정상태를 일으키지 않도록 보장하는 데 한정되어야만 한다' 는 것이다. 전근대인들은 대개 '善의 증진' 을 목표로 삼는 최대도덕(完全主義)을 추구했다. 그러나 근대의 자유주의는 단순히 '惡의 감소' 를 목표로 삼는 최소도덕(反完全主義)을 표방한 것이다. 혼란을 막아주는 최소한의 기준은 바로 '자신의 욕망충족을 위해 남을 희생시키지 않는다' 는 것, 즉 無害原則이었다. 칸트는 이를 '모든 사람의 人格을 언제나 목적으로 대우하라' 는 명제로 표현하였다.

자유주의자들은 '자신의 욕망을 충족시키기 위해서 타인을 희생시키면 안 된다' 는 원칙을 제시했지만, 이 원칙은 사실 제대로 지켜지지 않았다. 그 까닭은 둘로 설명된다. 첫째, 無害原則이 욕구 자체에 대한 어떤 비판을 의미하는 것은 아니었기 때문이다. 홉스는 인간이 본래 무한한 욕망을 지닌다고 보았는데, 자유주의자들은 무한한 욕망을 그 자체로 승인하였다. 그런데 자신의 욕망을 무한히 충족시키려는 과정에서 남을 수단으로 취급하는 경향이 생기는 것이다.[82] 둘째, 자유주의자들은 私有財產制를 옹호하고, 無產者의 참정권을 부정했기 때문이다. 자유경쟁은 부익부 빈익빈을 초래하여 貧者들은 늘어나는데, 자유주의자들은 대부분 '貧者들은 책임있는 정치적 결정을 할 수 있는 능력이 없다' 는 이유로 貧者의 참정권을 부정했다. 자유주의는 본래 有產者들의 정치이념이었거니와, 자유주의자들은 대부분 스스로를 특권계급화하는 것으로 만족했던 것이다.[83] 이러한

---

82) 아블라스터는 자유주의 안에는 분명히 자신의 이익을 추구하기 위해 '남을 수단으로 취급하는 경향' 이 있다는 점을 지적하였다. 자유주의의 주요 이론가들인 홉스·로크·벤담·밀 등의 사상에는 이러한 요소들이 잠복하고 있다는 것이다(『서구 자유주의의 융성과 쇠퇴』, 83쪽 참조).

83) 'liberty' 의 語源인 라틴어 'liber' 는 본래 '自由' 보다 '特權' 을 의미하는 개념이었다고 한다. 부르주아 자유주의자들이 自由를 자신들만의 特權으로 한정하려 한 것에 대

현실 속에서 '貧者들의 권리'를 문제 삼는 社會主義가 등장하게 된 것이다.

이제 제2세대 인권론으로서 社會主義(共產主義)의 文明觀을 살펴보기로 하자.[84] 당시 계몽주의의 문명관에 분명하게 反旗를 든 것은 루소였다.[85] 루소는 그의 출세작 『학문예술론』에서 예술과 학문의 진보는 도덕성을 증진시키기는커녕 오히려 항상 도덕적 타락을 초래했다고 주장하였다. 예술과 학문은 불필요한 욕구를 자극하여 사람들을 사악하게 만들고, 사치와

해, 아블라스터는 그 원인을 'liber' 라는 개념 자체의 성격에서 찾았다(『서구 자유주의의 융성과 쇠퇴』, 160쪽, 198쪽 참조).

84) 제1세대 인권론은 기계론적 세계관에 입각한 것이나, 제2세대 인권론은 기계론적 세계관으로부터 탈피하는 양상을 보여준다. 예컨대 루소는 『인간불평등기원론』에서 '인간기계론'을 표방한 바 있으나, 『사회계약론』의 "정치체의 생명의 근원은 主權에 있다. 입법권은 국가의 심장이고, 집행권은 모든 부분에 운동을 보내주는 두뇌이다. 두뇌가 마비되었는데도 개인이 살아있는 경우는 있다. 바보처럼 되어서라도 그 생명은 유지될 수 있는 것이다. 그러나 심장이 기능을 멈추게 되면, 동물은 곧바로 죽어버린다."(116쪽)라는 말은 오히려 유기체적 세계관을 깔고 있는 것이다. 論者가 판단하기에, 루소의 전반적 논지는 기계론과 유기체론을 융합한 것이다. 『사회계약론』의 "그 자체만으로는 하나의 완전하고도 고립된 전체를 이루고 있는 각 개인을 보다 더 큰 전체로 결합하여 자기의 생명과 존재의 원천을 부여받게 할 수 있어야 한다."(58쪽), "다수의 사람들이 결합하여 스스로 一體를 형성하고 있다고 생각하는 한, 그들은 공동의 생존과 전체의 행복이라는 단 하나의 의지만을 갖게 된다."(133쪽)는 말에는 '자족적 · 고립적 개인'과 '유기적 전체'라는 관념이 융합되어 있는 것이다. 이러한 입장은 『에밀』의 "좋은 사회 제도라는 것은, 인간에게서 가장 교묘하게 자연성을 잃게 만들어 그의 절대적인 존재를 제거하고 그 자리에 상관적인 존재를 주어 '나'라는 자아를 공동체 속으로 양도시킬 줄 알게 하는 그런 제도이다."(66쪽)라는 말에서도 다시 확인된다. 헤겔과 헤겔리안 자유주의자들은 유기체론을 표방했으며, 마르크스는 기계론적 세계관을 비판하고 변증법적 세계관을 표방했다.

85) 루소는 종종 '낭만주의의 선구자'로도 칭송된다. 홍사중은 낭만주의를 '정신의 영역에서 스스로의 힘으로 새로운 인간, 새로운 삶의 자세, 새로운 가치관을 정립시키려는 혁명운동'이었다고 규정하고, "그들은 地圖도 없이 그저 理性과 대립되는 感情이라는 나침반 하나에만 의지하여 미지의 세계를 탐험하려는 나그네와도 같았다. 따라서 낭만주의 운동은 기묘한 혼란과 무질서로 가득 찰 수밖에 없었다. 그러나 그들이 한결같이 계몽사상의 합리주의에 대한 부정에서부터 출발했다는 점에 있어서는 같았다."고 설명한 바 있다(홍사중, 『近代市民社會思想史』, 163쪽 참조).

불평등이 범람하게 만든다는 것이다. 한편『에밀(Emile)』의 첫 구절은 "모든 것은 창조자의 수중에서 나올 때는 선한데, 인간의 수중에서 모두 타락한다."는 것이었다. 자연은 인간을 착하고 행복하게 만들었으나, 사회가 인간을 타락시키고 불행하게 만든다는 것이『에밀』의 근본적 문제의식이었다. 루소의 이러한 주장은 당시 계몽주의자들의 持論을 정면으로 부정하는 것이었다. 불룸(Allan Bloom)은 '계몽주의에 대한 루소의 공격의 근간'을 다음과 같이 정리한 바 있다.

> 루소에 따르면 근대 정치학은 인간에 대한 부분적인 이해에 근거하고 있다. 리바이어던(Leviathan)으로 말해지는 근대국가는 자신의 생존에만 치중하였고, 결과적으로 臣民의 생존에도 치중하게 되었다. 그러므로 근대국가는 행복과 삶의 조건만을 고려하고 행복 그 자체에 대해서는 망각하고 있다는 점에서 전적으로 소극적이다. 인간존재성의 오직 한 측면만을 고려하는 어떠한 정치제도도 인간의 완성을 향한 갈망을 만족시킬 수 없으며, 사람들의 충성심을 불러일으킬 수 없다. 루소는 한 걸음 더 나아가 자기 생존에 근거한 근대국가는 인간을 행복하게 만들 수 있는 삶의 방식과는 완전히 상반되는 방식을 만들고 있다고 주장한다. 큰 국가의 삶은 商業으로 특징지어지며, 결과적으로 부자와 가난한 자의 구별로 특징지어진다. 각 사람은 국가가 만들어 놓은 틀 안에서 자기의 몫을 추구할 수 있다. 돈은 인간가치의 척도이며, 德은 망각된다. 사적인 이득을 계산하는 것이 인간관계의 기초가 된다. 이것은 영구한 전쟁으로 유도되지 않을 수 있지만 신뢰와 용이한 사회성의 기반을 파괴하며, 이기심과 빈약한 시민정신을 유발한다. 시민사회는 사람들 사이에 이루어지는 상호의존의 상태이다. 그러나 사람들은 악하며 또한 대다수의 사람들은 소수의 만족을 위해서 자신들의 의지를 포기하도록 강요받고 있다. 또한 이 소수가 법을 통제하기 때문에 다수의 사람들은 사회를 구성함으로써 얻어지는 것으로 여겨지는 그러한 생존조

차도 누리지 못하게 된다. 생존에 대한 과도한 단순화와 일방적인 집중의 결과는 생존의 유일한 목적이라고 할 수 있는 좋은 삶의 파괴를 불러왔다.[86]

앞의 제2장에서 살핀 바와 같이, 루소는 인간에게는 본래 자신의 생존을 추구하는 '육체적 本能'과 사람다운 삶을 추구하는 '도덕적 本性'이 함께 존재한다고 보았다. 위에서 "근대 정치학은 인간에 대한 부분적인 이해에 근거하고 있다"고 한 것은 계몽주의자들이 인간의 도덕적 본성은 외면하고 육체적 본능에만 근거하여 정치의 이상을 논했다는 뜻이다. 위의 인용문 가운데 '행복과 삶의 조건, 생존, 私益만 추구하는 利己心, 빈약한 시민정신, 돈, 商業, 소수만 만족스럽고 다수는 고통받는 不平等' 등은 육체적 본능만 추구한 계몽주의의 특징과 한계를 비판하는 말들이다. 반면에 '행복 그 자체, 인간완성, 충성심, 상호의존의 시민정신, 德, 좋은 삶' 등은 육체적 본능과 도덕적 본성을 조화시키려는 루소 자신의 이상을 나타내는 말들이다. 루소는 "생존에 대한 과도한 단순화와 일방적인 집중의 결과는 생존의 유일한 목적이라고 할 수 있는 좋은 삶의 파괴를 불러왔다"고 보았거니와, 루소의 이상은 인간에 대한 전체적인 이해를 통해 '생존'과 '좋은 삶'을 합치시키는 것이었다.

루소는 『사회계약론』에서 자신이 추구하는 이상적인 사회의 모습을 피력하였다. 루소는 『사회계약론』의 첫머리에서 다음과 같이 말했다.

나는 이 연구에서 正義와 利益이 결코 분리되지 않도록 하기 위하여 法律이 인정하는 바와 利益이 규정하는 바를 항상 결합시키도록 노력할 생각이다. (…) 다행스럽게도 나는 여러 政府를 연구할 때마다, 내가 내 나라의 정부를 사랑해

86) 스트라우스 · 크랍시 편, 『서양정치철학사』 2, 422~423쪽.

야 하는 이유들을 그 연구과정 속에서 새롭게 발견하게 된다.[87)]

위에서 말하는 '正義' 란 '국가의 정의' 를 뜻하고, '利益' 이란 '개인의 이익' 을 뜻한다. 국가(정부)가 추구하는 정의가 국민 대다수의 이익과 어긋난다면, 대다수의 국민들은 고통을 당하면서 愛國心을 버리게 된다. 이러한 맥락에서, 루소는 양자를 결합시킬 수 있는 원리를 제시하는 것이 『사회계약론』의 취지라고 했다.

루소는 정치적 정당성의 기초는 오직 '계약' 뿐이라고 보았다. 그런데 사회계약의 올바른 기초는 一般意志라는 것이다. 일반의지에 따른 사회계약은 모든 시민들 사이에 평등을 확립하는 것으로서, 시민은 모두 같은 조건을 따르기로 약속하고 따라서 모두 같은 권리를 향유하는 것이다. 일반의지란 '공동의 이익' 또는 '공공의 복지' 를 추구하는 의지를 말한다. 루소는 인간에게는 자기의 개인적 이익을 추구하는 '특수의지' 도 있고, 공동의 이익을 추구하는 '일반의지' 도 있다고 보았다. 루소는 '일반의지' 와 '전체의지(또는 다수의지)' 를 분명하게 구별한다. 전체의지는 개인적 이익을 추구하는 특수의지의 합계일 뿐으로서, 그것의 정당성은 보장되지 않는다. 반면에 일반의지는 본래 공동의 이익을 추구하는 의지로서, 그것은 언제나 존재하고 순수하고 올바르다.[88)]

루소는 의지를 일반의지로 만드는 것은 '투표자의 수' 가 아니라 투표자를 결합시키는 '공동의 이익' 이라고 하였다. 일반의지는 공동의 이익을 추구하는 것인바, 일반의지에 따른 사회계약을 통해서 "개인의 利益과 正義의 놀라운 調和" 가 실현된다는 것이다. 루소는 이를 다음과 같이 설명한다.

---

87) 루소, 『사회계약론(外)』, 14~15쪽.

88) 루소, 『사회계약론(外)』, 44~45쪽 참조.

그것은 사회계약을 기초로 하고 있기 때문에 합법적이고, 모든 사람들에게 공통되기 때문에 公平하며, 오직 일반의 행복만을 목적으로 하고 있기 때문에 유용하고, 공공의 힘과 최고의 권력에 의하여 보증되고 있기 때문에 확고한 것이다. 臣民이 이 약속에만 복종하는 한, 그는 다른 사람에게 복종하는 것이 아니라 자기 자신의 의사에 복종하고 있는 것이다. (…) 개인이 사회계약으로 인하여 자기가 가지고 있던 정치적 권리를 포기하게 되었다는 생각은 잘못이다. 실제로 이 계약의 결과 그들이 얻는 지위는 그 이전의 지위보다 나아진 셈이다. 권리를 양도한 것이 아니라 유리한 조건으로 교환한 것이다. 즉 그들은 불성실하고 불안전한 생활방식 대신에 훨씬 확실하고 안전한 생활방식을 얻고, 자연적 독립 대신에 자유를 얻으며, 타인을 해칠 힘 대신에 자기 자신의 안전을 얻고, 언제 정복당할지 모를 자기들의 힘 대신에 사회적으로 결합함으로써 누구도 침해할 수 없는 권리를 얻는 것이다.[89)]

위의 인용문에서 주목할 내용은 '이 약속에 대한 복종은 자기 자신에 대한 복종' 이라는 말과 '권리를 양도한 것이 아니라 유리한 조건으로 교환한 것' 이라는 말이다. 일반의지에 따른 사회계약은 결코 개인의 자율성이나 권리를 침해하지 않는다는 것이다. 침해와는 반대로, 개인은 일반의지에 따른 사회계약을 통해서 '합법적이고, 공평하며, 유용하고, 확고한' 여건에서 자신의 권리를 누릴 수 있는바, 이것이 바로 '개인의 利益과 正義의 놀라운 조화' 인 것이다.

이상에서 살핀 것처럼, 루소는 '개인의 利益' 과 '사회의 正義' 를 결합시킬 수 있는 매개체를 '일반의지' 에서 찾았다. 요컨대 일반의지를 매개로 개인의 이익과 사회의 정의를 조화시키자는 것이 루소의 이상이었다. 그

---

89) 루소, 『사회계약론(外)』, 49~50쪽.

러나 당시의 현실은 이와 달랐다. 루소는 당시의 현실을 다음과 같이 비판했다.

> 세상의 이론가들이 오류에 빠지는 것은 그들이 처음부터 나쁘게 구성된 국가밖에 보지 못한 탓이다. (…) 사회의 유대가 이완되어 국가가 쇠퇴하기 시작하고 개인적 이익이 대두되며 여러 소집단이 대집단(국가)에 영향을 미치게 되면, 공동의 이익은 변질되고 그에 대한 적대자가 나타난다. (…) 그 결과, 국가는 멸망의 구렁텅이에 빠져 幻影과 같은 공허한 形骸로밖에 남지 않게 되고 모든 사람의 마음속에는 사회의 유대가 끊어져, 가장 천박한 이익이 厚顔無恥하게 '공공복지'라는 신성한 이름으로 둔갑하게 되며, 일반의지는 침묵을 지키고 세상 사람들은 사리사욕에 이끌려, 마치 국가가 존재하지 않는 것처럼 아무도 시민으로서의 의견을 내세우지 않게 된다. 그리고 개인의 이익만을 목적으로 하는 부당한 布告가 법률이라는 이름으로 가결되기에 이른다.[90]

위에서 말하는 '세상의 이론가들'이란 '당시의 계몽주의자들'을 지칭한다. 루소에 의하면, 계몽주의자들은 개인적 차원에서는 사리사욕에 이끌려 공동의 이익을 외면했기 때문에 '좋은 삶'에 이르지 못하고, 사회적 차원에서는 일반의지를 외면하고 단순히 다수의지(또는 전체의지)에 기초했기 때문에 '정의로운 국가'를 실현할 수 없었던 것이다.[91]

---

90) 루소, 『사회계약론(外)』, 134~135쪽.

91) 계몽주의자들은 이념적으로는 多數意志에 기초한 契約을 표방했지만, 실제로는 대다수 無産者들의 참정권을 부정했다. 선거권을 예로 들면, 영국의 경우 1830년 당시 2천4백만 명 인구 중 유권자 수는 50만 명도 채 되지 않았다(고세훈, 「벤담주의적 자유주의와 빅토리아 영국의 개혁」, 204쪽 참조). 로크조차도 노동계급은 합리적 생활능력이 없다고 규정하여, 그들을 단지 착취의 대상이요 통치의 대상으로 삼았을 뿐이었다(맥퍼슨, 『소유적 개인주의의 정치이론』, 301~311쪽 참조).

루소가 추구한 正義는 자유주의자들이 주장한 '합리적 정의' 와는 다른 것이었다. 자유주의의 '합리적 정의' 는 각 개인의 능력의 차이로 인한 불평등을 정당한 것으로 간주하는바, 이는 결국 부익부 빈익빈을 초래한다. 이러한 맥락에서 자유주의의 합리적 정의는 사회적 약자들의 생존권을 외면하는 것이기도 했다. 그리하여 루소는 정의란 무엇보다도 '인간에 대한 사랑' 으로서 '공동의 행복' 에 기여하는 것이어야 한다고 역설했다.

> 인간에 대한 사랑이란 우리 내부에 있는 정의에 대한 사랑에 다름 아니다. (…) 동정심이 약점으로 변질되는 것을 막기 위해, 그 동정심을 일반화하고 만인에게로 확대시켜야 한다. 그렇게 하면 사람들은 동정심이 정의와 일치를 이루는 한에서만 그 동정심에 몸을 맡긴다. 왜냐하면 모든 미덕 가운데 정의는 사람들의 공동의 행복에 가장 기여하기 때문이다.[92]

일반적인 설명에 의하면, '정의' 란 '각자에게 각자의 것을 돌려주는 것' 이요, '사랑' 이란 '내 것을 덜어 남에게 베푸는 것' 이다. 그런데 루소는 정의 속에 사랑을 포함시키고, 이것이야말로 참다운 정의라고 보았다. 루소의 이러한 정의관은 '평등' 에 대한 설명에 그대로 반영되었다.

> 平等에 대해서 말하자면, 이 말이 권력과 재산의 정도가 모든 사람에게 절대적으로 동등해야 한다는 것이라고 이해해서는 안 된다. 권력에 대해서는 그것이 폭력으로 될 만큼 강대해서는 안 되고 오직 지위와 법률에 따라서만 행사되는 것으로 이해해야 하며, 재산에 대해서는 그것이 어떠한 사람도 다른 사람을 살 수 있을 정도로 부유하지 않고 그 누구도 몸을 팔 정도로 빈곤하지도 않은

92) 루소, 『에밀』, 453쪽.

것으로 이해해야 한다.[93]

위에 보이듯이, 루소는 빈부의 불평등을 인정하면서도, 사회적 약자도 최소한의 생존권을 보장받아야 한다는 점을 분명히 했다. 요컨대 루소는 '정의와 사랑의 합치' 라는 관념을 '사회적 약자들의 생존권 보장' 이라는 이념으로 구체화한 것이다.

루소의 사상은 1789년 프랑스 혁명의 정신적 지주가 되었다. 혁명 이후의 프랑스에서는 루소적 의미의 일반의지와 연대를 강조하는 共和主義가 주도 이념으로 자리를 잡았다. 프랑스의 공화주의자들은 '영국식 자유주의' 에 대항해 '프랑스적 思考' 를 내세웠다. 개인주의적 이기주의에 대항해 혁명적 형제애를, 제한선거권에 기반을 둔 입헌주의에 대항해 보통선거권에 근거한 공화국을, 부르주아지에 대항해 인민을 대립시키면서 공화주의 이념을 전개했던 것이다. 또한 프랑스의 공화주의자들은 연대의 개념을 매개로 노동자의 계급적 이익을 적극적으로 옹호하는 사회주의 요소를 적극 수용함으로써, 사회경제적 평등의 확보에 크게 기여하였다. 프랑스의 이러한 知的 풍토는 이웃 나라 독일의 思想界에도 큰 영향을 끼쳤다.[94]

루소의 反啓蒙主義와 같은 맥락에서, 헤겔은 계몽주의의 원자론적 개인주의가 결국 賤民資本主義를 초래했다고 보았다. 원자론적 개인주의란 "각자가 단지 자기를 배려하고 공통적인 것에 관심을 갖지 않는 것" 이다. 원자론적 개인은 오로지 사업의 성공에서 오는 富의 과시와 사치를 통해서 認定받으려고 노력한다. 이들은 많은 사람들이 빈곤에 시달려도 아랑곳하

93) 루소, 『사회계약론(外)』, 71~72쪽.

94) 강정인 · 홍태영 외, 『유럽 민주화의 이념과 역사』, 22~42쪽, 147~148쪽 참조.

지 않고, 사치와 낭비를 통해 富를 과시하면서도 아무런 부끄러움도 느끼지 못한다. 바로 이런 도덕적 타락이 사회의 통합을 철저히 파괴하는 賤民을 만들어낸다는 것이다.[95)]

'헤겔리안 자유주의자' 로 일컬어지는 영국의 그린(T. H. Green), 홉하우스(L. T. Hobhouse), 홉슨(J. A. Hobson) 등은 홉스와 로크로 대표되는 고전적 자유주의의 '존재론적 개인주의' 를 거부하고, 사회와 개인 사이의 '유기적 관계' 를 강조하였다. 그린은 "진정한 자유의 이상은 인간사회의 모든 구성원들이 다 같이 그들 자신을 최선으로 만드는 최대의 힘" 이라고 규정하고, 다음과 같이 말한 바 있다.

> 우리가 自由를 매우 귀중한 것이라고 말할 때, 하거나 즐길 가치가 있는 어떤 것을 하거나 즐길 적극적 힘이나 능력을 의미한다. 그리고 그것은 또한 우리가 다른 사람들과 공통적으로 하거나 즐기는 어떤 것이다.[96)]

아블라스터에 의하면, 그린의 이러한 주장은 전통적 자유주의와 다음과 같은 점에서 구별되는 것이다. 첫째, 그린은 自由의 의미를 '구속의 부재' 라는 소극적 차원에서 '어떤 것을 할 수 있는 실제적 힘이나 능력' 이라는 적극적 차원으로 옮겨 놓았다. 둘째, 그린의 사상에는 道德的 요소가 있다. 사람들이 할 수 있는 기회뿐만 아니라 힘도 가져야 하는 대상은 '할 만한 가치가 있는 것' 이어야만 한다. 셋째, 그린의 사상에는 平等主義的 요소가 있다. 그린은 '모두 다같이' 그들을 최선으로 만드는 이 힘을 가져야 한다고 하였다. 그린은 국가의 조치를 통해 국민의 힘과 능력이 증대될 수 있으

95) 나종석, 『차이와 연대 : 현대 세계와 헤겔의 사회 · 정치철학』, 406~407쪽 참조.
96) 아블라스터, 『서구 자유주의의 융성과 쇠퇴』, 551쪽.

며, 그런 조치가 개인의 자유와 재산권을 제한하더라도 '모두 함께 그들의 실제적 자유가 증진되도록 한다' 는 평등주의적 원리에 의해 정당화될 수 있다고 주장하였다.[97)]

루소와 헤겔 및 헤겔리안 자유주의자들은 개인의 自由를 존중하면서도 인간의 社會性을 강조하여, '평등, 공동선, 객관적 기준' 등에 입각해 개인의 자유를 제한했다는 점에서 고전적 자유주의자들과 구별된다. 또한 이들은 국가를 '자유를 완성시키는 제도' 로 규정하여 '국가에 의한 자유' 를 추구했다는 점에서, 국가를 '必要惡' 으로 규정하여 '국가로부터의 자유' 를 추구한 고전적 자유주의자들과 구별된다. 그러나 이들은 빈부격차의 완화와 빈자의 생존권 보장 등을 역설했을 뿐, 사유재산제도 자체를 부정하지는 않았다.[98)] 그런데 마르크스는 루소와 헤겔의 전통을 계승하면서도, 보다 급진적인 대안을 모색했다. 마르크스는 私有制를 모든 社會惡의 근원으로 규정하고, 사유제를 폐지하는 공산주의 사회를 추구했던 것이다.

---

97) 아블라스터, 『서구 자유주의의 융성과 쇠퇴』, 551~552쪽 참조. 그린의 이러한 입장에 대해 벌린(Isaiah Berlin)은 "독재자들로 하여금 최악의 압제를 정당화하기 위한 구실로 사용할 여지를 열어주고 있다" 고 비판했다(벌린, 『자유론』, 364쪽). 한편, 그린의 헤겔리안 자유주의는 20세기 전반 미국 듀이(John Dewey)의 급진적 자유주의에 큰 영향을 끼친 것으로 알려져 있다. 자유주의와 개인주의 · 자본주의는 이미 서로 강고하게 결합되어 있었거니와, 듀이는 자유주의와 개인주의 · 자본주의를 분리하여, 개인주의 · 자본주의를 비판하면서 자유주의의 활로를 모색했던 것이다(듀이, 『자유주의와 사회적 실천』, 127~137쪽 참조).

98) 루소는 『인간불평등기원론』에서 私有制가 사회적 不平等의 기원이라고 규명했으면서도, 『사회계약론』에서는 일반의지에 따른 사회계약 이후에 "모든 개인은 일반적인 약속에 따라 그에게 남겨진 財産과 自由를 마음대로 처리할 수 있다" 고 하였다(『사회계약론(外)』, 49쪽). 루소는 私有制를 '인간의 완성' 및 '인간생활의 진보' 를 위해 긴요한 제도로 인식하면서도, 사유제가 일반의지와 균형을 이루지 못하면 갖가지 타락 · 폭력 · 악덕 · 참사를 낳는다고 보았다. 이러한 맥락에서 루소는 인간의 덕성을 고무하고 증진시키는 방향에서 재산권 개념이 설정되어야 한다고 보았던 것이다(박동천, 『플라톤 정치철학의 해체』, 297~300쪽 참조).

마르크스의 文明觀은 인류의 역사를 공산주의 혁명 이전의 '前史' 와 공산주의 혁명 이후의 '참된 역사' 로 구분하는 것에 잘 나타나 있다. 마르크스에 의하면, 공산혁명 이전의 '前史' 는 인간소외의 역사요, 그로 인해 억압자와 피억압자 사이의 계급투쟁이 지속된 流血의 역사이다. 마르크스는 근대의 계몽주의도 前史의 이러한 모순(계급대립)을 근본적으로 타파하지는 못했다고 비판하였다. "부르주아 사회는 다만 새로운 계급들, 억압의 새로운 조건들, 투쟁의 새로운 형태들을 낡은 것들과 바꿔 놓았을 뿐" 이라는 것이다.[99]

마르크스는 소외의 주된 원인을 分業과 私有制에서 찾았다. 마르크스는 노동의 분업을 두 맥락에서 비판하였다. 첫째, 분업은 노동을 苦役으로 만든다는 것이다. 노동은 일반적으로 '생계의 수단' 이라는 의미와 '자아실현' 이라는 의미를 동시에 지닌다. 그런데 분업은 개인의 능력을 다양한 방면으로 계발할 수 없게 하여 全人이 될 수 있는 기회를 박탈한다. 마르크스는 이렇게 분업화된 노동은 만족이 아니라 고역이라고 규정했다. 요컨대 분업은 노동을 단순히 생계의 수단으로 전락키시고, '자아실현의 삶' 또는 '全人的 삶' 을 불가능하게 한다. 마르크스는 이러한 맥락에서 공산혁명 이전의 '前史' 와 공산혁명 이후의 '참된 역사' 를 다음과 같이 비교했다.

> 노동이 배분되기 시작하자마자, 모든 개인들은 그들에게 강요되는, 그들이 벗어날 수 없는 특정한 배타적인 활동의 영역을 갖게 된다. 그는 한 사람의 사냥꾼이거나 한 사람의 어부, 목동, 비판적 비판가일 뿐이며, 그가 생계수단을 잃지 않으려 한다면 그는 계속 그렇게 살아야 한다. 반면에 아무도 하나의 배타적인 활동의 영역을 갖지 않으며 모든 사람이 그가 원하는 분야에서 자신을 도

99) 마르크스, 『共產主義黨 선언』(『칼 맑스 프리드리히 엥겔스 저작 선집』 제1권), 401쪽.

야할 수 있는 共産主義 사회에서는 사회가 전반적 생산을 규제하게 되고, 바로 이를 통하여, 내가 하고 싶은 그대로 오늘은 이 일 내일은 저 일을 하는 것, 아침에는 사냥하고 오후에는 낚시하고 저녁에는 소를 치며 저녁 식사 후에는 비판하면서도 사냥꾼으로도 어부로도 목동으로도 비판가로도 되지 않는 일이 가능하게 된다.[100)]

둘째, 분업은 불평등한 분배를 낳는다는 것이다. 마르크스는 "분업은 물질적 노동과 정신적 노동의 분할이 등장하는 시점으로부터 비로소 진정으로 분업이 된다."[101)]고 했다. 그런데 정신적 노동과 물질적 노동의 분할은 필연적으로 생산물의 불평등한 분배를 낳는다. 그에 의하면, 자본주의 사회에서 '정신활동과 육체활동, 향유와 노동, 생산과 소비' 가 상이한 개인들에게 귀속되는 근본 원인은 분업에 있다. 이러한 맥락에서 그는 자본주의 사회의 모순을 타파하는 길은 "오직 분업이 다시금 지양되는 것에만 놓여져 있다" 고 결론짓는다.[102)]

마르크스는 分業은 불평등한 분배를 낳고 私有制는 그 불평등을 고착화시킨다는 맥락에서 "분업과 사적 소유는 동일한 표현"[103)]이라고 했다. 따라서 그가 제창한 공산혁명은 분업과 사유제를 동시에 타파한다는 의미를 지닌다. 그런데 그는 『고타 강령 초안 비판』에서 공산혁명 이후의 '참된 역사' 를 다시 두 단계로 설명했다. '공산주의 사회의 첫 번째 단계' 와 '공산주의 사회의 더 높은 단계' 가 그것이다.

'공산주의 사회의 첫 번째 단계' 는 흔히 '社會主義 사회' 로 일컬어지거

---

100) 마르크스, 『독일 이데올로기』(『칼 맑스 프리드리히 엥겔스 저작 선집』 제1권), 214쪽.
101) 마르크스, 『독일 이데올로기』, 211쪽.
102) 마르크스, 『독일 이데올로기』, 212쪽.
103) 마르크스, 『독일 이데올로기』, 212쪽.

니와, 이는 개인들이 각자 '능력에 따라 생산하고, 생산한 만큼 분배받는 사회' 이다. '생산한 만큼 분배받는다' 는 말은 자본주의적 착취가 폐지되었다는 뜻이다. 그런데 마르크스는 자본주의적 착취를 폐지한 것만으로는 아직 불완전하다고 보았다. 개인들은 각자 부양가족의 많고 적음 등에 따라 필요한 量이 다르기 때문에, 생산량만을 분배의 기준으로 삼는 것은 불합리하다는 것이다. 이러한 문제점을 극복한 것이 '공산주의 사회의 더 높은 단계' 로서, 완전한 공산주의 사회는 개인들이 각자 '능력에 따라 생산하고, 필요에 따라 분배받는 사회' 이다. 마르크스는 다음과 같이 말한다.

> 공산주의 사회의 더 높은 단계에서, 즉 개인이 分業에 복종하는 예속적 상태가 사라지고 이와 함께 정신노동과 육체노동 사이의 대립도 사라진 후에, 노동이 생활을 위한 수단일 뿐만 아니라 그 자체가 일차적인 생활의 욕구로 된 후에, 개인들의 전면적 발전과 더불어 생산력도 성장하고, 조합적 富의 모든 분천이 흘러넘치고 난 후에—그때 비로소 부르주아적 권리의 편협한 한계가 완전히 극복되고, 사회는 자신의 깃발에 따라 다음과 같이 쓸 수 있게 된다 : 각자는 能力에 따라, 각자에게는 必要에 따라![104]

완전한 공산주의 사회는 分業이 폐지됨으로써 노동이 즐거운 일이 되고, 私有制가 폐지됨으로써 富가 흘러넘치는 사회이다. 개인들은 각자 노동을 통해 생계를 해결함은 물론 즐겁게 자아를 실현한다. 설령 개인의 노동량이 필요량에 미치지 못해도, 사회가 기꺼이 그 부족분을 채워준다. 이것이야말로 계몽주의자들이 꿈꾸어왔던 '地上樂園' 인 것이다.

---

104) 마르크스, 『고타 강령 초안 비판』(『칼 맑스 프리드리히 엥겔스 저작 선집』 제4권), 377쪽.

위의 인용문에서 또 하나 주목할 것은 '부르주아적 권리의 편협한 한계' 라는 말이다. 로크와 같은 부르주아 사상가들은 財產權 등을 '인간의 자유와 인간성을 보장하는 신성한 권리' 라고 규정했는데, 마르크스는 이러한 견해를 비판하는 것이다. 마르크스는 이러한 권리주장이 오히려 비인간화의 원천이라고 보았다. 사유제를 근간으로 삼는 시민사회에서 "인간은 타인을 수단으로 대하고, 자신을 수단으로 전락시켜 결국에는 낯선 힘의 노리개가 된다"는 것이다. 이렇게 본다면, 인간이 인간다운 생활을 할 수 있기 위해서는 사유제를 극복해야만 한다. 생산자원의 공동 소유제도 아래서 생산이 이루어질 때에만 이른바 "능력에 따른 분배에서 필요에 따른 분배로"라는 이상도 달성될 수 있는 것이다.[105)]

私有制의 극복은 利己心의 극복을 뜻하는 말이기도 하다. 계몽주의자들은 이기심을 '문명사회의 추동력' 으로 규정하고, 예정조화설에 입각해 이기심은 '조화로운 사회에 이르는 길' 이기도 하다고 주장했다. 그러나 당시 노동자들의 비참한 삶을 목도하면서 예정조화설의 허구성을 뼈저리게 확인한 마르크스는 인류의 모든 성원이 兄弟愛를 가진 인류로서 거듭나야 한다고 역설했다. 이렇게 본다면, 이른바 '前史' 의 시기는 이기심이 형제애를 압도한 시기이며, '참된 역사' 의 시기는 형제애가 이기심을 통제하는 시기인 것이다.

앞의 제2장에서 살폈듯이, 마르크스는 '인간의 일반적 본성' 을 논함에 있어서 인간은 '類的 *存在*' 라는 점을 부단히 강조했다. 마르크스에 의하면, 다른 동물들은 자기를 하나의 개체로서 의식하는 것에 그치나, 인간은 자기를 개인으로서 의식할 뿐 아니라 인류의 한 성원으로서 의식한다. 따라서 인간은 다른 동물들과 구별되는 '類的 *存在*' 라는 것이다.[106)] 이렇게

105) 스트라우스 · 크랍시 편, 『서양정치철학사』 3, 295~298쪽 참조.

본다면, 利己心은 인간의 동물적(육체적) 本能에서 유래하고, 兄弟愛는 인간의 類的(도덕적) 本性에서 유래하는 것이다. 이러한 맥락에서, 마르크스가 추구한 文明의 이상은 인간의 도덕적 본성에 의해 兄弟愛가 완전하게 구현되는 사회였던 것이다.

4. 비판적 논의

人倫論의 문명관은 유기체적 세계관에 입각한 것이었다. 유기체적 세계관은 개인들의 다양한 사회적 지위(역할)에 따른 '고유한 직분'의 관념, 개인들의 상호 의존성에 따른 '호혜성'의 관념, 유기체의 존속을 위한 '공동선'의 관념, 그리고 사회의 규범체계는 불변하는 이 세계의 기본구조를 반영해야 한다는 관념 등을 제시하는 것이었다. 이러한 관념들은 인간의 바람직한 삶을 뒷받침하는 데 긴요한 것들이다.[107)]

그러나 유기체적 세계관이 제시하는 또 하나의 핵심 관념 '위계질서'에 대해서는 유연한 해석이 필요하다. 유기체의 여러 구성 요소들 중에는 '보다 더 중요한 요소'와 '보다 덜 중요한 요소'가 있다는 것은 분명하다. 사지보다는 두뇌의 역할이 더 중요한 것처럼, 한 사회에 있어서도 청소부보

106) 신오현에 의하면, 마르크스가 인간을 '類的 存在'로 규정한 것은 자유주의의 社會原子論(social atomism)을 비판하는 것으로서, 社會有機體說(social organicism)로 해석할 수 있는 것이다(맥렐런, 신오현 역, 『칼 마르크스의 사상』, 민음사, 1986, 19~20쪽 참조).

107) 월린은 "중세의 論者들이 사용한 유기체론의 비유는, 그것이 지닌 온갖 외견상의 불합리성에도 불구하고, 사회적인 상호 의존성 및 정치적 요인과 경제적 요인 사이의 기능적인 관계에 대한 예리한 인식이 담겨 있었다."고 평한 바 있다(『정치와 비전』 2, 153쪽).

다는 통치자의 직분이 더 중요한 것도 분명하다. 이러한 맥락에서 오늘날의 사회에도 분명 위계질서가 존재하는 것이다. 그런데 전근대의 인륜론자들은 '위계질서'를 '불변의 기본구조'라는 관념과 결부시켜 '신분의 차별'과 '신분의 세습'을 정당화하는 논리로 간주하는 경우가 많았다.

유기체적 세계관에 입각할 때, 사회는 다양한 직분의 사람들로 구성되고, 직분 사이에는 위계의 차등이 있음이 분명하다. 이러한 맥락에서, 위계질서의 관념은 다만 '직분의 차등'을 원론적으로 해명하는 논리일 뿐이다. 그런데 전근대의 인륜론자들은 종종 職分을 身分으로 탈바꿈시키고,[108] 差等을 差別로 탈바꿈시킴으로써 많은 문제를 야기했다. 세습적 신분제도를 정착시켜 특정한 직분을 특정한 신분이 독점한 것과 신분 사이에 부당한 장벽을 설정한 것이 그것이다.

또한 유기체적 세계관의 '불변하는 기본구조'라는 관념은 모든 사회에는 항상 통치자와 피치자, 부모와 자식, 남편과 아내, 생산자와 유통자 등이 있다는 것 자체를 불변의 사실로 규정하는 것뿐이다. 그런데 전근대의 인륜론자들은 종종 이를 통치자는 영원히 통치자요 피치자는 영원히 피치자이며, 생산자는 영원히 생산자요 유통자는 영원히 유통자라는 식으로 해석하여 신분을 고착화·세습화하는 논리로 해석했다. 이러한 맥락에서, 신분의 차별과 신분의 세습은 전근대 인륜론의 중대한 한계요,[109] 이를 타

108) 소크라테스는 국민들의 職分이 나뉘는 것을 '金의 영혼'을 지닌 사람은 統治者가 되고, '銀의 영혼'을 지닌 사람은 守護者가 되며, '銅의 영혼'이나 '鐵의 영혼'을 지닌 사람은 生產者가 된다는 비유로 설명하고, "대개는 여러분 자신들을 닮은 자손들을 낳지만, 때로는 황금의 자손에서 은의 자손이, 그리고 은의 자손에서는 황금의 자손이, 그리고 그 밖의 모든 자손이 이처럼 서로의 자손에서 탄생되는 때가 있다."고 하였다(플라톤, 『국가』, 415a~c). 그 다음 이어지는 내용으로 본다면, 소크라테스가 이렇게 말한 취지는 '경솔하게 신분을 세습시키면 안 된다'는 데 있었다. 그러나 "대개는 여러분 자신들을 닮은 자손들을 낳는다"는 말은 신분세습을 옹호하는 훌륭한 논거가 될 수 있다.

파한 것은 근대 인권론의 큰 공헌이라 하겠다.

전근대의 인륜론자들이 유기체의 '위계질서'와 '불변하는 기본구조'를 '신분차별'과 '신분세습'의 논거로 해석한 것은 명백한 오류이다. 그러나 오류는 신분차별과 신분세습에 있는 것으로서, '위계질서'와 '불변하는 기본구조'라는 관념 자체가 오류인 것은 아니다. 동서고금을 막론하고 모든 사회에는 위계질서와 불변하는 기본구조가 존재한다는 것은 부정할 수 없는 사실이기 때문이다. 따라서 우리는 오늘날 自由가 '불변하는 기본구조'를 부정하는 사태로, 平等이 '직분의 위계'를 부정하는 사태로 남용되는 것도 경계해야 한다.

人權論의 경우, 제1세대 인권론의 문명관은 기계론적 세계관에 입각한 것이다. 기계론적 세계관은 이 세계는 '原子의 결합체'에 불과하다는 맥락에서 個人主義를, 기계에는 '변치 않는 기본구조가 없다'는 맥락에서 自由主義를 옹호하는 것이었다. 그리고 '각각의 부품들은 모두 독자적으로 존립할 수 있다'는 관념은 한편으로는 平等主義를 옹호하고, 다른 한편으로는 共同善의 관념을 부정하는 것이었다. 제1세대 인권론은 이러한 맥락에서 개인을 독립적 존재로 이해하고, 사회보다 개인이 우선한다고 규정함으로써, 개인의 自由와 權利를 절대화하였다. 그 결과, 제1세대 인권론에서는 자유가 평등을 압도하는 양상을 보여주었다. 요컨대 제1세대 인권론에서는 평등을 '法 앞의 평등'과 '기회균등'으로 한정하고, 그 나머지는 자유경쟁에 맡긴 것이다. 자유경쟁은 대부분 부익부 빈익빈을 초래하거니와, 결국 貧者들의 생존권은 실질적으로 부정당하고 마는 것이었다. 그리

109) 전근대 사회에서 王位를 세습시킨 기본 취지가 '정치적 안정'에 있었던 것처럼, 전근대의 신분세습론은 '사회적 안정성'을 제고한다는 취지가 있었을 것이다. 그러나 결과적으로 신분의 세습은 상층민들을 방탕에 빠지게 하고 하층민들을 질곡당하게 하는 부작용이 더 컸던 것이다.

하여 '貧者들의 생존권' 또는 '平等' 의 중요성을 다시 부각시키는 제2세대 인권론이 등장하게 된 것이다.

제2세대 인권론은 원자론적 개인주의를 거부했는데, 이는 기계론적 세계관 자체를 비판한 것이었다. 루소는 기계론과 유기체론을 융합시키는 양상을 보여주었는데, 이러한 맥락에서 제2세대 인권론은 '개인의 권리' 와 함께 다시 '공동선' 의 관념을 부각시킨 것이다.[110] 요컨대 제2세대 인권론의 평등사상은 공동선의 관념, 즉 유기체적 세계관으로부터 도출되는 것이다.[111] 이는 매우 흥미로운 사실이다. 제1세대 인권론자들은 '불평등한 위계질서' 를 정당화한다는 이유로 유기체론을 타파했는데, 제2세대 인권론자들은 유기체론을 매개로 '공동선' 의 관념을 부활시키고 그로부터 다시 '貧者들에게도 生存權을 보장해야 한다' 는 '平等' 의 관념을 도출했기 때문이다. 또한 이러한 이유로, 제1세대 인권론에서 추구하는 평등과 제2세대 인권론에서 추구하는 평등은 서로 함의가 다르게 된 것이다. 흔히 자유주의에서 추구하는 평등은 '출발선의 평등' 이요 '형식적 평등' 이나, 사회주의에서 추구하는 평등은 '결과의 평등' 이요 '실질적 평등' 이라 말하는 것이 그것이다.[112] 출발선의 평등은 '법 앞의 평등' 이나 '기회균등'

110) 월린은 홉스의 정치철학을 기계론으로, 루소의 정치철학을 유기체론으로 규정하고, '루소는 집단적 우애로서의 공동체라는 예전의 관념을 부활시켜서, 홉스가 조심스럽게 분리했던 것을 다시 결합하는 작업을 수행했다' 고 설명한 바 있다(『정치와 비전』 2, 135~137쪽 참조).

111) '修正 사회주의' 의 기수였던 베른슈타인(Eduard Bernstein)은 "사회주의는 집단의 특수 이해를 넘어 전체의 이해를 고양시키는 사상" 이라고도 하고, "사회주의는 합목적적인 集産的 경제이며 궁극적으로 사회유기체의 모든 구성원의 연대성이 더욱 더 실현되는 것으로, 사회적 결속의 실현으로 나아간다." 고도 했다(베른슈타인, 『사회주의란 무엇인가 (外)』, 137쪽 및 152쪽 참조).

112) 김비환은 자유민주주의는 '형식적인 기회의 평등' 을 강조한 결과 "훌륭한 제도적 · 절차적 민주주의와 시민들 사이의 실질적인 (심각한) 불평등이 공존하는 상황을 정당화할 뿐만 아니라 확대 재생산하는 것을 허용하게 된다" 고 지적하고, '형식

만으로도 충분히 보장되나, 결과의 평등은 '빈자에 대한 적극적 지원' 을 필요로 한다. 자유주의와 사회주의는 '自由' 에 대해서도 달리 해석했다. 대개 자유주의자들은 '남으로부터 방해받지 않아야 한다' 는 소극적 자유를 강조했고, 사회주의자들은 '자신이 원하는 것을 실현할 수 있어야 한다' 는 적극적 자유를 강조했다.

자유주의자들, 즉 제1세대 인권론자들은 '自助의 원칙' 또는 '개인책임의 원칙' 을 강조하면서 '貧者에 대한 지원(국가의 복지정책)' 에 대해 반대하거나 매우 인색했다. 더 나아가, 이들은 가난한 노동자들을 가혹하게 착취했다.[113] 또 더 나아가, 이들은 유럽인들의 세계각지에 대한 植民侵略을 '文明의 전파' 라는 이름으로 옹호했다.[114] 노예사냥, 노예무역, 강제노동

적 평등과 실질적 평등의 조화' 속에서 '좋은 민주주의' 의 방향을 모색한 바 있다(김비환, 「좋은 민주주의의 조건들 : 가치, 절차, 목적, 관계 그리고 능력」, 44~45쪽 참조). 한편, 콩도르세는 '실질적 평등' 을 "능력의 자연적 차이의 결과를 감소시키면서, 그리고 종속과 모욕과 빈곤을 끌어들이지 않고도 문명과 교육과 산업의 진보를 촉진할 수 있다는 차원에서 모두의 이익에 유용한 불평등만을 존립시키는 것" 이라고 정의한 바 있다. 그는 "사회의 역사를 살펴보면서 우리는 법률에 의해 인정된 시민의 권리와 시민들이 실제로 향유할 수 있는 권리 사이에, 그리고 정치적 제도를 통해 설정된 평등과 개인들 간에 존재하는 평등 사이에 매우 큰 간격이 있다는 것을 보여줄 수 있을 것이다. 우리는 이런 차이가 고대 공화국들의 자유를 파괴하는 주요 원인들 가운데 하나였으며, 그 공화국을 뒤흔드는 격동과 다른 나라의 압제자에게 공화국을 내주는 취약함의 원인이었다는 사실에 주목하게 될 것이다."라고 하여, '형식적 평등' 에 머무르지 않고 '실질적 평등' 으로 심화되어야 하는 당위성을 설파한 바 있다(콩도르세, 『인간 정신의 진보에 관한 역사적 개요』, 72~78쪽 참조).

113) 자유주의자들의 지론은 '貧民에 대한 慈善은 빈민을 더욱 불행하게 만든다' 는 것이요, '노동자에게 임금을 많이 주면 노동자들이 게을러져 노동을 기피하게 된다' 는 것이었다. 아블라스터는 "貧困과 貧民에 대해 가혹했던 것은 自由主義 역사의 숨겨진 부분 그리고 널리 알려지지 않은 부분"이라고 하면서, 이에 대해 자세히 거론한 바 있다(『서구 자유주의의 융성과 쇠퇴』, 457~495쪽 참조).

114) 이샤이는 "유럽인에게 아메리카 대륙의 정복은 그 광대한 자원으로 인해 특히 중요했으며, 자원의 착취에 필요한 막대한 노동력은 아프리카 현지에서 조달했다. 많은 유럽인이 식민지 원주민을 未開하다고 여겨 아프리카인의 노예화, 아메리카 인디언

역시 문명전파의 과정이었던 것이다. 자유주의자들의 이러한 행태는 한편으로는 共同善의 관념이 결여된 그들의 文明觀으로부터 유래하는 것이요, 다른 한편으로는 '주권자는 욕망이요, 이성은 욕망의 도구일 뿐' 이라는 그들의 人間觀으로부터 유래하는 것이었다.

사회주의자들, 즉 제2세대 인권론자들은 빈곤의 원인을 단순히 '개인의 게으름' 탓으로 인식하지 않고, '사회의 구조적 문제' 로 인식했다. 요컨대 개인의 빈곤은 그 자신의 탓보다도 자유경쟁 체제 자체의 탓이 더 큰 것이므로, 사회가 이들에 대해 책임을 느껴야 한다는 것이다. 이들은 인간을 논함에 있어서도 도덕적 本性과 육체적 本能을 구별하고, 궁극적으로 本性이 실현되는 삶을 추구하였다. 예컨대 루소의 一般意志論이나 헤겔의 人倫論은 결국 '도덕적 本性으로부터 도출되는 意志' 를 사회운영의 기초로 삼아야 한다는 것이었고, 마르크스의 兄弟愛는 본성적 삶의 극치를 표현한 것이다.[115]

제1세대 인권론자들이 '자유의 한계선' 으로 설정한 無害原則도 매우 미

의 말살 또는 정복, 그리고 여타 원주민들의 억압을 정당화했다." 고 설명한 바 있다(『세계인권사상사』, 138쪽).

115) 그러나 마르크스도 英國의 印度에 대한 식민침략을 정당화한 바 있다. 마르크스는 1853년《뉴욕 데일리 트리뷴》에 기고한 칼럼〈영국의 인도 지배〉에서는 "영국이 힌두스탄에서 사회 혁명을 불러일으키는 행동을 하게 된 동기로 작용한 것이 천하기 그지없는 이익일 뿐이었고 또 그 이익을 달성하기 위해 취한 방법도 우둔하였던 것은 사실이다. 그러나 이것이 문제가 아니다. 문제는 아시아의 사회 상태의 근본적 혁명 없이 인류가 그 使命을 다할 수 있겠는가 하는 것이다. 그렇다면, 영국이 저지른 죄가 아무리 크다 하더라도, 그러한 혁명을 일으킴으로써 영국은 역사의 무의식적 도구 노릇을 하는 것이다." 라 하였고,〈영국의 인도 지배의 장래의 결과〉에서는 "영국은 인도에서 이중의 使命을 수행해야 했다 : 파괴의 사명과 재생의 사명—낡은 아시아 사회를 파괴하는 것과 서구적 사회의 물질적 기초를 아시아에 구축하는 것" 이라 하였다(『칼 맑스 프리드리히 엥겔스 저작 선집』 제2권, 417~420쪽 참조). 요컨대 마르크스는 '理性의 奸智' 라는 맥락에서 유럽의 식민침략을 정당화한 것이다.

흡한 원칙이다. 예컨대 우리는 남에게 '직접적인' 해를 끼치지 않고 자연자원을 착취하고 남용할 수 있는데, 자연자원에 대한 착취와 남용은 자원 고갈과 환경오염을 낳고, 그 폐해는 모든 사람에게 함께 돌아가기 때문이다.[116] 따라서 무해원칙은 바람직한 사회의 필요조건에 불과할 뿐, 결코 충분조건은 못 된다. 우리는 무해원칙이 제시하는 것 이상으로 남을 배려해야 하고, 미래세대를 배려해야만 한다.

제2세대 인권론자들이 인간다움의 준거를 도덕적 본성의 발휘에서 찾은 것은 정당한 것이다. 그런데 마르크스의 경우처럼 그것이 극단화되어 이기적 본능을 부정하거나 과소평가하면 또 다른 부작용을 낳는다. 마르크스는 인간의 이기심이 초래하는 폐단만 주목하고, 이기심의 긍정적 기능을 외면하여, 兄弟愛로 사회의 모든 부면을 덮으려 한 것이다. 그러나 이기심을 전적으로 부정하면 '사회의 생산성' 이 저하되고, 형제애가 지나치게 강조되면 '도덕적 해이' 를 낳는다는 것은 잘 알려진 사실이다. 따라서 이기심과 형제애의 조화가 긴요한 것이다.

이제 이상의 논의를 간단히 정리해 보자. 제1세대 인권론은 이기적 본능을 중심으로 인간을 이해하고, 본능이 자유롭게 충족되는 사회를 지향하였다. 그런데 자유경쟁의 과정에서 평등은 형식적 평등으로 그치게 된 것이다. 제2세대 인권론은 도덕적 본성을 중심으로 인간을 이해하고, 공동선이라는 관념을 통해 이기심을 제어함으로써 실질적 평등에 접근하고자 했다. 이렇게 볼 때, 제2세대 인권론은 전근대의 인륜론과 많은 부분을 공유

116) 실제로 부자들은 전기와 석유 등을 빈자보다 더 많이 소비하는데, 무해원칙만 고려하는 자유주의 사회에서는 이를 부자들의 당연한 권리로 인정하고 있다. 그러나 부자들의 과소비는 한편으로는 다른 사람들이 쓸 수 있는 자연자원이 줄어들게 만들고, 한편으로는 다른 사람들보다 더 많이 환경을 오염시키는 것이다. 이는 분명 남에게 폐를 끼치는 일인데, 자유주의자들은 이를 묵인하는 것이다.

하는 것이다. 요컨대 제2세대 인권론은 제1세대 인권론의 성과로서 개인의 권리를 일정 부분 옹호하면서도, 제1세대 인권론의 한계를 극복하고자 함에 있어서는 오히려 전근대의 인륜론에 근접하게 된 것이다.[117] 이와 관련하여, 조효제의 다음과 같은 글을 소개하면서 이 章의 논의를 마치기로 하겠다.

> 마르크스는 자유주의 인권관에 대한 비판의 준거점을 제공함으로써, 單子化된 요구를 인권으로 치장하거나 이기적인 사욕을 권리로 주장하는 것은 큰 오류임을 우리에게 끊임없이 상기시켜 준다. 마르크스는 그런 식의 '권리 운운' 요구가 현대사회를 밑바탕에서부터 썩게 만든다고 보았다. 공동체의 共同善을 생각하지 않는 이기적·사익적 권익은 인권으로 인정하지 말아야 한다는 예언적인 경고였다.[118]

---

117) 제1세대 인권론은 자유주의(개인주의)의 인권론이요, 제2세대 인권론은 사회주의의 인권론이라 할 때, '사회주의' 란 바로 '개인주의에 반대한다' 는 의미를 지니는 것이다. 조긍호는 서구 근대에서의 '反個人主義' 의 흐름을 '보수회귀적 반개인주의' 와 '사회주의적 반개인주의' 로 대별하여 설명한 바 있다. 양자는 '공동체적 사회질서의 회복' 이라는 동일한 가치체계에 뿌리를 내리고 있지만, 각자가 추구한 공동체의 실상은 매우 달랐다는 것이다. 보수회귀적 반개인주의는 位階秩序를 강조하고 재산을 家族 차원에서 공유하려는 것이었으나, 사회주의적 반개인주의는 平等을 강조하고 재산을 社會 차원에서 공유하려는 것이었다(조긍호, 『이상적 인간형론의 동·서 비교』, 183~189쪽 참조). 조긍호가 말하는 '사회주의적 반개인주의' 는 본고에서 논의하는 제2세대 인권론과 궤를 같이 하거니와, '보수회귀적 반개인주의' 역시 본고에서 논의하는 '전통적 인륜론' 과 궤를 같이하는 것이다. 한편 제2세대 인권론을 지지하는 현대 미국의 인권론자 필즈(A. Belden Fields)는 "인권의 보유자는 다른 사람 또는 제도의 간섭에서 자유로운 데에만 관심을 가지는 고립된 利己的 單子가 아니다. 인권을 보유하는 사람은 본원적으로 자기 나름의 사회관계의 망상구조에서 일부분을 이루면서, 자기가 상호작용하는 다른 사람들에 관해 관심을 기울이고 이익을 공유하는 주체이다." 라고 설명한 바 있다(필즈, 『인권』, 151~152쪽).

118) 조효제, 『인권의 문법』, 161쪽.

제4장

조선시대의 人倫論과 그 한계

1. 조선의 立憲精神 : 人倫共同體의 구현

혹자는 조선의 건국을 단순한 '王朝의 교체' 로 보기도 하지만, 조선의 건국은 본질적으로 '文明의 전환' 에 해당되는 것이었다. 918년에 건국된 고려는 1170년 鄭仲夫의 亂을 겪으면서부터 본격적인 쇠망의 길로 접어들었다. 鄭仲夫의 亂 이후 '武臣들의 폭정' 은 한 세기 동안 지속되었다. 이 기간 고려는 국가로서의 公的 기능을 거의 상실하고, 무신들의 私的 수탈체제로 전락했다. 무신정권은 元(몽고)의 침입으로 종식되었다. 元에 굴복한 고려는 더 이상 전란에 시달리지는 않았으나, 백성들은 元의 가혹한 수탈과 親元的 權門勢族의 무자비한 횡포를 견디어야 했다.

1351년에 즉위한 공민왕은 중국의 남방에서 明이 등장하고 元이 북방으로 쫓기는 정세를 틈타 친원적 권문세족을 축출하고, 개혁을 추진했다. 공민왕의 개혁정책을 뒷받침한 인물은 李齊賢 등 당시 새로운 지식계층으로 등장한 朱子學者들이었다. 그러나 공민왕의 권력을 뒷받침한 측근들은 개혁에 반기를 들었다. 개혁이란 궁극적으로 측근들의 특권을 박탈하는 것이었기 때문이다. 공민왕의 개혁을 방해한 또 하나의 요소는 홍건적의 침입 등 거듭되는 전란이었다. 파괴적인 전란의 와중에서 공민왕은 風水圖讖을 신봉하여 거듭 遷都를 시도했으며, 정치적 자신감을 상실하고 초현세적인 힘에 의지하고자 했다. 공민왕은 또한 국가를 전란에서 구한 장군들을 정치적 경쟁자로 인식하여 謀殺하고, 신하들과의 정치적 대화도 기피했다. 게다가 공민왕은 사랑했던 왕비 魯國公主가 죽자 더욱 정신적으로 방황했다. 공민왕은 마침내 정사를 佛僧 신돈에게 맡긴 채 방탕에 빠졌고, 결국 그로 인해 암살당했다.[1)]

공민왕의 뒤를 이은 禑王은 權臣들에게 國政을 맡기고 방탕으로 일관했다. 권신들은 국왕의 방탕을 조장하고, 그 대가로 국정을 농단하면서 마음껏 탐욕을 부렸다. 지배자들의 수탈에 신음하던 賤民들은 倭寇에 가담하여 국가에 반기를 들었다. 한 마디로 우왕 때의 정치는 폭군과 권신이 야합하여 국정을 어느 정도까지 타락시킬 수 있는지를 보여준 것이었다.[2)]

새로운 지식층들은 이러한 현실을 목격하면서 당시 정치의 근본적 문제점을 성찰하고, 새로운 정치의 전망(vision)을 모색하였다. 그 결과는 '주자학에 입각한 국가' 라고 불리는 '朝鮮' 의 건국으로 귀착되었다. 고려말기에 있어서 개혁의 핵심은 국가의 공공성을 회복하는 것이었다. 이는 곧 권신의 특권을 박탈하는 것인바, 권신들은 이러한 개혁조치에 결코 수긍하지 않았다. 따라서 지배세력의 교체, 궁극적으로 왕조의 교체가 아니고서는 개혁이 이루어질 수 없었다. 그리하여 鄭道傳 · 趙浚 등 일군의 주자학자들은 신흥 무장 李成桂를 앞세워 田制改革을 단행하고, 易姓革命으로 개

1) 김영수, 『건국의 정치 : 여말선초, 혁명과 문명 전환』, 64~65쪽 참조.

2) 김영수, 『건국의 정치』, 379~382쪽 참조.

혁을 뒷받침한 것이다.[3] 이러한 맥락에서 조선의 건국은 단순히 왕조의 교체에 불과한 것이 아니었다. 그것은 보다 근본적으로 지도이념의 교체였다. 즉 조선의 건국자들은 정치의 본질을 새롭게 규정하고, 구현하였다. 김영수는 그 구체적 내용을 다음의 세 가지로 정리한 바 있다.[4]

첫째, 조선의 건국자들은 정치의 公共性을 확보하고자 하였다. 고려 말기 정치의 폐단은 '私見에 의한 정치' (공민왕대 후반)와 '私慾에 의한 정치' (우왕대)에서 비롯된 것이었다. '私見에 의한 정치' 는 정치적 의사소통을 차단하여 정치공동체 전체의 건전한 판단능력을 상실케 하였으며, '私慾에 의한 정치' 는 권력자들이 권리를 독점함으로써 정치공동체를 운영하는 근본원칙인 공정성을 파괴시켰다. 이에 대한 반성으로, 조선의 건국자들은 '公論의 정치' 와 '公義의 정치' 를 통해 정치의 公共性을 추구했다.

둘째, 조선의 건국자들은 정치의 세계를 合理化하였다. 고려의 정신세계를 지배한 것은 佛敎와 祈福論的 思考(風水地理와 秘記圖讖)였다. 불교는 초세간적인 각성을 지향하였으며, 기복론적 사고는 운명론에 빠진 것이었다. 조선의 건국자들이 수용한 性理學(朱子學)은 일상생활을 통해 인간의 완성을 이룰 수 있다고 주장하고, 초세간적인 각성을 지향하는 불교를 비판하였다. 또한 인간은 오직 자기 자신에 의해서만 개선될 수 있다는 관점

---

3) 고려말 개혁의 과제는 民生救濟 · 財政 · 官制 · 地方行政 · 軍政 등 국정 전반에 걸친 것이었지만, 그 초점은 土地制度에 있었다. 權臣과 佛敎寺院이 방대한 토지를 겸병하여 국가의 재정이 고갈됨으로써, 국정 전반을 정상적으로 운영할 수 없었던 것이다. 또 동일한 토지에 대한 주인이 심한 경우 7~8명씩이나 되어, 농민은 이들에게 중복적으로 수탈당했던 것이다. 이러한 상황에서 개혁세력들은 기존의 토지소유권을 완전히 부정하고, 國役에 따라 토지를 다시 분배했던 것이다. 한편, 당시의 새로운 지식층 모두가 개혁을 지지한 것은 아니다. 李穡 등은 개혁을 반대하고 고려에 충절을 바쳤으며, 鄭夢周는 개혁세력을 타도하려다 도리어 擊殺되었다.

4) 김영수, 「고려말과 조선조 건국기의 정치적 위기와 극복과정에 관한 연구」, 서울대 박사학위논문, 1997, 국문초록(iii - iv쪽) 참조.

에서 기복론적인 사고를 배격했다.

셋째, 조선의 건국자들은 새로운 人間性 형성과 人倫共同體의 건설을 구상하였다. 그들은 정치제도의 창설만으로는 참다운 평화에 이를 수 없다고 보았다. 그들은 人間性의 개선에 기초하지 않은 어떠한 제도적인 개혁도 결국은 자기함정에 빠질 것이라고 생각하여, 정치공동체 전체를 일종의 커다란 學校로 만들고자 하였다. 그들은 이러한 정치를 '文德의 정치'라 하였다.

위의 세 가지에 대해 보다 구체적으로 살펴보자.

첫째, 정치의 公共性을 뒷받침하는 이론적 근거는 유교의 天命思想에 입각한 天位論이었다. 유교의 천명사상에 의하면, 하늘은 有德者를 君主로 임명하여 백성을 올바로 다스리라는 임무를 부여한 것이다.[5] 따라서 天位論은 권력을 '私的 特權' 이 아닌 '公的 義務' 로 이해하는 것이다. 조선의 건국자들은 天位論을 뒷받침하기 위하여 冢宰・科擧・諫官・史官・憲章 등의 제도적 장치들을 마련하였다. 冢宰(宰相)는 국정의 실무를 총괄하는 직책이다. 주자는 "君主는 宰相을 論定하는 것으로 직책을 삼고, 宰相은 君主를 바로잡는 것으로 직책을 삼는다." 고 하였고,[6] 같은 맥락에서 정도전은 "君主의 임무는 한 사람의 宰相을 고르는 것 뿐" 이라고 설파했다.[7] 세습군주제에서는 대를 이어 유덕한 군주가 배출된다는 보장이 없다. 그리하여 전통유교에서는 군주의 권한을 '가장 훌륭한 인물을 골라 宰相에 임명하는 것' 으로 한정하고, 그 재상으로 하여금 국정의 실무를 총괄하게 한다는

5) 그런데 天命의 구체적 내용은 民心을 통해 알 수 있다는 것이 또한 전통유학의 지론이었다. 따라서 君王은 民意에 따라 통치해야 한다는 것이다. 이러한 맥락에서 전통유학의 天命思想은 오늘날의 主權在民論과 궤를 같이 하는 것이다.

6) 『朱子大全』 卷12 頁9, 〈己酉擬上封事〉 : 臣聞 人主以論相爲職 宰相以正君爲職

7) 『朝鮮經國典』 「治典」 〈總序〉 : 人主之職 在擇一相

제도를 고안했던 것이다. 科擧는 어질고 유능한 관리를 선발하기 위한 제도였다. 조선의 건국자들은 權貴의 子弟라도 과거를 통하지 않고는 고위관리로 진출할 수 없게 하는 제도를 고안한 것인바, 따라서 과거제도는 또한 귀족들의 세습적 특권을 부정한다는 의미를 지니기도 하였다. 諫官(言官)은 군주와 관리들의 非理나 失政을 적발하고 비판하면서 公論을 주도하는 직책이다. 조선의 건국자들은 특히 言官을 우대하여, "堂上官이라도 司憲府·司諫院의 官員에 대해서는 우대하여 답례하라"고 하였다.[8] 또한 言官(司憲府·司諫院·弘文館의 官員)에 대한 人事權을 吏曹銓郞에게 일임함으로써, 言官들이 大臣의 압력에 눌려 제 기능을 다하지 못함을 막고자 하였다. 이처럼 조선시대에는 言官權의 독립을 위하여 세심하게 배려했으며, 이로써 '君主權·宰相權·言官權' 사이의 상호 균형과 견제가 이루어질 수 있었다.[9] 史官은 군주와 관리들의 통치행위를 기록으로 남겨 후세에 귀감으로 삼게 하는 직책이다. 역사의 기록이란 통치행위에 대한 역사적 심판을 겸하는 것이었으니, 따라서 史官 역시 권력자들에 대한 비판과 견제 기능을 담당한 것이다. 조선의 건국자들은 신하들이 국왕을 獨對하는 것을 금지하는 제도와 국왕이 거동할 때에도 반드시 사관을 대동하도록 하는 제도를 만들었다. 여기에는 공개적 논의를 통해서만 공정한 정치가 실현될 수 있다는 인식이 반영된 것이다.[10]

조선의 건국자들은 위와 같은 여러 제도들을 法制化하여, 대대손손 국

8) 『經國大典』「禮典」〈京外官相見〉.

9) 또한 조선 중기부터는 吏曹銓郞은 스스로 후임자를 천거하도록 하여, 이조전랑에 대한 인사권을 吏曹判書로부터 독립시켰다. 이로써 이조전랑은 품계는 낮았지만 권한은 三公六卿에 뒤지지 않게 되었다(김운태, 『朝鮮王朝 政治·行政史』, 13~14쪽 참조). 한편, 조선 후기의 實學者 李重煥은 吏曹銓郞에게 이처럼 명예와 권력을 집중시킨 것이 黨爭의 한 원인이 되었다고 지적한 바 있다(『擇里志』 '人心' 참조).

10) 김경수, 『朝鮮時代의 史官硏究』, 17쪽 참조.

가운영의 憲章으로 삼도록 했다.[11] 조선은 '법전편찬의 나라'로 불릴 만큼 건국 초부터 법전의 편찬에 정성을 기울였다. 鄭道傳은 건국 초에 『朝鮮經國典』과 『經濟文鑑』을 製進하여 건국의 이념을 천명하고 국가운영의 기본 틀을 제시했으며, 趙浚·河崙 등은 『經濟六典』을 편찬하였다. 太宗 때에는 『元六典』과 『續六典』, 世宗 때에는 『新撰經濟續六典』을 편찬하였다. 成宗 때에는 이상의 모든 것을 집대성하여 『經國大典』을 편찬하고, 이어서 『大典續錄』을 편찬하였다. 그 뒤로 中宗 때에는 『大典後續錄』, 明宗 때에는 『經國大典註解』, 肅宗 때에는 『受教輯錄』과 『典錄通考』, 英祖 때에는 『續大典』, 正祖 때에는 『大典通編』, 高宗 때에는 『大典會通』을 편찬하였다. 이처럼 조선은 말기에 이르기까지 지속적으로 법제를 보완하고 발전시켜나갔다.

둘째, 정치세계의 합리화는 정치의 영역에서 運命論과 祈福論을 배제하는 것이었다. 고려 말에는 현실의 고난을 운명으로 돌리고, 佛事나 風水圖讖 등 기복신앙을 통해 고난을 극복하려는 풍조가 만연했었다. 그러나 조선의 건국자들은 개인의 禍福이나 국가의 興亡盛衰는 인간의 주체적 노력 여하에 달린 것이라 보고, 정치의 영역에서 佛教와 道教 등을 축출하고자 했다. 그 대표적인 사례는 정도전의 『佛氏雜辨』이다. 정도전은 "君子는 禍福에 대해 자기 마음을 바르게 하고, 몸을 닦을 뿐이다. 그러면 福은 구차하게 구하지 않아도 저절로 이르고, 禍는 구차하게 피하지 않아도 저절로

11) 많은 사람들은 朝鮮을 君主가 專權을 휘두른 '專制君主國家'로 생각하나, 이는 대단한 오해이다. 김비환은 「朝鮮 初期 儒教的 立憲主義의 諸要素와 構造」에서 조선 초기의 정치체제를 '유교적 입헌군주제'로 규정하고, 창업 이후 조선이 나름대로 정교한 입헌주의 국가로 발전하고 있었다는 점을 해명한 바 있다. 김비환에 의하면, 조선은 건국 초기부터 권력구조를 분장하고 王權을 제한했으며, '安民'이라는 유교적 민본주의의 목표를 실현하도록 王權과 臣權을 제한하고 있었다. 보다 원론적으로, 드 배리 역시 '자유민주적 가치와 인권을 지지하는 입헌적 질서'는 '유교적 사고방식과 전적으로 다른 것이 아니다'라고 해명한 바 있다(de Bary, *Asian Values and Human Rights*, 15쪽 참조).

멀어진다."고 설명하고, "그러나 佛氏는 사람의 邪正이나 是非는 논하지 않고 '우리 부처에게 오는 자는 禍를 면하고 福을 얻을 수 있다'고 말한다. 이것은 비록 열 가지의 큰 죄악을 지은 사람이라도 부처에게 귀의하면 禍를 면하고, 아무리 道가 높은 선비라도 부처에게 귀의하지 않으면 禍를 면할 수 없다는 말이다. 가령 그 말이 거짓이 아니라 하더라도 모두 私心에서 나온 것이요, 公道가 아니니, 경계해야 한다."고 설파했다.[12] 정도전은 불교의 禍福說뿐만 아니라 불교의 反人倫的 요소와 현실적 폐단을 체계적으로 비판했다. 유학자들의 강력한 抑佛論으로 인해 불교는 점차 山間叢林으로 물러나지 않을 수 없었다. 유학자들은 道敎가 끼치는 폐단에 대해서도 묵과하지 않았다. 조선시대에 특히 문제가 된 것은 昭格署였다. 소격서는 고려 때부터 설치된 道敎寺院으로, 많은 神像을 모셔두고 醮祭를 받들어 福을 비는 곳이었다. 조광조는 王室에서 초제를 위해 많은 재물을 소비하는 것에 대해 "밝고 밝은 의리를 멀리하고, 허황된 속임수에 빠진 것"으로 규정하고, "군주는 禮義를 밝히고 大道를 천명해서, 백성들로 하여금 올바른 방향으로 나아가게 해야 한다."고 주장하였다.[13] 유학자들의 지속적인 비판으로 결국 소격서도 혁파되었다. 도교도 불교처럼 정치의 영역에서 쫓겨나, 민간신앙으로 명맥을 유지하게 된 것이다. 유학자들은 運命論과 祈福論이 채웠던 자리를 修己治人論으로 메워나갔다.

셋째, 새로운 人間性을 형성하고 人倫共同體를 건설하기 위하여, 조선의 건국자들은 전국적으로 學校를 세워 인재를 양성하고, 忠·孝·烈을 고취하여 풍속을 교화하였다. 중등교육기관으로 서울에는 四學을 세우고 전국 각지에 鄕校를 세웠으며, 大學으로 서울에 成均館을 설치하였다.[14] 풍속을

12) 『三峰集』 卷5, 「佛氏雜辨」 〈佛氏禍福之辨〉.

13) 『靜菴集』 卷2 頁9, 〈弘文館請罷昭格署疏〉 참조.

14) 조선시대에 초등교육은 각 가정이나 마을의 書堂에서 자체적으로 이루어졌을 뿐, 국

교화하기 위해서는 『三綱行實圖』·『二倫行實圖』·『五倫行實圖』 등을 간행하여 보급하고, 旌閭門을 세워 忠臣·孝子·烈女를 기렸다. 조선의 건국자들이 특히 심혈을 기울인 것은 國王과 世子에 대한 교육이었다. 예나 지금이나 정치의 성패를 최종적으로 좌우하는 것은 최고통치자이다. 오늘날처럼 권력분립이 확고하지 못했던 조선시대 군주제의 경우, 군주의 자질은 더욱 중요한 관건이었다. 조선의 건국자들은 國王의 교육을 위해서는 經筵을 제도화하고, 世子의 교육을 위해서는 書筵을 제도화했다. 經筵에서는 國王과 학덕 높은 臣下들이 함께 모여 經書와 史書를 강론하고, 時政의 得失을 논하면서 개선책을 찾기도 하였다. 국왕은 國忌日이나 기타 특별한 사유가 없는 한 매일 2~3회씩이나 경연에 참여해야 했다. 書筵은 經筵과 격식만 다를 뿐 그 취지와 교육내용은 동일한 것이었다.

이상의 내용들은 대부분 전통유교 특히 朱子學에서 이미 제시된 것들로서, 조선의 건국자들이 새롭게 창안한 것은 아니다. 조선의 건국자들은 고려말의 적폐를 극복할 수 있는 이념과 방법을 주자학에서 찾고, 그것을 조선의 실정에 맞게 제도화한 것이다. 이러한 맥락에서, 조선의 건국은 단순한 정치적 변동을 넘어선 것이다. 그것은 한편으로는 새로운 정치원리에 의한 새로운 정치체제의 창설이었으며, 다른 한편으로는 새로운 인간관과 세계관에 기초한 새로운 文明의 건설이었다. 조선의 건국자들은 새로운 문명을 건설하겠다는 의지가 충만했었다. 그것은 정도전이 지은 『朝鮮經國典』의 첫머리에 분명하게 드러난다.

이제 明의 天子가 命하시길 "오직 朝鮮이라는 이름이 아름답고도 또한 유래

가적 차원에서 제도화되지는 못하였다. 조선 중기의 李惟泰는 제도화된 초등교육기관으로 전국 각지에 200가구 단위마다 '蒙齋'를 설치하자고 건의한 바 있다(『草廬全集』 卷3 頁17, 〈己亥封事〉 참조).

가 深遠하다. 朝鮮이라는 이름에 근본 하여 祖述함으로써, 하늘을 본받고 백성을 다스려, 영원토록 後嗣가 번창하게 하라." 고 하였다. 이것은 대개 武王이 箕子에게 명한 것으로 殿下께 명한 것이니, 이름이 이미 바르고, 말도 또한 순조롭다. 箕子는 武王에게 洪範을 베풀고, 그 뜻을 부연하여 8條의 가르침을 지어서 國中에 시행하였으니, 政化가 성행하고 風俗이 지극히 아름다워졌다. 그리하여 朝鮮이라는 이름이 이처럼 天下後世에까지 들리게 된 것이다. 이제 朝鮮이라는 아름다운 國號를 그대로 사용하게 되었으니, 箕子의 善政 또한 당연히 강구해야 할 것이다. 아! 明 天子의 德도 周 武王에게 부끄러울 것이 없거니와, 殿下의 德 또한 어찌 箕子에게 부끄러울 것이 있겠는가? 장차 洪範의 學과 8條의 敎가 오늘날 다시 시행되는 것을 보게 되리라. 孔子가 "나는 東周를 만들겠다" 고 하였으니, 孔子가 어찌 나를 속이겠는가?[15)]

箕子는 武王에게 '인간의 떳떳한 윤리' 로서 '洪範九疇' 를 전해준 聖人인 만큼, 箕子의 권위는 周禮(周의 文物)를 정비한 周公(武王의 아우)에 비견되는 것이었다. 정도전은 朝鮮의 正體性의 연원을 箕子朝鮮에서 찾고, 箕子의 가르침을 통해 '東周' 를 건설하자는 이상을 제시했다. 주례는 전통유학에 있어서 이상적인 문명의 대명사였다. 공자의 꿈도 주례를 재현하는 것이었다. 정도전이 공자의 '東周를 만들겠다' 는 포부를 인용한 것은 바로 '朝鮮에서 周의 文物을 재현하겠다' 는 포부를 밝힌 것이다. 이러한 포부는 서거정이 지은 『經國大典』의 序文에도 그대로 드러난다.

누가 우리 『經國大典』의 제작이 周官 · 周禮와 함께 表裏가 되지 않는다고 말하겠는가? 天地 · 四時와 맞추어도 어긋나지 않고, 前聖에 고증하여도 틀리지 않

15) 『朝鮮經國典』 〈國號〉.

으며, 백 세 이후에 聖人이 다시 나온다 하여도 자신이 있음을 알 수 있다. 지금부터 聖子神孫이 모두 이룩된 憲章을 따라, 그르치지 않고 잊지 않는다면, 곧 우리 국가의 文明한 다스림이 어찌 한갓 周의 융성함에 비할 뿐이겠는가?[16)]

조선의 건국자들이 '東周'를 건설하고자 한 것, 즉 '東國에서 周禮를 재현하고자 한 것'은 바로 조선을 '小中華'로 만들겠다는 것이었다. 小中華 건설이란, 中原에서의 大中華의 존재를 전제로, 東國에서 그에 버금가는 문명국가를 건설하겠다는 것이다. 조선은 '小中華'라는 논리는, 병자호란 이후에는 조선이 '유일한 中華'라는 논리로 약간 변형되기도 했지만, 대체로 조선시대 말기까지 관철된 조선인들의 문명의식이었다.

2. 조선시대 人倫共同體의 양상

1) 국가의 책무 : 養民과 敎民

유교에서 말하는 '人倫的 삶'은 궁극적으로 '仁義禮智의 도덕적 본성'을 실현하는 삶이다. 그러나 衣食住의 본능적 욕구가 제대로 충족되지 않으면 또한 인륜적 삶도 이루어질 수 없다는 것이 유학의 지론이었다. 이를 맹자는 "백성은 恒産이 없으면 恒心도 잃게 된다"는 말로 표현했다. 恒産이란 안정된 생업을 말하고, 恒心이란 흔들리지 않는 마음을 말한다. 안정된 생업이 없으면 어쩔 수 없이 범죄의 유혹에 빠지는 것이 백성의 현실이다. 따라서 먼저 경제를 발전시켜 백성의 恒産을 보장하고, 다음에는 교육을

---

16) 『經國大典』〈經國大典序〉.

통해 백성의 恒心을 배양시켜야 한다는 것이 유교의 지론이었다. 이러한 맥락에서 전통유교에서는 국가의 책무를 養民과 敎民으로 규정했다.

조선시대의 養民論은 토지제도와 신분제도로 대별하여 살필 수 있다. 먼저 토지제도에 대해 살펴보자. 조선의 토지제도의 골격을 마련한 사람은 趙浚이다. 조준은 토지제도의 개혁을 주장하는 상소문에서 "무릇 仁政은 經界에서 시작된다. 田制를 바로잡아야 國用이 풍족해지고 民生이 후해지는 것이니, 이것이 곧 當今의 急務이다."[17]라고 했다. 전근대적 농업사회에서 국가경제의 근간을 이루는 것은 토지제도였으니, 토지의 고른 분배야말로 말 그대로 仁政의 출발점이었다. 고려말의 대표적 폐단은 權貴들이 방대한 토지를 겸병하여 국가 재정이 고갈되고, 민생이 도탄에 빠진 것이었다. 조선의 건국자들이 단행한 토지개혁의 기본 성격은 權貴들이 겸병한 토지를 몰수하여 합리적으로 다시 분배하는 것이었다. 새로운 토지제도는 科田制라 하는데, 그 골격은 다음과 같다.

○ 京畿道에는 科田을 두어, 王族과 中央官吏들에게 최고 150結에서 최하 10結까지 田地를 지급한다. 기타 각 官衙에는 그 운영에 상당한 田地를 지급한다. 地方에는 軍田을 두어 군사양성의 비용에 충당하게 한다.

○ 남편이 사망한 후 자식이 있고 守節한 婦人에게 守信田을 지급한다. 부모가 모두 사망한 孤兒에게는 恤養田을 지급한다. 功臣에게는 功臣田을 지급하고 그 子孫이 세습하게 한다.

○ 受田者가 사망한 뒤에는 특별한 경우(守信田과 恤養田)를 제외하고는 田地를 국가에 반납하게 한다. 田主는 함부로 耕作地를 탈취하지 못하게 하고, 佃客은 함부로 耕作權을 타인에게 양여하지 못하게 한다.[18]

---

17) 『高麗史』 卷78 食貨志1 〈祿科田條〉.

과전제는 모든 田地를 國有로 규정하고, 다만 그 收租權의 所在에 따라 公田과 私田을 구분한 것이다. 公田은 공공기관이 수조권을 지니고, 私田은 개인(王族 · 功臣 · 官吏 등)이 수조권을 지니는 것이다. 요컨대 공공기관은 경작자(佃客)로부터 조세를 거두어 운영하고, 왕족 · 공신 · 관리 등은 경작자로부터 조세를 거두어 생활하게 한 것이다.

과전제에서 일반 농민은 공전이나 사전의 경작권만 지니는 佃客으로 규정되었다. 이렇게 본다면 과전제가 일반 농민의 경제적 지위를 상승시킨 것은 아니다. 조선의 건국자들은 收租率을 획기적으로 낮춤으로써 民生을 개선하는 방법을 택했다. 고려 말의 수조율은 공전은 25%, 사전은 50%였는데, 과전제에서는 공전 · 사전을 막론하고 수조율을 10%로 책정했던 것이다.[19] 또한 토지개혁에 의해 收租權을 정비함으로써 權貴들의 중복적 수탈을 봉쇄했다는 점도 民生을 구제하는 데 획기적으로 기여한 것이다.

조선시대의 신분 · 계급 제도는 기본적으로 '國民皆勞' 라는 취지에서 성립한 것이다. 유교에서는 국가를 '분업과 협동의 체계' 로 인식한다. 모든 사람은 특정한 직분을 맡아 완수하고, 그에 주어지는 對價로 생계를 꾸려야 한다는 것이다. 정도전은 다음과 같이 말한다.

> 사람에게 있어서 먹는다는 것은 큰일이다. 하루도 먹지 않을 수 없는가 하면, 그렇다고 해서 하루도 구차하게 먹을 수는 없는 것이다. 먹지 않으면 목숨을 해칠 것이요, 구차스럽게 먹으면 義理를 해칠 것이다. (…) 위로 天子와 公卿大夫

---

18) 이재호, 『朝鮮政治制度研究』, 235쪽 참조.

19) 한우근 · 이태진, 『史料로 본 韓國文化史』(朝鮮前期篇), 29~30쪽 참조. 그런데 公田의 경우에는 10%의 수조율이 잘 지켜졌지만, 私田의 경우에는 10%의 수조율이 잘 지켜지지 않았다. 또 관리들에게 지급한 科田에 대해서도 여러 특례를 만들어 세습을 허용한 경우가 많았다. 그리하여 조선의 토지제도 역시 적지 않은 폐단을 낳았고, 그에 대한 반발과 개혁의 요구도 부단히 제기되었다.

는 백성을 다스림으로써 먹고, 아래로 農夫·工匠·商人은 힘써 일함으로써 먹고, 그 중간인 士는 집안에서 효도하고 집 밖에서 공경하여 先王의 道를 지켜 후학을 가르침으로써 먹었으니, 이는 옛 성인들이 하루도 구차스럽게 먹고 살 수 없음을 알았기 때문이다. 위로부터 아래에 이르기까지 각각 그 직분이 있어, 하늘의 양육을 받았으니, 백성이 구차해지지 않도록 방지함이 지극하였던 것이다. 이 반열에 속하지 않은 자는 姦民이다.[20]

정도전에 의하면, 상층의 통치계급은 백성을 다스림으로써 먹고살고, 중층의 士는 교육을 담당함으로써 먹고살며, 하층의 農·工·商은 육체노동을 통해 재화를 생산하거나 유통시킴으로써 먹고살아야 한다. 정도전은 이 반열에 속하지 않는 자는 사회 구성원으로서의 자격이 없는 姦民이라고 질타했다.

國民皆勞를 표방하고, 모든 국민에게 위계적 직분을 부여하는 것 자체에 대해서는 기본적으로 타당성을 인정할 수 있다. 그런데 문제는 사회적 職分을 세습적 身分과 연결시켰다는 점이다. 조선시대에는 모든 사람의 신분을 良人과 賤人(奴婢)으로 나누고, 그 신분을 세습시킨 것이다.[21] 조선시대에는 良人만을 公民으로 인정하고, 賤人은 公民으로 인정하지 않았다. 따라서 良人은 하층의 농민이라도 상층의 통치계급으로 진출할 수 있었으나, 賤人은 특별한 경우가 아니고는 통치계급으로 진출할 수 없었다. 이러한 세습적 신분제도는 많은 폐단을 낳았는데, 이에 대해서는 뒤에서 다시 논하기로 하자.

---

20) 『三峰集』 卷5, 「佛氏雜辨」 〈佛氏乞食之辨〉.

21) 물론 모든 사람의 신분을 良民과 賤民으로 나누고, 그 신분을 세습시킨 것은 전근대 사회의 일반적 폐습으로서 조선의 특유한 현상은 아니다. 그런데 조선의 건국자들이 人倫共同體를 지향하면서 불합리한 폐습을 혁파하지 못한 것은 비판의 대상이 되기에 충분한 것이다.

이제 '백성의 교육'에 대해 살펴보자. 맹자는 "배불리 먹고 따듯하게 입어 편안하게 살면서도 人倫을 가르침이 없다면 곧 禽獸에 가깝게 된다"고 했는데, 이러한 맥락에서 조선의 건국자들은 국가의 궁극적 책무를 백성의 교육에 두었다. 조선시대 교육의 가장 중요한 목적은 물론 人倫을 밝히는 것이었고, 다음 목적은 軍事·法律·文書·計算·醫藥·天文·地理·通譯 등 국가 운영에 필요한 다양한 實務를 익히게 하는 것이었다.[22] 조선시대에는 이를 위해 서울에는 成均館과 四學을, 지방 각지에는 鄕校를 설치했다. 成均館은 大學이었던바, 따라서 조선시대의 일차적 교육기관은 四學 또는 鄕校였다. 權近은 향교 교육의 의의를 다음과 같이 설명한 바 있다.

> 백성들에게는 배움이 없을 수 없다. 백성은 본래 착한 본성을 지니고 태어나 人倫을 지키고 德을 좋아하니, 이 백성이 곧 三代(夏·殷·周)의 백성이다. 욕망이 있어 서로 싸우고 지식이 없어 함부로 행동하여 刑罰에 빠지고 禽獸로 전락하는 것은 백성의 죄가 아니요, 백성을 기르는 자들이 학교를 세워 교화를 밝히지 못했기 때문이다. 李君이 학교를 세울 것을 처음 계획하고 邊君이 마침내 완성했다. 이들은 학교를 세워 백성을 가르치는 것을 급선무로 삼았으니, 참으로 백성을 기르는 방도를 아는 자이다. 이제부터 고을의 백성으로서 父老가 된 자는 훌륭한 政事를 보고 느끼고, 子弟가 된 자는 훌륭한 教育을 받아 점차 연마하되 한갓 章句를 일삼지 말고 반드시 먼저 心身을 바로잡아야 한다. 가정생활에서는 반드시 孝와 慈를 두텁게 하고, 일에 대처할 때에는 忠과 信을 주로 삼아, 한 고을에 禮義의 風俗이 왕성하게 일어난다면, 조정에 나아가 將相이 되어 國家를 바로잡고 '文明한 다스림'을 세울 자가 끊임없이 배출될 것이다. 이것이 어찌 한 고을만의 아름다움이겠는가? 한 시대의 행복일 것이다.[23]

22) 『朝鮮經國典』「禮典」〈學校〉 참조.

夏 · 殷 · 周 三代는 유교에서 추구한 '文明한 다스림' 의 표준으로 여겨지는 시대였다. '이 백성이 곧 三代의 백성' 이라는 말은 '착한 백성과 악한 백성이 따로 있지 않다' 는 뜻이다. 모든 사람이 본래 선한 본성을 지니고 태어났다는 것은 유교의 대전제이다. 모든 사람은 도덕적 본성과 본능적 욕망을 함께 지니고 있다. 권근에 의하면, 백성들은 本性과 本能 사이의 바람직한 관계를 잘 알지 못해서 금수로 타락하게 되는 것이다. 이러한 맥락에서 권근은 백성의 교육을 통치자의 급선무로 규정하고, 백성이 타락하는 것은 통치자의 책임이라고 설파했다.

권근은 학교 교육은 먼저 心身을 바로잡는 데 치중하고, 그다음에 章句를 연마하도록 해야 한다고 했다. 그러나 科擧 합격은 章句의 연마에 좌우되는 것이 현실이었고, 따라서 학교 교육도 점차 章句에 매달리게 되었다. 향교와 성균관 등 官學의 교육이 이처럼 立身出世의 수단으로 변질하자, 조선 중기의 선비들은 유학의 본래 이념에 충실하고자 書院이라는 새로운 교육기관을 설립하게 되었다. 退溪 李滉은 선비들이 자발적으로 각지에 書院을 설립하게 된 배경을 다음과 같이 설명한 바 있다.

사람에게는 道가 있거니와, 가르침이 없으면 禽獸에 가깝게 된다. 聖人이 이를 근심하시어 人倫으로 가르치시니, 三代의 學校는 모두 人倫을 밝히기 위한 것이었다. 後世에 이르러 聖王이 일어나지 않고 古道가 무너짐에 따라, 文詞 · 科擧 · 利祿의 풍습이 사람들의 마음가짐을 무너뜨려, 狂瀾으로 치닫고는 돌아오지 않았다. 그리하여 안으로는 國學이 있고 밖으로는 鄕校가 있어도, 모두 어두워 그 가르침을 알지 못하고, 漠然하여 배움을 일삼지 않았다. 이것이 뜻있는 선비들이 發憤하고 탄식하면서 書冊을 싸들고 山巖藪澤 속으로 도망가서 서로

23) 『陽村集』 卷14 頁5~6, 〈利川新置鄉校記〉.

들은 것을 강론함으로써, 道를 밝히고, 자기를 이루고 남을 이루어준 까닭이다. 따라서 후세에 書院이 생기게 된 것은 형세가 그렇지 않을 수 없었던 것이요, 또 그 일은 매우 숭상할 만한 것이다.[24)]

書院은 대개 자기 고을과 연고가 있는 先賢을 奉享하여, 그의 學德을 기리고 본받으면서 道學을 밝히고 風俗을 바루고자 하는 취지에서 설립되었다. 국가에서도 그 취지를 가상히 여기고, 賜額과 함께 노비와 전답을 내림으로써 적극 후원하는 경우가 많았다. 그러나 官學이었던 鄕校와 달리, 書院은 고을의 有志들이 주도한 私學이었다. 즉 有志들의 뜻을 모아 설립된 書院은 그 운영 역시 有志들의 협의를 통해 이루어졌던 것이다. 다음의 인용문은 栗谷 李珥가 지은 〈文憲書院學規〉를 발췌한 것이다.

○ 선비를 받아들이는 방법은 長·少를 막론하고 學業에 뜻이 있고 이름과 행실에 汚點이 없는 사람을 받아들이되, 書院의 儒生이 함께 논의하여 입학을 허락한다. 회의에 참석한 사람이 10명 미만일 경우에는 議論을 결정할 수 없다. 生員과 進士는 논의를 거치지 않고 곧바로 입학을 허락한다. 만약에 儒生이 혹 權勢를 끼고 입학을 요구하거나, 혹 道主나 州官과 연줄을 대기 위해 입학하려는 경우는 모두 입학을 허락하지 않는다.

○ 諸生 가운데 2명의 有識者를 골라 掌議로 삼는다. 무릇 院中의 議論은 이 두 사람이 주관한다(掌議가 없을 경우엔 議論을 결정할 수 없다). 掌議는 2년마다 서로 번갈아가면서 맡는다. 또 有司를 정하여 書冊을 주관하도록 한다.

○ 새벽에 일어나서 밤에 잘 때까지 하루 동안 반드시 일삼는 바가 있어야 한다. 혹 책을 읽고 혹 글을 지으며, 혹 義理를 강론하고 혹 가르침을 청하는 것이

24) 『退溪集』 卷42 頁29~30, 〈伊山書院記〉.

모두 學業이다. 한가한 때에는 혹 냇가에 노닐기도 한다.

○ 院籍에 이름을 올려놓고 行實을 잃거나 儒風을 욕되게 한 사람은 院生들이 함께 논의하여 院籍에서 삭제한다.

○ 사계절의 첫 달에는 掌議가 諸生을 書院에 모이게 하고 學規를 講議하며, 諸生의 得失을 검찰한다. 까닭 없이 不參한 사람은 黜座한다. 무릇 처음 書院에 입학한 사람은 반드시 먼저 學規를 읽도록 한다.[25)]

위에 보이듯이, 서원은 學規가 매우 엄격했으나, 기본적으로 院生들의 협의를 통해 운영되는 자율적 기구였다. 의결정족수를 설정하여 특정인의 독단을 막았고, "혹 權勢를 끼고 입학을 요구하거나, 혹 道主나 州官과 연줄을 대기 위해 입학하려는 경우는 모두 입학을 허락하지 않음"으로써 서원의 독립성과 순수성을 확보하고자 했다.[26)]

퇴계와 율곡의 所論을 바탕으로 서원의 주요 기능을 정리하면 다음과 같다. 첫째는 고을의 先賢을 奉享하는 것이다. 이는 先賢을 追慕하는 것이기도 하고, 그를 師表로 삼아 본받는 것이기도 하며, 고을의 傳統을 확립하는 것이기도 하였다. 둘째는 科擧를 위한 공부가 아닌 爲己之學(道學)을 추구했다. 따라서 文詞의 彫琢보다는 義理의 講論을 중시했고, 禮儀凡節을 두루 익히고 실천하는 것을 중시했다. 셋째는 儒風으로 모범을 보임으로써 風俗을 醇化한다는 것이다. 이러한 맥락에서 서원은 당시 활성화된 鄕約의 시행을 주도했던 것이다. 요컨대 서원은 일종의 자발적 '市民社會'로서 독립성을 유지하면서 '국가의 영역'이 해결하기 어려운 문제들을 보완해 주었던 것이다.

25) 『栗谷全書』 卷15 頁49~51, 〈文憲書院學規〉.

26) 그러나 세월이 흐르면서 書院은 정치권력과 결탁함으로써 '黨爭의 소굴'이 되기도 했다.

2) 가족의 운영 : 宗法秩序와 家禮

가족은 수평적으로는 夫婦를, 수직적으로는 父母子女를 축으로 하여 형성된 사회 구성의 가장 기초적인 집단이다. 가족은 보통 부부와 자녀로 구성되는바, 가족의 질서는 家父長이 통솔해야 한다는 것이 유교의 생각이었다. 가족은 위로는 祖上과 연결되고, 아래로는 子孫으로 연결되며, 횡적으로는 兄弟姉妹로 연결된다. 이렇게 하여 가족의 범위가 크게 확대되면, 그것을 宗族이라 부른다. 전통유교에서는 宗法制度에 의해 家族(宗族)의 질서를 형성하고자 했는데, 이러한 경향은 조선시대에도 마찬가지였다.

宗法制란 嫡長子가 아버지의 지위를 계승하여 大宗이 되고, 다른 아들들은 分封되어 小宗이 되는 제도를 말한다.[27] 嫡長子(宗子)의 역할은 조상의 제사를 받들고, 가문의 질서를 유지하며, 가문의 전통을 계승하는 것이다. 제사는 '자신의 근본에 대한 보답(報本)'이라는 의미를 지닌다. 宗子는 제사를 주재함으로써, 가문 내에서 으뜸가는 권위를 부여받게 된다. 宗子의 또 다른 역할은 가문의 전통을 계승하는 것이다. 유학에서는 이렇게 각 가문의 전통이 계승됨으로써 궁극적으로는 국가의 기반이 확고해진다고 본다.[28] 종법제는 한편으로는 근본의 중요성을 일깨워 가문의 전통을 계승하게 하고, 더 나아가 가문의 전통과 명예를 지키기 위해 국가에 충성하게

27) 周의 宗法制度는 본래 王族에게만 적용되던 것이었으나, 宋代에 이르러서는 사대부 계층 전반에 확산되어 가족제도의 근간을 이루게 되었다(지두환, 『조선시대 사상사의 재조명』, 120쪽 참조). 한편, 김상준은 '폭력적 쟁탈의 예방을 통한 안정적 평화'라는 관점에서 宗法制의 의미를 해명한 바 있는데(김상준, 『맹자의 땀 성왕의 피 : 중층근대와 동아시아 유교문명』, 206~211쪽), 이는 특히 王家(王位繼承) 또는 貴族家門에 해당되는 내용이라 하겠다.

28) 程子는 "宗子의 法이 없으면 朝廷에는 世臣이 없게 된다. 宗子를 세우면 사람들이 근본의 중요함을 알게 되고, 朝廷의 形勢도 저절로 높아진다."(『性理大全』 卷67 頁1)고 말한 바 있다.

함으로써 국가의 안정에 기여한다는 것이다.

종법제에서는 모든 권위와 권한이 宗子에게 집중되는 감이 있다. 그러나 宗子는 동시에 종족 구성원들의 過失을 대신 책임져야 하는 경우도 많았다. 요컨대 宗子는 가문을 대표해서 권한과 책임을 지니는바, 종법제의 취지는 宗子로 하여금 가문의 질서유지를 책임지게 하는 것이었다. 宗子는 倫理와 恩義에 입각해서 가문을 통솔해야 한다. 栗谷은 "倫理를 바르게 하면 尊卑의 위계가 분명해지며, 恩義를 두텁게 하면 上下의 人情이 합쳐진다. 이 두 방식을 병행한 다음에야 가정을 다스리는 道理가 독실해진다."[29] 고 하였다.

하나의 가문은 世代가 누적될수록 宗族의 범위가 확장되게 마련이다. 종족이 일정한 범위 이상으로 확장되면 宗子의 통솔력은 약화될 수밖에 없게 된다. 이렇게 확대된 종족에서 종족으로서의 유대감과 통일성을 유지하기 위해 고안된 방식이 바로 宗契(花樹會)이다. 宗契는 종족 구성원들 간의 계약을 통해 성립하는 것이다. 宗子는 宗契 안에서도 특별한 권위를 인정받고 우대되었으나, 宗契의 제반 사무는 宗子의 임의에 따르는 것이 아니라 구성원 상호 간의 약속에 따라 처리되는 것이다. 여기에서는 草廬 李惟泰의 〈花樹會序〉를 통해 宗契의 성격을 살펴보기로 한다.

> 우리 先代께서는 모두 '사랑과 공경, 실제에 근본 함' 으로 家門의 傳統을 삼으셨다. (…) 사랑하면 보고 싶고, 보면 늘 함께하고 싶은 것은 어쩔 수 없는 人情이다. 그런데 많은 族屬이 한 곳에 同居할 수는 없는 형편이니, 날마다 서로 모이기란 어려운 일이다. 그러므로 우선 근처에 사는 兄弟子姪로 더불어 約束을 정하고, 반드시 일정한 기간마다 會合하기로 했으니, 이것이 花樹契가 창설된

---

29) 『栗谷全書』 卷23 頁3, 〈正家〉.

연유이다. (…) 기쁨을 함께하는 자리에는 酒果를 마련해야 하고, 빈곤한 자는 스스로 준비하지 못할 것이므로 財穀을 저축해야 한다. 그 規則을 11개의 조목으로 정하나, 그 근본은 각자의 마음에 경계함에 있다. 이것은 오로지 봄 · 가을의 會合을 위한 것이다. 그러므로 무릇 學業을 권장하고 貧窮患難을 돌봐주는 방도는 별도로 처리하고, 여기에 다 열거하지 못한다.[30]

이유태는 우선 '家門의 전통'을 언급했다. '사랑과 공경, 실제에 근본함' 등이 자기 家門의 전통인바, '花樹會'란 이러한 전통을 잘 계승하고자 조직된 것이다. 화수회가 조직되는 보다 현실적인 계기는 '많은 族屬이 한 곳에 동거할 수 없는 형편' 때문에 자주 만날 수 없고, 결국 남남처럼 소원해질 수밖에 없다는 점이었다. 그러므로 정기적으로 모임을 갖고 종족으로서의 유대를 강화하기 위해 약속을 정한다는 것이다. 그 밖에 학업의 권장, 빈궁한 자에 대한 구휼 등도 화수회의 중요한 기능이었으며, 이를 위해 규칙을 정하고 기금을 적립하게 되었던 것이다. 이제 또 하나의 예로서 巍巖 李柬의 〈宗契序〉를 살펴보자.

'宗契'라는 명칭은 近世에 비롯되었다. (…) 슬프다. 世教가 쇠퇴하여 骨肉의 은혜를 아는 사람이 드물게 되었다. 父子와 兄弟 사이도 이미 남남처럼 되어 각각 그 몸을 사사롭게 하니, 하물며 그 아래로 骨肉이 점차 나뉘고 恩愛가 날로 마르는 경우이겠는가? 그 까닭을 연구해보면 진실로 또한 사람마다 智 · 愚 · 賢 · 不肖가 달라서 그런 것이다. 진실로 智者는 愚者를 불쌍히 여겨 한결같이 잘 미루어나가게 하고, 賢者는 不肖를 길러서 그 和氣로 인도해야 한다. 孝順親愛의 德은 본래 하늘이 내려준 것이요 祖宗이 傳授한 바로서 사람마다 모두 함

30) 『草廬全集』 卷19 頁34, 〈花樹會序〉.

께 얻은 것이다. 誠心으로 일러주고 實理로 믿게 하면, 저들은 본래 한 사람의 骨肉에서 나온 것이니, 그 어찌 茂盛하게 惻然한 端緖가 있지 않겠는가?[31]

이간은 宗契가 필요하게 된 까닭을 世敎의 쇠퇴에 따른 '宗族意識의 약화'에서 찾았다. 父子·兄弟 등 至親 간에도 골육의 은혜를 망각하게 되었다는 것이다. 그러므로 宗契를 통해 智者는 愚者를 인도하고 賢者는 不肖를 인도함으로써, 宗族 간에 '孝順親愛의 덕'을 무성하게 되살리자는 것이 宗契의 취지였던 것이다.

조선시대 가족의 운영에서 간과할 수 없는 것은 이른바 '家禮'이다. 家禮는 冠禮·婚禮·喪禮·祭禮로 대별되는데,[32] 이는 世俗的인 가정에서의 삶을 神聖하게 승화시키기 위한 예법이었다.[33] 이제 『朱子家禮』를 중심으로 冠·婚·喪·祭의 예법에 대해 그 취지를 차례대로 개관하기로 하자.

冠禮는 成人이 된 사람을 위한 成年式의 예법이다.[34] 관례를 거행할 때엔 親知 가운데 學德이 훌륭한 인물을 賓(主禮者)으로 모시고, 成人이 된 남자에게는 세 차례에 걸쳐 세 종류의 冠을 씌워주고, 成人이 된 여자에게도 세 차례에 걸쳐 세 종류의 비녀를 꽂아주었다. 賓(主禮者)은 첫 번째에는 "너의 어린 뜻을 버리고 너의 성숙한 德을 따라서, 오래오래 살면서 큰 福을 누리거라."라고 당부하고, 두 번째에는 "너의 威儀를 삼가고 너의 德을 맑

31) 『巍巖遺稿』 卷14 頁8~9, 〈宗契序〉.

32) 朱子는 冠禮·婚禮·喪禮·祭禮를 정리하여 『家禮』를 편찬한 바 있는데, 조선시대의 家禮는 주자의 『家禮』를 표준으로 삼았다(『家禮』는 朱子의 저술이 아니라는 說도 있다).

33) 대부분의 종교에서는 '聖'의 영역과 '俗'의 영역을 二元化시킴에 반하여, 전통유학에서는 聖俗一元論을 견지하였다. 요컨대 世俗의 삶을 神聖한 삶으로 승화시키자는 것이 유학의 지론이었던 것이다.

34) 禮法에서는 남자는 20세에 冠禮를, 여자는 15세에 笄禮를 치르도록 규정하고, 실제로는 형편에 따라 그 시기를 당기거나 미룰 수 있도록 했다.

게 하여, 萬年동안 長壽하고 영원토록 큰 福을 누리거라."라고 당부하며, 세 번째에는 "형제가 함께 살면서 그 德을 이루고, 영원토록 오래 살아 하늘의 慶事를 받으라."라고 당부한다. 세 차례의 의식이 끝나면, 成人이 된 사람에게 술을 따라 주고, 字를 알려주면서 또다시 "字가 매우 아름다워, 뛰어난 선비에게 잘 어울리고, 福이 되기에도 마땅하다. 받아서 영원토록 보존하라."라고 당부한다. 그러면 字를 받은 사람은 "제가 비록 不敏하지만, 이른 새벽부터 늦은 밤까지 삼가 받들지 않겠습니까?"라고 대답한다.

"너의 어린 뜻을 버리고 너의 성숙한 德을 따르라"거나 "너의 威儀를 삼가고 너의 德을 밝게 하라"는 당부에서 보이듯이, 冠禮는 成人이 된 사람에게 그에 상응하는 책임감을 부여하는 것이었다. 또 본래의 이름인 '名' 대신에 새로운 이름인 '字'를 지어준 것은, 이제 成人이 된 사람의 '名'을 함부로 부를 수 없다는 취지였다. 요컨대 冠禮는 成人이 된 사람을 축하하고, 어엿한 人格者로 대우하면서, 사회의 구성원으로서 책임을 다하도록 격려하는 것이었다.

婚禮는 結婚式의 예법이다. 婚禮는 두 집안이 혼인을 약속하는 절차, 新婦의 집안에 폐백을 보내는 절차, 혼인의 날짜를 정하는 절차, 신랑이 신부를 맞이하여 오는 절차 등으로 이루어진다. 신랑이 신부의 집에 가서 신부를 맞이하여 오는 것을 '親迎'이라 하는바, 여기에서는 '親迎'에 대해서만 살펴보고자 한다.

신랑이 신부를 맞이하러 갈 때에, 신랑의 부모는 "가서 너의 아내를 맞이하여 우리 宗事를 계승하라. 힘써 恭敬으로 거느려서, 너의 행실에 常道가 있게 하라."라고 당부한다. 한편 신부의 집에서는, 아버지는 신부에게 "경계하고 공경하여, 이른 아침부터 늦은 밤까지 시부모님의 命을 어기지 말라."고 당부하며, 어머니는 "근면하고 공경하여, 이른 아침부터 늦은 밤까지 너의 閨門의 禮法을 어기지 말라."고 당부한다. 신랑이 신부의 집에

도착하면, 奠雁禮 · 交拜禮 · 合巹禮의 순으로 예식이 거행된다. 전안례는 신랑이 신부에게 한 쌍의 기러기를 바치는 절차이다. 기러기는 짝이 정해지면 서로 貞節을 지키며 偕老하는 것으로 알려져 있는바, 그러므로 한 쌍의 기러기를 바치며 사랑과 정절을 약속하는 것이다. 교배례는 신랑과 신부가 처음 만나서 서로 절하면서 相見禮를 거행하는 절차이다. 합근례는 신랑과 신부가 하나의 표주박을 둘로 나누어 만든 잔에 술을 따라 마시는 절차이다. 이 세 절차를 마치고서, 신랑과 신부는 新房을 차리고 同寢하도록 했다.

『禮記』에서는 "昏禮란 장차 두 姓을 합치는 좋은 일로서, 위로는 宗廟(祖上)를 섬기고 아래로는 後世를 잇는 것이다. 그러므로 君子가 重大하게 여기는 것이다."라고 하였다.[35] 전통유학에서는 결혼을 '人倫의 시작'으로 인식하고, 그에 상응하는 격식과 절차를 갖추도록 했는데, 핵심은 사랑과 貞節을 다짐하는 데 있었다.

喪禮는 한 사람이 죽었을 때 葬禮를 치르고 居喪하는 예법이다. 喪禮는 매우 복잡하고 정중한 절차로 진행된다. 葬禮의 핵심은 죽은 사람을 신중하게 매장하는 것이고, 居喪의 핵심은 죽은 사람을 산 사람처럼 모시는 것이다. 유교에서는 父母의 喪을 당했을 경우 3년 동안 居喪할 것을 권했다. 그 이유는 자식이 태어나서 3년이 지나야만 부모의 품에서 벗어날 수 있으니, 부모가 돌아가셨을 경우에도 3년 동안 살아계신 것처럼 모셔야 한다는 것이다.[36] 그런데 3년이라는 기간은 또한 부모를 잃은 지극한 슬픔으로부터 점차 평온한 日常으로 돌아오는 과정이기도 했다. 부모가 돌아가신 직

35) 『禮記』 〈昏義〉. 유교에서는 族內婚을 금하고 族外婚을 권하였거니와(同姓同本 禁婚), 그러므로 '두 姓을 합치는 일'이라 한 것이다.

36) 『論語』 陽貨 21 : 夫君子之居喪 食旨不甘 聞樂不樂 居處不安 故不爲也 (…) 子生三年 然後免於父母之懷 夫三年之喪 天下之通喪也

후에는 수시로 哭을 하며 의복과 음식을 거칠게 하고, 약 2개월이 지나 卒哭을 치르면 아침과 저녁에만 哭을 하고, 1년이 지나 小祥을 치르면 의복과 음식을 조금 편리하게 하고, 2년이 지나 大祥을 치르면 맛있는 음식을 먹고 화려한 옷을 입는 등 완전히 평소의 삶으로 돌아오도록 한 것이다.[37]

祭禮는 돌아가신 조상을 추모하는 예법이다. 모든 가정에서는 家廟 또는 龕室을 설치하여 가까운 祖上의 神主를 모셔두고, 주기적으로 제사를 지내고, 가정의 중대사를 고하며, 조상의 遺志를 받들고자 했다. 祭祀는 가까운 祖上이 돌아가신 날에 지내는 忌祭, 설과 추석 등 큰 명절에 지내는 茶禮, 계절마다 지내는 四時祭, 먼 조상의 묘소를 찾아가 지내는 歲一祀 등으로 구분된다.[38] 이 밖에도 새로운 과일이나 곡식이 익으면 가묘에 바쳤고, 중요한 일이 생기면 가묘에 고했다. 돌아가신 조상은 살아있는 후손의 감시자요 수호신으로 인식되었던바, 후손들은 조상과 끊임없이 교감하면서 일상의 삶을 영위했던 것이다.

3) 향촌의 운영 : 鄕約과 社倉

향약은 멀리 周代의 鄕飮酒禮나 鄕射禮 등의 전통을 계승하여 宋代의 呂大鈞이 새롭게 창안한 것이다. 주자는 여대균의 향약을 약간 가감하고,[39]

---

37) 유교에서 말하는 '3年喪' 이란 햇수로 3년에 걸치는 것으로서, 실제로는 '滿 2년' 동안 居喪하는 것이다.

38) '가까운 조상' 이란 家長을 기준으로 돌아가신 '父母 · 祖父母 · 曾祖父母 · 高祖父母'를 말하고, '먼 조상' 이란 5代祖母 이상을 말한다. 유교에서는 4代(高祖父母)까지를 '親한 조상' 으로 여겨 家廟에 神主를 모시고 忌祭를 지내도록 하고, 5代 이상이 되면 '親함이 다한 조상' 이라 여겨 神主를 墓所 곁에 묻고 歲一祀를 지내도록 권했다. 유교에서는 親族의 범위를 '8寸' 으로 정했는데, 8촌은 '高祖父母가 같은 형제들' 이다.

39) 이를 '增損呂氏鄕約' 이라 한다.

이를 각지에 보급하였다. 향약은 향촌민들이 스스로 실행해야 할 '약속의 조목'과 그 실행을 뒷받침하는 간단한 '조직 및 기구'로 구성되어 있다. 다음의 인용문은 〈增損呂氏鄉約〉의 골격을 설명한 것이다.

> 무릇 마을에서 약속하는 것은 네 가지이니, 첫째는 '德業相勸'이고, 둘째는 '過失相規'이며, 셋째는 '禮俗相交'이고, 넷째는 '患難相恤'이다. 마을의 많은 사람들이 '나이가 많고 덕망이 있는 사람' 1명을 추대하여 '都約正'으로 삼고, '학문과 행실이 있는 사람' 2명을 추대하여 '副約正'으로 삼으며, 鄉約에 가입한 사람이 매월 1명씩 돌아가면서 '直月'을 맡는다(都約正과 副約正은 直月을 맡지 않는다). 鄉約에서는 3종류의 帳籍을 비치한다. 무릇 '鄉約에 가입하기를 원하는 사람'을 하나의 장적에 기록하고, '볼 만한 德業이 있는 사람'을 또 하나의 장적에 기록하며, '규제해야 할 만한 過失이 있는 사람'을 또 하나의 장적에 기록하여, 直月이 그것을 관장한다. 月末이 되면 (直月은) 約正에게 보고하고, 그다음 차례의 直月에게 업무를 넘긴다.[40)]

향약의 '약속 내용'은 德業相勸·過失相規·禮俗相交·患難相恤을 기본덕목으로 삼고, 기본덕목들 밑에 수많은 구체적 실천조목들을 설정한 것이다. 구체적 실천조목은 지방에 따라 약간씩 차이가 있지만, 위와 같은 '기본덕목' 및 '조직과 기구'는 모든 향약에 공통된 것이었다. 한편 社倉은 향약의 '患難相恤'을 실천하기 위한 방도로, 주자가 隋·唐의 제도를 참고하여 새롭게 고안한 것이다.[41)] 사창의 기본 취지는 마을 사람들이 공동으로 基金(米穀)을 조성하여 흉년에 대비하자는 것이었다. 그러나 사창은

40) 『朱子大全』 卷74 頁30, 〈增損呂氏鄉約〉.

41) 『朱子大全』 卷13의 〈辛丑延和奏箚四〉에 社倉의 개요가 잘 설명되어 있다.

'흉년의 救荒' 뿐만 아니라 '물가조절, 빈민구제, 무의탁자 구호' 등 다양한 기능을 수행하였다.

조선시대의 유학자들은 주자학적 질서에 대한 이해가 심화됨에 따라, 향촌에서 鄕約과 社倉을 시행하고자 노력했고, 또 양자를 결부시켜 시행하기도 하였다. 많은 유학자들이 향약과 사창에 관심을 기울였지만, 누구보다도 많은 관심을 기울인 사람은 栗谷이었다. 따라서 여기에서는 율곡의 所論을 중심으로 당시 시행된 향약과 사창의 양상을 살펴보기로 하자. 율곡은 〈西原鄕約 立議〉에서 다음과 같이 말한다.

> 鄕約은 옛날에 함께 井田을 경작하던 사람들이 지키고 망을 봄에 서로 돕고, 疾病에 서로 구제하고, 出入에 서로 도우며, 또한 子弟들로 하여금 家塾·黨庠·州序에서 교육을 받게 함으로써 孝悌를 두텁게 하던 것이었다. 夏·殷·周 三代에 다스림이 높고 풍속이 아름다웠던 것은 진실로 이것에 말미암았던 것이다. 世道가 衰微해져서, 정치는 거칠어지고 백성들은 흩어졌으며, 위로는 교육이 무너지고 아래로는 풍속이 망가졌으니, 아! 슬프도다. (…) 이에 鄕中의 父老들과 더불어 啓導할 방법을 상의하니, 鄕人들은 한결같이 鄕約을 다시 밝히는 것이 으뜸이라고 하였다.[42]

위에 보이듯이, 鄕約은 기본적으로 '같은 마을' 이라는 地緣을 매개로 성립하는 것이다. 율곡은 〈社倉契約束〉에서는 "무릇 社倉契約束에 참여하기를 원하는 사람은 社倉의 所在地를 기준으로 20里 안에 사는 사람에게만 허락한다. 집이 20里 밖에 있다면 불허한다."[43]고 하였다. 요컨대 향약과

42) 『栗谷全書』 卷16 頁2.

43) 『栗谷全書』 卷16 頁33.

사창은 모두 동일한 지역을 매개로 성립하는 공동체로서, 해당 지역을 넓지 않게 설정함으로써 친밀한 공동체로서의 實效를 기할 수 있게 하였다. 율곡은 지역 사회를 美風良俗과 相扶相助의 살기 좋은 고장으로 만드는 데에는 향약의 시행이 가장 효과적이라고 보았다. 이제 율곡의 〈海州鄕約 立約凡例〉와 〈社倉契約束〉을 중심으로 향약과 사창의 성격을 추론해 보기로 하자.

첫째, 향약은 반드시 立約의 절차를 거쳤다. 율곡은 "처음 立約할 때에 約文(약속의 내용)을 同志들에게 널리 보여주고, 마음을 잡고 몸을 단속하며 改過遷善하여 계약에 참여하기를 원하는 사람 약간을 골라, 書院에서 모여, 約法을 議定하고, 都約正·副約正과 直月·司貨 등을 선정한다."[44]고 했다. 즉 향약은 특정한 가치나 덕목을 향촌 사람들에게 타율적으로 강요한 것이 아니라, 반드시 각자의 자발적인 참여의사를 확인함으로써 성립했던 것이다.[45] 또한 약속의 구체적인 내용도 同志들의 논의를 통하여 결정되는 것이며, 約正과 直月·司貨 등 주요 임원들도 同志들이 논의하여 선정했던 것이다.[46]

둘째, 향약의 효력은 立約한 다음부터 발생했다. 율곡은 "무릇 善惡籍은 모두 立約에 참여한 다음부터 기록한다. 立約 전에 비록 過失이 있었다 하더라도, 모두 씻을 수 있도록 허락하고 다시 문제 삼지 않는다. 반드시 여

---

44) 『栗谷全書』 卷16 頁7, 〈海州鄕約 立約凡例〉.

45) 드 배리는 鄕約이 '자발적인 사회 질서'를 추구한 것임을 주목하고, '중국의 자유 전통(The Liberal Tradition in China)'을 뒷받침하는 요소 가운데 하나로 鄕約을 거론한 바 있다(de Bary, *Asian Values and Human Rights*, 58~59쪽 참조).

46) 율곡은 約員들 가운데 나이가 많고 學德이 가장 훌륭한 사람을 都約正으로 추대하고, 學行이 있는 사람 둘을 副約正으로 삼으라고 하였다. 향약을 운영하는 실무자는 直月과 司貨이다. 直月은 約員名簿와 善籍(約員들의 善行을 기록해 두는 장부)·惡籍(約員들의 惡行을 기록해 두는 장부) 등을 맡아서 기록하였고, 司貨는 향약의 財政을 맡아서 관리하였다.

전히 過失을 고치지 않은 다음에야 惡籍에 기록한다."[47]고 하였다. 즉 향약의 시행에 있어서, 立約 이전의 善惡은 문제 삼지 않았던 것이다. 이것 역시 향약에서는 立約 절차가 핵심적 관건임을 보여준다.

셋째, 향약의 주요 제재수단은 名譽刑이었다. 율곡은 "直月은 만약 約員의 善行이나 惡行을 들었으면 자세히 물어 그 실상을 확인하고 私的으로 장부에 기록했다가, 約員들이 모이는 날에 約員들에게 보고한다. 만약 直月이 선행이나 악행을 알고도 보고하지 않았으면, 都約正 · 副約正이 그 까닭을 詰問하고 約束을 어긴 죄로 논한다. 過失(惡行)이 기록된 것이 말소되지 않은 채 3건에 이르렀으나 끝내 고치지 않는 사람은 約員들이 함께 의논하여 향약에서 퇴출시킨다. 퇴출된 사람이 진심으로 반성하고 고친다면 향약에 다시 가입하는 것을 허락한다(처음 가입할 때의 절차를 다시 밟는다)."[48]고 하였다. 향약에서는 善行이 있는 사람은 함께 칭송하고, 惡行이 누적된 사람은 퇴출시켰던 것이다. 향약에서 퇴출된다는 것은 불명예였을 것이며, 患難相恤 등과 관련하여 그 공동체의 일원으로서 응분의 혜택을 받지 못했을 것임은 분명하다. 즉 勸善懲惡을 추구하는 향약에서 주요한 제재는 '物理的인 차원' 보다는 '名譽의 차원' 에서 이루어졌던 것이다.[49]

넷째, 율곡은 향약과 사창을 연계시켜 시행하였다. 율곡은 "처음 立約할 때에, 향약에 참여하는 사람들은 각각 緜布와 麻布 각 一疋과 쌀 一斗를 내

47) 『栗谷全書』 卷16 頁8, 〈海州鄕約 立約凡例〉.

48) 『栗谷全書』 卷16 頁8~9, 〈海州鄕約 立約凡例〉.

49) 율곡의 〈社倉契約束〉의 '過失相規' 조목에서는 處罰 조항으로 '笞刑' 을 두기도 했다. 즉 가장 무거운 벌인 上罰에 해당되는 경우, 約員들이 모였을 때, 士類는 末端에 별도로 앉게 하고, 長者는 面前에서 꾸짖으며, 下人에게는 40대의 볼기를 친다고 하였다. 즉 士類와 長者에게는 名譽刑이 가해졌고, 下人에게는 體罰이 가해졌던 것이다. 또 중대한 惡行에 대해서는 官廳에 보고하여 治罪하도록 했던바(『栗谷全書』 卷16 頁37 참조), 따라서 鄕約에서는 名譽刑이 주축을 이루었던 것이다.

어 司貨에게 맡기고 書院에 쌓아둔다. 齋直 가운데 성실한 사람을 골라 그 出入을 관리하게 하여, 後日의 慶弔事나 救恤의 자원으로 쓰게 한다. (…) 만약 쓰고 남은 것이 있으면 백성들에게 쌀을 빌려주되, 社倉의 法과 마찬가지로 10분의 2의 利息을 받는다."[50]고 하였다. 모든 향약은 본래 患難相恤을 기본덕목으로 삼고 있었으며, 그를 위해 約員들로부터 약간씩의 財貨를 갹출하여 司貨로 하여금 관리하도록 했던 것이다. 그런데 율곡은 〈社倉契約束〉에 보이듯이 향약과 사창을 합일된 형식으로 발전시키기도 한 것이다.[51]

마지막으로, 향약은 良·賤이 함께 한 것이었으나, 향약을 주도한 것은 儒學者들이었다. 당시에는 良·賤의 차별이 있었던 만큼 향약에서도 良·賤은 차별되었으나, 그것이 賤民에게 불리하게 고안된 것은 아니었다. 또한 최초의 立約을 포함하여 約員들의 주요 모임은 書院에서 이루어졌다. 이는 공동체 내에서의 '지식인과 교육기관의 주도적 역할'을 뜻하는 것이다.

이상에서 '人倫共同體'라는 관념이 '조선시대의 國家觀' 및 '가족과 향촌의 운영'에 어떻게 반영되고 있는가를 살펴보았다. 이제 이상의 내용을 정리해 보자.

家族 또는 宗族의 운영에서는 宗法制와 家禮가 중시되었다. 家族 또는 宗族이라는 혈연공동체에서 무엇보다도 중요한 덕목은 '사랑과 공경' 또는 '孝順과 親愛'였다. 家族 또는 宗族을 교육하고 빈궁한 사람들을 돕는 것은 일차적으로는 家長 또는 宗子의 권한과 책임이었다.[52] 그러나 세대가 누적

---

50) 『栗谷全書』 卷16 頁9, 〈海州鄕約 立約凡例〉.

51) 社倉은 중국에서 傳來된 것이지만, 契는 조선에서 自生한 고유의 것이었다. 율곡의 〈社倉契約束〉은 社倉과 鄕約을 기능적으로 결합시켜, 鄕約에 입각하여 社倉을 경영한 것이다(『栗谷全書』 卷16 頁32~48 참조).

되어 종족의 범위가 확장됨에 따라, 宗子 한 사람의 능력으로 종족을 통솔하기 어렵고, 또 종족 간의 유대감이 약화되자, 그 해결책으로 宗契가 등장한 것이다. 또 모든 가정에서는 성년이 된 사람을 축하하고 격려하는 冠禮, 새로 가정을 이루는 男女에게 사랑과 정절을 북돋워 주는 婚禮, 죽은 사람을 산 사람처럼 섬기는 喪禮, 돌아가신 조상을 추모하며 교감하는 祭禮를 통해 일상을 삶을 거룩하게 승화시키도록 유도했다. 이는 가족제도를 必要(본능적 욕구)를 충족시키는 수단에 국한시키지 않고, 한 걸음 더 나아가 '도덕적 본성' 을 구현하는 수단으로 인식한 것이다.

鄕村의 운영에서는 鄕約과 社倉이 강조되었다. 맹자는 "백성은 恒產이 없으면 恒心도 잃게 된다" 고 했는데, 사창은 항산을 보장하기 위한 방법으로 고안된 것이요, 향약은 항심을 기르기 위한 방법으로 고안된 것이다. 항산을 보장한다는 것은 '본능적 욕구' 를 안정적으로 충족시킬 수 있게 하는 것이요, 항심을 기른다는 것은 '도덕적 본성' 을 잃지 않게 하는 것이다. 이렇게 본다면, 조선시대의 유학자들은 향촌공동체의 운영에 있어서도 本能과 本性의 두 측면을 동시에 유의하고, 본능의 충족을 바탕으로 한 본성의 실현을 추구했던 것이다.[53)]

國家의 운영에서는 養民과 教民을 기본적 책무로 설정했다. 養民은 의식주에 대한 본능적 욕구를 충족시켜주는 것이요, 동시에 생존권을 보장하는 것이다. 教民은 다양한 실무 교육을 포함하는 것이지만, 그 핵심은 인륜

---

52) 전통유교에서는 教育과 救恤의 일차적인 책임을 家族(宗族)에 부과하고, 國家는 이차적인 책임을 지도록 한 것이었다.

53) 家族과 鄕村의 운영에서 또 하나 주목할 것은, 이들이 血緣이나 地緣을 매개로 성립하는 '생래적 귀속집단' 이면서도, 그 안에서 宗契(花樹會) · 鄕約 · 社倉 등 '자발적 계약집단' 을 발전시켜 나갔다는 점이다. 각지에 건립된 書院 역시 기본적으로 '자발적 계약집단' 이었던 것이다(이에 대한 보다 자세한 논의는 拙稿, 「한국 성리학에 있어서의 개인과 공동체」, 108~124쪽 참조).

의 교육에 있었다. 이는 백성들의 도덕적 본성을 일깨워 인륜적 삶으로 인도하는 것이다. 조선의 유학자들은 국가의 두 책무 가운데 일차적으로 중요한 것은 養民이지만, 궁극적으로 중요한 것은 教民이라고 보았다. 이렇게 본다면 조선시대에는 일차적으로는 백성들의 '人權'을 존중하면서도, 궁극적으로는 '人倫的 삶'을 추구했던 것이다.

이처럼 人倫의 관념은 '가족 · 향촌 · 국가'를 관통하고 있었던바, 조선의 유학자들은 국제관계 역시 인륜에 입각해야 한다고 보았다. 대부분의 조선시대 유학자들이 중국의 역대 왕조 가운데 漢 · 唐과 元 · 清을 폄하하고 宋과 明을 높이 평가한 것은 漢 · 唐 · 元 · 清은 霸道를 앞세운 나라인 반면에 宋 · 明은 상대적으로 王道를 중시했다고 보았기 때문이다. 이들은 大國과 小國이 王道의 이념을 공유하면서, 大國은 小國을 보호하고 小國은 大國을 섬기는 것을 이상으로 여겼다. 한 세기 전 대부분의 유학자들이 西歐列强과 日本을 배격한 것도 그들의 제국주의적 침탈이 '人倫을 거역한 야만적 행태'에 불과하다고 보았기 때문이었다.

3. 조선시대 人倫論의 한계

1) 신분차별과 남녀차별의 문제

조선시대의 人倫論에 대해서는 여러 측면에서 비판할 수 있지만, 그 중에 가장 중대한 문제는 신분차별과 남녀차별 등의 '差別'이었다. 인륜론은 유기체적 세계관에 입각하고 있거니와, 유기체적 세계관에는 '위계질서'라는 관념과 '불변하는 기본구조'라는 관념이 담겨 있다.[54] 우리 사회가 요구하는 위계질서의 핵심은 '職分의 위계'인데, 조선시대의 인륜론자들은 이를 '身分의 위계질서' 로 확대해석하고, 또 그것을 불변의 기본구조로 고착시키고자 한 경우가 많았다. 이는 많은 갈등과 폐단을 초래했거니와, 이제 그것을 개관해 보기로 하자.

조선시대에는 모든 국민의 身分을 '혈통의 귀천' 에 따라서 良人과 奴婢(賤人)로 양분했다. 良人은 혈통상 아무런 하자가 없는 自由平民인 까닭에 혈통이 귀한 것이며, 혈통이 귀하기 때문에 良人이라고 불렀다. 이와 반대로 奴婢는 범죄인의 후예인 까닭에 혈통이 천하다고 보며, 혈통이 천한 까닭에 타인의 소유물이 되는 非自由民으로 간주되었다. 良人은 '직업의 귀천' 에 따라 다양한 계급으로 분화되었다. 兩班이나 士大夫, 中人, 農民이나 商人 · 匠人 등이 그것이다. 양인 내부의 다양한 계급들도 위계질서를 형성하고 있었으나, 그것은 본인의 노력에 따라서 상승하거나 하강할 수 있는 것이었다. 따라서 양인과 노비의 身分은 歸屬的인 것이라면, 양인 내부의 階級은 成就的인 것이었다.[55]

조선시대의 신분제도에서 또 하나 주목할 것은 '嫡子 · 庶孼' 의 문제이다. 良人 가운데 정식으로 결혼한 夫婦 사이에 태어난 사람을 嫡子라 하고, 妾에게서 태어난 사람을 庶孼이라 했다.[56] 조선시대에는 서얼 역시 많은

54) 김상준은 '王-卿大夫-士-庶-賤' 으로 차별화된 유교적 신분질서에 대해, 신분과 계급을 구별하면서, "신분적 상황이 계급적 상황과 구분되는 점은 전자에서는 신분적 차등이 (계급적 상황에서와 같이) 경제적 착취-피착취, 정치적 억압-피억압(不正義)으로 표상되지 않고 오히려 상위신분이 하위신분을 지키고 보호한다는 윤리적 外樣을 띠고 있다는 점이다. 따라서 전통 사회에서는 평등이 아닌 차별이 시대의 (윤리적) 이념이 되었던 것이다."라고 설명한 바 있는데(『맹자의 땀 성왕의 피』, 264~265쪽), 그러한 '윤리적 外樣' 을 제공한 것은 물론 '유교의 유기체적 세계관' 이다.

55) 한영우, 『朝鮮時代身分史硏究』, 17~18쪽 참조.

56) 妾은 신분에 따라 良妾과 賤妾으로 구분되었는데, 대부분은 賤妾(婢妾)이었다. '庶孼' 은 엄밀하게 말하면 良妾의 소생을 '庶' 라 하고, 賤妾의 소생을 '孼' 이라 했다(『明宗實錄』 8년 10월 15일 참조). 한편 賤人(奴婢)은 그 所有主에 따라 公賤과 私賤으로 구분되었다.

차별을 받았는데, 이는 기본적으로 노비에 대한 차별이 연장된 것이었다. 良人 여자가 妾이 되는 경우는 드물었거니와, 따라서 서얼은 대체로 賤妾의 소생인 경우가 많았기 때문이다.[57)]

이제 賤人과 庶孼에 대한 차별을 살펴보자. 조선시대에는 良人만 公民(自由民)으로 인정하고, 賤人은 公民으로 인정하지 않았다. 良人은 국가에 대해 義務를 부담하는 동시에 국정에 참여할 수 있는 權利를 지녔으나, 賤人은 국가에 대한 의무도 없는 동시에 국정에 참여할 권리도 없었다.[58)] 한편, 서얼은 고위관직으로 진출할 수 없었다. 양첩 소생은 정3품까지만 승진할 수 있었고, 천첩 소생은 정5품까지만 승진할 수 있었으며, 文官・武官보다는 通譯・醫療・藝術・法務 등 技術職으로 유도되었다.[59)] 서얼은 재산의 상속에서도 적자보다 훨씬 불리했다. 대체로 양첩 소생은 적자의 6분의 1을 상속받았고, 천첩 소생은 적자의 9분의 1을 상속받았다.[60)]

조선시대에는 男子와 女子를 차별하는 문제도 있었다.[61)] '三從之道'라 하여 여자에게는 순종적인 삶을 요구했고, '七去之惡'이라 하여 본인의 과실이 없어도 이혼을 당할 수 있었다.[62)] 또 남자는 이혼 후에 再娶하거나 아

---

57) 한영우, 『朝鮮時代身分史硏究』, 18쪽 참조.

58) 한영우, 『朝鮮時代身分史硏究』, 11쪽 참조. 奴婢는 公民權만 박탈당했을 뿐, 생명권・재산권 등의 私權은 보장되었다.

59) 『經國大典』「吏典」〈限品敍用〉 참조.

60) 『經國大典』「刑典」〈私賤〉 참조.

61) 이동준은 조선시대의 여성차별에 대해 "여성은 남성에 비하여 너무나도 불평등한 위치에 있었음에 틀림이 없다고 본다. 따라서 오늘날 민주사회에서 그러한 유교적 인습을 타파하고 남녀평등을 쟁취하는 것은 당연하다고 주장할 수 있다."고 전제한 뒤, 조선시대 여성이 겪었던 '굴종과 예속'이 보기에 따라서는 그 시대에 요청되었던 '인내와 희생'이라는 가치로 인식될 수도 있다고 설명하고, "물론 '굴종과 예속'은 버려야 하겠지만, '인내와 희생'은 쉽사리 버릴 가치가 아닐 것"이라고 제언한 바 있다(『한국사상의 방향 : 성찰과 전망』, 511~512쪽).

62) '三從之道'란 여자는 결혼 전에는 아버지께 순종하고, 결혼한 다음에는 남편에게 순

내와 사별하여 再娶해도 불이익이 없었고 심지어는 蓄妾도 할 수 있었으나, 여자는 再嫁하거나 改嫁하면 불리한 처분을 받았다.[63] 『小學』에서는 "烈女는 두 남편을 섬기지 않는다" 고 했는데, 이것이 寡婦의 改嫁를 억제하고 守節을 권장하는 典據였던 것이다.

이상에서 조선시대에 있었던 신분차별과 남녀차별을 개관하였다. 오늘날 우리는 이러한 차별들을 용납하지 않거니와, 사실은 조선시대에도 이러한 차별들은 많은 논란을 일으켰다. 이제 몇 가지의 사례를 살펴보기로 하자.

첫째, 賤人은 犯罪人으로부터 유래하는 것이라면, 천인에 대한 차별은 기본적으로 그 타당성을 인정할 수 있다.[64] 문제는 천인을 財物로 취급하고, 또 천인의 신분이 세습되도록 했다는 점이다. 조선 후기로 가면서 이러

종하며, 늙어서는 자식에게 순종해야 한다는 것이다. '七去之惡' 이란 남편이 정당하게 아내를 버릴 수 있는 일곱 가지의 사유로서, 시부모께 순종하지 않는 경우, 아들을 낳지 못하는 경우, 음란한 경우, 질투하는 경우, 나쁜 질병이 있는 경우, 말이 많은 경우, 도둑질한 경우가 그것이다. 『小學』 明倫篇에서는 '七去之惡' 을 소개하고는, 이어서 '아내가 돌아갈 곳이 없는 경우, 부모의 三年喪을 함께 치른 경우, 아내와 결혼하기 전에는 貧賤했으나 결혼한 다음에 富貴하게 된 경우' 에는 아내가 七去之惡을 범했더라도 버릴 수 없다고 하였다(이를 '三不去' 라 한다).

63) 再嫁와 改嫁는 같은 뜻으로 통용하기도 하지만, 남편과 이혼하고 다시 다른 남자에게 시집가는 것은 '再嫁' 요 남편과 사별하고 다시 다른 남자에게 시집가는 것은 '改嫁' 라고 구분하기도 한다. 『經國大典』 吏典의 '外命婦' 에서는 "再嫁한 여자는 爵位를 봉하지 않으며, 改嫁한 여자는 주었던 爵位도 박탈한다" 고 하였고, '京官職' 에서는 "貞操를 지키지 못한 여자의 소생과 再嫁한 여자의 소생은 文官 · 武官의 관직에 임명하지 못한다." 고 하였다. 당시에는 이혼을 대단한 수치로 여겼기 때문에 이혼은 드물었다. 따라서 문제는 남편과 사별한 寡婦의 경우인데, 위와 같은 조항들은 寡婦의 守節을 권하고 改嫁를 억제하는 것이었다. 조선시대에는 寡婦가 모범적으로 守節한 경우 '烈女' 라 칭송하고 旌閭를 하사했다.

64) 오늘날에도 犯罪人(受刑者와 前科者)은 公民權을 제한받고 있다. 그러나 오늘날의 범죄인은 기본적으로 신분이 세습되지 않으며, 또한 조선시대의 奴婢처럼 財産으로 취급받지도 않는다.

한 차별의 부당성에 대한 각성이 점차 심화되어, 여러 유학자들이 노비제도 자체의 폐지를 주장하게 되었다. 柳馨遠·李瀷·柳壽垣 등 實學派로 분류되는 유학자들이 그 선봉에 섰다. 이에 대해서는 잠시 뒤에 소개하기로 하겠다.

둘째, 조선시대의 신분차별에서 가장 많은 논란을 일으킨 것은 庶孼에 대한 차별이었다. 서얼의 차별을 옹호하는 사람은 '명분론적 위계질서'를 내세웠다. 예컨대 世宗이 서얼을 忠義衛[65]에 배속시키는 것을 허락하자, 李繩直은 상소를 통해 다음과 같이 반대하였다.

> 尊卑의 구분과 上下의 등급은 하늘이 세워지고 땅이 설치된 것과 같아서 고칠 수 없는 것이라고 생각됩니다. 만일에 낮은 사람을 높은 지위에 있게 하고 천한 사람을 귀한 자리에 있도록 한다면, 위와 아래의 지위가 바뀌어져서 백성의 뜻이 안정되지 못할 것입니다. 생각건대, 우리 국가에서 族屬을 엄하게 가리고 貴賤을 분변하는 것은 그 유래가 오래된 것입니다. 지금 이 무리들을 모두 忠義衛에 참여케 하여 함께 通顯의 반열에 어울려 구별이 없게 한다면, 분수에 지나는 지위에 참람히 擬望되는 일이 반드시 발생하여, 앞으로는 본래의 上典과 禍根의 실마리를 만들어 모함하려는 자도 있을 것이요, 또 서로 혼인하는 자도 있게 될 것이니, 名分을 바로 잡아 줄기(嫡子)를 강하게 하고 가지(庶孼)를 약하게 하는 뜻에 아주 어긋나게 될 것입니다.[66]

반면, 서얼의 차별을 비판하는 사람은 '身分보다는 學識과 德望이 중요하다'는 논리를 내세웠다. 예컨대 金正國은 經筵에서 中宗께 다음과 같이

---

65) '忠義衛'는 조선시대 中央軍에 속한 部隊의 하나로서, 貴族의 子弟들로 편성되었다.
66) 『世宗實錄』 12년 2월 17일.

진언했다.

講하는 글에 "얼룩소의 새끼가 붉고 또 뿔이 나면, 제사에 쓰지 않으려 해도 山川의 神이 버려두겠느냐?" 고 했습니다. 여기서 聖人의 公平正大하고 私情에 치우친 마음이 없음을 알 수 있으니, 임금이 사람을 쓰는 데에도 이와 같이 해야 합니다. 옛날 어진 이는 사람을 천거할 적에, 원수를 천거하거나 자식을 천거하거나 혐의쩍게 여기지 않고 오직 어진 것만 볼 뿐이었습니다. 우리나라는 庶孼의 부류를 용렬한 무리로 대우하며, 비록 뛰어난 재주가 있어도 쓰지 아니하니, 이것은 우리나라의 弊政입니다.[67)]

"얼룩소의 새끼가 붉고 또 뿔이 나면, 제사에 쓰지 않으려 해도 山川의 神이 버려두겠느냐?"[68)]는 말은 孔子의 말로서, 신분이 미천해도 학식과 덕망이 있으면 크게 등용해야 한다는 뜻이었다. 한편 서얼의 차별을 옹호하는 사람들이 내세운 '명분론적 위계질서' 도 역시 공자의 지론이었다. 공자의 이 두 가르침을 일관되게 해석하자면, 명분론적 위계질서를 서얼차별의 논리로 확대해석할 수는 없는 것이다. 요컨대 명분론적 위계질서를 내세워 서얼차별을 정당화하는 것은 명분론을 지나치게 확대해석함으로써 공자의 또 다른 가르침과 어긋나게 되는 것이다. 이처럼 유교적 관점에서 보더라도 서얼차별은 부당한 것이었다.

셋째, 조선시대의 유학자들은 대부분 順從을 '여자의 미덕' 으로 간주했거니와, 따라서 '三從之道' 에 대해서 비판한 경우는 찾아보기 어렵다. 다만 '七去之惡' 이나 '改嫁의 억제' 에 대해서는 많은 비판이 제기되었다. 예

---

67) 『中宗實錄』 13년 11월 3일.

68) 『論語』 雍也 4 : 子謂仲弓曰 犁牛之子騂且角 雖欲勿用 山川其舍諸

컨대 李養吾는 『小學』의 '七去之惡' 에 대한 주석에서 다음과 같이 말한다.

'아들이 없음' 과 '나쁜 질병이 있음' 은 天命이니, 그런 아내를 버림은 義理에 온당하지 못하다. (…) 또한 마땅히 義理로 처리해야 하니, 어찌 버리는 데에 이르러야 하겠는가? 이것은 모두 의심스럽다.[69]

아내에게 惡行이 있을 경우에는 버리는 것이 당연하지만, '아들이 없음' 과 '나쁜 질병' 이 있음은 아내의 잘못이 아니므로 버릴 수 없다는 것이다. 한편 朴趾源은 改嫁를 억제하는 법규와 풍습에 대해 다음과 같이 비판했다.

『經國大典』에 "改嫁한 여자의 소생은 正職(文官 · 武官)에는 敍用하지 못한다." 고 했는데, 이것이 어찌 일반 백성을 대상으로 만들어 놓은 것이겠는가? 우리나라에서는 4백 년 동안 백성들이 이미 오랫동안 인도한 敎化에 젖어, 여자는 신분이 귀하든 천하든, 또 그 一族이 미천하거나 현달했거나 간에 寡婦로 守節하지 않음이 없어, 마침내 이로써 風俗을 이루었다. 옛날에 烈女라고 칭송했던 여자들은 오늘날 도처에 있는 寡婦들이다. 시골이나 여염의 젊은 과부와 같은 경우는 부모가 '행실이 나쁘다' 고 핍박하는 일도 없고, '자손이 正職에 敍用되지 못하는 수치' 를 당하는 것도 아니다. 그런데도 한갓 과부로 지내는 것만으로는 절개가 되기에 부족하다 생각하여, 종종 한낮의 촛불을 스스로 끄고 남편을 따라 죽기를 빌어, 마치 樂土에 가듯이 기꺼이 죽음을 택한다. 烈女는 烈女지만, 어찌 지나친 것이 아니겠는가?[70]

---

69) 朱子, 성백효 역, 『小學集註』, 139쪽.

70) 『燕巖集』 卷1 頁32~33, 〈烈女咸陽朴氏傳〉.

박지원이 지적했듯이, 『經國大典』의 改嫁를 억제하는 조항은 관직에 진출하지 않는 일반 서민들과는 무관한 것이었다. 그런데도 守節을 칭송하는 敎化가 오랜 세월 지속됨으로써, 마침내 귀천을 막론하고 수절을 당연하게 여긴 것이다. 박지원은 이러한 풍속이 결국엔 젊은 과부들을 죽음으로 내몰고 있다고 지적했다. 박지원은 위의 인용문 다음에 "과부란 고독한 처지에 놓여 슬픔이 지극한 사람"이라고 설명하고, "과부라 하여 어찌 情欲이 없을 수 있겠는가?"라고 반문하였다. 혈기왕성한 나이에 정욕을 채울 수 없는 삶은 '한낮의 촛불' 처럼 무의미한 삶이므로, 젊은 과부들이 기꺼이 스스로 목숨을 끊는다는 것이다. 요컨대 박지원은 '여성의 행복추구권' 이라는 관점에서 개가를 억제하는 풍습을 비판한 것이다.

이상에서 신분차별과 남녀차별에 대한 조선시대 유학자들의 논란과 비판을 살펴보았다. 이처럼 각종 차별의 부당성에 대한 비판이 지속적으로 제기되었음에도 불구하고, 조선시대에는 결국 말기까지 그러한 차별들을 완전히 일소하지는 못했다.[71] 이것이 조선시대 人倫論의 한계라 하겠다.

2) 신분세습과 연좌제의 문제

조선시대의 신분제에서 良人과 賤人이 '혈통' 에 따라 나뉜다는 것은 양인과 천인이라는 신분이 세습되었다는 뜻이다. 조선시대에는 특별한 경우가 아니면 신분이 세습되었다. 즉 양인이 큰 罪를 지으면 천인으로 전락하

71) 그럼에도 불구하고 特記할 것은, 純祖 1년(1801년)에 마침내 公奴婢를 해방시켰다는 점이다(『純祖實錄』 1년 1월 28일 참조). 純祖의 公奴婢 해방은 그동안 지속되어온 儒學者들의 신분제도 비판을 부분적으로나마 수용한 것으로서, 이는 미국 링컨 대통령의 노예해방(1863년)보다 60여 년이나 앞선 일이다. 이에 대해서는 다음 章에서 보다 자세히 논의하기로 하겠다.

고, 천인이 큰 功을 세우면 양인으로 상승하기도 했으나, 대부분의 경우에는 부모의 신분이 자식에게 그대로 세습되었던 것이다. 서얼의 경우에도 조상이 서얼이면 자손도 서얼로 규정되었다. 조선시대에는 또 한 사람의 功·罪가 그 일족에게까지 파급되는 제도를 유지했다. 큰 功을 세우면 그 조상을 추존하는 追贈制와 자손까지 서용하는 門蔭制, 큰 罪를 지으면 그 일족까지 처벌하는 緣坐制가 그것이다. 이러한 제도들 역시 유기체적 세계관에서 비롯된 것이다. 유기체적 세계관은 개인을 개인으로 규정하지 않고 주변 사람들과 縱·橫으로 연결시켜 이해하기 때문이다.

鄭道傳은 門蔭制의 취지를 "將相과 大臣은 모두 백성에게 功德이 있고, 또 그들의 자손은 家訓을 이어받아서 禮義를 잘 알고 있으므로, 모두 벼슬을 할 만하다고 생각하여, 門蔭制를 설치했다."[72]고 설명했다. 문음제가 정당한 것이라면, 그와 대비되는 연좌제 역시 정당한 것이다. 그리하여 『經國大典』에서는 탐관오리의 아들·손자는 주요 관직에 임명하지 못하게 하고, "曾孫代에 가서야 주요 관직에 등용하는 것을 허락한다"고 했다.[73] 反逆罪의 경우에는 더욱 광범하게 연좌시켜서, 親族·外族·妻族 등 三族까지 처벌했다. 반역죄에 연루되어 한 번 노비로 전락하면, 특별한 경우가 아니고는 대대로 노비의 신분을 벗어날 수 없었다.

이러한 제도들 역시 많은 폐단을 낳았고, 따라서 많은 논란을 일으켰다. 서얼과 노비의 신분을 세습시키는 것을 반대하는 사람들의 논거는 두 가지였다. 첫째는 효용의 관점으로, 이들의 신분을 세습시켜 차별하면 국가가 활용할 수 있는 人才도 적어지고 國役을 부담하는 사람도 적어져서 손해라는 것이었다. 둘째는 도덕적 관점으로, 이들의 신분을 세습시키는 것

72) 『朝鮮經國典』「治典」〈入官〉.

73) 『經國大典』「吏典」〈京官職〉 참조.

자체가 옳지 못하다는 것이었다. 따라서 서얼도 관직에 진출할 수 있도록 許通하고, 세습적 노비제도를 폐지해야 한다는 것이다. 이제 몇몇 사례를 살펴보기로 하자.

閔壽元은 經筵에서 中宗께 "쓸 만한 人才를 보면 貴賤을 따지지 않고 들어 쓰는 것은 王者의 도량입니다. 그 자신에 대해서도 잘못된 점이 있었더라도 후에 고쳤으면 또한 수용해야 합니다. 옛말에 '남의 지나간 惡行을 생각하지 않는다' 고 했으니, 임금이 사람을 쓰는 데도 이와 같이 해야 합니다."[74]라고 건의했고, 같은 經筵에서 金正國 역시 "어진 사람이 반드시 훌륭한 家門에서 나오는 것이 아니니, 가문 때문에 막아버리면 사람을 등용하는 門이 더욱 좁아집니다. 오직 그 賢否만 볼 뿐이요, 가문으로 사람을 논해서는 안 됩니다."[75]라고 건의했다. 이들은 서얼의 許通을 주장한 것이다. 柳馨遠·李瀷·柳壽垣 등은 노비제도를 비판했다. 유형원은 다음과 같이 말한다.

본래 奴婢의 명칭은 罪를 지어 籍沒한 데서 나왔다. 옛날에는 죄가 없는데도 노비를 만드는 제도가 없었다. 무릇 죄를 짓고 적몰된 자도 자손에게까지 벌이 미치지 않았는데, 하물며 죄가 없는 자이겠는가? 우리나라의 노비법은 죄가 있고 없음을 가리지 않고, 다만 그 世系를 상고하여 百代가 되어도 모두 노비로 삼는다. 그러므로 간혹 무식하고 비열한 자가 남의 생명을 쥐고 있다. 가령 훌륭한 인재가 노비 신분에서 나온다 하더라도 또한 禁錮되어 남의 노비가 되니, 이것이 어찌 이치에 합당한가? (…) 지금 우리나라는 노비를 財物로 삼는다. 사람은 다 같은 類인데, 어떻게 사람이 사람을 재물로 삼을 수 있는가? (…) 우리나

74) 『中宗實錄』 13년 11월 3일.

75) 『中宗實錄』 13년 11월 3일.

라의 노비법이 事理에 맞지 않음은 본래 알기 어려운 것이 아니다. 그런데 사람들은 각자 사사로운 마음에 눈이 가려, 모두 고치기 어렵다고 한다. 人君으로 말하면 하늘을 대신하여 사람을 다스리는 것이니, 나라는 곧 나의 나라요 백성은 곧 나의 백성인 것이다. 어찌 다시 그사이에 따로 노비를 만들어서 나의 백성을 해칠 수 있겠는가? 이로 인하여 이웃과 친족에게 피해가 미치고 그 流波는 수많은 사람에게 해독을 끼치니, 이는 스스로 나라를 병들게 하는 것이다.[76]

유형원은 노비제도가 도덕적으로 부당함을 비판한 것이다. 李瀷은 奴婢는 國役을 부담하지 않는바, 노비가 증가함으로써 國力이 약해진다고 비판했는데,[77] 이는 노비제도가 경제적으로도 손해라는 점을 지적한 것이다. 한편, 유수원은 다음과 같이 말한다.

『書經』에서는 "罰은 자손까지 미치지 않는다"고 했고, 『孟子』에서는 "罪人은 妻子까지 미치지 않게 한다"고 했으니, 先王의 정치는 이처럼 忠厚한 것이다. (…) 고려시대에는 천인에 대해서 잔혹한 法을 편벽되게 사용하여 양인이 되지 못하게 했다. 그 末弊가 지금에 이르러 더욱 혹독하니, 매우 서글픈 일이다.[78]

유수원은 노비세습제는 고려시대부터 생긴 惡法일 뿐으로서, 전통유학의 이념과 어긋난다는 점을 지적했다. 『書經』에서는 "罰은 자손까지 미치지 않으며, 賞은 자손까지 미치게 한다."[79]고 했고, 『孟子』에서는 "벼슬한 사람은 대대로 祿을 먹게 하고, 罪人은 妻子까지 미치지 않게 한다."[80]고

---

76) 『磻溪隧錄』 卷26, 〈奴隷〉.

77) 『星湖集』 卷30 頁43~44, 〈論奴婢〉.

78) 『迂書』 卷1, 〈奴婢〉.

79) 『書經』 大禹謨 : 罰弗及嗣 賞延于世

했다. 유수원이 지적한 것처럼, 功에 대한 賞은 자손까지 미치게 하고, 罪에 대한 罰은 본인에게만 국한시키라는 것이 유교의 본래 취지였다.

그럼에도 불구하고, 유형원이 지적한 것처럼 당시의 많은 유학자들은 '사사로운 마음' 에 눈이 가려, 노비세습제를 '고치기 어렵다' 고 한 것이다. 조선시대에는 말기까지 부당한 세습제와 연좌제를 일소하지 못했다. 이것 역시 조선시대 人倫論의 한계라 하겠다.

3) 名分秩序의 이상과 현실

이제까지 조선시대 人倫論의 주요 문제점으로 여러 부당한 차별에 대해 살펴보았다. 앞에서도 언급했듯이, 이런 문제들은 근본적으로 명분론적 위계질서의 관념과 밀접한 관련이 있는 것이다. 명분질서는 유교적 인륜론의 핵심이다. 그렇다면 유교적 인륜론은 반드시 부당한 차별로 연결되는 것이요, 또 반드시 연결되어야만 하는 것인가?

앞에서 소개했듯이, 조선시대의 많은 유학자들은 儒教 經典의 本旨에 입각하여 당시의 여러 부당한 차별을 비판했다.[81] 각종 차별이 유교 경전의 가르침과 어긋난다면, '유교적 국가' 를 지향했던 조선시대의 유학자들은 결코 부당한 차별을 범하지 않았어야만 한다. 그럼에도 불구하고 조선시

---

80) 『孟子』 梁惠王下 5 : 仕者世祿 (…) 罪人不孥

81) 燕巖 朴趾源은 〈庶孼의 許通을 요청하는 擬疏〉에서 서얼의 허통을 奏請했었던 先儒들의 계보를 서술한 바 있다. 그에 의하면 趙光祖, 李珥, 成渾, 趙憲, 崔鳴吉, 張維, 金尚容, 李元翼, 尹昉, 吳允謙, 宋時烈, 朴世采, 金壽弘, 李袤, 崔錫鼎 등이 서얼의 허통을 주청한 바 있었다. 이렇게 본다면 조선시대의 명망 있는 유학자들은 대부분 서얼의 허통을 주장했던 것이다. 그럼에도 불구하고 서얼의 금고가 지속되었던 까닭에 대해, 박지원은 '권력을 독점하려는 權門勢族의 탐욕' 때문이었다고 설명한 바 있다(『燕巖集』 卷3 頁24~28, 〈擬請疏通疏〉 참조).

대의 또 다른 많은 유학자들이 이러한 오류를 범하고 묵인한 것은 무슨 까닭인가? 이는 유교 경전에서 추구한 명분론적 위계질서가 본래의 취지대로 실현되지 못하고, 부당하게 확대하여 해석되었기 때문이다. 이제 유교적 명분질서의 이상과 현실을 살펴보기로 하자.

유교적 명분질서의 이상은 '윗사람과 아랫사람의 感應' 이었다. 유교에서 말하는 '윗사람과 아랫사람의 감응' 은 '도덕적 감응' 과 '정서적 감응' 으로 대별된다. '도덕적 감응' 은 德治論과 맥락을 같이 하는바, 『논어』에서는 주로 率先垂範을 통한 도덕적 감응을 강조했다. 『논어』의 덕치론은 "德으로 정치를 하는 것은 비유컨대 북극성이 제자리에 머물러 있으면 뭇별들이 그를 향하는 것과 같다."[82]는 말로 대변된다. 통치자가 앞장서서 모범을 보이면 백성들은 저절로 그에 감화되게 마련인데, 이는 통치자와 백성 간의 도덕적 감응이라 하겠다. '정서적 감응' 은 '與民同樂' 을 말한다. 맹자는 "임금이 백성의 즐거움을 즐거움으로 삼으면 백성 또한 임금의 즐거움을 즐거움으로 삼고, 임금이 백성의 근심을 근심으로 삼으면 백성 또한 임금의 근심을 근심으로 삼는다."[83]고 하고, "임금이 仁政을 베풀면, 백성들은 윗사람을 친하게 여겨서, 그들을 위해서 목숨을 바치게 될 것"[84]이라 했다. 통치자가 백성과 고락을 같이하면, 통치자와 백성은 곧 일심동체가 된다. 그것은 평상시에는 통치자가 백성을 위해 仁政을 베푸는 것으로 드러나고, 국가적 위기 상황에는 백성이 통치자를 위해 기꺼이 목숨을 바치는 것으로 드러난다. 이와 같이 정서적 감응이란 윗사람과 아랫사람 즉 '통치자와 백성' 이 '부모와 자식' 처럼 친애하는 것이다.

유교에서는 이와 같은 감응의 논리를 다양한 인간관계에 그대로 적용시

---

82) 『論語』 爲政 1 : 子曰 爲政以德 譬如北辰居其所 而衆星共之

83) 『孟子』 梁惠王下 4 : 樂民之樂者 民亦樂其樂 憂民之憂者 民亦憂其憂

84) 『孟子』 梁惠王下 12 : 君行仁政 斯民 親其上 死其長矣

켰다. 父子 간에는 부모의 솔선수범과 자식에 대한 親愛가 긴요하고, 夫婦 간에는 남편의 솔선수범과 아내에 대한 사랑이 긴요하며, 長幼 간에는 어른의 솔선수범과 어린이에 대한 慈愛가 긴요하다는 것이다. 예컨대 조선시대의 저명한 유학자들은 다음과 같이 말한다.[85)]

守令은 곧 옛날의 諸侯이다. 수령은 백성에게는 父母의 도리가 있고, 아전과는 君臣의 분별이 있으니, 부모의 마음을 미루어 백성을 사랑하면 백성들이 기뻐하고, 상벌의 권세를 잡아 아전을 통제하면 아전들이 두려워한다.(四佳 徐居正)

官吏가 청렴하면 공평하고, 공평하면 밝아진다. 政事를 베풀 때에, 백성을 사랑하고 물건을 아낌으로 마음을 삼고, 명령이 공평하고 상벌이 사사로움이 없으면 백성이 복종한다.(梧里 李元翼)

夫婦는 人倫의 시작이며 萬福의 근원으로, 관계되는 바가 지극히 무겁다. 부인의 성품이 事理에 어둡고 無知하여 비록 잘못함이 있다고 하더라도, 남편이 마땅히 올바름으로 이끌어서 감화되게 하여 함께 家道를 이루어야 하니, 이것이 바로 후덕한 행위이다.(靜菴 趙光祖)

古人들은 嫡庶의 구분이 비록 엄격하였으나, 骨肉의 親分에는 차이가 없었다.(退溪 李滉)

어른들이 後生을 경계할 때 순수하게 간곡한 마음으로 훈계하여 조금이라도 나이가 많다는 것을 내세워 자랑하거나 거만한 마음이 없어야 하며, 後生들은

85) 아래의 여섯 인용문은 모두 朴在馨이 편찬한 『海東小學』의 〈嘉言〉篇에 보이는 말이다.

어른들께 꾸지람을 들을 때 순전히 두려워하고 공경하는 마음으로 받아들이고 조금이라도 굴욕을 당하였다 하여 성내는 기색이 없어야 한다.(愚伏 鄭經世)

婢僕은 나의 수고로움을 대신해 주니, 마땅히 먼저 은혜를 베푼 뒤에 위엄으로 다스려야 그들의 마음을 얻을 수 있다. 임금이 백성을 대하는 도리와 주인이 비복을 대하는 도리는 그 이치가 같다. 임금이 백성을 아끼지 않으면 백성이 흩어지니, 백성이 흩어지면 나라가 망하며, 주인이 비복을 아끼지 않으면 비복이 흩어지니. 비복이 흩어지면 가정이 망하는 것은 형세가 반드시 그런 것이다.(栗谷 李珥)

위의 여러 例文에 보이듯이, 유교적 명분질서의 이상은 '자신의 지위에 부여된 本分을 다한다' 는 正名의 관념과 '윗사람이 먼저 실천하여 아랫사람이 본받게 한다' 는 率先垂範의 관념, 그리고 '우월한 입장에 있는 사람이 먼저 사랑과 은혜를 베푼다' 는 慈愛의 관념이 결합된 것이다. 그런데 현실은 그렇지 못하여, 윗사람은 자신의 지위에 합당한 본분은 다하지 않은 채 자신의 지위를 특권화하려 하고, 아랫사람을 솔선수범이 아닌 명령으로 복종시키려 하며, 아랫사람을 돌보기는커녕 착취하는 경우가 많았다. 요컨대 이들은 名分을 단순히 特權으로 규정하고, 秩序를 단순히 上命下服으로 규정하며, 부당하게 이익을 독점하려 했던 것이다.

그러면 그 까닭은 무엇인가? 여기에는 여러 이유가 있겠지만, 무엇보다도 중요한 이유는 繁文縟禮 때문이었다. 물론 禮의 기본정신은 '자신을 낮추고 남을 존중하는 것' [86] 또는 '남에게 사양하는 마음' [87]이다. 그런데 이

86) 『禮記』〈曲禮上〉: 夫禮者 自卑而尊人

87) 『孟子』 公孫丑上 6 : 辭讓之心 禮之端也

러한 기본정신은 적당한 格式을 통해 겉으로 드러나야만 상대방이 느낄 수 있다. 이것이 바로 각종 행동규범과 儀禮이다. 여기까지는 당연한 내용으로 수용할 수 있거니와, 문제는 행동규범과 의례가 지나치게 세세하고 번잡하여, 결코 실천하기가 쉽지 않았다는 점이다. 『禮記』나 『儀禮』의 복잡한 내용들은 아예 덮어 두자. 朴趾源은 〈兩班傳〉에서 당시 양반들에게 요구된 번다한 행동규범들을 나열한 바 있는데, 그 가운데 일부를 소개하면 다음과 같다.

> 비루한 일 끊어 버리고, 옛사람을 흠모하고 고상한 뜻을 품으며, 아침 일찍 일어나 등불을 켜고 눈을 지그시 뜨고 바르게 앉아 『東萊博議』를 줄줄 외워야 한다. 굶주림을 참고 추위를 견디며 가난을 불평하지 말라. (…) 긴 소리로 노비를 부르며, 느린 걸음으로 신발을 끌듯이 걸어야 한다. 『古文眞寶』·『唐詩品彙』를 깨알같이 베껴 쓰되, 한 줄에 1백 글자씩 쓴다. 손에 돈을 쥐지 말고, 쌀값을 묻지도 말라. 날이 더워도 버선을 벗지 말고, 冠을 벗은 채 밥을 먹지 말고, 밥보다 먼저 국을 먹지 말고, 소리 내어 마시지 말라. (…) 화가 나도 아내를 때리지 말고, 성이 나도 그릇을 차지 말며, 아이들에게 주먹질하지 말고, 노비를 심하게 나무라지 말고, 말이나 소를 꾸짖을 때엔 판 주인까지 싸잡아 욕하지 말라. 아파도 무당을 부르지 말고, 佛僧을 불러 齋를 올리지 말라. 火爐의 불을 쬐지 말고, 말할 때엔 입에서 침이 튀지 않도록 하고, 소를 잡지도 말고, 도박도 하지 말라.[88]

위와 같은 내용은 실제로 당시의 士族들에게 요구되었던 것으로서, 결코 과장된 것이 아니다. 문제는 위와 같은 생활은 반드시 奴婢制를 전제해

---

88) 『燕巖集』 卷8 頁11~12, 〈兩班傳〉.

야만 가능하다는 점이다. 대부분의 양반들은 독서나 관직생활 이외에는 생산 노동에 종사하지 않았다. 상공업에는 진출할 수 없었고, 직접 농사를 짓는 경우는 종종 있었으나 그것은 양반의 체면에 어울리지 않는 것으로 인식되었다.

위와 같은 행동규범보다 더 큰 부담은 祭禮였다. 웬만한 兩班家는 1년에 20여 차례의 제사를 지내야 했다.[89] 게다가 부모의 喪을 당하여 居喪하는 기간에는 1년에 24회의 朔望祭가 추가된다. 이러한 제례의 격식을 준수하려면 많은 재물과 노동력이 뒷받침되어야 했다. 따라서 체면을 중시하는 양반들은 백성을 수탈하고 노비를 늘릴 궁리를 하지 않을 수 없었다.[90] 이는 곧 '도덕적 타락' 을 의미하거니와, 朴趾源의 〈兩班傳〉에서는 타락한 양반들의 삶을 다음과 같이 묘사했다.

> 하늘이 백성을 내니, 士 · 農 · 工 · 商 네 부류이다. 네 부류 가운데 士가 가장 귀하며, 兩班이 되면 이익이 막대하다.[91] 농사도 짓지 않고 장사도 하지 않는다. 經典과 歷史를 대강 섭렵하면, 크게 되면 文科 급제, 작게 되면 進士이다. 문과급제 합격증은 두 尺이 못되는데, 온갖 물건 구비되니, 이게 바로 돈 보따리이다. 서른에야 進士되어 처음 벼슬길에 올라도, 이름난 蔭官이 되어 남들이 잘 받든다. 日傘을 쓰고 다녀 귀가 희게 되고, 모든 일은 아랫사람이 맡아서 하니 배에

---

89) 양반가는 四代를 奉祀했으므로 忌祭가 최소 8회이며, 계절마다 지내는 四時祭가 4회이며, 설 · 추석 등의 명절에 지내는 차례가 2~4회였고, 또 五代 이상의 先祖들께 지내는 歲一祀가 있었다.

90) 예컨대 韓元震은 "우리나라에는 兩班과 常人을 구별하는 풍속이 있으므로, 경작지를 균등하게 나누어 줄 수 없다." 고 한 바 있다(『南塘集』 卷38 頁3, 〈雜識〉 참조). 이는 양반들로 하여금 체면을 지킬 수 있도록 양반들을 우대해야 한다는 뜻이다.

91) '선비(士)' 와 '兩班' 은 통용하는 말이지만, 정확히 말하면 '士' 는 讀書人이고, 士가 科擧에 합격하여 文官 · 武官이 되면 '兩班' 이라 한다. 『東萊博議』 · 『古文眞寶』 · 『唐詩品彙』 등은 특히 科擧에 요긴했던 책이다.

살이 붙는다. 방 안에 떨어진 귀걸이는 어여쁜 기생의 것이요, 뜨락에 흩어진 곡식은 鶴을 위한 것이다. 시골에 사는 궁한 선비도 나름대로 횡포를 부릴 수 있으니, 이웃집 소로 자기 밭을 먼저 갈고, 일꾼을 빼앗아 김을 매도, 누가 거역하랴. 괘씸한 놈은 잡아다 코에 잿물을 붓고, 상투를 잡고 도리질 치고, 귀얄수염을 다 뽑아도, 감히 원망하지 못한다.[92)]

위와 같이 타락한 양반들에게 人倫이란 '假飾'에 불과했다.[93)] 그러나 모범적인 양반이나 선비도 많이 있었다. 높은 관직에 있으면서도 청렴하게 살았던 淸白吏들이나, 초야에 묻혀 가난하게 살면서 志操를 잃지 않은 선비가 그들이다. 박지원은 〈穢德先生傳〉에서 嚴行首[94)]의 삶을 소개하고 있거니와, 엄행수는 아마도 몰락한 士族의 후예였을 것이다. 박지원은 그에 대해 다음과 같이 소개하며 칭송했다.

嚴行首는 밥을 먹을 때는 끼니마다 착실히 먹고, 길을 걸을 때엔 조심스럽게 걷고, 졸리면 쿨쿨 자고, 웃을 때엔 껄껄 웃고, 그냥 가만히 있을 때엔 바보처럼 보인다. 초가집에 작은 門을 내고, 새우등을 하고 들어가서 개처럼 웅크리고 자지만, 아침이면 개운하게 일어나 삼태기를 메고 마을로 들어와 변소를 청소한다. (…) 1년에 6천 錢이나 벌지만, 아침에는 밥 한 사발로 만족하고, 저녁이 되어서야 다시 한 사발을 먹을 뿐이다. 고기를 먹으라고 권하면 "채소나 고기나 배를 채우기는 마찬가지니, 맛을 따져 무엇하느냐"고 대답하고, 반반한 옷을 입으라고 권하면 "소매가 넓은 옷은 몸에 익숙하지 않고, 새 옷을 입으면 더러운

---

92) 『燕巖集』 卷8 頁12, 〈兩班傳〉.

93) 박지원은 〈虎叱〉에서 양반들의 가식적인 삶을 통렬하게 야유한 바 있다(『燕巖集』 卷12 頁41~44 참조).

94) '嚴'은 姓氏이고, '行首'는 막일꾼 가운데 나이가 많은 사람을 높여 부르는 말이다.

흙을 짊어질 수 없다"고 대답한다. 설날 아침에야 비로소 衣冠을 갖추어 입고 이웃을 두루 찾아다니며 세배를 한다. 세배를 마치고 돌아오면 곧바로 헌 옷으로 갈아입고 다시 삼태기를 메고 일을 나선다. 엄행수와 같은 사람은 '자신의 德을 더러움으로 감추고 世俗에 숨어 사는 大隱'이라 할 수 있겠다. (…) 하늘이 백성을 낼 때 分數가 있으니, 命을 타고난 이상 무엇을 원망하겠는가? 그런데 새우젓을 먹게 되면 계란을 먹고 싶고, 갈옷을 입게 되면 모시옷을 입고 싶어지게 마련이다. 그리하여 천하가 크게 혼란해져, 백성들이 봉기하고 농토가 황폐해지는 것이다. (…) 엄행수는 똥을 치우는 더러운 일을 하지만 生計를 꾸리는 방법은 지극히 향기로우며, 그가 일하는 곳은 지극히 더럽지만 義理를 지키는 데에는 지극히 높았던 것이다. (…) 엄행수와 같은 삶을 미루어나가면 聖人이 될 수 있을 것이다.[95]

엄행수는 기존의 虛禮虛飾을 모두 버리고, 자신의 분수를 지키며 소박하게 實用的으로 살았다. 그러나 그는 꼭 지켜야 할 최소한의 儀禮는 지켰다. 그리하여 박지원은 똥을 치우는 일을 하는 엄행수를 '지극히 향기롭고, 지극히 의로운 사람'이라고 칭송하고, 엄행수처럼 살면 '聖人이 될 수 있다'고까지 말했다. 그렇다면 엄행수의 삶이야말로 유교적 名分論의 진수를 보여주는 것이라 하겠다.

孔子는 "禮라 하는 것이 玉帛을 일컫는 것이겠는가?"[96]라고 한탄한 바 있다. 이는 '자신을 낮추고 상대방을 공경한다'는 禮의 근본정신은 외면하고 옥백으로 치장하는 것에만 골몰하는 虛禮虛飾을 비판한 것이다. 사실 『禮記』와 『儀禮』 등에 보이는 세세한 행동규범이나 번잡한 儀禮는 대부분

95) 『燕巖集』 卷8 頁4~5, 〈穢德先生傳〉.

96) 『論語』 陽貨 11 : 禮云禮云 玉帛云乎哉

天子와 諸侯 및 그 後孫 등 公·卿·大夫의 반열에 있는 貴族들에게나 해당되는 것이었다. 따라서 士族이 貴族의 의례를 모방하려 한다면 허례허식이 될 수밖에 없고, 허례허식을 지속하기 위해서는 누군가가 희생되어야 한다. 이러한 맥락에서, 조선시대의 서얼이나 노비는 몰지각한 양반들의 허례허식을 위해 희생된 사람들이었다.[97)]

이상적 의미에서의 유교적 名分秩序는 오늘날에도 긴요하다. 그것은 무엇보다도 오늘날의 人權 관념이 인간의 존엄성을 제대로 해명하지 못하고 있기 때문이다. 유교적 명분질서를 본래의 이상대로 구현하여 참다운 인륜의 사회로 나아가려면, 기존의 지나치게 세세한 행동규범을 걷어내 自由의 영역을 확대하고, 허례허식을 타파하고 儀禮를 간편하게 다시 정립해야 할 것이다.

---

97) 다만 女性의 차별은 다른 측면에서 규명되어야 할 것이다. 조선시대의 여성차별은 무엇보다도 家父長制의 소산이었다. 오늘날 女權이 男權과 대등하게 신장된 것은 産業化의 결과 힘든 노동을 기계가 대신하고 여성이 家事勞動으로부터 해방된 것과 밀접한 관계가 있다. 이처럼 생산양식과 사회적 차별이 밀접한 관계가 있다고 한다면, 같은 맥락에서 전근대적 농경사회에서 가부장제는 가장 현실적인 제도였던 것이다. 한편, '七去之惡' 이나 '改嫁의 억압' 등에 대해서는 당시의 先覺者들도 비판했었다.

제5장

조선시대에서의 人權 문제

주지하듯이, 전통유교에는 '인권' 이라는 개념이 없었다. 그리하여 많은 사람들은 유교가 인권 그 자체를 부정한 것으로 생각한다. 그러나 이는 오해에 가깝다. 유교는 물론 오늘날의 자유주의처럼 인권을 철저하게 옹호하지 않았다. 그러나 우리는 人倫共同體라는 관념 속에서 오늘날 우리가 추구하는 人權論의 많은 내용을 발견할 수 있다. 요컨대 유교에서는 단순히 인권을 부정한 것이 아니요, 인륜을 통해서 개인의 권리를 보호하는 방식을 모색했던 것이다. 이 章에서는 이러한 맥락에서 조선시대에서의 인권 문제를 고찰하고자 한다.

1. 人倫을 통한 人權의 보호

유교의 人倫論은 두 차원으로 구성되었다. 첫째는 모든 인간이 지향해야 하는 기본적 德目으로, 그것은 '五常(仁義禮智信)' 으로 대표된다.[1] 둘째는 五常을 구체적인 인간관계에 적용시킨 것으로, 그것은 '五倫' 으로 대표된다. 이제 五常과 五倫을 오늘날 우리가 추구하는 '人權의 보호' 라는 맥락에서 살펴보기로 하자.

먼저 五常에 대해 살펴보자. '仁' 이란 孝悌와 忠恕 등 여러 부류의 사랑을 포괄하는 개념이다. 孝悌는 父子와 兄弟 등 가족관계에 적용되는 덕목으로서, 부모는 자식을 사랑하고 자식은 부모에게 효도하며, 형은 아우를 우애하고 아우는 형을 공경하는 것이다. 忠恕는 사회에서의 일반적 인간관계에 적용되는 덕목으로서, 忠은 남을 위해 자신의 최선을 다함을, 恕는 자기와 남을 동일한 원칙으로 대함을 뜻한다. 공자는 恕를 "자기가 원치 않는 일을 남에게 베풀지 말라"는 말로 설명했다. 아무도 자신의 권리가 침해받는 것을 원치 않을 것인바, 그렇다면 나도 남의 권리를 침해하지 말아야 한다. 忠은 恕에서 한 발 더 나아가 남을 적극적으로 돕는 것이다.

'義' 란 각자의 本分에 충실함이다. 『論語』에서는 '見利思義' 또는 '見得思義' 라 하여, '利得을 볼 수 있는 일에 직면해서는 義를 생각하라' 고 하였다. 이는 그 利得이 자신의 정당한 몫에 해당되는 것이 아니면 취하지 말라는 뜻이었다. 『孟子』에서는 "그 義에 어긋나고 그 道에 어긋나면, 하나의 물건이라도 남에게 주지 않고, 하나의 물건이라도 남에게서 취하지 않는다."[2]고 하였고, "하나의 죄 없는 사람을 죽이는 것은 仁이 아니요, 자기 것이 아닌데 취하는 것은 義가 아니다."[3]라고도 하였다.

'禮' 의 근본정신은 자신을 낮추고 상대방을 존중함이다. 여기에는 두

1) 유교에서 五常은 인간의 '本性' 을 구성하는 내용으로 규정되기도 한다. 유교에서 추구한 '인간다운 삶' 이란 '인간의 本性을 구현하는 삶' 인바, 이러한 맥락에서 五常은 또한 모든 인간이 지향해야 하는 기본적 '德目' 이 되기도 하는 것이다.

2) 『孟子』 萬章上 7 : 非其義也 非其道也 一介不以與人 一介不以取諸人

3) 『孟子』 盡心上 33 : 殺一無罪 非仁也 非其有而取之 非義也

가지 의미가 함축되어 있다. 첫째, 자신의 욕망을 절제하는 것이다. 공자는 "자신의 욕망을 극복하고 禮로 돌아가라" 고 했는데, '자신을 낮춤' 은 자신의 욕망을 절제하는 것이다. 둘째, 상대방과 나의 혈연적 親·疎나 사회적 지위의 高·下에 따라 격식을 달리하는 것이다.[4] 주자는 禮를 '자연의 理法에 따라 마디 짓고 꾸미는 것' 으로 설명했거니와,[5] 혈연적으로 가까운 사람은 두텁게 꾸며주고 먼 사람은 얇게 꾸며주며,[6] 사회적 지위가 높은 사람은 장엄하게 꾸며주고 낮은 사람은 간소하게 꾸며주는 것이다.

'智' 는 是非와 善惡을 올바로 분간하는 것이요, 또한 輕重과 利害를 올바로 계산하는 것이다. 옳음이나 좋음을 추구하려면 먼저 '옳음과 그름' 또는 '좋음과 나쁨' 을 올바로 분간해야 하는바, 이러한 맥락에서 유교에서는 智를 강조한다. 한편 유교에서 말하는 '權道' 란 사안의 輕重을 따져서 대응하는 것이다. 특정한 상황에서 두 도덕 원칙이 상충할 경우, 輕重을 따져서 보다 중요한 것을 선택하는 것이다. 유교에서는 利害를 올바로 계산하는 것도 매우 중시했다. 공자는 "어진 사람은 仁을 편안하게 여기고, 지혜로운 사람은 仁을 이롭게 여긴다."[7]고 했고, 맹자는 "나는 이제야 남의 親族을 죽이는 것이 중대한 일임을 알았다. 내가 남의 아비를 죽이면 남도 나의 아비를 죽일 것이요, 내가 남의 형을 죽이면 남도 나의 형을 죽일 것

---

4) 유교의 人倫論은 '명분론적 위계질서' 를 추구한 것인바, 명분론은 '義' 로 표현되고 위계질서는 '禮' 로 표현되는 것이다.

5) 『論語集註』 學而 12, 朱子註 : 禮者 天理之節文 人事之儀則也

6) '혈연적으로 가까운 사람은 두텁게 꾸며주고 먼 사람은 얇게 꾸며줌' 의 대표적인 예로는 '五服(斬衰·齊衰·大功·小功·緦麻)' 제도를 들 수 있다. 1寸이 되는 사람의 喪을 당하면 斬衰服이나 齊衰服을 입고 24개월간 居喪하며, 8寸의 喪을 당하면 緦麻服을 입고 3개월간 거상하며, 9寸부터는 마음으로만 애도할 뿐 상복을 입지는 않는다. 이렇게 차등을 두는 것은 촌수에 따라 당사자가 느끼는 슬픔의 정도가 다르기 때문이다. 이것을 주자는 '자연의 理法에 따라 마디 짓고 꾸미는 것' 이라 했다.

7) 『論語』 里仁 2 : 仁者 安仁 知者 利仁

이다."[8]라고 했다. 지혜로운 사람은 정확한 계산을 통해 어질지 못하게 행동하는 것보다 어질게 행동하는 것이 더 이롭다는 것을 알고서 仁을 선택하는 것이다.

'信'은 자신의 말과 행실이 일치하게 하는 것, 또는 남과의 약속을 정확히 지키는 것이다. 공자는 信을 '나와 남의 연결고리'라고 설명하고,[9] "백성의 신뢰가 없으면 국가도 존립할 수 없다."고 했다.[10] 내가 信을 지켜야만 다른 사람들과 어울릴 수 있고, 爲政者가 信을 지켜야만 국가도 존립할 수 있다는 것이다.

이상에서 五常을 개관하였거니와, 모든 사람이 五常을 실천한다면 어느 누구의 권리도 침해받지 않을 것이다. 다만 한 가지 보충적 설명을 요하는 것은 禮이다. 禮는 자기와 혈연적으로 가까운 사람은 두텁게 꾸며주고 먼 사람은 얇게 꾸며주며, 사회적 지위가 높은 사람은 장엄하게 꾸며주고 낮은 사람은 간소하게 꾸며주는 것이라 했는데, 이것이 差別에 해당되지 않는가 하는 점이 문제 되는 것이다. '혈연적으로 가까운 사람은 두텁게 꾸며주고 먼 사람은 얇게 꾸며줌'은 우리가 일상에서 자신의 가족을 남보다 더 두텁게 대하는 것으로서, 이를 차별이라고 말하기는 어려울 것이다. 모든 사람은 각자 자기 가족으로부터 더 두터운 대우를 받을 수 있기 때문이다. '사회적 지위가 높은 사람은 장엄하게 꾸며주고 낮은 사람은 간소하게 꾸며줌'은 예컨대 大統領에 대한 의전과 課長에 대한 의전은 격식을 달리해야 한다는 것인바, 이것 역시 차별이라고 말하기는 어려울 것이다. 왜냐하면 모든 사람에게는 자신의 노력으로 보다 높은 지위에 오를 수 있는 기회가 열려 있기 때문이다.

---

8) 『孟子』 盡心下 7 : 吾今而後知殺人親之重也 殺人之父 人亦殺其父 殺人之兄 人亦殺其兄

9) 『論語』 爲政 22 : 子曰 人而無信 不知其可也 大車無輗 小車無軏 其何以行之哉

10) 『論語』 顔淵 7 : 子貢問政 子曰 (…) 民無信不立

이제 五倫에 대해 살펴보자. '父子有親' 은 '부모는 자식을 사랑하고, 자식은 부모께 효도하라' 는 것이다. 부모가 자녀를 사랑으로 기르고 가르친다면, 어린 자녀는 양육 받을 권리를 누리는 것이다. 또 자녀가 장성해서는 부모를 받들고 부양한다면, 늙은 부모는 봉양 받을 권리를 누리는 것이다.

'君臣有義' 는 '君主는 臣民을 정의롭게 대하고, 신민은 군주께 충성을 다하라' 는 것이다. 전통 사회에서 萬民의 행복을 좌우하는 가장 중요한 직책은 군주였던바, 따라서 군주에게는 가장 무거운 책임이 요구되었다. 정도전은 다음과 같이 말한다.

> 아래의 백성들은 지극히 약하지만 힘으로 위협할 수 없고, 지극히 어리석지만 지혜로써 속일 수 없다. 그들의 마음을 얻으면 복종하고, 얻지 못하면 배반하게 된다. (…) 그들의 마음을 얻는 방법은 역시 仁일 뿐이다. 君主는 '天地가 萬物을 生育시키는 마음' 으로 자기의 마음을 삼아 仁政을 행하여, 천하의 모든 사람이 기뻐서 君主를 마치 자기 父母처럼 우러러볼 수 있게 한다면, 오래도록 安富尊榮의 즐거움을 누릴 수 있을 것이요, 危亡覆墜의 근심이 없게 될 것이다.[11)]

정도전은 군주가 신민의 자발적 충성을 받을 수 있는 방법은 仁政뿐이라 하고, 仁政은 '天地가 萬物을 生育시키는 마음' 을 본받는 것이라 했다. 천지는 만물을 公正하게 生育한다. 이러한 맥락에서 仁政이란 '모든 백성을 고르게 사랑으로 다스리는 것' 이다.[12)] 한편 군주 및 그 밖의 통치계급

---

11) 『朝鮮經國典』〈正寶位〉.

12) '君臣有義' 라는 말에서는 '義(正義)' 가 강조되고 '仁政' 에서는 '仁(사랑)' 이 강조되는바, 사랑과 정의는 일정 부분 차원을 달리하는 것이다. 그런데 仁政에서의 仁은 '모든 백성을 사랑한다' 는 의미와, '모든 백성을 공정하게 대한다' 는 두 의미를 지니고

은 백성의 세금으로 먹고산다. 정도전은 백성의 세금으로 먹고사는 사람들의 의무를 다음과 같이 설파했다.

> 孟子는 "野人이 없으면 군자를 봉양할 수 없고, 군자가 없으면 野人을 다스릴 수가 없다"고 하였다. 옛날 聖人이 賦稅의 법을 만든 것은 한갓 백성으로부터 수취하여 자기를 봉양하자는 것이 아니었다. 백성들이 서로 모여 살게 되면, 음식과 의복에 대한 物欲이 밖에서 공격하고, 남녀에 관한 情欲은 안에서 공격하여, 차지한 것이 서로 대등할 경우에는 서로 다투게 되고 힘이 대등할 경우에는 싸우게 되어, 서로 죽이기까지 한다. 통치자는 法으로 그들을 다스려서, 다투는 자와 싸우는 자를 평화롭게 해 주어야만 民生이 편안해지는 것이다. 그러나 그 일은 농사를 지으면서 병행할 수 없는 것이므로, 백성은 수확량의 10분의 1을 稅로 바쳐서 통치자를 봉양하는 것이다. 통치자가 백성으로부터 수취하는 것이 큰 만큼, 자기를 봉양해 주는 백성에 대한 보답도 역시 중한 것이다.[13)]

정도전은 賦稅 제도를 '통치자와 피치자의 호혜적 분업'이라는 관점에서 이해했다. 통치자는 백성에게 부세를 거두어 먹는 보답으로 민생을 안정시키는 공로가 있어야만 한다는 것이다. 이러한 맥락에서, 군주가 仁政을 베풀어 민생을 안정시키면 백성은 그 속에서 생존권을 보장받을 것이며, 백성이 세금을 내며 충성을 바친다면 군주는 그 속에서 통치권을 보장받게 될 것이다.

있다. 게다가 공자는 "오직 仁者만이 능히 남을 좋아할 수도 있고, 능히 남을 미워할 수도 있다"고 하였다(『論語』 里仁 3). '好惡를 공정하게 한다'는 맥락에서 仁은 義와 일정한 지평을 공유하는 것이다. 그리하여 유교에서는 仁과 義를 구별하기도 하고, 仁에 義를 포섭시키기도 하는 것이다.

13) 『朝鮮經國典』「賦典」〈賦稅〉.

'夫婦有別'은 '남편은 아내를 사랑하고, 아내는 남편에게 순종하라'는 것이다. 夫婦有別에는 다음의 두 뜻이 함께 들어있다. 첫째는 '남편이 할 일과 아내가 할 일이 다르다'는 뜻이다. 남편은 밖에서 노동하여 생계를 조달하고, 아내는 집안에서 가사를 맡아야 한다는 것이 전통적 인식이었다.[14] 여기에는 부부가 서로 상대방의 역할을 존중하면서 서로 공경해야 한다는 의미가 함께 들어있다. 둘째는 '한 쌍의 부부와 다른 한 쌍의 부부가 서로 뒤섞이지 않게 해야 한다'는 뜻이다. 이는 姦通이나 姦淫 등 문란한 性 관계를 제어하여 부부의 이혼을 예방하고, 나아가 가족의 해체를 막자는 취지였다.[15] 전통유학에서는 男女의 결혼을 '萬福의 근원'으로 규정했다. 부부가 서로 위의 두 구별을 잘 지킨다면, 부부 모두에게 행복추구권이 보장되는 것이다.

'長幼有序'는 가정과 사회에 모두 적용되는 내용이었다. 가정에서는 '형은 아우를 우애하고, 아우는 형을 공경하라'는 것이었으며, 사회에서는 '어른은 어린이를 사랑하고, 어린이는 어른을 공경하라'는 것이었다. 어른이 어린이를 사랑하면 그 속에서 어린이는 보호받을 권리를 누리는 것이요, 어린이는 어른을 공경하면 그 속에서 어른은 공경받을 권리를 누리는 것이다.

'朋友有信'은 '친구 간에 서로 信義를 지키라'는 것이다. 朋友有信에는 '오래 사귀어 친근하게 되더라도 서로 공경하라'는 뜻도 포함되어 있다. 친구 간에 서로 신의를 지키고 각자의 인격을 존중한다면, 그 속에서 각자의 권리가 충분히 존중될 것이다.

---

14) 이렇게 남편과 아내의 역할을 뚜렷하게 구분한 것은 전통 사회가 농경사회였기 때문이다. 역사적으로 보면, 여성의 사회 진출은 産業化와 밀접한 관련이 있다. 산업화가 이루어지면서 여자가 가정에서 나와 사회로 진출하게 된 것이다.

15) 곽신환, 「有別 · 禮 · 거룩함[聖]」, 『동방사상과 인문정신』, 411~412쪽 참조.

이상에서 五倫을 개관하였거니와, 모든 사람이 위와 같은 내용의 五倫을 실천한다면 어느 누구의 권리도 침해받지 않을 것이다. 다만 한 가지 비판적 성찰을 요하는 것은 夫婦有別이다. 전통 유교에서는 남편에게는 蓄妾을 허용하고 여자에게는 질투를 금지했다는 점이 문제되는 것이다. 축첩이 안고 있는 문제점들은 다음과 같이 정리할 수 있다. 첫째, 축첩은 一夫一妻制의 근본 취지에 어긋난다는 점이다. 유교에서는 부부관계의 안정성을 확보하기 위해서 일부일처제를 옹호했다. 그런데 남편에게는 축첩을 허용한다면 이는 실질적으로 一夫多妻制가 되는 것이요, 그만큼 부부관계의 안정성은 파괴되는 것이다.[16] 둘째, 남편에게만 축첩을 허용하는 것은 男女平等의 원칙에 어긋난다는 점이다. 따라서 남편에게 축첩을 허용하려면, 아내에게도 그에 상응하는 제도적 혜택을 주어야 마땅한 것이다. 셋째, 축첩은 서얼에 대한 차별과 표리를 이루고 있다는 점이다. 조선시대에 서얼은 온전한 인격으로 인정받지 못했다. 요컨대 몇몇 남편들은 스스로 서얼을 만들어놓고, 그 서얼의 인격을 제대로 인정하지 않은 것이다.[17] 이러한 점들은 분명 합리적으로 납득할 수 없는 것인바, 따라서 오늘날에는 축첩제가 이미 공식적으로 폐지된 것이다.

조선시대에는 오늘날과 같은 수준의 인권이 보장되지 않았음도 비판할 수 있을 것이요, 인륜이 과도하게 비대하여 개인의 자유를 충분히 긍정하

16) 전통사회에서는 남편의 축첩을 허용하면서도 부부관계의 안정을 기하기 위해 '아내의 질투'를 금지했던 것이다(질투는 七去之惡 가운데 하나로 규정되었다). 그러나 이는 男性中心主義에 불과한 것이다.

17) 전통사회에서의 蓄妾은 家系의 계승자인 아들을 얻기 위한 방편이었다고 합리화할 수도 있겠지만, 이는 語不成說이다. 王家에서는 嫡子가 없을 경우 庶子에게 王統이 계승되었지만, 일반 士大夫家에서는 庶子에게 家統을 물려주지 않고 가까운 친족의 嫡子를 입양하여 家統을 계승시켰기 때문이다. 만약 축첩이 가계의 계승자인 아들을 얻기 위한 방법이었다면, 적자가 있을 경우에는 축첩을 허용하지 말았어야 했고, 적자가 없어서 축첩했을 경우에는 서얼에게 가계를 계승시켰어야 했다.

지 못했음도 비판할 수 있을 것이다. 그러나 조선시대가 인권이라는 관념 자체를 부정한 것은 결코 아니었다. 조선시대는 인륜을 실현함으로써 그 속에서 각자의 인권이 보호받도록 하는 체계를 모색했던 것이다. 이제 이러한 관념이 실제 현실에 어떻게 반영되고 있었는지를 살펴보기로 하자.

2. 基本權 보장의 이념과 실제

1) 生命權과 신체의 자유

오늘날 우리가 말하는 여러 기본권 가운데 가장 중요한 것은 생명권과 신체의 자유일 것이다. 형벌은 한 사람의 '生命'을 박탈하는 것이기도 하고 '身體의 자유'를 박탈하는 것이기도 하다. 이에 먼저 전통유학의 刑罰論을 살펴보고, 조선시대에는 생명권과 신체의 자유가 어떻게 인식되고 있었는지 논의하기로 하자.

『書經』에서는 "너의 정치에 따르지 않고 너의 가르침에 교화되지 않으면 형벌을 사용하되, 형벌로써 형벌을 그치게 할 수 있을 때에만 형벌을 사용하라."[18]고 했다. 이는 형벌은 統治의 최후수단으로서, 應報보다는 抑制나 矯導에 참된 의미가 있다는 뜻이다. 공자는 "法制와 禁令으로 이끌고 형벌로써 질서를 잡고자 하면 백성들은 형벌을 면하는 것만을 능사로 알고 부끄러운 줄을 모르게 되지만, 德으로 이끌고 禮로 질서를 잡으면 백성들이 부끄러운 줄도 알고 또한 바르게 된다."[19]고 했다. 그러면 이러한 입장

---

18) 『書經』〈君陳〉: 有弗若于汝政 弗化于汝訓 辟以止辟 乃辟

19) 『論語』 爲政 3 : 道之以政 齊之以刑 民免而無恥 道之以德 齊之以禮 有恥且格

이 실제 형벌론에 어떻게 적용되는지 살펴보기로 하자.

첫째, 통치의 중심적 수단은 教化이며, 형벌은 보조적 수단이라는 것이다. 공자는 "백성을 가르치지 않고 죽이는 것은 백성을 학대하는 것"[20]이라고 하였다. 백성에게 형벌을 가하기 전에 먼저 잘 교화시켜야 한다는 것은 유교의 지론이었다.

둘째, 獄訟을 최대한 신중하게 처리하고자 했다. 『禮記』에서는 "형벌은 한 번 이루어지면 돌이킬 수 없으니, 그러므로 君子는 마음을 다한다."[21]고 하였다. 『예기』에서는 다음과 같이 말하기도 한다.

> 司寇는 형벌을 바르게 하고 죄를 밝혀서 獄訟을 처리하는데, 반드시 세 번 訊問한다. 만약 범죄의 의도는 있었으나 실행하지 않았으면 송사를 일으키지 않는다. 형벌을 부과할 때에는 가벼운 것을 따르고, 사면할 때에는 무거운 것을 따른다.[22]

> 자기의 聽明을 다하고 忠愛를 다하여 극진히 형벌을 처리하고, 의심스러운 獄事에 대해서는 널리 많은 사람들의 의견을 듣고, 많은 사람들이 그 죄를 의심하면 赦免한다. 또한 반드시 옛날의 크고 작은 判例를 살펴서 판결을 완성한다.[23]

형벌은 한번 시행되면 돌이킬 수 없으므로 신중하게 처리해야 한다. 죄

---

20) 『論語』 堯曰 2 : 不教而殺 謂之虐
21) 『禮記』 〈王制〉 : 刑者 侀也 侀者 成也 一成而不可變 故君子盡心焉
22) 『禮記』 〈王制〉 : 司寇 正刑明辟 以聽獄訟 必三刺 有旨無簡 不聽 附從輕 赦從重
23) 『禮記』 〈王制〉 : 悉其聰明 致其忠愛 以盡之 疑獄 氾與衆共之 衆疑 赦之 必察小大之比 以成之

인을 반드시 세 번 신문한다는 것은 오늘날의 三審制와 같은 취지이다. 형벌을 부과할 때에는 가벼운 것을 따르고 사면할 때에는 무거운 것을 따른다는 것은 형벌과 사면을 죄인에게 최대한 유리하게 적용하라는 말이다. 자기의 총명을 다하여 獄訟을 다루라는 것, 많은 사람들의 의견을 들으라는 것, 죄가 확실치 않으면 사면하라는 것, 옛날의 판례를 살피라는 것 등은 모두 형벌을 신중히 처리하기 위한 방법들이다.

셋째, 형벌에 있어서 최대한의 寬容을 추구했다. 『書經』에서는 舜이 형벌을 운용한 기본 정신을 다음과 같이 설명한 바 있다.

> 일정한 형벌로써 백성에게 보여주시되, 五刑(墨刑 · 劓刑 · 剕刑 · 宮刑 · 大辟)을 너그럽게 流配로 대체하셨으며, 채찍으로 관청의 형벌을 삼고 회초리로 학교의 형벌을 삼되, 돈으로 가벼운 형벌을 代贖할 수 있게 하셨다. 過誤와 운수가 나빠서 일어난 것은 그대로 赦免하고, 권력자를 믿고서 죄를 범한 것과 두 번 이상 거듭 죄를 범한 것은 무겁게 처벌하셨다. 공경하고 또 공경하시어, 오직 형벌을 불쌍히 여기셨다.[24]

'일정한 형벌로써 백성에게 보여준다' 는 것은 일정한 죄에는 일정한 형벌을 가함으로써 형벌의 원칙을 보여주는 것이다. 그럼에도 불구하고, 情狀을 참작하여 신체를 해치는 五刑을 보다 가벼운 流刑으로 대체하기도 했고, 채찍이나 회초리에 의한 가벼운 형벌은 돈으로 代贖할 수 있게 한 것이다. 아울러, 과오에 의한 것과 운수가 나빠서 생긴 것도 과감하게 용서해주었다. 하지만 믿는 구석이 있어서 범한 죄와 再犯은 용서하지 않았다. 이

---

24) 『書經』〈舜典〉: 象以典刑 流宥五刑 鞭作官刑 扑作教刑 金作贖刑 眚災 肆赦 怙終 賊刑 欽哉欽哉 惟刑之恤哉

러한 내용들은 형벌에 있어서 결과보다 동기를 중시했음을 말해 준다. 『서경』에서는 다음과 같이 말하기도 한다.

> 임금(舜)의 덕이 허물이 없으셔서, 아랫사람에게 임하기를 簡約한 것으로 하시고, 뭇 사람을 부리기를 너그러움으로 하시며, 형벌은 자손에 미치지 않게 하시고, 포상은 자손에까지 뻗치게 하시며, 過失은 큰 것이라도 용서하시고, 고의적인 범죄는 작은 것이라도 형벌을 주셨으며, 罪目이 의심스러울 때는 가벼운 것을 따르셨고, 功目이 의심스러울 때는 두터운 것을 따르셨으며, 죄 없는 자를 죽이기보다는 차라리 가볍게 풀어 주는 잘못을 범하고자 하셨다. 생명을 愛好하는 덕이 백성들의 마음에까지 흘러넘치게 하셨기에, 백성들이 이에 형벌을 범하지 않았다.[25)]

형벌은 최대한 적은 사람에게 처벌이 미치게 하고, 賞은 최대한 많은 사람이 혜택을 입게 하며, 罪目이 의심스러울 때에는 가벼운 죄목을 따르고, 功目이 의심스러울 때에는 두터운 공목을 따르며, 억울하게 처형하기보다는 차라리 석방한다는 것은 모두 형벌에 있어서 관용의 정신을 보여주는 것이다. 이러한 관용의 정신은 '생명을 愛好하는 덕' 에 입각한 것이다. 한편 『周禮』에서는 '三宥' 와 '三赦' 를 말하였다. 三宥는, 첫째는 '不識' 으로서 어리석은 백성이 모르고 저지른 죄를 용서하는 것이며, 둘째는 '過失' 로서 고의가 없이 실수로 저지른 죄를 용서하는 것이고, 셋째는 '遺忘' 으로서 깜박 잊고서 저지른 죄를 용서하는 것이다. 三赦는, 첫째는 '幼弱' 으로서 어린이가 죄를 범했을 경우 사면하는 것이며, 둘째는 '老耄' 로서 늙

25) 『書經』〈大禹謨〉: 帝德 罔愆 臨下以簡 御衆以寬 罰不及嗣 賞延于世 宥過無大 刑故無小 罪疑惟輕 功疑惟重 與其殺不辜 寧失不經 好生之德 洽于民心 玆用不犯于有司

은이가 죄를 범했을 경우 사면하는 것이고, 셋째는 '惷愚'로서 天痴가 죄를 범했을 경우 사면하는 것이다.[26] 그러나 관용하지 않은 죄목들도 있었다. 『예기』에서는 다음과 같은 특정한 죄목에 대해서는 반드시 死刑에 처한다고 하였다.

> 교묘한 말로 법률을 파괴하고, 이름을 어지럽히고 제도를 함부로 고치며, 그릇된 道에 집착하여 정치를 어지럽히는 자는 죽인다. 음란한 음악과 이상한 의복, 그리고 기이한 재주와 물건으로써 민중을 의혹에 싸이게 하는 자는 죽인다. 거짓을 행하면서도 빈틈없이 견고하며, 거짓을 말하면서도 변명하고, 그릇된 것을 공부하되 넓게 하고, 그릇된 것을 꾸미되 윤택하게 하여 민중을 의혹에 싸이게 하는 자는 죽인다. 鬼神·時日·卜筮에 가탁하여 민중을 의혹에 싸이게 하는 자는 죽인다. 이 네 가지의 사형에 대해서는 다시 辨論할 기회를 주지 않는다.[27]

『예기』에서는 名分秩序를 어지럽히는 것, 미풍양속을 해치는 것, 죄를 회개하지 않고 거짓으로 일관하는 것, 似而非로 백성을 현혹하는 것 등을 용서할 수 없는 것으로 규정한 것이다. 어느 사회이든 관용에는 한계가 있다. 그 사회 체제에 대한 도전이나 그 사회의 중심적 가치에 대한 도전은 항상 관용의 대상에서 제외되게 마련이다.

이상에서 전통유학의 형벌론을 개관하였거니와, 이러한 이념은 조선시

---

26) 『周禮』〈秋官司寇〉: 壹宥曰不識 再宥曰過失 三宥曰遺忘 壹赦曰幼弱 再赦曰老耄 三赦曰惷愚

27) 『禮記』〈王制〉: 析言破律 亂名改作 執左道以亂政 殺 作淫聲異服 奇技奇器 以疑衆 殺 行僞而堅 言僞而辨 學非而博 順非而澤 以疑衆 殺 假於鬼神 時日卜筮 以疑衆 殺 此四誅者不以聽

대에도 그대로 계승되었다. 鄭道傳은 『朝鮮經國典』에서 형벌의 취지를 다음과 같이 설명하였다.

> 天地는 만물에 대해서 봄에 생육시키고 가을에 말려 죽이며, 聖人은 萬民에 대해서 仁으로써 사랑하고 刑으로써 위엄을 보인다. 대개 그 말려 죽이는 것은 그 근원을 회복시키기 위한 것이듯이, 그 위엄은 그 삶을 함께하기 위한 것이다. 가을은 천지에 있어서 義氣가 되고, 刑曹는 관직에 있어서 秋官이 되니, 그 쓰임이 동일한 것이다. 그러나 천지의 道는 私心이 없이 造化가 이루어지므로 運行이 어긋나지 않으나, 聖人의 法은 사람을 기다린 다음에 행해지기 때문에 반드시 공경하고 불쌍히 여기는 仁과 밝고 삼가는 마음을 다한 다음에야 행해진다. 진실로 그러한 사람을 얻지 못한다면 末流의 폐단이 반드시 잔인한 포악과 참혹한 재앙에 이를 것이다. 그 재앙은 백성만 입는 것이 아니다. 마침내는 원망이 하늘에 미칠 것이니, 陰陽의 調和를 손상시켜서 홍수와 가뭄의 재앙을 초래하고, 국가도 따라서 위태롭게 될 것이다. 그러므로 聖人이 형벌을 제정한 것은, 그것에 의지하여 정치를 하려고 한 것이 아니라, 오직 그것으로 정치를 보필하려고 했던 것일 뿐이다. 형벌은 형벌을 그치게 하고 형벌을 없애는 데 목표가 있다. 진실로 우리의 정치가 훌륭하게 된다면 형벌은 버려지고 쓰이지 않게 될 것이다.[28]

刑曹는 周禮의 편제상 '秋官'에 해당된다. 정도전은 이를 '가을이 초목을 말려 죽이는 것은 봄의 소생을 위한 것이듯이, 형벌은 萬民과 삶을 함께하기 위한 것'이라는 취지로 설명했다. 이는 형벌의 목적은 단순히 죄에 대한 應報에 있는 것이 아니라 矯導에 있다는 뜻이다. 한편, 형벌은 만물 중

---

28) 『朝鮮經國典』「憲典」〈總序〉

에 가장 존엄한 존재인 인간을 대상으로 하는 것으로서, 그 신체를 구속하거나, 危害하거나, 심지어는 죽이기도 하는 것이다. 그러므로 형벌은 欽恤을 바탕으로 이루어져야 한다. 또한 형벌은 자칫 억울한 사람을 생기게 하므로 밝고 신중하게 이루어져야 한다. 정도전은 결론적으로 형벌은 통치의 보조 수단으로서, 궁극적으로는 형벌이 필요 없는 사회를 추구하는 것이라 하였다. 이는 전통유학의 지론을 충실히 계승한 것이다. 이제 조선시대의 형벌의 운용에 대해서 살펴보자.

첫째, 백성들이 禁法과 형벌의 구체적인 내용을 소상히 알게 하여, 억울한 처분이 없도록 노력하였다. 정도전은 다음과 같이 말한다.

> 어리석은 백성이 잘 모르고 禁法을 어기는 일이 있을까 염려해서 해당 관청에 명하여 『大明律』을 方言으로 번역하게 하여 대중으로 하여금 쉽게 깨우치게 했다. 무릇 處斷과 判決을 모두 『大明律』에 의거하게 했으니, 위로는 皇帝의 規範을 받들고 아래로는 百姓의 生命을 존중하기 위한 것이다. 장차 백성들은 禁法을 알아서 범하지 않고, 刑은 방치되어 쓰이지 않게 될 날이 올 것이다.[29)]

조선시대의 刑律은 『大明律』을 그대로 準用하였다. 그런데 『대명률』의 내용을 백성들이 알기 어려우므로, 太祖(李成桂)는 당시의 방언으로 『대명률』을 풀이하여 반포하게 했는데, 『大明律直解』가 그것이다. 世宗이 訓民正音을 창제한 동기도 바로 백성의 인권을 보호하려는 것이었다. 〈訓民正音序〉에 잘 나타나 있듯이, 世宗은 어리석은 백성이 글자를 몰라 억울함을 하소연할 수 없는 실정을 가엽게 여겨, 누구나 쉽게 익힐 수 있는 글자를 만들어 보급했던 것이다.[30)]

---

29) 『朝鮮經國典』「憲典」〈總序〉

둘째, 人命을 해친 죄에 대해서는 무겁게 처벌하고, 財物을 훔친 죄에 대해서는 가볍게 처벌하였다. 정도전은 人命을 해친 범죄에 대해 다음과 같이 논한다.

> 사람은 다 같은 同類이며, 다 같은 우리 同胞이다. 그러므로 마땅히 서로 친해야 하고, 서로 해쳐서는 안 된다. 서로 해치는 것을 금하지 않으면 人類는 멸망하게 된다. 그러므로 남을 죽인 자는 死刑에 처하고, 남을 상해한 자는 죄의 輕重에 따라 상응하는 형벌을 가하는 것이다. (…) 예나 지금이나 형률을 제정하는 사람은 모두 殺傷을 가장 무겁게 다루고, 싸움을 그다음으로 다룬다. 이는 대개 형벌로써 형벌을 그치게 하여, 모두가 함께 살 수 있도록 하려는 것이다.[31]

정도전에 의하면, 人命을 해치는 범죄를 무겁게 처벌함은 人命을 해치는 범죄를 예방하여 모든 사람이 함께 살 수 있는 사회를 만들기 위한 것이었다. 정도전은 財物을 해친 범죄에 대해서는 다음과 같이 논한다.

> 사람의 본성은 다 착하며, 사람은 누구나 羞惡之心을 지니고 있다. 도적이 되는 것이 어찌 인간의 본래 심정이겠는가? 恒産이 없는 사람은 그로 인해 恒心을 지킬 수 없는 것이다. 추위와 굶주림이 절실해지면 禮義를 돌아볼 겨를이 없이 대부분 부득이하게 도적이 되는 것이다. (…) 남자에게는 먹고 남은 곡식이 있고 여자에게는 입고 남은 베가 있어서, 위로는 부모를 섬기기에 충분하고 아래로는 처자를 기르기에 충분하면, 백성들은 禮義를 알게 되고 풍속은 廉恥를 숭상하게 되어, 도적은 없애지 않아도 저절로 없어질 것이다. 그러나 백성의 욕심

30) 이에 대한 자세한 논의는 이동준, 『유교의 인도주의와 한국사상』, 315~319쪽 참조.
31) 『朝鮮經國典』 「憲典」 〈人命鬪驅〉.

은 한이 없고, 이익을 추구하는 마음은 쉽게 솟구친다. 만약 형벌을 밝혀서 이를 억제하지 않는다면, 역시 금하기 어렵다. 그러므로 『書經』에서는 "財貨로 인해 사람을 죽이고 넘어뜨리면, 모든 백성들 중에는 이를 미워하지 않을 사람이 없다." 고 했다. 착한 본성을 근본으로 삼고 간사한 도적을 징계해야 한다.[32)]

정도전은 도적에 대해서는 한편으로는 백성의 恒産을 보장하지 못한 위정자의 책임을 강조하고, 한편으로는 그것 역시 범죄라는 관점에서 처벌이 불가피하다고 보았다. 요컨대 도적에 대해서는 되도록 가볍게 처벌하고, 먹고 살 수 있는 방도를 제공하는 것이 중요하다고 본 것이다.

셋째, 모든 소송에 대해서 三審을 제도화하고,[33)] 人身의 구속과 拷問에 대해서는 자세한 규정을 두었다. 『經國大典』에서는 '죄인의 拘禁' 에 대해서 다음과 같이 규정하고 있다.

杖刑 이상의 범인은 구금하되, 문무관리라든지, 內侍라든지, 士族의 婦女라든지, 중이라든지 모두 임금께 보고하고 구금한다. 죽을죄를 지은 자는 먼저 구금하고 나중에 보고한다. 70살 이상 15살 이하는 강도나 살인이 아니면 구금하지 않으며, 도적 죄를 범한 자도 墨刑을 면제한다.[34)]

『經國大典』에서는 인신의 구속을 중대한 일로 인식하여 국왕의 승인을 받도록 규정하고, 노인과 어린이에 대해서는 특별히 더욱 배려한 것이다. 『經國大典』에서는 '죄인의 訊問' 에 대해서는 다음과 같이 규정하고 있다.

32) 『朝鮮經國典』「憲典」〈盜賊〉.
33) 『經國大典』「刑典」〈推斷〉 및 〈私賤〉 참조.
34) 『經國大典』「刑典」〈囚禁〉.

무릇 拷問을 할 경우에는 임금의 지시를 받아서 집행한다(訊問하는 刑杖은 길이가 3자 3치인데, 위는 1자 3치로서 둘레의 직경이 7푼, 아래는 2자로서 너비가 8푼이고 두께가 2푼이다. 아래 끝으로 무릎 아래를 치되 정강이에는 이르지 않게 하며, 한 번에 30대를 넘지 못한다). (…) 3일 이내에는 고문을 두 번 하지 못하며, 고문한 지 10일 뒤에야 형벌을 집행한다.[35]

『經國大典』에서는 별도로 "관리가 형벌을 함부로 적용했을 때에는 杖刑 100대, 徒刑 3년에 처하며, 죽였을 경우에는 杖刑 100대에 처하고 영구히 관리로 등용하지 않는다."[36]는 규정을 두어, 위와 같은 규정을 엄수하도록 뒷받침하였다.

넷째, 죄수의 救恤에 대한 규정을 두어, 죄수라 하더라도 함부로 다루지 못하도록 금했다. 『經國大典』에서는 다음과 같이 말한다.

서울에서는 司憲府, 지방에서는 觀察使가 옥의 죄수들을 보살핀다(해당 관리가 잘 보살피지 않아서 죄수를 많이 죽였을 경우에는 엄중히 죄를 따진다). 만일 옥이 견고하지 못하거나 건물을 보수하지 않았거나 비가 새거나 또는 죄수들을 침해하는 등의 일이 있을 경우 杖刑 100대에 처한다. 죄인의 罪名과 처음 구금한 날짜, 고문한 횟수와 죄를 판결한 건수에 대해서 해당 관청에서는 10일마다 적어서 임금에게 보고하며, 지방에서는 매 계절의 마지막 달마다 보고한다.[37]

마지막으로, 노비에 대한 자의적 처벌 역시 금지되었다. 조선 초기에 주

35) 『經國大典』 「刑典」 〈推斷〉.
36) 『經國大典』 「刑典」 〈濫刑〉.
37) 『經國大典』 「刑典」 〈恤囚〉.

인이 자신의 노비를 임의로 처벌하고, 심지어는 죽이는 일까지 있었다. 이러한 일이 자주 일어나자, 世宗은 王命으로 이를 금지시키고, 이를 어긴 주인을 처벌하도록 하였다.[38)]

이상에서 살펴보았듯이, 조선시대에도 '생명의 존엄함' 또는 '생명권'에 대해서 충분히 유의하고 있었다. 다만 오늘날의 관점에서는 조선시대에 拷問과 각종 體刑을 가한 것을 비판할 수 있다. 그러나 전근대 사회의 일반적 관행에 비추어본다면, 조선시대는 오히려 고문과 체형에 대해서도 매우 신중하게 접근하고 있었음을 알 수 있다.[39)]

2) 言論의 자유와 信仰의 자유

이제 精神的 自由權의 영역으로, 조선시대에 있어서 '言論의 자유'와 '信仰의 자유' 등을 살펴보기로 하자. 먼저, 전통유학에서 '언론의 자유'라는 관념이 본격적으로 등장한 것은 宋代에 주자학이 발흥하면서부터이다. 주자학에서는 '公論에 입각한 정치'를 표방했거니와, 공론정치는 '언론의 자유'를 그 전제조건으로 삼는다.[40)] 주자는 公論을 '天理에 따르고, 사람들의 마음에 부합하여, 천하의 사람들이 모두 함께 옳게 여기는 것'이라 정의하였다.[41)] 그런데 공론은 저절로 형성되는 것이 아니라 '공개적이

---

38) 『世宗實錄』 16년 6월 27일조 참조.

39) 正祖는 『欽恤典則』을 반포하여 '罪人에 대한 인도적 처우와 신중한 형벌의 원칙'을 다시 확인한 바 있다(『正祖實錄』 2년 1월 12일조 참조). 계몽주의 이전 시기까지 서구사회에서 자행된 잔혹한 고문에 대해서는 헌트, 『인권의 발명』, 83~95쪽 참조.

40) 先秦儒學은 본래 '天命에 입각한 정치'를 표방했었다. 선진유학에서는 '民心이 곧 天心'이라 하여 民心을 중시했지만, 한편으로는 '民心에 대한 懷疑'도 컸었기 때문에, 언론의 자유에 대한 인식이 심화되지는 못했던 것이다. 民心論과 公論論의 차이에 대한 자세한 논의는 拙著, 『儒教傳統과 自由民主主義』 제8장 〈儒教의 公論論과 政治的 正當性의 문제〉 참조.

고 자유로운 논의' 를 통하여 형성되는 것이다. 주자는 다음과 같이 말한다.

> 君王은 비록 命令을 제정하는 것으로 직분을 삼는 것이나, 반드시 大臣과 함께 도모하고 諫官의 의견을 참고해야 합니다. 그들로 하여금 충분히 의논하게 하여 公論의 所在를 구한 다음, 王庭에 게시하고 밝게 명령을 내려 공개적으로 실행해야 합니다. 이로서 朝廷이 존엄해지고, 命令이 자세히 살펴지는 것입니다. 비록 명령이 부당한 점이 있다 하더라도 천하의 모든 사람들이 그 잘못이 누구에게서 비롯된 것인지를 밝게 알 수 있어, 君王이 홀로 그 책임을 지게 되지는 않는 것입니다. 國政을 의논하고 싶은 臣下들은 또한 모두 거리낌 없이 자신의 의견을 다 밝힐 수 있는 것이니, 이것이 古今의 常理이며 또한 祖宗의 家法입니다.[42]

주자는 '모두 거리낌 없이 자신의 의견을 다 밝힐 수 있게 함' 을 성공적 통치를 보장하는 관건으로 인식했다. 요컨대 '언론의 자유' 를 통해 공론을 모으고, 공론에 입각하여 통치하는 것이야말로 원리적으로도 정당하고 현실적으로도 타당하다는 것이다. 이러한 관념은 조선의 건국자들에게도 그대로 계승되었다. 그들은 '私欲과 私心' 에 의한 통치가 초래한 고려 말기의 폐단을 여실하게 목격한 바 있기에 정치의 공정성을 확보하는 데 심혈을 기울였고, '諫官의 독립(권력의 분립)' 과 '언론의 자유' 에서 그 해법을 찾았던 것이다.

諫官(言官)은 군주와 관리들의 非理나 失政을 적발하고 비판하면서 公論을 주도하는 직책이다. 조선시대에는 言官權의 독립을 위하여 세심하게 배

---

41) 『朱子大全』 卷24 頁16~17, 〈與陳侍郎書〉 참조.

42) 『朱子大全』 卷14 頁26, 〈經筵留身面陳四事箚子〉.

려했는데, 이로써 언론의 자유가 한층 강화될 수 있었다.[43] 조선의 건국자들은 또 국왕이 수시로 臣民들에게 국정에 대한 의견을 묻도록 하는 '求言' 제도를 마련하였다. 정도전은 다음과 같이 말한다.

> 윗사람은 아랫사람에게 直言을 구하고, 아랫사람은 윗사람에게 글을 바칠 수 있으면, 막힌 것이 트이고 가린 것이 걷혀 上·下의 情이 통하게 될 것이니, 어떤 善行이 누락될 것이며, 어떤 원통이 풀리지 않을 것인가? 殿下께서는 卽位 초에 5품 이상의 衙門에 명하여 각각 백성을 편안하게 할 계책을 진달하게 하고, 그중에 가장 좋은 것을 골라 敎書로 中外에 포고하였다. 이로부터 비록 草野에 있는 사람이라도 글을 올려서 政事에 대해 直言하는 자가 더욱 많게 되었다.[44]

'求言'과 함께 또 하나 주목할 것이 이른바 '上疏'이다. 上疏의 주도층은 물론 儒生들이었다. 그러나 일반 백성들, 심지어는 노비도 上書·上言 등을 통해 자신의 의견을 개진할 수 있었다. 일반 백성의 上書·上言은 자신들의 민원을 해결해달라는 私的 請願이 많았지만, 정치적 사안을 반영하는 公的인 것도 적지 않았다.[45] 조선시대의 臣民들은 言官이 아니더라도 求言과 上疏·上書·上言 등을 통해 소신껏 국정을 논할 수 있었던 것이다. 또한 일찍부터 이들의 직언에 대해서는 '비록 그 내용에 과실이 있더라도 처벌할 수 없다'는 원칙이 정립되어, 언론의 자유를 충분히 보장했다.[46]

---

43) '諫官의 독립(권력의 분립)'에 대해서는 앞의 제4장 1절에서 보다 자세히 소개한 바 있다.

44) 『朝鮮經國典』「禮典」〈求言進書〉.

45) 설석규, 『조선시대 儒生上疏와 公論政治』, 22~23쪽 참조.

46) 世宗 때에 노비 睦孝智가 '왕실의 葬地를 改定할 것'을 上言한 바 있었는데, 세종은 이를 수용하고 목효지를 免賤시켰다. 이에 대해 司憲府 掌令 金孟獻이 上言하는 절차상의 하자를 들어 목효지를 처벌할 것을 주장하자, 세종은 "上言한 것은 비록 과실이

조선시대의 언론의 자유와 관련하여 주목할 것은 靜菴 趙光祖와 栗谷 李珥의 논설이다. 먼저 조광조의 논설을 살펴보자. 조광조는 다음과 같이 '言路의 확대' 와 '言論의 자유' 를 역설했다.

> 言路의 通塞은 국가에서 가장 關鍵이 되는 것이다. 언로가 열리면 다스려져 편안하고, 막히면 혼란하여 망한다. 그러므로 人君은 언로를 넓히는 데 힘써서, 위로는 公卿과 百執事로부터 아래로는 閭巷과 市井의 백성에 이르기까지 모두 말할 수 있게 하는 것이다. 그러나 언로를 맡은 사람이 없으면 스스로 말을 다 할 수 없으므로, 이에 諫官을 설치하여 그것을 주도하도록 한 것이다. 諫官의 말이 비록 간혹 過當하더라도 모두 허심탄회하게 넉넉히 포용하는 것은 언로가 혹 막힐까 두렵기 때문이다.[47]

조광조는 '言路의 通塞' 은 '국가 흥망의 관건' 이라고 규정했다. 따라서 언로는 모든 사람에게 개방되어야 하며, 비록 지나친 주장이라 하더라도 넉넉히 포용해야 한다는 것이다. 조광조는 언로에 있어서 諫官의 역할을 중시했다. 언로가 모든 사람에게 열려 있더라도, 특히 언로를 담당하여 公論을 주도하는 직책이 필요하기 때문에 간관을 두게 되었다는 것이다. 요컨대 간관은 언로를 확대하고 언론의 자유를 보호하는 데 앞장서야 하는 직책이다.

그런데 당시에 諫官들이 소임을 배반한 일이 있었다. 국왕 中宗의 求言에, 朴祥 · 金淨 등이 廢妃 愼氏의 복위를 진언하자, 간관들이 박상 · 김정 등을 처벌하라고 주장했던 것이다.[48] 이에 대해 조광조는 兩司(司憲府와

있다 하여도 역시 죄주지 아니하거늘, 어찌 효지에게만 그렇지 못할 것이냐." 라고 일축한 바 있다(『世宗實錄』 23년 9월 2일 참조).

47) 『靜菴集』 卷2 頁12, 〈司諫院請罷兩司啓一〉.

司諫院)의 간관들을 파직시키라고 주청했다. 언로를 보호해야 할 양사의 간관들이 도리어 언로를 침해했으니, 그런 간관들은 파직시킴이 마땅하다는 것이다.[49] 중종은 조광조의 주장을 받아들였다. 한편 조광조는 大臣과 臺諫의 소임을 분명히 구분하여, 다음과 같이 말한 바 있다.

> 政化는 마땅히 政府로부터 나와야 한다. 근래에 臺諫이 자주 政令을 建白하는데, 비록 부득이한 데서 나왔다고 하더라도, 또한 그들의 소임은 아니다. 政府와 六曹가 國事를 논의하여 분발하여 政事를 처리하되, 큰 일은 主上께 啓稟하고 작은 일은 스스로 처결하는 것이 옳다. 臺諫은 마땅히 그들의 잘못을 규찰하는 것뿐이다.[50]

위의 인용문은 이른바 君主權 · 宰相權 · 諫官權의 '3권분립' 을 옹호하는 것으로, 간관의 역할을 비판기능으로 한정한 것이다. 행정의 주체는 議政府와 六曹이며, 간관의 소임은 그들의 잘못을 규찰하는 것이라는 말이다. 당시 조광조는 司憲府의 首長이었는데, 자신의 직책을 비판기능으로 한정하고 있었던 것이다. 한편, 율곡도 조광조와 같은 맥락에서 다음과 같이 말한 바 있다.

> 殿下께서는 특별히 '의견을 구한다' 는 傳敎를 내리시고, 거리낌 없이 말할 수

---

48) 廢妃 愼氏는 中宗이 王으로 옹립되기 이전의 夫人으로, 愼守勤의 따님이었다. 그런데 신수근은 燕山君의 妻男으로서, 燕山君의 暴政을 조장한 인물이기도 하여, 中宗反正(1506)과 함께 처형되었다. 反正의 주역들은 中宗을 옹립하면서 부인 愼氏를 폐위하도록 강요하였고, 그리하여 中宗은 새로 章敬王后를 맞이했다. 反正의 주역들은 신수근을 처형한 것에 대한 보복이 두려워 愼氏의 복위를 반대했던 것인데, 당시의 간관들이 이에 동조한 것이다.

49) 『靜菴集』 卷2 頁12, 〈司諫院請罷兩司啓一〉 참조.

50) 『靜菴集』 卷4 頁14, 〈復拜大司憲時啓八〉.

있는 통로를 크게 열어두십시오. 위로는 조정의 신하로부터 아래로는 俗된 백성에 이르기까지, 안으로는 京邑으로부터 밖으로는 먼 시골까지, 모두 時政의 폐단을 논하고 각각의 의견을 다 밝히도록 하십시오. (…) 만약 그 말이 절실하고 곧아 時弊에 적중하는 것이라면, 곧 정치에 시행하여 空言으로 돌리지 마십시오. 간혹 논의가 밝고 학문이 經世濟民에 통달한 자가 있다면, 그의 의견을 채택하고 또 그 사람을 관직에 등용하십시오. 비록 그 의견이 비루하고 자질구레하여 주목할 만한 것이 없거나, 거리낌 없이 말하여 殿下의 뜻에 거슬리더라도, 또한 不問에 부치십시오. 이렇게 하면 '온 나라 사람들이 보고 듣는 것' 으로 '한 사람의 聰明' 을 삼을 수 있어서, 쌓인 폐단을 없앨 수 있고, 백성의 노고도 줄일 수 있습니다.[51)]

율곡은 '많은 사람들이 참여하는 자유로운 토론' 의 중요성을 누구보다도 깊이 인식하고, '言路의 개방' 과 '言論의 자유' 를 옹호한 것이다. 율곡의 이러한 주장은 두 맥락에서 이해할 수 있다. 첫째는 군왕 한 사람의 지혜는 유한하므로, 온 나라 사람의 지혜를 모아야 한다는 것이다. 율곡은 다음과 같이 말한다.

한 사람의 聰明은 有限하고 천하의 道理는 無窮합니다. 그러므로 비록 聖人이라도 감히 자기의 총명을 믿지 못하고, 반드시 뭇 사람의 귀로 자기의 귀를 삼고 뭇 사람의 눈으로 자기의 눈을 삼으니, 그런 다음에 총명함에 듣고 보지 못하는 것이 없을 것이요, 지혜와 德도 두루 갖추어지는 것입니다.[52)]

51) 『栗谷全書』 卷3 頁15, 〈諫院陳時事疏〉.
52) 『栗谷全書』 卷6 頁23, 〈應旨論事疏〉.

율곡은 '한 사람만의 지혜는 有限하고 천하의 도리는 無窮하다' 는 관점에서 衆智를 모아야 하는 당위성을 설명하였다. 둘째는 公論의 비판을 수용함으로써 '公正性' 을 확보해야 한다는 것이다. 율곡은 다음과 같이 말한다.

> 殿下께서는 乾坤처럼 아량을 크게 넓히고, 日月처럼 빛을 밝히십시오. 정성스럽게 善策을 수용하고, 자신을 버리고 다른 사람들의 의견을 따르며, 모든 신하들에게 자문을 구하고, 메아리처럼 곧바로 (그 의견을) 반영하십시오. 이처럼 조정에 있는 선비들로 하여금 각각의 의견을 다 말하고 마음속 깊은 생각까지 다 토해내게 한 다음에야, 四方의 善策이 朝廷으로 모여들 것입니다.[53]

율곡은 宣祖에게 '자신의 사사로운 의견을 버리고 많은 사람들의 공정한 의견을 따를 것' 을 촉구했는데, 이는 公論을 통하여 '公正性' 을 확보하라는 것이었다. 율곡은 또 언론의 자유를 보장하여 '四方의 善策이 조정으로 모여들게 하라' 고 했는데, 이는 公論을 통하여 '다수의 지혜' 를 결집하라는 것이었다. '다수의 지혜' 를 모으고 '공정성' 을 확보한다는 두 맥락에서, 율곡은 '국가의 흥망' 이 '言路의 開塞' 에 달려 있다고 역설한 것이다.

이제 '良心의 자유' 에 대해 살펴보자. 일찍이 孔子는 君子의 미덕으로 "남들과 조화를 이루되 같아지지는 않음(和而不同)" 을 거론했는데, 이는 양심의 자유를 옹호한 말로 풀이될 수 있다.[54] 남들과 조화를 이루기 위해서는 그 사회의 기본질서를 존중해야 하고, 남들과 같아지지 않기 위해서는 附和雷同하지 말아야 한다. 요컨대 유교에서는 그 사회의 기본질서를 벗어나지 않는 한도에서 개인의 개성과 양심의 자유를 옹호한 것이다.[55]

---

53) 『栗谷全書』 卷3 頁38, 〈陳弭災五策箚〉.

54) 이에 대한 자세한 논의는 拙著, 『儒敎傳統과 自由民主主義』, 190~192쪽 참조.

55) 드 배리는 宋代의 儒學者들이 주체적으로 진리를 터득하려 하고(自得), 스스로 진리

이는 조선시대의 경우에도 마찬가지였다. 조선시대에 '言論의 자유' 를 충분히 보장했다는 것은 곧 조선시대가 '良心의 자유' 를 충분히 긍정했다는 증표인 것이다.[56)]

마지막으로, '信仰의 자유' 에 대해 살펴보자. 조선 초기의 '抑佛 정책' 과 후기의 '天主教 박해' 사건을 본다면, 조선시대에는 기본적으로 신앙의 자유가 없었다고 말할 수 있겠다. 그러나 이에 대해서도 보다 곡진하게 이해할 필요가 있다.

조선 초기의 억불정책은 고려 말기의 불교가 끼친 사회적 폐단이 너무 컸기 때문이다. 주지하듯이, 고려 말기의 불교는 한편으로는 국정에 깊이 간여하여 국정의 혼란을 초래하고, 한편으로는 거대한 이익집단으로 전락하여 민생을 괴롭혔다. 그리하여 조선의 건국자들은 정치의 영역으로부터 불교를 몰아내는 동시에, 불교사원이 누렸던 온갖 특권을 모두 박탈했던 것이다. 따라서 조선시대의 불교는 중앙 정계로부터는 축출되었지만, 山間叢林에서는 여전히 건재할 수 있었다. 조선시대에는 과거시험에도 '僧科' 를 두고 있었거니와, 따라서 조선이 불교를 말살하려는 정책을 폈던 것은 아니었다. 또한 조선시대의 士族은 공식적으로는 불교를 비판했지만,

---

의 구현자로 自任한 것을 들어 송대의 유학을 '개인주의' 로 해석한 바 있다(드 배리, 『중국의 '自由' 전통』, 106~127쪽 참조).

56) 혹자는 조선시대의 많은 학자들이 '陽明學을 비판한 것' 과 '斯文亂賊' 사건을 들어서 '조선시대에는 양심의 자유가 없었다' 고 생각할 수도 있겠다. 먼저 陽明學과 관련하여, 조선시대에 제도적으로 양명학을 금지한 것은 결코 아니다. 사람들은 각자 자신의 양심에 따라 陽明學을 택하기도 하고 朱子學을 택하기도 했을 뿐이요, 또 자신들의 양심에 따라 서로 비판하고 반론한 것이다. 따라서 이는 오히려 조선시대에도 양심의 자유가 있었다는 증표가 된다. 다음 斯文亂賊 사건과 관련하여, 이는 老論一派가 자신들의 정통성을 내세우기 위한 정치적 공세였을 뿐이다. 이는 오늘날 우리나라가 양심의 자유를 보장함에도 불구하고, 일부의 사람들이 특정한 사람에 대해 '容共分子' 라고 공세를 취하는 것과 같은 맥락이다.

士族의 婦女子들은 절에 다니면서 佛供을 드린 경우가 많았음도 잘 알려진 사실이다. 또 金時習이나 栗谷 등은 스스로 한때 佛僧이 되기도 했었음도 잘 알려진 사실이다. 이렇게 본다면, 조선의 억불정책은 '개인의 신앙'을 탄압하자는 데 초점이 있었던 것이 아니라 '불교집단의 정치개입과 民弊'를 막자는 데 초점이 있었던 것이다.[57]

조선 후기의 천주교 박해도 같은 맥락에서 이해할 수 있다. 조선에서 천주교에 대한 탄압이 본격화된 것은 '尹持忠 사건'(1791년) 때문이었다. 윤지충은 천주교 교리에 따라 조상의 神主를 불태우고 祭祀를 폐지했다. 조정에서는 이를 계기로 천주교를 '滅倫亂常'으로 규정하고, 대대적인 탄압을 자행하게 된 것이다. 이후 외국의 武力을 빌려 천주교 신앙의 자유를 얻으려고 했던 '黃嗣永 帛書 사건'(1801년)이 일어나자,[58] 천주교는 또 한 차례 극심한 탄압을 받았다. 유교사회에서 조상의 神主를 불태운다는 것은, 천주교사회에서 聖母像이나 十字架를 능멸하는 것과 마찬가지로, 용납될 수 없었던 것이다. 나아가 외국 군대를 불러들이고자 한 帛書나, 실제로 침략군의 앞잡이 노릇을 한 행위는 국가의 존립을 위협하는 것이었다.[59] 자

---

57) 오늘날 우리나라에서는 '신앙의 자유'를 보장하고 있음에도 불구하고, 우리 사회에서는 기독교의 몇몇 거대한 教會에 대한 지탄이 일고 있음을 상기해 보자. 일부 거대한 교회의 牧會者들은 교회를 자신들의 私有物로 간주하여 專橫과 非理를 일삼고, 또 때로는 도를 넘는 정치적 발언으로 큰 파문을 일으키고 있다. 그리하여 교회 스스로 국민의 지탄을 자초하고 있는바, 국민의 지탄이 곧 '신앙의 자유를 부정함'은 아닐 것이다.

58) '황사영 帛書'는 황사영이 中國 北京의 구베아(Gouvea) 主教에게 보내려고 했던 편지로, 그 내용은 대략 3가지였다. 첫째, 1785년 이후의 국내 천주교의 상황과 박해의 상세한 과정. 둘째, 조선 교회의 재건을 위해 서양 여러 나라가 財源을 지원할 것. 셋째, 천주교 布教의 자유를 얻기 위한 방책으로 ① 清나라 황제에게 부탁하여 조선이 천주교 선교사를 받아들이도록 강요할 것, ② 조선을 清의 한 省으로 편입시켜 감독하게 할 것, ③ 서양의 군대 5~6만 명을 조선에 파견하여 굴복시킴으로써 천주교를 공인하게 할 것.

유주의적 관점에서 보더라도, 이러한 것들은 이미 관용의 한계를 넘은 것이다.[60)]

조선 후기에 천주교와 유교 사이의 갈등이 깊었던 것은 상호 간의 이해가 미흡했기 때문이다. 마테오 리치는 『天主實義』에서 조선의 政敎理念이었던 朱子學을 총체적으로 부정했고, 조선의 주자학자들은 천주교를 '惑世誣民의 邪敎'로 규정했다. 상호 간의 기본 인식이 이렇게 정립된 이상, 상호 간의 관용이란 기대하기 어려운 것이었다. 따라서 천주교 박해사건을 두고 조선에서는 신앙의 자유가 전혀 없었다고 단정하는 것은 短見이다. 조선시대는 물론 오늘날과 같은 정도의 신앙의 자유는 없었지만, 종교적 갈등이 극심했던 당시 서구 사회에 비추어본다면, 오히려 더 많은 신앙의 자유를 누렸던 것이다.

3) 財産權과 상속제도

이제 經濟的 基本權의 영역으로, 조선시대에 있어서 '財産權'과 재산상속 문제 등을 살펴보자. 조선시대 사람들의 주요 재산은 토지와 가옥 그리고 노비였다. 먼저 토지에 대하여, 조선시대에는 전통유학의 '王土思想'에 입각하여 '모든 토지는 국왕의 소유'라는 관념이 있었다.[61)] 그러나 이는

59) 1999년 11월, 한국천주교중앙협의회 한국사목연구소가 개최한 '한국천주교회사에 대한 大禧年 심포지엄'에서 발제자들(여진천 신부, 최기복 신부 등)은 18세기 말 서양선박 요청사건, 제사금지에 따른 갈등, 민족 고유의 정서와 문화 무시, 민족운동에 대한 소극적 태도, 신사참배 허용 등을 교회가 저지른 대표적인 잘못으로 꼽고, 민족과 역사 앞에 반성한 바 있다(《조선일보》 1999년 11월 11일자 보도 참조).

60) 로크도 로마교황에게 충성을 바치는 가톨릭은 영국에서 관용될 수 없다고 규정했었다(Locke, "A Letter Concerning Toleration", 426쪽).

61) 『孟子』(萬章上 4)에는 "모든 하늘 아래는 모두 王의 땅이며, 모든 땅의 끝까지 모두 王의 臣下이다(普天之下 莫非王土 率土之濱 莫非王臣)"라는 말이 보이는데, 이는 본래

'모든 토지는 國法의 적용을 받는다' 는 의미였을 뿐, 개인의 소유권을 부정하는 것은 아니었다. 조선시대에 있어서 토지에 대한 소유권은 자손 대대로 상속할 수 있는 영구적인 권리였다.[62] 그러나 조선시대의 토지에 대한 소유권은 절대적인 권리는 아니었다. 良人이 죄를 지어 賤人으로 강등되면서 그의 재산을 함께 몰수당하는 경우가 많았던 것이다.[63] 또한 국가는 필요에 따라 본인이 동의하지 않아도 그의 토지를 수용할 수 있었다. 그러나 이 경우는 단순한 탈취가 아니라, 그에 상응하는 보상을 해 주었다.[64]

조선시대에는 奴婢(私賤)도 재산으로 취급되었다. 노비의 주인은 자신의 노비를 매매할 수도 있었고, 자손에게 물려줄 수도 있었다. 국가가 私賤(개인의 노비)을 징발하는 경우도 있었는데, 그 때에는 물론 다른 公賤을 대신 지급하였다.[65] 또 私賤이 국가에 功을 세워 免賤을 시킬 경우에도 국가가 그 노비의 본래 주인에게 다른 公賤을 지급하도록 하였다.[66] 요컨대 조선시대에는 국가가 필요할 경우 개인의 재산을 강제로 수용했는데, 그 경우 반드시 합당하게 보상했던 것이다.

조선시대의 財產法에서 흥미로운 사실은 노비도 사유재산을 소유할 수 있었다는 점과 심지어는 노비가 다른 노비를 소유할 수도 있었다는 점이다.[67] 조선시대의 노비는 자신의 몸값을 지불하고 양인신분을 획득할 수 있었으며, 또는 자신을 대신할 다른 노비를 바침으로써 양인신분을 획득할 수도 있었다.[68] 이러한 제도는 노비도 사유재산을 소유할 수 있었다는

『詩經』 小雅 〈北山〉에 보이는 내용이다.

62) 우병창, 「朝鮮時代에 있어서 財產法 硏究」, 269쪽 참조.

63) 그러나 추후에 復權되었을 경우, 그의 재산도 함께 돌려주었다.

64) 우병창, 「朝鮮時代에 있어서 財產法 硏究」, 116쪽 참조.

65) 우병창, 「朝鮮時代에 있어서 財產法 硏究」, 117쪽 참조.

66) 『經國大典』 「刑典」 〈私賤〉.

67) 우병창, 「朝鮮時代에 있어서 財產法 硏究」, 77~78쪽 참조.

것과 노비가 다른 노비를 소유할 수 있었다는 것을 방증하는 것이다.

한편 『經國大典』에서는 개인이 남의 재산권을 침해하는 경우에 대해서 다음과 같은 처벌규정을 두었다.

> 다른 사람의 노비를 강제로 차지하거나 판결 뒤에도 그대로 차지하고 있는 자에 대해서는 杖刑 100대와 徒刑 3년에 처하고, 그동안 노비를 부린 값을 받아내서 주인에게 돌려준다. 노비를 골고루 나누어 가지지 않은 자와 나누어 가질 노비를 몽땅 차지하고 이익을 독점한 자에 대해서는 죄를 따진 다음 그의 몫으로 정해질 노비는 관청에 소속시킨다(土地와 住宅도 이와 마찬가지이다).[69]

위와 같은 규정으로 본다면, 개인의 재산권은 타인의 침해로부터도 충분히 보호받고 있었던 것이다.

이제 조선시대의 相續制度를 살펴보자. 조상 대대로 내려오는 家產은 자손에게 상속시키라는 것이 조선의 국법이었다.[70] 조선시대의 相續法은 재산을 남긴 사람의 遺書나 상속 당사자 간의 協議(和會)를 존중하였다. 『經國大典』에서는 遺書나 和會文이 없을 경우의 재산분배 원칙을 대략 다음과 같이 규정하였다. 嫡子 사이에는 男·女를 막론하고 균등하게 분배하되, 다만 家系를 계승하는 嫡長子에게는 다른 자녀들보다 5분의 1을 더 받도록 하였다. 庶孼의 경우, 대체로 良妾所生은 嫡子의 6분의 1을 상속받았고, 賤妾所生은 嫡子의 9분의 1을 상속받았다.[71] 요컨대 조선시대의 상속법은 嫡

---

68) 우병창, 「朝鮮時代에 있어서 財產法 硏究」, 50쪽 참조.

69) 『經國大典』 「刑典」 〈私賤〉.

70) 『世祖實錄』 7년 7월 9일 참조. 한편 『經國大典』 刑典 〈禁制〉에서는 "자신의 노비와 토지를 寺院이나 무당에게 시주한 자는 죄를 논한 다음, 그 노비와 토지를 관청에서 몰수한다."고 했다. 이로 보면, 家產을 자손에게 상속시키게 한 것은 寺院經濟의 팽창을 막기 위한 조치이기도 했던 것 같다.

子와 庶子를 차별하고, 嫡子들 사이에서는 長子를 우대했으며, 庶子들 사이에는 良妾所生을 우대한 것이다.

그러나 조선 후기로 가면서 '嫡子들 사이의 균분상속제'는 '嫡長子 중심의 상속제'로 변화되었다. 즉 出嫁한 딸은 상속에서 제외시켰으며, 아들들 사이에도 長子에게는 제사를 받들기 위한 몫을 별도로 설정해 주었다. 이는 두 가지 사유로 인한 것이었다. 첫째는 宗法制의 정착이다. 종법제가 정착되기 이전인 조선 초기에는 여러 嫡子들이 돌아가면서 부모의 제사를 받들었고, 유산도 균등하게 상속했던 것이다. 그러나 후기에 宗法制가 정착되면서 嫡長子가 모든 제사를 주관하고, 그 대신 더 많은 유산을 상속하게 된 것이다.[72] 둘째는 임진왜란 · 병자호란 이후의 급격한 인구증가 때문이었다. 인구는 증가하고 家產은 한정된 상황에서 균등하게 분배하여 모두가 빈곤하게 되는 것보다는 家產을 長子에게 몰아주고 家門의 구심점이 되게 하는 것이 낫다는 것이다.[73]

이상의 내용을 정리해 보자. 조선시대에는 국가가 개인의 재산을 함부로 탈취하지 않았으며, 국법으로 개인 상호 간의 침탈도 막았다. 상속에 있어서 본인의 유서나 상속권자들의 합의를 우선으로 삼은 것은 당사자들의

---

71) 『經國大典』「刑典」〈私賤〉 참조.

72) 출가한 딸에게는 유산을 분배하지 않은 것에 대해, 오늘날의 女性學者(feminist) 이은선은 "출가한 여성이 친정의 제사에 참여하지 않게 되면서 그 유산에 대한 권리도 사라지게 된 것"이라고 설명한 바 있다. 이은선은 또 적장자 중심의 상속제도는 당시 인구증가로 인한 불가피한 조치이기도 했다는 점을 들고, 이를 "家父長主義란 그 당시 인류가 처한 삶의 정황에서 자신의 삶을 계속해 나가기 위한 하나의 불가피한 선택이었음을 보여주는 반증"이라고 설명했다(이은선, 『잃어버린 초월을 찾아서』, 80쪽 참조).

73) 人類學者들의 연구에 의하면, 인구는 증가하고 자원은 부족한 상황에서는 균분상속제가 장자상속제보다 취약하다는 것이다(마크 피터슨, 『儒教社會의 創出 : 조선 중기 입양제와 상속제의 변화』, 222~229쪽 참조).

자율성을 존중한 것이다. 이 두 가지는 오늘날의 원칙과 그대로 부합한다. 다만 유서나 화회문이 없을 경우에 적용된 상속규정이 嫡·庶를 차별한 것에 대해서는 오늘날에는 수긍하기 어려운바, 따라서 이미 폐지된 것이다. 한편 嫡子들 사이의 상속방식이 均分에서 長子中心으로 변한 것은 그 시대의 이념 및 경제적 상황의 변화에 따른 것이었다. 따라서 이에 대해서는 오늘날의 관점에서 是非를 논하는 것보다 그 시대의 지도이념과 경제상황을 이해하는 것이 더 중요하다고 본다.

4) 參政權과 재판청구권

먼저 정치적 기본권으로서 參政權을 살펴보자. 오늘날의 참정권은 크게 투표권과 선거권 그리고 公務擔任權 등으로 구성된다. 그러나 조선시대의 경우 투표나 선거와 같은 민주적 제도가 없었으므로, 본고에서는 공무담임권을 중심으로 조선시대의 참정권 문제를 살펴보기로 하겠다.

조선시대는 良人과 賤人을 차별하는 신분제 사회였거니와, 원칙적으로 말하자면 양인만 공무담임권이 있었다. 그러나 예외적인 경우도 많아서, 양인이지만 특정한 관직에 진출하지 못하는 경우도 있었고, 천인이지만 관직에 진출하는 경우도 많았다.

조선시대에 관직에 진출하는 주요 통로는 科擧와 門蔭이었다. 그런데 문음은 일정한 직급 이상 승진할 수 없었고, 과거만큼 권위나 명예가 없었다. 따라서 주요 관직에 진출하려는 사람은 모두 과거에 응시했다. 조선시대의 과거는 크게 文官을 선출하는 文科, 武官을 선출하는 武科, 통역·의료·예술·법무 등 기술직을 선출하는 雜科로 구분되었는데, 그 응시자격을 신분에 따라 제한했다.

『經國大典』에서는 '罪를 범한 탓으로 영영 등용되지 못하는 자, 탐관오리의 아들, 再嫁했거나 행실이 나쁜 여자의 아들과 손자, 서얼의 자손' 은 文科와 武科에 응시하지 못하도록 하였다.[74] '罪를 범한 탓으로 영영 등용되지 못하는 자' 란 賤人을 말한다. 요컨대 賤人과 庶孼은 文科 · 武科에 응시할 수 없었으며, 良人이라도 행실이 나쁘면 응시할 수 없었다.

조선시대의 良人은 士 · 農 · 工 · 商의 계급과 관계없이 원칙적으로 모든 관직에 진출할 수 있었다. 다만 農民의 경우 대부분 형편상 士族보다 과거에 합격하기 어려웠다. 한편 工 · 商은 文科 · 武科에는 응시할 수 없었고, 종이 · 책 · 의복 · 옹기 · 무기 등을 만드는 관직이나 물품을 조달하고 회계를 담당하는 관직에만 진출할 수 있었다.[75]

서얼은 文科 · 武科에 응시할 수 없었거니와, 이들은 雜科로 진출하도록 유도되었다. 이들은 雜科로 진출해도, 父의 품계에 따라 각자 승진할 수 있는 상한선이 정해져 있었다. 예컨대 "2품 이상 文官 · 武官의 良妾 所生은 정3품까지로 제한하고 賤妾 所生은 정5품까지로 제한하며, 6품 이상 文官 · 武官의 良妾 所生은 정4품까지로 제한하고 賤妾 所生은 정6품까지로 제한한다."는 것이다.[76] 또 서얼이라도 門蔭의 자격이 있는 경우에는 雜科를 거치지 않고도 技術職에 진출할 수 있었다. 예컨대 "2품 이상 관리의 妾이 낳은 자손은 재능에 따라 司譯院 · 觀象監 · 典醫監 · 內需司 · 惠民署 · 圖畵署 및 算學 · 律學 분야의 관직에 등용한다"고 하였다.[77] 이와 같은 서얼에 대한 제한 규정을 '서얼의 禁錮' 라 하거니와, 실제로는 서얼의 금고가 엄격하게 지켜진 것이 아니었다. 서얼이 여러 통로로 높은 품계의 文官 · 武官에 진출한 경우도 많았으며, 또 '서얼의 許通' 이 지속적으로 요구

74) 『經國大典』「禮典」〈諸科〉.

75) 한영우, 『朝鮮時代身分史硏究』, 22~23쪽 참조.

76) 『經國大典』「吏典」〈限品敍用〉.

77) 『經國大典』「吏典」〈限品敍用〉.

되어 시대에 따라 간헐적으로 금고가 풀리기도 했다.

홍미로운 것은 奴婢(賤人)의 경우이다. 천인은 文科 · 武科에 응시할 수 없었으나, 낮은 품계의 관직에는 진출할 수 있었다.[78] 그러나 천인으로서 고위관직(堂上官)에 진출한 예도 많았는데,[79] 이는 제도에 의한 것이 아니라 국왕의 특별한 조치에 의한 것이었다.

이제 청구권적 기본권으로서 請願權과 裁判請求權을 살펴보자. 조선시대에도 자신의 억울한 사정을 관청에 호소할 수 있었으며, 부당한 사안에 대해서는 소송을 제기하여 재판을 받을 수 있었다. 『經國大典』의 〈訴冤〉에서는 다음과 같이 말한다.

> 억울한 사정을 호소하려는 사람은 서울에서는 주관하는 관리에게 제기하고, 지방에서는 관찰사에게 제기한다. 그래도 억울한 사정이 있으면 司憲府에 제기하며, 또 억울한 사정이 있으면 申聞鼓를 친다. ○ 자기의 억울한 사정을 호소할 경우에는 모두 받아 심리해 주고, 허위로 고발하는 자는 杖刑 100대와 流刑 3천리에 처한다.[80]

『經國大典』에서 말하는 '訴冤'은 오늘날의 '請願'과 '裁判請求'를 겸하는 말이다.[81] 개인이 국가에 의해서 권리를 침해당했을 경우에는 訴冤을

---

78) 『經國大典』「刑典」〈公賤〉에서는 "각 관청의 奴로서 7품 이하의 벼슬을 하다가 물러나는 경우에는 원래의 身役으로 환원시킨다"고 했다.

79) 한영우에 의하면, 조선 초기 成宗 이전에는 노비로서 堂上官에 오른 경우도 많았다(『朝鮮時代身分史研究』, 189쪽 참조).

80) 『經國大典』「刑典」〈訴冤〉.

81) 권영성은 "裁判制度가 정비되지 아니하고 議會制度가 확립되지 아니한 시대에는 請願權이 개인의 權利救濟手段의 기능뿐만 아니라 정치에 관한 국민의 희망이나 民情을 위정자에게 전달하는 중요한 수단이 되었다. 때로는 권력의 자의적 행사라든가 탄압에 항거하여 통치에 관한 願望을 개진하는 합법적인 抵抗權 行使의 성격을 띠기

제기하여 是正이나 보상을 요구할 수 있었고, 남으로부터 권리를 침해당했을 경우에는 訴冤을 제기하여 재판을 받을 수 있었던 것이다. 위의 인용문으로 보면, 개인은 동일한 사안에 대해 세 차례까지 訴冤할 수 있었거니와, 재판 역시 세 차례까지 받을 수 있었다.

개인은 또한 자기의 권익이 침해당하지 않았더라도, 남의 不正이나 非理를 고발할 수도 있었다. 그런데 조선시대에는 자신의 직계존속이나 직속상관에 대해서는 중대한 사안이 아니고는 고발을 할 수 없도록 하였다. 『經國大典』에서는 다음과 같이 말한다.

아들과 손자, 아내와 첩 또는 노비로서 父母나 家長을 고발하는 것은 반역음모와 역적의 경우를 제외하고는 絞刑에 처한다. 종의 아내나 남편으로서 家長을 고발한 경우에는 杖刑 100대와 流刑 3천 리에 처한다.[82)]

宗廟社稷과 관련되는 문제이거나 불법적인 살인사건 이외에는 胥吏나 하인이 자기 관청의 官員을 고발하는 경우, 品官이나 胥吏 또는 백성으로서 자기 道의 觀察使나 고을 守令을 고발하는 경우에는 모두 받아주지 않고, 杖刑 100대와 徒刑 3년에 처한다.[83)]

반역음모와 역적은 宗廟社稷(國家)과 관련된 범죄였다. 직계존속에 대해서는 국가를 전복하려는 범죄가 아니면 고발할 수 없게 했고, 직속상관에 대해서는 국가의 전복 및 살인사건이 아니면 고발할 수 없게 한 것이다. 직계존속이나 직속상관을 고발할 수 없게 한 것은 위계질서를 중시했기 때

도 하였다." 고 한 바 있다(『憲法學原論』, 515~516쪽).

82) 『經國大典』 「刑典」 〈告尊長〉.

83) 『經國大典』 「刑典」 〈訴冤〉.

문일 것인바, 위의 인용문으로 보면 가족 내부의 위계질서가 더욱 중시된 것이다.[84)]

이상의 내용을 정리해 보자. 조선시대의 관직임용 제도는 한편으로는 신분을 차별하면서, 한편으로는 개인의 능력을 중시한 것이다. 양인과 천인 및 적자와 서자를 구분한 것은 신분을 차별한 것이지만, 양인 내부에서 科擧로 주요 관리를 임용한 것은 개인의 능력을 중시한 것이다. 청원권과 재판청구권에 있어서는 대체로 오늘날과 같은 취지의 제도를 운영했다고 볼 수 있다. 직속상관을 고발할 수 없게 한 것에 대해서는 오늘날의 관점에서 비판할 수 있으나, 직계존속을 고발할 수 없게 한 것은 오늘날에도 친족 간에는 범인은닉죄를 적용하지 않는 것과 같은 취지일 것이다.

5) 平等權과 私生活의 자유

조선시대의 人倫論을 오늘날의 '기본권 보장' 이라는 맥락에서 논의할 때, 가장 취약한 부분은 '平等權' 과 '私生活의 자유' 였다.

먼저 平等權에 대해 살펴보자. 1세대 인권론자들이 강조하는 '法 앞의 평등' 과 '기회균등' 의 경우, 조선시대는 신분을 차별하는 사회였던 만큼 이러한 평등이 거의 실현되지 못했다. 이제까지 살펴보았듯이, 신분의 차별은 '法 앞의 평등' 과 '기회균등' 을 근본적으로 가로막는 장벽이었다.

신분차별의 부당성에 대한 비판은 조선 전기부터 지속적으로 제기되었는데, 이러한 노력은 1801년의 公奴婢 해방으로 부분적으로나마 결실을 맺

---

84) 父母나 家長에 대해서는 더욱 엄격히 고발을 제한한 것은 '위계질서' 때문이라기보다는 가족 사이의 '혈연적 애정' 을 중시한 것이라고도 볼 수 있다. 전통유학에서는 父·子 간에는 서로 過失이나 罪惡을 감싸주는 것이 美德이라고 보았다(『論語』 子路 18 ; 『孟子』 盡心上 35 참조).

을 수 있었다. 純祖는 즉위한 지 얼마 되지 않아 공노비의 해방을 명하고, 다음과 같은 綸音을 내린 바 있다.

내가 바야흐로 『中庸』을 읽고 있는데, "무릇 天下와 國家를 다스리는 데에는 '九經'이 있다."고 하고, 그 여섯째로 "庶民을 자식처럼 돌보아야 한다."고 하였다. (…) 내가 듣건대, 箕子께서는 "다섯 가지 福을 모아서 백성들에게 널리 베풀어 준다."고 하였고, 또 "의지할 곳 없는 외로운 사람을 학대하지 말라."고 하였으며, 또 "백성의 부모가 되면 천하를 다스리는 임금이 될 수 있다."고 하였으니, 나는 이로써 노비 제도는 箕子로부터 비롯되지 않았음을 알게 되었다. 삼가 생각하건대, 우리 肅宗大王께서는 많은 사람들을 위해 조정에 下問하신 다음 奴貢의 半과 婢貢의 3분의 1을 견감하셨고, 우리 英宗大王께서는 여러 사람의 괴로움을 안타깝게 여겨 婢貢을 면제하고 또 奴貢의 半을 견감하셨다. (…) 옛날 우리 先朝께서 訓諭하시기를, "아름다운 음악을 베풀지 않아도 백성들이 기뻐하고, 벼슬자리를 주지 않아도 백성들이 따르는 것은 陰陽이 그 精氣를 통섭하고 仁義가 그 사업을 경영하기 때문이다. 그러므로 양념으로 간을 맞춘 국을 들어 그 정신을 화평하게 하고, 좋은 소리를 들어 그 뜻을 공평하게 하고, 좋은 말을 받아들여 그 政事를 공평하게 처리하고, 좋은 행실을 실천하여 그 덕을 공평하게 베풀어야 하는 것이다. 오늘날 백성들이 奴婢의 명칭 때문에 억울함을 품어 위로 하늘의 和氣를 범한 까닭에 風雨가 때를 잃고 禾麥이 영글지 않고 있으니, 내가 이러한 재해를 근심하여 마음이 화평하지 못하다. 내 마음이 화평해지는 것은 奴婢를 혁파하는 데 있다."고 하셨으니, 이는 조정의 신하들이 받들어 듣고서 칭송한 것이었다. 이제 내가 왕위를 물려받아 禮를 행함에 있어서 사모하고 부르짖으며, 이어받은 큰 책임을 생각하고 큰 기업을 태산 반석과 같이 공고히 이루는 것이 곧 그 뜻과 그 사업을 이어받는 것이라고 할 것이니, 그 뜻과 사업을 이어받는 것으로는 奴婢의 제도보다 앞서는 것이 없을 것이다. 또 더욱

이 王者가 백성에게 임하여 貴賤이 없고 內外가 없이 고루 균등하게 赤子로 여겨야 하는데, '奴婢' 라고 하여 구분하는 것이 어찌 똑같이 사랑하는 동포로 여기는 뜻이겠는가? 내노비(內奴婢) 36,974명과 시노비(寺奴婢) 29,093명을 모두 良民으로 삼도록 허락하고, 인하여 承政院으로 하여금 奴婢案을 거두어 敦化門 밖에서 불태우게 하라. 그리고 그 經費에 쓰이는 노비의 공물은 壯勇營에 명하여 代給하게 하여 이를 定式으로 삼도록 하라. 아! 내가 어찌 감히 은혜를 베푼다고 할 수 있겠는가? 특별히 先朝께서 미처 마치지 못하신 뜻과 사업을 보충하여 밝힐 따름이다. 이로부터 이후로는 오직 천만 년에 이르도록 田廬에서 편안하게 생업을 영위하며 그 墳墓를 지키고 適期에 혼인하여 자식을 낳아 날로 번성할 것이며, 농사를 게을리하지 않아서 즐겁게 삶을 노래하게 하라.[85)]

위의 인용문에서 알 수 있듯이, 순조가 공노비의 해방을 결행할 수 있었던 원동력은 두 가지였다. 첫째는 유교의 경전 『中庸』의 "庶民을 자식처럼 돌보아야 한다(子庶民)"는 가르침에 따른 것으로서, 순조는 이를 '仁政과 平等' 의 이념으로 풀이하고 실천한 것이다. 둘째는 先王들의 遺訓에 따른 것으로서, 이는 조선 전기 이래 뜻있는 儒臣들의 지속적인 건의가 미흡하나마 커다란 성과를 거둔 것이다. 요컨대 우리는 위의 인용문을 통해 유교적인 '仁政과 平等' 의 이념을 다시 확인할 수 있고, 이에 입각한 儒臣들의 차별 타파 노력이 꾸준히 점진적인 성과를 거두고 있었음도 확인할 수 있겠다.[86)]

또한, 조선시대의 차별적인 신분제도 아래에서도 같은 신분이나 계급

85) 『純祖實錄』 1년 1월 28일.

86) 순조의 公奴婢 해방(1801년)은 미국 링컨 대통령의 노예해방(1863년)보다 60여 년이나 앞선 것이다. 한편 私奴婢의 해방을 포함한 신분차별 제도의 완전한 철폐는 甲午改革(1894년) 때에야 이루어졌다.

안에서는 자유로운 경쟁이 있었거니와, 이는 같은 신분이나 계급 안에서는 법 앞의 평등이나 기회의 균등이 보장되었다는 의미로 해석할 수 있다. 특히 치열한 경쟁을 유도했던 科擧制度는, 후기로 갈수록 많은 폐단을 낳았음에도 불구하고, 조선사회의 公正性을 담보하는 기능을 수행했던 것이다. 한편, 2세대 인권론자들이 강조하는 '실질적 평등' 즉 '사회적 弱者의 보호' 에 있어서는 조선시대에도 오늘날 못지않은 제도를 갖추고 있었거니와, 이에 대해서는 다음 節에서 살펴보기로 하자.

조선시대에는 美風良俗을 장려한다는 명목으로 개인들의 私生活 영역에 대해서도 많은 제한을 가했다. 『經國大典』에 보이는 규제사항들 가운데 일부를 소개하면 다음과 같다.

권세 있는 집에 드나드는 자는 杖刑 100대와 流刑 3천 리에 처한다. ○ 외국에 使臣으로 가면서 규정된 수량 이외의 물건을 더 가지고 가는 자는 杖刑 100대에 처하며, 금지된 물건(각종 사치품)을 몰래 파는 자는 杖刑 100대와 徒刑 3년에 처한다. ○ 조정 관리로서 대궐에서 내보낸 侍女나 무수리와 결혼한 자, 관리 집안의 여인으로서 산골짜기나 냇가를 찾아다니며 놀이를 벌이는 자 등은 장형 100대에 처한다. ○ 높고 낮은 관리로서 紅色 · 灰色 · 白色의 겉옷과 白色의 갓을 쓴 자, 술잔 외에 金 · 銀으로 만든 그릇이나 靑畵白磁를 사용한 자, 꽃방석을 사용하는 자, 당하관 이하로서 결혼식에 각종 비단과 담요를 사용하는 자 등은 杖刑 80대에 처한다. ○ 獻壽 · 婚姻 · 祭享 외에 油蜜果를 사용하는 자, 상제나 일반백성이나 중으로서 都城 안에서 말을 타고 다니는 자는 杖刑 60대에 처한다. ○ 倫理를 어지럽혔거나 貪汚罪를 범한 관리, 행실이 바르지 못한 관리 집안의 여인(세 남자에게 다시 시집간 여자도 이와 마찬가지이다)에 대해서는 臺帳에 등록하고 吏曹와 兵曹, 司憲府와 司諫院에 公文을 보낸다.[87]

위와 같은 내용들은 한편으로는 인사청탁 · 비밀무역 · 사치 · 패륜 · 부정부패 등을 막고, 한편으로는 계급적 위계를 강조하기 위해 설정된 것이다.[88] 그러나 이는 대부분 '사생활의 자유' 를 침해하는 것인바, 그리하여 오늘날에는 위와 같은 규제들이 대부분 이미 사라진 것이다.

3. 社會的 弱者의 보호 문제

전통유학에서는 사회적 약자의 보호에도 많은 관심을 쏟았다. 예컨대 『周禮』에서는 大司徒의 업무 가운데 하나로 '여섯 가지의 保息으로 萬民을 養育함' 을 들었는데, 첫째는 '慈幼' 로서 이는 '아동의 복지' 를 말하고, 둘째는 '養老' 로서 이는 '노인의 복지' 를 말하며, 셋째는 '振窮' 으로서 이는 '鰥 · 寡 · 孤 · 獨을 돌봄' 을 말하고, 넷째는 '恤貧' 으로서 이는 '가난한 사람을 돌봄' 을 말하며, 다섯째는 '寬疾' 로서 이는 '아픈 사람을 돌봄' 을 말하고, 여섯째는 '安富' 로서 이는 '徭役을 공평하게 하여 누구나 편안히 살도록 함' 을 말한다.[89] 이것으로 본다면, '여섯 가지의 保息' 은 오늘날 시행되는 사회복지 행정의 대부분을 망라하는 것이다. 이제 『孟子』와 『禮記』를 중심으로 유교의 사회복지 이론을 보다 자세히 살펴보기로 하자.

사회복지에 관한 유교의 기본 입장은, 어린이나 노약자를 보호할 책임은 기본적으로 가족에 있다는 것이요, 돌봐줄 가족이 없는 경우에는 국가

---

87) 『經國大典』「刑典」〈禁制〉.

88) 위의 내용으로 보면, 상층계급은 더 화려한 생활을 할 수 있었으나 私生活의 자유는 더 많은 제한을 받은 것이다.

89) 『周禮』「地官司徒」〈大司徒〉: 以保息六 養萬民 一曰慈幼 二曰養老 三曰振窮 四曰恤貧 五曰寬疾 六曰安富

가 책임을 지고 돌보아야 한다는 것이다. 예컨대 孟子는 '文王이 老人을 잘 봉양한 방법' 을 다음과 같이 설명한 바 있다.

> 이른바 "西伯(文王)이 노인을 잘 봉양했다"는 말은, 井田制를 실시하고, 뽕나무를 심는 법과 가축을 기르는 법을 가르치고, 그 妻子들이 노인을 봉양하도록 가르친 것이다. 50세에는 비단옷이 아니면 따뜻하지 않고, 70세에는 고기가 아니면 배부르지 않다. 따뜻하지 않고 배부르지 않은 것을 '춥고 배고프다' 고 한다. 文王의 백성 가운데에는 춥고 배고픈 노인이 없었다는 것은 이를 말한다.[90]

井田制는 모든 가구에 경작할 땅을 고르게 나누어 주는 것이요, 뽕나무를 심는 것은 누에를 쳐서 비단옷을 만들기 위한 것이며, 닭과 돼지 등 가축을 기르는 것은 食肉을 생산하기 위한 것이다. 이 세 가지는 노인을 봉양하는 데 꼭 필요한 기본적 요소라는 것이다. 맹자는 마지막으로는 '妻子들에게 노인을 봉양하도록 가르침' 을 들었다. 이는 '먼저 항산을 보장한 다음 항심을 북돋는다' 는 것과 같은 맥락으로, 養民과 敎民을 통해 자연스럽게 敬老孝親의 기풍을 조성하는 것이었다. 이렇게 된다면 사회보장 문제는 대부분 해결된다. 남은 문제는 돌보아줄 가족이 없는 窮民들이다. 이에 대해서는 맹자는 다음과 같이 설명한다.

> 늙어서 아내가 없는 사람을 '鰥' 이라 하고, 늙어서 남편이 없는 사람을 '寡' 라 하며, 늙어서 자식이 없는 사람을 '獨' 이라 하고, 어려서 부모가 없는 사람을 '孤' 라 한다. 이 네 부류는 天下의 窮民으로서 호소할 데가 없는 사람들이다. 文

90) 『孟子』 盡心上 23 : 所謂西伯善養老者 制其田里 敎之樹畜 導其妻子 使養其老 五十非帛不煖 七十非肉不飽 不煖不飽 謂之凍餒 文王之民 無凍餒之老者 此之謂也

王은 仁政을 베풀 때에 반드시 이 네 부류를 먼저 배려하셨다.[91]

"文王은 仁政을 베풀 때에 반드시 鰥寡孤獨을 먼저 배려하셨다"고 했거니와, 이는 四顧無親의 窮民에 대해서는 국가가 책임을 지고 우선적으로 돌보아야 한다는 것이다. 이처럼 사회복지 문제를 기본적으로 가족의 차원에서 해결하도록 유도하고, 窮民에 대해서만 국가가 지원한다는 것이 유교의 지론이었다. 한편 『禮記』〈王制〉에서는 다음과 같이 말한다.

어린데도 부모가 없는 자를 '孤'라 하고, 늙었는데도 자식이 없는 자를 '獨'이라 하며, 늙어서 아내가 없는 자를 '鰥'이라 하고, 늙어서 남편이 없는 자를 '寡'라 한다. 이 네 부류는 하늘이 낸 백성으로서 곤궁하면서도 호소할 데가 없는 사람들이니, 모두에게 일정한 양식을 제공한다. 벙어리, 귀머거리, 절름발이, 앉은뱅이, 다리가 끊긴 사람, 난쟁이, 百工에게는 각각 재능에 따라 일을 맡기고, 먹인다.[92]

위에서는 鰥寡孤獨을 '하늘이 낸 백성'이라 했는데, 이는 요즘 말로 '天賦人權을 지닌 백성'이라는 뜻이다. 이들도 분명 생존과 복지의 권리를 지니고 있는데도, 곤궁하면서도 호소할 데가 없으니, 국가가 생계를 지원해야 한다는 것이다. 위에서는 또 여러 부류의 장애인들에 대해서는 각자 할 수 있는 직업을 맡기고, 먹여 살리라고 했다. 국가는 장애인들이 단순한 受惠者에 머물지 않도록 자아실현과 사회적 기여의 방도를 아울러 제공해야

91) 『孟子』 梁惠王下 5 : 老而無妻曰鰥 老而無夫曰寡 老而無子曰獨 幼而無父曰孤 此四者 天下之窮民而無告者 文王發政施仁 必先斯四者

92) 『禮記』〈王制〉: 少而無父者謂之孤 老而無子者謂之獨 老而無妻者謂之矜 老而無夫者謂之寡 此四者天民之窮而無告者也 皆有常餼 瘖聾跛躃斷者侏儒百工 各以其器食之

한다는 것이다. 이렇게 본다면, 유교에서는 모든 사람들이 각자 처지에 따라 골고루 인권을 누릴 수 있도록 곡진하게 배려했던 것이다.[93]

국가가 구휼해야 하는 또 하나의 부류는 貧民이었다. 井田制를 시행하여 토지를 고르게 분배했더라도, 가뭄과 홍수 등으로 인해 흉년이 들면 빈민이 발생하게 마련이었다. 따라서 국가에서는 항상 흉년에 대비하여 곡식을 비축함으로써 빈민을 구제할 방도를 마련해야 한다는 것이다. 『禮記』에서는 다음과 같이 말한다.

> 국가에 9년 분량의 저축이 없으면 '不足하다' 고 하고, 6년 분량의 저축이 없으면 '急하다' 고 하며, 3년 분량의 저축이 없으면 '나라가 나라답지 못하다' 고 한다. 3년을 경작하면 반드시 1년 분량의 곡식을 저축하고, 9년을 경작하면 반드시 3년 분량의 곡식을 저축하여, 30년 동안 저축하면 비록 가뭄과 홍수로 흉년이 들더라도 백성들이 굶주린 기색이 없을 것이다.[94]

한편 『周禮』에서는 "倉庫의 官吏는 곡식의 저축을 관장하고 여러 곡식을 분변하여 국가의 용도에 대비한다. 만약 곡식이 부족하면 그 밖의 용도로 쓰는 것을 줄이고, 여유가 있으면 저축하여 흉년이 들면 나누어 준다."[95] 고 하였다. 이처럼 항상 흉년에 대비하여 빈민을 구제하는 것도 국가의 책

---

93) 조선시대에도 예컨대 장님들에게 占術이나 祈福·絃誦 등의 일을 맡기고, 그들의 생계를 지원하였다. 朴堧은 世宗大王께 장님들을 樂師로 기용할 것을 건의하면서 "옛날의 帝王은 모두 장님을 樂師로 기용하여 絃誦(거문고를 타며 詩를 읊음)의 임무를 맡겼으니, 그들은 눈이 없어도 소리를 잘 살피기 때문이며, 또 세상에 버릴 사람이 없기 때문입니다."라고 말한 바 있다(『世宗實錄』 13년 12월 25일조 참조).

94) 『禮記』〈王制〉: 國無九年之蓄曰不足 無六年之蓄曰急 無三年之蓄 曰國非其國也 三年耕必有一年之食 九年耕必有三年之食 以三十年之通 雖有凶旱水溢 民無菜色

95) 『周禮』 地官司徒〈倉人〉: 倉人 掌粟入之藏 辨九穀之物 以待邦用 若穀不足 則止餘法用 有餘則藏之 以待凶而頒之

임으로 인식되고 있었다.

이상에서 窮民과 장애자 · 빈민의 보호에 대한 유교의 지론을 살펴보았거니와, 이는 조선시대에도 그대로 관철되었다. 우선 정도전의 『朝鮮經國典』에서 이에 관한 내용을 살펴보자. 정도전은 貧民을 구제하기 위한 방도로 '義倉'을 설치한 취지를 다음과 같이 설명한다.

> 홍수 · 가뭄 · 질병은 天道가 운행하는 운수에서 발생하는 것으로서, 대대로 간혹 있게 되는 것이다. 그런데 飢饉이 일게 되면 백성을 다스리는 책임을 진 사람은 그냥 앉아서 보기만 하고 이를 구제하지 않을 수 있겠는가? 우리나라에서는 中央에 義倉을 설치하여 곡식을 저축하였고, 이 제도를 확대하여 지방의 州府郡縣에도 각각 義倉을 설치하였다. 그리하여 매년 농사철이 되면 빈민으로서 種穀과 식량이 없는 사람에게 곡식을 대여하고, 가을에 수확이 끝나면 元本만 회수하여 뜻하지 않은 사태에 쓸 것으로 대비해 둔다. 만약 흉년이 들면 의창의 곡식을 모두 풀어서 빈민을 진휼하고, 풍년이 들면 다음에 역시 원본만을 회수하여 장기간 이런 일을 계속할 수 있도록 비축해 둔다. 이렇게 하면 기근이 들어도 백성에게 피해가 가지 않고, 풍년이 들어도 농민을 해치지 않으며, 곡식은 곡식대로 항상 비축되어 있으면서 백성들은 굶어 죽는 일이 없게 된다. 이것이야말로 법 중에서 가장 좋은 법인 것이다. 의창의 곡식은 출납할 때에는 급한 사람만 구제하고 부유한 사람은 주지 않아야 하며, 사실을 확실히 파악하여 元額을 축나지 않게 해서 이 좋은 법이 폐지되지 않도록 해야 할 것이다.[96)]

조선 초기에 설치되었던 義倉은 이후로 常平倉 · 賑恤廳 등으로 변신하면서 빈민구제 기능과 물가조절 기능을 겸하게 되었다. 의창은 조선 중기

96) 『三峰集』 卷13, 『朝鮮經國典』 賦典 〈義倉〉.

이후로는 점차 폐단을 낳기도 하였지만,[97] 그 본래의 취지는 빈민의 구제에 있었다. 빈민을 구제하기 위한 또 하나의 제도는 흉년에는 그에 상응하게 賦稅를 감면해 주는 損分減免法이었다.

> 나라는 백성을 근본으로 삼고, 백성은 糧食을 하늘로 삼는다. 그러므로 徭役과 賦稅를 가볍게 하여 백성의 양식을 풍족하게 해주어야 한다. 불행히도 홍수·가뭄·서리·곤충·바람·우박 등으로 피해를 입었을 경우, 그 피해의 많고 적음에 따라서 賦役을 감면함으로써, 백성을 후하게 대해준다. 우리나라에서는 이미 損分減免法을 이미 시행하고 있어, 법령에 뚜렷이 나타나 있다. 有司는 이 법을 살펴서 거행해야 할 것이다.[98]

손분감면법은 世宗 시대에는 年分九等法으로 구체화되어, 이후 『經國大典』에 그대로 반영되었다.[99] 해마다 豊凶의 정도를 9등급으로 나누어, 풍년에는 많이 거두어 넉넉히 쓰고 흉년에 대비한다는 것이었다.[100] 양식의 지원, 조세의 감면과 함께 또 하나 필요한 것은 의료의 지원이었다. 정도전은 '惠民典藥局' 을 설치한 취지를 다음과 같이 설명한다.

> 나라에서는 惠民典藥局을 설치하고, 官에서 약값으로 五升布 6천 필을 지급하여 이것으로 藥物을 갖추게 하였다. 그리하여 무릇 질병이 생긴 자는 곡식이나

97) 壬辰倭亂과 丙子胡亂으로 국가의 財政이 어려워지자, 조정에서는 義倉(還穀)을 재정 확보의 수단으로 활용하였다. 여기에 탐관오리의 횡포가 추가되어, 還穀은 본래의 취지와 달리 백성을 수탈하는 제도로 전락한 것이다. 이처럼 義倉이 본래의 취지대로 운영되지 못하자, 鄕村民의 자치적 기구로 社倉이 발달하게 된 것이다.

98) 『朝鮮經國典』「賦典」〈蠲免〉.

99) 『經國大典』「戶典」〈收稅〉 참조.

100) 世宗은 土地의 肥沃度도 6등급으로 나누어(田分六等法), 租稅의 형평을 기하고자 했다.

베를 가지고 혜민전약국에 가서 약을 구할 수 있게 하였다. 또 元本의 10분의 1을 이자로 받아 항구적으로 약을 비치해 두어서, 빈민들로 하여금 질병의 고통에서 해방되고 요절하는 액운을 면하게 하였으니, '生命을 愛好하는 德' 이 이렇듯 크다.[101)]

이상의 내용은 『朝鮮經國典』에 보이는 빈민구제책들로서, 이는 조선의 건국과 함께 시행된 것들이었다. 『經國大典』에서도 "각 고을에서는 백성들을 시켜 해마다 흉년구제의 물자를 준비하게 한다. 고을 수령이 흉년구제에 관심을 돌리지 않아 굶주린 백성이 많이 죽었음에도 불구하고 숨긴 채 보고하지 않을 경우에는 重罪에 처한다."[102)]고 하여, 흉년의 구제를 고을 수령의 기본 책무로 규정해 두었다. 한편 『經國大典』의 '惠恤' 에는 貧民과 窮民에 대한 포괄적인 보호대책이 규정되어 있다. 그 가운데 일부를 소개하면 다음과 같다.

관리 집안의 딸로서 30살이 가깝도록 생활이 곤란하여 시집가지 못하는 사람에게는 本曹에서 임금께 보고하여 적당히 혼인비용을 보내준다. ○ 親族이 없이 굶주림과 추위에 견디지 못해서 빌어먹으며 다니는 사람과 돌봐줄 사람이 없는 늙은이에게는 적당히 옷과 먹을 것을 내준다. ○ 집을 잃은 어린이는 漢城府 또는 당해 고을에서 양육하기를 원하는 사람에게 맡기되, 관청에서 옷과 먹을 것을 보내준다. ○ 앓고 있는 사람이 五部에 신고하면 月令醫를 보내어 치료해주며, 가난하여 약을 살 수 없는 사람에게는 관청에서 약을 주고 禮曹에 보고한다. ○ 義禁府 · 成均館 · 典獄署에서는 각각 月令醫 1명을 정하여, 병이 있는

---

101) 『朝鮮經國典』「賦典」〈惠民典藥局〉.

102) 『經國大典』「戶典」〈備荒〉.

生徒들과 罪囚들을 치료하도록 한다. ○ 앓고 있는 사람이 긴급하게 醫員에게 구원을 청하면 즉시 가서 치료해야 한다. 즉시 가서 치료하지 않을 경우, 환자의 집에서 신고하여 죄를 다스리도록 한다. ○ 월말마다 禮曹에서는 환자를 치료한 의원들의 실태를 조사하여 기록하였다가 업적평정에 참고로 삼게 한다. ○ 임금의 집안사람이나 2품 이상의 관리가 병이 위급해서 의약관계 관청에 없는 약을 청구하면, 承政院에서 임금께 보고하여 보내준다. ○ 溫泉이 있는 고을의 守令은 성실한 사람을 골라 건물을 수리하고 환자를 구호하게 한다.[103]

위의 인용문에 의하면, 조선시대에는 鰥寡孤獨은 물론 貧民·患者와 罪囚에 이르기까지 모든 사회적 약자들을 국가의 구휼 대상으로 규정한 것이다.[104] 이렇게 본다면, 조선시대에는 사회적 약자들의 인권에 대해서도 충분한 관심을 기울이고 있었다고 하겠다.

이상에서 살핀 바와 같이, 조선시대라고 하여 오늘날 우리가 추구하는 인권을 외면했던 것은 결코 아니었다. 조선시대는 人倫을 통해 각자의 人權이 실현되도록 노력했고, 오늘날 우리가 강조하는 기본권에 대해서도 대부분 충실히 보장하고 있었으며, 사회적 약자에 대해서는 더욱 각별한 보호책을 마련하고 있었던 것이다. 다만 평등권과 사생활의 자유에 있어서는 여러모로 부족한 점이 많았거니와, 오늘날 우리 사회는 서구의 인권사상을 수용함으로써 이에 대해서도 획기적으로 개선하게 된 것이다. 오늘날에는 인권은 지나치게 주창되고 인륜은 지나치게 외면되는 것이 문제인바, 이제는 양자의 균형과 조화를 모색해야 할 시점에 이른 것이다.

---

103) 『經國大典』「禮典」〈惠恤〉.

104) 正祖는 『字恤典則』을 반포하여 흉년을 당해 걸식하거나 버려진 아이들에 대한 구휼 규정을 다시 정비한 바 있다(『正祖實錄』 7년 11월 5일조 참조).

제6장

현대의 人權論과 그 딜레마

1. 자유주의의 立憲精神과 제1세대 인권론

주지하듯이, 서구 근대의 계몽주의자들은 자신들의 중세를 '암흑의 시기'로 규정했다. 중세는 한편으로는 理性이 발휘되지 못했다는 점에서 암흑이었던 것이요, 다른 한편으로는 自由를 억압했다는 점에서 암흑이었던 것이다. 이러한 맥락에서 계몽주의자들은 대부분 자유주의를 표방한 것이다.

자유주의의 입헌정신은 自然權 이론과 社會契約 이론에 근거한다. 자연권 이론을 통해서는 '생명권(생존권) · 자유권 · 재산권(소유권)' 등을 정당화하고, 사회계약 이론을 통해서는 主權在民과 참정권을 정당화했다. 이러한 이론의 토대를 제공한 사람은 홉스이고, 완성시킨 사람은 로크와 밀이다.

먼저 자유주의의 自然權 이론을 살펴보자. 자유주의에 의하면, 자연권이란 모든 사람들이 태어날 때부터 지니는 권리로서, 그것은 理性에 의해 알려진다. 홉스는 자연권을 "모든 사람이 자신의 본성, 곧 자신의 생명을 보존하기 위해 자기 뜻대로 힘을 사용할 수 있는 자유, 즉 그 자신의 판단과 이성에 따라 가장 적절한 조치를 취할 수 있는 자유"[1]라고 정의하였고, 로크는 "자연의 이성은 인간이 일단 태어나면 자신의 보존에 대한 권리, 따라서 고기와 음료, 기타 자연이 그들의 생존을 위해서 제공하는 것에 대한 권리를 가진다고 가르친다."[2]고 주장하였다. 이러한 말들은 이성에 입각해 생존권·자유권·소유권 등을 포괄적으로 정당화한 것이다.

첫째, 生命權 또는 生存權에 대한 이론이다. 자유주의는 개인주의를 바탕으로 삼고 있거니와, 이러한 맥락에서 개인의 생명권 또는 생존권은 다른 어떤 권리보다도 중요하다. 또한 자유권이나 재산권과 같은 권리들은 수단적 권리 또는 수단과 목적을 겸하는 권리이지만, 생명권 또는 생존권은 오로지 목적적 권리에 해당한다. 따라서 위의 홉스나 로크의 말에 잘 드러나듯이, 자유주의자들은 생명권 또는 생존권을 至上命題로 천명하고, 자유권과 재산권으로 생명권을 뒷받침한 것이다.

둘째, 自由權에 대한 이론이다. 홉스는 '自由(liberty, freedom)'를 '저항의 不在'라고 정의하고, '自由人'이란 '스스로의 힘과 知力으로 할 수 있는 일들에 대하여 자기가 하고자 하는 것을 방해받지 않는 인간'이라고 규정한 다음, '모든 인간은 날 때부터 평등하게 자유로운 존재'라고 설파했다.[3] 이러한 설명은 자유주의의 한결같은 지론이다. 자유주의자들이 自由를 옹호하는 논거는 둘로 집약된다.

먼저, 개인적 차원에서 자유는 '자아실현의 가능조건'이라는 것이다. 우리는 흔히 '인생의 목적은 행복'이라고 말한다. 근대 자유주의자들은

1) Hobbes, *Leviathan*, 189쪽.

2) Locke, *Two Treatises of Government (The Second Treatises of Government)*, 273쪽.

3) Hobbes, *Leviathan*, 261~268쪽.

행복을 '자신의 꿈이 실현되었을 때 얻는 만족감' 이라고 설명하거니와,[4] 자신의 꿈을 실현하기 위해서는 자유가 전제되어야 한다는 것이다. 자유주의자들은 특히 '나에게 좋은 것은 나 자신이 가장 잘 안다' 는 관점에서 개인에 대한 간섭을 비판하였다. 인생의 목적은 행복이요, 행복은 자아실현과 궤를 같이하며, 자아실현의 관건은 자기가 좋아하는 것을 추구하는 자유라고 한다면, 우리는 자유의 정당성을 부인할 수 없게 된다.[5]

다음, 사회적 차원에서 자유는 '進步의 원동력' 이라는 것이다. 이는 인간이 '불완전한 존재' 라는 전제 아래,[6] 자유로운 시행착오의 과정을 통해 最善에 도달할 수 있다는 논리이다. 밀은 각 개인의 자유로운 삶을 삶에 대한 '다양한 실험' 으로 이해하고, 이는 '행복의 주요한 요소' 중의 하나요, '개인과 사회발전의 핵심적 요소' 라고 옹호했다.[7] 이는 상호 간의 자유로운 토론이나 경쟁 속에서 진리 또는 가장 좋은 것을 이룰 수 있다는 주장이다.

자유주의자들이 추구하는 자유는 정신의 자유와 행동의 자유로 대별된다. '정신의 자유' 란 양심 · 사상 · 신앙 등의 자유를 말하고, '행동의 자유' 란 자신의 정신 즉 자신의 가치판단에 따라 행동하는 자유를 말한다.

---

4) 고전철학에서는 행복을 '자신의 욕망을 이겨냈을 때 얻어지는 마음의 평화' 로 설명했다. 고대 스토아학파의 '아파테이아(apatheia)', 에피쿠로스학파의 '아타락시아(ataraxia)', 불교의 '涅槃寂靜', 유교의 '安貧樂道' 등이 그것이다.

5) Mill, *On Liberty*, 12쪽 참조.

6) 자유가 '進步의 원동력' 이라는 주장은 한편으로는 인간이 '완전해질 수 있는 존재' 라는 인식에 근거한다. 인간이 '완전해질 수 있는 존재' 라는 것은 인간의 理性을 신뢰하는 것이다. 중세에는 인간의 본능적 욕망을 위험하게 여겨 갖가지 통제를 가했다. 그러나 자유주의자들은 인간은 본능적 욕망과 함께 이성을 지니고 있다는 점을 강조하였다. 이성은 스스로 '효율적이고 평화로운 삶' 의 길을 찾아낼 수 있으므로, 더 이상 본능적 욕망을 억압할 필요가 없다는 것이다(브린튼, 『西洋思想의 歷史』, 392~394쪽, 421쪽 참조).

7) Mill, *On Liberty*, 53~54쪽 참조.

정신의 자유에는 언론 · 출판 등의 '표현의 자유'가 수반되고, 행동의 자유에는 다른 사람들과 함께할 수 있는 '결사의 자유'가 수반된다. 밀은 다음과 같이 말한다.

> 인간 자유의 고유한 영역은 다음과 같다. 첫째, 자유는 意識의 내면적 영역을 포함한다. 가장 포괄적인 의미에서 양심의 자유, 사상과 감정의 자유, 그리고 실천적 혹은 사색적, 과학적, 도덕적 혹은 신학적 등과 같은 모든 주제에 대한 의견과 감정의 절대적 자유를 요구한다. 의견을 발표하고 출판하는 자유는 다른 원칙하에 속하는 듯이 보일지 모른다. 그러나 그것이 사상 자체의 자유와 거의 같은 정도로 중요하고, 대부분 같은 이유에 근거하기 때문에 양자를 실제로 분리할 수 없다. 둘째, 그 원칙은 기호를 즐기는 자유와 목적을 추구하는 자유를 요구한다. 비록 우리의 행위가 그들의 눈에 바보스럽거나, 기이하거나, 잘못된 것으로 보일지라도, 우리가 하는 행동이 동포들에게 해를 끼치지 않는 한에서는 그들로부터 방해받지 않으면서 우리 자신의 개성에 적합한 인생계획을 설계하고, 초래될 결과를 감수한다는 조건하에서 우리가 좋아하는 것을 행할 수 있는 자유를 요구한다. 셋째, 각 개인이 갖는 이러한 자유로부터 동일한 한계를 가지는 개인 간의 결사의 자유가 도출된다. 즉 타인을 해치려는 목적을 제외하고 단결할 수 있는 자유이다. 단결하는 사람들은 당연히 성년이고, 강제되거나 기만되어서는 안 된다.[8)]

위의 첫째는 정신의 자유와 정신을 표현하는 자유를 설명한 것이다. 밀은 정신과 그 표현은 실제로는 분리될 수 없는 것이라고 설명하고, 이에 대해서는 아무런 제한 없이 절대적인 자유를 보장해야 한다고 주장했다. 이

8) Mill, *On Liberty*, 11~12쪽.

는 정신과 그 표현만으로는 다른 사람에게 해를 끼치는 것이 아니기 때문이다.[9] 밀은 다만 정신의 표현이 단순히 표현에 그치지 않고 "어떤 해로운 행위를 선동하는 결과를 낳게 되는 경우에는 그 면책권을 상실한다"고 설명하였다.[10]

위의 둘째는 행동의 자유를 설명한 것이다. 밀은 자신의 정신을 육체적 행위로 옮길 때에는 일정한 제한이 따른다고 설명했다. 그것은 危害原則(無害原則)[11]으로서, 나의 행위가 남에게 해를 끼쳐서는 안 된다는 것이다. 밀은 "인간이 자유롭게 의견을 형성하고 그것을 표현해야 한다"는 것은 至上命令이라고 인정하면서도, "행동이 의견과 마찬가지 정도로 자유스러워야 한다고 우기는 사람은 없다"고 단언하였다.[12] 위의 셋째는 결사의 자유를 설명한 것이다. 다른 사람과 단결하면 자신의 목표를 더 효과적으로 실현할 수 있는바, 이러한 맥락에서 결사의 자유는 행동의 자유에 수반되는 것이다.

---

9) 밀은 의견의 발표를 억압할 때 생기는 해악에 대해 "만일 그 의견이 옳다면, 인류는 오류를 진리와 교환할 기회를 상실하게 되고, 만일 그것이 틀린다면, 진리가 오류와 충돌하면서 발생하게 되는 진리에 대한 명백한 인식과 더욱 선명한 인상을 상실하게 되는 엄청난 혜택의 손실을 입게 된다."고 설명했는데(Mill, *On Liberty*, 16쪽), 이는 공리주의적 관점에서 사상과 언론의 자유를 옹호한 것이다.

10) Mill, *On Liberty*, 53쪽.

11) 밀의 '危害原則(harm principle)'은 '나의 자유가 다른 사람에게 害를 끼쳐서는 안 된다'는 것인바, 그리하여 '無害原則(no harm principle)'으로 불리기도 한다. 위해원칙은 밀의 고유한 생각은 아니었다. 이미 1789년 '프랑스 인권선언'의 제4조에서 "自由는 타인에게 해롭지 않은 모든 것을 행할 수 있음이다. 그러므로 각자의 自然權의 행사는 사회의 다른 구성원에게 같은 권리의 향유를 보장하는 이외의 제약을 갖지 아니한다. 그 제약은 法에 의해서만 규정될 수 있다"고 선언한 바 있었다. 이 '프랑스 인권선언'은 당시 영국 사상가 페인(Tom Paine, 1737~1809)의 영향을 받은 것이었으며, 페인은 이 선언을 즉시 영어로 번역하여 영어권 세계에 전파하였다(톰슨, 『서양 근대정치사상』, 161~164쪽 참조).

12) Mill, *On Liberty*, 53쪽.

밀은 자유를 제한하는 '대단히 간단한 하나의 원칙' 으로 無害原則을 거론했지만, 자유주의에서 자유를 제한하는 또 하나의 원칙은 公平原則이다. 公平原則이란 '내가 다른 사람보다 더 많은 자유를 누리려고 해서는 안 된다' 는 것이다. '모든 인간은 평등하게 자유롭다' 고 전제한 홉스는 "인간은 남들도 그렇게 하고 또 자신도 평화와 자신의 방어를 위해 필요하다고 생각하는 한 모든 것에 대한 이러한 권리를 포기해야만 한다. 그리고 남에게나 자신에 대해 허락한 만큼의 자유를 남에 대해 갖는 것으로 만족해야 한다." 고 설명한 바 있다.[13] 이는 '공평성' 을 자유의 제한 원칙으로 설정한 것이다. 현대의 자유주의자 롤즈도 "모든 사람은 다른 사람들의 유사한 자유와 양립할 수 있는 가장 광범위한 기본적 자유에 대하여 동등한 권리를 가져야 한다"[14]고 하여, '평등한 자유' 를 자신의 正義論의 첫째 원칙으로 삼았다.

정신의 자유와 행동의 자유 외에, 자유주의에서 강조하는 또 다른 자유는 '身體의 자유' 와 '경제활동의 자유' 이다. 신체의 자유란 '法律과 適法節次에 의하지 않고는 신체의 안전성과 자율성을 제한 또는 침해당하지 않는 자유' 로서, 이는 특히 국가가 권력을 남용하여 개인의 자유를 침해하는 것을 막자는 것이다. 신체의 자유는 행동의 자유와 표리를 이룬다. 경제활동의 자유란 영리활동의 자유로서, 자유주의자들은 대부분 自由放任 경제를 옹호했다. 경제활동을 자유롭게 방임하면 國富는 증진되고, 평등한 분배도 저절로 실현된다는 것이다. 경제활동의 자유는 소유권(재산권)과 표리를 이룬다. 자신의 노력으로 얻은 산물은 자신에게 귀속되어야 한다는 것은 자유로운 경제활동을 위한 자명한 전제일 것이다.

13) Hobbes, *Leviathan*, 190쪽.

14) 롤즈, 『사회정의론』, 81~82쪽.

이상에서 소개한 자유권 이론은 세 가지 내용으로 요약된다. 첫째, 자유를 보장하면 '萬事亨通' 이라는 것이다. 자유를 보장하면, 개인적으로는 '최선의 삶(행복)' 을 누릴 수 있고, 사회적으로는 '최선의 상태(地上樂園)' 로 進步하게 된다는 것이다. 둘째, 모든 것을 개인의 판단과 선택에 맡기고 그 결과에 대해 스스로 책임을 지게 하자는 것이다. 우리는 흔히 자유에는 책임이 따른다고 말하는데, '자기책임의 원칙' 은 자유주의의 지론이었다. 셋째, 無害原則으로서, 나의 자유로운 행동이 남에게 해를 끼쳐서는 안 된다는 것이다. 무해원칙은 '私生活의 자유' 및 '寬容' 과 표리를 이룬다. 사생활은 '자신과만 관계된 일(self-regarding actions)' 이요, '남과는 관계되지 않는 일' 이다. 따라서 개인의 私生活에 대해서는 절대적인 자유를 보장해야 하며, 내 마음에 들지 않더라도 '관용' 해야 한다는 것이다.

셋째, 소유권 또는 재산권에 대한 이론이다. 자유주의의 소유권 이론은 로크에 의해 체계화되었는데, 그것은 다음과 같은 세 명제로 집약된다. 첫째는 이 세계의 모든 사물은 본래 '萬人의 共有物' 이라는 것이요, 둘째는 자신의 몸은 본래 '자신의 所有' 라는 것이며, 셋째는 공유물에 자신의 몸으로 노동을 가하면 그 산물은 '자신의 私有物' 이 된다는 것이다. 로크에 의하면, 神은 원래 이 세계를 모든 인간의 공유물로 주었다. 이 공유물에 각자 개간 · 경작 · 채취 등의 노동을 투여하면서 소유권이 성립한다. 본래 공유물이었던 토지와 기타 자연물들에 대하여 어떤 사람이 노동을 투여하였다면, 그로 인해 얻어진 것들은 모두 그의 소유물이 된다.[15)]

로크의 소유권 이론에서 핵심이 되는 개념은 '노동' 이다. 우리는 이성에 의해 '노동은 공유물을 사유물로 전환시켜준다' 는 것을 알 수 있다는 것이다. 로크는 다음과 같이 말한다.

15) Locke, *The Second Treatises of Government*, 274~275쪽 참조.

샘에 흐르는 물은 모두의 것이지만, 주전자에 있는 물은 그 물을 담은 사람의 것이라는 사실을 누가 의심하겠는가? 그의 노동이 그 물을 공유물로서 모든 인간에게 똑같이 속하던 자연의 수중에서 꺼내어 그의 것으로 수취하게 만든 것이다. (…) 어떤 사람이 사냥을 하고 있는 산토끼는 그것을 쫓고 있는 사람의 것으로 생각된다. 왜냐하면 여전히 공유물로 간주되고 있는 야생동물이고 어떤 사람의 사유물이 아니지만, 그것을 발견하고 잡기 위해서 그토록 많은 노동을 지출한 사람은 누구든지 그런 행동을 통해서 그것을 공유상태인 자연상태로부터 분리시켜 소유물로 삼기 시작했기 때문이다.[16)]

로크는 위와 같은 내용은 모든 사람들의 '명시적 동의' 가 필요하지 않은 '원초적 自然法' 이라 하였다.[17)] 나의 노동의 산물은 나의 소유물이라는 주장은 자유주의의 지론이었거니와, 이는 자유주의자들이 강조하는 '自助의 원칙' 과도 맥락을 같이 한다. 모든 사람은 자신의 노동을 통해서 먹고 살아야 한다는 것이 바로 자조의 원칙이었다.

로크는 자연세계에 노동을 투여하여 그 산물을 자신의 소유로 삼음에 있어서, 그것을 제한하는 두 가지의 但書를 제시했다. 첫째, 다른 사람들이 사용하기에 충분한 양이 남아 있어야 한다. 그 이유는, 모든 사람은 생존의 권리를 지니고 있는바, 한 사람이 다 차지하면 다른 사람들은 생존할 수 없기 때문이다.[18)] 둘째, 부패하기 전에 자신의 삶에 이득이 되도록 사용할 수 있는 만큼만 취해야 한다. 자신이 소유하게 된 것들이 적절히 사용되지 않고 부패하게 되면, 이는 공통의 자연법을 위반한 것이요, 다른 사람의 몫을

16) Locke, *The Second Treatises of Government*, 277~278쪽.

17) 자유주의자들은 이성에 의해 알려지는 권리를 自然權이라 했고, 이성에 의해 알려지는 법칙을 自然法이라 했다.

18) Locke, *The Second Treatises of Government*, 274쪽.

침해한 것이다.[19)]

그러나 위의 둘째 원칙은, 로크가 화폐나 황금 등 耐久財에 대해서는 무한 축적을 정당화함으로써 사실상 무의미한 것이 되고 말았다. 로크에 의하면, '둘째의 원칙' 은 야생의 과일이나 사냥으로 잡은 짐승 등 부패하는 것들에만 해당되고, 화폐나 황금 등 부패하지 않는 耐久財에는 적용되지 않는다. 또한 부패할 수 있는 잉여생산물들을 화폐나 금 등 내구재와 교환하여 축적하는 것은 다른 사람에게 피해를 주는 것이 아니다. 로크는 "화폐의 발명은 사람들에게 재산을 지속적으로 확장할 수 있는 기회를 제공하였다" [20)]고 말한다. 결국 로크는 재산의 무한한 축적을 정당화한 것이다.[21)]

이제 자유주의자들의 社會契約 이론을 살펴보자. 사회계약론은 자유주의의 '자연상태' 이론으로부터 도출된다. 자연상태는 각자의 자연권만 존재하는 상태로서, 곧 공통의 권력이 없는 상태이기 때문에 매우 불안한 상태이다. 인간은 모두 이기적인 존재이므로, 공통의 권력이 없는 상황에서는 결국 전쟁상태에 들어가게 된다. 홉스는 다음과 같이 말한다.

> 萬人은 萬物에 대한 권리를 가지며, 심지어는 남의 신체에 대해서도 권리를 갖는다. 이처럼 만인이 만물에 다하여 자연적 권리를 갖는 상황이 지속되는 한, 강한 사람이든 지혜로운 사람이든 막론하고 어느 누구도 천수를 안전하게 누릴 수 있는 보장이 없다. 따라서 다음과 같은 격률 또는 理性의 일반 원칙이 등장한

---

19) Locke, *The Second Treatises of Government*, 279~280쪽.

20) Locke, *The Second Treatises of Government*, 285쪽.

21) 맥퍼슨(Crawford B. Macpherson)은 내구재의 무한한 축적을 허용한 것은 결국 다른 사람을 위해 충분한 양을 남겨두어야 한다는 '첫째의 원칙' 까지 無力化시킨 것이라고 해석한다(맥퍼슨, 『소유적 개인주의의 정치이론』, 287~290쪽 참조).

다. "모든 인간은 스스로 평화를 얻으려는 희망을 가지는 한 평화를 얻기 위해 노력해야 한다. 그리고 평화를 얻을 수 없을 때에는 모든 도움과 전쟁의 이익을 추구하고 사용할 수 있다." 이 원칙의 앞부분은 自然法의 기본을 나타낸 것으로서 '평화를 추구하라' 는 것이고, 뒷부분은 自然權의 요지를 나타낸 것으로서 '모든 수단을 동원하여 자신을 방어하라' 는 것이다.[22]

홉스는 자연상태를 '만인에 대한 만인의 전쟁' 으로 규정하고, 따라서 '평화를 추구하라' 는 自然法의 기본원칙이 성립한다고 설명했다. 홉스는 또 평화를 기대할 수 없을 때에는 '모든 수단을 동원하여 자신을 방어하라' 는 自然權이 성립한다고 했는바, 이러한 자연권만을 행사하기로 한다면 영원히 전쟁상태를 벗어날 수 없게 된다. 이러한 맥락에서, 사회계약론은 자유주의자들이 평화를 추구하기 위한 방법론으로 고안해 낸 것이다.

로크 역시 자연상태를 '生命 · 自由 · 資産(estate) 등에 대한 자연적 권리를 가지고 있기는 하지만 그 향유가 매우 불확실하고, 끊임없이 다른 사람이 침해할 위험에 놓여 있는 상태' [23]로 규정하고, 이러한 맥락에서 사회계약의 불가피성을 설파했다. 그는 다음과 같이 말한다.

인류는 자연상태에 따르는 온갖 특권에도 불구하고 그들이 거기에 남아 있는 동안 단지 열악한 상황에 시달리게 되므로 급기야는 사회에 들어가려고 서두른다. 그렇기 때문에 우리는 일정한 수의 사람들이 잠시라도 함께 이러한 상태에서 사는 것을 발견하기가 어렵게 된다. 그들이 거기서 당면하게 되는 폐단, 곧 모든 사람이 가진, 타인의 위반행위를 처벌할 권한이 불규칙적이고 불확실하게

22) Hobbes, *Leviathan*, 190쪽.

23) Locke, *The Second Treatises of Government*, 324쪽.

행사됨으로써 생기는 폐단으로 인해서 그들은 정부의 확립된 法이라는 聖域으로 도망가며 거기서 그들 재산의 보존을 꾀한다. 바로 이를 위해서 사람들은 각자 기꺼이 자신의 처벌권을 포기하여 그것이 그들 중에서 임명된 사람들에 의해서만 행사되도록 그리고 공동사회나 그러한 목적을 위하여 그들로부터 권위를 위임받은 자들이 합의하는 규칙에 따라서만 행사되도록 하는 것이다. 그리고 바로 여기서 우리는 정부와 사회 그 자체는 물론 입법권과 행정권 양자의 본래의 권리와 기원을 볼 수 있게 된다.[24)]

로크는 '생명 · 자유 · 자산(estate)' 등을 포괄적으로 '재산(property)'이라 일컬었거니와,[25)] 사회계약을 통해서 정부를 수립하게 되는 동기를 '재산의 보존' 이라고 설명했다. 이러한 맥락에서 자유주의자들은 정부나 국가는 '개인의 권리를 보존하기 위한 도구' 에 불과하다고 보는 것이다. 한편, 정부(국가)의 권력은 개인이 양도하는 권력에서 기원한다. 즉 개인이 사회계약에 참여하는 것은 자신의 자연권을 사회에 양도하는 것이기도 하다. 로크는 다음과 같이 말한다.

사람들은 사회에 들어갈 때 그들이 자연상태에서 가졌던 평등, 자유 및 집행권을 사회의 善이 요구하는 바에 따라 입법부가 처리할 수 있도록 사회의 수중에 양도한다. 그러나 그것은 오직 모든 사람들이 그 자신, 그의 자유 및 그의 재산을 더욱 잘 보존하려는 의도에서 행하는 것이다.[26)]

---

24) Locke, *The Second Treatises of Government*, 325~326쪽.

25) Locke, *The Second Treatises of Government*, 325쪽 참조. 로크가 말하는 '재산(property)' 은 넓은 의미로는 '생명 · 자유 · 資産' 을 포괄하는 것이요, 좁은 의미로는 '資産' 만을 지칭하는 것이다. 로크가 資産을 '생명 · 자유' 와 같은 차원에서 중시한 까닭은 생명의 유지나 신체적 활동은 물질의 소비와 긴밀하게 연관된 것이기 때문이다(박동천, 『플라톤 정치철학의 해체』, 293~294쪽 참조).

개인은 자신이 자연상태에서 지녔던 '평등권 · 자유권 · 집행권' 등을 국가에 양도하고, 국가는 그 결과 성립하는 공권력으로 개인의 '생명 · 자유 · 재산'을 보존해준다는 것이다. 로크는 "사회의 법률은 많은 면에서 그가 자연상태에서 가지고 있던 자유를 제약한다"고 했다.[27] 요컨대 개인은 사회상태에서는 자연상태에서보다 적은 권리를 지니게 되지만, 그 대신 공권력을 통해 더 안전하게 자신의 권리를 누린다.

사회계약론에 의하면, 국가는 개인들 사이의 계약에 의해 성립하는 것이다. 이로부터 국가의 본래 주인은 '개인(국민)'이라는 '主權在民' 사상이 성립한다. 또 국가의 본래 주인은 개인(국민)이므로, 개인은 國政에 참여할 수 있는 권리를 지니는 것이요, 국가를 대상으로 여러 사안들을 청구할 수 있는 것이다. 또한 만약 국가가 본래 주인인 국민의 권리를 무시한다면, 국민은 당연히 국가에 저항할 수 있다. 이러한 맥락에서 자유주의자들은 參政權 · 請求權(請願權) · 抵抗權 등의 정치적 권리를 개인의 기본적 인권으로 정당화했다.

이상에서 자유주의의 입헌정신을 개관했거니와, 우리 한국의 현행 憲法(87년 헌법)도 바로 이러한 정신에 따라 제정된 것이다. 그 大綱을 소개하면 다음과 같다. 현행헌법 제1조에서는 "대한민국의 主權은 국민에게 있고, 모든 권력은 국민으로부터 나온다."고 했고, 제7조에서는 "公務員은 국민전체에 대한 봉사자이며, 국민에 대해 책임을 진다."고 했으며, 제10조에서는 "모든 국민은 인간으로서의 존엄과 가치를 가지며, 행복을 추구할 권리를 가진다. 국가는 개인이 가지는 불가침의 기본적 人權을 확인하고 이를 보장할 의무를 진다."고 했다. 이상의 내용은 '主權在民' 사상과 '도

26) Locke, *The Second Treatises of Government*, 326~327쪽.

27) Locke, *The Second Treatises of Government*, 326쪽.

구적 국가관' 을 천명한 것이다.

제11조에서는 "모든 국민은 法 앞에 平等하다." 고 하였고, 제12조에서는 "모든 국민은 신체의 자유를 가진다. 누구든지 법률에 의하지 아니하고는 체포 · 구속 · 압수 · 수색 또는 심문을 받지 아니하며, 법률과 적법한 절차에 의하지 아니하고는 처벌 · 保安處分 또는 강제노역을 받지 아니한다." 고 하였다. 제17조에서는 "모든 국민은 私生活의 비밀과 자유를 침해받지 않는다." 고 하였고, 제19조에서는 "모든 국민은 良心의 자유를 가진다." 고 하였으며, 제21조에서는 "모든 국민은 언론 · 출판의 자유와 집회 · 결사의 자유를 가진다." 고 하였다. 제23조에서는 "모든 국민의 재산권은 보장된다." 고 하였다. 이상의 내용은 국민의 '평등 · 자유 · 재산에 대한 권리'를 천명한 것이다.

제24조에서는 "모든 국민은 법률이 정하는 바에 의하여 선거권을 가진다." 고 하였고, 제25조에서는 "모든 국민은 법률이 정하는 바에 의하여 공무담임권을 가진다." 고 하였다. 제26조에서는 "모든 국민은 법률이 정하는 바에 의하여 국가기관에 문서로 청원할 권리를 가진다." 고 하였고, 제27조에서는 "모든 국민은 헌법과 법률이 정한 法官에 의하여 법률에 의한 재판을 받을 권리를 가진다." 고 하였다. 이상의 내용은 국민의 '參政權' 과 '請願權' 을 천명한 것이다.

이상과 같은 自由主義의 人權思想(제1세대 인권론)은 모든 사람의 행복한 삶을 위한 기본적 조건을 천명했다는 데 그 의의가 있다. 그러나 자유주의에서 천명한 조건은 '필요조건' 일 뿐이요 '충분조건' 은 못 되는 것이다. 따라서 자유주의는 근대 역사의 현실에서 많은 문제점들을 드러내고 있었거니와, 社會主義의 人權思想(제2세대 인권론)은 기본적으로 자유주의 인권사상의 한계를 보완하자는 데서 출발한 것이다.

2. 사회주의의 立憲精神과 2세대 인권론

서구 근대의 계몽주의는 루소에 이르러 새로운 양상을 띠게 되었다. 즉 초기의 계몽주의가 합리주의에 기운 것이라면, 후기의 계몽주의는 낭만주의적 요소를 겸하게 된 것이다. 물론 낭만주의는 합리주의에 대한 반항이었다. 낭만주의와 합리주의는 계몽을 통한 진보의 이상을 함께 하지만, 합리주의가 '머리의 지혜' 를 강조함에 반하여 낭만주의는 '가슴의 온정' 을 강조했다. 이러한 맥락에서 루소로 대표되는 후기 계몽주의는 '지혜롭고 온정있는 인간상' , 즉 '가슴과 머리가 모두 건전한 인간상' 을 모색하게 되었다.[28)]

자유주의가 초기 계몽주의로부터 출발한 것이라면, 사회주의는 후기 계몽주의로부터 출발한 것이다. 즉 자유주의가 모든 문제를 理性으로 해결하고자 했다면, 사회주의는 이성의 한계를 溫情(良心)으로 보완하고자 했다. 이러한 노선의 차이는 당시의 현안이었던 '貧民 문제' 에 대한 대책에서 단적으로 드러났다. 브린튼(Crane Brinton)은 18세기 후반에 있었던 두 노선의 차이를 다음과 같이 대비적으로 설명한 바 있다. 우선 아래의 인용문은 '머리' 에 입각한 자유주의적 경제학자들의 입장을 설명한 것이다.

> 이들은 救濟 대상자들에게 그들 자신의 가정을 주는 貧民救濟와 慈善事業은 누구에게나 좋지 않은 일이며, 심지어 구제를 받는 사람에게도 좋지 않은 일이라는 것을 '증명' 할 수 있었다. 맬서스가 1798년에 『인구론(*Essay on the Principle of population*)』을 출판했던 시기의 경제학자들의 논의는 사뭇 원숙하였다. 즉 가난한 사람의 형편이 나아질수록 아이들을 더 많이 낳게 되며, 그리

28) 브린튼, 『서양사상의 역사』, 386쪽 참조.

하여 노동자들의 일거리가 더 적게 되고, 결국 그들 모두의 형편이 어렵게 된다는 것이었다. 功利主義者들은 이러한 생각을 받아들여, 구제를 받아야만 했던 가난한 사람들을 性別로 격리하여 아주 형편없는 빈민굴에 수용하는 작업장 제도를 英國에 세우는 데 조력하였다. 이 논리를 끝까지 따진다면, 만일 가난한 사람들이 살아갈 수 없으면 그들을 굶어 죽게 내버려두는 것이 좋을 것이라는 데까지 나갈 수도 있을 것이다.[29)]

자유주의(공리주의) 경제학자들은 이성적 추론을 통해 '빈민을 구제하지 않는 것이 옳다' 는 것을 '증명' 했다는 것이다. 위의 인용문에서도 언급했듯이, 공리주의자들은 이러한 '증명' 에 입각하여 빈민을 학대하는 데 일조했음은 잘 알려진 사실이다.[30)] 한편, 아래의 인용문은 자유주의의 냉혹함을 비판하는 사회주의자들의 입장을 설명한 것이다.

그들의 반대론자들은 대체로 다음과 같이 말했다. "우리는 당신네들의 추리의 연쇄 속에서 무엇이 잘못되었는지는 알 수 없소. 만일 무력한 사람들을 제거한다면, 그 민족 전체는 좋아질 것이오. 그러나 우리는 당신네들의 주장을 받아들일 수는 없소. 우리는 가난한 사람들이 불쌍하오. 우리는 당신네들이 잘못되었다고 느끼기 때문에 당신네들의 생각이 잘못되었다는 것을 알고 있소. 아마 가난한 사람들은 게으르고 일하는 것이 서툴고, 귀찮고, 무능하오. 그러나 ……" 이러한 변호는 한정없이 계속될 수 있었다. 心情을 가장 순수하게 내세우

29) 브린튼, 『서양사상의 역사』, 411쪽.

30) 벤담(Jeremy Bentham)에 의하면, 貧民에 대한 慈善을 참다운 仁慈心이라고 말하는 것은 언어를 남용한 것이다. 그러한 행위는 실제로는 빈민의 불행을 더욱 악화시킨다는 것이다. 벤담은 맨더빌의 '私惡이 바뀌어 公益이 된다' 는 주장을 적극 옹호했다(브로노프스키 · 매즐리슈, 『西洋의 知的 傳統』, 542쪽 참조).

는 사람들이 이러한 변호를 할 때에도, 그 변호는 으레 다음과 같은 논리로 나아갔다. 즉 가난한 사람도 좋은 생활을 할 권리를 가지고 있으며, 그들이 현실적으로 가난한 것은 한 번도 기회를 가져 본 적이 없기 때문이라는 환경주의자의 논법이 그것이다.[31]

빈민들을 불쌍하다고 느낀 것은 사회주의의 '가슴' 이었다. 사회주의자들은 빈민들의 비참한 삶을 외면할 수 없다는 이유만으로도 자유주의를 비판했던 것이다. 사회주의자들이 자유주의를 비판한 또 하나의 이유는 '머리' 에서 나온 것이다. 빈민들의 불행은 빈민 자신들의 탓이기 전에 그들을 둘러싼 '사회적 환경' 이 열악했기 때문이라는 논변이 그것이다. 이는 자유주의의 '개인책임 원칙' 을 부정하는 논리이다. 사회주의자들은 빈곤이 '개인의 책임' 이기 전에 '사회의 책임' 이라고 인식했다. 사회주의자들은 자유와 평등 등에 대해서도 자유주의자들과 달리 인식하고 있었다. 자유주의자들이 말하는 자유 · 평등은 명목상의 자유 · 평등일 뿐, 실제로는 공허하다는 것이다. 이제 사회주의자들의 자유주의에 대한 비판을 정리해 보자.

첫째, 자유주의의 '개인책임 원칙' 에 대한 비판이다. 자유주의자들은 '自助의 원칙' 을 내세워 모든 사람은 스스로의 노동으로 먹고살아야 한다고 주장하고, 각자의 처지는 자신의 선택에 의한 것인 만큼 스스로 책임을 져야 한다고 주장했다. 근대 자유주의자들은 노동자 등 사회적 弱者들의 빈곤한 처지에 대해서도 그것은 그들이 부지런히 일을 하지 않은 결과라고 치부하고 말았다. 그러나 사회주의자들은 당시 노동자들이 일을 하고 싶어도 일자리를 얻을 수 없었다는 점을 주목했다. 노동자들의 失業은 자

31) 브린튼, 『서양사상의 역사』, 411~412쪽.

본주의 경제의 구조적인 문제라는 점을 간파했던 것이다. 사실 당시 산업화의 과정에서 벌어진 인클로저(enclosure), 기계의 발달로 인한 고용의 감소, 과잉생산으로 인한 주기적인 공황 등으로 본다면, 노동자들의 빈곤한 처지는 무엇보다도 자본주의 경제의 구조적 문제라는 점을 부인하기 어려운 것이다. 실의에 빠진 노동자들의 무기력한 삶이나 방탕한 삶에 대해서도, 사회주의자들은 개인의 성격적 결함 탓이 아니라 열악한 환경이 노동자들의 성격을 그렇게 변화시켰다고 보았다.[32] 따라서 사회는 노동자들 및 기타 사회적 약자들에게 인간다운 생존의 환경과 일자리를 제공해 주어야 할 책임이 있다는 것이다.

둘째, 자유주의의 '자유' 개념에 대한 비판이다. 흔히 지적하듯이, 자유주의자들이 추구한 자유는 '남으로부터 간섭이나 방해를 받지 않는다' 는 '소극적 자유' 였으나, 사회주의자들이 추구한 자유는 '자신이 원하는 것을 이룰 수 있다' 는 '적극적 자유' 였다. 사회주의자들은 소극적 자유를 보장하는 것만으로는 공허하다고 보았다. 아무리 소극적 자유를 보장한다 하더라도, 빈곤이나 질병에 시달리거나 또는 학식이 없는 사람은 아무런 꿈도 이룰 수 없다는 것이다. 이러한 맥락에서 사회주의자들은 '적극적 자유' 야말로 참된 자유라고 규정하고, 국가는 모든 국민이 적극적 자유를 누릴 수 있는 사회적 환경을 제공해야 한다고 주장했다.

셋째, 자유주의의 '평등' 개념에 대한 비판이다. 자유주의자들은 평등을 '법 앞의 평등' 과 '기회의 균등' 으로 규정했다. 요컨대 누구에게나 공정한 기회를 보장하고, 나머지는 자유경쟁의 결과에 맡기자는 것이었다.

---

32) 이 책의 제2장에서 고찰했듯이, 루소와 마르크스는 '인간의 본성은 사회적 환경의 영향을 받아 변한다' 고 보았고, 인간성을 타락시키는 주요 원인을 私有制에서 찾은 바 있다. 이러한 맥락에서 사회주의자들은 개인에 대한 사회의 책임을 강조함과 동시에 끊임없이 사유제의 개혁을 주장한 것이다.

그러나 여기에는 두 가지 허점이 있다. 첫째, 자유경쟁은 결국 부익부 빈익빈을 초래한다는 점이다. 자유경쟁론이란 본래 優勝劣敗의 논리이거니와, 우월한 처지에 있는 사람은 계속 승리하고, 열등한 처지에 있는 사람은 계속 패배하는 것이 사실이라면, 부익부 빈익빈을 피할 수 없는 것이다. 둘째, 형식적으로 기회균등을 보장하더라도, 빈자는 그 기회를 활용하기 어렵다는 점이다. 당장 먹고살기가 어려운 사람들은 예컨대 교육의 기회를 균등하게 보장한다고 하더라도 학업에 매진할 여유가 없다. 이러한 맥락에서 사회주의자들은 분배(결과)의 평등과 無償 의무교육 등을 주장했다.

넷째, 자유주의의 '최소국가관'에 대한 비판이다. '夜警國家'라는 말이 상징하듯이, 자유주의자들은 국가의 역할을 최소화해야 한다고 주장했다. 국가는 다만 중립적 입장에서 치안의 유지에만 힘쓰고, 기타의 영역 특히 개인들의 자유로운 경제활동에는 간여해서는 안 된다는 것이다. 그러나 사회주의자들은 야경국가는 결코 중립적인 국가가 아니라고 보았다. 야경국가는 실제로는 부자들의 이익만 옹호하는 국가요, 보호받아야 할 재산이 없는 빈민들은 야경국가로부터 아무런 혜택도 받을 수 없다는 것이다. 이러한 맥락에서 사회주의자들은 국가에 보다 많은 책무를 부여해야 한다고 주장한다. 빈자의 구호, 의무교육의 실시, 경제활동의 통제 등을 통해 모든 사람들이 적절한 생존의 조건을 누릴 수 있도록 적극 간여해야 한다는 것이다.

다섯째, 자유주의의 '參政權의 제한'에 대한 비판이다. 초기 자유주의자들은 '교양과 재산'이 있는 사람만이 참정권을 제대로 행사할 수 있다는 이유로, 근로대중의 참정권을 인정하지 않았다.[33] 민주국가에서 정치참여

33) 敎養이 있는 사람은 이성적으로 판단할 수 있고, 財産이 있는 사람들은 책임 있는 결정을 할 수 있다는 것이 초기 자유주의자들의 지론이었다. 자유주의자들은 이러한 맥락에서 제3계급(부르주아지)까지만 선거권을 부여하고, 당시 인구의 대부분을 차

는 자신의 권익을 옹호할 수 있는 중요한 수단이거니와, 근로대중들은 참정권을 인정받지 못함으로써 더욱 열악한 처지로 몰리게 되었다. 이러한 맥락에서 사회주의자들은 계급과 성별의 차별 없이 모든 사람에게 평등하게 참정권을 보장해야 한다고 주장했다.

마지막으로, 자유주의의 '원자론적 개인주의' 에 대한 비판이다. 자유주의자들은 인간을 원자적 존재로 이해하고, 개인의 이기심을 문명 진보의 원동력이라고 옹호했다. 이들은 개인들의 이기심이 충돌하여 빚어지는 갈등에 대해서는 正義 원칙에 따라 합리적으로 처리하면 된다고 보았다. 그러나 사회주의자들은 인간이란 본래 '함께 더불어 사는' 사회적 존재로서, 원자적 개인이란 있을 수 없다고 주장한다. 이러한 맥락에서 사회주의자들은 합리적 正義 이전에 '온정 · 형제애 · 박애(연대)' 등을 더욱 강조하였다.

이상에서 사회주의자들의 자유주의에 대한 비판을 개관했거니와, 위의 여러 논점들은 서로 유기적으로 연결된 것이다. 사회주의자들은 자유주의의 여러 문제점들을 해결하는 관건은 '자유경쟁론과 무한소유론' 에 토대를 둔 '자유주의(자본주의) 경제구조' 를 개혁하는 데 있다고 보았다. 사회주의자들의 이러한 주장은 다음과 같은 〈프랑크푸르트 선언〉[34]의 前文에 잘 요약되어 있다.

1. 19세기부터 지금까지 자본주의는 어마어마한 생산력을 발전시켰다. 그런데

지하는 근로대중의 선거권을 부정했다. 그러나 부르주아들이 이성적으로 책임 있는 결정을 했던 것은 결코 아니었다. 당시 온갖 사회문제는 대부분 부르주아들의 탐욕이 초래한 것이었다.

34) 1951년 프랑크푸르트에서 열린 제1회 사회주의자 국제연맹(SI: Socialist International) 총회에서 채택된 '민주적 사회주의의 목적과 과제' 라는 선언문을 말한다.

이러한 발전은 생산과 관련한 사안에 참여하는 데 있어서 시민의 대다수를 배제시키는 代價를 치르고 이루어진 것이다. 자본주의는 인간의 권리보다 소유의 권리를 더 우선시 한다. 자본주의는 재산이나 사회적 권리를 갖지 못한 임금노동자라는 새로운 계급을 만들어 냈다. 그것은 계급 간의 투쟁을 격화시켰다. 비록 세계는 모든 사람들에게 응분의 생활을 충족시킬 만한 자원을 보유하고 있지만, 자본주의는 세계인구의 기본적인 욕구를 충족시키지 못하는 무능력을 보여 왔다. 자본주의는 파멸적인 위기와 대량실업이 없이는 제대로 유지되지 못한다는 것이 드러났다. 그것은 사회불안과 빈부간의 뚜렷한 격차를 만들어 냈다. 그것은 제국주의적 팽창과 식민주의적 착취에 주로 치우치면서, 결과적으로 국민 간, 민족 간의 갈등을 더욱 더 잔혹하게 만들었다. 그리고 몇몇 나라들에서는 강력한 자본가 집단이 과거의 야만주의를 부추겨 그것이 '파시즘' 이나 '나치즘' 의 형태로 다시 대두하도록 만들었다.

2. 사회주의는 자본주의 사회에 내재적인 병폐에 맞서는 저항운동으로서 유럽에서 생겨났다. 자본주의로부터 가장 고통을 받은 것은 임금노동자였기 때문에, 사회주의는 맨 처음에 임금노동자의 운동으로서 발전하였다. 그 후 더욱 더 많은 시민들—즉 전문직, 사무직 노동자, 농민, 어민, 수공인, 소매상, 예술인, 과학자—은 인간에 의한 인간의 착취가 반드시 폐지되어야 한다고 믿는 모든 사람들에게 사회주의가 호소력을 가지고 있다는 사실을 점점 더 받아들이게 되었다.

3. 사회주의는 생산수단을 소유하거나 또는 통제하는 소수자에 대한 종속으로부터 민중들을 해방시키는 것을 목적으로 한다. 그것은 경제권력을 전체 민중의 손에 넘겨줌으로써, 모든 사람들이 평등한 자격으로 자유롭게 함께 일하는 공동체 사회를 만들어 내는 것을 목적으로 한다.

12. 과학과 기술의 진보는 인류에게 스스로의 운명을 개선하거나 또는 자기 자신을 멸망케 할 힘을 한층 증대시켰다. 바로 이 때문에 생산을 경제적 자유

주의의 놀음에 그대로 놔두어서는 안 된다. 오히려 생산은 인간의 필요에 맞추어 체계적으로 계획되어야 한다. 이와 같은 계획은 개인의 개성적 권리를 존중하지 않으면 안 된다. 사회주의는 국내 및 국제 문제에 있어서 자유와 계획을 동시에 지지한다.[35)]

위의 인용문은 사회주의의 입헌정신을 천명한 것인바, 사회주의가 기존의 자유주의를 전면적으로 부정하는 것은 결코 아니다.[36)] 사회주의는 자유주의가 이미 이룩한 제1세대 인권론(시민적 · 정치적 권리)을 바탕으로, '일할 수 있는 권리, 의료 및 출산에서 복지혜택을 받을 권리, 여가의 권리, 노령 · 불구 · 실업으로 일할 수 없는 시민이 경제적 보장을 받을 권리, 어

---

35) 한편 이 前文의 제8조에서는 "공산주의는 그릇되게도 자신들이 사회주의의 전통을 계승하고 있다고 주장한다. 하지만 실제로 공산주의는 사회주의 전통을 알아볼 수 없을 만큼 왜곡시켜 버렸다. 그것은 마르크스주의의 비판적 정신과 양립할 수 없는 아주 경직된 '종교적' 교리를 정립하였다."라 하고, 제9조에서는 "사회주의자들이 자본주의하에서 살고 있는 사람들을 분열시키는 착취를 제거함으로써 자유와 정의를 이루려 노력하는데 반해서, 공산주의자들은 오로지 일당독재를 확립하기 위하여 그러한 계급분열을 첨예화시키려 노력한다."라 하고, 제10조에서는 "국제 공산주의는 새로운 帝國主義의 도구이다. 이것이 정권을 장악한 곳에서는 단 하나의 예외 없이 자유와 자유를 획득할 기회를 파괴해 왔다. 이것은 군국주의적 관료제와 테러를 일삼는 경찰제도에 기반하고 있다. 富와 특권을 차지한 소수와 그렇지 못한 다수 간의 극심한 차별을 야기함으로써 이것은 새로운 계급사회를 만들어 냈다. 그리고 강제노동은 이 경제조직에서 중요한 역할을 하고 있다."라 하여, 소련 등에서 표방한 공산주의를 자신들의 사회주의와 엄격하게 구분하고 비판하였다.

36) 아블라스터는 "사실상 급진주의자와 사회주의자들이 그들 시간의 많은 부분을 본질적으로 자유주의적 주장을 위한 자유주의의 전장에서 싸우는 데 보내고 있다는 것은 주목할 만하다. (…) 이들 급진주의와 사회주의는 개인의 자유, 인종과 性에 관계없이 모든 인간의 인권과 신분의 평등에 대한 믿음과 같은 자유주의적 원리들을 신봉하는 것을 내포하기 때문이다. 자유주의 특히 자유주의 정치경제에 대한 매서운 비판자 가운데 한 사람이었던 맑스도 또한 사회주의를 자유주의를 '완성시키는' 운동으로 보았다."고 지적한 바 있다(『서구 자유주의의 융성과 쇠퇴』, 659쪽).

린이가 복지를 받을 권리 및 청년이 자기들의 재능에 따라서 교육을 받을 권리, 적절한 주택에 살 권리' 등 경제적 · 사회적 권리를 요구한 것이다. 그런데 자유방임 경제를 전제하는 한 이러한 권리들을 보장하기가 어려우므로, 사회주의자들은 경제적 측면을 개조하지 않을 수 없다고 본 것이다. 요컨대 사회주의자들은 부귀빈천과 남녀노소를 막론하고 모든 사람이 실질적으로 자유와 평등을 누려야 한다는 이념 아래, 그 근본적 방법을 '주요 생산수단의 사회적 소유와 계획경제' 에서 찾은 것이다.

이상에서 사회주의의 입헌정신을 개관하였거니와, 우리 한국의 현행 憲法에는 사회주의적 요소들이 적지 않게 반영되어 있다. 그 주요 내용을 소개하면 다음과 같다. 헌법 제23조 ①항에서는 "모든 국민의 財產權은 보장된다. 그 내용과 한계는 법률로 정한다." 고 하고, ②항에서는 "재산권의 행사는 公共福利에 적합하도록 하여야 한다." 고 하여, 개인의 재산권을 보장하되 일정한 제한을 가하였다.

제31조 ①항에서는 "모든 국민은 능력에 따라 균등하게 교육을 받을 권리를 가진다." 고 하고, ②항에서는 "모든 국민은 그 보호하는 자녀에게 적어도 초등교육과 법률이 정하는 교육을 받게 할 의무를 진다." 고 한 다음, ③항에서는 "의무교육은 無償으로 한다." 고 하여, 교육의 기회균등과 무상의무교육을 명시하였다.

제32조 ①항에서는 "모든 국민은 勤勞의 권리를 가진다. 국가는 사회적 · 경제적 방법으로 근로자의 고용의 증진과 적정임금의 보장에 노력하여야 하며, 법률이 정하는 바에 의하여 최저임금제를 시행하여야 한다." 고 하고, ③항에서는 "근로조건의 기준은 인간의 존엄성을 보장하도록 법률로 정한다." 고 하고, 제33조에서는 "근로자는 노동조건의 향상을 위하여 자주적인 단결권 · 단체교섭권 및 단체행동권을 가진다." 고 하여, 근로의 권리와 근로자에 대한 존엄한 대우 및 근로자의 단결권을 명시하였다.

제34조 ①항에서는 "모든 국민은 인간다운 생활을 할 권리를 가진다." 고 하고, ②항에서는 "국가는 사회보장 · 사회복지의 증진에 노력할 의무를 진다." 고 하여, 모든 국민의 인간다운 생활을 위한 국가의 의무를 명시하였다.

제119조 ①항에서는 자유경제의 원칙을 표방하고서도, ②항에서는 "국가는 국민경제의 성장 및 안정과 적정한 소득의 분배를 유지하고, 市場의 지배와 경제력의 남용을 방지하며, 경제주체 간의 조화를 통한 경제의 민주화를 위하여 경제에 관한 규제와 조정을 할 수 있다." 고 하여, 국가가 市場經濟를 통제할 수 있음을 명시했다. 제122조에서는 토지이용권을 제한할 수 있는 근거를 마련해 두었고, 제126조에서는 國防 또는 國民經濟에 緊切한 필요가 있을 경우에는 법률에 따라 私營企業을 國有 또는 公有로 이전할 수 있다고 명시했다.

이제까지 사회주의의 입헌정신과 제2세대 인권론을 살펴보았거니와, 제2세대 인권론은 기존 자유주의의 결점을 보완하여 福祉國家를 출현시키는 데 크게 기여했다. 그러나 자유주의자들이 제2세대 인권론을 그대로 승인하는 것은 결코 아니다. 제2세대 인권론은 '사회적 · 경제적 권리' 를 주로 문제 삼는 것인바, 사회적 · 경제적 권리에 대해서는 자유주의자와 사회주의자가 첨예하게 대립하고 있다. 현대 인권론의 딜레마는 근본적으로 여기에서부터 비롯되는 것이다.

3. 현대 人權論의 딜레마

1) 제1세대 인권론과 제2세대 인권론의 갈등

현대 인권론의 딜레마 가운데 대표적인 것은 제1세대 인권론과 제2세대 인권론이 서로 갈등을 일으키고 있다는 점이다. 앞에서 살핀 것처럼, 자유주의(제1세대 인권론)와 사회주의(제2세대 인권론)가 自由와 平等의 개념을 서로 달리 이해하는 것이 그 단적인 예이다. 1966년 국제연합의 인권협약이 하나의 문건으로 통일되지 못하고 A협약(경제적 · 사회적 · 문화적 권리에 관한 국제협약)과 B협약(시민적 · 정치적 권리에 관한 국제협약)이라는 별개의 협약으로 성립한 것도 자유주의와 사회주의의 갈등에서 비롯된 것이었다. 이렇게 본다면 인권을 둘러싼 상반된 이해와 갈등은 쉽게 타협점을 찾을 수 있는 것이 아니다. 이제 그 대강을 살펴보기로 하자.

사회주의와 자유주의의 갈등의 근원은, 사회주의의 주장처럼 자유를 '적극적 자유'로 규정하면 자유주의가 추구하는 '소극적 자유'가 침해되고, 자유주의의 주장처럼 평등을 '기회균등'으로 규정하면 사회주의가 추구하는 '실질적 평등'이 침해된다는 사실에 있다. 또 이러한 문제들은 결국엔 국가의 책무를 어떻게 규정할 것이냐 하는 문제와 연결된다. 자유주의자들은 국가를 인권(제1세대 인권) 침해의 주범으로 간주하여 국가의 기능을 최소한으로 줄여야 한다고 주장하고, 사회주의자들은 국가를 인권(제2세대 인권) 보장의 주역으로 규정하여 국가의 기능을 확대해야 한다고 주장한다.

우선 자유주의의 입장을 살펴보자. 앞에서 살핀 것처럼, 자유주의는 개인의 자유로운 선택과 그 결과에 대한 개인의 책임을 강조한다. 따라서 국가의 역할은 개인의 자유권(선택권)을 평등하게 보장하는 것으로 국한되어야 한다는 것이다. 만약 국가가 그 이상을 추구한다면, 여러 부작용만 낳을 뿐 소기의 성과를 거둘 수 없다는 것이다. 자유주의자들이 우려하는 부작용은 다음과 같다.

첫째, 국가가 적극적 자유를 뒷받침하고자 하면 결국 개인의 자유가 제한받는다는 것이다. 국가가 적극적 자유를 뒷받침한다는 것은 국가가 특정한 '善의 관념'을 설정하고, 개인을 그 방향으로 유도하는 것이다. 그런데 '무엇을 善으로 규정할 것인가' 하는 善의 관념 자체가 개인이 선택할 문제요, 특정한 善觀을 국가가 제시하는 것 자체가 자유의 침해라는 것이다. 20세기의 유력한 자유주의 사상가였던 벌린(Isaiah Berlin)은 다음과 같이 말한다.

> 자유의 보호는 침범을 막는다는 '소극적' 목표로 구성된다. 한 개인이 무엇이 자신의 목표인지에 관하여 아무 선택권을 가지지 못한 채 외부로부터 주어지는 삶의 경로만을 따르도록 형벌로써 위협하는 것은 죄악이다. 한 개인에게 문 하나만을 열어 주고 나머지 문을 모두 닫아 버린다면, 그 문이 아무리 고상한 전망을 약속하더라도, 그런 질서를 짜놓은 사람의 동기가 아무리 善意에서 나왔다고 하더라도, 죄악이다. 이는 그 사람이 사람이라는 진리, 그리고 그에게도 스스로 살아갈 자신의 삶이 있다는 진리에 반하는 죄악이다. 에라스뮈스의 시대부터 현재의 우리 시대에 이르기까지 근대 세계의 자유주의자들은 자유를 이런 방향에서 인식하였다. 시민의 자유 및 개인의 권리를 옹호하고, 착취와 모욕, 공공 권위에 의한 침해, 선동 및 관습에 의한 최면 등에 항거하는 주장은 모두 인간을 이처럼 개인주의적으로 파악하는 사고방식에서 나온다.[37]

---

37) 벌린, 『자유론』, 353~354쪽.

벌린에 의하면, 궁극적 가치들은 다양하고 때로는 화해가 불가능하기 때문에, 가치의 대립을 해결할 수 있는 명쾌한 해답이란 원칙적으로 발견할 수 없는 것이다.[38] 그러므로 국가가 특정한 善觀을 옹호하는 것 자체가 죄악이라는 것이다. 나아가 국가가 적극적 자유를 뒷받침하려면 국가권력을 확대시켜야 하는데, 국가권력의 확대는 '기본적 자유에 대한 영원한 위협' 이라는 것이다.[39]

둘째, 국가가 적극적 자유를 뒷받침하고자 하면 결국 개인의 재산권이 침해된다는 것이다. 국가가 적극적 자유를 뒷받침한다는 것은 貧者들에 대한 복지의 확대를 뜻하는바, 그 비용은 결국 富者들의 세금으로 충당되는 것이다. 자유주의자들에 의하면, 이는 부자의 재산권을 침해하는 것이다.

셋째, 국가가 적극적 자유를 뒷받침하고자 하면 결국 개인의 '도덕적 해이(moral hazard)' 를 야기한다는 것이다. 열심히 일하지 않아도 기본적인 생존의 여건이 제공된다면 근로의 의욕이 감소된다는 것은 부정하기 어려운 사실이다. 복지 선진국이었던 서구 여러 나라들이 이러한 도덕적 해이로 인한 비효율성을 극복하고자 '생산적 복지' 라는 '제3의 길' 을 모색하게 된 것도 주지의 사실이다.

넷째, 복지의 지나친 확대는 각종 부정부패를 낳는다는 것이다. 복지의 수혜대상자가 아닌 넉넉한 사람이 국가를 속여 복지혜택을 누리거나, 국가 관료가 부정하게 복지 예산을 전횡하는 경우가 많다는 것이다.[40] 특히

38) 벌린, 『자유론』, 137쪽 참조.

39) 벌린, 『자유론』, 156쪽 참조.

40) 《조선일보》 2013년 1월 5일자 기사 〈복지 예산 100조… 틈만 있으면 복지비 빼먹는 '공공의 적' 들〉에서는 복지비가 부정하게 지출되는 각종 사례를 소개한 바 있다. 소득을 숨기어 기초생활보장 수급자가 되는 사례, 장애인등록증을 부당하게 사용하는 사례, 본인부담금이 없는 저소득층 환자들의 과잉진료 사례, 저소득층에게 돌아가야 할 일자리를 공무원 가족이 가로채는 사례, 실제로 근무하지도 않는 보육교사를 허

노직(Robert Nozik)은 '빈자의 복지를 위해 국가의 권력을 확대할수록 부자들이 더욱 유리하게 된다' 는 관점에서 최소국가를 옹호했다. 노직은 다음과 같이 말한다.

경제적으로 잘 사는 사람들은, 非최소 국가에서, 보다 큰 정치권력을 욕구한다. 왜냐하면 그들은 스스로를 위한 남다른 경제적 이득을 얻기 위해 이 권력을 사용할 수 있기 때문이다. 그러한 권력이 존재하는 곳에선 사람들이 이를 그들 자신의 목적을 위해 사용한다는 사실은 놀라울 것이 없다. (…) 최소 국가는 권력이나 경제적 이득을 욕구하는 사람들이 국가를 그렇게 점유하거나 조종할 기회를 가장 많이 감소시킨다. 이런 국가의 시민들이 웬만큼 경각심을 갖고 있으면 특히 더 그러하다. 왜냐하면 최소 국가는 점유하거나 조종할 것으로서는, 최소로 바람직한 것이기 때문이다. 점유해서 얻을 것이 별로 없으면, 점유된다 해도 시민들의 희생은 최소화된다. 일부 사람들에 의해 국가가 이용되는 것을 막기 위해 국가를 강화하고 이의 기능을 확대시키는 것은 이를 보다 귀한 목적물로 그리고 그의 관료에 뇌물을 주어 이를 타락시키기에 보다 유혹적인 목표물로 만드는 것이다. 이는 점잖게 말해서 서투른 전략이다.[41]

위의 인용문은 국가가 관장하는 기능이 많을수록 관료들의 권력이 비대해지고, 따라서 관료들이 더욱 득을 보게 된다는 전제에 입각한 것이다.[42] 어느 나라에서나 국가 권력은 대부분 부자들이 차지하는바, 국가의 기능

위로 등록해 복지비를 부당 수령하는 사례 등이 그것이다. 각종 통계에 의하면 대부분의 국가에서 통상 20~30%의 복지예산이 부정하게 지출된다.

41) 노직, 『아나키에서 유토피아로』, 336~337쪽.

42) 정부의 규제사항이 많을수록 관료들이 더욱 부정부패에 연루된다는 것은 잘 알려진 사실이다. 우리나라에서도 많은 규제 권한을 지닌 세무공무원이나 건설공무원 등이 늘 도마에 오르는 것이다.

이 확대될수록 부자들은 더욱 권력을 탐하여 부정축재에 매달리게 된다.[43] 반면에 최소 국가에서는 권력의 영향력 자체가 적으므로 부자들이 권력을 덜 추구하게 되고, 권력을 잡았다 하더라도 부정의 소지가 줄어든다는 것이다. 이러한 맥락에서, 노직은 복지를 확대하기 위해 국가권력을 확충시켜야 한다는 주장을 '서투른 전략' 이라고 비판했다.[44]

복지국가에 대한 자유주의자들의 비판을 한마디로 요약하자면 이른바 '국가의 실패' 라는 것이다. 국가는 '必要惡' 에 불과한 것이므로 국가의 기능을 최소화하고, 복지 문제는 시장의 자율적 기능에 맡기자는 것이다. 그러나 사회주의자들은 이에 대해 '시장의 실패' 를 거론하면서 반론한다. 자유경쟁의 시장은 결국 '부익부 빈익빈' 이나 '약육강식' 을 면할 수 없으므로, 모든 사람의 생존권을 평등하게 보장하는 복지 문제는 국가가 적극적으로 해결해야 하는 의무라는 것이다. 이제 사회주의자들의 반론을 살펴보자.

앞에서 누차 언급했듯이, 사회주의자들의 반론은 인간은 '공동체적 존재' 라는 것, 그리고 자유의 참된 의미는 '적극적 자유' 에 있다는 것에서 출발한다. 프레드먼(Sandra Fredman)은 다음과 같이 말한다.

> 인권에는, 사람이 소중하다고 여기는 어떤 존재가 될 적극적 권리와 그러한

---

43) '제3의 길' 을 주창한 좌파성향의 학자 기든스도 '거의 모든 공공지출은 가난한 사람들이 아닌 잘 사는 사람들에게 더 큰 이익이 된다' 는 것이 '모든 연구자들의 결론' 이었다고 소개한 바 있다(기든스, 『좌파와 우파를 넘어서』, 91쪽 참조).

44) 하나를 더 추가하자면, 자유주의자들은 '사회권은 자유권처럼 法的으로 명확하게 규정될 수 있는 권리가 아니기 때문에 기본적 권리로 인정할 수 없다' 는 비판을 가하기도 한다. 자유권은 '소극적' 권리로서 국가의 부당한 침해를 배격하는 데 불과하다. 그러나 사회권은 국가에 복지의 보장을 요구하는 '請求權' 이므로, 이는 국가의 경제적 능력에 따라 정치적으로 결정될 사안이요, 자유권처럼 법적으로 엄밀하게 규정될 사안이 아니라는 것이다.

것을 적극적으로 행할 수 있는 권리가 포함된다. 그러한 적극적 권리는 시민적·경제적·정치적 공동체에 평등하게 참여하기 위해 필요한 자원과 권한을 지닐 권리를 말한다. 또한 인권을 사회로부터 분리된 단지 單子的 개인만을 보호하는 장치로 보아서도 안 된다. 기본적 인권 가치는 본질상 '공동체적(communal)' 인 것이다. 예를 들어 '말할 자유' 는 대인 관계 상황에서만 가치를 지닌다. 또한 가정과 가족과 사생활을 영위할 권리는 인간관계 및 공동체의 맥락에서만 문제가 된다. 생명을 유지할 권리 역시 사람들 사이의 협력을 통해서만 가능하다.[45)]

위의 인용문은 자유주의의 '원자론적 개인주의' 와 '소극적 자유론' 을 비판한 것이다. 프레드먼은 단자적 개인주의에 대해서는 '개인의 권리는 공동체적 협력 속에서만 실현될 수 있다' 는 점을 강조하고, 소극적 권리론에 대해서는 '인권에는 적극적 권리도 포함된다' 는 점을 강조했다. 프레드먼이 적극적 권리를 내세우는 논거는 '모든 사람은 동등한 존엄성과 가치를 지닌다' 는 명제이다.[46)] 이는 누구도 쉽게 부정할 수 없는 명제일 것이다. 이것이 자명한 명제라면, 그리고 자유주의의 소극적 권리론은 결국 빈자들의 권리를 부정하는 것이라면, 우리는 그 대안으로 적극적 권리론을 떠올리지 않을 수 없다.

모든 사람이 자신이 소중하게 여기는 삶을 추구할 수 있는 적극적 권리를 지닌다면, 그 반대편에는 그 권리를 적극적으로 보장해주는 의무의 주체가 있어야 한다. 프레드먼은 그 적극적 의무의 주체를 국가로 설정한다. 요컨대 국가는 '모든 국민에 대한 복지 제공' 이라는 적극적 의무를 져야

---

45) 프레드먼, 『인권의 대전환』, 59쪽.

46) 프레드먼, 『인권의 대전환』, 39쪽 참조.

한다는 것이다. 프레드먼은 자유주의자들의 복지국가 비판에 대해 다음과 같이 반론한다.

> 국가에 적극적인 인권 충족 의무를 부과하자고 하면, 흔히 국가에게 너무 많은 권력을 주자는 말로, 또는 '유모 국가(nanny state)' 를 만들자는 주장으로 오해하곤 한다. 인권의 본질을 착각한 데서 나온 오해이다. 인권 충족 의무는 국가가 마음대로 개인의 삶에 간섭할 수 있도록 국가에게 무제한의 권력을 주자는 말이 아니다. 인권 보호 의무는 국가로 하여금 인권의 진정한 향유를 촉진하는 방향으로 행동할 것을 요구한다. 또한 적극적 의무에 초점을 맞춘다고 해서 유모 국가가 되는 것도 아니다. 인권 충족 의무는 본질적으로 사람들을 '自力化' 하도록 돕자는 것이고, 그 의무는 사람들의 인권 충족을 도와주는 '촉진적 국가(facilitative state)' 를 필요로 한다. 이런 의무는 인권 충족에 불가결한 기본 수단의 제공(예 : 식량)을 필요로 하겠지만, 교육이나 보건 같은 촉진적 의무—사람들을 自力化하는—도 필요로 한다. 또한 이런 사실은 적극적 의무가 빈곤 계층이나 주변 계층을 위한 것만도 아님을 보여준다. 적극적 의무는 모든 사람에게 직접적인 방식으로든 간접적인 방식으로든, 모든 이가 자신의 권리를 누릴 수 있을 때 공동체 전체에 이득이 된다는 점에서 필요하다.[47)]

위의 인용문의 논지는 네 가지로 정리된다. 첫째, 복지를 위해 국가의 기능이 확대되어야 함은 당연하지만, 그렇다고 국가에 무제한의 권력을 주자는 것은 아니다. 이는 자유주의자들의 '국가권력의 확대는 기본적 자유에 대한 영원한 위협' 이라는 주장에 대한 답변이다. 둘째, 사회주의가 추구하는 복지국가가 '乳母國家' 는 아니다. '유모국가' 란 '국민을 과도하

47) 프레드먼, 『인권의 대전환』, 60~61쪽.

게 보호하여 게을러지게 만드는 국가' 를 비유한 말인바, 복지국가가 곧 유모국가는 아니라는 주장은 자유주의자들의 '복지는 국민들의 도덕적 해이를 초래한다' 는 주장에 대한 답변이다. 셋째, 국가의 적극적 의무는 국민들이 '自力化' 하도록 돕는 것일 뿐이다. 이는 빈자들에게 '식량' 뿐만 아니라 '교육과 보건' 을 제공하여, 결국에는 빈자들이 自力으로 更生할 수 있도록 도와주자는 말이다. 넷째, 모든 이가 자신의 권리를 누리게 되면, 공동체 전체에 이득이 된다. 빈곤이 만연하면 치안이 불안하게 되고, 치안이 불안하면 부자들도 자신의 富를 마음껏 향유할 수 없게 된다. 부자들이 더 많은 세금을 부담해서 빈자의 복지를 향상시키면, 빈자들은 복지의 혜택을 누리고 부자들은 사회적 안정을 누릴 수 있으니, 공동체 전체에 이득이 된다는 것이다.

위와 같은 맥락에서, 프레드먼은 빈자들의 적극적 자유를 보장하기 위해 "부유층과 권력층과 국가가 적극적으로 문제해결에 개입해야 한다"[48]고 강조한다. 요컨대 빈자들이 적극적 자유를 누리는 것은 빈자 스스로 책임져야 할 문제이기 전에 사회와 국가가 책임져야 할 문제라는 것이다. 프레드먼은 다음과 같이 말한다.

> 권리와 책임을 결합하려는 시도도 한쪽에서 대두하고 있다. 마치 책임 있게 처신해야만 그 보답으로서 기본적 인권을 얻을 수 있다는 식으로 권리와 책임을 연결하는 것이다. 최근 영국의 정책 당국이 내놓은 담론에는 새로운 '권리와 책임 헌장(charter of rights and responsibilities)' 을 만들어야 한다는 주장이 많이 들어 있다. 그러나 이런 주장에는 정부의 책임이 아니라, 권리를 지닌 일반시민 즉 '권리보유자들(rights-holders)' 의 책임을 강조하려는 저의가 담겨있다.[49]

---

48) 프레드먼, 『인권의 대전환』, 40쪽.

위의 인용문은 빈곤은 사회의 구조적 문제이므로 빈자들에게 책임을 묻기 전에 국가가 책임져야 한다는 논리를 편 것이다.

이상에서 인권을 둘러싼 자유주의와 사회주의의 대립을 살펴보았거니와, 양쪽의 주장은 평행선을 달리고 있어서 쉽게 타협점을 찾을 수 없는 것이다.[50] 이러한 대립은 근본적으로 인간관과 세계관을 달리 하는 데서 비롯되는 것이기 때문에, 아마도 영원히 해결될 수 없을 것이다. 이론의 대립은 현실의 대립과 表裏를 이루거니와, 따라서 오늘날 인권 문제는 항상 첨예한 논란과 심각한 갈등을 일으키는 것이다. 이것이 오늘날 인권론의 가장 근본적인 딜레마라 하겠다.

2) 기본권 상호 간의 충돌 및 권리와 의무의 충돌

오늘날 인권론의 또 다른 문제는 종종 '기본적 인권들이 서로 충돌한다' 는 점과 '나의 권리와 나의 의무가 충돌한다' 는 점이다. 기본적 인권이 때때로 충돌하는 대표적인 예는 자유권과 사회권의 충돌인바, 이는 위에서 충분히 거론한 바이므로 덮어두기로 하자. 한편 '한 개인의 두 가지 권리' 가 충돌하는 경우도 있으며,[51] 보다 흔한 예로는 '나의 권리' 와 '남의

---

49) 프레드먼, 『인권의 대전환』, 58쪽.

50) 예컨대 티플(Gary Teeple)은 『인권의 수수께끼(*The Riddle of Human Rights*)』에서 '현대 인권론의 모순성, 비일관성, 도구성' 등을 비판하면서, 제1세대 인권과 제2세대 인권을 '모순적 관계' 로 규정했다. 그러나 조효제는 '제1세대 인권은 소극적 권리이나, 제2세대 인권은 적극적 권리이다', '제1세대 인권의 보장에는 별다른 비용이 들지 않으나, 제2세대 인권을 보장하려면 많은 비용이 든다' 고 하면서 제1세대 인권과 제2세대 인권을 대립적으로 파악하는 것을 '誤解' 라고 규정하고, '인권의 不可分性' 을 옹호한 바 있다(조효제, 『인권의 문법』, 116~119쪽, 147~149쪽 참조).

51) 카텝(George Cateb)은 '한 개인의 두 가지 권리' 가 충돌하는 대표적인 예로서 '안전(생명권)과 자유의 충돌' 을 거론한 바 있다(카텝, 『인간의 존엄』, 64쪽 참조).

권리' 가 충돌하는 경우가 있다. 헌법학자 권영성은 나의 기본권과 상대방의 기본권이 충돌하는 일반적 사례로 다음과 같은 것들을 소개한 바 있다.

① 문학작품에서 개인의 사생활 사항을 구체적으로 언급함으로써, 작가의 예술의 자유와 개인의 사생활 자유가 충돌하는 경우.
② 언론기관이 특정인의 과거의 범죄사건을 보도함으로써, 언론기관의 보도의 자유와 범인의 인격권이 충돌하는 경우.
③ 합리적인 이유 없이 사원채용에서 특정인을 자의적으로 배제함으로써, 고용자 측의 계약의 자유와 피고용자 측의 평등권이 충돌하는 경우.
④ 사용자가 反노조적 의사 표현을 함으로써 사용자의 언론의 자유와 근로자의 단결권이 충돌하는 경우.
⑤ 기업주가 公害事業을 운영함으로써 기업주의 직업의 자유(또는 재산권)와 인근 주민의 건강권이 충돌하는 경우.
⑥ 종교단체가 거리에서 종교적 집회를 함으로써 종교단체의 종교의 자유와 시민의 교통권이 충돌하는 경우.[52)]

이처럼 나의 권리 추구가 상대방의 권리를 침해하게 되는 경우가 많으므로, 그 이해관계를 조정하고자 우리의 法院은 늘 바쁜 것이다. 한편, '남에게 해를 끼치지 않는 한 나의 자유가 보장되어야 한다' 는 無害原則은 자유주의자들의 지론이다. 그런데 소극적 자유의 옹호자 벌린조차도 무해원칙이 사실은 語不成說이라고 인정한다.

내가 사회 안에서 사는 한 내가 하는 일은 불가피하게 다른 사람의 행동에 영

52) 권영성, 『憲法學原論』(1998年版), 308쪽.

향을 미치고 또 영향을 받는다. 私的 삶의 영역과 사회적 삶의 영역을 구분하려고 분투했던 밀의 노력도 검토해 보면 徒勞로 끝났다. 밀을 비평하는 사람들은 사실상 모두 내가 하는 모든 일은 다른 사람에게 해가 될 결과를 낳을 수 있음을 지적한다.[53)]

벌린은 우리의 일상적 삶 자체가 모두 나의 권리와 남의 권리가 충돌하는 과정이라고 본 것이다. 그럼에도 불구하고 각자 자신의 권리만을 고집한다면, 우리 사회는 편안해질 날이 없을 것이다. 따라서 우리는 자신의 권리의식에 투철한 것 이상으로 남의 권리를 존중하고 배려해야 하는 것이다.

이제 나의 권리와 나의 의무가 충돌하는 문제를 살펴보자. 어느 사회에서나 개인에게 권리를 부여하는 동시에 책임(의무)도 부여한다. 그런데 그 권리와 의무가 종종 서로 충돌하고 있는 것이다. 오늘날 문제가 되는 대표적인 예로는 다음과 같은 것들을 들 수 있다.

첫째, '良心의 자유' 와 '兵役의 의무' 사이의 충돌이다. 우리 헌법에서는 '양심의 자유' 를 보장함과 동시에 '병역의 의무' 를 부과하고 있는데, 몇몇 사람들은 '병역의 이행은 자신의 양심에 어긋난다' 는 이유로 병역을 거부하고 있다. 이들의 양심적 판단에 의하면, 군대는 '살인집단' 이므로 군대는 없어져야 하며, 따라서 자신이 앞장서서 병역을 거부하겠다는 것이다. 더 나아가, 이들은 우리 憲法에서 '양심의 자유' 를 보장하고 있으니, 따라서 '양심적으로 兵役을 거부할 권리가 있다' 고 주장하고 있다. 한 개인의 양심적 판단이 때로는 '테러' 로 표출되기도 하고, 때로는 '병역거부' 로 표출되기도 하는 것이다.

둘째, '信仰(宣教)의 자유' 와 '국가가 제시하는 안전조치를 따라야 할

---

53) 벌린, 『자유론』, 396쪽.

의무' 사이의 충돌이다. 근래에 정부에서 국민의 안전을 이유로 이슬람권에서의 기독교 선교사들의 선교활동을 제한하자, 일부 기독교 단체에서는 여행의 자유와 종교의 자유를 침해하는 것이라고 반발한 바 있다.[54] 그런데 이들은 선교사들이 이슬람권에서 테러를 당한 데 대해서는 국가가 국민보호의 책임을 다하지 못했다고 비판한다. 요컨대 자신들은 아무런 제한 없이 자유롭게 활동할 수 있어야 하고, 국가는 자신들을 항상 안전하게 보호해야 한다는 것이다.

셋째, '공무원의 참정권'과 '공무원의 정치적 중립 의무' 사이의 충돌이다. 우리 헌법에서는 공무원의 신분을 보장하고, 그 대신 공무원의 정치적 중립 의무를 부과했다. 공무원의 신분을 보장하는 것은 안정적인 환경에서 공무에 충실하라는 취지일 것이요, 정치적 중립 의무는 공무원이 특정 政派에 가담할 경우 많은 부작용이 생긴다는 것을 우려했기 때문일 것이다. 그런데 몇몇 공무원 단체들은 '參政權은 모든 국민의 기본적 권리'라는 이유로 특정 정파에 가담하여 정치활동을 일삼고 있다.

넷째, '사회권'과 '노동의 의무' 사이의 충돌이다. 여러 국가에서는 실직한 노동자에게 일정 기간 실업급여를 제공하면서 직업 교육과 취업을 알선하고 있다. 이는 실업급여를 받는 동안 다시 취업할 수 있는 준비를 하여, 스스로의 노동으로 먹고살라는 취지이다. 영국의 집권당이 "노동 기회를 증진하고 사람들이 그 기회를 잘 활용할 수 있도록 돕는 것까지가 정부의 책임이다. 그런 기회를 실제로 받아들여 활용하는 것은 개인의 책임이다."라는 복지정책을 발표하고, "만일 사람들이 국가가 알선한 노동 기회를 받아들이지 않는다면 복지 급여가 중단될 수도 있다"는 벌칙을 제정한 것에 대해, 진보적 인권론자 프레드먼은 다음과 같이 비판하였다.

54) 《조선일보》 2009년 8월 27일자 보도 참조.

개인의 주체 행위를 촉진해야 할 국가의 의무는 국가의 자기 억제 의무와 함께 공존하므로, 아무리 주체 행위를 촉진해야 할 의무가 중요하다 하더라도, 개인의 선택에 국가가 개입해서는 안 될 의무 역시 중요하다. 유급 일자리의 가능성을 제시한다면 그것은 적극적 의무를 충족시키는 것이 된다. 그러나 사람들에게 그러한 일자리를 받지 않으면 복지 수혜를 잃게 될 것이라고 협박한다면 그것은 국가의 자기 억제 의무를 위반하는 일이다.[55)]

프레드먼에 의하면, 국가는 개인의 사회권에 대해서는 '적극적으로 복지를 제공해야 하는 의무' 가 있고, 개인의 자유권에 대해서는 '적극적으로 침해를 억제해야 하는 의무' 가 있다. 따라서 실업자가 국가가 알선한 일자리를 거부해도, 국가는 계속 실업 급여를 제공해야 한다. 이는 요컨대 개인의 노동의 의무보다 개인의 선택의 자유를 앞세운 것이다. 이러한 논리로 일관한다면, 개인은 '국가가 알선한 일자리가 자신의 마음에 들지 않는다' 는 이유로 끝까지 취업을 거부하면서도 계속 실업급여를 받을 수 있는 것이다.

인권론은 본래 개인의 권리를 중시한다. 특히 제2세대 인권론은 개인의 적극적 권리를 중시하는바, 개인의 권리와 의무가 충돌할 경우, '진보적 인권론자들' 은 대부분 일방적으로 권리를 옹호하고 의무를 등한시한다. 그러나 이러한 태도는 한편으로는 사회적 갈등을 조장하는 것이며, 한편으로는 그들의 修辭와는 달리 실제로는 유모국가를 조장하는 것이라는 혐의를 받을 수 있다. 상식적으로 단순하게 생각해 보아도, 권리와 의무가 상응할 때 갈등도 예방되고 책임 있는 주체로서의 자격이 있는 것이 아니겠는가?

55) 프레드먼, 『인권의 대전환』, 488쪽.

3) 共同體의 파편화

오늘날 우리 사회에서 제2세대 인권의 보장은 매우 미흡한 실정이지만, 제1세대 인권은 지나칠 정도로 옹호되는 경향이 있다. 제1세대 인권의 핵심은 '개인의 자유' 이다. 오늘날 우리 사회에서는 '人權' 이라는 명목 아래 개인의 자유를 최우선의 가치척도로 삼으면서, 그 부작용으로 '공동체의 파편화' 현상이 점점 심화되고 있다. 이제는 우리의 귀에 익숙해진 '가족의 해체' 나 '시민사회의 파편화' 라는 말들이 그 증거이다.

먼저 가족해체 문제를 살펴보자. 우리의 전통적 가족제도는 여러 세대가 함께 동거하는 大家族 제도였다. 그러나 근대화의 물결과 함께 우리 사회의 가족 구조는 '夫婦와 子女' 가 동거하는 核家族 형태가 일반화되었다. 그런데 오늘날에는 이혼이 급증하면서, 또 출산을 기피하면서 이러한 전형적인 가족의 형태가 무너지고 있는 것이다. 근래 우리나라의 결혼대비 이혼율은 약 40% 정도로서 세계 최고 수준이며, 가임여성 1인당 출산율은 1.2~1.3명 정도로서 세계 최저 수준이다. 그러면 이처럼 급격하게 가족이 무너지고 있는 까닭은 무엇인가?

제2세대 인권을 강조하는 진보 진영에서는 가족해체의 주된 원인을 빈곤에서 찾는다. 부부가 가난하므로 이혼하게 되고, 출산도 기피하는 것이므로, 이를 막기 위해서는 국가가 빈곤 가정을 적극 지원해야 한다는 주장이다. 물론 우리 주변에는 실제로 빈곤 때문에 이혼하고 빈곤 때문에 출산을 기피하는 경우도 많이 있으나, 진보 진영의 이러한 주장을 그대로 수용하기는 어렵다. 반세기 전과 지금을 비교하면, 우리가 산업화를 통해 수십배 부유해지는 동안, 이혼율은 10배 이상 증가했으며, 출산율은 4분의 1 수준으로 감소했다. 그렇다면 우리 사회의 높은 이혼율과 낮은 출산율은 빈곤의 결과가 아니라 오히려 풍요의 결과라고 해야 맞을 것이다.[56]

오늘날 가족해체의 주된 원인은 빈곤 이전에 '가치관의 변화'에 있는 것이다.[57] 반세기 전까지만 해도 결혼과 출산은 모든 사람에게 당연한 삶의 양식으로 여겨졌으며, 이혼은 禁忌로 여겨졌다. 그러나 지금은 결혼과 출산을 당연한 의무로 생각하지 않는 사람들도 많다. 이들에 의하면, 결혼과 출산은 여러 가지 삶의 양식들 가운데 하나의 선택지에 불과하다. 이미 결혼한 부부들도 자녀 양육을 위해 자신들이 희생당하기 싫다는 맥락에서 출산을 기피하는 경우가 많다. 자녀의 출산과 양육은 부부 자신들의 행복한 삶 이후에나 고려되는 것이다.[58] 이처럼 결혼과 출산을 둘러싼 생각이 근본적으로 변한 것이다. 이혼에 대해서도 우리 사회의 시선은 이미 관대해졌다. 이혼이 금기라는 관념은 사라진 지 오래되었고, 이제는 이혼자들의 각종 편의를 위한 법들이 제정되고 있다. 따라서 인내하면서 부부간의 위기를 극복하려고 노력하기보다는 '성격 차이'라는 편리한 변명으로 이혼하는 것이다.

가치관의 변화와 더불어, '배우자의 不倫'도 이혼이 늘어나게 된 주요 원인이다. 배우자의 불륜 즉 姦通은 예전에는 형사처분의 대상이요, 사회적으로도 큰 비난의 대상이 되었다. 그러나 오늘날에는 간통을 단순히 개인의 사생활 문제로 인식하는 경향이 확산되고 있다. 더군다나, 우리 헌법에서는 신체의 자유와 행복추구권을 보장하고 있으니 간통은 결코 죄가 될 수 없다는 의견이 관철되어, 마침내 간통죄가 폐지되기에 이르렀다. 더

---

56) 2011년 현재 전 세계 222개 국가 중 출산율이 꼴찌인 6개국은 '한국 · 일본 · 대만 · 싱가포르 · 홍콩 · 마카오'로서, 모두 아시아의 富國들이다(《조선일보》 2011년 11월 17일자 보도 〈출산율 꼴찌 6개국 모두 아시아권 경제우등생〉 참조).

57) 함재봉에 의하면, 로크와 루소 등 자유주의자(사회계약론자)들은 개인의 자유와 권리를 가장 크게 위협하는 것은 가족이라고 보고, 가족을 철저하게 해체시키고자 하였다(『유교 자본주의 민주주의』, 131~132쪽 참조).

58) 《조선일보》 2011년 9월 14일자 '萬物相' 칼럼 〈無자녀 부부〉 참조.

욱 진보적인 의견을 가진 사람들은 '결혼한 부부 사이에서도 각자의 性的 自律性을 인정해야 한다' 고 주장한다. 요컨대 夫婦가 각자 배우자 이외의 성생활 파트너를 둘 수 있다는 말이다. 오늘날 TV 드라마는 온통 이러한 내용들로 채워지고 있다. 이러한 세태 속에서 '부부간의 신의와 성실' 에 입각한 '百年偕老' 란 이제 옛말이 되고 말았다. 배우자가 아닌 다른 사람이 나를 더 행복하게 해줄 것 같다면, 기존의 배우자를 헌신짝처럼 버릴 수 있는 것이다.

오늘날 女權의 신장과 '여성의 경제적 지위 향상' 도 이혼이 늘어나게 된 주요 원인이다. 여성이 독자적인 경제능력이 없었던 시절에는 남편에게 불만이 있어도 참고 살았으나, 여성도 경제능력을 갖추면서부터는 훨씬 쉽게 이혼을 결행하는 것이다. 이렇게 본다면, 오늘날 이혼 증가와 출산기피는 제1세대 인권의식의 공고화와 깊은 연관이 있는 것이다.[59)]

또한 젊은 부부의 이혼은 대부분 어린 자녀의 양육문제를 야기한다. 오늘날의 세태는 위자료나 재산분할에 있어서는 서로 더 많은 돈을 챙기려고 혈안이면서도, 어린 자녀에 대해서는 서로 상대방에게 책임을 떠넘기려는 것이다. 이혼하는 부부가 모두 자녀를 외면하면, 자녀들은 고아가 되어 보육원에 맡겨지거나, 친척 집을 전전하게 된다. 이혼하는 당사자들에게 있어서 아이들의 행복추구권은 안중에 없는 것이요, 또 친척이나 사회

59) "육아와 결혼생활이 계속되는 일생은 이익과 손해를 감정하는 면에서 따지면 불합리한 자기희생을 강요하는 것" 인바, 자유주의자들은 이러한 희생을 기피하는 것이다. 이러한 맥락에서, 오늘날 미국의 정치학자 후쿠야마(Fransis Fukuyama)는 "현대의 미국가정이 안고 있는 다양한 문제—높은 이혼율, 부모의 권위 실추, 자식들의 반항 등—은 실로 그 구성원이 엄격한 자유주의적 원리에 접근해 가고 있다는 사실로부터 야기된다. 요컨대 가족으로서의 의무가 그 멤버가 예상했던 이상의 부담이 되면 사람은 가족의 일원으로서의 계약 조항을 파기하려고 하는 것이다. (…) 자유주의의 원리는 그 공동체의 생존 자체에 불가결한 최고도의 애국심을 파괴할 수도 있다." 고 지적한 바 있다(후쿠야마, 『역사의 종말』, 473쪽).

에 폐를 끼침도 아랑곳하지 않는 것이다. 한편, 오늘날에는 '孤獨死' 라는 새로운 용어가 등장했다. 노인들이 혼자 살다가 아무도 모르게 죽어가는 것을 뜻하는 말이다. 홀로 사는 노인들은 대부분 자식이 없는 것도 아닌데, 자식들은 늙은 부모를 외면하고 방치하는 경우가 적지 않다.

이러한 현상들에 대해, 제2세대 인권론에 입각한 진보 진영에서는 고아나 독거노인들의 복지를 국가가 책임져야 한다고 주장한다. 이러한 주장은 그 자체로는 지당한 것이나, 다른 한편으로는 국가의 복지 제공이 넉넉할수록 이기적 개인들은 더욱 홀가분하게 자녀와 늙은 부모를 외면하게 된다는 점도 생각해 보아야 한다. 이렇게 본다면, 제1세대 인권론이 야기하는 폐단을 제2세대 인권론이 치유하기에는 역부족인 것이다. 과도한 제1세대 인권론은 '방종' 을 낳고, 과도한 제2세대 인권론은 '도덕적 해이' 를 낳는 것이다. 방종과 도덕적 해이를 치유할 수 있는 길은 결국 윤리와 도덕뿐이다. 따라서 우리는 인권의식과 함께 윤리의식을 강화해야 하는 것이다.

가족해체는 결국 시민사회의 파편화로 연결된다.[60] 이제 시민사회의 파편화 문제를 살펴보자. 제1세대 인권론을 뒷받침하는 자유주의는 개인을 합리적 이기주의자로 규정하는 것이었다. 그런데 개인이 합리적 이기주의에 투철하게 되면, 결국엔 시민사회의 파편화를 초래하게 마련이다. 사회

60) 정치학자 최연혁(스웨덴 쇠데르턴대 교수)은 노르웨이에서 2011년 7월에 있었던 테러의 원인을 분석한 〈노르웨이 테러 불러온 北歐 가족 해체〉라는 글에서 "북유럽 사회의 또 다른 문제는 서구의 어느 나라보다 빈번한 同居문화이다. 결혼이 아니라 동거를 통한 가족구성이 50%를 넘고, 부모가 다른 자녀들의 구성비가 전체 가정의 30%에 이를 정도로 의붓아버지, 의붓어머니 밑에서 자라는 자녀가 많다. 이번 사건의 범인인 브레이빅처럼 이혼한 엄마 밑에서 자라는 아이들이 전체 아동의 15%에 이를 정도로 가족 해체가 심각한 사회문제로 부각되고 있다. 사회심리학자들은 가족해체의 증가가 아동에 대한 애정과 관심의 결핍, 소외아동들의 정서불안을 낳아 '제2의 브레이빅' 을 양산할지 모른다고 경고한다."고 하였다(《조선일보》 2011년 7월 28일자 칼럼).

학자 전상인은 〈한국 민주주의의 자멸 가능성〉이라는 글에서 다음과 같이 말한 바 있다.

전통적으로 우리들에게 익숙하던 '사회'가 하나하나 무너지고 있다. 가족의 경우, 현재 나 홀로 사는 사람이 다섯 중 하나다. 지금 다니는 근무처를 평생직장으로 생각하는 사람도 열 명 가운데 하나 정도다. 階級을 내세우고 싶어도 노조가입률은 요새 기껏 10%다. 세대나 성별을 기준으로 위아래를 나누던 시대도 더 이상 아니다. 이웃사촌은 조만간 死語가 될 전망이다. 지역이나 학벌이 한국 사회를 할거하는 힘도 확실히 예전만 못하다. 무엇보다 국가의 전성시대가 지나간다. 덩달아 근대 정치체제의 입지 자체가 흔들리고 있다. 제도와 사람이 분리된 채 무소속이나 무당파가 오히려 대세다. 지지율만 보면 정당을 더 이상 '권력의 집'이라 부르기 어렵다. 시민사회라고 해서 사람이 많이 모인 것도 아니다. 시민 없는 시민단체가 우리나라의 현실이다. 이렇듯 이제는 가족이, 국가가, 동네가, 고향이, 동문이, 노조가, 직장이, 시민단체가, 그리고 정당이 개인의 삶으로부터 점점 더 멀어지고 있다.

시나브로 개인화 시대다. 사회제도나 조직의 배경 없이 자기 인생을 스스로 산다는 뜻에서다. 이른바 자기통치 사회의 도래는 한편으로 진보다. 사회적 구속이나 기득권이 퇴조하기 때문이다. 하지만 다른 한편에서 그것은 위기다. 사회적 보호막이나 귀속감이 약화되기 때문이다. 조직에 묻어가지도 않고 집단에 편승하지도 않는 '無籍' 사회의 징후는 도처에 뚜렷하다. 누구보다 자신이 더 중요하다고 생각하기에, 그리고 강하지 않으면 생존할 수 없다고 믿기에 자기계발이나 자기증진 열풍은 각종 학원, 서점, 성형외과, 피트니스센터 등에서 오늘도 뜨겁다. 물론 이는 우리나라만의 독특한 현상이 아니라 汎지구적 추세다. 하지만 우리나라의 개인화 시대는 유난히 부담스럽다. 前代未聞의 자기 무한책임 시대라 당장에는 너나 할 것 없이 불안하기 때문이다. 더욱이 우리는 주체적

자아의 시민적 성숙이 취약한 상태다. 지금 한국사회에서 개인은 그저 범람하고 있을 뿐이다.[61)]

위의 인용문은 가족의 해체 및 각종 공동체와 시민사회의 파편화 현상을 포괄적으로 서술한 것이다. 전상인은 파편화의 계기를 둘로 설명했다. 하나는 '누구보다 자신이 더 중요하다'는 개인주의요, 다른 하나는 '강하지 않으면 생존할 수 없다'는 생존경쟁론이다. 요컨대 자유주의의 합리적 이기주의와 경쟁의 논리가 공동체를 파편화시키는 주범이라는 말이다.

전상인은 공동체의 파편화 현상은 '우리나라만의 독특한 현상이 아니라 汎지구적 추세'라고 지적했다. 그러면서도 전상인은 개인화가 결국 '한국의 민주주의를 자멸하게 만들 것'이라고 진단했다. 그 까닭은, "염치·정직·도덕·책임·배려 같은 인간적 미덕은 사회 해체에 맞서 공공선을 유지하고 배양할 수 있는 기본 역량이자 지속 가능한 민주주의를 담보하는 기초 체력"인바, 한국의 개인들은 이러한 미덕이 현저히 부족하기 때문이라는 것이다. '주체적 자아의 시민적 성숙이 취약한' 개인들은 결국 군중심리에 의존하게 되는바, 전상인은 다음과 같이 말한다.

'끌리고, 쏠리고, 들끓기'는 우리 시대의 대표적 징표다. 가령 근래 각종 선거 결과를 보면 소위 스윙 투표(swing vote) 경향이 확연해지고 있다. 정당이든 후보든 당장 미운 쪽 혼내주는 네거티브 선거가 관행처럼 되어가기 때문이다. 얼마 전 집시법 개정이 무위로 끝나면서 세계적인 집회 천국이 임박한 것도 시대정신과 궁합이 맞는다. 하긴 언제부턴가 축구 관람조차 수만 명이 길거리에서 함께 해야 직성이 풀리는 나라 아닌가. 물론 오늘날 개인들은 미증유의 '영

61) 전상인, 〈한국 민주주의의 자멸 가능성〉, 《조선일보》 2010년 7월 8일자 칼럼.

리한 군중' 이다. 정보화 사회가 방석을 깔아준 소위 '집단지성' 덕분이고, 게다가 우리는 자타가 공인하는 세계 최고 수준의 인터넷 강국이다. 하지만 불안하고 미숙한 개인들에게 집단지성은 오히려 迷惑과 선동의 온상이 될 수 있다. 개인화 시대에 대처하는 방법으로서 그들은 군중심리를 통해 위로를 얻고, 집단행동을 통해 존재감을 드러내는 것이 제일 쉽고 편한 듯하다. 이른바 촛불 민주주의는 준비 없이 개인화 시대를 맞이하는 한국사회의 불길한 상징이다.[62]

개인화와 군중심리는 일견 서로 반대되는 것 같은데, 사실은 동전의 양면이다. 미숙한 개인들은 집단행동을 통해 존재감을 드러내는 것이 제일 쉽고 편하기 때문에, 군중심리에 따라 부화뇌동하게 된다. 우리 사회의 오도된 집단행동은 현실공간과 가상공간을 막론하고 도처에서 분출된다. 예컨대 학교에서는 특정한 학생을 집단적으로 따돌리며 괴롭히고, 인터넷 공간에서는 특정한 사람에 대해 집단적으로 악성 댓글을 달며 괴롭히는 일이 빈번하게 일어나고 있다.

개인화는 민주주의만 파괴하는 것이 아니요, 결국 개인 자신의 파멸을 초래한다. 지나친 개인주의는 결국 '개인의 自尊感' 을 상실하게 만들기 때문이다. 궁극자와 직접 교통하는 聖者가 아닌 다음에야, 남으로부터 승인을 받는 자존감만이 자신을 지탱할 수 있는 '진정한 자존감' 이 될 수 있다. 그런데 남으로부터 승인을 받으려면, 한편으로는 공통되는 가치의 척도를 전제해야 하고, 한편으로는 남과 교통하는 통로가 있어야 한다. 그러나 자유주의는 엄밀한 의미에서 이 두 가지를 모두 부정하는 것이다. '나는 내가 좋아하는 것을 추구하겠다' 는 것은 공통적 가치를 외면하는 것이며, 고립적 개인주의는 이미 남으로부터 승인을 받을 수 있는 경로를 스스로 차

62) 전상인, 〈한국 민주주의의 자멸 가능성〉, 《조선일보》 2010년 7월 8일자 칼럼.

단하는 것이기 때문이다. 그 결과 개인화는 많은 사람들에게 아노미(anomie)를 초래한다. 아노미에 빠진 인간은 자기 삶의 의미를 찾지 못하고 방황하거나, 고독 속에서 스스로 목숨을 끊고 만다.[63] 아블라스터는 다음과 같은 울프(Robert Paul Wolff)의 말을 빌려 자유주의를 비판하고 있다.

> 밀이 찬양한 그 자유와 개체성이 인간성의 보전과 건강에 치명적인 위협이 될 것이다. 사회규범은 자아의 자유로운 발달을 위축하는 불필요한 구속이기는커녕 아노미의 위험으로부터 우리를 보호한다. 밀이 숨 막히게 하는 것으로 느꼈던 개인들 사이의 간섭적 친밀성도 사실상 영혼을 파괴하는 고독이라는 악으로부터 우리를 보호하는 것이다.[64]

아노미의 함정으로부터 빠져나오려면 '공통의 가치척도'를 받아들여야 하고, 고독의 함정으로부터 빠져나오려면 '남과 더불어 사는 삶'을 추구해야 한다. 그런데 제1세대 인권론은 이와 반대되는 논리에 입각한 것이다. 자유주의가 고립적 개인주의와 표리를 이룬다는 점은 주지하는 바이므로, 자유주의가 '자유' 외에는 '공통의 가치척도'를 전혀 인정하지 않는다는 점만 살펴보자. '소극적 자유'의 옹호자 벌린은 다음과 같이 말한다.

> 自由의 精髓는 언제나 각자 선택하고 싶은 대로, 어떤 거창한 체계에 사로잡히거나 강압이나 협박에 의해서가 아니라 각자 그렇게 원하기 때문에 선택하는 능력 안에 들어 있다. 그리고 저항할 권리, 인기가 없어도 될 권리, 순전히 자기가 그렇게 확신한다는 이유 때문에 자기 확신을 신봉할 권리에 들어 있다.[65]

---

63) 우리 한국은 자살률에 있어서도 세계 최고 수준이라 한다.

64) 아블라스터, 『서구 자유주의의 융성과 쇠퇴』, 143쪽.

65) Berlin, *Freedom and its Betrayal*, 103~104쪽.

자유의 정수는 '자유로운 선택'에 있다는 말이요, 그것을 뒷받침하는 것은 '자기 확신'이라는 말이다. 벌린은 자유의 이름으로 '순전히 자기가 그렇게 확신한다는 이유 때문에 자기 확신을 신봉할 권리'를 옹호했다.[66] 다른 사람들의 일반적 가치관이 어떻든 간에 나는 내 자신의 가치관이 옳다고 확신할 권리가 있다는 것이니, 이는 바로 '공통적 가치의 척도를 인정하지 않는다'는 뜻이다.[67] 자유주의자들의 이러한 주장에 대해, 현대의 공동체주의자 테일러(Charles Taylor)는 다음과 같이 비판한다.

> 내 삶의 의미는 내가 스스로 선택할 수 있다는 데에서 오는 것이라고 생각할 수도 있다. 이 경우 자기 진실성은 실질적으로 자기결정의 자유에 근거하게 될 것이다. 하지만 그러한 경우조차도 (오직 자기 선택만에 의하여 결정되는 것이 아니라), 그 자체로 (객관적으로) 고상하고 용기 있는 어떤 것, 따라서 내 자신의 삶을 형성하는 데 도움이 되는 유의미한 어떤 것이 나의 의지와 무관하게 독립적으로 존재하고 있다는 인식에 바탕을 두고 있는 것이다. (…) 내 인생은 내

---

66) 자기확신은 숭고한 것일 수도 있으나, 때로는 치명적인 것일 수도 있다. 근래(2011년 7월) 노르웨이에서 70여 명을 살해한 테러범 브레이빅도 자기확신에 차 있었다. 그는 자신의 테러를 정당화하는 〈2083 : 유럽 독립선언〉을 발표했는데, 이는 '오는 2083년까지 유럽 각국이 극우 보수 정권을 수립하여 무슬림 이민자를 내쫓아야 한다'는 뜻으로, 중동 이슬람 국가들을 제압할 수 있는 새로운 유럽을 탄생시켜 기독교 문화를 바로 세워야 한다는 주장을 담은 것이다. 한편 노르웨이는 자유와 관용의 나라로서, 테러범의 법정 최고 형량은 '징역 21년'이며, 테러범에게도 '호텔급 감옥'을 제공한다(《조선일보》 2011년 7월 25일자 기사 참조). 한편, 벌린도 '소극적 자유'가 여러 부류의 社會惡을 조장하기도 한다는 점을 인정한다. 그럼에도 불구하고 벌린은 '적극적 자유'가 조장하는 사회악이 훨씬 많다는 입장에서 소극적 자유를 옹호하는 것이다(『자유론』, 128~129쪽 참조).

67) 자유주의자들이 '공통적 가치의 척도를 인정하지 않는 것'은 자유주의의 인식론적 회의주의와 밀접한 관련이 있다(이에 대한 자세한 논의는 拙著, 『儒敎傳統과 自由民主主義』, 84~87쪽 참조).

가 선택한다는 점이 중요할 수가 있다. 그러나 어떤 선택 사항이 객관적으로 볼 때 다른 것들 보다 더 중요하지 않다면, 자기 선택이라는 관념은 그 자체만으로는 아주 하찮은 것이 되어 버려서 결국 선택의 의미가 자기모순에 빠지게 된다. 理想으로서의 자기 선택은, 선택된 사항들이 다른 것들보다 (객관적으로) 더 유의미한 경우에만 의미를 갖게 되는 것이다. (…) 따라서 자기 선택의 이상은 자기 선택을 넘어서는 다른 사항들이 있다는 것을 전제하고 있다.[68]

테일러는 무의미한 선택의 예로, 점심 식탁에서 '닭고기를 먹을 것이냐, 스테이크를 먹을 것이냐' 하는 것을 들었다. 그저 '그렇고 그런 것들' 중에서는 무엇을 선택하든지 간에 선택이 의미 있는 행위가 될 수 없다는 것이다. 나의 선택이 의미 있는 행위가 되기 위해서는 '객관적으로 볼 때' 더 귀중한 것을 선택해야 한다. 만약 '덜 귀중한 것' 과 '더 귀중한 것' 을 각자가 주관적으로 결정하기로 한다면, 어떤 사항도 의미 있는 것일 수가 없다. 이러한 맥락에서 테일러는 자유와 선택이 진정 의미 있기 위해서는 '객관적인 가치의 척도' 를 전제해야 한다고 보았다.[69] 과거에는 하느님의 말씀이나 이데아 등이 객관적인 가치의 척도로 기능해 왔다. 그러나 근대에 접어들면서 이것들을 외면함으로써, 자유가 인간의 도덕성을 고양시키지 못하고 나르시시즘이나 인간독존주의로 타락하게 되었다는 것이다.

---

68) 테일러, 『불안한 현대사회 - 자기중심적인 현대문화의 곤경과 이상』, 57~58쪽.

69) 醫師의 일을 예로 든다면, 쌍꺼풀을 성형하는 것과 심장병을 치료하는 것이 똑같이 중요하다고 할 수 있는가? 자기진실성만을 척도로 한다면 양자는 평등한 것일 수 있다. 다시 말해, 가치의 객관적 척도를 전제하지 않고는 심장병을 치료하는 것이 더 귀중한 일이라고 주장할 수 없는 것이다. 테일러는 헤겔의 전통을 계승하는 학자인바, 헤겔은 근대의 자유주의를 '원자론적 개인주의' 로서 人倫性이 결여된 체계라고 비판했다. 헤겔은 자신의 정치철학의 정점에 人倫性을 배치하고, 人倫을 '객관적 진리와 주관적 의지의 통일' 로 규정했다.

이상의 내용을 정리해 보자. 개인의 자유를 무시하고는 공동체의 참다운 결속을 기대할 수 없으나, 개인의 자유를 지나치게 강조해도 공동체의 결속을 해친다. 그런데 오늘날은 개인의 자유권이 지나치게 강조되어 가족해체와 시민사회의 파편화 현상을 야기하는 것이다. 이는 제1세대 인권론이 낳은 폐단으로서, 이에 대해서는 제2세대 인권론이 충분히 보완할 수 있다고 생각할 수도 있다. 그러나 제2세대 인권론이 양심의 자유와 같은 시민적 · 정치적 권리들을 비판하는 것은 아니요, 다만 사회적 · 경제적 권리를 보장하여 공동체의 파편화로 신음하는 사람들을 돌보자고 강조하는 것일 뿐이다. 요컨대 제2세대 인권론의 사회권은 제1세대 인권론이 야기한 '폐단을 일부 치유한다' 는 의미가 있는 것이요, 그러한 '폐단을 모두 예방한다' 는 의미가 있는 것은 아니다. 그렇다면 우리는 제2세대 인권론과 별개로 다시 인간의 윤리성을 확립해야 한다는 결론을 피할 수 없을 것이다.[70)]

---

70) 제2세대 인권론은 형제애와 박애 등 '同情心' 에 기초한다. 그런데 동정심은 파편화를 치유하는 수단일 수는 있으나, 파편화를 예방하는 수단은 되기 어렵다. '파편화' 를 예방하려면, 보다 근본적으로 가치의 객관적 척도를 정립하고 준수하는 자세가 필요하다.

제7장

현대사회에서의 人倫 문제

스트라우스(Leo Strauss)는 서양의 전근대사상과 근대사상의 차이를 논하면서 '근대적 自然法 사상'의 특징을 다음과 같이 정리한 바 있다.

> 自然法이 자기보존에 대한 욕구에서 연역된다면, 달리 표현하여 자기보존에 대한 욕구가 모든 정의와 도덕의 유일한 근원이라면 근본적인 도덕적 사실은 義務가 아니라 權利이다. 즉, 모든 의무는 근본적이며 양도 불가능한 자기보존의 권리에서 파생된다. 따라서 절대적이거나 무조건적인 의무는 없으며, 의무는 그 수행이 우리의 자기보존을 위태롭게 하지 않는 범위에서만 구속력을 갖는다. 자기보존의 권리만이 무조건적이거나 절대적이다. 본질적으로 완벽한 권리만 존재하지 완벽한 의무는 존재하지 않는다. 적절하게 표현하자면 인간의 자연적 의무를 공식화하는 자연법은 법이 아니다. 근본적이고 절대적인 도덕적 사실은 의무가 아닌 권리이므로 시민사회의 기능과 한계는 인간의 자연적 의무라는 측면이 아니라 인간의 자연적 권리라는 측면에서 정의되어야 한다.[1]

요컨대 스트라우스는 전근대사상에서 근대사상으로의 전환을 '자연적 의무에서 자연적 권리로의 전환' 이라는 관점에서 파악한 것이다. 위에서 밝힌 것처럼 '근본적이고 절대적인 도덕적 사실' 을 '자기보존의 권리' 로 규정한 결과, 오늘날 우리 사회에서 도덕적 의무나 인륜은 종종 외면당한다. 그 대표적인 예는 '默秘權' 일 것이다. 자기보존의 권리를 절대화한 결과 "절대적이거나 무조건적인 의무는 없으며, 의무는 그 수행이 우리의 자기보존을 위태롭게 하지 않는 범위에서만 구속력을 갖는다" 고 했거니와, 따라서 범죄자들은 '진실을 말할 의무' 를 면제받고 오히려 '진실을 숨길 권리' 를 부여받게 된 것이다. 이제 이러한 맥락에서 현대사회에서의 人倫 문제를 살펴보기로 하자.

1. 人權論의 윤리의식과 그 문제점

1) 자유주의의 경우

자유주의는 말 그대로 개인의 자유를 최고의 준거로 삼는 이념 체계이다. 자유주의에 있어서 자유는 목적적 의미와 수단적 의미를 동시에 지닌다. 자유는 그 자체 삶의 최고 목적이요 가치라는 것이며, 동시에 모든 것을 개인의 자유에 일임하면 사회의 대부분의 문제들이 순조롭게 해결된다는 것이다. 모든 것을 개인의 자유에 일임한다는 것은 두 의미를 지닌다. 첫째는 자신의 자유로운 행위에 따르는 책임을 스스로 감당해야 한다는 '자기책임의 원칙' 이며, 둘째는 모든 사람은 스스로의 노력으로 생계를

---

1) 스트라우스, 『자연권과 역사』, 222쪽.

유지해야 한다는 '自助의 원칙' 이다.

이처럼 자유주의에 있어서 자유는 지대한 의미를 지니는바, 그렇다고 자유주의가 개인의 자유를 무제한적으로 옹호하는 것은 아니다. 자유주의자들은 몇 가지 원칙으로 자유를 제한하는바, 그것은 둘로 요약된다. 첫째는 나의 자유로운 행위가 남에게 해를 끼쳐서는 안 된다는 '無害原則(危害原則)' 이며,[2] 둘째는 내가 다른 사람보다 더 많은 자유를 누리려고 해서는 안 된다는 '公平原則(公正原則)' 이다.[3]

이상의 네 원칙은 자유주의자들이 金科玉條로 삼는 원칙이었다. 그런데 위의 네 원칙은 인륜적 삶의 필요조건은 될지언정 충분조건은 되지 못한다. 특히 위의 네 원칙은 자유주의의 다른 원리들과 결합하면서 종종 '反人倫的' 인 결과를 야기하게 된다.

첫째, 個人主義가 야기하는 문제이다. 자유주의자들은 개인을 독립적 존재로 규정하고, 국가나 사회를 개인의 권익을 보호하기 위한 도구로 규정한다. 이러한 '원자론적 개인주의' 와 '도구적 사회관' 에 대해서는 많은 학자들이 비판한 바 있다. 예컨대 공동체주의자들은 원자적 개인이란 허구적 개념이라고 비판한다. 사람은 누구나 공동체의 문화적 전통 속에서 自我의 正體性을 형성하는 것이요, 또한 공동체 속에서만 자아를 실현할 수 있다는 것이다. 매킨타이어는 다음과 같이 말한다.

> 우리 모두가 우리의 상황들을 하나의 특수한 사회적 정체성의 담지자로서 파악한다는 것이 중요하다. 나는 누군가의 아들 또는 딸이고, 누군가의 사촌 또는

---

2) 무해원칙은 페인(Tom Paine)의 『인권론』이나 '프랑스 인권선언' 에서 이미 제시된 원칙이요, 밀의 『자유론』에서 거듭 확인된 원칙이다.

3) 공평원칙은 홉스의 『리바이어던』이나 '프랑스 인권선언' 에서 이미 제시된 원칙이요, 롤즈의 『정의론』에서 거듭 확인된 원칙이다.

삼촌이다. 나는 이 도시 또는 저 도시의 시민이며, 이 동업조합 또는 저 직업집단의 구성원이다. 나는 이 씨족에 속하고, 저 부족에 속하며, 이 민족에 속한다. 그렇기 때문에 나에게 좋은 것은 이러한 역할들을 담당하는 누구에게나 좋아야 한다. 이러한 역할의 담지자로서, 나는 나의 가족, 나의 도시, 나의 부족, 나의 민족으로부터 다양한 부채와 유산, 정당한 기대와 책무를 물려받는다. 그것들은 나의 삶의 주어진 사실과 나의 도덕적 출발점을 구성한다.[4)]

매킨타이어의 말대로, 우리는 독립적 개인이기 전에 누군가의 아들 · 딸로 존재하고, 누군가의 삼촌 또는 사촌으로 존재하며, 그밖에도 다양한 집단에 소속되어 여러 부류의 사회적 관계를 맺고 있다. 이러한 관계들은 자연스럽게 나의 마땅한 역할 또는 책무를 규정하는바, 이것이 나의 도덕적 출발점이라는 것이다. 매킨타이어가 말하는 마땅한 '역할' 또는 '책무' 란 유교의 용어로는 '本分' 또는 '道理' 에 해당한다. 여러 사회적 관계들이 요구하는 나의 본분을 다하는 것이 나의 도덕적 출발점이라면, 나의 개인적 권리는 나의 본분을 다한 다음에야 거론될 수 있는 것이다.

한편 부버(Martin Buber)는 이 세계를 설명해주는 根源語는 '낱개의 말' 이 아니고 '짝말' 이라고 지적했다. 예컨대 '나' 라는 말은 항상 '너' 라는 말 또는 '그것' 이라는 말과 짝을 이루고 있다는 것이다. 이러한 맥락에서 부버는 "나는 '너' 로 인하여 '나' 가 된다. '나' 가 되면서 나는 '너' 라고 말한다." 고 규정하고, "모든 참된 삶은 만남이다." 라고 설파했다.[5)]

이러한 비판들은 결국 참된 삶을 위해서는 누구나 人倫을 외면할 수 없다는 점을 지적하는 것이다. 그런데 자유주의의 '원자적 개인주의' 와 '도

---

4) 매킨타이어, 『덕의 상실』, 324쪽.

5) 부버, 『나와 너』, 18쪽. 漢字語 '人間' 도 '사람' 은 늘 '다른 사람과의 관계 속에서 존재한다' 는 뜻을 함축하고 있다.

구적 사회관' 은 인륜적 삶의 필요성 자체를 주목하지 않는 것이다. 예컨대 『論語』에서는 "임금은 임금다워야 하고, 신하는 신하다워야 하며, 부모는 부모다워야 하고, 자식은 자식다워야 한다."[6]고 했고, 『大學』에서는 "文王은 남의 임금이 되어서는 仁에 머물렀고, 남의 신하가 되어서는 敬에 머물렀고, 남의 자식이 되어서는 孝에 머물렀고, 남의 부모가 되어서는 慈에 머물렀고, 나라 사람들과 사귈 때에는 信에 머물렀다."[7]고 했거니와, 자유주의의 사전에는 이러한 용어들이 보이지 않는다. 그들은 다만 위의 네 가지 원칙만 강조하고, 개인이 다양한 인간관계 속에서 수행해야 할 다양한 道理(德目)들에 대해서는 아무런 언급도 하지 않는다.

둘째, 反完全主義가 야기하는 문제이다. 자유주의자들이 위와 같은 다양한 도리나 덕목을 외면하는 것은 그들의 반완전주의와도 깊은 관계가 있다. 고전 정치철학은 대개 완전주의(완벽주의)에 입각한 것이다. '완전주의' 란 이 세계나 인간의 '완전한 理想' 을 설정하고, 그것을 실현하는 것을 정치와 삶의 존재이유로 보는 것이다. 따라서 완전주의에서는 이상적인 사회와 덕성스런 삶을 구성하는 실천적 가치를 덕목으로 형상화하고, 그러한 덕목을 실천하도록 구성원들을 독려하게 된다.[8] 그러나 자유주의는 완전한 理想의 설정 자체를 비판하고, 넓은 삶의 이론을 추구한다.[9] 反完全主義로서의 자유주의는 중립주의와 절차주의를 표방한다. 사회는 각 개인들이 다양하게 추구하는 삶의 목표(다양한 善觀)에 대해 시비나 우열을

6) 『論語』 顔淵 11.

7) 『大學章句』 傳3章.

8) 김주성, 「자유주의의 철학정신」, 74쪽.

9) '좁은 삶의 이론' 이란 '사람은 사람다운 삶을 살아야 한다고 하면서 덕성있는 삶을 몇 가지로 규정하고 여타의 삶은 천박한 삶이라고 규정하거나 사회적 규제를 받도록 하는 이론' 을 말하고, '넓은 삶의 이론' 이란 '사회에서 허용하는 삶의 양식이 무척 다양함' 을 말한다(김주성, 「자유주의의 철학정신」, 73쪽 참조).

논하지 않고 중립을 지키며, 다만 개인들이 정해진 규범과 절차에 따르도록 유도하기만 하면 된다는 것이다. 자유주의에 의하면, 정치는 고상한 이상이나 목적을 성취하기 위한 것이 아니라, 개개인의 생존을 보장하기 위한 것일 뿐이다. 다시 말해, 사회는 善을 증진시키는 데에 노력할 것이 아니라 害惡을 방지하는 데에 노력해야 한다. 따라서 자유주의에서는 각 개인들에 대해 '善의 作爲' 보다는 '惡의 不作爲' 를 요구하게 된다.

'善의 作爲' 를 적극적으로 요구하는 것은 '최대도덕(maximum morality)' 을 추구하는 것이지만, 소극적으로 '惡의 不作爲' 만을 요구하는 것은 '최소도덕(minimum morality)' 을 추구하는 것이다. 완전주의가 특정한 善觀을 정립하고 그에 부합되는 덕목들을 실천하도록 독려한다는 것은 바로 최대도덕을 추구함을 의미한다. 최대도덕의 추구가 개인들에게 무거운 도덕적 부담을 지우는 것은 분명하다. 그리하여 자유주의는 보다 가벼운 삶의 이론으로서 '害惡의 금지' 만을 최소도덕으로 강제하고자 하는 것이다.

요컨대 자유주의는 완전주의를 좁고 무거운 삶의 이론으로 비판하고, 넓고 가벼운 삶의 이론으로서 반완전주의를 표방한 것이다. 최소도덕으로서 자유주의 윤리설의 핵심은 無害原則과 公正原則으로 집약된다. 나는 남의 권리를 침해해서는 안 되며, 나는 남보다 더 많은 권리를 누리려 해서도 안 된다는 것이다. 그러나 이 두 원칙은 인간다운 삶의 필요조건에 불과할 뿐 충분조건은 되지 못하는 것이다. 김주성은 자유주의의 반완전주의가 초래한 결과를 다음과 같이 설명한 바 있다.

홉스가 열어놓은 근대성 위에, 자유주의는 반완벽주의적 개인주의와, 중립적인 정치권위체로부터 형평한 대우를 받을 평등주의를 구축했던 것이다. (…) 평등해진 주체적 개인은, 그가 추구하는 가치가 무엇이든지 간에, 그의 삶의 목적이 무엇이든지 간에, 중립적인 法에 어긋나지 않는 한, 정치나 사회권위체의 통제로부터 해방되었다. 이러한 자유주의의 발흥은 여러 가지 문제점을 나타내었다. 우선 전통적인 미풍양속이 여지없이 파괴되고, 사회적 유대감이 약화되어 사회가 불안정하게 되었으며, 사람들의 소외감이 증대되었고, 경제분야에서는 착취현상이 심각하게 나타나게 되었다. 이러한 문제를 심각하게 생각한 지성들은, 프랑스 혁명을 기점으로 보수주의와 사회주의의 기치를 들고 자유주의를 공격하기 시작했다.[10)]

자유주의의 무해원칙은 미풍양속의 파괴를 조장하는데,[11)] 보수주의자들은 이를 비판하는 것이다. 또 자유주의의 공정원칙은 부익부 빈익빈을 방치하는데,[12)] 사회주의자들은 이를 비판하는 것이다. 자유주의에서 무해원칙과 공정원칙은 正義라는 개념으로 수렴된다. 그런데 정의로운 자유주의 사회에서도 위와 같은 폐단을 막을 수 없다. 그렇다면 자유주의적 정의는 인간다운 삶의 필요조건에 불과할 뿐 충분조건은 되지 못하는 것이다.

미풍양속을 보호하려면 무해원칙에 여러 인륜적 원칙들을 추가해야 하며, 부익부 빈익빈을 막기 위해서는 공정원칙에 사랑이라는 덕목을 추가해야 한다. 여기서 우리는 전통유학이 최소도덕인 '恕'를 기본으로 삼으면서도 때때로 '忠'이라는 최대도덕을 가미한 취지를 돌아보아야 할 것이다.[13)]

---

10) 김주성, 「자유주의의 세계사적 근대성 완결과 철학적 위기」, 23~24쪽.

11) 예컨대 '내가 번 돈은 내 마음대로 쓸 수 있다'는 입장을 견지한다면 무해원칙을 지키면서도 사치와 방종을 일삼을 수 있다. 이러한 맥락에서 가토 히사다케(加藤尙武)는 "'타인에게 폐를 끼치지 않는다면 무엇을 해도 좋다'는 자유의 공허함(否定性)은 문화를 퇴폐와 혼미로 이끌고 있다"고 비판했다(가토 히사다케, 『현대 윤리에 관한 15가지 물음』, 155~156쪽). '소극적 자유'의 옹호자 벌린조차도 무해원칙이 사실은 語不成說이라고 지적한 바 있다(벌린, 『자유론』, 396쪽).

12) 자유주의자들은 공정원칙을 '기회균등'과 '法 앞의 평등'으로 설명하는바, 이 두 가지만으로는 부익부 빈익빈을 막을 수 없다.

셋째, 快樂主義가 야기하는 문제이다. 자유주의의 반완전주의는 쾌락주의와 표리를 이루는바, 이는 근원적으로 자유주의의 '본능중심적 인간관'에서 유래하는 것이다. 이는 김주성의 다음과 같은 설명에서 잘 드러나고 있다.

> 홉스와 아리스토텔레스에게서 뚜렷이 대별되는 先行體 문제는 완벽주의와 반완벽주의를 가르는 시금석이다. (…) 완벽주의 정치철학에서는 인류의 궁극적 목적이나 이상, 이를 실천하는 덕목은 객관적 실천가치이며, 개개인의 주관적 선택에 선행해서 이미 개개인의 삶에 부과되는 것이다. 만일 이러한 객관적인 목적이나 이상 또는 덕목이란 실천가치를 전제하지 않으면, 개인적 삶은 사회에 선행하여 이해되어야 한다. 따라서 개인을 구성하는 것은 사회적인 가치가 사상된 동물적인 본능과 욕망으로 이해된다. 그래서 홉스는 자연상태를 동물의 왕국으로 묘사했다. 홉스로부터 인간은 동물형상으로 묘사되었고, 神의 형상으로부터 해방되었던 것이다. 육체와 육체적 가치인 욕망이 정신과 정신의 가치인 덕목의 굴레로부터 해방되어, 정치철학의 조명을 받기 시작한 것이다. 홉스에게는 善이란 욕망의 대상일 뿐이다. 지고의 행복이란 욕망충족의 끊임없는 진행일 뿐이다. 인간의 자유란 그가 무엇을 하고자 하는 의지, 욕망 혹은 기호를 막힘없이 충족시키는 것이다. 이와 같은 자연적인 善과 자연적 自由에 대

13) '恕'는 자기와 남을 동일한 원칙으로 대하는 것으로서 공정원칙에 비견되고, '忠'은 남을 위해 자기의 최선을 다하는 것으로서 사랑의 원칙에 비견된다('忠恕'에 대한 자세한 논의는 拙著, 『儒教傳統과 自由民主主義』 제3장 〈유교의 忠恕論과 自由主義〉 참조). 한편, 김주성은 롤즈의 正義論을 검토하면서 순수한 반완전주의(중립주의와 절차주의)는 성립할 수 없음을 규명하고, 완전주의와 반완전주의를 절충해야 할 필요성을 제기한 바 있다(「자유주의의 세계사적 근대성 완결과 철학적 위기」, 48~49쪽). 한편, 김주성은 전통유교를 완전주의로 간주했는데, 유교의 忠恕論은 완전주의와 반완전주의를 절충한 것으로 보아야 마땅할 것이다.

한 철학적 조명은, 홉스 이후의 자유주의 발달에 지대한 영향을 준다. 존 로크에 와서는 인간의 생명, 건강, 자유와 재산이란 자연적 善이 自然權의 대상으로 간주되어 자연권론의 내용을 이룬다. 존 스튜어트 밀에 와서는 욕망충족의 심리상태로서의 快樂이 그의 공리주의적 자유주의 철학의 근원적 준거로 발전한다.[14)]

위의 인용문에서 말한 바와 같이, 제1세대 인권론 즉 자유주의의 인권론은 본능적 욕망을 충족시킬 권리를 주창한 것이요, 이러한 맥락에서 쾌락주의는 자유주의의 근원적 준거 가운데 하나로 정립되었던 것이다.

쾌락주의의 문제점은 보통 세 가지로 요약된다. 첫째, 쾌락주의는 결국 다른 사람을 나의 쾌락을 위한 도구로 전락시킨다. 이러한 현실을 부버는 '나와 너' 의 관계가 '나와 그것' 의 관계로 전락했다는 말로 표현했다.[15)] 현대사회의 대표적 병리현상 가운데 하나로 거론되는 '소외' 는 근원적으로 '너' 를 '그것' 으로 전락시킴으로부터 비롯되는 것이다. 물론 자유주의의 전통에는 '모든 사람의 인격을 언제나 목적으로 대우하라' 고 하여, 쾌락주의(공리주의)를 반대한 칸트와 같은 철학자도 있다. 그러나 자유주의의 주류는 칸트의 주장과는 반대되는 것이었다.[16)] 둘째, 쾌락주의는 결국

14) 김주성, 「자유주의의 세계사적 근대성 완결과 철학적 위기」, 21~22쪽.

15) '나와 그것' 의 관계란 '너' 를 하나의 '주체적 인격' 으로 인정하지 않고 다만 '내가 이용할 수 있는 것' 으로 규정하는 관계이다(부버, 『나와 너』, 79~83쪽 참조).

16) 루크스는 스피노자와 칸트가 '自由' 를 스스로 理性의 명령에 따르는 '自律性' 으로 이해했다는 점을 주목한 바 있는데(Lukes, *Individualism*, 1973, 54~55쪽 참조), 아블라스터는 스피노자와 칸트를 자유주의의 주류에서 벗어난 '예외적 인물' 로 규정했다. 주류 자유주의자들이 理性을 단순히 '계산능력' 으로 간주하여 '욕망의 노예' 로 규정했던 것과 달리, 스피노자와 칸트는 理性을 '욕망을 통제하는 주인' 으로 규정하고, 自由를 스스로 理性의 명령에 따르는 '自律性' 으로 이해했다(『서구 자유주의의 융성과 쇠퇴』, 87~90쪽 참조).

자신마저도 욕망의 노예로 전락시킨다. 아블라스터가 '주권적 욕망'과 '도구적 이성'이라는 말로 설명했듯이, 자유주의자들은 욕망을 인간 내부의 주권자로 삼는다.[17] 현대사회의 병리현상으로 흔히 거론되는 '物神崇拜'나 '황금만능주의' 등은 욕망을 자아의 주권자로 모시는 데서 비롯된다. 셋째, '쾌락주의의 逆理(paradox of hedonism)'라는 말처럼, 극단적 쾌락의 추구는 결코 행복을 증진시키지 못한다.[18] 또 무제한적인 욕망의 추구는 자원고갈과 환경오염을 수반한다. 우리 인류는 지구라는 유한한 공간에서 살고 있는데, 유한한 공간에서 무한한 욕망을 추구함은 그 자체 모순이다.

동서를 막론하고, 전근대의 철학자들은 대부분 '주관적으로만 느껴지고 그 충족이 순간적 쾌락만을 가져다주는 욕구'와 '인간의 본성에서 우러나고 그 실현이 인간적 성장과 복지(eudaimonia)에 기여하는 욕구'를 구분하여, 前者를 절제하고 後者를 추구하라고 가르쳤다.[19] 그러나 근대의 자유주의자들은 이러한 구분을 무시하고 자신의 모든 욕구를 최대한으로 충족시키라고 설파했다. 그런데 극단적인 쾌락의 추구가 결코 행복의 길이 못 된다면, 우리는 공자의 '克己復禮'라는 가르침을 다시 음미해야 할

17) 특히 각종 매체를 통해 넘쳐나는 오늘날의 광고선전물들은 인간의 욕망을 끊임없이 자극하고, 많은 사람들은 무의식적으로 그에 세뇌되어 특정한 소비욕을 지니게 된다. 그러한 소비자들은 자기가 사고 싶은 것을 샀으니 자유로운 구매라고 하겠지만, 한편으로는 욕망의 노예가 된 것이요, 다른 한편으로는 광고선전물의 지배를 당하는 것이다.

18) 자유주의자들은 인간의 욕망이 무한하다고 전제하고 무한한 욕망을 무한히 충족시키는 것이 행복의 길이라고 가르친다. 그러나 아무리 부자라도 충족은 유한할 수밖에 없다. 흔히 말하듯이 '행복도'를 욕망을 분모로 하고 충족을 분자로 하는 분수식(행복도=충족/욕망)으로 설명한다면, 그리고 인간의 욕망은 무한하다고 전제한다면, 충족이 아무리 커도 유한수인 한 그 극한값을 따지면 '0'이 된다. 여기에 현대적 삶의 근원적 공허함이 있는 것이다.

19) 프롬, 『소유냐 삶이냐』, 20~21쪽 참조.

것이다.

넷째, 事實과 當爲(價値)의 분리가 야기하는 문제이다. 대부분의 자유주의자들은 사실과 가치를 연결시키는 것을 '자연주의적 오류(naturalistic fallacy)' 라고 규정하고, 사실과 가치는 별개의 문제라고 본다.[20] 그러나 이러한 태도는 몇 가지 중대한 문제를 야기한다. 우선 공동체주의자 매킨타이어의 비판을 살펴보자. 매킨타이어는 사실과 가치의 분리가 다음과 같은 두 가지 심각한 문제를 야기했다고 비판한다.

첫째, '情意主義' 와 그것이 초래하는 多元主義 · 相對主義의 문제이다. 매킨타이어는 情意主義를 "모든 가치 평가적 판단 또는 더 정확하게 말하면 모든 도덕적 판단은 選好의 표현들, 태도 및 감정의 표현들과 다를 바 없다는 학설" 이라고 설명하고, 이에 대해 다음과 같이 비판한다.

> 몇몇의 특별한 판단들은 물론 자체 내에 도덕적 요소와 사실적 요소를 결합시킬 수 있다. "방화는 재산을 파괴하기 때문에 옳지 못하다" 는 판단명제는 "방화는 재산을 파괴한다" 는 사실적 판단과 "방화는 옳지 못하다" 는 도덕적 판단을 결합시킨다. 그러나 이와 같은 판단에 있어 도덕적 요소는 항상 사실적 요소로부터 엄격하게 분리될 수 있다. 사실적 판단들은 참이거나 거짓이다. 그리고 사실의 영역에서는 무엇이 참이고 무엇이 거짓인가에 관해 우리가 의견의 일치

20) 주지하듯이, 흄(David Hume, 1711~1776)은 '사실판단과 당위판단은 별개' 라는 주장을 제기했고, 무어(George Edward Moore, 1873~1958)는 마침내 '善(당위)을 사실적 개념으로 설명함은 자연주의적 오류를 범하는 것' 이라고 주장했다(소광희 외, 『哲學의 諸問題』, 355~356쪽, 375~376쪽 참조). 자연주의에서 탈피할 것을 제창한 무어의 『道德原理(Principia Ethica)』의 마지막 章(제6장)에서는 "개인적 애착과 심미적 쾌락은 우리가 상상할 수 있는 최대의 善을 포함하고 있다." 고 하고, 이것이 "도덕철학의 궁극적, 기초적 진리" 라고 했다. 이러한 맥락에서, 사실과 당위의 분리는 情意主義(심미적 주관주의)로 연결되는 것이다.

를 볼 수 있도록 도와주는 합리적 기준이 있다. 그러나 태도 및 감정의 표현들인 도덕적 판단들은 참도 아니고 거짓도 아니다. 도덕적 판단에 있어서 일치는 합리적 방법에 의해 보장되지 않는다. 왜냐하면 그와 같은 합리적 방법이 이 영역에는 존재하지 않기 때문이다.[21]

사실과 가치를 별개로 분리시키고 나면, 인간의 도덕은 개인의 주관적 감정이나 선호의 표현에 불과한 것이 되는데, 이것이 바로 '情意主義' 윤리학이다.[22] 한편, 사실의 영역에는 참과 거짓에 대해 일치된 판단을 내릴 수 있게 하는 합리적 기준이 있으나, 감정의 영역에는 일치된 판단을 내릴 수 있게 하는 합리적 기준이 없다. 그리하여 사실과 당위를 분리시키는 정의주의는 '무엇이 윤리적이고, 무엇이 도덕적인가?' 에 대한 일치된 결론을 얻을 수 없게 만들고, 이는 결국 무한한 도덕적 논쟁을 야기한다.[23] 사실의 영역에는 의견의 불일치를 제거하는 절차들이 있으나, 사실과 분리된 도덕의 영역에서는 그러한 절차들이 없는 것이다. 매킨타이어는 이를 "도덕의 영역에서는 의견 불일치의 극복불가능성이 '多元主義' 라는 영예로운 칭호를 받는다"는 말로 조롱하였다.[24] 다원주의는 자칫하면 相對主

21) 매킨타이어, 『덕의 상실』, 32쪽.

22) 따라서 정의주의 윤리학은 개인을 '도덕적 主權者' 로 규정하는 것이다(매킨타이어, 『덕의 상실』, 64쪽 참조).

23) 매킨타이어는 『덕의 상실』 제2장 〈오늘날 도덕적 불일치의 본질과 情意主義의 주장들〉의 첫머리에서 '정의로운 전쟁, 낙태, 의료와 교육' 등을 둘러싼 해결될 가능성이 없이 지루하게 계속되는 오늘날의 도덕적 논쟁들을 소개하고 있다(24~29쪽). 또 제6장 〈계몽주의 기획 실패의 몇 가지 필연적 결과들〉에서는 사실과 가치의 분리는 '도덕적 개념들의 불가공약성' 을 초래한다고 밝히고, 따라서 오늘날 도덕철학의 대표적 개념들인 '권리' 와 '유용성' 의 대립도 해소할 방법이 없다고 지적하였다. 권리에 호소하는 주장과 유용성에 호소하는 주장이 대립할 때 "어떤 주장에 우선권이 주어져야 하는지 또는 어떻게 하나를 다른 하나와 견주어 판단할 수 있는지에 관한 어떤 합리적 방법도 없다"는 것이다(114~115쪽).

義에 빠지는바, 그 위험성에 대해서는 더 이상의 언급이 필요하지 않을 것이다.

둘째, 사실과 가치의 분리가 결국 '德의 상실'을 초래한다는 것이다.[25] 매킨타이어에 의하면, 德을 거론하려면 먼저 '사회 속에서 나에게 부여된 역할'이 무엇인지, 더 나아가 '인간에게 좋은 삶'이 무엇인지를 규명해야 한다. 덕을 실천한다는 것은 요컨대 "개인으로서, 그리고 아버지 또는 자식으로서, 또는 시민 및 어느 집단의 구성원으로서, 또는 이 모든 것들의 몇 가지 역할로서 그에게 더 좋은 것을 행한다는 것"을 의미한다.[26] '사회 속에서 나에게 부여된 역할'은 사실의 영역에 속하는바, 이 사실의 영역이 때때로 우리에게 '좋음' 즉 가치판단의 준거를 제시해 준다는 것이 매킨타이어의 설명이다. 매킨타이어는 이른바 '기능적 개념'으로 이 문제를 설명한다.

매킨타이어에 의하면 '船長, 時計' 등은 고유한 역할이나 기능을 표현해 주는 개념인데, 기능개념을 포함하는 문장은 사실판단과 가치판단을 동시에 함축한다. 예컨대 '그는 선장이다'라는 사실판단으로부터는 '그는 선장이 해야만 하는 것을 해야만 한다'는 당위판단을 도출할 수 있고, '이 시계는 시간을 제대로 알려주지 않는다'는 사실판단으로부터는 '이것은 나쁜 시계이다'라는 가치판단을 도출할 수 있는데, 이러한 결론은 타당하게 도출된 것으로서, 전혀 논리적 오류가 아니라는 것이다.[27] 매킨타이어는 인간이라는 개념 역시 기능개념이라고 보면서, 다음과 같이 말한다.

---

24) 매킨타이어, 『덕의 상실』, 60쪽.

25) 매킨타이어는 '德'을 "자유인이 자신의 역할을 하도록 지지해주는 특성들"이요, 동시에 "그의 역할이 요구하는 행위들을 통해 드러나는 특성들"이라고 정의했다(『덕의 상실』, 184쪽).

26) 매킨타이어, 『덕의 상실』, 331쪽 참조.

27) 매킨타이어, 『덕의 상실』, 96~97쪽 참조.

> 하나의 인간으로 존재한다는 것은 고유한 내용과 목적을 가지고 있는 일련의 역할을 충족시킨다는 것이다. 한 가족의 구성원, 시민, 戰士, 철학자, 神을 섬기는 자. 인간은 모든 역할에 앞서는 또는 그것들과 분리된 개인으로 생각될 때만 기능적 개념으로 생각되지 않는다.[28)]

위의 인용문으로 본다면, '사실과 가치의 분리' 는 한편으로는 '덕의 상실' 을 초래하고 한편으로는 '개인주의화' 를 초래한 것이다. 매킨타이어는 덕의 상실이 두 가지 문제를 초래했다고 설명한다. 첫째, 우리로 하여금 '내재적 善' 을 외면하고 '외면적 善' 에 집착하게 만든다. '내재적 善' 이란 어떤 행위를 수행함으로써 달성되는 '탁월성' 을 말하고, '외면적 善' 이란 어떤 행위를 수행함으로써 얻어지는 '돈 · 명예 · 권력' 등을 말한다. 내재적 善은 그 결과가 공동체 전체를 이롭게 한다는 점이 특징이나, 외면적 善은 그 결과가 그것을 성취한 사람의 소유로 된다는 점이 특징이다. 또한 돈 · 명예 · 권력 등은 어떤 사람이 그것을 차지하면 할수록 다른 사람이 가질 수 있는 것은 더욱 줄어든다. 따라서 외면적 善들만 인정하는 사회는 치열한 경쟁의 사회가 된다.[29)] 둘째, 도덕의 영역에서 '자신의 역할을 충실히 수행함' 또는 '미덕(탁월성)을 발휘함' 등을 배제하고, 도덕을 단순히 '규칙 준수' 의 문제로 인식하게 만들었다. 그런데 더욱 심각한 문제는, 사실과 가치의 분리가 초래한 또 하나의 산물인 情意主義로 인해 우리가 공통으로 지켜야 할 규칙에 대해서조차 합치된 결론에 이를 수 없다는 점이다.[30)]

---

28) 매킨타이어, 『덕의 상실』, 98쪽.

29) 매킨타이어, 『덕의 상실』, 278~290쪽 참조. 매킨타이어는 홉스가 말하는 '자연상태' 가 바로 외면적 善들만 인정함으로써 야기되는 치열한 '경쟁의 상태' 에 해당된다고 보았다.

한편, 가토 히사다케(加藤尙武)는 '자연주의를 오류라고 규정하는 주장' 은 사실상 "가치의 근거는 자유로운 결단이나 개인과 개인의 약속 이외에 아무것도 아니다" 라는 입장을 정당화하기 위한 것이라고 설명하고,[31] "가치판단을 포함하지 않은 순수하게 형식적인 절차만을 사용하여 올바른 가치판단의 기준을 도출해 내고자 하는 시도는 아직 그 어느 것도 성공하지 못했다." [32]고 지적한 바 있다. 승계호(T. K. Seung) 역시 계약(합의)을 통해 정당한 규범을 도출하고자 했던 自由主義의 '構成主義(계약론)' 는 아직 그 어느 것도 완전하게 성공하지는 못했다고 설명한 바 있다.[33]

사실명제와 당위명제는 분명 성질이 다르며, 자연적 사실 자체를 모두 인간의 당위로 승인할 수도 없다. 그러나 이것이 당위와 사실은 전혀 무관하다는 뜻은 아니다.[34] 그런데 '자연주의적 오류' 라는 논리가 대두한 이래, 그 여파로 인간의 도덕은 객관적(자연적) 사실과는 무관한 '주관적 감정의 표현' 정도로 격하되고 말았다. 매킨타이어가 상세하게 규명했듯이, 오늘날의 '도덕적 무정부상태' 는 '사실과 당위의 분리' 로부터 야기된 것이다.

---

30) 매킨타이어, 『덕의 상실』, 359~362쪽 참조. 매킨타이어는 그 대표적인 예로 正義에 관한 롤즈와 노직의 상반된 견해를 들었다.

31) 가토 히사다케, 『현대 윤리에 관한 15가지 물음』, 90쪽.

32) 가토 히사다케, 『현대 윤리에 관한 15가지 물음』, 95쪽.

33) 승계호에 의하면, 자유주의자들은 '構成' 작업에 있어서 암암리에 규범의 기초관념들을 '密搬入' 하고 있었다(승계호, 『직관과 구성』, 54~56쪽 참조).

34) 레이첼즈(James Rachels)는 '사실과 당위' 를 둘러싼 논쟁을 해소할 수 있는 제3의 논리를 제시한 바 있다. 그에 의하면, "좋은 자동차는 안전하고, 신뢰할 만하고, 편안하며, 연비가 좋다." 라는 주장을 '좋은 자동차' 의 定意로 제시한다면 이는 자연주의적 오류를 범한 것이나, '좋은 자동차' 의 '속성' 또는 '기준' 으로 제시한다면 이는 자연주의적 오류와 무관한 타당한 주장이다(레이첼즈, 『동물에서 유래된 인간』, 137쪽 참조).

'사실과 당위를 연관시키는 것' 을 반대하는 사람들이나 '인간의 도덕은 개인의 주관적 감정의 표현이거나 개인과 개인의 약속 이외에 아무것도 아니다' 라고 주장하는 사람들은 다음과 같은 질문들에 대해 충분히 답변해 주어야 한다. 인간이 자연 속에 살면서 '자연의 理法' 을 존중한다는 것이 왜 잘못인가? 객관적 이법을 부정하고 오로지 자유의지에 따른 삶을 추구할 때 야기되는 '멋대로 자유(exousia)' 나 '추잡한 삶(obscene life)' 을 그대로 승인할 것인가? 만약 승인할 수 없다면 어디에 근거해서 비판할 것인가? 다시 말해, 자유주의자들은 주관적 감정이나 사회적 약속에 대해 항상 도덕적으로 승인하는 것인가? 주관적 감정이나 사회적 약속이 정당하지 못하다고 할 때엔 어디에 근거해서 비판해야 하는가?

에너지 고갈, 지구온난화, 각종 환경오염 등이 시사하듯이, 자연의 이법을 무시하는 '자유로운 삶' 은 장구하게 지속될 수 없다. 그렇다면 우리는 인간의 당위를 사실적 조건과 연관시키지 않을 수 없다. 또한 아무리 自由가 소중한 것이라 하더라도 '멋대로 자유' 나 '추잡한 삶' 을 그대로 승인하기는 어려울 것인바, 자유라는 원칙만을 강조하다보면 '멋대로 자유' 나 '추잡한 삶' 을 비판할 수 있는 타당한 논거를 발견하기 어렵다. 그렇다면 우리는 도덕을 인간의 주관적 요구를 반영하는 것만으로 규정하기 어려운 것이다. 여기에 인간과 자연, 사실과 당위를 매개시키고자 하는 전통유학(朱子學)의 繼天立極論의 의의가 있다.

2) 사회주의의 경우

사회주의의 人間觀은 '인간의 사회성' 을 강조함과 동시에 '인간은 사회의 영향을 받는다' 는 점을 강조하는 것이 특징이다. 사회주의자들의 人權論은 모든 사람의 인간다운 삶을 뒷받침할 수 있는 제반 여건을 사회가 제공해야 한다는 것이었다. 이러한 주장들은 자유주의의 개인주의와 반완전주의를 비판하는 것인바, 사회주의의 윤리적 원칙은 다음의 몇 가지로 요약된다.

첫째, 사회 운영의 원리로 '正義' 보다 '사랑(형제애)' 을 중시하는 것이다. 자유주의자들은 정의를 강조하는바, 富의 분배도 개인의 능력 · 노력이나 성과에 따라야 한다고 주장한다. 능력 · 노력 · 성과에 따른 분배는 정의로운 것이나, 한편으로는 부익부 빈익빈을 야기하여 사회적 약자들의 생존권을 위협하는 것도 사실이다. 그리하여 사회주의자들은 '각자에게 필요한 만큼씩' 분배해야 한다고 주장한다. 각자가 능력에 따라 일하고 필요한 만큼 분배받는 사회는 사랑이 넘치는 사회로서, 정의로운 사회를 초극한 것이다.

둘째, 모든 사람의 인간다운 삶의 여건을 사회(국가)가 보장해야 한다는 '사회책임의 원칙' 이다. 이는 자유주의의 '자기책임 원칙' 및 '自助의 원칙' 과 대립되는 것이다. 사회주의자들은 특히 사회적 약자들에 대한 우선적 배려를 강조한다. 초기의 사회주의는 노동자들의 권익을 옹호함으로써 근로대중의 지지를 받았거니와, 오늘날의 사회주의는 더 나아가 '여성, 어린이, 빈곤계층, 장애인, 동성애자, 외국인 노동자' 등 여러 부류의 사회적 약자들의 권리를 옹호하는 데 앞장서고 있다.

셋째, 한 사회의 공동선은 개인의 권리(자유)보다 중요하다는 '공동선 우선의 원칙' 이다. 이는 개인의 권리를 제한할 수 있는 중요한 논거가 된다. 사회주의자들은 특히 공동선이라는 명목으로 개인의 사유재산권에 여러 제한을 가함으로써 富의 재분배를 꾀하는 데 많은 관심을 기울인다.

위의 세 가지는 사회주의 윤리의 핵심 원칙이다.[35] 자유주의가 '本能'

35) 이 세 원칙의 상호관계를 설명하면, '사랑의 원칙' 이 '사회책임의 원칙' 과 '공동선

중심적 인간관을 견지하여 '개인의 욕구 충족'에 경도된 것과 달리, 사회주의는 '本性' 중심적 인간관을 견지하여 '형제애'를 강조하는바, 이것으로 본다면 사회주의는 자유주의보다 한 차원 높은 윤리의식을 발휘할 것으로 기대된다. 그러나 사회주의는 자유주의 못지않게 많은 윤리적 문제점을 야기하고 있다. 위의 세 원칙은 분명 매우 고상한 원칙이나,[36] 또한 매우 심각한 반윤리적 결과를 야기할 수 있는 원칙이기도 하기 때문이다.

첫째, 사회책임 원칙은 개인의 책임을 면제하는 것인바,[37] 이는 결국 '도덕적 해이'를 낳는다는 점이다. 모든 사람의 복지를 사회가 책임져야 한다고 하면, 개인이 자신의 복지향상을 위해 분투해야 할 동기가 사라질 것이다. 이는 수많은 사례를 통하여 충분히 확인된 사실이기도 하다.

둘째, 사회책임 원칙은 '작은 정부'가 아닌 '큰 정부'를 추구하는바, 이는 결국 '정부(국가)의 실패'를 초래한다는 점이다. 정부의 비대화는 한편으로는 정부 권한의 남용을 조장하고, 한편으로는 많은 경제적 낭비를 초래한다는 점 또한 자주 지적되는 사실이다.[38]

우선의 원칙'을 뒷받침하는 것이다. 즉 '사랑의 원칙'을 사회운영의 실제에 적용시킨 것이 '사회책임의 원칙'과 '공동선 우선의 원칙'이다.

36) 사회주의자들은 자신들이 이처럼 고상한 원칙에 입각하고 있다는 이유로 대부분 '도덕적 우월감'을 지니고 있는데, 이들의 도덕적 우월감은 종종 '뻔뻔함'으로 드러난다. 《조선일보》 선우정 기자는 〈좌파의 면죄부〉라는 칼럼(2011년 9월 7일자)에서 "좌파의 세상에는 참 편하게 사는 사람들이 많다. 다른 사람은 냉정하게 단죄하지만 자신은 강도질, 치사상(致死傷), 물고문까지 너그럽게 면죄하는 세탁 시스템을 작동하고 있기 때문이다. 이광재 전 강원지사에 이어 곽노현 서울시 교육감까지 싸고도는 요즘 행동을 보면 조만간 그들의 면죄부 목록에 뇌물까지 추가할 모양이다."라고 비판한 바 있다.

37) 사회주의자들이 사회의 책임을 강조하고 개인의 책임을 부정하는 것에 대해, 혹자는 '윤리학의 종말'이라는 심각한 결과를 초래한다고 지적한 바 있다(브로노프스키·매즐리슈, 『西洋의 知的 傳統』, 564~565쪽 참조).

38) '사회책임 원칙'이 '도덕적 해이'와 '정부의 실패'를 초래한다는 것은 자유주의자

셋째, 사회주의자들은 본성중심적 인간관을 견지하면서 인간의 본능적 이기심에 대해 충분히 경계하지 않는다는 점이다. 사회주의적 이상을 추구하면서 도덕적 해이나 정부의 실패를 예방하는 관건은 사회 구성원 각자의 '인격적 성숙'에 달려 있을 것이다. 그런데 사회주의자들은 대체로 '인격교육'을 비판하고, 대신 '인권교육'을 강조한다. 인격교육은 사회의 구성원들을 '체제 순응적 인간'으로 만들게 되므로, '정의로우면서도 서로 배려하는 공동체'를 만들기 위해서는 사회의 체제와 구조를 변화시키는 데 초점을 둔 인권교육이 필요하다는 것이다.[39] 그러나 인격이 미숙한 사람은 기존의 사회 체제를 제대로 비판하고 개선할 수 없을 뿐만 아니라, 자신의 이기심마저도 제대로 통제할 수 없는 것이다.[40]

사회주의자들이 '본성중심적 인간관'에 입각하여 '정의로우면서도 서로 배려하는 공동체'를 지향하는 것에 대해서는 매우 높이 평가할 수 있

들이 사회주의를 비판할 때 항상 거론하는 내용이다. 자유주의자들은 '공동선 우선의 원칙'에 대해서도 '전체주의적 발상'으로서 개인의 권익을 침해하는 것이라고 비판한다.

39) 심성보, 『인간과 사회의 진보를 위한 민주시민교육』, 250~253쪽 참조.

40) 옛날에는 '인격교육'을 종종 '인격의 陶冶'라는 말로 설명했는데, 우리는 '陶冶'라는 말을 주목할 필요가 있다. '陶'는 陶磁器를 만드는 과정을 뜻하고, '冶'는 쇠를 불려 鐵器를 만드는 과정을 뜻한다. 陶磁器는 먼저 고운 흙을 이겨 원하는 모양을 만들고, 그늘에 서서히 말린 다음, 가마에 넣어 불로 달구는 과정을 통해 만들어진다. 鐵器는 먼저 철광석을 석탄과 함께 가열하여 불순물이 제거된 쇳덩어리를 만들고, 그 쇳덩어리를 풀무에 넣어 높은 열로 불린 다음, 모루에 올려놓고 망치로 두드려 원하는 모양으로 만들고, 갑자기 찬물에 넣어 냉각시킨 다음, 다시 풀무에 넣어 불리고, 다시 꺼내 망치로 두드리는 과정을 반복하면서 만들어진다. 요컨대 도자기나 철기는 모두 원하는 모양을 빚는 과정과 불로 시뻘겋게 달구는 과정을 거치는데, 이를 통해 순수하고 튼튼한 물건으로 거듭나는 것이다. 마찬가지로 '인격의 도야'란 엄격한 훈육을 거치면서 자기의 본능적 욕망을 통제할 수 있는 '건전하고 강인한 인격'으로 거듭나는 것을 말한다. '도야'의 과정처럼 엄격한 훈육을 거치지 않고 자신의 본능적 욕망을 통제할 수 있는 사람이 과연 얼마나 되겠는가?

다. 그러나 사회책임 원칙을 견지하면서 인격교육을 등한시하는 것은 수긍하기 어려운 것이다. 그 까닭은 이 두 가지가 모두 매우 편협한 주장이기 때문이다. 이 두 문제를 좀 더 논의해 보자.

첫째, 개인의 성공은 그의 능력이나 노력에 좌우되기도 하고, 사회의 체제나 정책에 좌우되기도 한다.[41] 그런데 자유주의자들은 '개인적 측면'을 중시하여 자조의 원칙과 자기책임 원칙을 강조하고, 사회주의자들은 '사회적 측면'을 중시하여 사회책임 원칙을 강조한다. 그러나 개인의 성공은 그의 능력이나 노력에 좌우되기도 하고, 사회의 체제나 정책에 좌우되기도 한다. 따라서 개인의 복지 문제에 대해 개인이나 사회 어느 한쪽에만 책임을 부과하는 것은 모두 부당한 것이다.[42]

---

41) 예컨대 근래에 초등학교 교사 임용 인원수는 학령아동의 급격한 감소로 인해 현저하게 줄어들었고, 따라서 근래의 교육대학 졸업생들은 임용시험에 탈락하는 비율이 높았다. 탈락자들의 대부분은 10년 전의 졸업생들과 비교해서 능력이나 노력이 부족하지 않았지만, '때를 잘못 만나' 좌절을 겪는 것이다. 한편, 2012년도에는 교육 당국에서 이른바 '수석교사제'를 도입하면서 일시적으로 임용 인원수를 크게 늘렸는데, 이해의 교육대학 졸업생들은 '운이 좋아' 비교적 수월하게 임용의 관문을 통과했다. 보다 일반적으로 말해, 근래의 '88만원 세대'는 '때를 잘못 만나' 큰 고통을 겪는 것인데, 이에 대해서는 사회의 책임이 클 것이다. 그러나 지금의 젊은이들 중에는 시대의 흐름을 간파하고 적응하여 고액 연봉을 받으며 승승장구하는 사람도 많은데, 이는 개인의 능력과 노력이 좌우하는 것이다.

42) 2011년 여름 영국을 들끓게 했던 일련의 폭동사태에 대해, 데이비드 캐머런 영국 총리는 폭동의 원인은 '인종 · 가난 · 긴축정책'이 아니라 젊은 세대들의 '도덕성 붕괴'에 있다고 진단했다. 캐머런 총리는 "12~13세 아이들이 웃으면서 약탈하고 다니는 모습, 부상한 젊은이를 도와주는 척하면서 그의 물건을 훔쳐가는 이들의 모습에서, 우리 사회에 아주 잘못된 일이 일어나고 있다는 점이 분명해졌다."며 영국 사회가 '붕괴된' 차원을 넘어 '병 들었다'고 말했다(《조선일보》 2011년 8월 17일자 보도 〈英총리, 10代들의 범죄와 전쟁 선포〉 참조). 이에 대해 영국의 일간지 《가디언》은 자체 분석을 통하여 '폭동 가담자의 대부분은 가난한 청년 실업자'라고 주장하면서, 캐머런 총리의 주장을 반박했다(《조선일보》 2011년 8월 20일자 보도 〈英 폭동 가담자 대다수 가난한 청년 실업자〉 참조). 요컨대 일련의 폭동사태에 대해, 캐머런 총리는 개인의 책임만 강조한 것이고, 《가디언》은 사회의 책임만 강조한 것이다.

둘째, '정의로우면서도 서로 배려하는 공동체'를 만들기 위해서는 인권교육 못지않게 인격교육도 필요하다. 사회주의자들은 인권교육을 통해 사회의 체제와 구조를 변화시키면 모든 인간이 형제애를 발휘할 것으로 기대하는데, 이는 '안이한 낙관론'이다.[43] 사회주의자들의 이러한 낙관론은 '인간의 본성은 사회의 영향을 받는다'는 명제로부터 도출된 것으로서, 정의와 사랑이 넘치는 사회를 만들면 개인들도 정의와 사랑을 추구하게 된다는 것이다. 그런데 근본적인 문제는 개인의 인격적 성숙이 없이는 정의와 사랑이 넘치는 사회를 만들 수 없다는 점이다. 이를 부인할 수 없다면, '정의로우면서도 서로 배려하는 공동체'를 만들기 위해서는 사회의 체제와 구조를 변화시키기 위한 '인권교육'과 구성원들의 인격을 도야시키기 위한 '인격교육'이 동시에 필요한 것이다.[44]

위의 두 논점 외에, 사회적 약자에게 복지를 제공하는 것이 '富者의 施惠'인지 '弱者의 權利'인지에 대해서도 생각해 보아야 한다. 약자의 복지를 지원하기 위해서는 결국 부자들이 더 많은 몫(세금)을 부담해야 한다.

---

43) 인격교육을 강조하는 사람들이 '인간의 본능적 이기심'을 경계하는 것에 대해 진보진영에서는 '인간본성에 대한 어둡고 비관적인 관점'이라고 비판한다(심성보, 『인간과 사회의 진보를 위한 민주시민교육』, 236쪽 참조).

44) 심성보는 우파는 인격교육을 중시하고 좌파는 인권교육을 중시하여 그동안 많은 소모적 논쟁을 벌여왔다고 지적하고, "인권 없는 인격교육은 양보와 인정에 치우친 수양운동에 편향되어 불의에 대한 대처를 방관하기 쉽고, 인격 없는 인권교육은 자기주장과 권리 쟁취에 치우치는 사회운동에 편향되어 사람됨의 형성을 소홀히 하기 쉽다"고 비판했다. 심성보는 이러한 맥락에서 "인권 없는 인격교육이나 인격 없는 인권교육은 모두 불완전한 개념"이라고 규정하고, "인권교육과 인격교육의 융합"을 주창한 바 있다(『인간과 사회의 진보를 위한 민주시민교육』, 263쪽 참조). 한편, 강준만은 『싸가지 없는 진보』에서 '인격 없는 이념은 쓰레기에 불과하다'고 비판했다(122쪽). 그는 진보진영의 '무례함, 도덕적 우월감, 언행 불일치' 등을 문제 삼으면서, 진보진영을 향해 '상대편을 존중하는 마음과 자세' 등 '싸가지'를 갖출 것을 권했다.

개인책임 원칙과 자조의 원칙을 전제한다면, 부자들이 낸 세금으로 약자에게 복지를 제공하는 것은 '부자의 시혜' 에 해당하는 것이다. 그러나 사회주의자들은 이렇게 인식하지 않고, 사회적 약자들은 본래 사회의 책임 아래 복지를 누려야 할 권리를 지니고 있다고 주장한다. 요컨대 사회책임의 원칙은 약자들로 하여금 복지 향유를 受惠가 아닌 權利로 인식하게 만든다. 그런데 '社會權' 이라는 명목으로 복지 향유를 권리로 규정하면, 복지의 향유자들은 복지를 제공하는 '사회' 또는 더 많은 세금을 내는 '부자' 에 대한 감사의 마음을 지니지 않게 된다. 내가 나의 정당한 권리를 누리는 것에 대해 남에게 감사해야 할 이유는 없기 때문이다. 이것이 과연 바람직한 태도인가?

보다 근원적으로, '사회권' 은 '형제애(사랑)' 와 잘 어울리지 않는 개념이다. '내가 남을 사랑함' 은 '내가 내 것을 남에게 베푸는 것' 이요 '남이 나를 사랑함' 은 '남이 그의 것을 내게 베푸는 것' 이니, 사랑은 施惠와 受惠로 표현되는 것이다. 그러나 '권리' 는 '내가 나의 것을 누리는 것' 이요, 남이 내 것을 차지하고 있을 때엔 '내가 남에게 요구하는 것' 이니, 이는 결코 시혜나 수혜가 아닌 것이다. '사회권' 과 '형제애' 는 모두 사회주의자들이 金科玉條로 삼는 개념인바, 양자 사이에는 이처럼 일정한 괴리가 있는 것이다.

이상의 내용을 정리해 보자. 개인의 成敗에는 개인적 측면과 사회적 측면이 동시에 작용하는 것이므로, 개인의 복지는 개인과 사회가 함께 책임져야 하는 것이다. 또한 개인의 복지는 개인과 사회가 함께 책임져야 한다면, 약자의 복지 향유는 권리이기도 하지만 수혜이기도 한 것이다. 그런데 사회주의자들은 일방적으로 사회책임의 원칙을 강조하고 개인의 책임을 등한시함으로써, 많은 부작용과 반윤리적인 현상을 야기하는 것이다. 여기서 우리는 전통유교가 복지의 문제를 공정한 제도 속에서 각자가 책임지도록 유도하고 직접적 시혜는 鰥寡孤獨과 癈疾者 등 사회적 약자에게만 한정했던 점,[45] 그리고 개인의 인격적 성숙에 심혈을 기울였던 점을 상기할 필요가 있다.

2. 현대사회에서의 人倫과 人權의 대립 양상

현대의 인권론과 전통적 인륜론은 취지를 같이 하는 부분도 많지만, 전혀 달리 하는 부분도 많다. 인간의 존엄성을 옹호하고 인간다운 삶을 뒷받침한다는 기본 원칙에 있어서는 현대의 인권론이나 전통적 인륜론이 전적으로 취지를 같이 할 것이다. 그러나 구체적인 내용에 있어서는 오늘날의 人權論은 종종 전통적 人倫論과 대립되는 양상을 보여주고 있다. 특히 '개인의 자유' 를 앞세우는 제1세대 인권론은 '공동체의 질서' 를 앞세우는 전통적 인륜론과 상충되는 경우가 많다. 이제 그 몇 가지 예들을 살펴보기로 하자.

첫째, 오늘날 개인의 행복추구권이 점차 전통적 가족질서를 붕괴시키는 방향으로 확대되고 있다. 남편과 아내, 부모와 자식의 관계는 가족을 형성하는 두 축으로서, 유교에서 인륜의 근간으로 삼고 있는 내용이다. 그런데 오늘날에는 개인의 행복추구권이라는 이름으로 부모와 자식의 관계 또는 남편과 아내의 관계를 근본적으로 왜곡시키는 일들이 빚어지고 있다. 다음과 같은 사례들은 그 대표적인 경우이다.

근래에 우리 법원은 외손자를 친양자로 입양하는 것을 허가하였다. 담당 재판관은 "청구를 허가하면 외조부모가 부모가 되고, 어머니와 이모가

45) 이에 대한 자세한 논의는 拙著, 『朱子學의 길』, 223~224쪽 참조.

누나가 되는 등 가족질서의 혼란이 초래될 수 있다. 그러나 김군이 입양 결정으로 생모와 이모가 누나가 되는 사실을 잘 알고 있고, 김군의 부모, 조부모는 물론 이모도 입양청구에 동의하고 있어 가족질서상의 혼란이 초래된다고 보기 어렵다." 고 밝혔다. 그는 또 "딸만 둘을 둔 최씨 부부가 김군을 친양자로 입양해 代를 잇게 하고, 딸의 재혼 장애 사유를 없애려고 하는 사정이 엿보이지만, 입양 청구를 허가하는 것이 김군의 복리에 큰 도움이 되는 것으로 판단했다." 고 밝혔다.[46] 요컨대 이 판결의 취지는 여러 당사자들의 행복을 증진시킬 수 있다면 가족관계를 사실과 다르게 왜곡할 수도 있다는 것이다. 결국 이 사건의 여러 관계자들이나 담당 재판관은 모두 '개인의 행복추구권' 이 '가족질서의 유지' 보다 중요하다고 본 것이다.[47]

우리 법원은 또 '出產을 아내의 의무로 규정할 수 없다' 는 취지의 판결을 내리기도 했다. 한 남자가 "아내가 결혼 전 不姙 시술한 사실을 숨겨 결혼생활이 파탄 났다" 며 낸 이혼 청구소송에 대해 서울가정법원이 원고 패소 판결을 내렸는데, 그 취지는 "자녀 출산은 부부생활의 결과일 뿐 목적이 아니기 때문에 아이를 못 낳는 것 자체는 이혼사유가 될 수 없다" 는 것이었다.[48] 전통적 인륜론에서는 '출산' 과 '행복추구' 양자를 모두 결혼의 본질적 목적으로 규정했었다.[49] 옛날이나 지금이나 마찬가지로, 자녀의

46) 《조선일보》 2010년 8월 10일자 보도 〈외손자를 친양자로〉 참조.

47) 《조선일보》 2010년 8월 11일자 '萬物相' 칼럼 〈엄마가 누나 되는 세상〉에서는 "법조계는 외손자 입양 판결이 악용될까봐 걱정한다. 실제로 이런 법률상담 사례도 있다고 한다. '딸이 부잣집 남자의 아이를 임신했는데 남자가 결혼을 거부한다. 딸이 아기를 낳되 제 인생을 살 수 있도록 딸의 엄마가 아이를 입양한 뒤 남자를 상대로 친자확인소송을 낼 수 있느냐' 는 것이다. 문학과 영화 속에서 가족의 재구성은 대부분 가족 회복이라는 해피엔딩으로 마무리된다. 그러나 현실은 더 복잡하고 더 엽기적인 결과를 낳을 수 있다." 고 하였다.

48) 《조선일보》 2010년 9월 25일자 '萬物相' 칼럼 〈결혼과 출산의 관계〉 참조.

49) 『童蒙先習』의 '夫婦有別' 條에서는 "夫婦는 백성을 낳는 시작이며 만복의 근원이다

출산과 양육은 '종족의 보존' 을 위해 또는 '공동체의 지속과 번영' 을 위해 필수적인 과제이다. 그런데 이 사건의 당사자 아내는 자신의 행복을 위해서 출산을 기피한 것이고, 담당 재판관은 이를 잘못이 아니라고 판결한 것이다.[50] 여기서 개인의 행복추구권이 전통적 인륜관념을 부정하는 장면이 거듭 목격되며, 근래 정부에서 출산을 장려하기 위해 많은 노력을 기울이는데도 출산율이 오르지 않는 이유도 확인되는 것이다.

한편 오늘날에는 '同性結婚' 이 새로운 논란의 소재로 부각되고 있다. 기존에는 同性愛를 寬容하는 문제가 논란거리였는데, 점차 동성애가 관용의 대상으로 정착되자 동성애자들이 이제는 동성결혼의 권리를 요구하고 나선 것이다. 이들의 주장의 핵심은, 동성애자들도 자신들이 원할 경우 夫婦로 인정해주고, 기존의 異性結婚 부부들이 누리는 여러 사회제도적 혜택들을 同性夫婦에게도 제공하라는 것이다. 근래 세계의 여러 나라들이 동성결혼을 인정하기 시작했으며, 이제 우리나라에서도 '법적으로 동성결혼을 인정하라' 는 요구가 등장하기 시작했다. 개인의 행복추구권만을 고려한다면 동성혼을 하든 이성혼을 하든 전혀 문제될 것이 없다. 그러나 인륜론의 관점에서는 동성혼은 전혀 용납될 수 없는 것이다. 우리 사회에서 결혼한 부부들에게 사회제도적 혜택을 부여하는 근본 취지는 무엇보다도 결혼을 통해서 후세를 낳고 기르기 때문일 것이다. 그런데 동성혼은 근본적으

(夫婦 生民之始 萬福之源)" 라고 하여, 결혼의 본질적 목적을 '출산' 과 '행복추구' 로 설명한 바 있다.

50) "자녀 출산은 부부생활의 결과일 뿐 목적이 아니다" 라는 재판관의 주장은 反論의 여지가 많은 것이다. 결혼을 하고서도 출산을 기피하는 사람들도 많지만, 자녀의 출산을 결혼의 목적 가운데 하나로 설정하는 사람들도 많다. 그렇다면 무슨 근거로 어느 한쪽의 주장을 옹호할 수 있겠는가? 論者가 생각하기에, 이 사건의 당사자 아내처럼 '출산 없는 결혼' 을 원한다면, 그녀는 이 사실을 남편이 될 사람에게 알리고 동의를 구했어야 할 것이요, 재판관도 그녀에게 '미리 동의를 구하지 않은 책임' 을 물었어야 할 것이다.

로 후세의 출산이 불가능한 것인바, 출산과 양육이 없이 제도적 혜택만을 누리려는 것은 납득하기 곤란한 것이다.[51)]

위의 세 사례는 특수한 사례라 하겠지만, 중요한 것은 개인의 행복추구권이 전통적 가족질서보다 더 중요하다는 인식이 확산되고 있다는 점이다. 한편, 오늘날 가족질서의 파괴를 초래하는 보다 광범위한 현상은 姦通 문제이다. 우리나라에서는 최근까지 가족질서를 유지하기 위해 간통을 죄로 규정하고 처벌해 왔는데, 근래에는 간통죄를 폐지해야 한다는 의견이 점점 더 거세지고, 마침내는 헌법재판소의 위헌결정에 의해 폐지되었다.[52)] 간통죄 폐지론자들에 의하면, 간통을 처벌하는 것은 '개인의 性的 자기결정권' 을 침해하는 것이다. 이들의 주장대로 결혼한 부부에 대해서도 개인의 성적 자기결정권을 인정하기로 한다면, 부부는 각자 별도의 성생활 파트너를 둘 수 있는 것이다. 일부일처제 사회에서 결혼의 본질적 의미 가운데 하나는 부부가 각자 상대방에 대해 '性的 독점권' 을 가진다는 것이었던 바, 부부가 각자 별도의 성생활 파트너를 두고서도 부부의 결합이 지속되

---

51) 論者의 개인적 의견을 밝히자면, 同性愛를 관용할 수는 있지만 同性婚을 법적으로 인정할 수는 없다. 그 까닭은 동성혼이 출산이 불가능한 양식이기 때문이기도 하지만, 보다 근원적으로 동성혼은 기존의 '結婚' 의 定意에 어긋난다는 점이다. 이제까지 결혼은 '異性의 결합' 으로 정의되어 왔다. 그런데 동성이 결합하면서 결혼이라고 주장하기로 한다면, 이러한 방식으로 기존의 '正名(바른 이름)' 을 파괴하기로 한다면, 우리 사회는 심각한 혼란에 빠질 것이다. 예컨대 학생들에게 도둑질을 가르치면서 '教育' 이라고 우기는 경우도 등장할 것이며, 권력욕에 사로잡혀 내란을 일으키면서 '革命' 이라고 우기는 경우도 등장할 것이다.

52) 간통죄에 대해서는 계속 違憲 논란이 제기되어, 1990년부터 2008년까지 네 차례나 헌법재판소 심판대에 올랐다. 헌법재판소는 2008년까지는 '성도덕과 혼인·가족관계의 보호' 를 이유로 모두 合憲 결정을 내렸으나, 2015년 2월에는 기존의 입장을 바꾸어 간통죄를 違憲으로 결정했다. 간통죄 폐지론자들은 개인의 '性的 자기결정권' 을 내세우고 있으나, 姦通이 자유주의의 또 다른 원칙인 '위해원칙, 공정원칙' 에 부합되는 것인지도 고려해야 할 것이다.

기는 어려울 것이다. 여기서 오늘날의 인권론이 전통적 인륜을 무너뜨리는 장면이 다시 목격되는 것이다.

둘째, 각종 개인의 자유권은 종종 사회의 질서를 붕괴시키는 방향으로 확대되고 있다. 개인의 각종 권리주장이 난무하면서 사회적 질서의 토대가 위협받고 있다. 몇 가지 예들을 살펴보자.

우선, 오늘날에는 '양심의 자유'가 점차 '양심적 행위의 자유'로 확대하여 해석되면서 각종 문제를 야기하고 있다. 양심적 병역거부 문제는 그 대표적 예이다. 양심적 병역거부자들의 양심적 판단에 의하면 군대는 살인집단에 불과하다.[53] 또한 평화를 애호한다는 몇몇 사람들은 '제주도 해군기지 건설'을 반대하면서 집요하게 공사를 방해하였다. 어느 국가든 방위수단을 갖추지 않을 수 없는데, 이들은 정당한 방위와 부당한 침략을 불문하고 양심과 평화의 이름으로 투쟁하는 것이다.[54] 특히 자신의 양심에 투철한 여러 종파의 종교지도자들이 자신들의 손으로 사회의 정의를 구현하겠다고 나서고 있다. 그러나 '해군기지 건설 문제, 4대강 준설사업 문제, 한 · 미 FTA 문제' 등 이들이 간여하고 있는 사회적 현안들은 대부분 是非가 모호한 것들인바, 거룩한 종교의 이름으로 世俗의 是非를 논정하고자 함에 갈등의 골은 더욱 깊어지는 것이다.[55]

---

53) 우리의 憲法 제5조에서는 "國軍은 국가의 안전보장과 국토방위의 신성한 의무를 수행함을 사명으로 한다"고 했다.

54) 롤즈는 『사회정의론』에서 "법은 언제나 양심의 명령을 존중해야 한다고 싶을지 모르나, 그것이 옳은 것은 아니다."라고 전제하고(382쪽), 또 "전쟁의 목적은 정의로운 평화이다."라고 정의한 다음(390쪽), 징병제 국가에서의 양심적 병역거부 문제에 대해 '부당한 것으로 판단되는 특정한 전쟁 기간 동안 군에 입대하는 것을 거부할 수는 있으나, 어떤 조건 아래에서든 모든 전쟁에의 가담을 거부하는 것은 편파적인 교설로서 현실과는 거리가 먼 것'이라고 설명한 바 있다(392~393쪽).

55) 불교계, 기독교계 등 여러 종파의 지도자들이 '제주도 해군기지 건설 반대, 4대강 준설사업 반대, 한 · 미 FTA 반대'를 외치고 있지만, 그 가운데 대표적인 집단은 '천주

'표현의 자유' 도 오늘날에는 종종 논란을 일으키고 있다. 표현의 자유라는 이름으로 범람하는 각종 '음란물' 문제나 온갖 유형의 불륜이 모두 등장하는 '막장 드라마' 문제, 각종 '험담' 과 '막말' 문제는 차치하자.[56)] 오늘날에는 각종 '거짓말' 도 표현의 자유로 용인된다.[57)] 오늘날 더욱 심각한 문제는 인터넷 공간에서의 '마녀 사냥' 과 각종 '악성 댓글' 문제이다. 유명 인사들은 인터넷 공간에서 마녀사냥의 희생물이 되기 일쑤이고,[58)] 유명 연예인들이 악성 댓글에 시달리다 자살에 이르는 사례가 빈발하고

교 정의구현사제단' 과 '천주교 정의평화위원회' 인 것 같다. 《조선일보》 2011년 12월 17일자 사설 〈종교가 세속 일 취미 붙이면 세속의 종교 간섭 불러〉에서는 "정의평화위원회는 그동안 4대강 사업, 제주 해군기지 건설, 한・미 FTA, 원자력 발전소 건설에 대해 일관되게 반대해 왔다. (…) 종교인이 水資源, 국방전략, 통상정책, 전력需給 같은 世俗의 일을 세속의 전문가들보다 얼마나 더 알겠는가."라고 반문하고, "세속의 사람이건 종교의 사람이건 아무 때고 어디에나 몸을 담그면 본인만이 아니라 그가 소속한 조직이 낭패를 보고 창피를 사게 된다. 종교와 정치의 경계선이 흐릿해질수록 나라는 정치를 그르치고 사람들은 참된 종교를 잃게 될 뿐이다."라고 우려한 바 있다.

56) 근래에는 法院의 判事들마저 인터넷 공간에서 막말을 일삼으며 표현의 자유 대열에 합류하고 있다(《조선일보》 2011년 12월 8일자 사설 〈막말 판사한테 재판받고 싶은 국민은 없다〉 참조).

57) 2014년 세월호 사고 당시 어떤 사람은 한 TV 매체와의 인터뷰에서 허위사실로 해양경찰을 비난하여 기소됐는데, 우리 법원은 '거짓말 인터뷰' 도 '표현의 자유' 에 속한다고 하면서 무죄 판결을 내렸다. 우리 헌법재판소도 '매체를 이용한 허위사실 유포를 법으로 단죄하는 건 표현의 자유를 침해한다' 고 판결한 바 있다(양선희, 〈거짓말도 표현의 자유다〉, 《중앙일보》 2015년 1월 14일자 칼럼 참조).

58) 예컨대 '타진요(타블로에게 진실을 요구합니다)' 사건은 '마녀사냥' 의 대표적인 예였다. 가수 타블로의 미국 스탠퍼드대학 졸업 학력에 대해 각종 의혹을 제기하면서 마음껏 조롱한 인터넷 카페 '타진요' 의 회원 수는 무려 20만 명이나 되었다고 한다. 수많은 사람들이 달려들어 한 사람의 인격을 가차 없이 유린한 것이다(검찰 수사결과 타블로는 스탠퍼드대학을 졸업한 것이 확인되었다). 이와 관련하여, 박종민은 우리 사회를 인터넷 상에서 '마녀 사냥' 이 일상화된 '인터넷 狂國' 이라고 질타한 바 있다(박종민, 〈인터넷 强國인가, 인터넷 狂國인가〉, 《조선일보》 2010년 10월 12일자 讀者意見 참조).

있다. 정부에서는 마녀사냥이나 악성 댓글을 규제하기 위해 그동안 제한적으로 시행하던 '인터넷 실명제' 를 확대하려고 하자, 인터넷 실명제는 '표현의 자유' 를 침해하는 것이라는 반론이 비등하였고, 결국 違憲으로 결정되었다.[59)]

오늘날 우리 사회에서 '언론의 자유' 는 각종 괴담을 양산하고 유언비어를 유포하는 도구로 전락하였다. 근래에는 심지어 언론기관에 종사하는 記者들마저 이 대열에 합류하고 있거니와,[60)] 이를 제재하고자 하면 언론탄압이라고 항변하는 현실이다. 政派를 달리하는 기자들 간에 전혀 상반된 주장을 하면서 서로 사실이라고 우기는 경우가 다반사여서, 국민들은 무엇이 사실인지조차 헷갈리는 경우가 많다.

---

59) 인터넷 실명제를 반대하는 사람들이 제기한 위헌소송에 대해, 2012년 8월, 우리 헌법재판소는 인터넷 실명제를 違憲으로 결정했다. 헌법재판소의 판결 취지는 '인터넷 실명제는 표현의 자유를 제한할 만큼 공익효과가 크지 않다' 는 것이다(《조선일보》 2012년 8월 24일자 보도 참조). 미국의 어느 법학자도 "미국의 경우, 법이 온라인 공간에서 벌어지는 문제를 해결하는 데에 그다지 큰 도움이 되지 못하고 있다. 표현의 자유를 강조하는 수정 헌법 때문이다." 라고 지적한 바 있다(팰프리 · 가서, 『그들이 위험하다』, 119쪽). 한편, 인터넷 실명제는 '표현의 자유' 를 침해하게 되고, 익명제는 '악성댓글' 문제를 야기한다면, 어느 제도를 선택하든 우리는 일정한 문제점을 피할 수 없게 된다. 制度 자체의 이러한 문제점을 극복하는 관건은 倫理에서 찾을 수밖에 없는 것이다. 요컨대 우리는 인터넷이라는 편리한 도구를 고도의 윤리의식을 지니고 선용해야 한다. 그런데 오늘날 항간의 논의는 다분히 윤리는 외면한 채 제도에만 초점을 맞추고 있다.

60) 《조선일보》 2011년 12월 8일자 칼럼 〈'꼼수' 가 된 新인류 기자들〉에서는 "3년 전 광우병 촛불시위가 한창일 때 '시위 여대생 사망설' 이 나돌았다. 괴담은 곧 사실무근으로 확인됐지만 이를 퍼트린 장본인이 밝혀졌을 때 사람들은 또 한 번 놀랐다. 괴담 생산자는 '기자' 였다. (…) 천안함 사건 때 적지 않은 기자들이 '좌초설' 을 주장했다. 연평도 피격 때는 '南의 포격 유도설' 을 제기하는 언론인이 나왔다. 이들의 공통점은 팩트(fact)가 없다는 점이었다. (…) 기자와 기자 아닌 사람을 가르는 기준은 팩트에 대한 절대적 신앙이 있느냐 여부일 것이다. 그런데 그 기준이 애매해졌다. 팩트와 주장의 한계선을 넘나드는 새로운 記者群이 생겨난 것이다." 라고 지적한 바 있다.

한편 '집회의 자유' 는 종종 공권력에 대한 능멸로 치닫고 있다. 시위대는 온갖 탈법과 폭력을 일삼으면서, 그를 진압하고자 경찰이 물대포를 쏘면, 인권홍보대사는 인권침해라고 항의하는 것이 오늘의 현실이다.[61] 폭력 시위대가 공공기물을 부수거나 경찰을 폭행하는 것은 예사이다. 일부 인권론자들의 주장대로라면, 시위대의 인권을 보호하기 위해서는 경찰은 폭력시위도 구경만 하고 있어야 하는 것이다.

'직업선택의 자유' 는 공직사회의 잘못된 관행 '전관예우' 를 막기 어렵게 만들고 있다. '전관예우' 는 우리 사회의 오래된 악습이다. 이를 막기 위해 특정한 공직에 종사했던 사람들은 일정 기간 동안 특정한 지역에서의 변호사 개업이나 특정한 직종에 종사할 수 없도록 한 법조문에 대해 우리 헌법재판소는 '직업선택의 자유' 와 '평등권' 을 내세워 두 번이나 위헌 판결을 내린 바 있다.[62] 국가의 기강을 세우기 위해서는 공직자들에게 더 엄격한 윤리를 요구하는 것은 마땅한 것으로 생각할 수 있는데, 헌법재판소는 그보다 개인의 자유권과 평등권이 더 중요하다고 판결한 것이다.

근래 새로운 화두로 제기된 '학생인권' 은 이른바 '교실의 붕괴' 를 더욱 부채질하는 요인으로 작용하고 있다. 그동안 학생들에게는 교육 목적상

---

61) 2011년 11월 23일, '한 · 미 FTA 무효' 를 외치며 불법시위를 전개하던 시위대에게 경찰이 물대포를 쏘자, 국가인권위원회 홍보대사 김미화씨는 '국민의 인권' 을 침해한 '권력의 폭력' 이라고 항의한 바 있다(《조선일보》 2011년 11월 25일자 보도, 〈김미화씨 '경찰 물대포 진압' 항의 인권위에 서한〉 참조). 한편, 경찰청장이 "흉기를 들고 경찰을 공격하는 사람에겐 규정대로 권총이라도 사용하라" 고 지시하자, 국가인권위원회 관계자는 "총기 사용이 일반화되지 않은 국내에서 범죄자가 흉기를 들었다고 경찰이 총기를 꺼내 들면 '비례성' 의 원칙에 위배되고, 과잉 대응의 우려가 있다." 고 비판한 바 있다(《조선일보》 2011년 5월 10일자 보도 〈흉기로 경찰 공격하면 규정대로 총 쏴라〉 참조). 우리의 국가인권위원회는 공무원이나 피해자의 인권은 외면하고, 시위대나 범죄자의 인권만 존중하는 셈이다.

62) 김낭기, 〈'전관예우 금지' 두 번 위헌 결정했던 憲裁〉, 《조선일보》 2011년 6월 28일자 칼럼 참조.

교복을 입히고, 두발의 양식을 제한해 왔으며, 소지품을 검사하고, 집회의 자유도 제한해 왔으며, 학교의 통제에 따르지 않으면 體罰을 가하기도 했다. 그러나 근래에는 각 市 · 道 교육감들이 '학생인권조례'를 제정하여 이 모든 것을 원칙적으로 금지하고, 다만 일부 사항에 대해서는 학생의 동의 하에서만 가능하도록 조치하였다.[63] 그 결과 학생의 인권은 많이 신장되었지만, 그 부작용으로 교실의 붕괴가 가속화되고 있다는 비판이 끊임없이 제기되고 있다.[64]

위에서 열거한 두 부류는 그 자체로는 지당한 권리이지만 그것이 과도하게 해석됨으로써 가족과 사회의 질서를 무너뜨리는 경우라 할 수 있다. 그런데 오늘날의 기본적 인권 가운데는 그 자체가 인륜에 반하는 것도 있다. 그 대표적인 예는 '默秘權'이다. 모든 사람은 죄를 지었으면 그를 솔직하게 인정하고 반성하며, 용서를 구하고 처벌을 감수하는 것이 인륜적 도리일 것인바, 묵비권은 이에 정면으로 배치되는 것이다.

우리 헌법 제12조에서 "모든 국민은 拷問을 받지 아니하며, 刑事上 자기에게 불리한 진술을 강요당하지 아니한다."고 했듯이, 묵비권은 강제적인 拷問에 의한 自白의 강요를 방지하여 피의자 · 피고인의 인권을 옹호하려

63) 우리나라의 국가인권위원회에서는 초등학교에서의 '일기장 검사'도 아동의 인권을 침해한다는 이유로 폐지하도록 권고한 바 있다.

64) 예컨대 김주성은 "학생인권조례안이 교육환경을 개선하기 위한 합리적 내용이라면 물론 문제시할 이유가 없다. 그런데 현재 일부 시 · 도 교육청에서 추진되고 있는 학생인권조례 제정의 방향은 교육적이라고 할 수 없다는 점에서 여간 심각한 일이 아니다. 학생들이 교내에서 수업시간이 아니면 언제나 자유롭게 집회 · 결사를 할 수 있게 하고, 학교운영과 교육정책의 결정과정에까지 참여하게 한다는 것이 대표적인 反敎育的 내용이다. 집회 · 결사의 자유권이 학생들의 교육정책 반대집회를 허용하는 것이라면 그것은 교사와 학부모의 교육권을 침해하고 교육현장을 혼란에 빠뜨릴 것이다. 학생들은 학습권을 가진 학습주체일 뿐 교육권을 가진 교육주체가 아니다. 학습주체와 교육주체가 혼동된다면 교육은 실종된다."고 지적한 바 있다(김주성, 〈反교육 정치투쟁으로 학생 誤導 말라〉, 《문화일보》 2010년 7월 8일자 칼럼).

는 취지에서 나온 것이다.[65] '고문을 받지 않을 권리'는 '진실을 고백할 의무'와 함께 병행되어야 마땅하다. 자신의 범행에 대한 진실은 감추면서 고문을 받지 않을 권리만 내세운다면, 범죄 사건의 해결은 더욱 어려워지기 때문이다. 고문받지 않을 권리와 묵비권은 결국 피해자의 인권보다 가해자의 인권을 더욱 중시하는 처사이다.[66]

한편, 인권의 핵심 영역 가운데 하나인 오늘날의 재산권 조항도 종종 인륜과 어긋나는 경우를 볼 수 있다. '파산면책권'이나 '채무소멸시효' 그리고 '점유취득' 등이 그 예이다. 파산면책의 경우, 파산선고를 통해 채무를 면책받았더라도 그 후에 다시 부자가 되었다면 예전에 졌던 빚을 갚는 것이 사람의 도리에 맞을 것이다. 채무소멸시효의 경우, 채권자가 빚을 갚을 것을 독촉하지 않는 상태로 일정 기간이 지났어도, 채무자는 빚을 갚으려고 최선의 노력을 다하는 것이 도리일 것이다. 점유취득도 마찬가지이다. 본래의 소유자에게 알리지 않고 그의 토지를 점유한 것도 잘못이려니와,

---

65) 홉스는 '고문에 의한 자백은 증언으로 간주되어서는 안 된다'고 주장한 다음, "인간은 진실이든 거짓이든 자신에게 유리하게 증언할 수 있는바, 이는 자신의 생명을 보존할 권리를 지니기 때문"이라고 말한 바 있다(Hobbes, *Leviathan*, 199~200쪽). 요컨대 홉스는 단순한 묵비권을 넘어 '거짓 증언의 권리'까지 주장한 것인바, 이것이 본능중심적 인간관에 기초한 인권론의 특징이다.

66) 대표적 인권선진국이라 하는 미국에서도 9 · 11 테러범에 대해 고문을 가한 바 있다. 테러범들에 대한 고문이 국내외적으로 큰 파장을 일으키자, 미국 정부는 테러범들을 고문허용국으로 비밀리에 이송하여 고문한 것으로 알려졌다. 미국은 고문을 통해 얻은 정보로 빈 라덴의 소재를 추적하여 응징했다(《조선일보》 2011년 5월 9일자 칼럼, 〈빈 라덴 응징의 또 다른 교훈〉 참조). 한편, 북한의 보위사령부에서는 南派 間諜들에게 "안기부(국정원)에선 절대 폭행 · 고문을 하지 않으며 철창이나 구류장에도 넣지 않으니 얼마든지 견딜 수 있다."거나 "남조선은 인권 문제를 중시하여 안기부도 정확한 증거 없이 감옥에 보내지 않는다. 따라서 끝까지 우겨라."라고 교육한다고 한다(《조선일보》 2014년 9월 19일자 칼럼, 〈지구상에서 間諜에게 가장 친절한 판사들〉 참조). 이밖에도 우리 국가의 인권보호 체제를 악용하는 사람들은 부지기수일 것이다.

점유한 채로 일정 기간이 지나면 오히려 소유권을 주장할 수 있다는 것은 인륜의 관점에서는 납득하기 어려운 것이다.

이상에서 개인의 과도한 권리 주장이 우리 사회의 기본 질서를 위협하는 양상들, 그리고 오늘날의 인권조항이 때로는 인륜과 어긋나는 예들을 살펴보았다. 이 가운데 더욱 심각한 문제를 야기하는 것은 전자의 경우이거니와, 그렇다면 이러한 현상들을 우리는 어떻게 받아들여야 하는가?

먼저 '개인의 행복추구권'과 '가족의 질서' 문제를 논해 보자. 근래의 경향은 가족질서의 보호보다 개인의 권리가 중요하다는 것이다. 그러나 이는 매우 우려스러운 사태이다. 가족의 질서가 파괴되면, 그 여파로 개인의 존립 기반도 무너지고, 나아가 사회의 토대도 무너지기 때문이다. 개인이 아무리 독립적 존재라 하더라도, 개인은 기본적으로 가족이라는 울타리 속에서 태어나고 자라서 사회로 진출하는 것이며, 또다시 가정을 꾸며 다음 세대를 낳고 기르면서 행복을 가꾸는 것이다. 가정은 이처럼 '가장 원초적인 행복의 보금자리'요, '다음 세대를 양육하는 토대'이기 때문에 이제까지 모든 사회와 국가에서는 가족제도를 보호하고자 했던 것이다. 다시 말해, 가족제도를 보호하는 것은 가족이 사회의 다음 세대를 양육하는 토대이기 때문만이 아니라, 바로 개인의 가장 원초적인 행복의 보금자리이기 때문이기도 한 것이다.[67]

한편, 흔히 말하듯이 가족의 해체는 온갖 사회적 병리현상의 근원이 된다는 점도 고려해야 한다. 가족의 품에서 제대로 사랑을 누리며 자란 사람

---

67) 孟子는 '君子三樂'을 거론하면서 "부모가 모두 살아 계시고 형제가 모두 無故한 것"을 첫째로 꼽았다(『孟子』 盡心上 제20장 참조). 우리는 남과의 만남 속에서도 행복을 누릴 수 있으나, 부모 · 형제 · 부부는 더욱 원초적인 행복의 원천이다. '피는 물보다 진하다'고 했듯이, 부모 · 형제 · 부부의 관계가 어긋나서 생기는 마음의 상처는 '남과의 만남'으로 쉽게 치유되지 않는다.

은 건전한 사회의 구성원이 될 가능성이 크지만, 불우하게 자라나면 범죄자가 될 가능성이 크다는 것은 잘 알려진 사실이다. 그렇다면 가족질서의 유지를 위해서 각별한 노력을 기울여야 하는바, 따라서 가족질서를 왜곡하는 개인의 행복추구권에 대해서는 신중하게 대처하지 않을 수 없는 것이다. 이렇게 본다면 개인의 권리에만 초점을 맞추어 가족질서의 해체를 방조하는 것은 매우 근시안적인 태도이다.

다음, '개인의 다양한 권리' 와 '사회의 질서' 문제를 생각해 보자. 자유주의의 지론은 사회는 개인의 권리를 신장시키기 위한 도구이므로, '사회의 질서보다 개인의 권리가 우선한다' 는 것이다. 그러나 이러한 주장을 그대로 받아들이기는 어렵다. 자유주의의 지론대로 사회는 개인의 권리를 신장시키기 위한 도구라고 한다면, 바로 그렇기 때문에 '사회의 질서가 개인의 권리에 우선한다' 고 주장할 수도 있다. 다시 말해, 사회의 질서가 유지되어야만 개인도 다양한 권리를 안전하게 누릴 수 있다는 주장도 성립할 수 있는 것이다.

어떠한 제도든 그 제도가 존립하는 한 그것은 개인의 자유에 대한 제한을 뜻하는 것이다. 사회계약론의 기본 취지는 개인이 일정한 권리를 양도(유보)함으로써 나머지의 권리를 더욱 안전하게 누릴 수 있다는 것이었다. 그런데 우리 사회 일부 인사들의 과도한 권리주장은 결국 권리의 양도를 완전히 거부하겠다는 태도이다. 이처럼 개인의 권리만 강조한다면, 도대체 사회의 질서는 어떻게 유지될 수 있겠는가?

이들은 '민주주의' 라는 명목으로 '양심의 자유' 를 외치며 '양심적으로 행동하겠다' 고 한다. 그러나 사실 이들은 오히려 민주주의의 파괴자이다.[68] 민주주의의 기본 취지 가운데 하나는 개인의 양심의 자유를 존중하

---

68) '제주도 해군기지 건설, 4대강 준설사업, 한 · 미 FTA' 등을 적극 반대하는 이들 '양

면서도, 사회의 운영은 합의(계약, 법)에 따른다는 것이다. 특정한 사안에 대한 가치판단은 각자의 양심에 따라 다르게 할 수 있으나, 행위는 법에 따르라는 것이 민주주의의 기본 취지일 것이다. 요컨대 민주주의는 사회적 합의를 존중하는 것이다. 그런데 이들 '양심세력' 은 사회적 합의를 무시하고 자신들만의 진리주장을 관철시키려고 한다.[69] 이러한 맥락에서, '양심적 행위의 자유' 란 결국 법치주의를 부정하는 것이요, 이들의 양심적 행위는 종종 '떼법' 으로 전락하는 것이다. 그리하여 마침내 우리 한국은 '떼법이 憲法보다 우선하는 나라' 라는 自嘲的 비판이 등장하게 되었다. 한 신문의 사설에서는 오늘날 우리의 현실을 다음과 같이 비판한 바 있다.

11일 오후 서울 하계역을 떠나 중계역으로 가던 지하철 전동차가 "하계역에

심세력' 의 이념적 성향은 自由主義(右派)가 아니라 社會主義(左派)이다. 우리 한국의 國是를 '자유민주주의' 라고 표기할 것인가 단순히 '민주주의' 라고 표기할 것인가를 둘러싸고 근래(2011년)에 벌어졌던 '近現代史 역사교과서 파동' 은 이들 양심세력의 이념적 성향을 여실하게 보여준 것이다. 그런데 이들이 좌파라고 하여 개인의 각종 자유권을 포기하는 것은 아니다. 이들은 '시장경제' 나 '富者들의 재산권' 에 대해서는 적극 비판하면서 '富의 재분배' 를 추구하지만, 여타의 자유권은 마음껏 행사하고자 하는 것이다.

69) 민주국가에서 정치적 정당성의 근거는 '국민의 합의' 에 있다. 국민이 국회의원을 선출하고, 국회의원이 법을 제정하는 것은 국민의 합의와 동일하게 간주된다. 그런데 그렇게 제정된 법이 도덕적으로 옳지 않을 경우도 있을 수 있다. 요컨대 '민주적 정당성' 과 '도덕적 정당성' 은 때때로 어긋날 수 있다(이에 대한 자세한 논의는 拙著, 『儒教傳統과 自由民主主義』, 478~483쪽 참조). 이 지점에서 이른바 '양심의 자유' 가 진정한 의의를 발휘할 수 있는바, 이러한 괴리를 문제 삼고 그것을 바로 잡으려고 하는 것이 '양심적 행위' 일 것이다. 그러나 그렇다 하더라도, 이는 그 자체 민주주의와는 어긋나는 것이다. 민주주의란 최종적으로는 多數決을 뜻하기 때문이다. 따라서 우리 사회의 이른바 '양심세력' 이 '도덕' 을 내세우는 것은 논리적으로 가능하나('해군기지 건설 반대, 4대강 준설사업 반대, 한 · 미 FTA 반대' 등 '양심세력' 의 주장이 과연 도덕적으로 정당한 것인지도 별도로 따져볼 일이다), 자신들만의 진리주장을 '민주주의' 의 이름으로 포장하는 것은 語不成說인 것이다.

서 출입문이 안 열려 내리지 못했다"는 한 승객의 항의에 170m를 역주행해 하계역으로 되돌아가는 일이 생겼다. 60~70대로 추정되는 이 승객이 객실 내 비상통화 장치로 손해배상을 청구하겠다며 욕을 해대자 기관사는 관제센터에 연락해 뒤따라오던 전동차를 서게 한 후 전동차를 거꾸로 가게 해 하계역으로 되돌아갔다. (…) 아무리 떼법이 헌법보다 위에 있는 나라라고 하지만 있어선 안 되는 일이 벌어졌다. 확인 결과 기관사는 하계역에서 정상적으로 출입문을 열었다고 한다.

우리 사회 곳곳에선 이런 갖가지 어처구니없는 역주행이 시도 때도 없이 벌어지고 있다. 국회의사당에서 최루탄을 터뜨려 FTA 비준 의결을 방해한 김선동 의원은 "안중근 의사의 심정으로, 윤봉길 의사의 심정으로"라고 했다. 광화문 불법시위를 막으려던 경찰서장을 두들겨 팬 무리들은 경찰서장이 자작극을 벌이고 있다고 되레 몰아세웠고, 선거 때 상대 후보를 매수한 혐의로 구속된 서울시교육감은 "합법성만 강조하고 人情을 상실하면 그것은 법의 절반에도 미치지 못하는 것"이라는 궤변을 늘어놓았다. 강대국의 해군력 강화에 대비하기 위해 건설하기로 한 제주 해군기지는 법 절차를 다 지키며 진행했는데도 從北 세력은 장병들에게 발길질을 해대면서 공사를 방해해 74일 동안 공사가 중단되기도 했다.

법으로 생떼를 바로잡는 것은 사법부의 역할이다. 그러나 요즘 판사들은 페이스북에 "뼛속까지 親美인 대통령"이라는 글을 서슴없이 올리며 판사라고 私的인 정치 견해를 밝히지 말라는 법 있느냐고 떼를 쓴다. 대법원 윤리위원회가 법관의 신중한 언행을 권고하자 다른 판사가 나서서 "쫄면 시켰다가는 가카의 빅엿까지 먹게 된다"[70]고 천한 말투로 치받고 나온다. '역주행 공화국'에서 대

70) '가카'는 '대통령 각하'를 빗댄 말이고, '쫄면'은 '겁내면', '빅엿'은 '크게 골탕 먹다'라는 뜻으로, 인터넷 라디오방송 '나는 꼼수다(나꼼수)'에서 자주 쓰는 속된 표현이라 한다.

형 충돌 사고가 언제 벌어지느냐는 시간문제일 따름이다.[71]

개인들의 무분별한 권리 주장이 난무하면서, 우리나라는 '떼법이 헌법보다 위에 있는 나라' 가 되고 말았다. '떼법이 헌법보다 위에 있는 나라' 란 결국 '법치주의의 붕괴' 를 뜻하거니와,[72] 이는 그동안 우리 사회가 인륜은 전혀 도외시하고 인권만 내세운 결과이다.[73]

당리당략에 사로잡힌 정치인이나 특정한 이념에 사로잡힌 정치운동가들,[74] 몰상식한 대중들이야 늘 그런 것이니 새삼스럽게 탓할 것이 없다고

---

71) 《조선일보》 2011년 12월 12일자 사설, 〈지하철에서 본 '逆주행 공화국' 대한민국의 모습〉.

72) 《조선일보》 2011년 12월 20일자 칼럼 〈법치주의에 대한 민주통합당의 反感〉에서는 우리 사회의 '진보 · 좌파들' 이 "법은 正義의 편에 서야 한다는 명분 아래 자기들이 생각하는 정의를 위해선 실정법을 짓밟아도 좋다고 여긴다" 는 점을 지적하고, "그러나 자기들의 주장만이 정의라며 법을 짓밟는 사람들을 그냥 내버려 둔다면 이 나라는 지금처럼 불법시위에 나설 수 있는 힘 있고 목소리 큰 집단이 쥐고 흔드는 나라에서 벗어나지 못할 것이다. 떼쓸 줄도 모르고 떼쓸 힘도 없는 사람들만 앉아서 당하는 나라가 될 것이다." 라고 우려한 바 있다. 이는 무분별한 '양심적 행위' 는 결국 '떼법 공화국' 을 초래한다는 점을 지적한 것이다.

73) 2011년 여름 영국을 들끓게 했던 일련의 폭동사태에 대해, 데이비드 캐머런 영국 총리는 폭동의 근본원인은 사회 구성원의 '도덕성 붕괴' 에 있다고 지적하고, '가족 · 책임감 · 안전' 과 같은 윤리적 가치를 회복하기 위해 단호한 조치들을 취했다. 캐머런 총리는 '시민으로서 져야 할 의무' 를 소홀히 하게 하는 人權法의 문제조항들에도 칼을 대겠다고 했다(《조선일보》 2011년 8월 18일자 보도 〈'대처(前 영국 총리)의 아들' 캐머런(現 총리), 보수 원칙 바로 세운다〉 참조).

74) '특정한 이념에 사로잡힌 정치운동가들' 가운데 가장 경계할 대상은 '從北左派' 이다. 이들은 '자유민주주의의 나라' 대한민국(南韓)의 정통성을 부정하고 '김일성 주체사상의 나라' 조선민주주의인민공화국(北韓)을 추종하는 것이다. 종북좌파 정당이었던 통합진보당은 2014년 12월 19일 헌법재판소의 위헌정당 심판으로 해산되었으나, 그래도 종북좌파는 여전히 활개치고 있다. 이들은 자유민주주의의 나라 대한민국을 전복시키려고 투쟁하면서, 그 수단으로 자유의 권리를 이용하는바, 그리하여 '관용하지 않는 자에 대한 관용의 문제' 를 야기하고 있다. 자신은 남을 관용하지 않으면서 자신에게는 관용을 요구하는 것은 語不成說일 것이다.

치자. 근래에는 우리 사회의 보루라 할 수 있는 법조인 · 언론인 · 종교인 및 기타 고위 공직자들조차 종종 自由와 民主의 이름으로 혼란과 갈등을 부추기는 데 앞장서고 있다. 문창극은 작금의 이러한 세태를 우려하면서 새롭게 '보이지 않는 손' 의 필요성을 제기하였다. 그는 다음과 같이 말한다.

> 民主와 自由가 만개한 것까지는 좋으나 모두 개별 이익의 극대화로만 치달으니 전체로는 붕괴되는 것이다. 우리에게는 '보이지 않는 손' 이 없다. 개별 이익을 추구해도 그것이 전체로는 조화를 이루어야 질서도 서고 나라도 번영한다. 이는 바로 각자가 개인의 이익을 생각할 뿐 아니라 공동체의 이익도 함께 생각하는 마음을 가질 때 가능하다. 뒤를 돌아보면 우리가 지금보다 오히려 권위주의 시절에 공익 문제를 더 생각했던 것은 아닌가? 우리가 民主 共和國이라면 民主主義도 해야 하지만 더불어 잘사는 共和의 가치도 지켜야 한다. 공화의 가치는 공익을 사익에 앞세우며 공동체를 소중히 여기는 것이다. 또한 공화의 가치는 명예로운 시민의식이다. 시민 각자가 올바른 책임의식을 가지는 것이고, 공직자는 공직의 명예를 지켜가는 것이다.[75]

문창극은 '시민 각자가 올바른 책임의식을 가지는 것' 과 '공직자는 공직의 명예를 지키는 것' 이 우리 사회의 번영을 담보하는 '보이지 않는 손' 이라 했는데, 이는 전통적 인륜론의 핵심 취지와 궤를 같이하는 것이다. 이러한 맥락에서 우리는 현대의 인권과 전통적 인륜을 조화시키는 길을 모색해야 할 것이다.

---

75) 문창극, 〈'보이지 않는 손' 이 없다〉, 《중앙일보》 2011년 6월 14일자 칼럼.

3. 현대사회에서의 悖倫 문제

이상에서 살폈듯이 오늘날 인권과 인륜은 적지 않은 갈등을 빚고 있다. 그런데 더욱 심각한 문제는 우리 사회 곳곳에서 패륜이 자행되고 있다는 점이다. 인권만 강조하며 인륜에 대해서는 침묵하다보니, 패륜은 더욱 확산되는 추세인 것이다. 이제 오늘날 우리 사회에서 문제되는 패륜의 양상들을 살펴보기로 하자.

첫째, 가족 사이에서 빚어지는 패륜이다. 부모가 어린 자식을 남몰래 버리거나 아동보호시설에 맡기고 양육을 외면하는가 하면,[76] 젊은 자식은 늙은 부모의 봉양을 외면하여 孤獨死에 이르게 하는 일이 벌어지고 있다.[77] 전통적으로 부모와 자식의 관계는 끊고 싶어도 끊을 수 없는 '天倫'이라고 인식되어 왔었는데, 이제는 가족 간에 남남처럼 외면하는 일이 늘어나는 것이다.[78]

---

76) 2010년 전국아동학대현황 보고서에 따르면, 아동학대 사례 중 만2세 미만 영아는 530건으로 전체의 9.4%에 달한다. 만 1세 미만 영아의 경우 방임과 유기를 합쳐 70.0%를 넘는다. 특히 최근 수년 새 경제난과 빈곤으로 아이 키울 자신이 없어 생명을 버리는 10대 미혼모 영아 유기 사건이 잇따르고 있다(《여성신문》 2011년 11월 25일자 기사 〈'사회적 타살' … 만1세 미만 영아 유기 잇따라〉 참조). 한편, 보호시설에 수용된 아동 가운데 부모가 모두 있거나 어느 한쪽이라도 있는 경우가 70%에 이른다고 한다.

77) 《조선일보》 2011년 7월 5일자 칼럼 〈노인의 절규, 청년의 절망〉에서는 "일본은 고령화가 본격화하면서 죽은 지 며칠이 지나서야 발견되는 孤獨死가 연간 1만5000건이 넘고, 죽어도 시신을 인수할 사람이 없는 無緣死가 연간 3만2000건이 넘는다. 지난해에는 자식이 부모의 연금을 계속 받기 위해 부모의 시신을 白骨이 될 때까지 골방에 방치한 사건이 드러나 충격을 줬다. '長壽 대국, 노인복지 대국'의 어두운 그림자가 드러나면서 장수가 축복이 아니라 저주가 될 수 있다는 우울한 메시지를 던져주고 있다."고 지적하고, "일본보다도 더 빠르게 저출산 고령화가 진행되고 있는 한국도 똑같은 전철을 밟을 가능성이 커지고 있다."고 우려한 바 있다.

78) 《조선일보》 2012년 7월 6일자 칼럼 〈도심 한복판서 혼자 죽는 사람들〉에서는 "복지

오늘날 더욱 심각한 문제는 친족을 대상으로 한 범죄가 갈수록 늘어난다는 점이다.[79] 더욱 놀라운 것은 가족 사이에 살인 · 방화 · 강간 등 강력범죄가 속출하는 것으로서, 이러한 패륜적 범죄는 근래에 들어 더욱 증가하는 추세이다.[80] 사정이 이러한데도, 일부 학자들은 '尊屬에 대한 살해 · 상해 · 폭행' 등 패륜범죄를 '남에 대한 살해 · 상해 · 폭행' 보다 무겁게 처벌하는 것은 '憲法의 平等權 조항에 어긋난다' 고 주장하며 위헌소송을 제기했다.[81]

부 조사에 따르면 獨居 老人 119만 명 중 65%가 자녀와 일주일에 한 번도 전화 연락을 하지 않는다고 한다. 가난할수록, 그리고 거동이 불편할수록 가족이나 이웃 공동체와 멀어져 고립에 빠져들 위험이 커진다." 고 지적하고, "인간은 사랑하는 사람 품에서 존엄하게 숨을 거둘 권리가 있다. 이제 孤立死는 사회 안전망 차원에서 국가가 끌어안을 복지 문제가 됐다. 등산객을 위해 조난 대비 시설을 만들면서, 혼자 사는 사람을 위한 라이프 라인(생명 구조 시스템)은 왜 구축하지 않는가. 가족끼리 알아서 해결하라고 방치한다면 그것은 국가의 직무 유기다." 라고 주장했다. 그러나 이러한 주장은 반론의 여지가 다분하다. 물론 論者도 "국가는 생명 구조 시스템을 구축할 의무가 있다" 는 주장을 부정하지는 않는다. 그런데 위의 인용문의 論旨가 "인간은 사랑하는 사람 품에서 존엄하게 숨을 거둘 권리가 있으므로, 국가는 생명 구조 시스템을 구축할 의무가 있다" 는 것이라면, 이는 수긍하기 어려운 주장이다. '국가의 생명 구조 시스템' 이 곧 '사랑하는 사람의 품' 일 수는 없기 때문이다. "인간은 사랑하는 사람 품에서 존엄하게 숨을 거둘 권리가 있다" 면, 그 권리는 바로 그의 가족이 충족시켜줄 수밖에 없는 것이다.

79) 경찰청 통계에 의하면 친족 대상 범죄가 2006년 2만7천459건, 2007년 2만6천821건, 2008년 2만6천118건으로 연간 3만건에 육박하고, 이중 강력범죄는 2006년 583건, 2007년 598건, 2008년 619건으로 증가추세를 보이고 있다. 특히 존속살인 건수는 2008년 44건, 2009년 58건, 지난해 66건으로 2년 사이 50%나 증가했다(《연합뉴스》 2011년 4월 19일자 時論 〈존속살해죄 폐지 신중하게 생각해야〉 참조).

80) 대검찰청의 친족 간 강력범죄 통계에 의하면, 2007년에는 살인 130여건, 방화 180여건, 강간 190여건이 발생했고, 2008년에는 살인 290여건, 방화 280여건, 강간 190여건이 발생했으며, 2009년에는 살인 310여건, 방화 240여건, 강간 220여건이 발생했고, 2010년에는 살인 229건, 방화 386건, 강간 226건이 발생했다(《조선일보》 2011년 10월 19일자 보도 〈친족간 범죄 급증〉 참조).

81) 우리 형법의 '존속살해 가중처벌' 조항에 대해, 2013년 7월 25일, 헌법재판소는 재판

존속살해죄를 위헌으로 규정하는 사람들의 논거는 두 가지로 정리된다. 하나는 직계비속이라는 신분 때문에 다른 범죄자보다 무거운 책임을 지는 것은 사회적 신분에 따른 차별이라는 것이며, 또 하나는 가족관계는 '개인 대 개인의 평등관계' 로 봐야 하는데, 존속범죄에만 가중처벌하는 것은 봉건적 가족제도를 전제로 한 전근대적 유산이라는 것이다.[82] 요컨대 이들의 주장은 '부모와 자식' 의 관계는 '남과 남' 의 관계와 동일하게 취급해야 한다는 것이며, 또한 '부모와 자식' 의 관계도 '개인 대 개인' 의 관계처럼 평등하게 취급해야 한다는 것이다.

이들의 주장을 그대로 받아들인다면, 부모의 자식에 대한 양육의무나 자식의 부모에 대한 봉양의무도 모두 폐기되어야 한다. 우리는 남에 대해서는 양육이나 봉양의 의무를 지니지 않기 때문이다. 실제로 우리 사회는 이러한 방향으로 변하고 있으며, 따라서 걸핏하면 아동복지나 노인복지의 책임을 국가에 떼미는 것이다. 이러한 분위기 속에서 영아나 노부모의 유기, 더 나아가 살인 · 방화 · 강간 등 패륜이 예사로 여겨지는 것이다.

그러면 가족 사이의 패륜이 점증하는 까닭은 무엇인가? 첫째는 위에서 지적한 것처럼 '개인주의의 심화' 를 들 수 있다. 개인을 독립적 존재로 규정하는 한, 가족 사이에도 특별한 의무감이나 애정을 가질 이유가 없는 것이다. 둘째는 '지나친 金錢 숭배' 를 들 수 있다. 친족 간 살인 · 방화의 가장 흔한 동기는 재산 다툼이나 보험금을 노린 것인바, 바야흐로 돈이 혈육

관 7(합헌) 대 2(위헌)의 의견으로 合憲 결정을 내렸다. 재판부는 "존속살해죄를 일반 살인죄보다 가중처벌하는 것은 행위자인 비속의 패륜성에 비춰 사회적 비난가능성 높기 때문"이라며 "차별취급에 합리적 이유가 있어 평등 원칙에 반하지 않는다"고 판시했다. 반면 위헌 결정을 내린 두 재판관은 "이 조항은 헌법이 보장하려는 民主的 가족관계와 조화되기 어렵다"는 등의 이유를 들어 違憲이라고 주장했다(헌법재판소 홈페이지, 2015년 1월 31일 검색).

82) 《연합뉴스》 2011년 4월 19일자 時論 〈존속살해죄 폐지 신중하게 생각해야〉 참조.

보다 중요한 세상이 되어 가고 있다. 셋째는 '성도덕의 문란'을 들 수 있다. 영아유기는 대부분 미혼모와 밀접한 관계가 있거니와, 성도덕의 문란은 미혼모 문제와 영아유기 문제로 연결된다. 가족 간의 강간 등 성폭력의 문제도 성도덕의 문란에서 비롯되는 것이다.

보수적 인사들이 패륜 문제를 '인륜의 붕괴'라는 맥락에서 접근하는 것과 달리, 진보적 인사들은 패륜 문제를 '빈곤의 결과'라는 맥락에서 접근한다. 사회의 책임을 강조하는 제2세대 인권론자들은 가족해체의 주된 원인을 빈곤으로 설명하고, 빈곤가정을 지원하면 가족해체는 물론 패륜적 범죄도 줄일 수 있다고 보는 것이다. 예로부터 '衣食이 족해야 禮義를 안다'고 했고, 또 빈곤으로 인한 가족 간의 갈등이 패륜으로 연결되는 사례도 많으니, 패륜을 예방하기 위해서는 빈곤가정을 지원해야 한다는 주장은 충분한 설득력이 있다. 그러나 빈곤과는 별개로 인륜의 차원도 외면해서는 안 된다.[83] 패륜 범죄가 빈곤 가정에서만 일어나는 것이 아니기 때문이다. 더군다나 개인주의의 심화와 성도덕의 문란은 빈곤과는 별개의 문제이다. 따라서 경제적 지원과 윤리적 성찰을 겸해야만 가족 간의 패륜을 예방할 수 있을 것이다.

둘째, 老人에 대한 행패이다. 전통적 경로사상은 차츰 자취를 감추고, 이제는 공공장소에서마저 젊은이들이 노인들께 행패를 부리는 일이 잦아졌다.[84] 특히 지하철에서 이러한 일들이 빈번하게 일어나, 우리의 지하철은

83) 혹자는 "미혼모들도 자기 아이를 양육할 권리가 있다"고 주장하면서, 국가가 이들을 적극 지원해야 한다고 주장한다(국가인권위원회, 『인권』 제64호(2010년 9/10월호), 〈'어린 엄마'에게 사랑과 새 삶〉, 5~8쪽 참조). 이는 지당한 주장이라 하더라도, 애초에 윤리적 계도를 통해 미혼모가 발생하지 않게 하는 것이 더욱 바람직할 것이다.

84) 근래에는 자기의 아이를 귀엽다고 어루만지는 옆 좌석 할머니께 "남의 새끼 만지지 말라고, 경찰 불러" 하면서 때리는 주부가 있었는가 하면, "다리를 꼬고 앉지 마라, 불편하다"고 말한 것으로 추정되는 노인께 "야, 이 ××놈아. 죽고 싶어?"라고 수십

이제 '패륜철' 로 불리게 되었다. 이러한 세태를 두고 어느 신문의 칼럼에서는 다음과 같이 말한다.

> 대한민국 지하철이 '패륜철' 이 된 것은 사실 어제오늘 일이 아니다. 지하철 패륜 사건을 크게 나누면 대개 둘 중 하나다. 개똥녀(자기 개의 변을 두고 내린 여자), 쩍벌남(다리를 과도하게 벌리고 앉은 남자)처럼 예의가 부족한 모습이 동영상에 찍히는 경우가 하나이고, 다른 하나는 노인과 젊은이 사이의 폭행·폭언 시비다. (…) 이런 사태를 그저 노인과 청년의 싸움이라고 방관하기엔 사태가 심각하다. 절제를 배우지 못한 젊은이들은 스스로의 분노 조절을 '굴종' 으로, 다른 이들의 지적을 '프라이버시 침해' 라고 생각한다. 억울한 일이긴 하지만 노인을 포함, 누구나 마음속에 '참을 인(忍)' 15개쯤을 지녀야 하는 세상이 됐다. 그런데 그렇다고 문제가 해결될까. 분쟁이 있다면 조정자도 있어야 하는 법. 그런데 우리 사회에 그게 없다. 앞의 두 지하철 사건에서 몸을 던져 싸움을 말린 것은 또 다른 노인들이었다. 폭언당한 노인의 '아들' 이자, 폭행한 청년의 '부모' 일 중년들은 이 싸움을 모른 척했다. 하긴 얼마 전 공개된 인터넷 동영상에는 등산복 차림의 중년이 농지거리를 주고받다 급기야 고성방가를 하는 장면이 들어 있었다. 공경 차원이 아니라 인간이 다른 인간을 대하는 기본부터 가르쳐야 한다고 말하는 사람이 없는 사회. 진짜 '패륜' 은 공경이 없는 사회가 아니라, 이 지경의 사회를 그냥 방관하는 일이다. '패륜 지하철' 은 오늘도 달린다.[85)]

번 욕을 하는 젊은이도 있었으며, 또 어떤 노인복지시설에서 고교생들이 노인들에게 '패륜 장난' 을 저질러 물의를 일으킨 적도 있다. 또한 요즈음 인터넷 공간에서는 청소년들이 '패륜 카페' 를 개설하여 '부모·교사 욕하기 배틀' 을 벌이고 있다(《조선일보》 2013년 5월 29일자 보도 〈老人에 욕하며 촬영 … 막나가는 '悖倫 놀이' 번져〉 참조).

85) 《조선일보》 2011년 6월 30일자 칼럼 〈대한민국 '패륜철' 〉.

위의 인용문에서 지적했듯이, 오늘날 우리 사회는 '노인에 대한 공경'은 차치하고 '인간이 다른 인간을 대하는 기본' 조차 결여된 사회가 되었는데, 많은 사람들은 이 지경의 사회를 그냥 방관하고 있는 것이다.

전통적 경로사상은 두 맥락에서 이해할 수 있다. 첫째는 노인들이 이제까지 사회에 기여한 공로에 대한 보답이라는 맥락이며, 둘째는 노인들이 지닌 풍부한 지혜에 대한 존중이라는 맥락이다. 그러나 오늘날에는 이 두 가지가 모두 퇴색되고 말았다. 노인의 복지를 '人權' 의 문제로 인식하면서 '報恩' 이라는 관념은 저절로 퇴색되고, 나날이 등장하는 새로운 文物은 노인들의 지혜를 無用之物로 생각하게 만드는 것이다. 이러한 현실 속에서, 젊은이들에게 노인이란 복지비용 부담을 야기하는 짐이요,[86] 낡은 사고방식으로 귀찮게 간섭하는 고리타분한 존재에 불과한 것이다. 노인들이 이렇게 인식된다면, '경로' 라는 말 자체가 무의미하게 되는 것이다.[87]

---

86) 論者는 지하철에서 경로석을 둘러싸고 중년 남자와 노인이 말다툼을 하는 장면을 목격한 바 있다. 노인은 경로석에 앉아 있던 중년 남자가 자리를 양보해주기를 기대했는데, 중년 남자가 끝내 양보하지 않자 입씨름이 벌어진 것이었다. 중년 남자는 "나는 돈을 내고 지하철을 타는데, 당신(노인)은 공짜로 타지 않느냐? 공짜로 타는 처지에 좌석까지 기대하느냐? 나는 앉아서 갈 권리가 있다." 고 주장했다. 이에 대해 노인은 "내가 지하철을 공짜로 탈 수 있는 자격을 얻기까지 이 사회에 얼마나 많은 세금을 냈는지 아는가?" 라고 반론했다. 중년 남자는 노인의 공짜 인생이 못마땅했던 것이요, 노인은 자신의 공헌에 대한 보답을 받을 자격이 있다고 생각했던 것이다.

87) 오늘날 노인들이 소외당하는 이유 가운데 하나는 산업화 및 핵가족화와도 밀접한 관계가 있다. 옛날 농경사회의 대가족제도 속에서는 노인들에게도 중요한 역할이 있었다. 노인들은 손자들을 돌보고, 소소한 집안일을 거들며, 집안의 질서를 유지하는 역할을 했었던바, 그리하여 노인들은 충분히 존경을 받을 수 있었던 것이다. 그러나 산업사회에서 노인은 연금을 축내는 퇴직자에 불과할 뿐이며, 핵가족사회에서 노인은 돌볼 손자가 없는 것이다(오늘날에도 맞벌이 부부는 자녀의 양육을 부모께 의지하는 경우가 많다. 그런데 오늘날에는 노인들도 개인주의화 되어 손주를 돌보는 일을 거부하는 경우가 많다. 《조선일보》 2011년 7월 6일자 기사 〈육아, 기쁨에서 고통으로 : ③ 할아버지 · 할머니도 힘들다〉 참조). 이러한 현실을 바탕으로, 이동준은 "외따로

오늘날 노인들에 대한 행패는 젊은이들의 개인주의·평등주의와도 밀접한 관계가 있다. 개인주의는 남이 자신의 일에 참견하는 것을 거부하게 만들며, 평등주의는 노인이라고 특별히 우대할 이유가 없다고 인식하게 만든다.[88] 이러한 사고방식에 젖어 있는 젊은이들은 누군가 자신의 일에 참견하면 老·少를 불문하고 분노를 쏟아내며 행패를 부리는 것이다.

우리 사회의 노령화는 갈수록 심각해지는데, 경로의식은 서서히 무너지고 있다. 우리 사회에서는 인권이라는 맥락에서 노인의 복지에 대해서는 많이 거론하면서, 인륜적 차원에서의 노인에 대한 존경은 다분히 외면하고 있다. 그러나 복지를 제공받는 것만으로는 노인들의 소외감을 달래기 어려울 것이다. 노인들은 복지와 함께 합당한 존경을 받아야만 행복을 느낄 수 있는 것이다.[89] 노년은 인생의 결실을 거두며 인생을 마감하는 시기이다. 노인들이 이렇게 박대를 받아서야 어찌 보람을 느끼며 눈을 감을 수 있겠는가? 젊은이들은 자신도 결국엔 늙게 될 것이라는 점을 각성해야 할 것이다.

셋째, 스승에 대한 행패이다. 옛날에는 '君師父一體'라 하고, "스승의 그림자도 밟지 않는다"고 하여, 스승을 극도로 존경했다. 또 교육을 다른 말

흩어져 있고 더러는 상처 입은 가족들을 포용하고 어루만지며 서로 연결시켜주는 역할이야말로 노년층의 몫이다. (…) 질서 속에서 사랑하는 법을 배우고, 그러한 기풍을 조성하는 것은 역시 연세 지긋한 노인들의 몫이다."라고 주장한 바 있다(이동준, 『한국사상의 방향 : 성찰과 전망』, 471~473쪽 참조).

88) 오늘날 '인격의 평등'이라는 관념은 종종 '모든 사람이 서로 맞먹을 수 있다'는 논리로 곡해되고 있다. 몰지각한 사람들은 거리의 노인께는 물론이요, 제 부모나 스승께도 이러한 논리로 대든다. 그러나 '인격의 평등'은 특정한 사람의 '特權'을 부정하는 관념일 뿐, 노인이나 부모·스승의 權威를 부정하는 관념은 아닐 것이다.

89) 孔子는 "오늘날에는 부모를 능히 기르는 것을 孝라 한다. 그러나 개와 말도 길러주니, 공경하지 않으면 어떻게 구별할 수 있겠는가?"라고 말한 바 있다(『論語』 爲政 7). 부모에게 '衣食住'를 제공하는 것만으로는 '孝'라 할 수 없으며, 마땅히 '존경'을 겸해야 한다는 뜻이다.

로 '指導鞭撻' 이라 하여, 스승의 가르침(指導)에 따르지 않을 때에는 체벌(鞭撻)을 가하는 것도 필요하다고 보았다. 지금은 체벌을 폭력으로 규정함은 물론, 스승에 대한 행패도 서슴지 않는 경우가 다반사이다.

오늘날 각 市·道 교육감들이 초등·중등 학생들의 인권보호라는 명목으로 제정한 학생인권조례는 학생들의 '양심의 자유, 표현의 자유, 신체의 자유' 를 포괄적으로 보장하라고 규정하고 있다. 그리하여 초등학교에서의 일기장 검사는 양심의 자유를 침해하는 것으로 규정되고,[90] 중등학교에서 복장이나 두발을 규제하는 것은 신체의 자유를 침해하는 것으로 규정된다. 과거에는 학생과의 소통의 수단으로 일기장 검사를 권장하고, 교육 목적상 복장이나 두발도 규제할 필요가 있다고 보았는데, 이제는 모두 인권침해로 인식되고 있는 것이다. 더군다나 체벌을 학생에 대한 폭력으로 규정하여 금지하자, 몇몇 불량 학생들은 여봐란듯이 교사에게 대들게 되었다.

근래에 어떤 고등학생은 수업시간에 문자메시지를 보내다 휴대전화를 압수당하자 교무실까지 좇아와 교사 얼굴을 주먹으로 때리기도 했고, 어떤 중학생은 담배와 라이터를 갖고 있다가 복도에서 마주친 교감 선생님이 이를 압수하자 "내 돈 주고 산 담배를 왜 뺏고 ××이냐" 고 욕설을 퍼부으며 주먹으로 얼굴과 머리를 때리고 발로 배를 걷어차기도 했으며, 또 어떤 중학생은 수업태도를 나무라는 여교사의 머리채를 붙잡고 욕설을 가하기도 했다. 이러한 패륜이 다반사로 일어나는 것이 오늘날 우리 학교의 현

90) 인성교육이란 피교육자의 인격이 미숙하다는 전제 아래 올바른 방향으로 인격을 성숙시키고자 하는 것이요, 이는 근본적으로 피교육자의 양심의 자유에 개입하는 행위이다. 도구적 지식의 교육과는 달리 인성교육은 기본적으로 특정한 가치관을 형성시키는 교육이기 때문이다. 따라서 '초등학생의 양심의 자유를 침해하지 말라' 는 국가인권위원회의 권고는 '초등학생의 인성교육을 폐지하라' 는 말과 같은 뜻인 것이다.

실이다. 이러한 스승에 대한 행패는 이른바 학생인권조례와 밀접한 관계가 있다는 것이 많은 식자들의 지적이다. 어느 신문의 사설에서는 다음과 같이 말한다.

> 곽노현 서울시 교육감은 작년 11월 1일 체벌 전면금지를 시행했다. 김상곤 경기도 교육감은 체벌 금지, 복장 · 두발 자율화, 야간자율학습 · 보충수업 제한을 담은 학생인권조례를 만들어 올 1학기부터 시행하고 있다. 두 교육감이 진보 · 좌파의 대표 주자 자리를 놓고 '학생 인권' 경쟁을 벌이는 와중에서 학교 현장은 갈수록 황폐해가고 있다. 학생이 교사를 희롱하고 수업을 방해하는 것은 예사고, 말리는 교사에게 욕설을 퍼붓거나 주먹질 · 발길질을 하는 사례가 非一非再하다. (…) 한국교총 조사에서 교사 3067명 중 96.9%가 "수업 중 문제 학생을 발견해도 일부러 회피하거나 무시한다"고 답했다. 대한민국 1만1500개 초 · 중 · 고교 교실에서 '교육 포기' 사태가 벌어지고 있는 것이다. (…) 수업 방해하는 학생의 인권만 인권이 아니다. 공부하고 싶어하는 아이들의 인권도 인권이다. 교사가 매를 맞아도 눈을 감고, 탈선하는 아이들을 인권을 명분 삼아 방치하는 나라의 앞날이 어떠하겠는가.[91)]

학생들의 스승에 대한 패륜은 '학생인권조례'의 제정과도 일정 부분 관련이 있겠지만, 보다 근원적인 원인은 우리의 학교가 '인간의 기본'을 훈육하는 것을 외면하고 단순히 입시준비 기관으로 전락한 데 있다는 것이 또한 많은 식자들의 지적이다.

---

91) 《조선일보》 2011년 6월 25일자 사설 〈진보교육이 '매 맞는 교사, 무너지는 교실'이었나〉.

우리 가정과 학교는 아이들에게 '인간의 기본' 을 가르치는 기초 道場으로서의 기능을 잃었다. 가정은 아이 교육을 어린이집 · 유치원 · 학교 · 학원에 떠맡기고 외아들 · 외동딸 응석 받아주는 걸 養育이라고 착각하고 있다. 유치원에서 초 · 중 · 고에 이르는 기간은 백지 위에 인격을 만들어가는 시기다. 왜 작은 질서도 꼭 지키고 다른 사람을 배려해야 하는지, 왜 스승과 윗사람에게 공손해야 하는지, 왜 나의 가족과 친구와 공동체를 소중히 해야 하는지 등 살아가는 데 기본이 되는 도리를 배우는 때다. 하지만 언제부턴가 우리의 학교는 골치 아픈 訓育은 포기하고 수학 · 영어 지식만 일방주입하는 입시 준비 기관으로 내려앉았다.

작년부터 일부 진보 · 좌파 교육감들이 밀어붙인 체벌 전면금지와 학생인권조례가 이렇게 망가져가는 교육현장을 회복불능 상태로 만들었다. 지난 5년 교권침해 사건의 절반이 작년 한 해에 일어났고, 그중 39%가 곽노현 교육감이 체벌금지를 지시한 서울에서, 26%가 김상곤 교육감이 학생인권조례를 만든 경기도에서 발생했다. 학생들이 '무슨 짓을 해도 학교와 선생님은 아무것도 할 수 없다' 는 걸 알아채면서 학교는 정글로 변했다. 우리 학교가 문제의 본질을 깨닫지 않으면 교권단체들이 으레 들고 나오는 '교원의 교육활동 보호법' 같은 교권보호 장치를 만들어봐야 교육의 둑이 무너지는 걸 막을 수 없다.[92]

위의 인용문에서 지적하고 있듯이, 오늘날 우리 학교는 이미 오래전부터 입시준비 기관으로 전락하여 인성의 훈육을 외면하고 있었는데, 게다가 학생인권조례마저 제정되자 마침내 정글로 변한 것이다.[93] 이렇게 본

92) 《조선일보》 2011년 11월 10일자 사설 〈'인간의 기본' 가르치기를 포기한 학교와 가정〉.

93) '학생인권조례' 는 교사를 학생의 인권을 침해하는 주범으로 설정한 것으로서, 학생인권조례의 제정은 전국교직원노동조합(전교조)의 역점 사업 가운데 하나였다. 그런

다면, 오늘날 학생들의 스승에 대한 행패는 인륜은 외면하고 인권만 강조한 결과라 할 수 있다.

넷째, 청소년 학우들 사이의 이른바 '왕따' 문제이다. '왕따'는 단순히 특정한 동료를 집단적으로 따돌리는 것에 그치지 않고, 집단적으로 괴롭히며 금품을 갈취하기도 하고, 심지어는 성폭력이나 성추행을 자행하기도 하는 것이다. 왕따에 시달리는 학생들은 보복이 두려워 부모나 교사에게 그 사실을 알리지도 못하고 혼자 괴로워하다가, 마침내는 자살로 치닫기도 한다. 초중등 학교에서 이러한 왕따가 매우 심각하게 만연해 있는 것이 오늘날 우리 사회의 현실이거니와, 이는 동료 사이에 자행되는 패륜이라 하겠다.

왕따 문제의 원인은 여러 가지로 지적된다. 입시 위주의 교육이 초래하는 부작용, 폭력 영화나 인터넷 게임 등을 통한 폭력물 중독, 양극화 현상이 초래한 빈부갈등 등이 복합적으로 작용하여 결국 심각한 왕따 문제를 야기하는 것이다. 입시 위주의 교육은 학생들을 성적으로 서열화하는데, 이러한 서열화는 동료 간의 칭찬과 격려보다는 서로 우월감이나 열등감을 갖게 하는 것이 사실이다. 우리의 영화는 폭력물이나 음란물이 대부분이고, 인터넷 게임은 폭력물 일색이거니와, 청소년들은 이에 중독되어 폭력에 대한 죄의식조차 마비된 것이다.[94] 또한 가난한 학생들은 자신의 처지

데 2012년 1월에 있었던 제11회 전국참교육실천대회에서 당시 전교조의 학생생활국장을 맡고 있었던 박종철 교사는 "학생인권조례는 학생 간 인권침해로부터 학생을 보호하기 어렵고, 학생에 의한 교사 인권 침해를 막는 데도 역부족"이라고 진단하고, "1990년대 초반까지는 교사가 교실을 지배하는 권력이었으나 지금은 학교와 교사, 학생 사이에 크고 작은 권력 다툼이 교실 내에서 끊이지 않고 있어 학생인권조례는 상황을 더 악화시킬 수 있다"고 주장하여, 많은 파문을 일으킨 바 있다(《동아일보》 2012년 1월 14일자 사설 〈전교조 간부 "인권조례로 학생보호 어렵다"〉 참조).

94) 인터넷 게임의 폐해가 심각한 문제로 대두되자, 정부에서는 오랜 논란 끝에 청소년들이 인터넷 게임을 즐길 수 있는 시간을 제한하는 '셧다운 제도'를 시행하게 되었

를 비관하면서 부유층에 대한 적개심을 지니게 되고, 그 결과 특정한 동료들을 괴롭히며 금품을 갈취하는 것이다. 그리하여 우리 청소년들의 '남과 더불어 사는 능력' 은 세계 최하위 수준이 되었다.[95] 유교에서 말했던 '朋友有信' 이나 '以友輔仁' 은 이제 옛말이 되고 만 것이다.

『논어』에서는 "어진 사람을 어질게 여기되 異性을 좋아하는 마음과 바꾸며, 부모를 섬기되 자기의 힘을 다 기울이며, 임금을 섬기되 자기의 몸을 바치며, 벗과 사귀되 말에 信義가 있는 사람이라면, 비록 남들은 그를 '배우지 못한 사람' 이라고 말하더라도, 나는 반드시 '잘 배운 사람' 이라고 말하리라."[96]라고 하였다. 교육의 본질은 무엇보다도 올바른 인성을 함양하는 데 있다는 말일 것이다. 그렇다면 오늘날 우리는 학생의 인권을 거론하기 전에 교육의 본질은 무엇이며 학생의 도리는 무엇인지부터 다시 생각해 보아야 할 것이다.

마지막으로, 우리 사회에서 '인간 그 자체에 대한 존중' 이 점차 무너지고 있다는 점이다. 가장 대표적인 예는 인터넷 공간에서 횡행하는 '막말'

다. 그 논란의 과정을 요약하면, 여성가족부에서는 '청소년 보호를 위해 청소년의 이용시간을 제한하자' 고 주장했고, 문화관광부에서는 '게임산업 육성을 위해 청소년의 이용시간을 제한하면 안 된다' 고 반대했던 것이다. 결국 양측의 주장을 절충하여 제한적인 셧다운 제도를 시행하게 되었으나, 일부에서는 해외에서는 유례를 찾아볼 수 없는 과도한 규제라고 반대하였다(《조선일보》 2011년 11월 22일자 보도 〈셧다운제 도입, 말도 많고 탈도 많았던 7년〉 참조).

95) 한국청소년정책연구원이 36개국 청소년의 '사회적 상호작용 역량 지표' 를 계산한 결과, 한국은 1점 만점에 0.31점으로 35위에 그쳤다. '사회적 상호작용 역량 지표' 는 '관계지향성, 사회적 협력, 갈등관리' 의 3개 영역을 조사하여 '남과 더불어 살 수 있는 능력' 을 측정하는 지표이다. 사회역량 지표가 가장 뛰어난 곳은 태국(0.7점)이었으며 인도네시아(0.64), 파라과이(0.62), 과테말라 · 도미니카(0.61), 콜롬비아 · 아일랜드(0.6), 러시아(0.54), 칠레 · 폴란드(0.52) 등이었다(《조선일보》 2011년 3월 28일자 보도 〈한국 청소년, '조화롭게 사는 능력' 세계 꼴찌수준〉 참조).

96) 『論語』 學而 7.

이다. 인터넷의 익명성 뒤에 숨어 남의 인격을 비하하고 조롱하는 일이 비일비재한 것이다. 특히 자신과 이념이나 성향이 다른 사람에 대한 극단적 인신공격은 갈수록 심해지고 있다. 이는 우리 사회에서 광범하게 벌어지는 일이지만, 몇몇 단체들이 이를 부추기고 있는 것도 사실이다. 한동안은 '나꼼수(나는 꼼수다)' 가 대표적인 사례였지만, 지금은 그에 대항한답시고 '일베(일간베스트저장소)' 가 한 수를 더 뜨는 형국이다. 한 신문의 사설에서는 다음과 같이 말한다.

추석을 앞둔 지난 6일 서울 광화문광장에서 인터넷 커뮤니티 '일간베스트저장소' (일베) 회원들이 공개적으로 김밥과 피자 등을 먹는 '폭식투쟁' 을 벌였다. 세월호 특별법 제정을 촉구하며 광장에서 단식농성을 벌이고 있는 유가족을 조롱하고 괴롭히기 위한 것이다. 가족을 잃은 아픔에 공감하기는커녕 상처를 후비고 고통과 슬픔을 비웃는 그 극단의 야만, 비인간적 행태에 아연할 뿐이다. '일베' 는 그동안에도 반인륜적이고 반사회적인 내용의 게시글로 적잖은 문제를 일으켜왔다. 5 · 18 희생자의 주검을 홍어라는 표현으로 모욕하는 병적인 호남 폄하, 여대생을 강간하자는 따위의 글이 버젓이 올라오는 극단적인 여성비하, 노숙자 등 약자를 혐오하고 가해하는 폭력적인 왕따 문화가 여과 없이 횡행했다. 사이버 세계이긴 하지만 온갖 패륜적 망상과 잔인한 범죄 충동을 거침없이 드러내왔으니, 우리 사회의 안전에 미칠 위험이 작다고 할 수 없다. (…) 일베의 주장과 행태는 보수세력 일부가 기대하는 청년 극우의 대두가 아니라 이념 추락의 극단적 퇴행이다. 이들을 암묵적으로 지원하고 옹호해 일선 선동대로 내세우려 한다면, 일베는 자신의 망상대로 해도 된다는 착각을 하게 될 것이다. 그로 인한 분란과 갈등, 위험은 끔찍하다. 이들에게 완장을 달아주려 해선 안 된다. 우리 사회를 지키겠다는 보수라면 이들에게 명확한 경고를 가하는 것이 옳다.[97]

위의 사설에서는 특별히 '일베'를 문제 삼았지만, 위에서 거론한 행태들은 각종 인터넷 공간 어디에서나 쉽게 발견할 수 있는 것들이기도 하다. 요컨대 지금 우리 사회에서는 '인간에 대한 기본적 예의'가 무너지고 있는 것이다.

이상에서 오늘날 문제되는 패륜의 여러 양상을 살펴보았거니와, 이들은 사실 서로 밀접하게 연관된 것이다. 개인의 자유와 욕구충족을 지상의 목적으로 삼는 제1세대 인권론은 이기주의와 쾌락주의를 조장했고, 자유경쟁을 능사로 삼는 사회 현실은 영어 · 수학 등 도구적 지식만 강조할 뿐 사람다움의 근거로서의 인륜을 외면해 왔던 것이다. 이러한 현실에서, 남은 내가 이겨야 할 대상이거나, 내가 이용해야 할 수단이거나, 나의 성공을 가로막는 장애물에 불과한 것으로 인식되기 십상이다. 우리들이 이러한 생각에 찌들 때, 가정의 부모든 사회의 어른이든 학교의 스승이든 특별한 존중의 대상이 되지 못하는 것은 오히려 당연한 것이요, 나아가 선남선녀 누구이든 기본적 존중의 대상이 되지 못하는 것 역시 당연한 것이다. 따라서 오늘날의 패륜은 자식이나 젊은이 · 학생에게만 잘못이 있는 것이 아니요, 근원적으로 부모와 노인 · 스승 등 기성세대에게 책임이 있는 것이다. 이와 관련하여, 이면우의 다음과 같은 글을 소개하면서 이 章의 논의를 마치기로 하겠다.

학교에서 담배를 압수당한 중학생이 교감을 공격하고, 사소한 지적에 흥분한 여중생이 교사의 머리채를 낚아챈다. 집에서 어머니를 살해한 고교생은 시신을 옆에 두고 별다른 내색 없이 지낸다. 신문기사를 읽으며 공포영화의 장면들이

97) 《한겨레신문》 2014년 9월 10일자 사설, 〈'패륜과 야만'에 누가 완장을 달아주는가〉.

떠오른다. 순진한 표정의 어린 좀비가 우리를 공격하고 있는 것이다. 이들은 우리가 꾸민 음모의 산물이다. 음모에 가담한 주범과 공범, 동조자와 방관자를 색출하고 教育跛行의 因果應報를 받아들일 차례이다.

교육의 목적은 모든 학생들이 자기 적성을 찾고, 배움을 통해 성취감을 경험하는 데 있다. 이를 통해 얻은 자신감으로 국가와 개인의 미래가 보장된다. 그런데 우리 교육은 이와 반대로 진행된다. 음모가 개재되어 있음이 틀림없다.

음모를 시작한 主犯은 교육행정기관이다. 모든 학생을 점수와 서열로 묶어 구속하고, 등급으로 학생의 잠재력을 동결한다. 음모의 共犯은 학부모, 교사와 학원이다. 소신이 부족한 부모는 자녀의 미래를 세태에 맡기기로 작정하였다. 자녀를 믿지 않고 등급에 매달리기로 한 것이다. 교사는 학교, 학부모와 학원 사이에서 시달리다가 教權을 포기하고 방관자의 길을 택하였다. 학원은 학벌사회의 현실을 부추기며 학부모에게 학벌투자를 권장한다. 철학이 부족한 기성세대가 각자의 안주를 위해 택한 비겁한 결정이 모여 거대한 음모로 변한 것이다. 좀비의 탄생과 출처도 이 음모에서 찾아야 한다.

학생은 이 음모의 가장 큰 피해자이다. (…) 취업을 준비하려면 스펙등급을 올리는 학원에 등록해야 한다. 스펙이 전공보다 중요하므로 전공을 포기한다. 戰警 숙소에서, 군부대 내무반에서, 지하철과 공공장소에서 좀비가 나타난다. 성실한 좀비는 그들만의 반격을 시작한다. 결혼에는 혼수등급, 결혼 후에는 출산등급이 있다. 우리 사회의 출산율은 세계 216위이다. 두 젊은이가 결혼하여 아기 한 명을 낳는다. 노령인구가 새로운 화두로 다가온다. 요즈음 학생들이 중년을 맞이할 즈음에 새로운 사이트가 화제에 오른다. 高麗葬 사이트이다. 우리 사회의 좀비는 과연 누구인가. 세태에 타협하며 자녀들을 망치는 기성세대가 진짜 좀비 아닌가.[98]

---

98) 이면우, 〈좀비의 반격〉, 《조선일보》 2011년 12월 1일자 칼럼.

제8장

인간의 尊嚴性과 사람다운 삶

1. 인간의 존엄성과 그 근거

1948년 국제연합(UN)이 선포한 〈세계인권선언〉의 前文에서는 "인류 모든 구성원이 타고난 존엄성과 평등하고도 양도할 수 없는 권리를 인정하는 것이 전 세계의 자유와 정의와 평화의 기초"라 했고, 1966년 국제연합에서 채택된 〈시민적 · 정치적 권리에 관한 국제협약〉(B협약)의 前文에서는 "인간의 여러 권리는 인간이 나면서부터 가지고 있는 존엄성에서 유래한다"고 했다. 이처럼 인권은 인간의 존엄성과 밀접한 관련 속에서 논의되는 것이다.[1] 인간은 존엄하므로 인권을 지니며, 인권은 인간의 존엄성을

1) 인권과 인간의 존엄성의 관계는 '인간은 존엄하므로 권리를 지닌다'는 주장과 '인간은 권리를 지녀야만 존엄하게 된다'는 주장으로 대별할 수 있다. 멩케와 폴만은 前者를 '자유론적 존엄성 개념', 後者를 '성공론적 존엄성 개념'이라 했다(『인권철학입문』, 200~202쪽 참조). 앞에서 거론한 국제연합의 문건들은 '인간은 존엄하므로 권리를 지닌다'는 입장을 견지하는 것이나, 뒤에서 소개할 예링이나 장은주의 문건들은 '인간은 권리를 지녀야만 존엄하게 된다'는 입장을 견지하는 것이다. 인간의 존엄성

보장하기 위해 필수불가결하다는 것이 오늘날 인권사상의 일반적 전제이다.[2] 예링(Rudolf von Jhering)은 이를 다음과 같이 설파한 바 있다.

> 자기존재의 주장은 살아있는 모든 피조물의 최고의 법칙이다. 즉 모든 생물은 자기보존의 본능을 갖고 있다. 그런데 인간에게 가장 중요한 것은 단순한 육체적 생존뿐만 아니라 동시에 정신적 생존인 것이며, 정신적인 생존조건 중의 하나가 바로 권리의 주장이다. 권리 속에서 인간은 그의 정신적인 생존조건을 보유하고 방어하는 것이다. 그와 같은 권리가 없어진다면 인간의 존엄성은 동물과 같은 수준으로 떨어질 것이다.[3]

예링은 "권리가 없어진다면 인간의 존엄성은 동물과 같은 수준으로 떨어질 것"이라 했다. 한편 유교에서는 인간의 존엄성의 근거를 人倫에서 찾았다. 예링의 어투로 표현하자면, '인륜이 없어진다면 인간의 존엄성은 동물과 같은 수준으로 떨어진다'는 것이 유교의 지론이었다. 이처럼 전통적 인륜론 역시 인간의 존엄성과 밀접한 관련 속에서 전개되었던 것이다. 그렇다면 우리는 인간의 존엄성에 대해 구체적으로 살펴보아야 할 것이다.[4]

과 인권의 主·從 관계는 면밀하게 논구해야 할 주제인바, 이는 별도의 기회에 논의하기로 하자.

2) 이종은은 인권론자들이 인권을 정당화한 방법을 둘로 정리한 바 있다. 하나는 '地位 이론'으로서 '인간은 존엄하므로 인권을 존중해야 한다'는 의무론적 접근법이며, 다른 하나는 '道具 이론'으로서 '모든 사람의 안녕을 증진하기 위해서 인권을 존중해야 한다'는 목적론적(공리주의적) 접근법이다. '지위 이론'에 따르면 인권을 존중함은 그 자체로 옳은 것이므로 인권을 존중해야 하는 반면, '도구 이론'에 따르면 인권을 존중하면 좋은 결과(功利)가 따르기 때문에 인권을 존중해야 한다(『평등, 자유, 권리』, 724~726쪽 참조). 이렇게 본다면, '인간은 존엄하므로 인권을 지닌다'는 것은 '지위 이론'에 속하는 것이다.

3) 예링, 『권리를 위한 투쟁(外)』, 31쪽.

우리는 흔히 '인간은 존엄하다' 고 말한다. 이는 인간은 여타의 존재들과는 달리 특별하게 존엄한 존재이므로, 특별하게 대우를 받아야 한다는 뜻일 것이다. 그렇다면 여타의 존재들과 달리 오직 인간만이 특별하게 존엄한 까닭은 무엇인가?[5] 인간의 특징으로 우선 거론할 수 있는 것은 知能이 우수하다는 것, 우수한 지능으로 여러 편리한 도구를 만들어 이용할 수 있다는 점 등이다. 그런데 아리스토텔레스는 인간의 이 특별한 능력에 대해 다음과 같이 말한 바 있다.

> 사람은 완성되었을 때 동물 중에서 가장 뛰어난 존재이지만, 法과 正義가 없으면 가장 나쁜 동물로 전락하고 만다. 不義는 유용한 도구가 있을 때 더욱 심각한 것이 된다. 그런데 사람은 날 때부터, 예를 들어 言語 같은 유용한 도구를 갖

---

4) 멩케와 폴만, 카텝 등 오늘날 진보적 인권론자들은 '사람으로 태어난 이상 누구나 존엄한 것' 이라는 입장을 견지하면서 '흉악범들마저도 일반 사람들과 똑같이 존엄하다' 고 주장한다(멩케 · 폴만, 『인권철학입문』, 62쪽 ; 카텝, 『인간의 존엄』, 25쪽). 그러나 이들의 주장은 각 개인의 '후천적 성취' 를 외면하는 편파적 견해라 하겠다. 인간의 존엄성 문제는 '우리 모두 인간으로 태어났다' 는 사실 자체로부터 유래하는 '선천적 平等의 측면' 과 '각자의 노력의 결과' 에 따른 '후천적 差等의 측면' 을 동시에 고려해야 한다. 또한 '인간의 존엄성' 을 단순히 '인간이라는 사실' 자체로만 설명하고자 한다면 '인간중심적 種差別主義' 라는 혐의를 벗을 수 없는바, 따라서 인간 개개인의 '후천적 성취' 를 아울러 고려해야만 한다(이에 대한 자세한 논의는 拙稿, 「'인간의 존엄성' 에 대한 새로운 접근법」 참조). '인간의 존엄성' 과 관련하여 가장 중요한 '후천적 성취' 는 단연코 '도덕적 성취' 인바, 따라서 이하의 논의에서는 道德性을 중심으로 인간의 존엄성 문제를 논의하고자 한다.

5) '인간은 여타의 존재들과는 달리 특별하게 존엄한 존재이므로, 특별하게 대우를 받아야 한다' 는 주장 자체는 東 · 西를 막론하고 대부분의 학파가 공유하는 내용이다. 그런데 유교의 전통에서는 '인간은 人倫的 존재이므로 존엄하다' 고 주장하고, 서양의 전통에서는 '인간은 神의 형상에 따라 창조된 理性的 존재이므로 존엄하다' 고 주장하는 것이다(레이첼즈, 『동물에서 유래된 인간』, 21쪽 참조). 한편 '생명체의 輪回' 를 주장하는 佛敎나 '생명체의 進化' 를 주장하는 進化論은 인간의 특별한 존엄성을 별로 인정하지 않는 것이다.

고 태어난다. 이런 도구들은 워낙이 도의적인 德이나 사려분별을 이루기 위한 것이지만 때로는 그 반대의 목적을 위하여 사용될 수도 있는 것이다. 그렇기 때문에 사람이 德이 없으면 가장 추악하고 야만스러운 존재이며 탐욕과 무절제함이 다른 동물보다도 더 강하다. 사람은 국가의 正義를 통하여 구원받는다. 왜냐하면 정의란 옳고 그름을 판별하는 것인데 이것을 정치적 결사가 실현하는 것이기 때문이다.[6)]

아리스토텔레스는 인간의 탁월한 능력이 때로는 인간을 다른 동물보다도 더 탐욕스럽고 무절제하게 만든다고 지적했다. 예컨대 우리는 우수한 지능으로 남몰래 도둑질을 할 수도 있고 현란한 거짓말로 남을 속일 수도 있거니와, 이렇게 본다면 이러한 능력들 자체를 인간의 존엄성의 근거로 삼기에는 적절하지 못할 것이다. 또한 편리한 도구를 만들어 사용한다는 것도 인간의 취약성을 보여주는 증거라고 볼 수도 있다. 다른 동물들은 특별한 도구가 없어도 잘 사는데, 인간은 특별한 도구에 의존해서 살아야 한다면, 그것은 오히려 인간의 약점을 입증하는 예라 할 수 있다. 새들은 하늘을 자유자재로 날 수 있고, 물고기들은 물속에서 자유자재로 유영하는데, 인간은 그럴 수 없지 않은가? 이렇게 본다면 우수한 지능이나 도구의 이용 등은 인간의 특별함을 입증하는 예일 수는 있어도 인간의 존엄성을 입증하는 예일 수는 없겠다.

인권론자들은 주로 '理性과 良心'으로 인간의 존엄성과 권리를 뒷받침한다. 우리는 모두 이성과 양심을 지녔으므로 존엄한 존재이고, 존엄한 존재이므로 응분의 권리를 누릴 수 있어야 한다는 것이다. 그렇다면 이성이나 양심은 인간의 존엄성을 담보하기에 충분한가?

---

6) 아리스토텔레스, 『정치학』, 1253a.

우선 理性에 대해 살펴보자. 아리스토텔레스는 이성을 '認識 능력'과 '思量 능력'으로 구분했다. '認識 능력'이란 '학문적 사유의 능력'으로서, 이는 '달리 있을 수 없는 것' 즉 '불변하는 것'을 대상으로 삼는다. 반면에 '思量 능력'은 '심사숙고하는 능력'으로서, 이는 '달리 있을 수 있는 것' 즉 '변할 수 있는 것'을 대상으로 삼는다.[7] '인식능력'과 '사량능력' 가운데, 문제가 되는 것은 '사량능력'이다.

'사량능력'은 '심사숙고하는 능력'으로서, 이는 '달리 있을 수 있는 것'을 대상으로 삼는다고 했는데, '달리 있을 수 있는 것'이란 '여러 가지 선택의 대안이 있음'을 말한다. 심사숙고란 여러 선택지를 두고 어느 것이 더 좋은가를 신중히 따지는 것이다. 즉 사량능력은 효용성을 따지는 계산 능력으로서, 근대 자유주의의 '도구적 이성'은 바로 이를 말하는 것이다. 그런데 도구적 이성은 效用性만 따질 뿐 正當性을 고려하지 않는다. 따라서 이성적 동물인 인간은 때로는 다른 동물과 달리 사악하게 되는 것이다. 요컨대 인간의 이성은 때로는 욕망을 증폭시키기도 하고, 때로는 욕망을 충족시키기 위한 부당한 방법들을 고안해 내기도 한다. 그렇다면 우리는 이성 자체를 '인간의 존엄성' 또는 '사람다움'의 근거로 삼기는 어려울 것이다.[8] 인간의 존엄성은 보다 근원적으로 '이성을 합당하게 사용할 수 있음'에서 찾아져야 하는 것이다.

---

7) 아리스토텔레스, 『니코마코스 윤리학』, 1139a 참조.

8) 조긍호는 '자유주의자들이 말하는 理性'은 '자기이익의 추구 과정에서 자신에게 가장 유리한 결과를 가져다줄 수 있는 방안을 합리적으로 계산하고 선택하여 추구하는 능력'이었다는 점을 밝히고, "사회관계의 목표를 자기이익의 최대화에서 찾아, 인간은 다만 이 과정에서 자기에게 가장 유리한 선택지를 계산하여 추구한다는 측면에서 동물과 다를 뿐이라고 본다면, 동물과 질적으로 다른 인간만의 특징이 부각되지 않을 뿐만 아니라, 공동체의 공익 추구의 근거를 찾기 힘들게 되어, 자기이익 추구에 혈안이 된 혼란한 자연상태가 언제든지 재연될 것이라는 우려를 금할 수 없을 것"이라고 비판한 바 있다(『사회관계론의 동・서 비교』, 822~827쪽 참조).

다음, 良心에 대해 살펴보기로 하자. 이성이 선용되기도 하지만 때때로 악용될 수도 있다는 점을 직시했던 루소가 이성을 보완하는 요소로서 양심을 거론했던 것처럼, '이성을 합당하게 사용함' 은 양심의 차원에 속하는 문제일 것이다. 루소는 양심을 '영혼의 목소리' 또는 '자연에 의해 내 마음속 깊숙한 곳에 지울 수 없는 글자로 새겨져 있는 것' 으로 정의하고, 理性은 너무도 자주 우리를 속이나, 良心은 절대로 속이는 법이 없으므로, 양심이야말로 '인간의 진정한 안내자' 라고 설파했다.[9] 마침내 루소는 다음과 같이 양심을 예찬한다.

양심, 양심이여! 신성한 본능이며, 영원한 하늘의 목소리여. 무지하고 한정되어 있지만 지성을 가지고 있으며 자유로운 존재의 확실한 안내자여. 인간으로 하여금 神을 닮게 해주며, 선과 악에 대해 전혀 오판이 없는 심판자여. 인간의 본성을 뛰어나게 만들고 인간의 행동을 도덕적으로 만드는 것은 바로 그대로다. 그대가 없으면 나는 나 자신에게서, 규칙이 없는 오성과 원칙이 없는 이성에 의해 오류에 오류를 거듭하며 방황하는 슬픈 특권 외에 짐승보다 나은 것을 아무것도 느끼지 못할 것이다.[10]

루소는 양심을 '이성의 오류를 바로잡는 준거' 인 동시에 '사람다움의 가능근거' 라고 설파하면서, 양심을 극도로 예찬했다. 그러나 양심도 보다 엄밀하게 이해되어야 한다. '양심의 자유' 라는 말이 함축하듯이, 양심은 또한 보편적인 것이 못되기 때문이다. 나의 양심적 판단과 너의 양심적 판단이 다를 수 있음을 인정하는 한, 양심은 보편성의 논거가 될 수 없다. 헤

---

9) 루소, 『에밀』, 513쪽 참조.
10) 루소, 『에밀』, 522쪽.

겔은 양심을 '그 자신을 절대적인 진리로 확신하는 정신' 으로 규정하고, "양심은 결국 자기 마음에 내키는 임의의 내용을 자기의 知와 意志의 터전 속에 자리 잡게 한다" 고 지적했다. 이러한 맥락에서 헤겔은 "양심이 과연 도덕적으로 善한 것인지 惡한 것인지 알 수 없다" 고도 했고, "양심을 악한 것으로 받아들이지 않을 수 없게 된다" 고도 했다.[11]

양심을 보다 엄밀하게 이해하기 위해, 헤겔은 양심을 '형식적 양심' 과 '참다운 양심' 으로 구분했다. 헤겔은 '형식적 양심' 은 '주관적 확신' 에 불과하기 때문에 '惡으로 돌변할 수 있는 것' 이라고 비판하고, '객관적으로 참다운 내용' 과 결합된 양심만이 '참다운 양심' 이라 하였다.[12] 헤겔의 이러한 주장은 칸트의 善意志論을 비판하는 것인바,[13] 그렇다면 칸트의 선의지론을 살펴보자.

주지하듯이, 칸트는 '옳은 행위 또는 의무를 오로지 그것이 옳다는 이유만으로 존중하고 선택하는 의지' 를 善意志라 하고,[14] "이 세계에서 무제약적으로 善이라고 볼 수 있는 것은 善意志뿐" 이라 하였다. 칸트는 '어떤 행위를 진정으로 도덕적인 것이 되게 하는 데 필요한 조건은 무엇인가?' 라는 문제를 두고 고심했거니와, 그가 발견한 답은 바로 선의지였다. 칸트에

---

11) 헤겔, 『정신현상학』 II, 763쪽, 781~782쪽, 787쪽 참조. 루소도 '양심' 을 '편견' 이나 '광신' 과 구분한 바 있다. 偏見은 양심을 짓누르며, 狂信은 양심을 가장하고 양심의 이름으로 죄악을 저지르게 한다는 것이다(『에밀』, 522쪽 참조). 그런데 루소의 "나는 내가 하고자 하는 것에 대해 나 자신에게 상의하기만 하면 된다네. 내가 좋다고 느끼는 것은 모두 좋으며, 내가 나쁘다고 느끼는 것은 모두 나쁘지." (『에밀』, 513쪽)라는 말은, 양심의 절대성을 옹호하려는 루소의 의도와는 달리, 편견이나 광신을 조장할 수도 있다. 이러한 맥락에서 헤겔은 양심 자체의 한계를 문제로 삼은 것이다.

12) 헤겔, 『법철학』, 226~234쪽 참조.

13) 나종석, 『차이와 연대 : 현대 세계와 헤겔의 사회 · 정치철학』, 178~180쪽, 230~250쪽 참조.

14) 칸트의 '善意志' 는 '良心' 또는 '순수한 실천이성' 과 표현만 다를 뿐 내용적으로 동일한 개념이다.

의하면, 도덕적 행위는 의무를 소중히 여기는 동기에서 수행된 행위요, 의무는 '도덕법칙에 대한 경외심' 에서 도출되는 것이다. 칸트는 선의지와 '이성의 명령' 을 동일시했다. 의무에서 행동하려는 의지는 욕망이나 성향의 명령을 따르는 의지가 아니고 순수한 이성의 명령을 따르는 의지라는 것이다. 그런데 칸트가 말하는 도덕법칙이란 '약속을 지켜라, 도둑질을 하지 말라, 불쌍한 사람을 도와라' 등 구체적인 내용을 포함하지 않는, 순수한 형식적 법칙이다. 이러한 맥락에서, 칸트가 추구한 도덕법칙은 '이성의 법칙' 이요 동시에 '형식적 법칙' 이었다.[15)]

칸트는 그 형식상의 핵심을 보편성에서 찾고, 이를 자신의 定言命法의 제1원칙으로 삼았다. 칸트는『도덕 형이상학을 위한 기초 놓기』에서 도덕법칙을 다음과 같은 세 가지 정언명법으로 형식화했다.

① 그 준칙을 통해서 네가 그것을 동시에 보편적인 법칙으로 삼으려고 할 수 있는 그런 준칙에 따라서만 행위하라(마치 네 행위의 준칙이 네 의지에 의해 보편적인 자연법칙이 되어야 할 것처럼 그렇게 행위하라).[16)]

② 네 人格 안의 인간성뿐만 아니라 모든 사람의 人格 안의 인간성까지 결코 단지 수단으로만 사용하지 말고, 언제나 (수단과) 동시에 目的으로도 사용하도록 그렇게 행위하라.[17)]

---

15) 램프레히트,『서양철학사』, 533~534쪽 참조. 나에게 법칙을 부여하는 것은 바로 나의 이성인바, 이러한 맥락에서 칸트의 선의지나 도덕법칙은 이성과 긴밀하게 연관된 것이다. 이성의 명령이 곧 도덕법칙이요, 도덕법칙에 따르려는 것이 곧 선의지(양심)이다. 칸트의 이러한 주장은 이성(실천이성)과 양심을 등치시키면서(칸트,『윤리형이상학』, 487쪽), '이성의 도구화' 를 비판하는 것이라 할 수 있다.

16) 칸트,『도덕형이상학을 위한 기초 놓기』, 71~72쪽.

17) 칸트,『도덕형이상학을 위한 기초 놓기』, 84쪽.

③ 의지가 자기의 준칙에 의해 스스로를 동시에 보편적으로 법칙을 주는 것으로 생각할 수 있도록 행위하라.[18]

①은 '보편화가능성'의 원칙으로서, 누구에게나 공평하게 적용될 수 있는 준칙(격률)만이 도덕법칙의 자격이 있다는 것이다. '행위의 준칙'이란 '나는 약속을 잘 지키겠다, 나는 남의 물건을 훔치지 않겠다' 또는 '나는 내가 필요할 때엔 약속을 어기겠다, 나는 내가 필요할 때엔 남의 물건을 훔치겠다' 등을 말한다. 그런데 '나는 약속을 잘 지키겠다, 나는 남의 물건을 훔치지 않겠다'는 준칙은 언제나 보편화되기를 진정으로 바랄 수 있을 것이다. 내가 남과의 약속을 잘 지키듯이 남도 나와의 약속을 잘 지키기를 바라는 것, 내가 남의 물건을 훔치지 않듯이 남도 나의 물건을 훔치지 않기를 바라는 것이 우리의 보편적 심정이기 때문이다. 따라서 이는 도덕법칙의 요건에 부합하는 것인바, 우리의 행위는 이러한 보편타당한 준칙에 따라야 한다는 것이다. 반면에 '나는 내가 필요할 때엔 약속을 어기겠다, 나는 내가 필요할 때엔 남의 물건을 훔치겠다'는 준칙은 언제나 보편화되기를 진정으로 바랄 수 없을 것이다. 나는 약속을 어기더라도 남은 나와의 약속을 지키고, 나는 남의 물건을 훔치더라도 남은 나의 물건을 훔치지 않기를 바라는 것이 자신의 이기적 심정이기 때문이다. 따라서 이는 도덕법칙의 요건에 어긋나는 것이므로, 그러한 준칙에 따라서는 안 된다는 것이다.

②는 바로 '인간의 존엄성'을 설파한 것이다. 칸트는 도덕법칙을 지니고 있는 한에서 인간은 '人格'으로서 존엄한 존재라고 보았다.[19] 칸트에

18) 칸트, 『도덕형이상학을 위한 기초 놓기』, 92쪽.

19) 칸트에게 있어서 '인간의 존엄성, 人格, 이성적 존재, 도덕성, 자율성' 등은 궤를 같이하는 말이다(칸트, 『도덕형이상학을 위한 기초 놓기』, 93~95쪽 참조). 한편 칸트는 '人間性'의 소질로는 '理性'을 들고 '人格性'의 소질로는 '責任'을 든 다음, '人間性

의하면, 인간은 스스로 도덕법칙을 인식하고, 자율적으로 그 도덕법칙에 따를 수 있는 존재이다. 인간의 이러한 능력은 이성(실천이성)으로부터 비롯된다.[20] 인간 이외의 존재들은 도덕법칙을 알 수도 없고, 스스로 도덕법칙에 복종할 수도 없다. 따라서 인간 이외의 존재들은 인간을 위한 수단적 존재에 불과하다고 볼 수 있다. 그러나 인간은 스스로 도덕법칙을 인식할 수 있고, 스스로 도덕법칙에 복종할 수 있는 자율적 존재이다. 칸트는 이로부터 인간의 존엄성의 근거를 발견하고, 인간 이외의 모든 사물은 수단으로 이용될 수 있으나, 인간은 결코 수단으로만 이용되어서는 안 된다고 천명한 것이다.[21] 칸트는 모든 사람이 '목적 그 자체' 로 존중되는 나라를 '목적의 나라' 라고 하였다. '모든 사람의 人格을 목적으로 대우하라' 는 말은 인간의 존엄성을 침해하지 말라는 뜻인 동시에, 모든 인간(인격)의 자유(자율)를 보장하라는 뜻이기도 하다.[22] 인간은 존엄한 존재이므로 마땅히 자유를 누려야 한다는 것이 칸트의 지론이었다.[23]

③은 자신의 자율성 또는 주체성을 잃지 말라고 설파한 것이다. '스스로

의 소질 안에 人格性의 소질이 포함되어 있는 것으로 볼 수는 없다' 고 강조한 바 있다. 이는 '인간은 이성적 존재' 라는 말이 곧 '인간은 책임을 지는 존재' 라는 말은 아니라는 뜻이다. 칸트는 理性과 責任을 매개시켜주는 것은 바로 道德法則이라고 설명했다(칸트, 『理性의 한계 안에서의 宗教』, 33~34쪽 참조).

20) 칸트의 도덕철학에서 말하는 理性은 '실천이성' 으로서, 이는 일반적으로 자유주의자(특히 공리주의적 자유주의자)들이 말하는 '도구적 이성' 과는 판이한 것임을 유의해야 한다.

21) 칸트, 『도덕형이상학을 위한 기초 놓기』, 95쪽 참조.

22) ①의 '보편화가능성 원칙' 은 ②의 '모든 인격에 대한 목적적 대우의 원칙' 을 포함하는 것이다.

23) 여기에서 '인간의 존엄성' 으로부터 '人權(자유의 권리)' 이 도출되는 논리적 맥락을 이해할 수 있겠다. 그런데 유의할 것은, 칸트는 인간의 존엄성을 도덕성으로부터 찾았다는 것, 그리고 칸트의 자유는 '방해받지 않고 자신의 욕망을 실현함' 이 아니라 스스로 이성의 명령(도덕법칙)에 복종하는 '자율성' 을 뜻한다는 점이다.

를 동시에 보편적으로 법칙을 주는 것으로 생각한다' 는 것은 스스로를 '목적의 나라' 에 있어서의 '입법자' 로 간주한다는 뜻이다. '목적의 나라' 는 자신을 포함한 모든 사람의 존엄성이 침해받지 않는 나라요, '입법자' 는 스스로 자기 삶의 규칙을 제정하는 사람이다. 목적의 나라에서의 입법자는 자기가 제정한 규칙을 다른 누구보다도 앞장서서 실천해야 한다. 내가 먼저 법을 준수하지 않으면 스스로 자신의 인격을 손상시킴과 동시에 남의 인격을 침해하는 것이요, 따라서 그 나라는 목적의 나라가 될 수 없기 때문이다. 이러한 맥락에서 ③은 자율성 또는 주체성을 설파함과 동시에 솔선수범의 원칙을 설파한 것이다. 칸트는 自律性이 곧 自由라고 인식했다. 칸트에 의하면, 자유란 '내가 나에게 부여한 법칙에 따라 행동하는 것' 이므로, 이성을 발휘하는 것이야 말로 '참된 자유' 라는 것이다. 근대 자유주의의 일반론은 '자신이 하고 싶은 일을 방해받지 않고 하는 것' , 즉 '자신의 욕망을 방해받지 않고 실현하는 것' 이 자유라는 것이었다. 그러나 칸트는 욕망이나 성향에 따르는 행위는 욕망이나 성향의 지배를 받는 것이므로, 참으로 자유로운 행위가 아니라고 보아, 근대 자유주의의 일반론을 비판한 것이다.[24]

24) 샌델, 『정의란 무엇인가』, 153~155쪽 참조. 칸트의 자유론은 사실 루소와 궤를 같이 하는 것이다. 루소는 '선택' 과 '자유' 란 용어가 도덕적 의미를 지닐 수 있으려면 일정한 원칙에 따라야 한다고 보았다. 만약에 인간이 오직 자신의 私的 意志에 따라 행동한다면, 이는 자신을 禽獸의 수준으로 격하시키는 것으로서, 실제로는 자유를 포기하는 것에 불과하다는 것이다. 첫째는 자기 자신이 감정의 단순한 수단이 되고 말기 때문이며, 둘째는 정의로운 사회의 가능성을 파괴함으로써 결국 타인의 지배를 받도록 만들기 때문이다. 이러한 맥락에서, 루소는 "진정한 인간의 존엄성은 개별의지를 뛰어넘어 일반의지를 의식적으로 선택하는 데서 나타난다" 고 보았다(스트라우스 · 크랍시, 『서양정치철학사』 2, 439쪽 참조). 마스터스(Roger D. Masters)는 "루소를 제대로 이해하지 못하고는 칸트 · 헤겔 · 마르크스 · 뒤르켕, 그리고 현대의 대표적 사상가인 존 롤즈를 이해할 수 없다." 고 했는데(김용민, 『루소의 정치철학』, 55쪽 참조), 이제까지 살핀 칸트의 지론은 루소의 지론과도 많은 부분 궤를 같이하는 것이다.

칸트의 선의지론과 정언명법은 인간의 존엄성의 근거를 해명하고, 그로부터 인권의 보편성을 도출하였다는 점에서, 근대 인권사상의 발전에 지대한 공헌을 한 것으로 평가된다.[25] 사실 칸트 이전의 인권론자들, 특히 홉스나 로크 등 자연권론자들은 다만 '모든 인간은 이러저러한 천부적 권리를 지니고 있다' 는 것을 자명한 사실로 전제했을 뿐, 인권의 근거를 직접 인간의 존엄성으로부터 도출하지는 않았다. 그런데 칸트의 정언명법은 도덕성을 근거로 인간의 존엄성과 자유를 해명하고, 그것이 보편타당하게 관철되어야 함을 천명했다. 요컨대 칸트는 도덕성으로 인간의 존엄성을 해명하고, 인간의 존엄성으로부터 인권의 근거를 도출함으로써, 인권론의 도덕적 기초를 확고히 다졌던 것이다.[26]

그러나 칸트의 논의는 조금 미진하다는 것이 헤겔의 지적이었다. 칸트의 정언명법은 도덕법칙의 보편성을 강조한 것인바, 보편적이면서도 도덕적이지 못한 내용도 있을 수 있다는 점이 문제이다. 예컨대 자신의 우월성을 뽐내는 사람은 약육강식의 논리를 보편화하려고 시도할 수 있고, 특정한 이념이나 종교에 매료된 사람은 확신에 차서 무자비한 테러를 자행할 수 있다.[27] 이러한 맥락에서 헤겔은 칸트의 선의지는 '형식적 양심' 에 불

25) 임미원, 「칸트의 정언명령과 인간존엄사상 - 근대 보편적 인권관념의 기초」, 173쪽 참조.

26) 다만 루소는 홉스나 로크와는 달리 自然權을 옹호하면서 '인간의 존엄성' 문제를 함께 거론하였다. 루소는 인간이 만물의 영장임을 주장하면서, 그 근거로 인간의 '육체적 능력' 의 탁월함과 '知性' 을 함께 거론했던 것이다. 루소는 『에밀』에서 사부아 神父의 입을 빌려 "인간을 제외한 이 세상의 어떤 존재가 다른 모든 것을 관찰하고, 그들의 움직임과 결과를 측정하고 계산하고 예상할 수 있으며, 또 이를테면 자기의 개별적인 존재 의식에 공동의 존재 의식을 결합할 수 있겠는가? (…) 나는 선을 사랑하고, 선을 행할 수 있네. 그런데도 나는 나 자신을 짐승에 비교할 것인가? 비천한 정신의 소유자들, 그 사람들을 짐승과 닮게 만드는 것은 바로 그들의 그 한심한 철학이지." (『에밀』, 496쪽)라고 했다. 루소의 '知性' 은 인식능력과 도덕능력을 겸하는 것이다.

과할 수 있다고 보았다. 형식적 양심이란 형식적으로는 '보편화되기를 진정으로 바랄 수 있다' 는 조건을 충족시키지만, 그 내용에 있어서는 부도덕한 주관적 확신을 말한다. 헤겔은 주관적 확신의 부도덕성을 지양시킨 개념으로 '참다운 양심' 을 거론하고, '보편화 가능성' 과 함께 '객관적으로 참다운 내용' 과 결합된 양심만이 '참다운 양심' 이라 하였다. 그렇다면 객관적으로 참다운 내용이란 어떻게 확보할 수 있는가? 헤겔은 다음과 같이 말한 바 있다.

> 人倫的 規定이나 宗教的 規定은 다 함께 權威에 의한 外的 法則과 指令으로서 인간에 의하여 준수되기를 요구할 뿐만 아니라, 인간의 心情 · 性向 · 良心 및 洞察 등에 있어서 同意되며, 承認되거나 定礎되기까지 한다.[28]

헤겔에 의하면, 인륜성은 '심정 · 성향 · 양심 · 통찰' 등 인간의 '주관적 의지' 만으로 성립하는 것이 아니요, 이데아나 神과 같은 '초월적 권위체' 가 제시하는 '객관적 진리' 를 동시에 담고 있는 것이다. 헤겔은 주관적 의지와 객관적 진리를 지양시킨 것을 '이성적 의지' 라 하고, 이성적 의지가 바로 인륜성의 성립근거라고 보았는데, 이성적 의지가 곧 '참다운 양심' 인 것이다. 헤겔이 말하는 이성적 의지나 참다운 양심은 요컨대 객관적

---

27) 사회진화론자들이 입버릇처럼 말한 '생존경쟁은 天演의 公例' 라는 주장이나, 테러범들이 '聖戰' 을 외치며 '제국주의를 타도하기 위한 테러는 정의로운 것' 이라고 주장하는 것을 상기해 보라. 한편, 오늘날의 '세계화의 덫' 을 우려하는 사람들이 세계화의 결과를 '20 : 80(20%의 우수한 사람들은 더 부유하게 되고, 80%의 열등한 사람들은 도태된다)' 으로 설명했듯이, 오늘날 신자유주의 경제학자들이 제창하는 '세계화(세계적 자유경쟁체제의 구축)' 논리도 결국 '弱肉强食, 優勝劣敗' 의 생존경쟁 논리와 크게 다르지 않을 것이다.

28) 헤겔, 『哲學綱要』, 407~408쪽.

진리와 주관적 의지가 매개된 것인바, 여기서 우리는 전통유교의 '性卽理' 라는 명제를 상기할 필요가 있다.

'性卽理' 란 '인간의 본성은 곧 天理(자연의 理法)' 라는 말로서, 仁義禮智의 본성은 元亨利貞이라는 天道(天理)와 궤를 같이 한다는 것이다.[29] 요컨대 전통유학에서는 '객관적 진리(자연의 이법)' 란 인간을 떠나서 별개로 존재하는 것일 뿐만 아니라, 동시에 인간의 본성 속에 내재하는 것이라고 보았다. 그렇다면 우리는 인간의 본성 속에서도 객관적 진리를 발견할 수 있는 것이다. 이렇게 본다면 헤겔이 말하는 '참다운 양심' 이란 '인의예지의 본성으로부터 우러난 마음' 으로서, 전통유학에서는 이를 '道心' 이라 했던 것이다.

이제 이상의 논의를 정리해 보자. 초기 인권론자들은 대개 인간은 모두 이성을 지녔으므로 존엄한 존재이고, 존엄한 존재이므로 응분의 권리를 누릴 수 있어야 한다고 주장했다. 그러나 아리스토텔레스가 지적했듯이, 그리고 근대 자유주의(계몽주의)의 역사에서 여실하게 드러났듯이, 이성은 종종 도구화될 수 있는 것이다. 그리하여 루소는 새롭게 양심을 주목했으나, 양심 또한 단순한 주관적 확신에 불과할 수 있는 것이다.[30] 그리하여 칸트는 다시 선의지를 주목하면서 보편화 가능성을 제창했으나, 보편화

---

29) '인간의 本性은 곧 天理' 라는 것을 朱子는 "元 · 亨 · 利 · 貞은 天道의 떳떳함이요, 仁 · 義 · 禮 · 智는 人性의 벼리이다." 라는 말로 설명하기도 했다(『小學』 〈小學題辭〉 참조).

30) 『에밀』의 유명한 구절 "神은 우리에게 善을 사랑하도록 良心을, 善을 이해하도록 理性을, 그리고 善을 선택하도록 自由를 주지 않았던가?" (528쪽)라는 말에서 알 수 있듯이, 루소 역시 '참다운 양심' 을 염두에 두고 있었던 것이다. 『에밀』에서는 또한 偏見이나 狂信이 良心을 가장하는 것을 경계하여 "편견의 소음은 양심을 짓눌러 그 소리가 들리지 않도록 방해하지. 광신은 감히 그 양심을 가장하고, 그 이름으로 죄악을 저지르게 하지." (522쪽)라고 갈파한 바 있다. 루소 역시 '주관적 편견' 이나 '주관적 확신' 을 良心으로 오해하는 것을 경계했던 것이다.

가능한 선의지 역시 때때로 형식적 양심에 불과할 수 있는 것이다. 그리하여 헤겔은 주관적 의지와 객관적 진리를 지양시킨 이성적 의지나 참다운 양심을 거론하기에 이른 것이다. 그런데 객관적 진리는 인간의 외부에 존재하는 것이지만, 동시에 인간의 본성에 내재하는 것이기도 하다. 그렇다면 우리는 인간의 존엄성을 해명하기 위해서는 궁극적으로 仁義禮智라는 인간의 도덕적 본성을 주목하지 않을 수 없는 것이다. 요컨대 인의예지의 본성이야말로 인간의 존엄성의 궁극적 근거요, 또 인의예지를 떠나서는 인권을 올바로 논의할 수 없는 것이다.

전통유학에서는 인의예지를 바탕으로 각자가 자신의 몫을 다하고 누리는 것을 '인륜적 삶' 이라고 보았다. 조선시대의 아동교육교재였던 『童蒙先習』의 첫머리에서는 다음과 같이 말한다.

> 하늘과 땅 사이에 있는 만물 가운데 오직 사람이 가장 귀하니, 사람을 귀하게 여기는 까닭은 五倫이 있기 때문이다. 그러므로 맹자는 "부모와 자식 사이에는 친함이 있고(父子有親), 임금과 신하 사이에는 의리가 있으며(君臣有義), 남편과 아내 사이에는 분별이 있고(夫婦有別), 어른과 어린이 사이에는 차례가 있으며(長幼有序), 벗과 벗 사이에는 믿음이 있다(朋友有信)" 고 했으니, 사람으로서 五常(仁義禮智信의 본성)이 있음을 알지 못한다면 禽獸와 별다른 차이가 없을 것이다. 그렇다면, 부모는 자식을 사랑하고 자식은 부모께 효도하며, 임금은 신하를 의리로 대하고 신하는 임금께 충성하며, 남편은 아내를 사랑하고 아내는 남편께 순종하며, 형은 아우를 우애하고 아우는 형을 공경하며, 벗과 벗은 서로 어질게 되도록 도와준 다음에야 바야흐로 사람이라 말할 수 있다.

'만물 가운데 오직 사람이 가장 귀하다' 는 말은 '인간의 존엄성' 을 천명한 것이요, '오륜을 실천해야만 바야흐로 사람이라 말할 수 있다' 는 말은 '사람다운 사람' 의 자격 또는 '사람다운 삶' 의 양식을 천명한 것이다. 요컨대 위의 인용문에서는 五倫과 五常을 같은 맥락에서 설명하고, 오륜과 오상으로부터 '인간의 존엄성' 의 근거와 '사람다운 삶' 의 양식을 설명한 것이다. 여기에서 알 수 있듯이, 유교는 인간의 존엄성의 근거를 인의예지의 본성에서 찾고, 본성에 따르는 인륜적 삶을 사람다운 삶으로 이해한 것이다.

五倫은 五常이라는 인간의 본성으로부터 도출된 인간의 행위규범으로서, 이는 다섯 가지 유형의 기본적 인간관계에 요구되는 각자의 도리를 규정한 것이다. '각자의 도리' 는 기본적으로 '의무의 몫' 을 의미하는 것이나, 상대방의 나에 대한 의무는 또한 내가 누릴 수 있는 권리가 된다는 점에서 '권리의 몫' 이기도 하다. 부모는 자식을 사랑할 의무가 있다면 자식은 부모로부터 사랑을 받을 권리가 있는 것이며, 자식은 부모께 효도할 의무가 있다면 부모는 자식으로부터 효도를 받을 권리가 있는 것이기 때문이다. 君·臣, 夫·婦, 長·幼, 朋友의 관계도 이와 마찬가지로 설명될 수 있다. 이처럼 유교의 인륜론은 각자가 자신의 의무를 다하도록 하여, 이를 통해 결국 각자가 자신의 권리를 누릴 수 있도록 한다는 구조를 취하고 있다. 그런데 유교에서는 '권리(인권)' 라는 말을 내세우지 않고 '인륜' 이라는 말을 내세웠다. 이는 '사람다운 삶' 은 자기의 권리 주장에 있기 전에 자기의 인륜적 의무를 다하는 데 있다고 보았기 때문이다.

그러나 근대의 인권론자들은 대부분 인륜에 대해서는 언급하지 않고, 각자 자신의 권리를 누리는 삶이 사람다운 삶이라고 이해했다. 그렇다면 인륜론자들과 인권론자들은 모두 '사람다운 삶' 을 내세우고 있으나, 사람다운 삶의 구체적 내용에 대해서는 서로 다르게 이해하고 있는 것이다. 이러한 맥락에서, '사람다운 삶' 의 두 차원에 대해 살펴보자.

2. '사람다운 삶' 의 두 차원

이제까지 고찰했듯이, '인간의 존엄성' 은 인륜론의 핵심개념인 동시에 인권론의 핵심개념이기도 하다. 그런데 인권론자들은 인간은 존엄하므로 여러 권리를 누릴 자격이 있으며, '권리를 누리는 삶' 이 사람다운 삶이라고 주장하는 것이요,[31] 인륜론자들은 인간의 존엄성은 인륜에서 도출되는 것이므로, '인륜을 실천하는 삶' 이 사람다운 삶이라고 주장하는 것이다. 그렇다면 먼저 '권리를 누리는 삶' 과 '인륜을 실천하는 삶' 의 구체적 내용을 살펴본 다음, 양자 가운데 어느 것이 진정으로 '사람의 사람다움' 을 담보하는 것인지 논의하기로 하자.

제1세대 인권론이나 제2세대 인권론을 막론하고, 인권론자들이 말하는 '권리를 누리는 삶' 이란 무엇보다도 衣食住나 食色 등 인간의 생존과 쾌락에 필요한 기본적인 욕구를 충족시키는 삶을 뜻한다. 다만 제1세대 인권론은 '自由롭게 기본적 욕구를 충족시킬 수 있는 권리' 를 '국가가 침해하지 말라(소극적 자유)' 고 주장하는 것이요, 제2세대 인권론은 '누구나 平等하게 기본적 욕구를 충족시킬 수 있는 권리' 를 '국가가 보장하라(적극적 자유)' 고 주장하는 것이다.

제1세대 인권론이 인간의 생존과 쾌락에 필요한 기본적 욕구를 충족시킬 권리에 초점을 두고 있다는 점은 무엇보다도 홉스나 로크의 '自然權'

31) 멩케와 폴만은 "19세기에 '인간다운(menschenwüridg)' 이라는 말이 사용된 것은 대부분의 경우에 프롤레타리아 계급의 사회적 및 경제적 생활 관계의 근본적 변화에 대한 요구와 관련해서였다." 고 지적한 바 있거니와(『인권철학입문』, 157쪽), 당시의 論者들 역시 '여러 가지 권리의 향유' 를 '인간다운 삶' 으로 규정하고 있었던 것이다. 한편, 우리 한국의 국가인권위원회에서 隔月刊으로 발간하는 잡지 『인권』의 부제도 '사람답게 사는 세상 이야기' 인바, 이것 또한 '여러 가지 권리의 향유' 를 '인간다운 삶' 으로 전제하고 있는 것이다.

개념에서 명백히 드러난다. 홉스는 자연권을 "모든 사람이 자신의 본성, 곧 자신의 생명을 보존하기 위해 자기 뜻대로 힘을 사용할 수 있는 자유, 즉 그 자신의 판단과 이성에 따라 가장 적절한 조치를 취할 수 있는 자유"라고 정의하였고,[32] 로크는 "자연의 이성은 인간이 일단 태어나면 자신의 보존에 대한 권리, 따라서 고기와 음료, 기타 자연이 그들의 생존을 위해서 제공하는 것에 대한 권리를 가진다고 가르친다."고 주장하였다.[33] 제1세대 인권론의 '본능 중심주의'를 보다 분명히 확인하기 위해, 앞에서 소개한 바 있는 김주성의 글을 다시 음미해 보자.

(반완벽주의, 자유주의 정치철학에서) 개인을 구성하는 것은 사회적인 가치가 사상된 동물적인 본능과 욕망으로 이해된다. 그래서 홉스는 자연상태를 동물의 왕국으로 묘사했다. 홉스로부터 인간은 동물형상으로 묘사되었고, 神의 형상으로부터 해방되었던 것이다. 육체와 육체적 가치인 욕망이 정신과 정신의 가치인 덕목의 굴레로부터 해방되어, 정치철학의 조명을 받기 시작한 것이다. 홉스에게는 善이란 욕망의 대상일 뿐이다. 지고의 행복이란 욕망충족의 끊임없는 진행일 뿐이다. 인간의 自由란 그가 무엇을 하고자 하는 의지, 욕망 혹은 기호를 막힘없이 충족시키는 것이다. 이와 같은 자연적인 善과 자연적 自由에 대한 철학적 조명은, 홉스 이후의 자유주의 발달에 지대한 영향을 준다. 존 로크에 와서는 인간의 생명, 건강, 자유와 재산이란 자연적 善이 自然權의 대상으로 간주되어 자연권론의 내용을 이룬다. 존 스튜어트 밀에 와서는 욕망충족의 심리상태로서의 快樂이 그의 공리주의적 자유주의 철학의 근원적 준거로 발전한다.[34]

---

32) Hobbes, *Leviathan*, chap.14, 189쪽.

33) Locke, *Two Treatises of Government (The Second Treatises of Government)*, chap.5, 273쪽.

위의 인용문에서 구체적으로 해명한 바와 같이, 제1세대 인권론 즉 자유주의의 인권론은 본능적 욕망을 충족시킬 권리를 문제 삼는 것이다. 위에서 주목할 것은 '인간은 동물형상으로 묘사되었고, 神의 형상으로부터 해방되었다' 는 말이다. 자유주의자들은 인간을 '神의 형상' 으로부터 해방시킴으로써 인간이 더 이상 인륜이나 도덕에 얽매이지 않게 하였고, 인간을 '동물형상' 으로 묘사함으로써 인간의 삶을 다른 동물의 삶과 마찬가지로 본능적 욕망의 충족과정으로 이해했다는 것이다.[35]

아블라스터가 자유주의 인간관의 특징을 '주권적 욕망, 도구적 이성' 이라는 말로 표현했듯이, 자유주의자들은 육체적 본능을 중심으로 인간을 이해하였다. 아블라스터의 다음과 같은 말을 다시 보자.

> 홉스의 '인간 본성' 개념은 이 시대에 일어난 '本性' 자체에 대한 개념의 변화를 보여준다. 인간의 본성은 개개의 자연적 존재들이 충족시켜야 할 神이 부과한 목표나 목적을 의미하였던 도덕적 범주로부터 (…) 줄일 수 없고, 無道德的이고, 反社會的이기조차 한 충동과 열정이 일어나는 밑바닥으로 개념이 바뀌었다. 이러한 인간 본성의 개념에 따라 '자연상태' 는 단순히 '무제한의 경쟁상태' 로 가정되는 것이다.[36]

아블라스터에 의하면, 홉스 이전에는 '자연적 존재들이 충족시켜야 할

34) 김주성, 「자유주의의 세계사적 근대성 완결과 철학적 위기」, 21~22쪽.

35) 동유럽 공산국가의 몰락 이후, 자유주의의 최종적 승리와 그 의미를 논한 후쿠야마(Fransis Fukuyama)도 '육체적 안전과 물질적 풍요' 를 누리는 '최후의 인간' 은 '동물로 전락한 인간' 이라고 묘사한 바 있다(『역사의 종말』, 458쪽 참조). 요컨대 자유주의가 추구하는 '육체적 안전과 물질적 풍요' 의 나라는 플라톤이 말하는 '돼지들의 나라' (『국가』, 372a~374a)일 수도 있는 것이다.

36) Arblaster, *The Rise and Decline of Western Liberalism*, 135쪽.

神이 부과한 목표나 목적을 의미하였던 도덕적 범주'를 '인간의 본성'으로 규정했었는데, 홉스의 시대에는 '줄일 수 없고, 無道德的이고, 反社會的이기조차 한 충동과 열정이 일어나는 밑바닥'을 인간의 본성으로 규정한 것이다. 요컨대 홉스 등 자유주의자들이 말하는 '인간의 본성'은 기존의 철학자들이 논구한 '도덕적 본성'을 뜻하는 것이 아니라 단적으로 '육체적 본능'을 뜻하는 것이다. 이러한 맥락에서, 자유주의자들의 인권론이 '인간의 생존과 쾌락에 필요한 기본적 욕구를 충족시킬 권리'에 초점을 둔 것은 그들의 본능중심적 인간관과 표리를 이루는 것이요, 같은 맥락에서 제1세대 인권론에서 말하는 '사람다운 삶'이란 무엇보다도 '본능적 욕망을 자유롭게 충족시키는 삶'인 것이다.[37)]

'본능적 욕망을 자유롭게 충족시키는 삶'을 '사람다운 삶'으로 규정한 것은 제2세대 인권론의 경우도 마찬가지이다. 우선 제2세대 인권론의 비조로 인식되는 루소의 경우를 통해 이를 확인해 보자. 루소는『인간불평등 기원론』에서 '자연상태의 인간'을 논하면서 다음과 같이 말한다.

> 인간의 최초 감정은 자기 생존에 대한 감정이었으며, 최초 관심은 자기 보존에 대한 관심이었다. 대지의 산물들은 인간에게 필요한 모든 물자를 제공해 주

---

37) 자유주의에서 말하는 '사람다운 삶'은 일차적으로는 '生存을 위한 욕구의 충족'에 초점이 있지만, 궁극적으로는 '自我實現을 위한 자유로운 개성의 추구'에 초점이 있다('生存'은 본능의 최소치요, '自我實現'은 본능의 최대치라 할 수 있다). '자아실현'이란 '자기가 원하는 인간이 되는 것' 또는 '자기가 원하는 삶을 사는 것'이다. 여기서 문제는 '자기가 원하는 것이 무엇이냐' 하는 점인데, 자유주의자들은 '자신만의 독특한 개성'이 바로 그것이라고 규정한다(Lukes, *Individualism*, 1973, 67~72쪽 참조). 그런데 개인의 독특한 개성만을 강조하고 인간의 보편적 본성을 무시한다면, 그때의 자아실현이란 '소외, 자아도취, 멋대로 자유' 등 각종 폐단을 야기하게 된다. 따라서 우리는 '인간의 보편적 본성'에 기초하여 '개인의 독특한 개성'을 발휘할 때만이 참다운 자아실현이라고 할 수 있을 것이다(이에 대한 자세한 논의는 拙稿,「자유주의의 人權論과 유교의 人倫論」, 53~62쪽 참조).

었으며, 인간의 본능은 그것들을 이용하게 했다. 배고픔과 그 밖의 다른 욕구들은 번갈아 다양한 생존 방식을 경험하게 했는데, 인간에게 자신의 種을 영속시키게 한 생존 방식은 그중 하나였다. 그런데 마음에서 우러나오는 감정이 완전히 결여된 그 맹목적인 끌림은 순전히 동물적인 행위만을 야기했다. 욕망이 충족되면 兩性은 더 이상 서로를 알아보지 못했던 것이다. 어머니에게는 아이조차 그가 홀로 살아갈 수 있게 되면 곧 아무런 관계도 아닌 존재가 되어버렸다. 출현 초창기의 인간 상황은 바로 그런 모습이었다.[38]

위에 보이듯이, 루소는 자연상태의 삶을 식욕과 성욕의 충족활동으로 이해했다. 루소는 "그(자연상태의 인간)의 욕망은 자신의 육체가 필요로 하는 것을 넘어서지 않는다. 먹을 것, 여자, 그리고 휴식은 그가 이 세상에서 유일하게 경험하는 행복이다."[39]라고 했다. 요컨대 자연상태의 인간은 음식물과 異性 그리고 휴식(안락)을 추구할 뿐이요, 이러한 욕구(필요)가 충족되면 행복을 느끼게 된다는 것이다.[40] 이러한 맥락에서, 루소는 인권

---

38) 루소, 『인간불평등기원론』, 94쪽.

39) 루소, 『인간불평등기원론』, 66쪽.

40) 루소는 "가장 행복한 사람은 고통을 가장 적게 맛보는 사람이며, 가장 불행한 사람은 쾌락을 가장 적게 느끼는 사람이다. (…) 우리의 불행은 우리의 욕구와 능력의 불균형 속에 존재한다. 능력이 욕구에 필적하는 감각적인 존재가 있다면, 그는 절대적으로 행복한 존재일 것이다. 그렇다면 인간의 지혜, 다르게 말하면 진정한 행복의 길은 어디에 있는가? (…) 진정한 행복은, 능력에 비해 과도한 욕구를 줄이고 힘과 의지를 완전히 동등한 상태로 만드는 데 있다. 모든 힘이 활동 상태에 있지만, 마음은 평온하고 질서정연한 자신을 발견하게 되는 것은 바로 그 상태일 때뿐이다."라고 했다(『에밀』, 138~139쪽). 루소가 '진정한 행복'을 '욕구의 절제를 통해 마음의 평온을 누림'으로 규정했다 하더라도, 그 행복의 본질적 요소는 '감각적 쾌락'에 있다고 본 것이다. 루소는 '능력이 충분하여 욕구를 완전히 충족함'을 '절대적 행복'으로 규정했거니와, 루소가 '과도한 욕구를 줄이라'고 한 것은 '능력과 욕구의 불일치로 인한 불행'을 막고자 한 것일 뿐 '남을 배려하라'는 맥락은 아니었다. 이렇게 볼 때, 루소의 행복관은 기본적으로 '쾌락주의적 행복관'이라 하겠다.

(자연권)을 음식물 · 異性 · 휴식 등 '인간의 자연적 필요를 충족시킬 권리' 로 규정했다.[41] 한편, 『에밀』에서는 "인간의 마음에 자연적인 요구에 바탕을 두지 않는 한 자연의 모든 권리도 환영에 불과하다"[42]고 했다. 요컨대 인간의 자연적 필요에 기초하지 않는다면, 모든 자연권은 단지 하나의 망상이라는 것이 루소의 지론이었다. 루소의 이러한 주장에 대해, 오수웅은 다음과 같이 설명한다.

> 인간의 자연적 필요가 모두 충족된 상태는 인간의 존재양식에 있어서 완전한 상태라 할 수 있기 때문에, 인간은 자신의 능력을 통해서 자신의 완전한 상태에 도달하려고 한다. 필요의 충족은 곧 행복을 의미하기 때문에 자신의 완전한 상태에 도달하려는 것은 행복을 추구하는 것과 같으며, 따라서 자연권의 실현 나아가 인권의 실현은 곧 행복을 얻고자 하는 것과 같은 것이 된다.[43]

이상의 내용을 정리하면, 루소는 행복을 인간의 자연적 필요가 충족된 상태로 설명하고, 인권이란 무엇보다도 자연적 필요의 충족을 통해 행복을 추구할 수 있는 권리라고 보았다. 이러한 맥락에서 루소가 말하는 '인권을 누리는 삶' 역시 '필요의 충족' 을 벗어나지 않는 것이다.[44]

---

41) 이 책의 제2장 4절에서 논한 바 있듯이, 루소의 '共同善' 도 '본능적 욕구의 동등한 충족' 에 초점이 있었다.

42) 루소, 『에밀』, 419쪽.

43) 오수웅, 「현대의 인권연구경향 비판과 대안의 모색」, 93쪽.

44) 루소는 『에밀』에서 사부아 神父의 입을 빌려 "나는 존재들과 그것들의 관계를 관찰하고 느낄 수 있지. 나는 우주를 관조할 수 있으며, 우주를 지배하는 그 손에까지 나를 높일 수 있지. 나는 선을 사랑하고, 선을 행할 수 있네. 그런데도 나는 나 자신을 짐승에 비교할 것인가? 비천한 정신의 소유자들, 그 사람들을 짐승과 닮게 만드는 것은 바로 그들의 그 한심한 철학이지."라고 했다(496쪽). 이 말은 당시의 유물론자들이 인간을 결국 '동물형상' 에 가두고 있음을 비판하는 것인바, 이렇게 본다면 루소

한편, 우리 사회에서 기존 진보진영의 한계를 비판하면서 새로운 진보의 이념을 모색하고 있는 장은주는 진보진영의 근본적 議題로 '인간의 존엄성 문제'[45]를 다시 제기하면서 다음과 같이 말한 바 있다.

> 누구든 배고프면 먹어야 하고 안락한 보금자리를 가질 수 있어야 한다. 양질의 교육을 받을 기회도 가져야 하고 '품위 있는 일자리' 도 가져야 한다. 이런 기본적인 인간적 필요들이 충족되지 못할 때 어느 누구도 존엄하게 살 수 없다. 모든 사람은 그 시장적응 능력 같은 것과는 상관없이 인간으로서 지닌 가장 기본적인 필요를 충족시킬 수 있어야 한다. 그러나 누군가 혼자서 또는 사적 관계를 통해서는 그런 필요들을 충족시킬 수 없을 때 무엇보다도 국가가 나서도록 해야 한다. 이것은 단순한 분배문제가 아니라 기본적인 인권, 곧 사회권의 문제다.[46]

위의 인용문으로 보면, 장은주가 사회권을 통해 추구하는 사람다운 삶 역시 '기본적인 필요의 충족' 을 크게 벗어나지 않는 것이다.[47]

가 추구하는 '사람다운 삶' 이란 '필요의 충족' 을 넘어서는 것이라 할 수 있겠다. 그러나 '인간의 자연적 필요에 기초하지 않는다면 모든 자연권은 단지 하나의 망상일 뿐' 이라는 말로 본다면, 루소가 인권을 통해 뒷받침하는 삶은 '필요의 충족' 을 크게 벗어나지 않음도 또한 부정할 수 없겠다.

45) 장은주는 '인간의 존엄성 문제' 를 다시 제기하면서, 이를 "인간성을 모욕하고 무시하는 사회, 인간의 존엄성을 훼손하며 '자유' 와 '정의' 와 '연대' 와 같은 수많은 인간적 가치들을 위협하는 사회를 모든 사회성원들이 인간으로서 존중받으며 자기를 실현할 수 있는 삶을 살 수 있는 그런 사회로 바꿀 수 있다는 희망의 깃발을 올리자는 것" 이라고 설명했다(장은주, 『생존에서 존엄으로』, 27쪽).

46) 장은주, 『생존에서 존엄으로』, 33~34쪽.

47) 장은주의 이러한 주장에 대해서는 두 가지를 비판할 수 있겠다. 우선, '품위 있는 일자리' 의 문제이다. 일자리에는 품위 있는 것도 있고 품위 없는 것도 있다면, '품위 없는 일자리' 는 누가 맡아야 하는가? 다음, '안락한 보금자리, 양질의 교육, 품위 있는

이상에서 소개한 루소와 장은주의 주장에 잘 드러나 있듯이, 제2세대 인권론이 추구하는 '사람다운 삶' 역시 '본능적 욕망을 자유롭게 충족시키는 삶' 임을 알 수 있겠다. 제1세대 인권론과 제2세대 인권론의 핵심적인 차이는 사람다운 삶의 구체적 내용에 있는 것이 아니라, 사람다운 삶을 어떤 방식으로 보장할 것인가 하는 점에 있다. 제1세대 인권론(자유주의)의 지론은 국가가 개인의 자유를 침해하지 않으면 각자의 사람다운 삶은 저절로 실현된다는 것이요(예정조화설), 제2세대 인권론(사회주의)의 지론은 자유롭게 방임하면 사회적 불평등이 심화되므로 국가가 개입하여 모든 사람이 사람다운 삶을 살 수 있도록 뒷받침해야 한다는 것이었다(사회책임론).

이미 살핀 바 있듯이, 제1세대 인권론자들이 본능중심적 인간관을 피력한 것과 달리, 제2세대 인권론자들의 인간관은 육체적 본능과 도덕적 본성을 함께 주목하는 것이었으며, 이들이 말하는 도덕적 본성은 남에 대한 동정심이나 형제애 등으로 표현되는 것이었다. 요컨대 이들은 '자신만 배부르고 안락하게 살 것' 이 아니라 '남들과 함께 배부르고 안락하게 살 것' 을 주장한 것이다. 이러한 맥락에서, 제2세대 인권론에서의 동정심이나 형제

일자리 등 기본적인 인간적 필요들이 충족되지 못할 때 어느 누구도 존엄하게 살 수 없다' 고 한다면, 예수나 공자 등은 이런 필요들을 충분히 충족시키고 살았던 것인가? 論者가 생각하기에, '모두에게 품위 있는 일자리를 제공한다' 는 것은 불가능한 이상이며, 인간의 존엄성은 '기본적 필요의 충족' 뿐만 아니라 '도덕성 또는 인륜성' 을 함께 고려하면서 논의해야 한다. 한편, 장은주는 기존 진보진영의 도덕적 우월감에 대해서는 "프롤레타리아트만이 참으로 혁명적 계급이라는 주장도 어떤 사회과학적 독단주의의 혐의를 감수하지 않고서는 내세울 수도 없다" 고 비판하고, 진보진영이 헌정질서를 종종 외면한 것에 대해서는 "정당한 민주적 헌정질서의 제도적 장치들 말고는 우리 사회가 드러내고 있는 체계적 모욕과 무시와 존엄성의 훼손, 부당한 지배와 억압 같은 것들을 교정할 다른 수단들을 알지 못한다" 고 비판하면서, '고전적 진보의 관념을 포기해야 한다' 고 주장했거니와(『생존에서 존엄으로』, 21~31쪽 참조), 이 점은 매우 고무적인 내용이라 하겠다.

애는 평등권 또는 사회권으로 표출되었던 것인바, 평등권 또는 사회권을 통해서 강자와 약자가 함께 누리는 '사람다운 삶'의 구체적 내용은 제1세대 인권론자들이 추구한 '본능적 욕망을 자유롭게 충족시키는 삶'에서 크게 벗어나지 않았던 것이다.

이상에서 인권론자들이 말하는 '사람다운 삶'이란 무엇보다도 '본능적 욕망을 자유롭게 충족시키는 삶'임을 살펴보았다.[48] 그러나 전통적 인륜론은 사람다운 삶을 이렇게 이해하지 않았다. 전통유교에 의하면, 본능적 욕망의 충족은 사람다운 삶의 필요조건이기는 해도 결코 충분조건일 수 없는 것이다. 인간도 육체를 지닌 동물이므로, 생존하기 위해서는 육체적 본능을 충족시켜야 함은 물론이다. 또 '衣食이 풍족해야 禮義를 알 수 있다'고 했듯이, 유교에서도 본능적 욕구가 충족되어야 비로소 사람다움을 발휘할 수 있다고 보았고, 그러므로 현실 정치의 우선적 과제는 人倫의 교육이 아니라 民生의 안정에 있다고 보았다. 그러나 사람다운 삶의 궁극적 근거는 인륜에 있다는 것, 그러므로 민생을 안정시킨 다음에는 반드시 인륜을 교육해야 한다는 것이 유교의 지론이었다. 우선 맹자의 다음과 같은 말을 보자.

恒產이 없으면서도 恒心을 지킬 수 있는 자는 오직 선비뿐이니, 일반 백성들

48) 아렌트(Hannah Arendt)는 '인권의 옹호'를 '실존에 대한 보살핌'으로 이해한 바 있는데(아렌트, 『과거와 미래 사이』, 306쪽), 이는 '衣食住'와 '양심의 자유' 등 실존의 여러 요구들을 보살피는 것이 인권론의 과제라는 뜻일 것이다. 한편 장하성은 "우리나라는 유럽식 보편적 복지는커녕 최소한의 인간다운 삶을 보장하는 기초 생활 복지조차 턱없이 부족하다. 그렇기에 체제 안정을 위해서 교육, 의료, 보육 그리고 노후 생활에 대한 복지를 확대하는 것이 시급하다."고 했는데(장하성, 〈한국의 '새로운 자본주의', 경제 민주화〉, 《조선일보》 2012년 3월 13일자 칼럼), 장하성이 말하는 '인간다운 삶'은 바로 인권론자들이 말하는 '인간다운 삶'과 궤를 같이하는 것이다.

은 恒産이 없으면 따라서 恒心도 잃게 된다. 진실로 恒心이 없으면 제 마음대로 온갖 사악한 일과 사치를 일삼게 되니, 마침내 罪에 빠뜨린 다음에 형벌을 가한다면, 이는 백성을 그물질하는 것이다. 어찌 어진 사람이 윗자리에 있으면서 백성을 그물질하겠는가? 그러므로 현명한 君主는 백성의 생업을 제정함에 반드시 위로는 부모를 섬기기에 충분하고 아래로는 처자를 기르기에 충분하게 하여, 풍년에는 종신토록 배부르고 흉년에는 굶어 죽음을 면하게 했다. 그런 다음에 백성을 이끌어 善을 향하도록 했으니, 그러므로 백성들이 따르기 쉬웠던 것이다. 지금은 백성의 생업을 제정함에 위로는 부모를 섬기기에도 부족하고 아래로는 처자를 기르기에도 부족하게 하여, 풍년에는 종신토록 고생하고 흉년에는 굶어 죽음을 면할 수 없게 한다. 이렇게 하면 오직 죽음을 면하고자 해도 부족할까 두려우니, 어느 겨를에 禮義를 다스릴 수 있겠는가?[49]

"위로는 부모를 섬기기에 충분하고 아래로는 처자를 기르기에 충분하게 하여, 풍년에는 종신토록 배부르고 흉년에는 굶어 죽음을 면하게 함" 은 기본적인 의식주를 해결함을 뜻한다. 맹자는 의식주가 해결되지 않으면 '禮義를 다스릴 수 없다' 고 보았다. 맹자는 禮義 또는 人倫을 '사람다움의 궁극적 근거' 로 보았거니와, 그럼에도 불구하고 의식주의 해결은 예의보다도 더 시급한 일이라는 것이 맹자의 지론이었다. 인간의 생존에 긴요한 의식주의 문제를 이토록 중시하고 있었다는 점에서, 맹자는 이미 오늘날 인권론자들과 같은 문제의식을 지녔던 것이다.

그러나 인간다운 삶은 결코 의식주의 차원에 국한된 문제가 아니라는 것이 또한 맹자의 지론이었다. 맹자는 "사람에게는 道가 있거니와, 배불리 먹고 따뜻하게 입으며 편안히 살되 가르침이 없다면 곧 禽獸에 가깝게 된

49) 『孟子』 梁惠王上 7.

다. 聖人이 이를 근심하시어, 契(설)을 司徒로 삼아 人倫을 가르치게 하셨다."[50]고 했다. 맹자가 말하는 '인륜적 삶' 이란 바로 인의예지의 본성을 실현하는 삶이다. 인의예지의 본성은 '四端' 으로 드러나거니와, 맹자는 "惻隱之心이 없으면 사람이 아니요, 羞惡之心이 없으면 사람이 아니며, 辭讓之心이 없으면 사람이 아니요, 是非之心이 없으면 사람이 아니다."[51]라고 단언했다. 의식주의 충족이라는 본능의 차원에서는 사람과 금수가 다르지 않으므로, 오직 '人倫' 만이 사람과 금수를 구별해주는 준거가 된다는 것이다. 요컨대 맹자는 의식주의 우선적 중요성을 충분히 인정하면서도, 사람다운 삶은 의식주의 충족에 있는 것이 아니라 인륜에 있다고 보았다.

이상에서 인권론에서 주장하는 사람다운 삶과 인륜론에서 주장하는 사람다운 삶을 살펴보았거니와, 우리는 과연 어느 것이 더 타당한지 심사숙고해야 할 것이다. 인간은 육체를 지니고 있고, 육체는 끊임없이 의식주의 충족을 필요로 한다. 이러한 맥락에서 의식주를 충족시킬 권리를 강조하는 인권론자들의 주장은 지당하다. 그러나 의식주의 충족만으로는 인간의 삶이 '동물형상' 에서 크게 벗어나지 못함도 또한 사실이다. 인권론자들은 인간의 존엄성을 주장하면서 자유의 권리를 제창하는바, 그 자유로운 삶이라는 것이 결국엔 "배불리 먹고 따뜻하게 입으며 편안히 살되 인륜을 가르침이 없다면 곧 禽獸에 가깝게 된다"는 동물형상에서 크게 벗어나지 못한다면, 이는 사실 語不成說이 아니겠는가? 따라서 인간의 존엄성을 首尾一貫 관철시키려면, 우리는 인륜의 의의를 다시 성찰하지 않을 수 없다.

물론 현대의 인권론이 인륜적 삶의 의의를 무시하는 것은 아니라는 반론도 있을 수 있다. 자유주의의 경우 무해원칙과 공평원칙 등을 최소한의

---

50) 『孟子』 滕文公上 4.

51) 『孟子』 公孫丑上 6.

규범으로 설정한 것일 뿐, 이를 바탕으로 인륜적 삶을 추구하는 것은 각자의 자유의 영역으로 남겨두고 있다는 반론이 가능한 것이다. 또한 사회주의의 경우 사회책임원칙을 통해 모두가 다 함께 잘 살자는 이상을 추구했으니, 이는 전통적 인륜론에 근접하는 것이라는 반론이 가능한 것이다. 그렇다면 이 문제에 대해 좀 더 논의해 보기로 하자.

먼저 자유주의의 경우, 무해원칙과 공평원칙이 우리 삶의 긴요한 원칙이기는 해도 또한 매우 미흡한 원칙이라는 점은 앞에서 누차 거론한 바 있다. 자유주의는 무해원칙과 공평원칙 등을 바탕으로 인륜적 삶을 추구하는 것은 각자의 자유의 영역으로 남겨두고 있다고 볼 수도 있으나, 또한 많은 사람들은 무해원칙과 공평원칙에 어긋나지 않는다는 이유만으로 자신의 행위를 정당화하고 있다.[52] 자유주의의 반완전주의적 입장은 이러한 경향을 더욱 부채질한다. 자유주의자들이 진정으로 인간의 존엄성에 입각하여 자유의 권리를 내세우고자 한다면, 자유주의자들은 두 가지 점에서 칸트의 입론을 다시 음미해 보아야 한다.

첫째, 칸트는 정언명법의 제2원칙에서 "모든 사람의 人格을 언제나 목적으로 대우하라"고 하여, 단순히 '人間'이라 말하지 않고 특별히 '人格'이라고 말했다.[53] 칸트는 인간의 존엄성을 적극 옹호하면서도, 인간은 道德法則을 지닌 한에서 人格이라고 하여, 인간의 존엄성의 근거는 인간의 도덕성에 있다는 점을 분명히 했던 것이다.

둘째, 칸트는 정언명법의 제3원칙을 부연하면서 自由를 이성의 명령에

52) 앞의 제7장 2절에서 거론한 '외손자를 친양자로 입양하려는 경우, 남편 몰래 불임시술을 받아 출산을 거부한 경우, 同性結婚의 권리를 요구하는 경우, 행복추구권을 내세운 간통죄 폐지론의 경우' 등을 상기해 보라.

53) 멩케와 폴만은 '인간의 존엄성' 문제를 논의하면서 단순한 '人間'과 존엄한 '人格'을 구분해서 설명한 바 있다(『인권철학입문』, 167쪽 참조).

따르는 自律로 규정하고, 자신의 욕망에 충실한 것은 욕망의 노예가 되는 것일 뿐이라고 보았다. 오늘날 자유라는 이름으로 자행되는 여러 반인륜적 행위들은 대부분 극단적인 욕망의 충족과 관련된 것인바, 칸트는 이러한 행위들은 결코 자유로운 행위가 아니라고 갈파했던 것이다.[54)]

앞에서 거론했듯이, 칸트의 선의지론이나 정언명법이 일정한 한계가 있는 것은 사실이다. 그러나 칸트가 인간의 존엄성의 근거를 도덕성에서 찾고, 이성에 의해 자신의 욕망을 통제해야 된다고 설파한 것은 매우 중요한 것이다. 자유주의자들이 칸트처럼 인간의 존엄성의 근거를 도덕성에서 찾고, 이성에 의해 욕망을 통제할 수 있다면, 자유주의의 인권론도 매우 인륜적인 모습을 띨 수 있을 것이다. 그런데 아블라스터가 지적했듯이 대부분의 자유주의자들은 '주권적 욕망, 도구적 이성' 이라는 노선을 견지하여, 칸트와 반대의 길을 갔다. 이러한 맥락에서 제1세대 인권론은 전통적 인륜론에 대해 적대적인 입장을 견지했던 것이다.[55)]

사회주의의 경우, 인간의 도덕적 본성에서 동정심이나 형제애를 도출한 것은 전통적 인륜론과 궤를 같이하는 것이다. 그러나 동정심이나 형제애를 평등권 또는 사회권으로 발전시킴으로써, 제2세대 인권론도 전통적 인륜론과 방향을 달리하게 되었다. 제2세대 인권론자들이 말하는 평등권이나 사회권은 약자들도 강자들과 평등한 대우를 받을 권리가 있다는 것, 나아

---

54) 프롬도 '탐욕스러운 삶' 은 '사실상 자기의 삶을 자기 이외의 목적에 바친 것' 이라고 지적한 바 있다(프롬, 『자유로부터의 도피』, 134~135쪽 참조). 우리는 흔히 '탐욕스러운 삶' 을 '욕망의 노예가 된 삶' 으로 규정하는데, 그러한 삶은 결코 '자유로운 삶' 이라고 말할 수 없을 것이다.

55) 매킨타이어는 "권리의 개념은 자율적인 도덕 행위자라는 사회적 발명품의 한 부분으로서 일련의 목적을 수행하기 위하여 만들어졌다" 고 지적하고, 이는 "실제로는 자의적 의지와 욕망의 선호와 다를 바 없는 것을 도덕의 가면 뒤에 숨기는 데 이바지하는 수사법" 이라고 혹평한 바 있다(『덕의 상실』, 114~116쪽 참조).

가 사회(국가)는 약자들에 대한 평등한 대우를 보장할 책임이 있다는 것이었다. 요컨대 사회주의의 본성중심적 인간관은 결국 '약자의 권리' 와 '사회의 책임' 을 정당화하는 역할을 했던바,[56] 여기에 함정이 있는 것이다.

우선 '약자의 권리' 를 강조함은 '자조의 원칙' 에 어긋난다는 점이다. 앞에서 누차 거론했듯이, 약자들의 곤궁한 처지는 열악한 사회적 환경 때문이기도 하지만, 본인의 책임도 있다고 본다면, 약자들의 처지를 개선하기 위해서는 사회의 도움과 본인의 노력이 병행되어야 한다. 그런데 '약자의 권리' 라는 개념은 일방적으로 사회의 책임을 부각시키고, 약자들의 투쟁심리를 고취시키는 것이다.

더욱 큰 함정은 '사회책임의 원칙' 이다. '약자의 권리' 와 '사회의 책임' 을 내세우면 결국 '도덕적 해이' 를 초래한다는 점은 누차 거론했거니와, 이와 별개로 사회주의자들의 사회책임원칙은 또한 '자신들은 책임지지 않겠다' 는 심리를 내포하는 것이다. 요컨대 사회주의자들은 '사회가 약자들의 인권 향상을 책임져야 한다' 고 주장하는바, 이처럼 책임의 주체를 사회로 설정함으로써 정작 자신들은 그 책임을 적극 부담하지 않는 것이다. 이러한 맥락에서, 사회주의자들은 각종 복지와 관련하여 입으로는 멋진 말을 쏟아내면서 몸으로는 솔선수범을 하지 않는 것이다.[57] 사회주

56) 그러나 전통적 인륜론에서의 본성중심적 인간관은 약자에 대한 강자의 시혜의 당위성을 일깨우는 것으로 한정되었던 것이다.

57) 좌파와 우파를 막론하고 언행이 일치하지 않음에 대해서는 비판을 받아 마땅할 것이다. 그런데 복지 문제의 경우, 우파는 '自助의 원칙' 을 견지하고 있기 때문에 언행불일치라는 비판으로부터 자유로울 수 있다. 자조의 원칙에 따른다면 '남에게 도움을 요구하지 않는 것' 만으로도 자신의 책임을 다하는 것이기 때문이다. 한편, 이승환은 "진보는 자신을 언제나 '정의' 의 편에 위치시키기 때문에, 조그마한 약점만 발견되어도 곧 보수의 역공을 받아 진보로서의 자격을 박탈당하곤 한다." 고 지적한 바 있는데(이승환, 『횡설과 수설』, 404쪽), 진보(좌파) 진영의 이러한 처지는 그들이 평소에 '도덕적 우월감' 을 뽐낸 것의 반대급부라 할 수 있다.

의의 비조로 인식되는 루소부터 이러한 면모를 보여 주었다. 루소가 자신의 다섯 아이를 태어나자마자 모두 고아원에 보낸 것은 잘 알려진 일화이다. 루소는 훗날 '아이들이 싫어서가 아니라 아이들을 사랑했기 때문에 고아원에 보낸 것' 이라고 변명했는데, 이에 대해 김용민은 다음과 같이 평한 바 있다.

> 『에밀』을 읽은 독자는 루소가 아이들 다섯을 모두 낳자마자 고아원에 보냈다는 사실을 어떻게 해석해야 하는지에 대해 당혹감을 금치 못하게 된다. 분명히 『에밀』은 아이들을 사랑하는 마음 없이는 쓸 수 없는 책이다. 아이들을 사랑했기 때문에 고아원에 보냈노라는 루소의 변명은 어딘지 모르게 설득력이 미진한 감이 있다.[58]

루소와 마찬가지로,[59] 말과 행실이 일치하지 못함은 사회주의자들이 흔히 범하는 병폐였다. 근래 우리 사회의 '강남좌파' 논란도 이러한 맥락에서 이해할 수 있다. 좌파들의 언행불일치에 대해, 윤평중은 다음과 같이 비판한 바 있다.

> '강남좌파' 논쟁이 뜨겁다. 강남좌파란 고학력 · 고소득자이면서 진보적 가치를 지향하는 사람을 일컫는다. 원래 이 말은 386 정치인 같은 진보 엘리트가 보이는 '몸과 마음의 괴리' 를 비판하기 위해 사용되었다. 말로는 민중을 위한

58) 김용민, 『루소의 정치철학』, 53~54쪽.

59) 『에밀』에서는 "세계주의자들을 경계하라. 그런 철학자들은 (…) 자기 이웃을 사랑하는 의무에서 벗어나기 위해서일 것이다."라고 질타하고(65쪽), "그만하면 괜찮은 존재가 되기 위해서는, 또한 자기 자신이 되어 언제나 통일된 한 개체가 되기 위해서는 언행이 일치해야 한다." 고 설파한 바 있는데(67쪽), 루소 자신도 언행이 일치하지 못했던 것 같다.

다면서 부르주아적 삶을 즐기는 행태를 비꼰 것이다. (…) 왜곡된 강남좌파의 모습은 일부 지식인들에게서 집중적으로 드러난다. 미국을 세계의 모순과 한반도 분단의 원흉으로 보는 反제국주의자가 정작 자본주의적 삶의 양식을 향유하는 경우가 그것이다.

말과 행동이 다른 사람은 신뢰하기 어렵거니와 존재 이유가 말에 있는 지식인의 僞善과 背理는 특히 해롭다. 여기서 '프랑스의 강남좌파' 이자 20세기를 대표하는 진보지식인이었던 사르트르(J. P. Sartre)의 행보가 흥미롭다. 2차 세계대전 후 세계를 휩쓴 '실존주의의 敎皇' 으로 불린 그는 참여문학의 거장이자 유럽의 양심으로 여겨졌다. 세계적 명성으로 얻은 富와 영향력을 즐긴 사르트르는 6 · 25전쟁을 미국의 사주에 의한 한국의 北侵이라고 강변했다. 소련의 조직적 인권침해를 알고 있었으면서도 "소련에는 완벽하게 비판의 자유가 보장되어 있다" 고 했고, 소련의 강제수용소를 고발한 망명작가 솔제니친을 "시대착오적 인물" 로 폄하했다. "혁명의 완성을 위해서는 反혁명적인 인물을 죽여 없애야 한다" 고 한 사르트르와 온건개혁론을 편 소설가 카뮈(A. Camus)의 絶交는 불가피했던 것이다.

사르트르의 강남좌파적 성향은 사회학자이자 정치평론가인 레이몽 아롱(R. Aron)과의 논쟁에서 재현된다. 선동적인 진보 레토릭으로 프랑스 지식사회를 평정한 사르트르가 '혁명의 母國' 소련 찬양에 바쁠 때 아롱은 마르크스주의 이념이야말로 '지식인의 아편' 이라고 꼬집었다. 사회주의의 꿈에 경도된 파리의 지식인 사회가 아롱을 홀대하고 조롱한 건 물론이다. 소련이야말로 反動的 전체주의 체제임을 설파한 아롱이 옳았음을 역사가 증명하지만, "레이몽 아롱과 함께 옳은 것보다는 사르트르와 함께 실수하는 게 낫다" 는 프랑스 지성계의 위선적 분위기는 오래 지속되었다. 한국에서도 우파 아롱을 아는 이는 거의 없지만 좌파 사르트르의 생명력은 悠長하다. (…) 동시대의 냉대와 싸우면서 소련과 사회주의의 허구를 고발한 레이몽 아롱은 "정직하면서도 머리가 좋은 사람은 좌파가 될 수 없다"는 촌철살인을 남겼다. 강남좌파가 '스타일리스트'를 넘어 진정한 진보로 가는 한 길은 '북한문제'를 직시하는 데 있다. 북한 사회주의 체제의 반동적 본질에 대한 부정직성이야말로 한국 진보지식인의 아편이기 때문이다.[60)]

윤평중에 의하면, 프랑스에서든 한국에서든 좌파들의 언행불일치는 '悠長한 현상'이다. 우파의 '自助의 원칙'은 편협한 이기주의에 빠질 수 있다는 점에서, 좌파의 '형제애'는 매우 숭고한 것이다. 이러한 맥락에서 좌파는 '도덕적 우월감'[61)]을 지니고 많은 말들을 쏟아내는 것이다. 하지만 이들이 사회주의(공산주의) 국가의 반동적 현실을 애써 외면한다는 것도 문제이며, 자신들이 앞장서서 형제애를 실천하지 못한다는 것도 문제이다. 한편 박은주도 다음과 같이 '강남좌파'를 비판한 바 있다.

> 다소의 '냉소'가 개입된 '강남좌파'라는 말은 실제 그들 주소지가 서울 강남인지와는 상관이 없다. 학벌이 좋고, 소득수준이 높으며, 지식수준이 높은데 좌파적 주장을 하는 사람을 일컫는 말이다. 사실 '강남좌파'는 폭발력이 강하다.

---

60) 윤평중, 〈강남좌파는 북한 문제를 직시할 수 있을까〉, 《조선일보》 2011년 7월 25일자 칼럼.

61) '修正 사회주의'의 기수였던 베른슈타인은 "사회주의는 집단의 특수 이해를 넘어 전체의 이해를 고양시키는 사상"이라고 규정하고, 사회주의의 원동력을 '노동자들의 계급의식'에서 찾았다. 그는 "노동자들에게 그 계급의식은 그들이 고유의 특정한 물질적 이해관계를 갖고 있다는 인식에서 그치는 것이 아니라, 현대 사회의 노동자들로서 사회의 지속적 발전을 위한 歷史的 使命을 그들이 갖고 있다는, 더 높은 사회적 혁명적 과제가 부여되어 있다는 인식이 된다."고 했거니와, 오직 노동자들만이 새로운 사회를 창조할 자격이 있다는 것이 그의 지론이었다(베른슈타인, 『사회주의란 무엇인가 (外)』, 133~137쪽 참조). 여기에서도 보이듯이, 사회주의자들의 '도덕적 우월감'은 매우 특징적인 것이다.

기득권을 버리고 '낮은 곳' 으로 임하는 사람들, 개인의 이익보다 공공의 善을 추구하는 것처럼 보이기 때문이다. (…) 그럼에도 진보의 집권확률이나 그들이 세상을 지배할 가능성은 보수의 그것보다 떨어진다. 좌파 혹은 진보들은 그 '멋진 말' 이 얼마나 더 혐오스러울 수 있는지를 가끔 스스로 증명해 보이기 때문이다. 곽노현 서울시교육감 사건도 그렇다. (…) 곽노현 교육감은 유학을 다녀온 법대 교수이며, 외고에 다니는 자녀를 두었으면서도 '외고는 특권교육' 이라고 비난했다. 자기는 높은 곳에 올라가서 남들이 그 사다리에 오르려는 순간, "이따위 사다리는 잘못된 것" 이라며 사다리를 걷어차는 전형적인 '강남좌파' 의 모습이었다. (…) 말은 몸통과 만나야 진심이다.[62]

박은주에 의하면, '강남좌파' 는 "기득권을 버리고 '낮은 곳' 으로 임하는 사람들, 개인의 이익보다 공공의 善을 추구하는 것처럼 보이기 때문" 에 강한 폭발력을 지니고 있지만, 말로만 그럴 뿐 실제 행실은 그렇지 못한 사람들이다. 박은주는 "말은 몸통과 만나야 진심이다" 라고 일갈했다. 다른 문제는 차치하고, 복지 문제에 있어서 좌파들의 말과 행실이 일치하지 못하는 근본 원인은 사회책임의 원칙에서부터 비롯되는 것이다.[63] 좌파들은 사회의 책임을 일깨우는 것만으로 자신들의 소임을 다했다고 여기는 것이다. 약자의 복지가 진실로 사회의 책임이라면, 자신은 그것을 지적하기만 하고 솔선수범하지는 않을 수 있는 것이다.

그러나 이러한 태도는 결코 도덕적이라고 볼 수 없다. 전통적 인륜론은

62) 박은주, 〈잘생긴 '강남좌파' 가 승리하지 못하는 이유〉, 《조선일보》 2011년 9월 1일자 칼럼.

63) 심성보는 우리 사회의 좌파는 '인격교육' 을 등한시하고 대신 '인권교육' 을 강조한다고 지적한 바 있는데(『인간과 사회의 진보를 위한 민주시민교육』, 263쪽), 좌파의 언행불일치 병폐는 이러한 현실과도 밀접한 관계가 있을 것이다.

사랑의 실천을 자기의 책임으로 규정하고,[64] 자신의 권리를 앞세우기 전에 자신의 의무를 먼저 실천하라는 것이었다. 이와 관련하여, 사회주의자들은 '스스로를 목적의 나라에 있어서의 立法者인 것처럼 행위하라' 는 칸트의 정언명법 제3원칙을 상기할 필요가 있다. 입법자는 자신이 제정한 법이 제대로 실현되게 하려면 자신이 먼저 그 법을 준수해야 한다. 입법자조차 지키지 않는 법은 아무도 지키지 않기 때문이다. 마찬가지로 사회주의자들이 진정으로 형제애를 추구한다면, 형제애를 사회의 책임으로 미루지 말고 자신들이 앞장서서 형제애를 실천해야 할 것이다.

3. 人倫의 한계 안에서의 人權

인권론자들의 지론은 인간은 존엄하므로 여러 권리를 누릴 자격이 있으며, 권리를 누리는 삶이 사람다운 삶이라는 것이었다. 그런데 이제까지 살핀 바와 같이, 禽獸와 구별되는 참다운 '인간의 존엄성' 은 '인간의 도덕적 본성' 에서 유래하는 것이요, 같은 맥락에서 진정으로 '사람다운 삶' 은 단순히 '인권을 누리는 삶' 이 아니라 '인륜을 실천하는 삶' 이었다. 그렇다면 우리는 인간의 여러 권리는 인륜을 벗어나지 않는 범위에서 누려야 한다고 말할 수 있겠다. 인륜을 벗어나지 않는 범위에서 인권을 누려야 한다는 말은 다음의 두 맥락을 지닌다.

첫째, 인권은 '사람다운 사람' 만이 누릴 수 있는 권리로 해석되어야 한다는 것이다. 인권론자들, 특히 자연권론자들의 지론은 '사람은 사람으로

64) 『論語』에서는 "선비는 (도량이) 크고 (의지가) 굳세지 않을 수 없으니, 책임은 무겁고 갈 길은 멀기 때문이다. 仁으로 자기의 책임을 삼으니, 또한 무겁지 않은가? 죽은 다음에야 그만두니, 또한 멀지 않은가?" 라고 한 바 있다(泰伯 7).

태어난 이상 누구나 존엄하며, 따라서 누구나 인권을 지니고 태어났다' 는 것이다. 이러한 주장은 그 자체 지당한 것으로 받아들일 수 있다. 문제는 본래 존엄하게 태어난 인간이 종종 스스로 타락하여 자신의 존엄성을 무너뜨리기도 한다는 점이다. 그럴 경우, 우리는 '그는 본래 권리를 지니고 태어났으나, 이제는 권리를 누릴 자격을 상실했다' 고 보아야 할 것이다. 오늘날 몇몇 인권론자들은 '권리를 지니고 태어났다' 는 것과 '권리를 누릴 자격이 있다' 는 것을 엄밀히 구분하지 않고 있는데,[65] 우리는 양자를 엄밀히 구분해야만 한다.[66]

인권론자들은 '인간은 누구나 존엄하며, 존엄하므로 권리를 지닌다' 고 주장하면서, 인간의 존엄성의 근거로 이성이나 양심 등 인간의 도덕적 능력을 들었다. 예컨대 임미원은 '칸트의 인권개념' 은 "도덕적으로 근거지워진 권리 혹은 전적으로 인간의 선험적, 이성적 본성에 근거한 권리" 라고

---

65) 멩케와 폴만은 『인권철학입문』에서 '인간의 존엄성' 이란 '모든 인간이 인간이라는 오직 그 사실을 통해 지니게 되는 속성' 이라고 주장하면서(186쪽), 따라서 "인권은 무조건적으로, 그러니까 어떤 사람이 누구이고 또는 무엇을 하는가와 상관없이 유효한 것이다. 가장 흉악한 인권침해를 자행한 자조차도 그로 인해 자신의 인권을 상실하는 것은 아니다." 라고 단언했다(62쪽). 카텝은 『인간의 존엄』에서 '인간의 존엄성' 은 '인간의 생명 자체에서 유래한다' 고 주장하면서(77~78쪽), 따라서 "범죄행위를 통해 타인의 존엄성을 침해하고 그래서 스스로의 존엄성까지 손상시키는 사람들의 존엄성조차도 보호되어야 한다." 고 주장했다(25쪽). 이들과 달리, 조효제는 "인간이 살아갈 수 있는 권리는 우리가 세계시민으로서 의무를 다할 때에만 생겨날 수 있을 것" 이라는 간디(M. Gandhi)의 말을 金科玉條로 삼았고(『인권의 문법』, 313쪽), 탤벗(William J. Talbott)은 "정상적인 성숙한 인간은 그들이 '호모사피엔스' 種의 일원이어서가 아니라 일정한 능력, 특히 내가 '판단할 수 있는 능력' 이라고 지칭하는 것을 가지기 때문에 기본적 권리를 마땅히 보장받아야 한다." 고 했다(탤벗, 『인권의 발견』, 49쪽). 탤벗이 말하는 판단능력이란 '자신에게 바람직한 것' 과 '공정성' 에 대한 판단능력이었다.

66) 예컨대 어떤 사람이 부유해서 채무를 갚을 능력이 있는데, 갚지 않고 있다고 하자. 그러면 '갚을 능력이 있다' 는 것만으로 '갚은 것과 같은 자격' 이 있다고 볼 수 있겠는가?

규정하고, 이에 대해 다음과 같이 부연하여 설명한 바 있다.

> 인간은 근본적으로 이성성이라는 의미에서의 예지성을 갖지만 또한 감각적 존재이기도 하다는 것을 칸트는 인정한다. 인간이 자기 예지성 내지 이성성에 근거하더라도 늘 도덕적으로 완벽하게 행위하지 못하는 것은 이러한 이중적 본성 때문이다. 그런 관점에서 인간존엄과 인간성의 권리는 갈등없이 실현된 결과로서의 도덕성에가 아니라 자기의 모순적 속성에서부터 이성적이고 도덕적인 행위를 이끌어낼 가능성으로서의 선험적 능력자체에 귀속되는 것이며, 따라서 특정인의 도덕적 속성이나 구체적 자질에 맞춰진 가치로 볼 수 없는 것이다. 모든 인간은 그저 근본적이며 자기목적적인, 자유와 도덕에로의 타고난 능력 때문에만 보편적이고 동등하게 절대적 가치를 갖는다. 물론 경험상 우리는 경악스러울 만큼 악하거나 비인간적일 만큼 굴욕적인 삶을 살아가는 사람들이 존재함을 알고 있다. 실제로 그런 이들은 도덕적으로 불능인 자 혹은 인간적으로 무가치 내지 무자격인 자처럼 간주되곤 한다. 그러나 칸트에 따르면 인간의 선험적 예지성과 자기목적성, 그래서 실제로는 인간이라는 것 자체가 곧 타고난 인간존엄과 자유권의 근거가 된다.[67]

임미원에 의하면, 칸트는 인간이 이중적 본성(이성적 본성과 감각적 본성)으로 인해 도덕적으로 완벽하지 못하다는 점을 인식하고 있었으면서도, 인간은 누구나 이성적 본성을 지니고 있으므로 인간은 누구나 존엄하고 자유의 권리를 지닌다고 보았다. 인간의 '도덕적 능력' 자체를 인권의 근거로 삼는다면, '경악스러울 만큼 악하거나 비인간적일 만큼 굴욕적인 삶을 살아가는 사람들' 도 역시 도덕적 능력 자체가 없는 것은 아니므로,

67) 임미원, 「칸트의 정언명령과 인간존엄사상 - 근대 보편적 인권관념의 기초」, 173쪽.

이들도 다른 사람들과 마찬가지로 존엄하며 권리를 지닌다고 주장할 수 있다는 것이다. 임미원의 이러한 해석은 과연 타당한 것인가?

인간의 존엄성의 근거는 도덕성에 있다고 전제할 때, 도덕적 능력들을 지니고 있으면서도 그 능력을 전혀 발휘하지 않고(못하고) 도덕을 능멸하는 사람들은 본래 존엄하게 태어났으면서도 스스로 자신의 존엄성을 유린한 것이다. 그렇다면 이들도 인권을 누릴 자격이 있다고 말할 수 있겠는가? 만약 어떤 사람이 존엄하게 태어났으면서도 스스로 자신의 존엄성을 유린한다면, 마찬가지로 그는 권리를 지니고 태어났으나 권리를 누릴 자격을 스스로 부정한 셈이다. 그런데 도덕을 능멸하는 사람들도 인권을 누릴 자격이 있다고 말한다면, 이는 전후 모순을 면치 못하는 것이다. 인권의 궁극적 근거는 인간의 도덕적 능력에 있다고 주장하고, 결국엔 도덕적 능력을 발휘하지 못하는 사람의 인권을 옹호하는 것이기 때문이다. 따라서 우리는 '인권을 지니고 태어났다' 는 것과 '인권을 누릴 자격이 있다' 는 것을 엄밀히 구분해야 한다.[68)]

---

68) 만약 '인권을 지니고 태어났음' 과 '인권을 누릴 자격이 있음' 을 엄밀히 구분하지 않는다면, 범법자에 대한 인권제한(처벌)의 논거를 확보할 수 없게 된다. 예컨대 흉악범들조차 인권을 완전하게 누릴 자격이 있다고 한다면, 그들을 처벌하는 것은 논리적으로 모순이기 때문이다. 인권을 옹호하는 오늘날에도 어느 사회에서나 범법자들을 처벌하고 있는데, 이는 실제로 '인권을 지니고 태어났음' 과 '인권을 누릴 자격이 있음' 을 구별하는 것이다. 그럼에도 불구하고 論者가 이를 다시 강조하는 까닭은, 몇몇 인권론자들이 '인간은 누구나 인권을 지니고 있다' 는 이유로 특정 범법자들에 대한 처벌조차 부정하기 때문이다. 예컨대 흉악범의 신상을 공개하거나 死刑에 처하는 것 등에 대해 종종 인권침해라고 반발하는 것이 그것이다(선우정은 흉악범의 인권조차 과도하게 옹호하는 우리 사회 인권론자들의 풍조를 비판하면서 "흉악범의 인권은 그 자체가 괴물" 이라고 질타한 바 있다. 《조선일보》 2012년 9월 17일자 칼럼, 〈羊들의 침묵〉 참조. 이강국 전 헌법재판소장도 일부 판사가 범죄자의 인권에 傾倒돼 있음을 지적한 바 있다. 《조선일보》 2013년 2월 21일자 칼럼, 〈자기 세계에 갇힌 은둔형 판사들〉 참조). 특정 범법자에 대한 처벌이 과도하다고 판단될 경우에 이를 문제 삼을 수는 있다. 그런데 단순히 처벌의 '정도' 를 문제 삼는 것이 아니라, '사람은 누구

칸트의 맥락에 따른다면, 사람은 누구나 인권을 지니고 태어난 것이지만, 인권을 누릴 자격은 정언명법을 준수하는 사람뿐인 것이다.[69] 이를 자유주의의 일반론과 연결시켜 설명한다면, 칸트의 정언명법 가운데 제1원칙은 공평원칙에 해당하고, 제2원칙은 무해원칙에 해당한다. 이러한 맥락에서, 자신과 남을 공평하게 배려하고, 남의 권익을 부당하게 침해하지 않는 사람만이 '사람다운 사람' 으로서 인권을 누릴 자격이 있는 것이다. 이를 전통유교의 개념으로 설명하면, 忠·恕를 발휘하는 君子만이 '사람다운 사람' 이요, 忠·恕를 외면하는 小人은 오히려 '금수에 가까운 사람' 이니, 小人의 경우에는 인권을 누릴 자격이 없는 것이다.[70]

나 인권을 지니고 있다' 는 이유로 처벌 자체를 반대한다면, 이는 '인권을 지니고 태어났음' 과 '인권을 누릴 자격이 있음' 을 동일시하는 것이다.

69) 칸트의 『도덕형이상학』에서는 "인격체로서의 인간만이, 즉 도덕적이고 실천적인 이성의 주체로서 고찰될 때의 인간만이 어느 무엇보다도 더 존귀한 것" 이라 했다. 『교육학』에서는 "만일 음주에 탐닉하거나, 자연의 법칙에 어긋나는 범죄를 저지르거나, 무엇이든지 과도하게 하거나 하면, 이는 모두 인간을 동물 이하로 떨어뜨리는 것이요, 인간의 존엄성을 부인하는 것" 이라 했고, 또 "어린이들은 일찍부터 인간의 권리에 대한 경외감과 존경심을 배워야 한다. 어른들은 어린이가 실제로 그것을 실천하는가를 주의 깊게 살펴보아야 한다. 예를 들어 한 어린이가 어떤 가난한 어린이와 마주쳤을 때, 그 어린이를 거만하게 길 밖으로 내밀친다든지 때렸을 경우 (…) 어른들은 그 거만한 아이를, 그 아이가 가난한 아이를 대하던 것과 똑같이 거만하고 혹독하게 대해야 한다. 그 아이의 행동은 인간성의 권리를 침해한 것이기 때문이다." 라고도 했다(칸트 原著, 바이세델 엮음, 『별이 총총한 하늘 아래 약동하는 자유』, 28~29쪽 및 159~160쪽 참조). 여기에서 알 수 있듯이, 칸트는 '反도덕적인 사람은 인권을 누릴 자격이 없다' 고 보았기 때문에 '혹독한 應報刑' 을 주장한 것이다.

70) 다윈주의자 레이첼즈(James Rachels)는 '도덕적 개체주의(moral individualism)' 를 내세우면서 "어떤 존재가 인간이라는 단순한 사실은 그를 특별하게 고려할 근거가 될 수 없다. '한 개체를 어떻게 처우해야 하는가' 는 그가 어떤 우선적으로 고려되는 집단－이것은 인간 집단일 수도 있다－의 성원인지의 여부보다는, 그가 갖는 독특한 특징에 좌우된다." 고 주장한 바 있다(『동물에서 유래된 인간』, 21~22쪽 참조). 요컨대 '인간이라는 것' 자체가 중요한 것이 아니라 '각자의 사람됨' 이 중요하다는 것이다.

둘째, 인권의 구체적 내용은 인륜을 해치지 않는 범위로 제한되어야 한다는 것이다. 물론 오늘날의 인권국가에도 인권의 제한 조항이 있다. 공공질서를 유지하기 위해 인권을 제한하는 것이나 남의 권리를 침해했을 때 가해자의 인권을 제한하는 것이 그것이다.[71] 그런데 이뿐만 아니라 인륜을 어지럽힐 경우에도 인권을 제한해야 마땅할 것이다. 그 까닭은 '사람다운 삶' 의 진정한 모습은 '인권을 누리는 삶' 보다는 '인륜을 실천하는 삶' 에서 찾을 수 있기 때문이다.[72]

위에서 살폈듯이, 인권론자들이 제시한 '인권을 누리는 삶' 의 모습은 결국 '동물형상' 을 크게 벗어나지 못하는 것이었다. 그런데 인간이 동물형상으로 남아있는 것을 만족스럽게 생각한다면, '사람의 사람다움' 더 나아가 '인간의 존엄성' 은 결국 사라지고 마는 것이다. 인간의 삶이 실제로는 동물형상에서 벗어나지 못함에도 불구하고 '인간은 존엄하다' 고 말한다면, 우리는 '다른 동물들도 실제로는 인간과 동등하게 존엄하다' 고 말할 수 있어야 한다. 그런데 이러한 주장을 우리는 흔쾌히 수용할 수 있겠는가?

예컨대 싱어(Peter Singer) 등 오늘날의 '심층 생태주의자' 들은 동물과 인간의 본질적 차이를 부정하고, 肉食을 반대하고 있다.[73] 이들에 의하면

71) 우리 헌법 제37조에서는 "국민의 모든 자유와 권리는 국가안전보장 · 질서유지 또는 공공복리를 위하여 필요한 경우에 한하여 법률로써 제한할 수 있으며, 제한하는 경우에도 자유와 권리의 본질적인 내용을 침해할 수 없다." 고 하였다.

72) 조극훈은 '헤겔의 인륜성' 을 '근대의 개인주의적 자유를 극복하고, 새롭게 공동체적 자유의 이념을 확립한 것' 이라 설명하면서, 이를 '인륜적 자유' 로 규정한 바 있다. 이러한 자유관에 입각하면, 사회제도와 그 안에서의 우리의 의무란 '자유의 방해물' 이 아니라 오히려 '자유의 실현' 이 된다는 것이다(조극훈, 「도덕성과 인륜성 : 칸트 실천철학에 대한 헤겔의 비판」, 181~190쪽 참조).

73) 싱어, 『동물해방』, 361~417쪽 ; 김성한, 「무엇을 먹어야 하는가에 대한 윤리학적 고찰」, 1~20쪽 참조.

동물들도 인간과 마찬가지로(물론 정도의 차이는 있지만) 도덕적 감응력이 있으므로, 동물들도 도덕적 지위를 지닌다는 것이다. 이들은 인간의 도덕적 우월성을 내세우며 인간의 권리를 옹호하는 것은 '인간중심적 種 차별주의'라고 비판하면서, '동물의 권리' 또는 '동물의 복지' 문제를 제기하고 있다.[74] 생태주의자들이 동물의 도덕적 능력을 입증하는 데 열성인 것에서도 알 수 있듯이, 이제까지 인간의 존엄성을 뒷받침하는 핵심 논거는 인간의 도덕적 우월성에 있었다. 칸트가 인간만이 도덕적 능력을 지닌 존재라고 규정하고, 다른 모든 사물들은 수단으로 이용될 수 있다고 한 데서 알 수 있듯이, 인권론자들은 대개 인간의 도덕적 우월성을 바탕으로 인권을 옹호한 것이었다. 그런데 그 인권을 누리는 구체적 양상이 실제로는 동물형상에 갇혀 인륜을 외면하는 것이라면, 인권론은 자가당착을 면치 못하는 것이다.

루소가 명백히 언급했듯이, 인권론자들이 말하는 인권은 무엇보다도 '음식물·異性·휴식' 등 '인간의 자연적 필요를 충족시킬 권리'였다. 인간은 자연물을 수취하지 않고는 衣食住의 문제를 해결할 수 없거니와, 인간은 이제까지 채소를 뜯어 먹고, 나무를 베어 재목으로 이용하며, 다른 동물들을 잡아먹으며 살아왔다. 특히 근대의 인권론자들은 전통적 인륜론자들보다도 자연에 대해 더욱 착취적인 태도를 견지했다.[75] 그렇다면 이러

---

74) 최훈, 「동물의 도덕적 지위와 種 차별주의」, 87~108쪽 참조.

75) 앞의 제3장 2절에서 살펴보았듯이 유교의 繼天立極論은 '인간과 자연의 調和'를 꾀하는 것이기도 했다. 朱子는 "스스로 만물이 같은 氣를 나누어 가진 同體라는 것을 알았다면, 그것들이 살아 있던 모습을 보고는 차마 그 죽음을 보지 못하며, 그것들이 죽을 때의 슬픈 울음소리를 듣고서는 차마 그 고기를 먹지 못하는 것이다. 그 알맞은 때가 아니면 한 그루의 나무도 베지 않고, 한 마리의 짐승도 죽이지 않는다. 잉태한 짐승은 죽이지 않고, 새들의 보금자리를 뒤집지 않는다."라고 하여(『大學或問』 傳5章條), '인간의 삶의 양식을 자연의 理法과 조화시킬 것'을 강조한 바 있다. 반면에 서

한 삶의 양식을 지속하면서도 '인간중심적 種 차별주의' 라는 비판을 다소나마 면할 수 있는 길은 무엇인가? 그것은 인륜성을 더욱 충실히 발휘하는 것 외에는 다른 대안이 없을 것이다.

이제까지 인권은 인륜의 한계 안에서 향유되어야 하는 함을 논했거니와, 그 까닭은 다음과 같이 정리할 수 있다. 인륜은 '인간의 존엄성' 의 근거인 동시에 '사람다운 삶' 의 본질을 이루는 것인 반면, 인권은 존엄한 인간이 사람답게 살기 위해 누려야 하는 권리인 것이다. 다시 말해 인륜을 전제하지 않고는 인간의 존엄성은 물론 인권 자체도 그 정당한 근거를 확보하기 어려운 것이다. 이러한 맥락에서 인륜은 인권보다 우선하는 개념인바, 따라서 인륜적인 사람만 인권을 누릴 자격이 있는 것이요, 그 인권의 향유도 인륜을 벗어나서는 안 되는 것이다.

'인권은 인륜의 한계 안에서 향유되어야 한다' 는 것은 구체적으로 무슨 의미인가? 앞의 제1장에서 소개했던 헤겔의 인륜론을 다시 상기해 보자. 헤겔은 인륜을 '권리와 의무의 통일' 및 '객관적 진리와 주관적 의지의 통일' 로 규정한 다음, 인륜성의 첫째 단계를 '正義' 로, 둘째 단계를 '상대방에 대한 호의적 경향' 으로 설명했다. 헤겔이 말한 이 네 가지 핵심은 또한 유교의 지론이기도 했다. 이제 이에 비추어 '인륜의 한계 안에서의 인권' 을 논해 보기로 하자.

첫째, 기존의 인권론은 다분히 '권리' 에 치중한 것이었던바, 이제 인권은 인륜적으로 요구되는 '의무' 와 조화를 이루어야 할 것이다. 우리는 흔

양 근대의 계몽주의자들은 인간의 욕망을 최대로 충족시키기 위해 '자연의 정복' 을 주창했는데, 이는 그들의 기계론적 세계관과 밀접한 관련이 있는 것이다. 카프라는 "(자연 세계를) 기계적 조직으로 보는 데카르트적 우주관은 서구 문화의 특성이 되는 자연의 조종과 착취를 위한 '과학적' 승인을 부여한 것이다." 라고 지적한 바 있다(카프라, 『새로운 科學과 文明의 轉換』, 57쪽 참조).

히 권리에는 책임과 의무가 따른다고 말한다. 그런데 기존의 인권론은 책임을 말하면서도 책임을 등한히 한 경우가 많았고, 인륜적 의무에 대해서는 더욱 소홀히 해왔던 것이다. 우리 헌법에서는 모든 국민에게 '납세·병역·교육·노동'의 의무를 부과하고 있으니, 기존의 인권론이 결코 의무를 소홀히 한 것이 아니라고 반론할 수도 있겠다. 그러나 이 네 가지 의무는 말 그대로 '국민으로서의 기본적 의무'에 불과한 것으로서, 우리가 사람답게 살기 위해 필요한 '인륜적 의무'와는 상당한 거리가 있다. 부모의 자식에 대한 의무, 자식의 부모에 대한 의무, 남편의 아내에 대한 의무, 아내의 남편에 대한 의무 등 가족관계에서 요구되는 의무, 그리고 스승의 학생에 대한 의무, 학생의 스승에 대한 의무, 친구 사이에 요구되는 의무, 남과 남 사이에 요구되는 의무 등 사회관계에서 요구되는 의무 등을 인륜적 의무라 할 수 있다. 그런데 기존의 인권론에서는 이러한 의무들에 대해서는 거의 언급이 없었던 것이요, 오히려 인륜적 관계의 파괴를 조장해 왔던 것이다.[76] 부모나 자식이나 대등한 인격이라느니, 부부도 각자 性的 자율성을 지니고 있다느니, 학생의 인권이라느니 하는 주장들은 그 취지가 아무리 훌륭하다 하더라도 결국엔 인륜적 관계를 훼손하기 쉬운 것이다. 그러므로 우리는 각자의 권리를 주장하기 전에 각자의 의무(도리)를 먼저 상기해야 할 것이다.

둘째, 기존의 인권론은 '객관적 진리'를 외면하고 '자유로운 의지'만을 강조해왔는데, 이제 인권은 '객관적 진리'를 아울러 고려해야 할 것이다. 우선, 사회적 차원에서의 규범 자체의 문제이다. 근대적 규범론은 사회계약론에 입각한 것인바, 계약론은 구성원의 자유의지를 결집한다는 것일

76) 자유주의의 인권론은 개인주의를 전제한 것인데, 개인주의는 인륜적 관계 자체를 외면하는 것이다.

뿐 이 세계의 객관적 진리를 고려하지 않는 것이다. 그러므로 계약으로부터 도출된 규범은 때때로 객관적 진리와 어긋날 수 있는 것이다. 예컨대 同性結婚을 허용하는 법률이 그것이다. 同性愛는 개인의 성적 취향이므로 관용할 수 있다고 하자. 그런데 동성 간의 결혼이라는 것은 결혼의 본래 의미를 왜곡하는 것이다. 異性 간의 결합을 통해 쾌락을 누리기도 하고 다음 세대를 낳기도 하는 것이 자연의 이법이다. 그런데 동성결혼이란 異性 간의 결합도 아니요, 자녀를 낳을 수 있는 것도 아니지 않는가?

개인적 차원에서 누리는 각종 자유도 객관적 진리에 어긋나는 경우가 많다. 자연의 이법은 우리에게 '인간의 욕구충족 구조는 자연의 순환적 재생산 구조를 벗어나서는 안 된다' 고 가르쳐주고 있다. 그런데 오늘날 우리가 누리는 자유는 자연의 순환적 재생산 구조와 동떨어진 경우가 많다. 예컨대 '내가 번 돈은 내 마음대로 쓸 수 있다' 는 맥락에서 사치와 향락을 즐기는 경우가 그것이다. 부유층의 사치와 향락은 계급갈등을 심화시켜 결국 우리 사회의 안정을 해친다는 점은 차치하자. 사치와 향락은 자원을 고갈시킴은 물론 그 부산물로 환경을 오염시키고, 생태계를 파괴한다. 이러한 방식의 삶은 결국 인류의 삶의 터전을 파괴하는 것이므로, 장구하게 지속될 수도 없다.

'양심의 자유' 도 문제이다. 특정 사안에 대한 가치판단은 사람마다 다를 수 있으니, 양심의 자유를 허용할 수 있다고 하자. 그런데 이것을 확대해석하여 '양심적 행위의 자유' 까지 행사하고자 한다면, 이는 결국 심각한 혼란과 갈등을 초래하는 것이다. 예컨대 어떤 사람은 양심적 판단에 입각하여 수많은 사람의 생명을 빼앗는 테러를 일삼고, 어떤 사람은 양심적 판단에 입각하여 병역을 거부하는 문제를 생각해 보자. 테러범들은 대개 '종교적 근본주의' 와 관계가 깊은바, 이들은 어떤 '특정 이념(신앙)에 순수한 사회' 를 건설하겠다고 테러를 일삼는 것이다. 그러나 異種交配가 진화에 유리한 결과를 낳는다고 하듯이, 자연의 이법은 여러 다양한 생각을 가진 사람들이 공존할 때 사회가 더욱 건전하게 발전할 수 있다는 것을 가르쳐주고 있는데, 테러범들은 흔히 특정한 순수성만을 고집하는 것이다.[77] 양심적 병역거부 문제도 마찬가지이다. 병역의 본질은 우리 공동체의 안전을 지키자는 것이지, 무고한 인명을 살상하자는 것이 아니다. '自衛 수단' 을 강구하는 것은 모든 생명체들에게 공통된 것인바, 따라서 병역이라는 것도 객관적으로 정당화될 수 있는 것이다. 그런데 양심적 병역거부자들은 군대를 살인집단으로 매도하고 평화를 위해 병역을 거부하겠다고 하는바, 이들의 주장은 오히려 평화를 위태롭게 하기 쉬운 것이다. 이러한 맥락에서, 지금 우리가 누리는 자유는 객관적 진리라는 맥락에서 상당 부분 조정될 필요가 있다.[78]

셋째, '正義' 에 있어서는, 오늘날의 인권론은 과도하게 정의를 내세운다고 할 수 있을 정도로 정의를 추구하고 있는바, 따라서 특별히 인륜론의 관점에서 정의를 다시 강조할 필요는 없겠다. 다만 문제는 다양한 정의관이 충돌하고 있다는 점이다. 근대 인권론자들의 정의관은 각자의 몫을 공

77) '양심의 자유' 는 '다양한 생각의 자유' 를 옹호하는 것인 반면, 자신의 가치관을 관철시키려고 하는 '양심적 행위의 자유' 는 '다양한 생각을 지닌 사람들의 공존' 을 해치는 것이다.

78) 孔子는 "君子는 이 세상에 살면서 옳다고 꼭 추구하는 일도 없고, 그르다고 꼭 거부하는 일도 없어서, 義를 따를 뿐이다(君子之於天下也 無適也 無莫也 義之與比)"라고 했다(『論語』 里仁 10). '適' 이란 '어떤 일을 옳다고 판단하여 반드시 실현하고자 함' 을 말하며, '莫' 이란 '어떤 일을 그르다고 판단하여 결코 범하지 않고자 함' 을 말한다. '適' 과 '莫' 은 개인의 특수한 양심에 입각한 것이라면, 이와 대비되는 '義' 는 '객관적이고 보편타당한 옳음' 에 해당하는 것이다. 우리는 '適' 과 '莫' 을 '양심적인 것' 이라 하여 바람직한 것으로 생각하기 쉬운데, 공자는 이를 수긍하지 않고 다만 '義를 따르라' 고 권한 것이다. 이에 비추어 본다면, 테러는 '適' 에 해당되고, 양심적 병역거부는 '莫' 에 해당되는 것으로서, 객관적인 보편타당성이 없기 때문에 문제가 되는 것이다.

정(공평)하게 보장해야 한다는 공정으로서의 정의관, 최대다수의 최대행복을 추구하는 공리주의의 정의관, 소유권의 불가침성을 옹호하는 자유지상주의의 정의관, 사회적 약자를 우대해야 한다는 사회주의의 정의관 등으로 대별된다. 그런데 인간의 삶의 양상은 실로 복잡다단하여 이 가운데 어느 하나만을 고집하기는 어려운 형편이다. 따라서 다양한 정의관을 조화시키려는 노력이 필요하다는 점만 지적하기로 하겠다.[79)]

넷째, '상대방에 대한 호의적 경향' 에 대해서는, 오늘날의 인권론에는 이 점이 매우 부족하다고 말하지 않을 수 없다. 헤겔이 인륜을 논하면서 '정의' 와 함께 '상대방에 대한 호의적 경향' 을 거론한 것은 정의의 원칙만으로는 우리 사회를 제대로 운영할 수 없다고 보았기 때문일 것이다. 위에서 언급한 것처럼 고금의 正義觀은 매우 다양하거니와, 정의관이 아무리 다양하다 하더라도 정의란 기본적으로 '각자의 몫을 각자에게 돌려주자' 는 것이다. 그런데 각자의 몫을 각자에게 돌려주기로 말하면, 약자나 소수자의 몫은 항상 적을 수밖에 없다. 그러므로 헤겔은 이를 보완하는 원리로 '상대방에 대한 호의적 경향' 을 거론한 것인바, 이는 정의에 '사랑' 의 원칙이 보완되어야 한다는 취지일 것이다.[80)]

---

79) 사회적 약자를 우대하면 도덕적 해이를 초래할 수 있고, 소유권의 불가침성을 옹호하면 부익부 빈익빈을 초래할 수 있으며, 최대다수의 최대행복을 추구하면 소수의 권익을 침해할 수 있다. 이러한 맥락에서 샌델은 롤즈의 '공정으로서의 정의관' 이 "좀더 평등한 사회를 옹호하는 가장 설득력 있는 주장임에 분명하다" 고 평한 바 있다(『정의란 무엇인가』, 231쪽 참조).

80) 일반적으로 '사랑' 으로 풀이되는 『論語』의 '仁' 은 '孝·弟' 와 '忠·恕' 라는 두 맥락을 포함하는데, '孝·弟' 는 부자관계와 형제관계 등 가족질서에 적용되는 개념이요, '忠·恕' 는 나와 남 사이의 사회질서에 적용되는 개념이다. 그런데 忠은 '남을 돕기 위하여 자신의 최선을 다하는 것' 으로서 '적극적 사랑' 에 해당되고, 恕는 '자기와 남을 공평하게 대하는 것' 으로서 '소극적 사랑' 에 해당된다. 이러한 맥락에서 忠은 '상대방에 대한 호의적 경향' 과 대비해 볼 수 있고, 恕는 '정의' 와 대비해 볼 수 있는바, 孔子는 忠보다는 恕가 더욱 기본적인 것이라고 보았다. 그렇다면 사회의 운영은 정의

혹자는 자유주의의 무해원칙이나 공정원칙을 상대방에 대한 호의적 경향으로 해석할 수도 있겠다. 그러나 '호의'는 배려나 사랑을 포함하는 것으로서, 무해나 공정(공평)한 대우를 넘어서는 것이다. 우리는 상대방에 대해 해를 끼치지 않고 무관심하게 대할 수도 있고, 공정이라는 명목으로 때로는 상대방을 야박하게 대우할 수도 있다. 더군다나 자유주의의 지론은 공정한 조건에서 상대방에게 해를 끼치지 않고 자유롭게 경쟁하자는 것인바, 경쟁의 심리와 상대방에 대한 호의적 경향은 양립하기 어려운 것이 사실이다.

혹자는 또 사회주의의 형제애를 상대방에 대한 호의적 경향으로 해석할 수도 있겠다. 사회주의의 형제애는 상대방에 대한 호의와 맥락을 같이 하는 것이요, 사실 호의보다도 더 강력한 개념이다. 그러나 우리는 사회주의에 대해 다음의 세 가지를 지적하지 않을 수 없다. 첫째, 사회주의자들이 형제애를 사회책임의 원칙으로 둔갑시킴으로써 형제애가 권리의 문제로 변질되었다는 점이다. 권리의 차원에서는 각자의 몫을 설정하여 공평하게 나누어 갖는 것이 중요한 문제인바, 호의는 내 몫을 기꺼이 상대방에게 양보할 수 있다는 점에서 공평성을 넘어서는 것이다. 둘째, 앞에서 충분히 거론한 바 있듯이, 사회책임의 원칙은 사랑을 실천하는 책임을 사회에 떠넘김으로써 정작 자신은 그 책임을 외면하는 경향이 있다는 점이다. 또한 그 책임을 사회에 떠넘기면, 사회와 개인의 관계는 호의적일 수 있어도 개인과 개인의 관계는 무미건조할 수 있다. 셋째, 단도직입적으로 말해, 사회주의자들 또는 사회주의가 옹호하는 노동계급이 실제로 자본가들을 호의적으로 대하는가 하는 점이다. '상대방에 대한 호의적 경향'은 계급을 초월

를 기본으로 삼으면서 사랑으로 보완되어야 한다는 것이 공자의 기본 입장이었다고 볼 수 있겠다(이에 대한 자세한 논의는 拙著, 『儒教傳統과 自由民主主義』, 125~131쪽 참조).

하여 모든 사람에게 일반적으로 적용되어야 하는 원칙인바, 사회주의자들의 형제애는 그렇지 못한 점이 다분하다.

이렇게 본다면, 자유주의와 사회주의를 막론하고 오늘날의 인권론에는 '상대방에 대한 호의적 경향'이 매우 부족한 실정이라 하겠다. 상대방에 대한 호의는 단순히 상대방의 권리를 보장함을 넘어서는 것이요, 또 내가 먼저 상대방에 대해 실천하는 것인바,[81] 오늘날의 인권론자들은 이 점을 보완해야 할 것이다.

이상에서 '인륜의 한계 안에서의 인권'을 위해 우리가 지향해야 하는 기본 방향을 제시해 보았다. 사실 근대의 인권론과 전통적 인륜론은 그 근본 취지에 있어서는 오히려 대강을 같이하는 것이라고 볼 수 있다. 인간이 인간으로 존엄하게 태어나서 각자의 도리를 다 하고, 자유롭게 자신의 행복을 가꿀 수 있어야 한다는 점을 누가 부인할 수 있겠는가? 다만 그동안의 역사에서 몇몇 사람들이 인권이나 인륜이라는 이념 자체에 집착함으로써, 때때로 자신의 도리를 외면하기도 하고 남의 자유로운 삶을 질곡하기도 했던 것이 문제였던 것이다. 이러한 관점에서 본다면, 인권론이나 인륜론은 각각 개인의 권리와 사회의 질서라는 입장에서 서로 방향을 달리했을 뿐, 인간의 존엄성을 옹호하고 사람다운 삶을 추구한다는 점에 있어서 근본 취지는 같았던 것이라 할 수 있다. 인권론과 인륜론이 방향을 달리했으나 근본 취지를 같이 했던 것임을 인정한다면, 오늘날 우리는 인권과 인륜을 상보적 관계로 인식할 필요가 있다. 사회의 질서를 떠나서는 개인의 참다운 행복도 불가능하고, 개인의 행복을 무시한다면 사회의 질서도 무의미하기 때문이다.

---

81) 孔子는 "老人을 편안하게 하고, 벗에게 믿음직스럽게 하며, 젊은이를 감싸주는 것"이 자신의 소망이라고 말한 바 있거니와(『論語』 公冶長 25), 이것이야말로 '상대방에 대한 호의적 경향'에 해당될 것이다.

인권과 인륜을 상보적 관계로 인식할 필요가 있다는 것은 전통적 인륜론이나 현대의 인권론을 그대로 긍정할 수 없다는 뜻이기도 하다. 전통적 인륜론이 개인의 자유를 지나치게 질곡한 점과 각종 사회적 차별을 방치한 점은 용납하기 어렵거니와, 오늘날 이런 문제는 이미 충분히 비판되고 시정되었다. 오늘날의 문제는 전통적 인륜론에 대한 비판이 지나쳐서, 인륜 자체를 외면하고 일방적으로 개인의 권리를 옹호한다는 점에 있다. 이제 우리는 인륜의 이념에 비추어 기존의 인권론을 비판적으로 보완해야 하는 상황에 처한 것이다. 오늘날의 인권론은 다양한 권리들 상호 간의 충돌 문제와 공동체의 파편화 문제를 야기한다는 점이 그 방증이다. 인륜과 인권을 상보적 관계로 인식하여, 오늘날의 인권론에 인륜이라는 척도를 다시 도입한다면 이러한 문제들을 상당 부분 해결할 수 있을 것이다.

인권과 인륜을 상보적 관계로 인식한다고 하더라도, 인륜이 인권보다 상위의 척도로 인식되어야만 한다. 이는 '인간의 존엄성'과 '사람다운 삶'의 본질을 음미해 보면 부정하기 어려운 결론이다. 앞에서 충분히 살폈듯이, 인륜은 '인간의 존엄성'의 근거인 동시에 '사람다운 삶'의 본질을 이루는 반면, 인권은 존엄한 인간이 사람답게 살기 위해 누려야 하는 권리이다. 이러한 맥락에서 본다면, 인권은 인륜을 바탕으로 삼아야만 제대로 정당화될 수 있는 것이므로, 인륜이 인권보다 상위의 척도로 인식되어야 한다. 다만 인륜(사회의 질서)만 강조하다 보면 자칫 인권(개인의 권리)이 소홀히 취급될 수 있으므로, 인권이라는 이념을 통해 개인의 행복추구를 아울러 뒷받침해야 하는 것이다.

제9장

새로운 세계관과 미래 文明의 방향

앞 章에서는 당위적 관점에서 근대의 인권론과 전근대의 인륜론이 서로 조화를 이루어야 함을 논했거니와, 인권과 인륜의 조화는 현대 과학의 새로운 세계관이 요청하는 미래 문명의 방향이기도 하다. 앞의 제3장에서 살펴보았듯이, 근대의 인권론(제1세대 인권론)은 근대의 과학사상 즉 古典物理學의 기계론적 세계관에 입각한 것이다. 그런데 지난 20세기 초의 相對性理論과 量子論을 주축으로 성립한 現代物理學은 종래의 기계론적 세계관을 무너뜨리고, 전근대의 유기체적 세계관이 오히려 이 세계의 참 모습과 더욱 부합되는 것임을 밝혀주었다. 그렇다면 유기체적 세계관과 궤를 같이하는 전근대의 인륜론에 대해서도 새롭게 그 과학적 타당성을 부여할 수 있는 것이다. 이러한 맥락에서 이 章에서는 현대에 있어서의 세계관의 변화를 살펴본 다음, 그에 입각하여 바람직한 미래 문명의 방향을 논의해 보기로 하자.[1)]

---

1) 이 章의 논의는 대부분 카프라(Fritjof Capra)의 두 권의 책, 즉 *The Tao of Physics* (이성

1. 고전물리학과 기계론적 세계관의 영향

서양의 근대 사상이 전반적으로 르네상스로부터 발원하듯이, 서양의 근대 과학도 르네상스로부터 발원하는 것이다. 카프라는 르네상스로부터 근대의 고전물리학이 성립하기까지의 정황을 다음과 같이 설명한 바 있다.

> 서양의 科學은 아리스토텔레스와 교회의 영향으로부터 人間이 스스로를 해방하기 시작하고 自然에 대해서 새로운 관심을 보이게 된 르네상스에 와서야 비로소 더 발전하게 된다. 15세기 후반에 이르러 비로소 진정한 과학적 정신에 의한 자연의 연구에 접근하게 됐으며, 사변적인 아이디어를 실증하기 위한 실험이 이루어졌다. 이와 같은 발전은 數學에 대한 점증하는 관심과 竝進했기 때문에 수학적 언어로 표현되고, 실험에 바탕을 둔 적정한 과학적 이론을 마침내 형성하기에 이르렀다. 갈릴레오는 실험적 지식을 수학과 결부시킨 최초의 사람이었으며 바로 이 점에서 그는 근대 과학의 아버지라 일컬어지는 것이다.
>
> 精神·物質 二元論의 극단적인 公式化를 초래한 철학 사상의 발전이 近代科學의 탄생을 先行하고 同伴했다. 이 공식화는 17세기 데카르트의 철학에 그 모습을 나타내는데 그는 자연을 마음과 물질이란 두 개의 분할되고 독립적인 영역으로 근본적으로 구분한 입각점 위에 섰다. 이 데카르트적인 분할은 物質을 죽은 것으로, 자신들과는 완전히 분리된 것으로 취급할 수 있게 하고, 물질세계를 하나의 거대한 기계로 조립된 제각기 다른 객체의 群集으로 보게끔 허용했다. 뉴턴은 이것을 기초로 해서 그의 機械論(的 力學)을 구축함으로써 古典物理學의 기반을 다졌다. 뉴턴의 이 기계론적인 宇宙模型은 17세기 후반부터 19세기 말

범·김용정 역, 『現代物理學과 東洋思想』, 범양사출판부, 1988)과 *The Turning Point* (이성범·구윤서 역, 『새로운 科學과 文明의 轉換』, 범양사출판부, 1991)에 입각한 것임을 미리 밝혀둔다.

까지 모든 과학사상을 지배했다.[2)]

카프라는 서양 근대 과학의 특징을 '자연에 대한 수학적 설명' 과 '정신 · 물질 이원론' 으로 설명했거니와, 양자는 본래 밀접한 관련을 지닌 것이었다. '정신 · 물질 이원론' 은 자연세계를 죽어있는 물질들(원자들)의 결합체, 즉 '여러 부품들이 결합된 거대한 기계' 로 인식하게 만드는데, 그 기계의 운동법칙을 수학적인 이론으로 해명하는 것이 곧 '자연에 대한 수학적 설명' 이었다. 이러한 맥락에서, 근대 기계론적 세계관의 초석을 놓은 사람은 데카르트요, 그것을 완성시킨 사람은 뉴턴이다. 이 節에서는 먼저 고전물리학의 주요 내용을 개관한 다음, 기계론적 세계관이 끼친 영향을 살펴보기로 하자.

고전물리학이란 16~17세기 코페르니쿠스 · 갈릴레오 및 뉴턴 등이 이룩한 천문학과 물리학의 종합적 체계를 말한다. 이들은 중세의 유기체적 세계관을 타파하는 혁명적 업적을 남겼거니와, 이들의 '과학혁명' 은 기존의 地球中心說을 무너뜨리는 것으로부터 시작되었다. 코페르니쿠스는 지구는 우주의 중심이 아니라 은하계의 가장자리에 있는 조그만 별(太陽)을 선회하는 수많은 위성 가운데 하나라는 가설을 제시했고, 케플러는 위성들의 운동법칙을 정립했는데, 갈릴레오는 당시 새로 발명된 망원경으로 天體의 운동을 관측함으로써 코페르니쿠스의 가설을 과학적 이론으로 확인시켜주었다. 뉴턴은 케플러가 발견한 '위성들의 운동법칙' 과 갈릴레오가 발견한 '낙하하는 물체의 운동법칙' 을 결합하여 돌에서부터 위성에 이르는 태양계의 모든 물체를 지배하는 '일반적 운동법칙' 을 정립했는데, 이로써 고전물리학의 기본 골격이 갖추어졌다. 뉴턴의 이론 체계를 개관

2) 카프라, 『현대물리학과 동양사상』, 27쪽.

하면 다음과 같다.

모든 물리적 현상이 일어나는 우주의 무대는 고전적 유클리드 기하학의 3차원 공간이었다. 이것은 그 속에서 발생하고 있는 물리적 현상과는 독립적인 '절대공간'이다. 시간도 역시 절대적인 것으로서, 물질적 세계와 아무런 연관 없이 과거에서 현재를 거쳐 미래로 일정하게 흘러가는 것이다. 이 절대공간과 절대시간 속에서 움직이는 세계의 구성 요소들은 물질의 粒子이다. 이 입자들은 모든 물질을 만드는 작고 견고하며 파괴할 수 없는 것들이다. 뉴턴은 모든 물질을 동질의 것으로 여겼다. 그는 한 형태의 물질과 다른 형태의 물질의 차이를 원자의 중량이나 비중의 차이가 아니라 원자가 채워진 밀도의 차이로 설명했다. 물질의 기본 구성체는 그 크기는 서로 다르나 같은 성분으로 되어 있으며, 어떤 객체 속에 있는 물질의 총량은 그 객체의 질량으로 나타난다.

입자의 운동은 어떤 거리에서도 동시적으로 작용하는 重力(모든 질량을 가진 물체들의 상호 引力)에 의해 일어난다. 물질의 입자와 이들 간의 힘은 근본적으로 성질이 다르며, 입자 내부의 구성은 입자의 상호작용과는 무관하다. 모든 물리적 현상은 상호 인력, 즉 重力에 의해 야기되는 물질 입자의 운동으로 환원된다. 입자 또는 다른 물체에 대한 이 힘의 영향은 운동방정식에 의해 수학적으로 설명되는데, 이 방정식이 古典力學의 기초를 형성한 것이다. 뉴턴에 의하면, 태초에 神이 물질 입자와 그들 간의 힘 및 운동의 근본 법칙을 창조한 것이다. 이렇게 해서 우주가 만들어지고, 그 이후 우주는 불변의 법칙에 의해 지배되는 기계처럼 운동을 계속하는 것이다. 요컨대 우주는 조그만 입자들의 결합으로 이루어진 거대한 기계의 인과적이고 결정론적인 운동의 체계라는 것이다.[3]

---

3) 카프라, 『새로운 과학과 문명의 전환』, 61~62쪽 참조.

18~19세기는 뉴턴의 역학을 사용하여 엄청난 성공을 거두었다. 뉴턴의 이론을 적용하여 天體의 여러 운동은 물론 潮水의 흐름까지도 설명할 수 있었고, 流體의 연속운동과 彈性體의 진동, 더 나아가 熱의 현상까지도 설명할 수 있었다. 그리하여 뉴턴의 이론은 이 세계의 참 모습에 대한 정확한 이론으로 급속히 정착되었다. 데카르트가 소개한 완전한 기계로서의 세계의 모습은 이제 증명된 사실로 간주되었으며, 뉴턴은 그 상징이 되었던 것이다.[4]

이제 기계론적 세계관이 서구 근대인들의 사고방식에 끼친 영향을 살펴보자.[5] 앞에서 거론했듯이 데카르트의 '정신 · 물질 이원론'은 기계론적 세계관의 정립에 결정적인 역할을 했다. 정신과 물질을 별개의 실체로 분리함으로써, 정신은 육체에 갇히어 고립된 존재가 되었고, 물질은 活力이 없는 죽은 존재가 되었던 것이다. 카프라는 데카르트의 철학이 끼친 영향을 다음과 같이 설명한다.

> 데카르트의 철학은 古典物理學의 발전을 위해서도 중요한 몫을 다했을 뿐만 아니라 오늘에 이르기까지 서양의 일반적 사고방식에 끼친 영향도 至大한 바가 있다. 데카르트의 저 유명한 "나는 생각한다. 고로 나는 존재한다(Cogito ergo sum)"는 말은 서양인들로 하여금 자신의 존재를 전체적 有機體로서가 아니라 그의 마음과 동일시하게 이끌었던 것이다. 이러한 데카르트적 분할의 결과로 대부분의 사람들은 그들 자신을 '육체 속에 내재하는 고립된 自我'로서 인식하게 되었다. 마음은 육체로부터 떨어져 나왔으며 그 육체를 統御해야 한다는 공소한 과업이 주어지게 되고, 의식적 意志와 무의식적 本能 사이에 갈등이 나타

---

4) 카프라, 『새로운 과학과 문명의 전환』, 63쪽 참조.

5) '분석적 방법론'과 '요소환원주의' 등 기계론적 세계관의 주요 특징에 대해서는 이 책의 제3장 1절 참조.

나도록 된 것이다. (…) 이 인간의 內的 분열은 곧 '外部' 세계를 제각기 분열된 대상과 사건의 집합으로 보는 관점을 반영하는 것이다. 자연환경은 제각기 다른 利害集團에 의해 착취되는 따로 떨어진 부분들로서 구성돼 있는 것처럼 취급된다. 이 조각난 관점은 나아가 사회에까지 확장되어 저마다 다른 국가, 인종, 종교, 정치집단으로 분열된다. 이러한 분열－우리 자신이나 우리의 환경이나 우리의 사회 속에 자리 잡고 있는 분열－이 정말 다른 조각들이라고 믿는 것이야말로 오늘날 일련의 사회적, 생태적, 문화적 위기의 근본이유라고 여겨진다. 그것은 우리를 자연과 인류 동포로부터 소외시켰다. 그것은 자연자원을 대단히 부당하게 분배시켜서 경제적 무질서를 야기시키고 있는 것이다. 다시 말해서 폭력은 우발적이거나 제도화되어서 파도처럼 밀어닥치고 있으며, 추악하게 오염된 환경 속에서 생명은 육체적으로 정신적으로 병들어가고 있는 것이다. 이처럼 데카르트적인 분할과 기계론적인 세계관은 혜택이 된 동시에 유해한 것이었다. 그것들은 고전물리학과 기술의 발달에는 극히 성공적인 것이었지만 우리의 문명에 대해서는 많은 역작용을 초래했다.[6]

데카르트의 철학은 근대 과학기술의 발달에 지대한 공헌을 했으나, '정신과 육체'를 분리시키고 '나와 남'을 분리시키고 '인간과 자연'을 분리시킴으로써 오늘날 심각한 문제로 대두되는 일련의 사회적, 생태적, 문화적 위기를 초래하게 되었다는 것이다.[7] 위에 보이듯이, 카프라는 다양한 유형의 근대적 병리현상을 모두 데카르트의 철학과 결부시켰다. 카프라는 데카르트에게 그가 종래에 누렸던 명성에 상응하는 책임을 물은 것이다.

---

6) 카프라, 『현대물리학과 동양사상』, 28~29쪽.

7) 케닝턴(Richard Kennington)은 '데카르트의 기획'은 '자연에 대한 지배와 소유를 통해 풍요롭고 안락한 地上天國을 건설하는 것'이었다고 설명한 바 있다(Strauss & Cropsey (ed), *History of Political Philosophy* (Second Edition), 402쪽 참조).

데카르트-뉴턴의 기계론적 세계관을 사회철학에 본격적으로 접목시킨 인물은 로크이다. 카프라는 다음과 같이 말한다.

데카르트 자신이 물리학, 천문학, 생물학, 심리학 및 의학에 대한 기계론적 접근을 시도한 바 있다. 19세기의 사상가들은 인간성과 인간 사회에 대한 과학에 뉴턴 역학을 적용함으로 해서 이 계획을 진전시켰다. 새로 만들어진 사회과학은 큰 열광을 가져왔고, 사회과학의 일부 옹호자들은 '사회 물리학' 을 발견했다고 주장하기에 이르렀다. 뉴턴의 우주이론과 인간 문제에 대한 이론적 접근의 확신은 18세기의 중류계급에 급속히 확산되어 갔으므로, 이 시대가 소위 '계몽기' 가 된 것이다. 이 발전의 가장 지배적 인물은 철학자 존 로크(John Locke)였으며, 그의 가장 유명한 저서는 17세기 후반에 출간되었다. 데카르트와 뉴턴의 강한 영향을 받은 로크의 업적은 18세기 사상에 결정적인 영향을 주었다.

뉴턴 물리학을 본받아 로크는 개인을 기본 구성체로 하는 원자론적 사회관을 개발하였다. 물리학자가 기계의 성질을 원자나 분자의 운동으로 환원하였듯이, 로크는 사회에서 관찰되는 형태들을 개인의 행동으로 환원하고자 하였다. 그리하여 먼저 인간 개인의 본질을 연구하고, 이 인간 본질의 원칙을 경제 및 정치적 문제에 적용하고자 시도하였다. (…) 로크에 따르면 모든 인간은 동일하게 태어났으며, 그들의 발전은 그들의 환경에 전적으로 달려 있는 것이다. 그들의 행동은 언제나 그들의 이익이라고 여겨지는 바가 그 동기가 되는 것이라고 그는 믿었다.

로크가 그의 인간 본질 이론을 사회 현상에 적용했을 때 그는 물리학적 우주를 지배하고 있는 것과 동일한, 사회현상을 지배하고 있는 자연의 법칙이 있다는 신념을 갖고 있었던 것이다. 기계 속의 원자가 평형상태를 이루듯이, 인간 개인도 한 사회 내에서 '자연상태' 에서 안정된 것이다. 그래서 정부의 역할은 그 법을 국민에게 강요하는 데 있는 것이 아니라, 어떤 정부가 생기기 이전에 있었던 自然法을 발견하고 이를 집행하는 데 있다. 로크에 따르면, 이 자연법 속에는 모든 개인의 自由·平等과 함께 노동의 결실인 私有財産權이 포함되어 있는 것이다.

로크의 사상은 계몽시대의 가치체계의 기초가 되었으며, 현대의 정치·경제 사상의 발전에 강한 영향을 주었다. 모두 로크에게로 소급될 수 있는 개인주의, 사유재산권, 자유시장, 代議政府 등의 이념은 토머스 제퍼슨(Thomas Jefferson)의 사상에 중대한 영향을 주었으며 미국의 독립선언과 헌법에 반영되어 있다.[8]

위에 보이듯이, 기계론적 세계관의 분석적 방법론과 요소환원주의가 사회철학에 반영된 것이 개인주의(자유주의)인바, 로크는 바로 당시에 풍미했던 기계론적 세계관에 입각하여 자유주의 사회철학을 정립한 것이다. 이러한 맥락에서 우리는 근대 자유주의의 제1세대 인권론은 그 자체가 데카르트-뉴턴의 기계론적 세계관에 입각한 것이었음을 다시 확인할 수 있다.

이상에서 고전물리학의 주요 내용과 기계론적 세계관의 영향을 살펴보았거니와, 고전물리학은 그 제왕적 위상을 이미 한 세기 전에 상실했고, 그와 더불어 기계론적 세계관도 무너지게 되었다. 20세기 초에 相對性理論과 量子論을 주축으로 정립된 현대물리학은 고전물리학과 기계론적 세계관이 이 세계의 참 모습과는 다분히 동떨어진 것임을 밝혀주었던 것이다. 현대물리학은 물론 고전물리학의 연장선상에서 발전한 것이다. 고전물리학의 혁혁한 성과에 고무된 과학자들은 고전물리학의 이론체계로 미시세계(微粒子의 세계)와 거시세계(天體, 宇宙)를 모두 샅샅이 해명하고자 했던

8) 카프라, 『새로운 과학과 문명의 전환』, 64~65쪽.

것인데, 그 과정에서 오히려 고전물리학의 한계에 봉착하고 새로운 물리학을 정립하게 된 것이다.[9] 카프라는 그 정황을 다음과 같이 묘사했다.

> 데카르트적인 분할과 기계론적인 세계관에 그 기원을 두었으며 또 이러한 관점에서만이 진실로 그 발전이 가능했던 科學이 20세기에 와서 이제 그 분열을 극복하고 초기 그리스와 동양철학에 표명된 全一의 이데아로 다시금 이끌리고 있다는 것은 흥미진진한 일이다.[10]

위에서 말하는 '초기 그리스'란 고대 그리스 초기 밀레토스학파의 物活論을 지칭하고, '동양철학'이란 고대 중국의 陰陽思想과 인도의 힌두교·불교의 가르침을 지칭하며, '全一의 이데아'란 이 세계를 '살아있는 하나의 有機的 全體'로 인식함을 지칭한다. 카프라에 의하면, 고대 그리스의 밀레토스학파나 중국의 음양사상 및 인도의 힌두교·불교의 가르침은 모두 '유기체적 세계관'을 공유하는 것이다.[11] 카프라의 설명대로, 현대물리학

---

9) 요컨대 고전물리학의 이론체계로는 미시세계와 거시세계에 대해서는 제대로 설명할 수 없었던 것이다. 그리하여 고전물리학은 '중간차원 지대' 즉 우리의 일상적인 경험의 영역에서만 타당하다는 것이 밝혀진 것이다(카프라, 『현대물리학과 동양사상』, 78쪽 참조).

10) 카프라, 『현대물리학과 동양사상』, 29쪽.

11) 카프라에 의하면, 서양도 中世紀까지는 동양과 마찬가지로 유기체적 세계관에 입각했던 것이다. 사람들은 소형의 친밀한 집단에서 생활했고, 유기적 상관관계를 가지고 자연을 경험했으며, 정신적 현상과 물질적 현상이 상호 의존적이었으며, 개인적 필요는 집단의 필요에 종속되는 것이 중세기의 특징이었다는 것이다. 중세의 유기체적 세계관은 아리스토텔레스와 教會라는 두 개의 권위에 의존한 것으로서, 13세기에 아퀴나스(Thomas Aquinas)가 아리스토텔레스의 종합적 자연체계와 기독교 신학 및 윤리학을 결합하여 유기체론의 기본구조를 수립하게 되었으며, 이것이 중세기를 통해 아무런 의문 없이 존속되었었다는 것이다(『새로운 과학과 문명의 전환』, 50쪽 참조).

이 자신의 모태였던 근대의 기계론적 세계관을 무너뜨리고 오히려 전근대의 유기체적 세계관을 부활시키게 된 것은 '흥미진진한 일' 이라 하지 않을 수 없겠다.

앞에서 거론했듯이, 카프라는 데카르트의 철학이 '정신과 육체' 를 분리시키고 '나와 남' 을 분리시키고 '인간과 자연' 을 분리시킴으로써 일련의 사회적, 생태적, 문화적 위기를 초래했다고 비판했다.[12] 그런데 자유주의(제1세대 인권론)가 데카르트-뉴턴의 기계론적 세계관에 입각한 것이라면, 카프라의 비판은 제1세대 인권론에도 그대로 적용될 수 있는 것이다.[13] 요컨대 제1세대 인권론은 기계론적 세계관의 한계를 그대로 지니고 있는 것이요, 따라서 기계론적 세계관의 붕괴와 더불어 초극되어야만 하는 것이다. 이제 현대물리학에 의해 유기체적 세계관이 부활하게 된 과정을 살펴보자.

2. 현대물리학과 유기체적 세계관의 부활

뉴턴 모델 즉 고전물리학의 붕괴는 19세기 중엽 電氣와 磁氣라는 새로운

---

12) 홍승표는 "과학 기술의 발전에 바탕하여 고생산 - 고소비의 욕망 충족적 사회를 건설하려는 근대의 기획이 성공을 거듭할수록 생태계 파괴는 더욱 가속화될 수밖에 없다."고 갈파했는데(홍승표, 『깨달음의 사회학』, 135쪽), 이러한 지적은 이제 진부하게 느껴질 정도로 일반화된 것이다. 장회익은 보다 절박하게 '현대 문명' 자체를 '암세포' 에 비유한 바 있다. 현대 문명은 개발과 발전이라는 미명 아래 수많은 동식물들을 멸종시켜 왔는바, 멈출 줄 모르는 현대 문명의 질주는 그 모태가 죽음에 이를 때까지 맹렬한 기세를 떨치는 암세포와 같다는 것이다(장회익, 「우주생명과 현대인의 암세포적 기능」, 128~129쪽 참조).

13) 이 책의 제6장 3절에서는 '현대 인권론의 딜레마' 를 살펴본 바 있고, 제7장 1절에서는 '인권론의 윤리의식과 그 문제점' 을 논의한 바 있다.

물리적 실재를 발견함으로부터 시작되었다. 파라데이(Michael Faraday, 1791~1867)와 막스웰(Clerk Maxwel, 1831~1879) 등은 전기와 자기의 현상을 탐구한 결과, 그것이 고전물리학의 역학적 모델로는 적절히 설명되지 않는다는 것을 알아냈던 것이다.

파라데이와 막스웰은 陽性과 陰性 電荷 사이의 상호작용을 설명함에 있어서 단순하게 두 전하가 뉴턴 역학에서의 두 質量처럼 서로 끌어당긴다고 말하는 대신, 각 전하는 다른 전하가 나타나면 어떤 힘을 느끼도록 그 주위의 공간에 '散亂' 혹은 어떤 '조건'을 만들어낸다고 설명하는 것이 더 적절하다는 점을 알아냈다. 어떤 힘을 일으키는 잠재력을 가진 공간에서의 이와 같은 조건을 '場'이라고 부른다. 그것은 單一 電荷에 의하여 생겨나며, 다른 전하가 들어와서 그 효과를 느끼든 말든 간에 그것은 항상 존재하는 것이다. 뉴턴의 모델에서는 힘이 그 작용하는 물체와 밀접하게 결부되어 있었다. 그러나 이제는 힘의 개념이 그 자체 실재성을 갖고 물질적인 것들과 아무런 관계없이도 연구될 수 있는 훨씬 미묘한 '場'의 개념으로 대치된 것이다. 이들은 더 나아가 빛이란 전기와 자기에 의한 파동, 즉 電磁氣輻射라는 것도 밝혀냈다.

이처럼 모든 것이 엄청나게 뒤바뀌고 있음에도 불구하고, 뉴턴 역학은 한동안 물리학의 기반으로서의 위치를 고수했다. 막스웰 자신도 뉴턴 역학의 용어로 자기가 이룩한 결과들을 설명하고자 했다. 즉 場은 공간을 채우는 매우 가벼운 매개물인 에테르(ether) 속에 있는 역학적 압력상태요, 電磁氣波란 이 에테르의 彈性波라고 해석했던 것이다. 물결은 물의 파동으로, 音波는 공기의 진동으로 경험되는 것처럼, 波動이란 일반적으로 무엇인가의 진동으로 경험되는 것인 만큼, 이 해석은 아주 자연스러운 것이었다. 그러나 50년 뒤 아인슈타인은 에테르는 존재하지 않으며, 電磁氣場은 빈 공간을 통해 진행할 수 있고 역학적으로는 설명될 수 없는 본래의 물질적 실체라고 선언했다. 요컨대 아인슈타인은 뉴턴의 역학과 막스웰의 전기역학이 서로 다른 영역에서 성립하는 별개의 체계임을 밝힌 것인데, 이로써 뉴턴 역학은 그 보편타당성을 의심받게 되었다.[14)]

아인슈타인의 가장 중대한 관심사는 뉴턴의 역학과 막스웰의 전기역학을 통합하여 '물리학의 통일된 체계'를 구축하는 것이었는데, 그 결과로 제시된 것이 1905년의 '特殊相對性理論'이다. 특수 상대성이론은 고전물리학의 구조를 통일하고 완전하게 했지만, 동시에 전통적인 시간과 공간을 변화시킴으로써 뉴턴적 세계관의 한 토대를 무너뜨렸다. 상대성이론에 의하면, 공간은 3차원이 아니며, 시간은 공간과 구별되는 별개의 실체가 아니다. 시간과 공간은 밀접하게 관련되어 4차원의 '時空 연속체'를 형성한다. 시간과 공간의 개념은 자연현상을 기술하는 데 매우 기본적인 것이므로, 시간 · 공간 개념의 변화는 결국 세계관 자체의 변화를 수반하게 되었다.

아인슈타인은 1916년에는 특수상대성이론의 체계를 重力을 포함하는 데까지 확장시킨 '一般相對性理論'을 발표했다. 이로써 상대성이론은 미시세계의 운동부터 거시세계의 운동까지 모두 설명할 수 있는 일반이론으로 정립되었다.

아인슈타인의 이론에 의하면, 重力은 시간과 공간을 휘어지게 하는 결과를 낳는다. 이것은 2차원적인 평면기하학이 球의 표면에 적용될 수 없듯이, 유클리드 기하학이 그러한 휘어진 공간에서는 더 이상 유효하지 않다는 뜻이다. 아인슈타인의 이론은 3차원 공간이 실제는 휘어져 있고, 그 휘어짐은 질량을 가진 물체의 중력에 의해 야기됨을 알려주는 것이다. 예컨대 恒星이나 遊星 같은 질량을 가진 물체가 있는 곳에는 언제나 그 주위의

---

14) 카프라, 『현대물리학과 동양사상』, 71~73쪽 참조.

공간이 휘어져 있으며, 그 曲率은 물체의 질량에 좌우된다. 시간 역시 물체의 존재에 의하여 영향을 받아 우주의 여러 영역에서 각각 다른 속도로 진행하고 있다. 이러한 맥락에서 일반상대성이론은 절대적 공간과 시간의 개념을 완전히 폐기시킨 것이다. 공간과 시간을 포함하는 모든 측정은 相對的일 뿐만 아니라, 시간의 全 구조가 우주 안에서의 물질의 분포에 따라 결정되는 것이다.[15)]

한편, 1895년에 X線이 발견되고, 이후 X線을 다시 '原子의 구조'를 해명하는 데 사용하게 되었는데, 그 결과는 전혀 예상치 못했던 것으로, 고전물리학의 용어로는 설명할 수 없는 것이었다. 고대로부터 믿어왔듯이 原子는 딱딱하고 견고한 입자들이 아니라, 극도로 미세한 입자인 電子들이 전기력에 의해 核에 묶여 그 주위를 돌고 있는 광대한 공간으로 구성되어 있다는 사실이 판명된 것이다. 그 뒤 量子論은 원자를 구성하는 입자들조차 견고한 물체가 아니라는 것을 알려주었다. 亞原子的 단위의 물질은 양면성을 지니고 있어서, 우리가 보는 관점에 따라 그것들은 때로는 粒子로 때로는 波動으로 나타난다는 것이다. 이 양면성은 빛에서도 나타나는데, 빛은 전자기 파동의 형태를 띠기도 하고 입자의 형태를 띠기도 하는 것이다. 이 光粒子를 아인슈타인은 '量子'라고 불렀는데, 지금은 '光子'로 불린다.

물질과 빛의 이러한 양면성은 한동안 과학자들을 곤혹스럽게 만들었다. 고전물리학의 관점에서는 어떤 것이 대단히 작은 용적에 한정된 실체인 입자인 동시에 광대한 공간으로 퍼지는 파동이 될 수 있다는 것을 인정하기가 어려웠기 때문이다. 그러나 과학자들은 결국 이러한 사실을 받아들이지 않을 수 없었다.

전자는 입자도 파동도 아니며, 어떤 상황에서는 입자처럼 보이고 다른

15) 카프라, 『현대물리학과 동양사상』, 75~78쪽 참조.

상황에서는 파동처럼 보인다. 이것이 입자처럼 움직일 때에도 그 입자적 성질을 희생하여 파동적 성질을 발전시킬 수 있으며, 또한 그 역도 가능하다. 그리하여 입자에서 파동으로, 파동에서 입자로 변형을 계속하는 것이다. 이것은 전자나 기타 원자적 실체에는 본래 환경과 무관한 고유한 성질이 없음을 뜻한다. 그것이 보여주는 입자성이나 파동성의 특징은 실험의 상황, 즉 그것이 상호 작용해야 하는 기구에 달려 있다.

1927년에 발표된 하이젠베르크의 '불확정성의 원리'는 입자·파동·위치·속도 등 고전적 개념의 한계를 더욱 명확히 밝혀 주었다. 입자·파동·위치·속도 등은 본래 서로 연관된 것이요, 동시에는 명확히 정의될 수 없는 한 쌍의 개념이라는 것이다. 고전역학에서는 전자의 위치와 운동량은 전자가 어떤 상태에 있든지 항상 동시에 측정할 수 있다고 생각했었다. 그러나 양자역학에 의하면, 입자의 위치와 운동량은 동시에 확정된 값을 가질 수 없고, 쌍방의 불확정성에 의해 서로 제약되어, 입자의 위치를 정하려고 하면 운동량이 확정되지 않고, 운동량을 정확히 측정하려 하면 위치가 불확정해진다는 것이다.[16] 요컨대 입자성을 특징짓는 위치의 확정성과 파동성을 특징짓는 파장의 확정성은 서로 제약을 받고, 입자성과 파동성이 서로 공존한다는 것이다.

보아(Niels Bohr)는 미시세계의 이러한 양면성과 그 상관관계를 '相補性'이란 개념으로 설명했다. 粒子像과 波動像은 동일한 實在의 두 가지 相補的 記述로서, 각자는 오직 부분적으로만 정확하고, 따라서 적용의 한계

16) 호킹(Stephen Hawking)의 설명에 의하면, 입자의 속도를 정확히 측정하기 위해서는 긴 파장의 빛을 사용해야 하고, 입자의 위치를 정확히 측정하기 위해서는 짧은 파장의 빛을 사용해야 하는데, 긴 파장의 빛을 사용할수록 속도의 확실성은 높아지는 반면 위치의 불확실성이 커지고, 짧은 파장의 빛을 사용할수록 위치의 확실성은 높아지는 반면 속도의 불확실성이 커진다(호킹, 『시간의 역사』, 70~72쪽 참조).

성을 지니고 있다는 것이다. 이러한 관점에 따르면, 아원자적 수준에서의 물질은 일정한 장소에 확실하게 존재하는 것이 아니라 차라리 '존재하려는 경향'을 보여주는 것이며, 원자적 사건은 일정한 시간에 일정한 방식으로 확실하게 일어나는 것이 아니라 차라리 '일어나려는 경향'을 보이는 것이다. 양자역학에서는 이러한 경향을 '확률'로 표현한다. 요컨대 우리는 원자적 사건을 확실하게 예언할 수 없으며, 다만 그 사건이 일어날 가능성을 확률로 예측할 수 있을 뿐이다.

'확률'은 고전물리학에서도 사용했던 개념이다. 고전물리학에서는 한 사건에 포함된 기계적 세부사항을 잘 모르고 있을 경우에만 확률이라는 개념을 사용했던 것인데, 이러한 세부 내용은 해당되는 대상 안에 있다고 해서 '局所的 變數'라고 불렀다. 양자역학에서도 국소적 변수를 중요한 것으로 받아들인다. 그런데 양자역학에서는 국소적 관계를 넘어선 '非局所的 연결'이 있다고 보는바, 비국소적 관계야말로 '양자적 실재의 본질'이라는 것이다. 각각의 사건은 내부의 국소적 변수에 의해서만 영향을 받는 것이 아니라 우주 전체에 의해 영향을 받으며, 이 영향을 상세히 기술할 수는 없지만 통계적 법칙으로 표현할 수 있는 어떤 질서가 있다는 것이다.[17]

---

17) 주지하듯이, 아인슈타인은 애초부터 '비국소적 관계의 존재'를 인정하려고 하지 않아 1920년 보아와 역사적인 논쟁을 벌인 것인데, 그 결과 아인슈타인도 보아와 하이젠베르크의 해석을 인정할 수밖에 없었다. 그러면서도 아인슈타인은 '감추어진 국소적 변수에 의한 결정론적 해석이 언젠가 미래에 발견될 것'이라고 확신했는데, 30년 뒤 '벨(John Bell)의 定理'에 의해 보아의 해석이 옳은 것으로 판명되었다. 카프라는 아인슈타인이 자신의 초기 연구로부터 도출된 이론(양자역학)의 결과를 받아들이려 하지 않은 것을 '科學史上 가장 재미있는 일화의 하나'라고 소개하고, "이것은 아인슈타인의 철학이 본질적으로 데카르트적이었음을 보여준다"고 평했다(『새로운 과학과 문명의 전환』, 78~79쪽 참조). 한편, 오늘날의 저명한 물리학자 호킹도 "양자역학은 과학에 예측불가능성 또는 임의성이라는 피할 수 없는 요소를 도입시킨다. 아인슈타인은 자신이 양자역학의 개념들을 발전시키는 데에 중요한 역할을 수행했

이처럼 양자적 실재의 운동은 우주 전체에 의해 영향을 받는 것이라고 한다면, 아원자적 입자는 이제 독립된 실체라고 볼 수 없게 된다. 보아의 표현에 의하면, "독립된 물체 입자란 추상적인 것으로서 이들의 속성은 다른 체계와의 상호작용을 통해서만 정의될 수 있고 관찰될 수 있는 것이다." 이처럼 현대물리학은 세계가 독립적인 최소 단위로 분해될 수 없음을 보여 준다. 우리들이 물질의 내부를 뚫고 들어갈수록 자연은 기본적 구성체로 구성된 것이 아니라, 통일된 전체의 여러 가지 부분 상호 간의 복잡한 관계의 그물임을 보여준다는 것이다.[18]

이상에서 相對性理論과 量子論을 중심으로 현대물리학의 성과를 소개했거니와, 그 결론은 우주란 본래 '상호 관련된 관계의 그물(網)' 이요, 이 우주적 그물은 본질적으로 '力動的' 이라는 것이다.[19] 이는 데카르트-뉴턴의 기계론적 세계관이 더 이상 타당하지 않다는 뜻이요, 동시에 전근대의 유기체적 세계관이 오히려 이 세계의 참 모습과 더 잘 부합된다는 뜻이다. 카프라는 다음과 같이 말한다.

현대물리학의 두 개의 기본 이론은 이리하여 데카르트적 세계관과 뉴턴 물리

음에도 불구하고, 양자역학에 극력 반대했다. 아인슈타인은 양자역학의 수립에 기여한 공적으로 노벨상을 수상했음에도 불구하고 우주가 우연에 의해서 지배된다는 사실을 결코 받아들이려고 하지 않았다" 는 점을 거론하고, "하이젠베르크의 불확정성 원리는 이 세계의 근본적이며 피할 수 없는 특성" 이라고 단언했다(『시간의 역사』, 72~73쪽 참조).

18) 카프라, 『현대물리학과 동양사상』, 78~82쪽 ; 카프라, 『새로운 과학과 문명의 전환』, 74~79쪽 참조.

19) 우리는 보통 돌이나 금속 등은 수동적이고 불활성적인 것이라고 생각한다. 그러나 그 '죽은' 조각을 확대해 보면, 그 속에서는 電子와 陽子 · 中性子 등 각종 미립자들이 빛처럼 빠른 속도로 운동하고 있다는 것이다. 이러한 맥락에서 '자연의 안정성' 은 '靜的 안정성' 이 아니라 '역동적 평형' 의 상태라는 것이다(카프라, 『새로운 과학과 문명의 전환』, 83~84쪽 참조).

학의 근본적인 면을 초월하였다. 量子論은 아원자 입자는 독립된 물질의 낱알이 아니라 확률의 모형이며 분리될 수 없는 우주적 그물 속의 상호연결이고, 이 그물 속에는 인간 관찰자와 그의 의식도 포함되어 있다는 것을 말하고 있다. 相對性 原理는 이 우주의 그물이 본래적으로 역동적이며, 이 활동성이 그 존재의 본질 자체라는 것을 보여줌으로써, 이 우주의 그물에 말하자면 생명을 부여한 것이다. 현대 물리학은 우주가 분해될 수 없고 역동적인 전체이며, 이 전체의 각 부분은 본질적으로 상호 관련되어 있고, 宇宙的 過程의 모형으로서만 이해될 수 있다고 하는 견해에 의해서 機械的 宇宙像을 초월한 것이다. 아원자 수준에서는 전체의 부분 상호 간의 관련성과 상호 작용은 각 부분 자체보다 더 근본적이다. 운동은 있으나 궁극적으로 운동체는 없으며, 활동은 있으나 활동체는 없으며, 무용수는 없고 오직 舞蹈만이 있을 뿐이다.[20)]

위의 "아원자 입자는 독립된 물질의 낱알이 아니라 확률의 모형이며 분리될 수 없는 우주적 그물 속의 상호연결"이라는 말이나 "전체의 각 부분은 본질적으로 상호 관련되어 있고, 宇宙的 過程의 모형으로서만 이해될 수 있다"는 말은 기계론적 세계관이 전제하는 '고립된 원자적 실체'란 존재하지 않는다는 뜻이요, "우주의 그물이 본래적으로 역동적이며, 이 활동성이 그 존재의 본질 자체"라는 말은 우주가 '죽어있는 기계'가 아니라 '살아있는 유기체'라는 뜻이며, "전체의 부분 상호 간의 관련성과 상호 작용은 각 부분 자체보다 더 근본적"이라는 말은 개체보다 전체가 더욱 근본적 존재라는 뜻이다. 이러한 맥락에서 카프라는 '기계론적 세계관의 한계'를 밝히고 '유기체적 세계관의 부활'을 선언한 것이다.

카프라에 의하면, 유기체적 세계관의 타당성은 현대 생물학의 성과에

---

20) 카프라, 『새로운 과학과 문명의 전환』, 87~88쪽.

의해서도 거듭 확인된다. 카프라는 다음과 같이 말한다.

생물 조직은 多水準 組織으로 구성되었으며, 각 수준의 조직은 그들의 부분에 대해서는 전체가 되며, 더 큰 전체에 대해서는 부분이 되는 副組織으로 구성되어 있다. 분자가 결합하여 원형질체를 형성하고, 이는 다시 결합하여 세포를 형성한다. 세포는 조직과 기관을 형성하고, 이들은 다시 소화기관이나 신경조직과 같은 더 큰 시스템을 형성한다. 이것이 결합하여 마침내 살아있는 남자와 여자를 형성하게 된다. 그리고 이 成層 秩序는 여기서 끝나는 것이 아니다. 사람은 가족, 종족, 사회, 국가를 형성한다. 이 모든 개체–분자로부터 인간 및 사회 조직에 이르는–는 통합된 시스템이라는 뜻에서는 전체로 간주될 수 있으며 그 복잡성이 더 높은 수준의 전체에 대해서는 부분이 된다. 사실, 절대적 의미에서는 부분과 전체란 전연 존재하지 않는다는 것을 알게 될 것이다.

아더 케슬러(Arthur Koestler)는 이들 전체이면서 부분인 亞組織體(subsystems)를 '홀론(holon)'이라고 명명하고, 각각의 홀론은 더 큰 전체의 부분으로서 통합하려는 경향과 개성을 유지하려는 자기 주장적 경향의 두 경향을 가지고 있음을 강조하고 있다. 생물학적 또는 사회적 조직 속에서는 이 홀론은 그 조직의 성층 질서를 유지하기 위해 개성을 주장해야 하나 시스템을 살리기 위해서는 전체적 요구에 복종해야 한다. 이 두 경향은 서로가 반대적이나 그러나 보완적이다. 건강한 조직(개인, 사회, 또는 생태계) 안에서는 통합과 자기주장 사이에 평형이 유지된다. 이 평형은 정적인 것이 아니라 두 개의 상보적 경향 사이의 역동적 상호작용으로 이루어지며, 이것이 전 시스템을 유연하게 하며 변화를 가능하게 하는 것이다.[21)]

21) 카프라, 『새로운 과학과 문명의 전환』, 42~43쪽.

케슬러는 하나의 생명체를 구성하는 하위의 器官이나 組織, 그리고 그것들을 구성하는 細胞를 '홀론(holon)' 이라 명명했다. '홀론(holon)' 이란 語源的으로 어떤 존재가 그 자체로는 '하나의 자율적 전체' 인 동시에 상위의 존재에 대해서는 '그에 종속되는 부분' 임을 뜻하는 말인바,[22] 따라서 "이 홀론은 그 조직의 성층 질서를 유지하기 위해 개성을 주장해야 하나 시스템을 살리기 위해서는 전체적 요구에 복종해야 한다"는 것이다.[23]

'홀론' 은 모든 생명체의 유기적 구조를 단적으로 나타내주는 말이거니와, 카프라에 의하면 이는 생명체의 경우뿐만 아니라 우주적 질서 자체에 있어서도 마찬가지라는 것이다. 이러한 맥락에서 카프라는 현대의 물리학적 성과와 생물학적 성과는 서로 궤를 같이한다고 보았다. 더 나아가, 이러

22) 카프라, 『새로운 과학과 문명의 전환』, 265쪽 참조.

23) 이 책의 주제와 관련해 말하자면, '홀론은 그 조직의 성층 질서를 유지하기 위해 개성을 주장해야 한다' 는 말은 '人權論' 에 상응하고, '시스템을 살리기 위해서는 전체적 요구에 복종해야 한다' 는 말은 '人倫論' 에 상응하며, '이 두 경향은 서로가 반대적이나 그러나 보완적이다' 라는 말은 '인권과 인륜의 상호보완성' 에 상응한다. 이에 대해서는 다음 節에서 더 자세히 논하기로 하자. 한편, 오늘날의 진화생물학자 최재천도 '생명체의 진화 과정' 은 '경쟁의 과정' 인 동시에 '협동의 과정' 이라는 점을 역설한 바 있다. 근래의 생태학 연구 결과는 "자연계의 생물들에게 경쟁은 피할 수 없는 현실이지만 무조건 남을 제거하는 것만이 경쟁에서 이기는 방법이 아니라는 것"과 "무모한 전면 경쟁을 통해 살아남은 생물들보다 일찍이 남과 더불어 사는 지혜를 터득한 생물들이 우리 곁에 훨씬 더 많다는 사실"을 깨닫게 했다는 것이다. 얼마 전까지만 해도 진화론적 생태학자들은 자연계의 모든 것이 경쟁에 의해 결정된다고 믿고, 다른 종과의 경쟁에서 이긴 종들만이 오늘날 이 지구에 살아남은 것으로 이해했었는데, 최재천은 이를 '다윈의 깊은 뜻을 이해하지 못했던 것' 이라 비판했다(최재천, 『호모 심비우스』, 89~90쪽 참조). 같은 맥락에서, 싱어(Peter Singer)도 다윈의 진화론이 스펜서(Herbert Spencer)에 의해 '사회진화론' 으로 응용되면서 '약육강식의 생존경쟁' 을 정당화하는 논리로 변질되었던 것을 비판하고, 진화론에 대한 최신 연구결과에 의하면 협동과 경쟁은 더 이상 대립하는 개념이 아니라고 주장한 바 있다(싱어, 『다윈주의 좌파 : 변하지 않는 인간의 본성은 있는가?』, 23~25쪽 및 72~73쪽 참조).

한 성과들은 근대의 기계론적 세계관의 한계를 밝혀주는 것이요, 동시에 전근대의 유기체적 세계관의 과학적 타당성을 확인시켜 주는 것이라 한다. 카프라는 다음과 같이 말한다.

20세기에 들어와서, 물리학은 몇 가지 개념적 혁명을 겪었으며, 그 개념혁명은 기계론적 세계관에 명확한 한계가 있다는 것을 분명히 밝혀주고 있다. 유기적, 생태적 세계관으로 유도되는 이 세계관은 모든 시대와 전통 속의 신비주의자들의 견해와 크게 유사하다. 우주는 이제는 무수한 분리된 객체로 구성된 機械로 보여지 않고, 조화를 이루는 분할할 수 없는 全體로 보인다. 그것은 역동적인 관계의 그물이며 그 그물 속에는 관찰하는 인간의 의식까지도 근본적으로 포함되고 있는 것이다. 합리적 정신이 극도로 전문화하여 이루어진 현대 물리학이, 종교의 본질이 되며, 직관적 정신이 극도로 전문화하여 생기는 신비주의와 이제 접촉하게 되었다는 사실은, 의식의 합리적 작용과 직관적 작용, 즉 陽과 陰의 통합과 상보적 성질을 아주 아름답게 보여 준다. 따라서 물리학자는 우리 사회가 시급히 요구하고 있는 태도와 가치관의 변화를 위한 과학적인 배경을 제공할 수 있는 것이다. 과학이 지배하는 문명에서는 근본적인 변화가 필요하다는 주장에 과학적인 근거를 제시할 수 있다면 우리 사회를 설득하기가 용이한 것이다. 이것이 물리학자가 지금 해야 할 사명인 것이다. 과학적 사고는 반드시 환원주의와 기계론적이어야 하는 것이 아니고, 전일적이며 생태적인 견해 역시 과학적으로 타당하다는 사실을 현대 물리학은 기타의 과학 분야에 보여줄 수 있는 것이다.[24)]

카프라에 의하면, 현대물리학은 '기계론적 세계관의 한계' 를 분명히 밝

24) 카프라, 『새로운 과학과 문명의 전환』, 46~47쪽.

혀주고, 우리를 다시 '유기체적 세계관' 으로 유도하는 것이다. 이러한 맥락에서 카프라는 유기체적 세계관에 입각하여 새로운 문명의 방향을 제시하는 것이 오늘날 과학자들의 사명이라고 지적하고, 자신이 그에 앞장 선 것이다.

위의 인용문에도 보이듯이, 東·西를 막론하고 전근대의 세계관은 일반적으로 유기체론에 입각한 것이었다. 앞에서도 언급했듯이, 카프라는 고대 그리스의 밀레토스학파나 중국의 음양사상 및 인도의 힌두교·불교의 가르침은 모두 '유기체적 세계관' 을 공유하는 것이라고 지적한 바 있다. 그런데 이러한 여러 부류의 유기체적 세계관 가운데, 카프라가 특히 주목한 것은 유교의 陰陽思想이다. 음양사상이야말로 현대 과학이 제시하는 세계관과 가장 훌륭하게 부합된다는 것이 그 까닭이다.[25] 카프라는 "중국 철학자들은 實在를 연속적으로 流動하고 변화하는 과정으로 보았고, 그것의 궁극적 본질을 道라고 불렀다." 고 소개하고, 음양사상의 핵심을 "자연 질서는 陰과 陽 사이의 역동적 평형의 하나이다" 라는 말로 정리했다. 요컨대 "좋은 것은 陰도 陽도 아니며 다만 그들의 力動的 平衡이고, 나쁜 것이나 해로운 것은 非平衡인 것" 이다.[26] 이러한 맥락에서 카프라는 현대 과학이

---

25) 카프라는 "新儒學派들은 현대물리학에서 量子場의 개념에 가장 놀랄만한 유사성을 갖고 있는 氣의 개념을 발전시켰다." 고 보았거니와(『現代物理學과 東洋思想』, 252쪽), 宋代 新儒學의 '氣' 개념이란 달리 말하면 '陰陽思想' 이었다. 카프라는 또한 朱子學의 '理' 를 '有機體의 원리' 로서 '自體 調和가 모든 自然法則의 본질' 이라는 뜻이라고 해석하고, 이는 현대물리학의 기본입장에 대한 '완벽한 설명' 으로 받아들일 수 있다고 보았다(『現代物理學과 東洋思想』, 341쪽). 한편 카프라는 "이 책에서 문화의 가치와 그에 대한 우리의 태도를 논함에 있어서 나는 『易經』에 상세하게 전개되어 있으며 중국적인 생각의 근본에 담겨 있는 사상 구조를 널리 사용하고자 한다." 고 했거니와(『새로운 과학과 문명의 전환』, 35쪽), 이러한 맥락에서 카프라는 陰陽思想에 입각하여 미래 문명의 방향을 논했던 것이다.

26) 카프라, 『새로운 과학과 문명의 전환』, 35~36쪽 참조.

제시하는 바람직한 미래 문명의 방향을 '陰과 陽의 調和' 라는 관점에서 모색했다. 이제 카프라가 제시하는 미래 문명의 방향을 살펴보고, 그것이 우리에게 시사하는 바를 논의해 보기로 하자.

3. 미래 문명의 방향 : 인권과 인륜의 조화

이제까지 살핀 것처럼, 현대의 물리학과 생물학 등 현대 과학은 이 세계가 '살아있는(역동적인) 유기체' 라는 것을 알려 주었다. 한편 서구의 현대 문명은 근대의 기계론적 세계관에 입각한 것인바, 기계론적 세계관의 한계가 밝혀진 이상 현대 문명도 그 발전의 방향을 수정해야 한다는 것이 카프라의 지론이었다. 그런데 카프라에 의하면, 아직도 많은 사람들, 특히 과학자들조차도 자신들이 이룬 과학적 성과의 철학적 의미를 제대로 인식하지 못하고 있다. 카프라는 다음과 같이 말한다.

> 오늘날의 物理學者의 대부분은 그들의 이론에 내포하고 있는 철학적이고 문화적이며 정신적인 의미를 깨닫지 못하고 있는 것처럼 보인다. 그들 중의 많은 사람들이 機械論的이고 斷片的인 世界觀에 여전히 근거를 두고 있는 사회를 적극적으로 지지하고 있다. 과학이 그러한 견해를 넘어서서 우리의 자연환경뿐만 아니라 우리의 동료인 인간존재를 포함하는 우주의 全一性을 향하여 가리키고 있다는 것을 보지 못하고 말이다. 나는 현대물리학에 의하여 암시되고 있는 세계관이 현재의 우리 사회와는 일치하지 못하고 있다고 믿는다. 오늘의 우리 사회는 우리가 자연에서 관찰하는 조화로운 상호관계를 반영하지 못하고 있다. 그러한 力動的인 衡平의 상태를 성취하기 위해서는 근본적으로 다른 사회적 경제적 구조가 요구될 것이다. 즉 진정한 의미에서의 文化革命이 필요하게 될 것

이다. 우리의 전 文明의 생존이 우리가 그러한 변화를 성취할 수 있느냐 없느냐에 달려 있을는지도 모른다. 궁극적으로 그것은 우리가 동양적 신비주의의 어느 정도의 '陰'的 태도를 채택할 능력이 있는가에 달려있을 것이다. 즉 自然의 全一性을 경험하고 그것과 調和를 이루며 사는 역량이 있는가에 달려있을 것이다.[27)]

카프라에 의하면, 오늘날 과학자들은 학문적 영역에서는 이미 '全一的(유기체적) 세계관'을 정립했으면서도, 그 철학적 의미를 제대로 인식하지 못하여 대부분 여전히 '기계론적 세계관에 입각한 생활양식'에 안주하고 있는 것이다. 카프라는 "현대물리학에 의하여 암시되고 있는 세계관이 현재의 우리 사회와는 일치하지 못하고 있다"고 단언하고, 진정한 의미에서의 文化革命을 제창했다. 카프라가 제창하는 문화혁명은 '정치 · 경제 · 사회의 영역' 뿐만 아니라 '자연에 대한 태도' 및 '건강에 대한 인식'까지 포함하는 매우 포괄적인 것이다. 그런데 그 혁명의 방향은 '조화로운 상호관계'를 실현하는 것으로서, 간단히 말해서 '현대 서양문명의 陽的 태도'와 '동양적 신비주의의 陰的 태도'[28)]를 조화시키는 것이다.

위의 인용문에서도 드러나듯이, 카프라는 전통유학의 음양사상에 입각하여 현대 문명의 성격을 해명하고, 미래 문명의 방향을 논하였다. 카프라가 이처럼 동양의 음양사상을 주목하는 이유는 음양사상이 현대의 과학적 세계관과 매우 잘 부합된다는 것, 다시 말해 유기체의 상보적 특징을 해명

27) 카프라, 『現代物理學과 東洋思想』, 363쪽.

28) 카프라는 "나는 科學과 神秘主義를 각각 推論的인 것과 直觀的인 것의 두 성능을 지닌 인간정신의 상보적인 표현이라고 생각한다"고 했거니와(『현대물리학과 동양사상』, 362쪽), 동양의 유기체적 세계관은 본래 과학적 탐구에 의해 정립된 것이 아니라 직관에 의해 정립된 것이기 때문에, 카프라는 이를 '동양적 신비주의'라고 표현한 것이다.

하는 데 매우 적합하다는 이유 때문이었다. 카프라는 다음과 같이 말한다.

> 陰陽이란 용어는 넓은 생태적 견해를 가지고 문화의 불균형을 분석하는 데에는 특히 유용한 용어이다. 생태적 견해는 일반 시스템 이론의 뜻에서 시스템관의 견해라고 부를 수도 있다. 시스템 이론(systems theory)이란 세계를 모든 현상의 상호 연관성과 상호 의존성에 의해 파악하는 것이며, 이 기본 구조에서는 그 특성이 그것을 형성하고 있는 부분으로 환원될 수 없는 통합된 전체를 시스템이라고 부른다. 살아있는 조직체, 사회 및 생태계는 모두 시스템이다. 고대 중국의 음양사상이 서구 과학이 최근에야 연구하게 된 자연 시스템의 본질적 성질과 관련이 있다는 것을 알게 되는 것은 매혹적인 일이다.[29]

위의 인용문에서 알 수 있듯이, 카프라가 현대 문명의 성격을 진단하고 미래 문명의 방향을 모색하고자 하면서 음양사상을 주목하는 까닭은 우리의 문명이나 문화 속에 내재하는 가치관이나 태도 등에 있어서의 온갖 대립적 요소들을 상보적 관계로 파악하기 위함이었다.

카프라는 "兩極에 연관되는 원래의 이미지로 볼 때, 陰은 방어적, 통합적, 협동적인 것에 상응하며, 陽은 공격적, 확장적 및 경쟁적 행위에 상응하는 것으로 해석될 수 있다. 陰의 행위는 환경을 의식하고 陽의 행위는 자신을 의식한다. 현대적 용어로 한다면, 전자는 '환경 행위' 이며 후자는 '자아 행위' 라 할 수 있다."[30]고 설명하고, 이러한 맥락에서 우리들의 가치관이나 태도에 내재하는 대립적 요소들을 다음과 같이 陰 · 陽으로 분류한다.

---

29) 카프라, 『새로운 과학과 문명의 전환』, 42쪽.
30) 카프라, 『새로운 과학과 문명의 전환』, 37쪽.

陰 : 여성, 수렴, 반응, 협동, 직관, 종합

陽 : 남성, 강요, 공격, 경쟁, 합리, 분석

카프라는 위와 같이 陰 · 陽을 분류한 다음, 서양의 현대 문명은 "음보다는 양을, 직관적 지혜보다는 이성적 지식, 종교보다 과학, 협동보다 경쟁, 자연 보존보다 자연 이용을 일관적으로 선호하고 있음이 자명하다"고 진단하였다. 陰 · 陽은 본래 상보적인 것이라면, 어느 한 쪽으로 치우치면 폐단을 일으키기 마련이다. 이러한 맥락에서 카프라는 현대 서구인들의 생각과 감정, 가치와 태도, 사회적 및 정치적 구조의 불균형은 모두 陽에의 편중에서 유래하는 것이라고 진단하고, 이러한 '심각한 문화적 불균형'이 현대 서구의 위기의 근원이라고 규정했다.[31] 카프라는 다음과 같이 말한다.

> 우리의 진보는 주로 합리적이고 지성적인 일이었으며, 이 일방적인 진화는 이제 아주 무서운 단계에 도달했는바, 현재의 이 상황은 모순덩어리로서 광적 상태에 가까운 것이다. 우리는 멀리 있는 다른 위성에 우주선이 軟着하도록 조종할 수 있으나, 자동차와 공장의 매연의 공해를 제어할 수는 없다. 거대한 우주 식민지에 유토피아 사회를 계획할 수 있을지 모르나 바로 우리의 도시를 관리할 수가 없다. (…) 이것들은 陽 또는 남성적인 측면(합리적 지식, 분석, 확대)의 과도한 강조와 陰 또는 여성적 측면(직관적 지혜, 종합 및 생태적 자각)을 무시한 결과인 것이다.[32]

우리는 매일의 신문을 통해서 이 위기의 수많은 현상을 읽을 수가 있다. 고도

---

31) 카프라, 『새로운 과학과 문명의 전환』, 38~39쪽 참조.
32) 카프라, 『새로운 과학과 문명의 전환』, 42쪽.

의 인플레이션과 失業, 에너지의 위기, 건강관리의 위기, 오염과 환경 재해, 폭력과 범죄의 증가 추세 등을 우리는 겪고 있다. 이 책의 기본 명제는 이 모든 것이 하나의 동일한 위기가 각각 달리 나타나는 것이며, 이 위기는 본질적으로 認識의 위기라는 것이다. 이 위기는 1920년대의 물리학의 위기와 같이, 데카르트-뉴턴적 과학의 기계론 세계관인 이미 낡은 세계관의 관점을 그러한 관념으로는 도저히 이해할 수 없는 실재에 적용하려는 無理에서 연유된 위기이다. 오늘의 우리는 생물적, 심리적, 사회적, 그리고 환경적 현상이 상호 의존하는 전체적으로 연결된 세계에서 살고 있다. 이러한 세계를 적절히 기술하기 위해서는 데카르트적 세계관이 줄 수 없는 생태학적 전망이 필요한 것이다.[33]

위의 첫째 인용문에서는 현대 서양 문명의 위기는 陽에 치우쳐 陰의 요소들을 외면한 결과라고 규정했고, 둘째 인용문에서는 이를 다시 '認識의 위기' 의 위기라는 말로 표현했다. '認識의 위기' 란 '잘못된 文明觀이 초래한 위기' 라는 뜻일 것이다. 카프라는 그 위기의 근원을 '데카르트-뉴턴의 기계론적 세계관' 이라고 지목하고, 따라서 오늘날의 위기를 극복하기 위해서는 "데카르트적 세계관이 줄 수 없는 생태학적 전망이 필요하다" 고 설파했다.

여기서 우리가 유의할 것은, 카프라가 데카르트적 세계관의 의의를 전면적으로 부정하는 것은 아니라는 점이다. 카프라가 서양의 현대 문명의 성격을 '陽的' 이라고 규정하는 데서 알 수 있듯이, 그는 서양의 현대 문명을 전면적으로 부정하는 것이 아니다. 카프라의 입장은 다만 陰 · 陽은 상보관계이듯이, 陽에 치우친 현대 서양 문명은 동양의 신비주의가 깨우쳐 준 陰의 요소에 의해서 보완되어야 한다는 것이다.[34] 카프라의 다음과 같

33) 카프라, 『새로운 과학과 문명의 전환』, 17~18쪽.

은 말을 보자.

> 나는 科學과 神秘主義를 각각 推論的인 것과 直觀的인 것의 두 성능을 지닌 인간정신의 상보적인 표현이라고 생각한다. 현대의 물리학자는 推論的 정신의 극단적 전문화를 통하여 세계를 경험하고 神秘家는 直觀的 정신의 극단적 전문화를 통하여 세계를 경험한다. 그 둘의 접근 방법은 전연 다르며, 어떠한 물리세계의 견해보다 훨씬 더 많은 것을 내포한다. 하지만 그들은 우리가 물리학에서 배운 것처럼 相補的이다. 어느 쪽도 그 다른 것에서 이해되지 않으며, 그들 중의 어느 쪽도 다른 것에로 환원될 수 없다. 그러나 그 둘은 세계에 관한 보다 충분한 이해를 위해서는 꼭 필요하며 상호보완적인 것이다. 중국의 古諺으로 부연하자면 神秘家들은 道의 가지가 아니라 道의 뿌리를 이해하고, 과학자들은 뿌리가 아니라 그 가지를 이해하고 있다. 과학은 신비주의를 필요로 하지 않고 신비주의는 과학을 필요로 하지 않지만, 그러나 인간은 그 둘을 필요로 한다. 신비주의적 경험은 사물의 가장 깊은 본성을 이해하는 데 불가결하고, 과학은 현대 생활에 긴요한 것이다. 그러므로 우리가 필요로 하는 것은 綜合이 아니라, 신비주의적 直觀과 과학적 分析 사이의 역동적인 相互作用이다.[35)]

카프라는 "신비주의적 경험은 사물의 가장 깊은 본성을 이해하는 데 불가결하고, 과학은 현대 생활에 긴요한 것"이라고 규정하고, 따라서 우리에게 필요한 것은 "신비주의적 直觀과 과학적 分析 사이의 역동적인 相互作用"이라고 설명했다. 그렇다면 마찬가지로 현대 서양 문명은 전면적으로

34) 카프라가 거시세계나 미시세계가 아닌 '중간차원 지대' 즉 우리의 일상적인 경험의 영역에서는 고전물리학이 여전히 유효하다고 인정한 것도 기억하자(『현대물리학과 동양사상』, 78쪽 참조).

35) 카프라, 『현대물리학과 동양사상』, 362쪽.

부정되어야 할 것이 아니라, 전통적 유기체론에 입각하여 보완되어야 하는 것이다.36)

이제 우리의 본래 주제인 '人權과 人倫'의 문제로 돌아가자. 위에서 소개했듯이, 카프라는 陰은 '방어적, 통합적, 협동적 행위'에 상응하고, 陽은 '공격적, 확장적, 경쟁적 행위'에 상응하는 것으로서, 陰의 행위는 환경을 의식하는 '환경 행위'요, 陽의 행위는 자신을 의식하는 '자아 행위'라고 분류하고, 음양의 상보성을 논했다. 카프라는 이러한 맥락에서 陰·陽을 각각 '환경(전체)에의 통합'과 '개인의 자기주장'으로 연결시키면서 다음과 같이 말한다.37)

> 自己主張은 적어도 인간 행동에 관한 한 직선적이고 분석적인 사고를 통해 자기 본위, 공격성, 경쟁, 확장 등 陽의 행위에 의해 달성된다. 統合은 수동적, 협동적, 직관적이며, 자기의 환경을 깨닫는 陰의 행위에 의해 증진되는 것이다. 음과 양, 통합과 자기주장의 경향은 둘 다 조화 있는 사회관계와 생태관계를 위해 필요한 것이다.38)

카프라가 '현대 서양문명의 陽的 태도'와 '동양적 신비주의의 陰的 태도'를 대비시킨 데서 알 수 있듯이, 그리고 또 이 책에서 인권론과 인륜론의 성격을 누차 대비시킨 데서 알 수 있듯이, 위의 인용문에서 말하는 '자

---

36) 카프라는 특별히 그 보완의 성격을 '종합'이 아니라 '역동적 상호작용'이라고 규정했다. '단순한 종합'은 기계론적 접근이요, '역동적 상호작용'은 유기체론적 접근이거니와, 카프라는 그 보완이 유기적 맥락에서 이루어져야 함을 강조한 것이다.

37) '환경(전체)에의 통합'과 '개인의 자기주장'은 앞에서 소개한 '홀론(holon)'의 양면성(그 조직의 성층 질서를 유지하기 위해 개성을 주장해야 하나, 시스템을 살리기 위해서는 전체적 요구에 복종해야 함)과 상응하는 개념이다.

38) 카프라, 『새로운 과학과 문명의 전환』, 43쪽.

기주장' 은 '제1세대 인권론' 과 궤를 같이하며, '통합' 은 '전통적 인륜론' 과 궤를 같이하는 것이다.[39] 그런데 카프라는 "음과 양, 통합과 자기주장의 경향은 둘 다 조화 있는 사회관계와 생태관계를 위해 필요한 것" 이라 하였다. 그렇다면 이 말은 '조화로운 사회관계와 생태관계' 를 위해서는 '人權과 人倫을 상보적 관계로 파악해야 한다' 는 뜻으로 해석할 수 있는 것이다.

한편, 근래 우리 한국의 철학자 이명현은 "지금 인류 역사는 대전환점에 서 있는 것 같다. 새로운 문명의 탄생을 위한 용틀임이 서서히 일어나고 있다. 新文明은 新文法을 요청한다."[40]고 갈파하면서, '새로운 文明' 을 위한 '새로운 文法' 을 제창한 바 있다. 이명현의 문제의식은 이제까지 살펴본 카프라의 문제의식과 궤를 같이하거니와, 이제 마지막으로 이명현의 新文法을 살펴보기로 하자.

이명현은 "서양의 근대는 개체를 고립의 범주로 보는 시각을 바탕으로 삼고 출발한다" 고 전제하고, 고립적 개인주의가 초래하는 제반 양상을 다음과 같이 분석한 바 있다.

> 개인을 자기충족적인 고립적 존재로 봄으로써 빠지게 되는 認識論的 귀결은 (…) 유아론적 곤경이다. 그리고 그 價値論的 귀결은 지배와 종속이 빚어내는 적대적 관계이며, 그 存在論的 귀결은 타자의 부정에 의한 자기 부정이다.[41]

---

39) 이 책의 제3장에서 살펴보았듯이 사회주의는 유기체적 세계관과 친화성이 있거니와, 이러한 맥락에서 '제2세대 인권론' 에는 '자기주장' 의 측면도 있고 '통합' 의 측면도 있는 것이다.

40) 이명현, 『신문법 서설』, 3쪽.

41) 이명현, 『신문법 서설』, 37쪽.

'唯我論的 곤경' 이란 '자기중심적 곤경(egocentric predicament)' 또는 '유아론적 늪' 이라고도 한다. 이는 데카르트 이래 '나의 의식' 을 모든 문제의 출발점으로 삼은 서양 근대 인식론에 있어서는 '나의 세계로부터 빠져나올 출구가 없다는 것, 나와 타인 및 세계를 연결해 주는 고리를 발견하기 어렵다는 것' 을 말한다. '지배와 종속이 빚어내는 적대적 관계' 란 '인간과 인간의 관계, 인간과 자연의 관계' 가 지배와 정복의 관계로 규정됨을 지칭한다. 인간의 삶을 타인 또는 자연과 '상호의존적인 열린 체계' 로 전제한다면 결코 지배와 정복의 관계가 등장할 수 없는데, 각자의 삶을 '자기충족적인 닫힌 체계' 로 전제하기 때문에 지배와 정복의 관념이 싹튼다는 것이다. 그러나 인간의 삶은 실로 '상호의존적인 열린 체계' 이기 때문에, 타인의 불행은 나의 불행으로 연결되고, 자연의 정복과 파괴는 환경오염과 자원고갈을 초래하여 인간의 문명을 위협한다는 것이다. 이것이 '타자의 부정에 의한 자기 부정' 이다.[42]

이명현은 개인은 '전체에 종속된 존재' 도 아니요, 그렇다고 '고립적인 존재' 도 아니라고 주장한다. 그는 바람직한 인간관계를 '서로 맞물림의 틀' 로 설명한다. 이 틀 속에서는 개체는 닫힌 체계 속에 고립되어 있지도 않으며, 또한 개체가 전체라는 애매성 속에 녹아버리지도 않는다는 것이다. 또한 개체는 자기의 동일성을 유지하되, 자기와 관계를 맺고 있는 존재와 서로 맞물림으로써 자기일 수 있다는 것이다. 이명현은 '서로 맞물려 있음' 의 제반 양상을 다음과 같이 설명한다.

42) 이명현, 『신문법 서설』, 35~36쪽 참조. 카프라도 "그 자신의 생존만을 생각하는 유기체는 틀림없이 그 환경을 파괴할 것이며, 우리가 쓰라린 경험으로써 배우고 있는 바와 같이, 그렇게 해서 그 자신을 파괴할 것이다."라고 갈파했다(『새로운 과학과 문명의 전환』, 273쪽).

이 맞물려 있음의 존재의 양식은 相互依存性이며, 그 인식론적 양식은 相互主觀性이며, 그 가치론적 양식은 公正性이다. 相互主觀性이란 보는 자들 사이에 맞물려 있음이며, 相互依存性은 하나가 다른 하나와 서로 얽혀 있음으로써 서로가 서로를 있게 하는 방식이며, 公正性은 서로가 서로에게 주고받음에 이그러짐이 없이 맞물려 있음을 말한다. 相互依存性은 '더불어 있음'의 존재론적 표현이며, 相互主觀性은 '같이 앎'의 인식론적 표현이며, 公正性은 '함께 잘삶'의 가치론적 표현이다.

'더불어 있음'은 지배와 종속을 통해서 타자를 부정하는 삶으로부터 탈출할 수 있는 새로운 존재의 지평을 열어 주며, '같이 앎'은 유아론으로부터 나오는 불가지론과 회의론의 함정으로부터 벗어나 우리를 진리에로 인도하는 길을 열어 준다. 그리고 '함께 삶'은 억압과 빼앗고 빼앗김의 아비규환의 수라장으로부터 우리를 자유롭게 해준다. 相互主觀性은 인간과 인간 사이에 인식론적 단층을 연결하는 고리이며, 公正性은 인간과 인간 사이에 나타나는 이해의 단절과 갈등을 풀어주는 화해의 매개이다. 그리고 인간과 인간 사이의 相互依存性은 타자의 부정이나 제거가 인간의 참된 양식이 아니라 共存이 인간존재의 애초의 모습임을 보여준다.[43]

위와 같은 설명을 바탕으로 이명현은 마침내 '新文明'을 제창하고, 新文明을 인식하고 해석하는 기본 틀로서 '新文法'을 제시했다. 이명현의 新文法은 'MOW(Monad with Open Window)'로 표현된다.[44] 自由主義의 '고

---

43) 이명현, 『신문법 서설』, 38~39쪽.

44) 이명현은 MOW를 '세포'에 비유하면서 "하나의 세포를 가지고 복제(cloning)가 가능한 것은 하나의 세포가 전체의 구조를 잠재적으로 가지고 있기 때문"이라 했는데(『신문법 서설』, 55쪽), 여기서 알 수 있듯이 이명현의 MOW는 케슬러(Arthur Koestler)가 말하는 '홀론(holon)'과 궤를 같이하는 것이다.

립적 개인주의'를 철학적으로 뒷받침한 것은 라이프니츠(G. W. Leibnitz)의 '窓 없는 單子' 이론이었는데, 이명현은 '창문이 열려있는 單子' 이론을 제시하여 라이프니츠의 '窓 없는 單子' 이론을 대신하고자 한 것이다. 이명현은 'MOW'의 기본 특징을 다음과 같이 설명한다.

> 1. MOW는 소우주(Microcosmos)이다. 이런 의미에서 MOW는 전체의 구조를 잠재적으로 지니고 있다. 그러나 현실적으로는 어떤 존재의 한 부분으로 존재하며, 전체의 구조가 부분적으로 실현되어 있을 뿐이다. 여기서 실현된다고 함은 잠재적으로 지니고 있는 전체구조의 어떤 부분만 활성화되었다는 것을 의미한다. (…)
> 2. 하나의 MOW는 다른 MOW의 열린 창문을 통해 상호작용한다. 이때 MOW는 활성화의 원리를 통해 자기실현을 극대화하며, 균형의 원리에 의해 MOW들 사이의 형평을 유지한다. 이렇게 MOW들은 서로 맞물려있다.
> 3. MOW_1과 MOW_2가 맞물려 있다는 것은 서로 음양관계에 있다는 것을 의미하며, 다음과 같은 네 가지 관계를 함축한다.(차별, 상호공존, 상반, 상보)
>   1) MOW_1은 MOW_2와 다르다.(차별)
>   2) MOW_1 없이 MOW_2는 없으며, MOW_2 없이 MOW_1도 없다.(상호공존)
>   3) MOW_1이 甲 방식으로 작용하면, MOW_2는 非甲 방식으로 작용한다.(상반)
>   4) MOW_1과 MOW_2는 서로 보완적이다.(상보성)
> 4. MOW는 중층적 구조를 지닌 여러 가지 존재를 구성하는 기본단위다.[45)]

이상에서 이명현의 신문법을 소개했거니와, 이는 앞에서 살펴본 현대 과학의 새로운 세계관에 입각한 것이요, 동시에 음양사상으로 표현되는

---

45) 이명현, 『신문법 서설』, 54~56쪽.

전통유학의 유기체적 세계관에 입각한 것이다. 따라서 이명현의 新文法 MOW는 유교적 관점에서 보자면 결코 새로운 것이 아니다. 위의 1항과 4항은 朱子學의 理一分殊論과 정확히 일치하는 것이다.[46] 또 이명현 자신이 밝혔듯이, 위의 3항은 『周易』의 음양사상을 응용한 것이다. 다만 문제가 되는 것은 위의 2항이거니와, 이에 대해서만 조금 더 살펴보기로 하자.

위의 2항에서는 "하나의 MOW는 다른 MOW의 열린 창문을 통해 상호작용한다. 이때 MOW는 활성화의 원리를 통해 자기실현을 극대화하며, 균형의 원리에 의해 MOW들 사이의 형평을 유지한다. 이렇게 MOW들은 서로 맞물려있다." 고 했다. 그런데 "하나의 MOW는 다른 MOW의 열린 창문을 통해 상호작용한다" 는 말이나 "이렇게 MOW들은 서로 맞물려있다" 는 말은 유기체적 세계관의 기본 논리이므로, 전통유학의 인식과도 완전히 합치되는 것이다. 한편 "MOW는 활성화의 원리를 통해 자기실현을 극대화한다" 는 말은 전체를 구성하는 각각의 부분들은 본래 역동성을 지니고 있다는 뜻이요, "균형의 원리에 의해 MOW들 사이의 형평을 유지한다" 는 말은 역동적인 각각의 부분들은 결국 균형을 지향한다는 뜻이므로, 이 역시 유기체적 세계관의 기본논리로서 전통유학의 인식과도 완전히 합치되는 것이다.[47]

문제는 이명현이 '활성화의 원리' 와 '균형의 원리' 를 각각 '自由' 와 '平等' 으로 해석하고 있다는 점이다. 이명현에 의하면, 自由는 '개체의 활

---

46) 理一分殊論에 대해서는 拙著, 『朱子學의 길』 제3장 5절 및 제8장 참조.

47) 이명현은 "근세의 기계론적 자연관은 (…) 상호의존적인 생명계와 상반되는 자연관이다. 우주적인 더불어 있음(Cosmic Togetherness)의 새로운 의식이 움터 나와야 한다. 우주적인 더불어 있음에는 두 가지 원리가 작동한다. 활성화의 원리와 균형의 원리가 그것이다." 라고 했다(『신문법 서설』, 71쪽). 이것으로 보면, 이명현이 말하는 '활성화의 원리' 와 '균형의 원리' 는 유기체적 세계관에 입각한 것임이 분명할 것이다.

성화의 원리' 요, 平等은 '전체의 균형을 위한 제어의 원리' 라는 것이다.[48] 반면에 전통유학에서는 전체의 질서를 위한다는 명목으로 개인의 자유를 억제하고, 사회의 기본 구조를 위계적 체계로 인식함으로써 평등보다는 위계질서를 강조하면서, 그 논거를 유기체적 세계관에서 찾았다. 이러한 맥락에서 전통적 인륜론은 오늘날의 自由·平等과는 거리가 멀어지게 된 것이다.[49]

그렇다면, 이명현은 유기체적 세계관에 입각하여 자유와 평등을 옹호하고, 전통적 인륜론은 유기체적 세계관에 입각하여 자유와 평등을 부정하거나 제한한 것인바, 우리는 이 모순적 사태를 어떻게 설명해야 하는가? 유기체적 세계관에 입각한 전통 유교사회나 서구 중세사회가 자유와 평등을 다분히 외면했듯이, 또 서구 근대의 계몽주의자들이 유기체적 세계관을 타파하면서 자유와 평등을 제창했듯이, 유기체적 세계관은 자유·평등과는 일정한 거리가 있는 것이다. 그런데 이명현은 서구 근대의 자유평등론을 수용하면서, 유기체적 세계관에서 자유·평등을 옹호할 수 있는 요소를 발굴하고, 또 동시에 유기체적 세계관에서 자유·평등을 제한할 수 있는 요소도 발굴하여, 결과적으로는 자유·평등을 옹호함과 동시에 자유·평등을 일정 부분 제한하고자 한 것이다.

---

48) 이명현, 『신문법 서설』, 119쪽 참조.

49) 이 책의 제4장 3절에서 살핀 것처럼, 조선시대에는 신분차별과 성차별이 엄연히 존재했다. '위계질서' 는 유기체적 세계관의 주요 관념 가운데 하나인바, 우리 사회가 요구하는 위계질서의 핵심은 '職分의 위계' 인데, 조선시대의 인륜론자들은 이를 '身分의 위계질서' 로 확대해석하여 신분차별을 정당화한 경우가 많았다. 또 이 책의 제5장 2절에서 살핀 것처럼, 조선시대에는 美風良俗을 장려한다는 명목으로 개인의 私生活의 自由에 대해서도 많은 제한을 가했다. 한편, 카프라도 유기체적 세계관의 '위계질서(hierarchy)' 라는 관념이 오해됨으로써, 독재적인 사회나 정치구조를 정당화하는 데 오용된 사례가 있었음을 경계한 바 있다(『새로운 과학과 문명의 전환』, 266~267쪽 참조).

유기체적 세계관은 '전체적 조화'를 중시한다는 점에서는 自由와 거리가 있고, '위계적 질서'를 중시한다는 점에서는 平等과도 거리가 있다. 전통 유교사회나 서구 중세사회는 이러한 맥락에서 자유와 평등을 다분히 외면했던 것이다. 그런데 이명현은 유기체적 세계관이 모든 개체(부분)를 역동적 존재로 규정한 점을 주목하여, 개체의 역동성을 개인의 자유를 옹호하는 논거로 해석한 것이다. 또 이명현은 유기체적 세계관이 전체적 균형을 추구한다는 점을 주목하여, 전체적 균형을 위해서는 개체의 평등이 전제되어야 한다고 보고, 이를 평등을 옹호하는 논거로 해석한 것이다.[50)] 이명현의 이러한 해석은 그동안 자유·평등을 외면하는 것으로 인식되었던 유기체적 세계관을 새로운 관점에서 해석함으로써, 현대인들의 유기체적 세계관에 대한 거부감을 완화시키는 데 공헌한 것이라 하겠다.

이명현은 "자유는 개체의 활성화의 원리요, 평등은 전체의 균형을 위한 제어의 원리이다. 활성화의 원리는 陽이요, 제어의 원리는 陰이다. 음양은 맞물림의 관계에 있다. 자유와 평등은 맞물림의 관계에 있다."[51)]고 했다. 이처럼 자유와 평등을 '음양의 관계, 맞물림의 관계'로 규정하는 것은 그 자체가 유기체론적 발상법으로서, 전체의 균형을 위해서는 개체의 자유를 제어해야 한다는 뜻을 담고 있다. 요컨대 이명현은 기본적으로 근대 인권론의 자유와 평등을 수용하면서도, 유기체적 세계관에 입각해 전체의 균형을 위해서는 개체의 자유를 제어해야 한다고 본 것이다.[52)]

50) 이 책의 제3장 4절에서 논한 바 있듯이, 제1세대 인권론자들은 '불평등한 위계질서'를 정당화한다는 이유로 유기체론을 타파했는데, 제2세대 인권론자들은 유기체론을 매개로 '공동선'의 관념을 부활시키고 그로부터 다시 '貧者들에게도 生存權을 보장해야 한다'는 '平等'의 관념을 도출한 바 있었다. 이명현이 유기체론에 입각해 평등을 옹호하는 것은 제2세대 인권론과 궤를 같이하는 것이다.

51) 이명현, 『신문법 서설』, 119쪽.

52) 이명현이 라이프니츠의 'Monad' 라는 개념을 수용한 것 자체가 근대 인권론의 수용

이제 이상의 내용을 정리해 보자. 카프라는 유기체적 세계관에 입각하여 '전체에의 통합'과 '개인의 자기주장'을 음양의 관계 즉 상보적 관계로 규정했는데, 이는 근대의 인권론과 전통적 인륜론을 지양시켜야 한다는 맥락으로 해석할 수 있다. 예링의 "자기존재의 주장은 살아있는 모든 피조물의 최고의 법칙이다"[53]라는 말에 잘 나타나 있듯이, 사실 근대의 인권론(제1세대 인권론)은 통합의 측면은 외면하고 지나치게 자기주장에 치우쳤던 것이다. 예링은 '권리를 위한 투쟁'을 옹호했거니와, 카프라는 오히려 "지나친 자기주장은 힘, 통제 및 힘에 의한 타의 지배로 나타나게 되며 이것이 바로 우리 사회에 만연된 현상이다."[54]라고 하여 비판적인 자세를 취했던 것이다. 현대 과학에 대한 카프라의 해석이 옳은 것이라면, 바람직한 미래 문명의 방향은 전통적 인륜론과 근대 인권론의 지양이라는 맥락에서 모색되어야 하는 것이다. 이명현의 신문법은 근대의 인권론과 전통적 인륜론을 지양시키는 데 있어서 그 기본 방향을 제시한 모범적 사례라 하겠다.

이라고 볼 수 있다. 다만 이명현은 라이프니츠의 Monad가 '고립적'이었다는 점을 지양시키기 위해 '창문이 없는(without Window)'을 '창문이 열려 있는(with Open Window)'으로 고친 것이다.

53) 예링, 『권리를 위한 투쟁(外)』, 31쪽.

54) 카프라, 『새로운 과학과 문명의 전환』, 43쪽.

제10장

結論

1. 자유주의 · 사회주의와 전통유학

현대의 인권론은 自由主義에 기초한 제1세대 인권론과 社會主義에 기초한 제2세대 인권론으로 대별되지만, 양자는 인간의 '자기 보존' 을 뒷받침하고 각자의 '행복 추구' 를 옹호한다는 점에 있어서는 취지를 같이 했다. 한편 전통적 인륜론은 금수와 구별되는 '사람다운 삶' 을 강조하면서 이를 통해 '공동체의 질서' 를 정립하고자 했다. 이 세 이념은 인간관과 세계관을 달리 하면서 서로 다른 文明像을 추구했던 것이다. 먼저 이를 요약해 보기로 하자.

자유주의자들은 본능적 욕망을 중심으로 인간을 이해하고, 기계론적 세계관에 입각하여 개인의 독립과 자유를 옹호했다. 이러한 맥락에서 제1세대 인권론은 각자 자신의 본능적 욕망을 자유롭게 추구할 수 있는 자유권을 무엇보다도 강조한 것이다. 제1세대 인권론이 자유권과 평등권을 함께 거론한 것은 사실이지만, 논의의 초점은 분명 자유권에 있었다. 자유와 평등은 대개의 경우 길항 관계에 있거니와, 따라서 개인의 자유를 강조할수록 사회적 평등은 약화되었다. 그 결과, 상층의 자본가들이 마음껏 富를 축적하면서 쾌재를 부를 때, 하층의 노동자들은 극도의 비참한 삶을 벗어날 수 없었던 것이다. 사회주의자들의 제2세대 인권론은 여기에서 출발한다. 사회주의자들은 다시 인간의 도덕적 본성을 부각시키고,[1] 유기체적 세계관을 부활시킴으로써 兄弟愛(博愛)를 강조한 다음, 이를 사회권(평등권)으로 개념화한 것이다.

자유와 평등은 대개의 경우 길항 관계에 있다고 했거니와, 오늘날에도 개인의 자유권을 강조하는 제1세대 인권론과 사회적 평등권을 강조하는 제2세대 인권론은 서로 대립하면서 갈등을 지속하고 있다. 자유주의자들은 사회권을 강조하면 '도덕적 해이' 를 초래한다고 비판하고, 사회주의자들은 자유권을 강조하면 부익부 빈익빈이라는 '양극화' 를 야기한다고 비판하는 것이다. 오늘날 이러한 갈등은 쉽게 해결될 기미가 없는바, 여기에 전통적 인륜론을 되돌아보아야 하는 근본적 이유가 있다. 전통적 인륜론을 되돌아보아야 하는 또 하나의 이유는, 제1세대 인권론이나 제2세대 인권론이나 모두 '인간의 존엄성' 과 '사람다운 삶' 의 의미를 제대로 해명하지 못하기 때문이다. 제1세대 인권론과 제2세대 인권론을 막론하고 현대의 인권론자들이 추구하는 '행복한 삶' 이란 무엇보다도 본능적 욕구를 충분히 충족시키는 삶에 초점이 있었던바, 이는 결국 '동물형상' 에서 크게 벗어나지 않는 것이었다.

전통적 인륜론은 도덕적 본성을 중심으로 인간을 이해하고, 유기체적 세계관에 입각하여 위계적 질서와 공동선을 옹호한 것이다. 요컨대 전통

---

1) 제1세대 인권론은 '본능적 욕구를 자유롭게 충족하게 하자' 는 것이요, 제2세대 인권론은 '본능적 욕구를 누구나 평등하게 충족하게 하자' 는 것이다. 즉 제2세대 인권론은 인간의 '도덕적 본성' 에서 '누구나 평등하게' 라는 이념을 도출한 것이다.

적 인륜론은 '인간의 존엄성' 의 근거를 도덕적 본성에서 찾고, 도덕적 본성을 실현하는 삶이 '사람다운 삶' 이라고 보았다. 전통적 인륜론에는 '인권' 이라는 말이 보이지 않는다. 그러나 東·西를 막론하고 전통사회에서도 '평등권' 과 '사생활의 자유' 등을 제외하고는 오늘날 우리가 추구하는 권리의 대부분을 보장하고 있었다. 전통사회에서 신분을 차별하고 사생활의 자유를 억압했던 것은 그들의 유기체적 세계관과 깊은 연관이 있다. 유기체적 세계관은 위계적 질서를 정당화하고, 개인의 자유보다는 공동선을 강조하는 것이었기 때문이다. 근대의 자유주의는 바로 이 점을 비판하면서 등장한 것이다. 유기체적 세계관이 위계적 질서를 정당화한다고 하여, 그것이 반드시 신분차별로 연결되어야 하는 필연성은 없다. 사회의 위계질서는 '身分의 차별' 이 아닌 '職分의 차별' 만으로도 충분히 성립할 수 있다.[2] 이 점에서 자유주의자들이 신분차별을 타파하는 데 앞장선 것은 높이 평가할 수 있겠다.[3] 그러나 전통 사회에서 '사생활의 자유' 를 억압했던 것에 대해서는 보다 곡진하게 이해할 필요가 있다. 과도한 사생활의 자유는 공동선을 침해할 뿐만 아니라 결국 자신마저 병들게 하는바,[4] 전통적 인륜론에서는 이를 경계했던 것이다.

인간의 도덕적 본성을 강조하고, 유기체적 세계관에 입각하여 공동선을

2) 롤즈는 『萬民法』에서 '자유주의 국가' 와 '위계적 국가' 가 萬民法을 공유할 수 있다고 보았다. 롤즈의 『만민법』은 만민이 '正義의 원칙' 을 공유함으로써 전 세계 모든 인류의 인권을 보장하고 평화를 실현하는 것을 목표로 삼고 있다. 그렇다면 자유주의 국가와 위계적 국가가 萬民法을 공유할 수 있다는 주장은 위계적 국가에서도 인권이 충분히 보장받을 수 있다는 뜻일 것이다(롤즈, 『萬民法』, 116~122쪽 참조).

3) 그러나 자유주의 사회에서 정규직과 비정규직을 차별하는 것 등은 전통사회에서 신분을 차별했던 것과 본질적으로 큰 차이가 없을 것이다.

4) 서병훈은 '가치의 객관성' 을 부정했던 아테네의 '민주적 자유' 는 '멋대로 자유' 로 전락함으로써 결국 '죽음에 이르는 병' 이 되고 말았다고 지적한 바 있다(『자유의 미학』, 147쪽 참조).

추구했다는 점에서는 전통적 인륜론과 사회주의가 궤를 같이 한다. 그런데 전통적 인륜론은 인륜을 통해 공동선을 달성하려고 했으나, 사회주의자들은 사회권을 통해 공동선을 달성하려고 했다. 사회주의자들은 '형제애' 라는 관념을 매개로 '모든 사람이 평등하게 복지를 누릴 수 있는 권리' 로서의 '사회권' 개념을 정립한 것이다. 그리하여 전통적 인륜론과 제2세대 인권론은 공동선이라는 이상을 많은 부분 공유하면서도, 실제적인 방법론에 있어서는 서로 방향을 달리 하게 되었다.

富者도 있고 貧者도 있는 사회에서, 사회복지 비용은 단적으로 부자의 세금에서 나오는 것이다. 그런데 부자의 세금에 기반을 둔 사회복지를 '부자의 施惠' 로 볼 것인지 '빈자의 權利' 로 볼 것인지에 대해서는 참으로 많은 논란이 지속되고 있다.[5] 그럼에도 불구하고 일방적으로 빈자의 복지를 사회권으로 규정하게 되면, '도덕적 해이' 를 초래하는 것과는 별개로, '권리담론' 이 초래하는 여러 문제점들을 피할 수 없게 된다. 권리담론의 한계는 둘로 요약할 수 있다. 권리담론은 한편으로는 투쟁을 정당화하고, 한편으로는 권리의 향유에 대한 감사의 마음도 없게 만드는 것이다. 누구나 자신의 권리를 침해당했을 경우에는 정당하게 투쟁할 수 있는 것이요, 또한 자신이 자신의 권리를 누리는 것에 대해서는 본래 남에게 감사할 필요도 없기 때문이다.[6]

---

5) 이 논란은 사회적 약자들의 빈곤한 처지가 '약자들 자신의 책임' 인지 '사회적 환경의 책임' 인지 하는 문제와 연관된 것이다. 약자들 자신의 책임이라면 약자에게 제공되는 복지는 '부자의 施惠' 인 것이요, 사회적 환경의 책임이라면 '빈자의 權利' 인 것이다. 그런데 약자들의 빈곤의 원인을 둘 가운데 어느 하나로만 단정하기 어렵기 때문에 논란이 지속되는 것이다.

6) 조효제는 복지를 '권리' 로 규정할 때의 장점으로 ① 사회 전체의 公的 약속이라는 의미를 지니게 됨, ② 사람들이 비굴하지 않고 존엄성을 유지할 수 있게 함, ③ 인간을 自力化함 등을 거론한 바 있다(『인권의 문법』, 317~318쪽). 論者는 ①에 대해서는 수긍하지만, ②와 ③에 대해서는 수긍할 수 없다. 남의 은혜를 입는다고 해서 비굴해지는

권리담론의 이러한 한계는 사회복지 영역에서 더욱 여실하게 드러난다. 사회복지는 '시혜냐, 권리냐' 라는 논란으로 인해 쉽게 합의를 도출할 수 없기 때문에 이를 둘러싼 투쟁이 일상화되고, 또 빈자들은 복지를 투쟁을 통해 얻은 권리로 인식하기 때문에 부자들에 대해 감사할 줄 모르게 된다. 그런데 투쟁이 일상화된 사회는 공동선과는 거리가 먼 것이요, 감사할 줄 모르는 사람들의 사회도 공동선과는 거리가 먼 것이다. 사회주의자들은 공동선을 내세우는바, 그들이 강조하는 사회권이 이러한 문제점을 낳는다면, 이는 사회주의의 근본적 한계라 하지 않을 수 없다.

자유주의의 인권론과 사회주의의 인권론은 이상에서 요약한 바와 같은 문제점들을 지니고 있다면, 우리는 전통적 인륜론을 '제3의 길' 로서 새롭게 인식할 필요가 있다.[7] 자유주의 인권론과 사회주의 인권론을 막론하고 현대 인권론의 궁극적 관심사는 '행복한 삶' 이요, 행복한 삶은 결국 '복지' 문제로 귀결되는 것이다. 따라서 복지 문제를 중심으로 제3의 길로서의 전통적 인륜론의 의의를 살펴보기로 하자.

복지를 실현하는 방법은 세 가지로 대별할 수 있는바, '개인책임(시장주도)' 과 '사회책임(국가주도)' 그리고 '가족주도' 가 그것이다. 자유주의자들은 복지 문제를 개인의 책임 또는 시장의 자율적 기능에 맡기자고 주

것도 아니요, 남의 은혜를 통해서도 自力化가 얼마든지 가능하다고 보기 때문이다.

7) 20세기 후반에 서구에서 등장한 '공동체주의' 도 물론 자유주의와 사회주의를 지양시킨 '제3의 길' 을 추구한 것이다. 매킨타이어나 테일러(Charles Taylor) 및 샌델 등이 주창한 공동체주의는 전통유학과 많은 부분 궤를 같이하는 것이다. 이는 벨(Daniel A. Bell)의 "저는 서양의 공동체주의에 대하여 박사학위논문을 썼습니다. 공동체주의는 제게 자유주의에 대한 하나의 대안을 의미하는 것이었습니다. 그 후 알게 된 바는, 서양에서는 공동체주의가 소수의 관점에 불과한 반면 아시아가 오히려 공동체주의가 지배하는 사회로 여겨진다는 것이었습니다. 그래서 저는 공동체주의의 아시아적 변형에 대한 유교적 근원을 연구하는 것이 좋겠다고 생각하게 되었습니다."(함재봉 외, 『유교민주주의, 왜 & 어떻게』, 15쪽)라는 말에서 잘 드러난다.

장하며, 사회주의자들은 복지 문제를 사회 또는 국가의 책임으로 규정하고 있다. 그러나 전통유학에서는 복지를 기본적으로 가족의 차원에서 해결해야 할 문제로 규정하고, 다만 四顧無親의 경우에는 국가가 복지를 제공해야 한다고 규정했던 것이다. 그렇다면 각각의 요점을 다시 정리해 보기로 하자.

자유주의자들은 인간을 '개인(자유롭고 독립적인 존재)'으로 간주하고, 개인의 복지는 '自助의 원칙'과 '자기책임의 원칙'에 따라 자유경쟁의 공간(시장)에서 스스로 해결해야 할 문제라고 보았다. 이들은 자유로운 경쟁이 보장된다면 '보이지 않는 손'에 의해 '공정한 분배'가 저절로 실현되어(예정조화), 결국 모든 사람이 '풍요로운 삶'을 누릴 수 있게 된다고 주장했다. 그러나 예정되어 있다던 조화는 결코 실현되지 않았다. 개인들 사이에는 능력의 차이가 엄연히 존재하거니와, 따라서 경쟁이 공정하게 진행되더라도 자유경쟁은 결국 부익부 빈익빈을 초래하는 것이다. 더군다나 개인들 사이의 차이에는 능력의 차이뿐만 아니라 유산의 차이와 교육의 차이도 있으며, 시장에서의 경쟁도 불공정하게 진행되는 경우가 많다. 그리하여 개인책임의 원칙은 결국 약자들의 생존권을 실질적으로 부정하는 논리가 되고 말았거니와, 사회주의자들은 이를 '市場의 실패'로 규정했다.

사회주의자들은 인간을 독립적 존재로 규정하지 않고 상호 의존하는 존재로 규정하고, 이로부터 형제애의 당위성을 도출했다. 모든 인간은 서로 형제처럼 보살펴야 한다는 것이다. 그런데 문제는 무엇보다도 형제애를 사회권으로 탈바꿈시킨 데에 있다. 형제애가 사회권으로 탈바꿈되자, 약자들은 평등하게 복지를 누릴 권리를 지니게 되었고, 사회(국가)는 약자들에게 복지를 제공할 책임을 지게 된 것이다. 약자들에게 제공되는 복지가 부자들의 시혜에 속하는 것인지 빈자들의 권리에 속하는 것인지는 차치하자. 약자들의 복지가 개선될수록 약자들은 도덕적 해이에 빠지고, 부자들은 무거운 세금을 피하기 위해 재산을 은닉시키며, 복지 제공을 위해 비대해진 국가의 기능은 한편으로는 개인의 자유를 침해하고 한편으로는 부정부패의 소지를 더욱 확대시키게 된 것이다. 사회책임의 원칙은 결국 이러한 다양한 폐단을 야기하고 말았거니와, 자유주의자들은 이를 '國家의 실패'로 규정했다.

오늘날 우리 사회에서는 복지 문제를 둘러싸고 이처럼 두 노선이 팽팽히 대립하면서, 현실적으로는 그때그때 미봉책으로 양자를 절충하고 있는 실정이다. 자유주의는 결국 시장의 실패를 피할 수 없고 사회주의는 결국 국가의 실패를 피할 수 없다는 것이 일정한 사실이라면, 상황에 따라 유연하게 양자의 절충점을 찾아 복지문제를 해결하는 것도 현실적인 방법일 것이다. 예컨대 '공정한 분배' 보다 '저조한 성장' 이 문제되는 상황에서는 사회가 제공하는 복지를 줄이고 개인의 책임을 강조하며, 성장의 둔화보다 양극화가 문제되는 상황에서는 사회의 책임을 강화하여 복지의 제공을 늘리는 것이다. 실제로 지난 한 세기 동안 서구 여러 나라들의 복지 정책은 이러한 맥락에서 전개되었던 것이요,[8] 지금 우리 사회도 이를 답습하는 것이다.

---

8) 칼레츠키(Anatole Kaletsky)는 오늘날의 신자유주의를 대체할 새로운 경제 패러다임을 '자본주의 4.0'(제4세대 자본주의)로 제시한 바 있다. 그에 의하면, 19세기 초엽부터 1930년대까지 세계를 지배했던 고전적 자본주의(제1세대 자본주의)는 성장에 초점을 둔 자유방임주의였던바, 이는 세계적인 대공황으로 종말을 맞이하게 되었다. 이후 뉴딜과 사회민주주의 복지국가를 태동하게 한 케인스의 경제학(제2세대 자본주의)은 균등분배에 초점을 둔 수정자본주의였던바, 이는 '국가의 실패' 로 인해 종말을 맞이하게 되었다. 1979~1980년 대처-레이건의 정치혁명으로 탄생한 신자유주의(제3세대 자본주의)는 市場을 이상화하고 정부(국가)를 불신하는 것인바, 이는 2007~2009년의 세계적인 금융위기로 더 이상 지속될 수 없다는 것이 확인되었다. 그리하여 칼레츠키는 '제4세대 자본주의' 를 제창하는 것인데, 이는 결국 국가와 시장 사이의 균형을 추구하는 것이다(칼레츠키, 『자본주의 4.0』, 63~78쪽 참조).

여기서 우리는 다시 전통유교의 '가족주도' 모델을 복지 문제에 대한 '제3의 길'로 주목할 필요가 있다.[9] 유교에서는 복지를 기본적으로 가족의 차원에서 해결해야 할 문제로 규정하고,[10] 다만 鰥寡孤獨과 廢疾者에 대해서는 국가가 복지를 제공해야 한다고 규정했다.[11] 복지를 기본적으로 가족 차원에서 해결해야 할 문제로 규정했다는 것은 五倫 가운데 첫째 조목인 '父子有親'에 잘 나타나 있다. 『童蒙先習』에서는 "父子는 천성적으로 친한 관계이다. 부모는 자식을 낳아서 기르고 사랑하여 가르치며, 자식은 부모를 받들어 계승하고 효도하여 부양한다."고 했거니와, 부모의 자식에 대한 慈愛와 자식의 부모에 대한 奉養을 통해서 아동과 노인의 복지는 기본적으로 해결되는 것이다. 또한 父母에 대한 효도는 자연스럽게 兄弟 사이의 우애로 확대되기 마련인바, 부모의 간절한 소망은 자식들 사이의 우애에 있기 때문이다. 또한 결혼을 매개로 해서 혈연관계가 확장되는바, 그리하여 친족 간의 사랑은 자연스럽게 인척이나 외척으로 확대되는 것이다. 이렇게 가족 간의 사랑이 확대된다면 대부분의 사람들은 그 안에서 서로 보살피고 보살핌을 받을 수 있게 된다.

과거의 가족제도는 실로 여러 가지 중요한 기능을 지니고 있었거니와,

9) 헬레나 노르베리-호지는 『오래된 미래』에서 바람직한 미래의 문명상을 오래된 전통 속에서 찾은바 있는데, '제3의 길'을 전통적인 '가족주도' 모델에서 찾는 것도 이와 궤를 같이한다.

10) 가족주도 모델이라 하여 국가의 역할이 전혀 없다는 뜻은 아니다. 예컨대 토지를 균등하게 분배하고, 기타 여러 공정한 제도를 구축하여 모든 백성이 골고루 그 혜택을 입도록 하는 등 국가의 역할이 전제되어 있는 것이다(『孟子』 梁惠王下 5 참조). 국가는 백성들의 생업을 뒷받침한 다음, 각 가정이 스스로 가족의 복지를 돌보도록 유도해야 한다는 것이다.

11) 『禮記』 〈禮運〉 참조. '鰥'은 아내가 없는 늙은 남자, '寡'는 남편이 없는 늙은 여자, '孤'는 부모가 없는 어린이, '獨'은 자식이 없는 늙은이, '廢'는 장애인, '疾'은 병든 사람을 말한다.

복지의 제공 또한 그 핵심적 기능 가운데 하나였다. 그런데 오늘날에는 '가족해체' 라는 말이 일상화되었다.[12] 오늘날의 현실처럼 가족이 해체되고 나면, 아동과 노인의 복지는 각자 스스로 해결하거나 국가가 책임져야 하는 것이다.[13] 문제는 개인책임 모델은 양극화를 초래하고, 사회책임 모델은 도덕적 해이를 초래한다는 점이다. 그리하여 양자 사이에서 그때그때 절충점을 모색한다 하더라도, 양극화나 도덕적 해이라는 문제점은 정도만 다를 뿐 여전히 드러나는 것이다.

자유주의의 개인책임 모델은 복지를 각자의 '이기적 본능' 에 맡기고 공

---

12) 가족해체의 요인은 실로 다양하겠으나, 개인주의가 그 근원적 요인임은 부정할 수 없다. 요컨대 부모와 자식, 남편과 아내는 서로 독립적 존재라는 전제 아래 각자가 서로 권리를 주장함으로써 결과적으로 가족의 해체를 조장하는 것이다(함재봉, 『유교 자본주의 민주주의』, 131~133쪽 참조). 이와 관련하여, 이동준은 "개인과 사회를 말하는 동안 우리가 모르는 사이 가정은 그 본래적 의미를 잃어버리고 있다. (…) 가정이란 사회의 한 부분이라기보다는 사회가 성립하는 기초조건이라는 것이 전통적 관념에 가깝다. (…) 의무나 인위가 아닌 사랑이 샘솟는 가정을 잃어버렸다면 거기서 자라난 사람들이 어디서 무엇을 가지고 그러한 심성을 키울 것이며, 어떻게 사람들과의 만남을 포근하고 감싸는 마음으로 수놓을 것인가? (…) 가정의 재건은 絶對絶命의 과제라 아니할 수 없다. 건실한 가정에서의 양육과 교훈은 인류평화의 필수적 조건이며, 가정은 오늘날 현대의 허무주의를 극복할 축복의 땅이라 아니할 수 없다." 고 설파한 바 있다(이동준, 『유교의 인도주의와 한국사상』, 372쪽).

13) 우리 사회의 識者들은 대부분 사회책임과 개인책임을 두고 다투고 있거니와, 이는 그들의 관점이 서구 근대의 복지 모델에 얽매인 까닭이다. 한편, 함인희는 〈누구 손을 잡고 老後를 지나갈 것인가〉(《조선일보》 2011년 12월 8일자 칼럼)라는 글에서 국가주도(사회책임)의 노인복지 정책이나 시장주도(개인책임)의 노인복지 정책은 모두 중대한 한계가 있다고 지적하고, 전통적인 가족의 기능을 강화할 필요가 있다고 주장한 바 있다. 같은 맥락에서 《조선일보》는 '다시, 가족이다' 를 2013년 신년특집 주제로 선정하고, 그동안의 '가족해체' 현상에 맞서 '가족의 복원' 을 제창한 바 있다. 《조선일보》는 '가족해체' 가 '학교폭력 · 性폭력의 배후' 라고 진단했는데(2013년 1월 1일자), 가족해체는 온갖 사회악과 밀접하게 연관되어 있을 것이다. 《조선일보》는 또 EU와 일본은 복지의 제공에 있어서 '국가가 가족을 대체하지 못한다' 는 점을 깨닫고 '가족중심 정책으로 U턴' 하고 있다고 보도했는데(2013년 1월 1일자), 여러 선진국의 시행착오는 우리에게도 많은 점들을 시사한다.

정분배의 문제는 예정조화설이라는 허구적 이론으로 대체한 것이며, 사회주의의 사회책임 모델은 '도덕적 본성'에 입각하여 형제애를 호소하면서 각자의 이기적 본능이 초래하는 폐단을 충분히 숙고하지 않은 것이다. 요컨대 자유주의와 사회주의는 각각 이기적 본능과 도덕적 본성에 일방적으로 의지하면서, 양자를 동시에 고려하지 못한 것이다. 그런데 인간은 이기적 본능만을 지닌 것이 아니요, 동시에 도덕적 본성을 지닌 존재이기도 하다. 따라서 우리는 양자를 동시에 고려하는 복지제도를 모색할 필요가 있다. 가족주도 모델의 근본적 의의는 가족은 이기적 본능과 도덕적 본성이 만나는 지점이라는 데서 찾을 수 있다.

혈육을 나눈 가족 간에는 본능적으로 사랑을 베푸는 것이 人之常情인바, 가족 간의 사랑은 도덕적으로도 정당한 것이다. 또한 가족 간의 사랑에 대해서는 그것이 시혜냐 권리냐 하는 문제도 제기되지 않는다. 그것은 본능적 사랑이기 때문에 시혜냐 권리냐 하는 문제가 애초부터 제기되지 않는 것이요, 어려서는 부모로부터 양육을 받고 자라서는 늙은 부모를 봉양하는 것이기 때문에 시혜냐 권리냐를 따질 이유도 없는 것이다.[14]

유교에서는 사방을 둘러보아도 친인척이 없는 鰥寡孤獨이나 한 가족이 감당하기 힘든 廢疾者에게는 국가에서 복지를 제공하라고 했는데, 이 경우에는 그 복지가 시혜냐 권리냐를 두고 다툴 수 있을 것이다. 그러나 가족을 소중하게 여겨서 가족의 기능이 정상적으로 발휘된다면 국가로부터 도움을 받아야 하는 환과고독과 폐질자는 극소수로 줄어들 것인바, 국가가 부담해야 하는 복지비용이 최소화된다면 굳이 시혜냐 권리냐를 두고 다투지

14) 오늘날 사회복지가 시혜냐 권리냐를 두고 심각하게 다투는 까닭 가운데 하나는 복지비용을 대는 사람과 그것을 누리는 사람이 다르기 때문이다. 그런데 가족주도 모델은 가족 간에 받고 가족 간에 되갚는 것이기 때문에, 결국 복지비용을 대는 사람과 그것을 누리는 사람이 일치되는 것이다.

않아도 될 것이다.[15)]

이상에서 가족주도 복지모델의 의의를 살펴보았거니와, 이에 대한 비판으로 흔히 제기되는 문제는 이른바 '가족이기주의' 또는 '폐쇄적 가족주의' 일 것이다. 가족의 의의를 강조하면 이러한 폐단이 더욱 커질 수 있다. 이러한 폐단은 제도로서는 치유하기가 어려운 것이요, 근본적으로 각자의 깨달음과 절제가 필요한 것이다. 맹자는 "자기의 늙은 부모를 공경하고 그 마음을 미루어 남의 늙은 부모를 공경하며, 자기의 어린 자식을 사랑하고 그 마음을 미루어 남의 어린 자식도 사랑하라."[16)]고 했으며, "君子는 친족을 친하게 대하는 마음으로 백성을 어질게 대하며, 백성을 어질게 대하는 마음으로 만물을 사랑한다." 고 했다.[17)] 이렇게 본다면, 유교에서는 가족주도 모델을 추구하면서도, 그것이 가족이기주의나 폐쇄적 가족주의로 흐르는 것에 대해서도 충분히 경계했던 것이다.

2. 人權과 人倫의 상함성과 상보성

오늘날 전통적 인륜론에서 '제3의 길' 을 모색해야 하는 또 하나의 이유

15) 싱어는 『사회생물학과 윤리』에서 '가족에 대한 관심' 은 모든 인간의 '기본적 성향' 이라고 규정한 다음, "가족의 이익을 소중히 여기는 성향을 인정하는 윤리적 규칙을 채택하는 것이야말로 모든 가족의 복리를 증진시키고, 궁극적으로 공동체 전체의 복리를 증진시키는 최선의 방책이 될 것" 이라고 주장한 바 있다(72~73쪽). 싱어가 家族愛를 '最善의 方策' 으로 규정한 까닭은 "가족 유대가 돈독할 경우 비인격적 관료주의의 경우에 비해, 또는 모르는 사람들의 개괄적인 이타적 충동에 의지해야 하는 경우에 비해 아이들이나 환자, 그리고 노인들이 더 큰 보호를 받을 수 있기 때문" 이다(265쪽).

16) 『孟子』 梁惠王上 7.

17) 『孟子』 盡心上 45.

는 그것이 '인간의 인간다움' 자체를 담보하는 것이기 때문이다. 제1세대 인권론이나 제2세대 인권론을 막론하고 현대의 인권론이 추구하는 이상은 '본능적 욕구의 충족' 을 통한 '행복한 삶' 에 있었다. 그들은 인간은 존엄하므로 누구나 행복하게 살 권리가 있다고 주장하고, 행복한 삶을 '인간다운 삶' 으로 규정했던 것이다. 그러나 '본능적 욕구의 충족' 에서 '인간다운 삶' 의 핵심을 도출하는 한, 그것은 '동물형상' 에서 크게 벗어나지 않는 것이다. 전통적 인륜론은 이와 달리 동물과 구별되는 '인간만의 고유한 삶의 양식' 을 문제 삼고, '인륜적 삶' 이야말로 인간만의 고유한 삶의 양식으로서 '인간다운 삶' 에 해당된다고 보았다. 그렇다면 이 둘 가운데 어느 것이 더 논리적으로 타당한 것인지 따져 보자.

'본능적 욕구를 충분히 충족시키는 삶' 즉 '복지를 누리는 삶' 은 동물형상에서 크게 벗어나지 않는 것이라면, 이를 굳이 인간다운 삶이라고 규정할 필요가 있는가? 예컨대 어떤 부잣집의 '애완동물'[18]이 자신의 본능적 욕구를 충분히 충족시키며 산다면, 그 애완동물의 삶도 '인간다운 삶' 이라고 말할 것인가? 이러한 질문에 대해, 우리는 결코 '예' 라고 답하기 어려울 것이다. 그렇다면 우리는 '복지를 누리는 삶' 과 '인간다운 삶' 을 별개로 규정하지 않을 수 없다. 맹자는 "배불리 먹고 따듯하게 입어 편안하

---

18) 이제까지는 개나 고양이 등 가정에서 키우는 동물을 '애완동물' 이라고 호칭했었다. 그런데 근래에는 '반려동물' 이라는 새로운 호칭이 등장했다. 가정에서 키우는 개나 고양이 등은 단순한 애완의 대상이 아니라 '자기 인생의 반려자' 라는 뜻이다. 인간이 애완동물을 자신의 반려자로 삼는 풍조는 분명 개인주의적 삶과 밀접한 관계가 있다고 본다. 가족해체나 상호 간의 불신 등으로 주변 사람들과 긴밀한 유대관계를 형성하기 어려운 사람들은 마침내 애완동물을 자신의 반려자로 인식하기 쉬운 것이다. 또 이제까지 '애완동물' 로 인식되었던 것들이 새롭게 '반려동물' 로 인식되면, 가정에서 키우는 개나 고양이들은 더욱 극진한 대접을 받을 것이다. 우리 사회에는 노숙자들도 많은데, 한편에서는 '애완견 호텔' 까지 등장하였다. 오늘날에도 '부잣집 개만도 못한 인생' 이 허다한 것은 인륜의 문제 이전에 인권의 문제일 것이다.

게 살면서도 人倫을 가르침이 없다면 곧 禽獸에 가깝게 된다"[19]고 했다. '배불리 먹고 따듯하게 입어 편안하게 사는 것'은 본질적으로 동물의 삶과 차이가 없으므로, 그것을 결코 '인간다운 삶'이라 할 수 없다는 것이다. 이러한 맥락에서 유교에서는 '인간다운 삶'의 본질은 바로 '인륜적인 삶'에 있다고 보았다. 그런데 오늘날의 인권론자들은 대부분 이를 외면하고 있는바, 이는 현대 인권론의 근원적 한계라 하겠다. 오늘날의 인권론이 복지에만 관심을 기울이고 각종 반인륜적인 삶을 방조하고 있으며, 오늘날의 반인륜적 현실은 더 이상 방치할 수 없는 상황이라면, 우리는 전통적 인륜론을 다시 주목하지 않을 수 없는 것이다.

유교의 인륜론은 '財貨의 공정한 분배' 또는 '복지의 실현'을 포함하는 것이나, 궁극적으로는 복지 문제를 초월하는 것이다. 『논어』에서는 "國家를 지니고 家門을 지닌 사람은 백성이 적음을 근심하지 않고 각자의 몫이 고르지 못함을 근심하며, 財用이 궁핍함을 근심하지 않고 위와 아래가 서로 편안하지 못함을 근심한다. 대개 고르면 가난함이 없고, 화합하면 적음이 없으며, 편안하면 국가나 가문이 기울어짐이 없다."[20]고 했고, "쓰임새를 절약하여 백성을 사랑하라"[21]고도 했는데, 이처럼 재화의 공정한 분배나 복지의 실현은 유교에서도 중요한 과제였다. 그러나 유교는 재화의 공정한 분배나 복지의 실현 자체를 궁극 목적으로 삼은 것이 아니다. 유교에서 재화의 공정한 분배나 복지의 실현을 중요한 과제로 삼은 까닭은 그것이 인륜적 삶의 토대라고 보았기 때문이다. 흔히 말하는 "衣食이 족해야 禮義를 안다"는 말이 그것이다. 요컨대 복지는 인륜적 삶의 토대일 뿐이라는 것이요, 복지를 누리는 삶 자체가 인륜적 삶은 아니라는 것이다. 이러한

19) 『孟子』 滕文公上 4.
20) 『論語』 季氏 1.
21) 『論語』 學而 5.

맥락에서, 유교에서는 먼저 백성을 부유하게 만들고, 그 다음에는 인륜을 가르치라고 권했던 것이다.[22] 맹자는 다음과 같이 말한다.

> 백성들은 恒産이 없으면 그로 인해 恒心도 잃게 된다. 진실로 항심이 없으면 온갖 사악한 짓을 다 하게 되는바, 죄에 빠뜨린 다음에 형벌을 가하는 것은 백성을 그물질하는 것이다. 어찌 어진 사람이 통치자의 자리에 있으면서 백성을 그물질하는 짓을 할 수 있겠는가? 그러므로 현명한 군주는 백성의 생업을 제정함에 있어서 반드시 위로는 부모를 섬기기에 충분하고 아래로는 처자를 기르기에 충분하게 하여, 풍년에는 종신토록 배불리 먹고 흉년에는 굶주림을 면하게 하는 것이다. 그런 다음에야 백성에게 善을 행하도록 독려하니, 그러므로 백성들이 따르기 쉬운 것이다.[23]

일반 백성들은 항산이 없으면 항심을 잃게 되는 것이 통례이므로, 또 항산이 있으면 쉽게 항심을 지킬 수 있으므로, 먼저 백성의 일정한 생업을 보장하는 것이 정치의 긴요한 과제라는 것이다.

---

22) 플라톤은 '정치'를 "가장 올바른 것을 언제나 나라 안에 있는 이들에게 분배해줌으로써 그들을 구제하고 그들을 가능한 한 더 못한 상태에서 더 나은 상태로 만드는 것"으로 규정한 바 있거니와(『정치가』, 297b), 그 역시 정치란 '사회적 가치들의 분배' 차원을 넘어서는 것이라고 인식한 것이다. 플라톤은 정치의 본질을 '영혼의 치유'로 규정하고(『고르기아스』, 464b), "어떻게 하면 우리가 시민으로서 가능한 한 가장 훌륭해질 수 있는지를 돌보아야 하는 것"으로 설명하기도 했다(『고르기아스』, 515c), 정치란 궁극적으로 '正義'의 문제이자 '善'의 문제이며 '자기향상' 또는 '자아형성'의 문제라는 것이다. 박동천은 사회적 가치들의 분배 문제를 정치의 핵심 과제로 간주하는 순간 정치는 오직 '힘의 논리'로 전락하고 만다고 지적한 바 있다. 인간의 정치생활을 단지 생존만을 위한 경쟁으로 축소한다면, 인간의 삶이 밀림의 弱肉强食으로 돌아가기 때문이라는 것이다(박동천, 『플라톤 정치철학의 해체』, 89~92쪽 참조).

23) 『孟子』 梁惠王上 7.

주지하듯이, 유교에서는 정치의 궁극적 과제를 '인륜의 실현' 으로 규정했다. 그럼에도 불구하고 유교에서는 정치의 우선적 과제를 '복지의 실현' 으로 규정한 것이다. 요컨대 유교에서는 복지를 누리는 삶과 인륜을 실현하는 삶을 분명히 구분하면서도, 양자를 서로 밀접한 관계 속에서 파악한 것이다. 그렇다면 우리도 人權과 人倫의 관계를 새롭게 인식할 필요가 있다.

오늘날의 인권론이 일방적으로 개인의 자유권을 옹호하면서 온갖 반인륜적 행태를 방조하고 있다는 점, 역으로 전통적 인륜론은 사회의 질서라는 명목으로 개인의 자유와 평등을 과도하게 질곡했다는 점을 주목한다면, 인권론과 인륜론은 크게 상치되는 것이라 할 수 있다. 그러나 양자의 근본 취지를 돌이켜 본다면 양자는 오히려 서로 보완하는 관계요, 또 서로 각자의 취지를 함축하는 관계라 할 수 있다. 이러한 관점에서 이제 양자의 상함성과 상보성을 정리해 보기로 하자.

인권론과 인륜론의 상함성은 무엇보다도 인간의 존엄성을 옹호하고, 인간을 수단화하는 것을 반대하며, 복지를 통해 모두의 행복한 삶을 뒷받침하자는 점에 있어서는 양자가 취지를 같이 한다는 것에 있다. 또 전통적 인륜론은 개인의 자유 자체를 완전히 부정한 것이 아니라 사회의 질서를 위해 일부의 자유를 제한했던 것이요,[24] 현대의 인권론도 인륜적 삶 자체를 부정한 것이 아니라 개인의 자유를 과도하게 옹호하다보니 인륜을 해치게 되었던 것이다.[25] 이는 전통적 인륜론자들도 '생명권, 재산권, 언론의 자

24) 앞의 제5장에서 거론한 바 있는 각종 금지 사항, 즉 '인사청탁 금지', '私貿易 금지', '음식 · 의복 · 器物 등에 있어서 각종 사치의 금지', '悖倫과 부정부패에 대한 엄벌' 등이 그것이다.

25) 앞의 제7장에서 거론한 바 있는 '외손자를 친양자로 입양하는 문제', '출산을 아내의 의무로 규정할 수 없다는 문제', '同性結婚의 문제', '개인의 性的 자율성(간통) 문제', '양심적 행위의 자유 문제', '각종 음란물이나 악성 댓글을 규제할 수 없다는 표현의

유, 신앙의 자유, 신체의 자유' 등 오늘날 우리가 강조하는 기본적 권리의 대부분을 상당히 보장하고 있었다는 점, 그리고 오늘날의 인권론자들도 여전히 '정의'나 '사랑'을 사회운영의 원리로 강조하고 있다는 점에서 충분히 알 수 있다.[26] 그렇다면 전통적 인륜론도 상당 부분 인권보장의 취지를 담고 있었던 것이요, 현대의 인권론도 인륜의 의의를 근본적으로 외면하는 것은 아닌바, 여기에서 인권론과 인륜론의 상함성을 충분히 확인할 수 있겠다.

인권론과 인륜론의 상보성은 무엇보다도 기본적 인권의 보장은 인륜을 실현할 수 있는 토대가 되고, 인륜은 각자의 기본적 인권을 보호할 수 있는 첩경이 된다는 점에서 찾을 수 있다. 기본적 권리를 보장받지 못하는 사람들은 대부분 항심을 잃어 인륜을 외면하게 되며, 서로 항심을 지켜 인륜을 존중하면 그 속에서 각자의 기본적 인권이 보호받게 된다는 점은 누차 언급한 바 있다. 인권론과 인륜론의 상보성을 달리 표현하면, 개인의 행복과 사회의 질서는 서로 보완적인 관계라는 말이 된다. 사회의 질서를 떠나서

자유 문제', '유언비어를 유포하는 언론의 자유 문제', '폭력시위를 일삼는 집회의 자유 문제', '전관예우를 금지할 수 없다는 직업선택의 자유 문제', '학교의 붕괴를 부채질할 수 있는 학생 인권 문제', '묵비권 문제', '파산면책권 문제' 등이 그 예이다. 이러한 예들은 중대한 기본적 인권과는 상당히 동떨어진 것으로서, 일부의 사람들만이 중요하게 인식하는 권리이기 때문에 많은 논란을 일으키는 것인바, 바로 이러한 권리 주장들이 우리 사회의 반인륜적 행태를 더욱 조장하는 것이다.

26) 대체로 말하면 '정의'와 '사랑' 가운데 자유주의자들은 '정의'를 중시하고, 사회주의자들은 '사랑(형제애)'을 중시하는 것이다. 루소의 '同情心'이나 마르크스의 '兄弟愛'는 플라톤이나 아리스토텔레스의 '友情(philia)'에 비견되는바, 플라톤과 아리스토텔레스는 正義보다 友情을 궁극적인 덕목으로 삼았다(플라톤, 『정치가』, 311c ; 아리스토텔레스, 『니코마코스 윤리학』, 1155a 참조). 고대 그리스 사람들이 말하는 '友情(philia)'은 '친구에 대한 애정' 뿐만 아니라 '父子 간의 사랑, 夫婦 간의 사랑' 및 '시민들 사이의 사랑' 등을 두루 포괄하는 개념이었다(스트라우스 · 크랍시 편, 『서양정치철학사』 1, 213쪽 참조).

는 개인의 참다운 행복도 불가능하고, 개인의 행복을 무시한다면 사회의 질서도 유지할 수 없는 것이다. 설령 강압을 통해 개인의 행복을 무시하면서 사회의 질서를 유지한다 하더라도, 그러한 질서는 본질적으로 아무런 의미가 없는바, 이러한 맥락에서 우리는 인권과 인륜의 상보성을 분명히 인식할 필요가 있다.

인권과 인륜을 상보적 관계로 인식한다는 것은 전통적 인륜론이나 현대의 인권론을 그대로 긍정할 수 없다는 뜻이기도 하다. 전통적 인륜론이 개인의 자유를 지나치게 질곡한 점과 각종 사회적 차별을 방치한 점은 수긍하기 어렵거니와, 오늘날 이런 문제는 이미 충분히 비판되고 극복되었다. 오늘날의 문제는 개인의 권리를 일방적으로 옹호하여 종종 반인륜적인 행태를 조장한다는 점, 그리고 인권 목록이 지나치게 확대됨으로써 다양한 권리들 상호 간의 충돌 문제를 야기한다는 점, 그리고 인권의 지나친 확대는 공동체의 파편화를 초래하고 있다는 점에 있다. 그러므로 우리는 전통적 인륜의 이념에 비추어 기존의 인권론을 비판적으로 보완해야 하는 상황에 처한 것이다.

인권과 인륜을 상함의 관계요 상보의 관계라고 인식한다 하더라도, 궁극적으로는 인륜이 인권보다 상위의 개념으로 인식되어야 한다. 이는 '인간의 존엄성' 과 '사람다운 삶' 의 본질을 음미해 보면 부정하기 어려운 결론이다. 다시 말하지만, 인권은 인간의 생존과 복지를 보장하기 위한 조건이며, 인륜은 인간의 인간다움을 보장하는 궁극적 근거이다. 또한 인생의 일차적 관건은 생존과 복지이지만, 인생의 궁극적 의의는 인간다움의 본질을 실현함에 있는 것이다. 우선은 생존과 복지를 누릴 수 있어야만 그다음에 인간다움의 본질을 실현할 수 있다는 점에서는 인권의 우선적 중요성을 외면할 수 없다. 그러나 생존과 복지를 누리면서도 인간다움의 본질을 외면하면 사람다운 삶이라 할 수 없는바, 사람다운 삶이 우리의 궁극적 소망이라면,[27] 역시 궁극적으로는 인륜을 인권보다 상위의 척도로 삼아야 하는 것이다.

이러한 맥락에서 인륜을 인권보다 상위의 척도로 삼는다면, 기본적 권리와는 상당히 동떨어진 지엽적인 인권의 목록들은 상당 부분 다시 조정해야 할 것이다. 인륜과 인권을 상보적 관계로 인식하고, 더 나아가 인륜을 인권보다 상위의 척도로 규정함으로써 오늘날의 인권론에 인륜이라는 척도를 다시 도입한다면, 인권의 이름으로 자행되는 여러 반인륜적 행태를 예방할 수 있음은 물론이요, 다양한 인권들 사이의 충돌 문제와 공동체의 파편화 문제 등도 대부분 해소될 수 있을 것이다.[28]

인륜과 인권의 조화는 우리 사회의 여러 문제들을 극복하는 길이요, 동시에 우리들 각자가 진정으로 행복을 누리며 사람답게 사는 길이기도 하다. 그런데 이는 우리의 이념적 방향을 다시 설정하고, 그에 따라 사회의 여러 제도를 개선하는 것만으로는 이룰 수 없는 과제이다. 그 궁극적 관건은 이념이나 제도가 아니라 우리들 각자의 '마음'에 달려있다. 아무리 이념이 훌륭하더라도 이를 실현하고자 하는 우리의 의지가 부족하다면 그것은 空念佛에 불과한 것이요, 아무리 제도가 훌륭하더라도 이를 악용하기로 마음먹는다면 그것 또한 沙上樓閣에 불과하기 때문이다. 요컨대 인륜이든 인권이든 모든 것은 결국 우리들 각자의 인격에 달려있다. 이제 우리들에

27) 주지하듯이, 공리주의자였던 밀(J. S. Mill)조차도 "만족한 돼지가 되기보다는 차라리 불만족한 인간이 되는 편이 낫다. 바보로서 만족하기보다는 소크라테스로서 불만족함이 낫다."고 설파한 바 있다.

28) 기든스(Anthony Giddens)는 '기존에는 권리를 무조건적 요구로 취급하는 경향이 있었다'고 비판하고, 이제는 '개인주의의 팽창과 함께 개인적 의무의 확대가 이어져야만 한다'고 주장하면서, 자신이 추구하는 '제3의 길'을 '책임 없이 권리 없다(no right without responsibilities)'는 말로 요약한 바 있다(기든스, 『제3의 길』, 110~112쪽 참조). 같은 맥락에서, 論者도 '人倫 없이 人權 없다'고 본다.

게 필요한 마음의 자세를 점검해 보기로 하자.

3. 행복을 향한 징검다리 : 깨달음과 절제

흔히 '인생의 목적은 행복' 이라고 말한다. 현대 인권론의 궁극 목적은 '만인의 행복' 에 있는바, 이 점에 있어서는 전통적 인륜론도 다르지 않았을 것이다. 문제는 행복이란 무엇인가 하는 점, 그리고 어떻게 그 행복에 이를 수 있는가 하는 점이다.

옛 성현들은 행복을 자신의 욕망을 극복했을 때 얻어지는 '마음의 평화' 로 설명했다. 유교에서 말하는 '安貧樂道', 불교에서 말하는 '涅槃寂靜', 기독교에서 말하는 '마음이 가난한 자에게 福이 있다', 스토아학파에서 말하는 '아파테이아(apatheia)' 나 에피쿠로스학파에서 말하는 '아타락시아(ataraxia)' 등이 그것이다. 그러나 오늘날 사람들은 흔히 행복을 욕구를 충족했을 때 얻어지는 '만족감(쾌락)' 으로 규정하고, '자신의 욕구(소망)를 얼마나 충족(실현)시켰는가' 를 행복의 척도로 삼는다. 행복의 정의 문제는 곧 행복의 실현방법과 직결된다. 행복을 '마음의 평화' 로 정의하면 과감하게 욕망을 극복하는 것이 행복의 길이며, 행복을 '만족감' 으로 정의하면 부지런히 욕구를 충족시키는 것이 행복의 길이다.

이처럼 행복에 대한 고전적 설명과 근대적 설명은 모두 인간의 욕구(욕망, 소망)와 밀접한 관계가 있는바, 그리하여 사람들은 흔히 행복의 정도를 '욕구' 를 분모로 하고 '충족' 을 분자로 하는 분수식(행복도=충족/욕구)으로 설명하는 것이다. 이러한 분수식에 따른다면, 행복에 이르는 길에는 두 노선이 있다. 하나는 '욕구를 줄이는 것' 인바 고전적 행복관은 이에 기초하고, 다른 하나는 '충족을 늘리는 것' 인바 근대적 행복관은 이에 기초한다. 이러한 맥락에서 옛 성현들은 '克己復禮' 를 권했던 것이요, 근대의 선구자들은 '대량생산 대량소비' 를 제창했던 것이다.

논리적으로 본다면 '극기복례' 나 '대량생산 대량소비' 가 모두 행복을 증진시킬 수 있는 방법임에 틀림없다. 그런데 문제는 옛날보다 수십 배나 풍요로워진 오늘날, 현대인들의 행복도는 그에 비례하여 높아지지 않고 있다는 점이다. 그 원인은 무엇일까? 단적으로 말해, 현대인들은 분자인 충족만 늘린 것이 아니라 분모인 욕구도 함께 늘렸기 때문이다. 현대인들은 입버릇처럼 '인간의 욕망은 무한하다' 고 말한다. 이처럼 분모를 무한대로 설정한다면, 분자를 아무리 키워도 그 극한값은 항상 '0' 이 되는바, 현대적 삶의 '근원적 공허함' 은 여기에서 비롯된다.

한편, 근대의 인권론자들은 만인의 행복을 증진시키기 위해 여러 정치제도와 복지제도들을 고안해 냈거니와, 그렇다고 만인이 행복해진 것은 아니다. 그동안 새롭게 등장한 제도들이 많은 성과가 있었던 것은 사실이나, '국가의 실패' 니 '시장의 실패' 니 하는 말들로 볼 때, 또한 그 성과가 우리의 기대에 미치지 못했던 것도 사실이다. 그렇다면 오늘날의 인권론처럼 사회제도적 차원에서 만인의 행복에 접근하는 것에는 일정한 한계가 있다. 그 까닭은 다음과 같은 셋으로 설명될 수 있다. 첫째는 만인의 다양한 요구를 모두 충족시켜줄 수 있는 완벽한 제도를 구축한다는 것은 불가능하고, 둘째는 아무리 이상적인 사회 제도를 구축한다 하더라도 그 제도가 본래의 취지대로 선용되기만 하는 것은 아니며, 셋째는 제도가 본래의 취지대로 선용된다 하더라도 개인 자신이 적절한 수준에서 만족할 줄 모르면 또한 행복은 요원한 것이기 때문이다.

이상의 내용이 타당하다면, 우리는 사회제도적 차원의 접근을 보완하는 '행복에의 징검다리' 를 생각해 보아야 할 것이다. 제도적 차원의 접근을 보완하는 방식은 인격적(윤리적) 차원의 접근일 수밖에 없는바, 제도를 선용하고 적절한 수준에서 만족할 줄 아는 것은 바로 사회구성원 각자의 인격에 달린 것이다. 바람직한 인격을 위한 덕목으로 흔히 거론되는 것은 '정의감'과 '사랑'인바, 그에 못지않게, 그리고 오늘날 더욱 절실하게 요구되는 것은 '절제'이다.[29] 또 이러한 덕목들을 실천적으로 뒷받침하는 것은 각자의 의지인바, 실천적 의지는 일정한 '깨달음'을 통해서 굳건해지는 것이다. 이러한 맥락에서, 논자는 오늘날 우리가 다시 깨달아야 하는 핵심적 내용들을 정리해 보고자 한다.

첫째, 인간은 본래 홀로 살 수 없다는 점이다.[30] 우리는 출생부터 부모에 의존하고 있다. 부모가 없었다면 나는 이 세상에 태어날 수 없었으며, 이 세상에 태어난 다음에도 부모 또는 이웃의 보살핌을 받았던 것이다. 이를 유학에서는 '陰陽의 對待'로 설명했거니와, 음양은 각각 홀로 존재할 수 없고 서로 짝을 이루어야 한다는 것이다. 또한 불교에서는 이를 '만물의 相依相關性'으로 설명했거니와, 만물은 서로 의존하면서 관계를 맺고 있다는 것이다.[31] 유교와 불교뿐만 아니라 전근대의 유기체적 세계관은 모두 이러한 깨달음에서 출발한다. 이러한 깨달음은 실천적으로 정의와 사랑 그리고 절제를 요구한다. 인간은 서로 짝을 이루어 의존해서 살 수밖에

---

29) 루소는 "우리의 불행은 우리의 욕구와 능력의 불균형 속에 존재한다"고 지적하고, 따라서 "진정한 행복은, 능력에 비해 과도한 욕구를 줄이고 힘과 의지를 완전히 동등한 상태로 만드는 데 있다."고 설파한 바 있다(『에밀』, 138~139쪽). 루소는 또한 "우리를 불행하고 악하게 만드는 것은 바로 우리의 능력의 남용"이라고 지적하고 "최고의 즐거움은 自足에 있다"고 설파했다(『에밀』, 503쪽).

30) 베이츤(Gregory Bateson)은 "이 세상은 연줄연줄 얽혀 있으며, 이런 세상에 사랑이 존재하려면 세상이 이처럼 얽혀 있다는 사실을 관찰할 수 있는 지혜가 있어야 한다."고 했다(베이츤, 『마음의 생태학』, 165쪽). 인간의 삶은 본래 서로 밀접하게 얽혀있음을 알게 된다면, 우리는 서로 사랑을 추구하지 않을 수 없다는 것이다. 宋代의 儒學者들이 '仁'을 '萬物이 一體임을 깨닫는 것'으로 설명했던 것도 이와 맥락을 같이 한다.

31) 『나와 너』의 저자 부버가 이 세계의 根源語는 모두 '낱개의 말'이 아니라 '짝을 이루는 말'이라고 한 것도 이와 궤를 같이한다.

없다면, 상대방을 정의롭게(공정하게) 대해야 하고, 상대방을 배려(사랑)해야 하며, 정의나 사랑을 실천하기 위해서는 나의 욕망을 절제해야 하기 때문이다.

둘째, 유한한 자원을 지니고 있으면서 무한한 충족을 추구하는 것은 본래 모순이라는 점이다. 인간은 지구라는 유한한 공간에 살고 있으며, 지구의 賦存資源은 유한하다. 그럼에도 불구하고 근대인들은 과학기술의 개발과 산업혁명을 통하여 부존자원을 마구 소비하면서 욕망의 무한한 충족을 추구해 왔고, 그 결과 近代文明을 뒷받침하는 석유 · 석탄 · 철광석 등 주요 부존자원은 차츰 고갈되고 있다. 이러한 부존자원들은 수억 년 또는 수천만 년에 걸쳐 형성된 것인데, 근대인들은 불과 4~5백 년이라는 짧은 기간에 이를 모두 소진하고 있다.[32] 부존자원이 모두 소진된다면, 부존자원에 의존하는 문명은 더 이상 지속될 수 없음은 자명한 사실이다. 요컨대 유한한 자원을 지니고 있으면서 무한한 충족을 추구하는 것은 일시적으로만 가능한 것인바, 이러한 맥락에서 근대문명은 본래 자기정합성이 없었던 것이다.[33] 이와 반대로, 前近代文明은 본질적으로 물과 햇볕 및 기타 循環

---

32) 지금 세대가 지구의 부존자원을 모두 고갈시킨다면, 다음 세대들은 어떻게 살아야 하는지도 생각해 보아야 한다. 아블라스터는 "자유주의자들은 단순히 현재 인간들의 주장을 미래세대들의 입장에서 제기되는 어떤 주장보다도 우위에 두었다. 시간의 폭이 현재와 바로 뒤이은 미래에 한정되어 있다는 것이 자유주의적 개인주의의 가장 중요한 한계 가운데 하나이다."라고 지적한 바 있다(『서구 자유주의의 융성과 쇠퇴』, 120쪽).

33) 프롬은 "서구사회가 멸망하지 않기 위해서는 '순수한 경제적인 근거에서' 새로운 윤리, 자연에 대한 새로운 태도, 인간적 유대와 협동이 필요하다는 진실을 많은 사람들이 인식하기 시작하였다. 감정적, 윤리적 고려는 차치하고서라도, 이성에 대한 이러한 호소는 많은 사람들의 마음을 움직이게 될 것이다."라고 주장한 바 있다(『소유냐 삶이냐』, 236~237쪽). 프롬이 말하는 '순수한 경제적 근거'란 슈마허(E. F. Schumacher)가 그의 유명한 저서 『작은 것이 아름답다(Small is Beautiful)』에서 "無限한 成長은 有限한 世界에 적합하지 않다"고 설파한 것을 의미한다.

資源[34]에 의존하는 것이었다. 순환자원은 지속적으로 주어지는 것이지만 또한 일시에 대량으로 주어지는 것이 아니기 때문에, 순환자원에 의존하는 삶의 양식은 인류에게 풍요를 보장해 주지는 못하였다. 따라서 전근대 사회에서는 절약과 나눔을 미덕으로 숭상했던 것이다.

셋째, 이른바 '쾌락주의의 逆理(paradox of hedonism)'로서, 극단적 쾌락의 추구는 결코 행복을 증진시키지 못한다는 점이다. 쾌락을 탐닉하다 보면 점점 더 강한 쾌락을 갈구하게 되는데, 이는 결국 자신의 몸을 병들게 하고 마음을 황폐하게 만들 뿐이다. 마약 중독자나 알콜 중독자는 그 대표적인 예이다. 부귀영화의 경우도 마찬가지이다. 부귀영화에 매달리다 보면, 자신은 守錢奴처럼 부귀영화의 노예가 되고, 남으로부터는 원망과 질시를 받게 된다. 요컨대 적절한 수준의 부귀영화는 자신의 행복을 증진시킬 수 있으나, 과도한 부귀영화는 오히려 자신의 자유를 제약할 뿐이다. 그러므로 옛 성현들은 '興盡悲來'의 이치를 설파하고, 욕망의 절제를 행복의 길로 제시했던 것이다. 또 오늘날 크게 문제가 되는 생태환경의 측면에서 말하면, 부존자원의 과도한 소비는 지구의 자정능력을 넘는 공해를 배출하게 되고, 그 결과 인간의 주거환경마저 심각하게 파괴하는데, 이것 역시 쾌락주의의 역리에 해당하는 것이다. 오늘날의 자원고갈과 환경파괴가 더 이상 방치할 수 없는 수준에 이르렀다는 것이 분명해졌기 때문에, 마침내 유엔(UN)에서도 세계 각국에 '지속가능한 발전'을 모색하라고 권고하기에 이른 것이다.

이상에서 오늘날 우리에게 절실한 깨달음의 내용을 셋으로 정리해 보았

34) '순환자원'이란 계절의 순환 또는 생태계적 순환에 의해 끊임없이 재생산되는 자원을 말한다. 계절의 순환에 따른 기후의 변화 자체는 하나의 순환자원이다. 또 예를 들어 '거름 → 농작물 → 곡식 → 소화 → 거름'의 순환 과정에서 거름 · 곡식 등도 각각 하나의 순환자원이다.

다.[35] 위의 내용들은 결국 우리의 삶은 '自然의 理法'을 존중해야 한다는 것, 그리고 자연의 이법을 존중하기 위해서는 자신의 욕망을 줄여야 한다는 것으로 요약된다. 이를 朱子는 '繼天立極'이라는 말로 설명했다. 繼天立極이란 자연의 이법을 계승하여 인간의 삶의 표준을 정립한다는 말이다.[36] 儒學(易學)에서는 자연의 이법을 '음양의 對待'와 '음양의 循環'이라는 두 원리로 설명했다. 음양의 대대란 만물은 서로 짝을 이루어 교감해야만 번성할 수 있다는 것이요, 음양의 순환이란 '興盡悲來, 苦盡甘來'와 같이 무엇이든 극에 달하면 반대의 것으로 전화된다는 것이다. 이 간단한 두 원리는 우리 삶의 기본 방향을 제시하는 것이다.

우선, 내가 남과 짝을 이루어 교감하기 위해서는 나와 남 사이의 조화와 균형이 필요하다. 조화와 균형을 위해서는 때로는 사랑이 필요하고, 때로는 정의가 필요하며, 때로는 절제가 필요하다. 다음, '興盡悲來'의 이치를 안다면 홍성이 극에 달하기 전에 절제하여 미래의 비극을 예방해야 하고, '苦盡甘來'의 이치를 안다면 미래에 대한 희망을 품고 지금의 고난을 극복할 수 있는 것이다.

易學은 '中庸'을 최고의 미덕으로 삼는다. 유학의 '中庸'은 실로 여러 맥

35) 이상의 내용이 타당하다면, 이제 오늘날의 원자론적 개인주의, 그리고 그와 표리를 이루는 이기주의와 쾌락주의는 지양되어야 할 것이요, 그에 따라 오늘날의 인권 목록도 상당 부분 조정되어야 할 것이다.

36) 김병욱은 오늘날 인권론의 근원적 문제점을 "'좋은 삶'이나 '좋은 사회'에 관한 그 어떤 비전에 의해서도 뒷받침되어 있지 않다"는 데서 찾은 바 있다. "이 근원적인 원인으로 인해 결과적으로 기존 인권 논의 속에 담겨 있는 정의의 기준들이 혼재하거나 그 추상성이 너무 높을 수밖에 없고, 기존 인권 논의는 '인간 욕구의 정당화 논리와 그 인정 투쟁'으로 변질될 소지가 높으며, 심지어 적나라한 '물리적 힘의 정당화 논리와 그 주종 계약'으로 전락할 가능성 또한 아주 높다"는 것이다(김병욱, 「인권의 결함」, 530~531쪽). 그렇다면 오늘날 인권론의 문제점을 해결하는 출발점은 '참다운 가치의 척도'를 정립하는 데 있는바, 여기에 繼天立極論의 근본적 의의가 있다.

락에서 설명되고 있으나, 그 출발점은 節制이다.[37] 절제란 무엇보다도 衣食住 또는 食色에 대한 '본능적 욕망'을 절제하는 것이요, 더 나아가서는 '일상의 行動擧止'를 모두 禮法에 맞게 하는 것이다. 의식주 또는 식색에 대한 욕망을 절제해야 하는 이유에 대해서는 위에서 충분히 거론하였으므로, 일상의 행동거지를 예법에 맞게 해야 하는 이유만 살펴보기로 하자.

공자는 '克己復禮'를 말하면서 "禮法에 어긋나는 것이면 보지도, 듣지도, 말하지도, 행동하지도 말라"고 했다.[38] 이에 대해 자유주의자들은 사생활의 자유를 침해하는 것이라고 반발할 것이다. 그러나 극기복례는 남을 배려하는 것일 뿐만 아니라 자신의 권익을 지키는 길이기도 하다. 예컨대 다음의 보도기사를 보자.

> 여성의 야한 복장이 성범죄의 원인이 아니라는 뜻을 알리고자 여성들이 몸에 꼭 끼거나 노출이 심한 옷을 입고 행진하는 '슬럿워크(Slut Walk)' 시위가 16일 서울 도심에서 열렸다. 미니스커트에 가슴까지 깊게 팬 상의를 입은 A(23 · 여)씨는 "트위터를 통해 행사취지와 일정을 알고 참가했다"며 "야한 옷을 입으면 '쉬운 여자'나 창녀일 것으로 생각하는 사회적 인식을 바로잡고 싶다"고 말했다. (…) 슬럿워크 참가자 일동은 선언문을 통해 "당해도 싼 사람은 세상에 그 누구도 없다"며 "우리는 '자유롭게 입을 권리' 뿐만 아니라 '성범죄의 두려움 없이 당당하게 살아갈 권리'를 외친다"고 밝혔다.[39]

---

37) 『中庸』의 첫머리에서는 "喜怒哀樂이 아직 발하지 않은 것을 '中'이라 하고, 발하여 모두 절도에 맞는 것을 '和'라 한다. (…) 中和를 이루면 하늘과 땅이 제 자리를 잡고, 만물이 자라난다."고 했다.

38) 『論語』 顔淵 1.

39) 《조선일보》 2011년 7월 17일자 보도.

우리 사회의 많은 사람들은 여성의 야한 복장이 성범죄를 유발한다고 지적하면서 성범죄를 예방하기 위해서는 여성들도 복장을 단정하게 해야 한다고 권했던바, 위의 인용문의 주인공은 여성의 야한 복장이 성범죄의 원인이 아니라고 항변하면서 '자유롭게 입을 권리' 와 '성범죄의 두려움 없이 당당하게 살아갈 권리' 를 외친 것이다. 모든 여성들에게는 '자유롭게 입을 권리' 와 '성범죄의 두려움 없이 당당하게 살아갈 권리' 가 있음은 물론이다. 문제는 이러한 주장이 자신의 자유와 권리만 생각하고 '남의 심리' 는 전혀 고려하지 않는다는 점이다. '見物生心' 이라고 했듯이, 맛있는 음식을 보면 제 것이 아니라도 먹고 싶은 마음이 생기는 것이다. 마찬가지로 야한 복장의 여성을 보면 성욕이 일게 되는 것이 남성들의 일반적 심리일 것이다. 굶주린 사람 앞에서 맛있는 음식을 먹으면서 '당신 것이 아니니, 당신은 식욕을 참으라' 고 한다면, 과연 이 말을 순순히 받아들일 사람이 몇이나 되겠는가? 그렇다면, 여성들에게 '자유롭게 입을 권리' 와 '성범죄의 두려움 없이 당당하게 살아갈 권리' 가 있음은 분명하다고 하더라도, 성범죄를 당하지 않으려면 여성들도 스스로 자신의 복장을 절제해야 할 것이다. 요컨대 자신은 자제하지 않으면서 상대방에게만 자제하라는 것은 지혜롭지 못한 처사요, 이러한 맥락에서 克己復禮는 자신의 권익을 지키는 길이기도 하다.[40]

마지막으로, 논자는 '인간의 인간다움' 은 '육체적 본능' 의 충족에 있는

---

40) 成人이면 누구에게나 음주와 흡연의 자유(권리)가 있음에도 불구하고 지혜로운 사람들은 음주와 흡연을 자제한다. 그 이유는 그에게 그럴 권리가 없기 때문이 아니라, 그것이 그에게 해롭기 때문이다. 또 누구에게나 자기 집 대문을 열어놓고 다닐 자유(권리)가 있다. 그런데 우리는 대문이 열린 집을 보면 들여다보고 싶거나 훔치고 싶은 충동이 일기 쉽다. 따라서 대문을 꼭 잠그고 다니는 것은 이런 충동을 막기 위한 것이다. 이런 상황에서 '문단속을 하지 않을 권리' 를 주장하는 것은 분명 정당한 것이지만 또한 지혜로운 처사는 못될 것이다.

것이 아니라 '도덕적 본성'의 실현에 있다는 점을 다시 강조하고자 한다. 이와 관련하여, 우리에게 잘 알려진 세 편의 영화 이야기를 소개하면서 이 책을 마치고자 한다.

첫째는 〈파리에서의 마지막 탱고 (Last Tango In Paris)〉(1972년 제작)로서, 그 줄거리는 다음과 같다. 한 중년 남자 폴(Marlon Brando 분)이 괴로운 듯 소리를 지르며 강변의 교각 아래를 걸어간다. 그의 아내가 자살했던 것이다. 역시 강변을 걷던 젊은 여인 잔느(Maria Schneider 분)는 폴을 보았지만, 그냥 무관심하게 스쳐간다. 폴과 잔느는 어떤 임대 아파트에서 또 마주친다. 몇 마디 말을 주고받다가, 폴은 마침내 잔느를 벽에 몰아붙인 채 키스를 퍼붓고, 잔느도 열렬히 응한다. 둘은 서로 이름도 모른 채 격렬하게 정사를 나눈다. 정사가 끝난 뒤 둘은 서로 인사도 없이 각자 거리로 나선다. 잔느는 기차역으로 달려가 남자친구 톰(Jean-Pierre Leaud 분)에게 안기고, 폴은 아내가 자살한 여관방으로 향한다. 아내의 자살에 대해 폴이 알게 된 것은 아내가 위층에 세 들어 사는 남자에게도 자신에게 제공한 것과 똑같은 잠옷, 똑같은 술, 똑같은 육체를 제공하며 살았다는 것뿐이다. 임대 아파트에서 다시 만난 폴과 잔느는 당연한 듯이 정사를 나눈다. 잔느가 폴의 신상에 대해 묻자, 폴은 "나는 너의 이름을 알고 싶지 않아! 너는 이름도 없고 나도 이름이 없어. 우리는 모든 것을 잊는 거야."라고 답할 뿐이었다. 폴의 고독감에 짓눌린 잔느는 톰의 청혼을 받아들이지만, 도리어 폴에게 매력을 느끼고 다시 아파트를 찾는다. 그러나 이미 폴은 이사를 가버렸다. 잔느는 빈방에서 흐느끼고는, 다시 가벼운 마음으로 강변을 걷다가, 또 폴과 마주친다. 폴이 잔느에게 다가가자, 잔느는 도망친다. 폴은 도망가려는 잔느를 따라 탱고 페스티발이 열리고 있는 홀로 들어서며, 그동안 그렇게도 거부해 왔던 자신의 이야기를 털어놓는다. 그러나 잔느는 폴에게 '우리의 관계는 끝났다'고 소리친다. 잔느가 '끝났다'고 외치면서 도망치는데도 폴이 집에까지 따라오자, 잔느는 결국 권총으로 폴을 쏘고 만다.

둘째는 김기덕 감독의 〈남과 북〉(1965년 제작)으로서, 그 줄거리는 다음과 같다. 6·25 한국전쟁이 소강상태에 빠져있던 어느 날, 남한군 이 대위(최무룡 분)의 부대에 북한군 소좌 장일구(신영균 분)가 옛 애인의 사진 한 장을 품고 귀순해 온다. 장일구는 사랑과 자유를 찾아 귀순했다며, 자신의 옛 애인 고은아(엄앵란 분)를 찾아주면 중요한 작전 정보를 알려 주겠다는 조건을 내건다. 한편 이 대위는 장일구가 찾는 고은아가 바로 자신의 아내임을 알고 당황해 하면서, 이 사실을 사단 정보참모 권 중령(남궁원 분)에게 알린다. 사단으로 연행된 장일구는 '고은아를 찾아와야만 작전 정보를 알려주겠다'는 고집을 꺾지 않는다. 결국 권 중령은 부하들을 시켜 이 대위의 아내를 부대로 데려오도록 한다. 드디어 고은아를 만나게 된 장일구는 은아가 이미 결혼했음을 알고, 흐느껴 우는 은아 앞에서 비탄에 빠진다. 그러나 은아의 남편이 자신을 처음 심문한 이 대위임을 안 장일구는 이 대위와 은아에게 서로 행복하라며 자신이 양보하겠다고 말한다. 그러자 이 대위는 부상당한 자신의 목숨을 구해준 은아에게 "그녀의 애인이 살아오면 그녀를 놓아 주겠다"는 약속을 했었다며, 오히려 자신이 물러나겠다고 한다. 그 후 장일구는 은아가 키우고 있는 자신의 아들도 만나지만, 아버지임을 밝히지는 않는다. 그러다 이 대위는 북한군과 교전하다가 죽고, 그 사실을 안 장일구도 슬퍼하다 절벽에 몸을 던져 자살하고 만다.

셋째는 〈로마의 휴일(Roman Holiday)〉(1953년 제작)로서, 그 줄거리는 다음과 같다. 유럽 각지를 친선방문 중인 어느 나라의 공주 앤(Audrey Hepburn 분)은 자국의 로마대사관에 도착하게 된다. 앤 공주는 다음날 기자회견을 하기로 약속되어 있었는데도 불구하고, 꽉 짜인 공식행사 일정에 싫증이 나서 밤에 남몰래 대사관을 빠져 나왔으나, 진정제 주사를 맞은 탓에 공원에서 잠이 든다. 이때 미국 신문기자 조(Gregory Peck 분)가 그녀를 발견하고 자기 하숙방에서 하룻밤을 재워 준다. 한편, 공주가 사라진 것을 확인한 대사관에서는 공주가 아파서 기자회견을 연기한다고 발표하고, 공주를 찾기 위해 수많은 요원들을 동원하여 로마 시내를 뒤진다. 이때 조는 신문사에 출근하여 조간신문에 실린 앤 공주의 사진을 보고, 자기가 하숙방에 재워 준 여자가 바로 앤 공주임을 알게 된다. 그녀가 아직도 자신의 하숙집에 머물러 있는 것을 확인한 조는 특종기사를 만들고자 사진기자를 대동하고 앤과 함께 로마 시내를 누빈다. 그러나 조가 신문기자로서 특종감을 만들려 한다는 것을 모르는 앤은 자신도 공주라는 신분을 숨기고, 조가 이끄는 대로 즐겁게 따라다니면서 온갖 해프닝을 벌인다. 휴일 하루를 즐겁게 보낸 앤은 늦은 밤이 되자 자신의 처소(대사관)로 돌아가겠다고 말하고, 조는 앤이 부탁하는 대로 처소 근처까지 데려다준다. 다음날 앤 공주는 태연하게 기자회견에 임하고, 두 기자는 특종기사를 만들겠다는 애초의 생각을 버리고 회견장으로 달려가 그동안 찍은 사진들을 공주에게 내어준다.

이상에서 세 영화의 줄거리를 소개했거니와, 인륜과 인권이라는 관점에서 본다면, 각각에 대해 다음과 같이 논평할 수 있겠다.

〈파리에서의 마지막 탱고〉는 自由가 人倫의 한계를 넘음으로써 비극을 초래한 예이다. 폴과 잔느는 각자 마음 내키는 대로 좌충우돌하면서, 자신의 편의대로 상대방을 이용한 것뿐이다. 폴은 아내의 방탕했던 생활과 영문을 모르는 자살로 정신적 공황에 빠져 있었겠지만, 폴의 인생관도 기본적으로 여러 인륜적 가치를 조롱하고 오로지 성적 본능만을 추구하는 것이었다. 잔느 역시 폴에게 '그만 만나자' 고 소리치는 순간에도 한편으로는 폴의 그곳을 더듬고 있었으며, 폴을 사살한 다음에는 혼자서 "모르는 사람이 거리에서부터 쫓아와 자신을 강간하려고 했으므로, 총을 쏘게 되었다" 고 중얼거렸다. 요컨대 두 주인공은 각자 자기의 편의대로 상대방을 대하면서 인륜을 짓밟은 것이다.

〈남과 북〉은 두 주인공이 서로 인륜을 존중함으로써 보는 이들을 감동하게 만든 예이다. 고은아는 본래 장일구와 사랑을 약속했었고, 더군다나 장일구의 아이를 임신하고 있었다. 그러나 난리 통에 장일구의 생사를 모른 채 가족과 함께 남하하게 되고, 자신이 간호한 남자 이 대위의 간청에 못 이겨 결혼을 하게 된 것이다. 이 대위는 고은아에게 '그녀의 애인이 살아오면 그녀를 놓아 주겠다'는 약속을 하고서야 결혼할 수 있었거니와, 고은아가 두 남자와 인연을 맺게 된 것도 난리로 인한 것이었을 뿐 그녀의 본의는 아니었다. 이렇게 본다면 두 남자는 서로 한 여자에 대한 권리(연고권)를 주장할 수 있었음에도 불구하고, 서로 상대방의 행복을 위해 자신이 양보함으로써 감동을 주는 것이다. 결국엔 두 남자가 모두 죽고 고은아만 홀로 남게 되었으니, 이것 역시 비극이라 하겠다. 그러나 〈파리에서의 마지막 탱고〉가 본능을 제어하지 못한 데서 비롯된 반인륜적인 비극이었던 것과는 달리, 〈남과 북〉은 난리 속에서도 인륜을 지키기 위해 최선을 다함으로써 우리의 심금을 울려주는 비극인 것이다.

〈로마의 휴일〉은 자유가 인륜의 한계를 넘지 않음으로써 유쾌한 추억을 만든 예이다. 꼬박 하루 만에 앤 공주가 대사관에 돌아왔을 때 대사가 공주를 질책하자, 공주는 "다시는 그런 일이 없을 것"이라고 약속하고, "가족과 조국에 대한 의무를 잊고 있었다면, 오늘 밤에도 돌아오지 않았을 거예요. 아니면 영원히."라고 말했다. 요컨대 앤은 조와의 자유롭고 행복한 삶을 선택할 수도 있었으나, 공주로서의 자신의 의무를 다하기 위해 다시 자신의 본분으로 돌아갔던 것이다. 다음날 기자회견에 임한 앤은 그 자리에 나타난 조를 보고 잠시 당황스러워 했는데, 조가 기자임을 알고서 놀란 것이다. 여러 기자들의 질문에 답하는 가운데 공주는 "인간관계에 믿음을 갖듯이 모든 것을 믿는다"는 말을 했고, 이에 대해 조는 "공주님의 믿음은 이치에 맞을 거라 믿습니다"라고 화답했으며, 이에 대해 공주는 다시 "그런 말을 들으니 정말 기쁘다"고 감사를 표했다. 두 주인공은 모두 결정적인 순간에 자신의 자유나 권리보다는 자신의 본분과 상대방에 대한 신의를 택함으로써,[41] 보는 이들을 안도하게 만들고, 즐겁게 만든 것이다.

41) 공주의 "인간관계에 믿음을 갖듯이 모든 것을 믿는다"는 말은 조에게 '어제 자신과 있었던 일에 대해 침묵해 달라'고 부탁하는 뜻이었으며, 조의 "공주님의 믿음은 이치에 맞을 거라 믿습니다"라는 말은 '비밀을 유지할 테니 걱정하지 말라'는 뜻이었다. 한편 공주는 자신의 자유보다는 공주로서의 본분을 택한 것이요, 조는 많은 공을 들여 특종감을 만들었으므로 이를 보도할 권리가 있었으나 자신의 권리보다는 공주의 품위를 지켜주고자 했던 것이다.

참고 문헌

『書經』, 『周易』, 『禮記』, 『周禮』, 『儀禮』,
『朱子大全』, 『朱子語類』, 『朱子家禮』, 『四書集註大全』,
『大學或問』, 『小學』, 『性理大全』,
『荀子』, 『漢書』, 『後漢書』,
『三峰集』, 『陽村集』, 『靜菴集』, 『退溪集』,
『栗谷全書』, 『草廬全集』, 『巍巖遺稿』, 『南塘集』,
『燕巖集』, 『磻溪隧錄』, 『星湖集』, 『迂書』,
『穀菴集』, 『童蒙先習』,
『三國史記』, 『高麗史』, 『朝鮮王朝實錄』, 『經國大典』,
《독립신문》, 《조선일보》, 《중앙일보》, 《동아일보》,
《연합뉴스》, 《여성신문》, 《문화일보》, 《한겨레신문》

강재륜, 『칼 마르크스의 人間論』, 대왕사, 1983.

강정인, 『자유민주주의의 이념적 초상』, 문학과지성사, 1993.

강정인, 「德治와 法治 : 양자 兼全의 필요성을 중심으로」, 『정치사상연구』 제6집, 한국정치사상학회, 2002.

강정인 · 홍태영 외, 『유럽 민주화의 이념과 역사』, 후마니타스, 2010.

강준만, 『싸가지 없는 진보』, 인물과사상사, 2014.

고세훈, 「벤담주의적 자유주의와 빅토리아 영국의 개혁」, 이근식 · 황경식 편, 『자유주의란 무엇인가』, 삼성경제연구소, 2001.

곽신환, 「有別 · 禮 · 거룩함[聖]」, 『동방사상과 인문정신』, 심산, 2007.

喬淸擧, 「유가 사상과 인권의 관계에 대한 연구」, 『개념과 소통』 제5호, 한림대학교 한림과학원, 2010.

국가인권위원회, 『인권』 제64호(2010년 9/10월호).

권영성, 『憲法學原論』, 법문사, 1998.

김경수, 『朝鮮時代의 史官硏究』, 국학자료원, 1998.

김도형, 「레비나스의 인권론 연구 : 타인의 권리 그리고 타인의 인간주의에 관하여」, 『大同哲學』 제60집, 대동철학회, 2012.

김병욱, 「인권의 결함」, 『인권의 정치사상』, 이학사, 2011.

김비환, 「朝鮮 初期 儒敎的 立憲主義의 諸要素와 構造」, 『정치사상연구』 제14집 1호, 한국정치사상학회, 2008.

김비환, 「현대 인권 담론의 쟁점과 전망」, 『인권의 정치사상』, 이학사, 2011.

김비환, 「좋은 민주주의의 조건들 : 가치, 절차, 목적, 관계 그리고 능력」, 『비교민주주의연구』 제10집 1호, 비교민주주의학회, 2014.
김비환, 「현대 민주주의의 스펙트럼 : 좋은 민주주의 모색을 위한 민주주의 이론사의 재검토」, 『한국정치학회보』 제48집 2호, 한국정치학회, 2014.
김상준, 『맹자의 땀 성왕의 피 : 중층근대와 동아시아 유교문명』, 아카넷, 2013.
김성한, 「무엇을 먹어야 하는가에 대한 윤리학적 고찰」, 『大同哲學』 제52집, 대동철학회, 2010.
김영수, 『건국의 정치 : 여말선초, 혁명과 문명 전환』, 이학사, 2006.
______, 「고려말과 조선조 건국기의 정치적 위기와 극복과정에 관한 연구」, 서울대 박사학위논문, 1997.
김용민, 『루소의 정치철학』, 인간사랑, 2004.
김용찬, 『근대적 자아의 이해 : 홉스와 헤겔』, 서울대학교출판문화원, 2012.
김운태, 『朝鮮王朝 政治 · 行政史』, 박영사, 1995.
김정래, 『진보의 굴레를 넘어서』, 기파랑, 2012.
김주성, 「자유주의의 세계사적 근대성 완성과 철학적 위기」, 『사회비평』 8호, 나남, 1992.
______, 「자유주의의 철학정신」, 『계간 사상』, 1994년 여름호, 사회과학원, 1994.
______, 〈反교육 정치투쟁으로 학생 誤導 말라〉, 《문화일보》 2010년 7월 8일자 칼럼.
김홍수, 〈선진국, 내면화된 불평등〉, 《조선일보》 2011년 1월 1일자 칼럼.
나종석, 『차이와 연대 : 현대 세계와 헤겔의 사회 · 정치철학』, 길, 2007.
남경희, 『이성과 정치존재론』, 문학과지성사, 1997.
문창극, 〈'보이지 않는 손' 이 없다〉, 《중앙일보》 2011년 6월 14일자 칼럼.
박동천, 『플라톤 정치철학의 해체』, 모티브북, 2012.
박병도, 「연대의 권리, 제3세대 인권」, 『인권법』, 아카넷, 2006.
박세일, 〈'통일시대' 어떻게 성공시킬까〉, 《조선일보》 2010년 9월 3일자 칼럼.
박영효, 〈開化에 대한 上疏〉, 『近代韓國名論說集』, 동아일보사, 1979.
박은주, 〈잘생긴 '강남좌파' 가 승리하지 못하는 이유〉, 《조선일보》 2011년 9월 1일자 칼럼.
박홍규, 「유교와 인권」, 『인문연구』 제53집, 영남대학교 인문과학연구소, 2007.
서병훈, 『자유의 미학 : 플라톤과 존 스튜어트 밀』, 나남, 2000.
선우정, 〈좌파의 면죄부〉, 《조선일보》 2011년 9월 7일자 칼럼.
선우정, 〈羊들의 침묵〉, 《조선일보》 2012년 9월 17일자 칼럼.
설석규, 『조선시대 儒生上疏와 公論政治』, 선인, 2002.
소광희 외, 『哲學의 諸問題』, 지학사, 1975.
심성보, 『인간과 사회의 진보를 위한 민주시민교육』, 살림터, 2011.
양선희, 〈거짓말도 표현의 자유다〉, 《중앙일보》 2015년 1월 14일자 칼럼.

오수웅, 「현대의 인권연구경향 비판과 대안의 모색」, 『정치사상연구』 제16집 2호, 한국정치사상학회, 2010.
우병창, 「朝鮮時代에 있어서 財產法 硏究」, 고려대학교 박사학위논문, 1995.
유길준, 『西遊見聞』(『兪吉濬全書』) 일조각, 1971.
유원기, 「아리스토텔레스의 인간본성론」, 『신학과 철학』 제6집, 서강대학교 신학연구소, 2004.
유홍림, 『현대 정치사상 연구』, 인간사랑, 2003.
윤평중, 〈강남좌파는 북한 문제를 직시할 수 있을까〉, 《조선일보》 2011년 7월 25일자 칼럼.
윤홍근, 「홉스의 '새로운 政治學' 에 대한 再解釋」, 김영국 外, 『레오 스트라우스의 政治哲學』, 서울대 출판부, 1995.
이근식 · 황경식 편, 『자유주의란 무엇인가』, 삼성경제연구소, 2001.
이동준, 『유교의 인도주의와 한국사상』, 한울, 1997.
______, 『한국사상의 방향 : 성찰과 전망』, 성균관대 유교문화연구소, 2011.
이면우, 〈좀비의 반격〉, 《조선일보》 2011년 12월 1일자 칼럼.
이명현, 『신문법 서설』, 철학과현실사, 1997.
이상돈, 『인권법』, 세창출판사, 2006.
이상익, 『儒家社會哲學硏究』, 심산, 2001.
______, 『儒敎傳統과 自由民主主義』, 심산, 2004.
______, 『朱子學의 길』, 심산, 2007.
______, 『서구의 충격과 근대 한국사상』, 한울, 1997.
______, 『歷史哲學과 易學思想』, 성균관대출판부, 1996.
______, 「조선시대 中華主義의 두 흐름」, 『한국철학논집』 제24집, 한국철학사연구회, 2008.
______, 「한국 성리학에 있어서의 개인과 공동체」, 『한국철학논집』 제38집, 한국철학사연구회, 2013.
______, 「자유주의의 人權論과 유교의 人倫論」, 『東洋文化硏究』 제14집, 영산대학교 동양문화연구원, 2013.
______, 「멩케 · 폴만의 인권철학에 대한 비판적 논의」, 『현대정치연구』 제7권 2호, 서강대학교 현대정치연구소, 2014.
______, 「'인간의 존엄성' 에 대한 새로운 접근법」, 『한국철학논집』 제45집, 한국철학사연구회, 2015.
이승환, 『유가사상의 사회철학적 재조명』, 고려대학교 출판부, 1998.
______, 『횡설과 수설』, 휴머니스트, 2012.
이은선, 『잃어버린 초월을 찾아서』, 모시는 사람들, 2009.
이재호, 『朝鮮政治制度硏究』, 일조각, 1997.
이종은, 『평등, 자유, 권리』, 책세상, 2011.

임미원, 「칸트의 정언명령과 인간존엄사상 - 근대 보편적 인권관념의 기초」, 『법사학연구』 제24집, 한국법사학회, 2001.
장은주, 『생존에서 존엄으로』, 나남, 2007.
______, 『인권의 철학』, 새물결, 2010.
장하성, 〈한국의 '새로운 자본주의', 경제 민주화〉, 《조선일보》 2012년 3월 13일자 칼럼.
장회익, 「우주생명과 현대인의 암세포적 기능」, 김종철 편, 『녹색평론선집 1』, 녹색평론사, 1993.
전상인, 〈한국 민주주의의 자멸 가능성〉, 《조선일보》 2010년 7월 8일자 칼럼.
조극훈, 「도덕성과 인륜성 : 칸트 실천철학에 대한 헤겔의 비판」, 『칸트연구』 제9집, 한국칸트학회, 2002.
조긍호, 『이상적 인간형론의 동 · 서 비교』, 지식산업사, 2006.
조긍호, 『사회관계론의 동 · 서 비교』, 서강대학교출판부, 2012.
조효제, 『인권의 문법』, 후마니타스, 2012.
지두환, 『조선시대 사상사의 재조명』, 역사문화, 1998.
최재천, 『호모 심비우스』, 이음, 2012.
최 훈, 「동물의 도덕적 지위와 種 차별주의」, 『인간 · 환경 · 미래』 제6호, 인제대학교 인간환경미래연구원, 2011.
한영우, 『朝鮮時代身分史硏究』, 집문당, 1997.
한우근 · 이태진, 『史料로 본 韓國文化史』(朝鮮前期篇), 일지사, 1993.
함인희, 〈누구 손을 잡고 老後를 지나갈 것인가〉, 《조선일보》 2011년 12월 8일자 칼럼.
함재봉, 『유교 자본주의 민주주의』, 전통과 현대, 2000.
함재봉 외, 『유교민주주의, 왜 & 어떻게』, 전통과 현대, 2000.
홍사중, 『近代市民社會思想史』, 한길사, 1988.
홍승표, 『깨달음의 사회학』, 예문서원, 2002.
황태연, 『공자와 세계』 1~5, 청계, 2011.

성백효 역, 『小學集註』, 전통문화연구회, 2002.
朱謙之, 『中國哲學對歐洲的影響』, 上海 人民出版社, 1999.
가토 히사다케(加藤尙武), 표재명 외 역, 『현대 윤리에 관한 15가지 물음』, 서광사, 2007.

그레이엄(Angus C. Graham), 나성 역, 『道의 논쟁자들』, 새물결, 2001.
기든스(Anthony Giddens), 김현옥 역, 『좌파와 우파를 넘어서』, 한울, 1997.
기든스(Anthony Giddens), 한상진 · 박찬욱 역, 『제3의 길』, 생각의 나무, 1998.
노르베리-호지(Helena Norberg-Hodge), 김종철 · 김태언 역, 『오래된 미래』, 녹색평론사, 1996.
노직(Robert Nozick), 남경희 역, 『아나키에서 유토피아로』, 문학과지성사, 2000.

데카르트(René Descartes), 김형효 역, 『方法敍說(外)』, 삼성출판사, 1978.
듀이(John Dewey), 김진희 역, 『자유주의와 사회적 실천』, 책세상, 2011.
드 배리(Wm. Theodore de Bary), 표정훈 역, 『중국의 '自由' 전통』, 이산, 1998.
램프레히트(Sterling P. Lamprecht), 김태길 외 역, 『서양철학사』, 을유문화사, 1982.
레이첼즈(James Rachels), 김성한 역, 『동물에서 유래된 인간』, 나남, 2009.
로크(John Locke), 강정인 · 문지영 역, 『통치론(제2론)』, 까치, 1996.
롤즈(John Rawls), 황경식 역, 『사회정의론』, 서광사, 1985.
롤즈(John Rawls), 장동진 역, 『정치적 자유주의』, 동명사, 1998.
롤즈(John Rawls), 장동진 외 역, 『萬民法』, 이끌리오, 2000.
루소(Jean-Jacques Rousseau), 김중현 역, 『인간불평등기원론』, 팽귄클래식 코리아, 2010.
루소(Jean-Jacques Rousseau), 이태일(外) 역, 『사회계약론(外)』, 범우사, 1999.
루소(Jean-Jacques Rousseau), 김중현 역, 『에밀』, 한길사, 2003.
맑스(K. Marx) · 엥겔스(F. Engels), 『칼 맑스 프리드리히 엥겔스 저작 선집』, 박종철출판사, 1999.
매킨타이어(Alasdair MacIntyre), 이진우 역, 『덕의 상실』, 문예출판사, 1997.
맥렐런(David McLellan), 신오현 역, 『칼 마르크스의 사상』, 민음사, 1986.
맥퍼슨(Crawford B. Macpherson), 이유동 역, 『소유적 개인주의의 정치이론』, 인간사랑, 1991.
맨더빌(Bernard Mandeville), 최윤재 역, 『꿀벌의 우화 : 개인의 악덕, 사회의 이익』, 문예출판사, 2011.
멩케(Christoph Menke) · 폴만(Arnd Pollman), 정미라 · 주정립 역, 『인권철학입문』, 21세기북스, 2012.
밀(John S. Mill), 김형철 역, 『자유론』, 서광사, 1992.
반 퍼슨(C. A. van Peursen), 손봉호 · 강영안 역, 『몸 영혼 정신』, 서광사, 1987.
벌린(Isaiah Berlin), 박동천 역, 『자유론』, 아카넷, 2006.
베른슈타인(Eduard Bernstein), 송병헌 역, 『사회주의란 무엇인가 (外)』, 책세상, 2010.
베이츤(Gregory Bateson), 서석봉 역, 『마음의 생태학』, 민음사, 1989.
벤담(Jeremy Bentham), 고정식 역, 『도덕과 입법의 원리 서설』, 나남, 2012.
부룩스(David Brooks), 이경식 역, 『소셜 애니멀』, 흐름출판, 2012.
부버(Martin Buber), 표재명 역, 『나와 너』, 문예출판사, 1979.
부어스틴(Daniel J. Boorstin), 강정인 · 전재호 역, 『탐구자들』, 세종서적, 2000.
브로노프스키(J. Bronowski) · 매즐리슈(B. Mazlish), 차하순 역, 『西洋의 知的 傳統』, 홍성사, 1983.
브린튼(Crane Brinton), 崔明官 · 朴恩駒 역, 『西洋思想의 歷史』, 을유문화사, 1984.
샌델(Michael J. Sandel), 이창신 역, 『정의란 무엇인가』, 김영사, 2011.
스텀프(Samuel E. Stumpf), 이광래 역, 『서양철학사』, 종로서적, 1985.

스트라우스(Leo Strauss), 홍원표 역, 『자연권과 역사』, 인간사랑, 2001.
스트라우스(Leo Strauss) · 크랍시(J. Cropsey) 편, 김영수 외 역, 『서양정치철학사』 1, 인간사랑, 1995.
스트라우스 · 크랍시 편, 이동수 외 역, 『서양정치철학사』 2, 인간사랑, 2007.
스트라우스 · 크랍시 편, 김남국 외 역, 『서양정치철학사』 3, 인간사랑, 2007.
스티븐슨(Leslie Stevenson), 임철규 역, 『인간의 본질에 관한 일곱 가지 이론』, 종로서적, 1988.
승계호(T. K. Seung), 김주성 외 역, 『직관과 구성』, 나남출판, 1999.
싱어(Peter Singer), 최정규 역, 『다윈주의 좌파 : 변하지 않는 인간의 본성은 있는가?』, 이음, 2011.
싱어(Peter Singer), 김성한 역, 『사회생물학과 윤리』, 연암서가, 2012.
싱어(Peter Singer), 김성한 역, 『동물해방』, 연암서가, 2012.
아렌트(Hannah Arendt), 서유경 역, 『과거와 미래 사이』, 푸른 숲, 2005.
아리스토텔레스(Aristoteles), 김진성 역주, 『형이상학』, 이제이북스, 2010.
아리스토텔레스(Aristoteles), 유원기 역, 『영혼에 관하여』, 궁리, 2001.
아리스토텔레스(Aristoteles), 최명관 역, 『니코마코스 윤리학』, 서광사, 2002.
아리스토텔레스(Aristoteles), 나종일 · 천병희 역, 『정치학 · 시학』, 삼성출판사, 1999.
아블라스터(Anthony Arblaster), 조기제 역, 『서구 자유주의의 융성과 쇠퇴』, 나남, 2007.
아우렐리우스(Marcus Aurelius), 천병희 역, 『명상록』, 숲, 2007.
에라스무스(Desiderius Erasmus), 김남우 역, 『우신예찬』, 열린책들, 2011.
에셀(Stéphane Hessel), 임희근 역, 『분노하라』, 돌베개, 2013.
예링(Rudolf von Jhering), 심윤종(外) 역, 『권리를 위한 투쟁(外)』, 범우사. 1992.
월린(Seldon S. Wolin), 강정인 外 역, 『정치와 비전』 1, 후마니타스, 2007.
월린(Seldon S. Wolin), 강정인 外 역, 『정치와 비전』 2, 후마니타스, 2009.
월하임(Richard Wollheim), 조대경 역, 『프로이드』, 민음사, 1987.
이샤이(Micheline Ishay), 조효제 역, 『세계인권사상사』, 길, 2010.
쥘리앙(François Jullien), 허경 역, 『맹자와 계몽철학자의 대화』, 한울, 2004.
챔벌린(Rosemary Chamberlin), 김정래 역, 『아동의 자유와 민주주의』, 원미사, 2012.
촘스키(Noam Chomsky), 오애리 역, 『507년, 정복은 계속된다』, 이후, 2000.
카텝(George Cateb), 이태영 역, 『인간의 존엄』, 말글빛냄, 2012.
카프라(Fritjof Capra), 이성범 · 김용정 역, 『現代物理學과 東洋思想』, 범양사출판부, 1988.
카프라(Fritjof Capra), 이성범 · 구윤서 역, 『새로운 科學과 文明의 轉換』, 범양사출판부, 1991.
칸트(Immanuel Kant), 이원봉 역, 『도덕형이상학을 위한 기초 놓기』, 책세상, 2002.
칸트(Immanuel Kant), 백종현 역, 『윤리형이상학』, 아카넷, 2012.
칸트(Immanuel Kant), 신옥희 역, 『理性의 한계 안에서의 宗敎』, 이화여대 출판부, 1984.

칸트(Immanuel Kant), 이한구 편역, 『칸트의 역사철학』, 서광사, 1992.
칸트 原著, 바이셰델 엮음, 손동현 · 김수배 옮김, 『별이 총총한 하늘 아래 약동하는 자유』, 이학사, 2002.
칼레츠키(Anatole Kaletsky), 위선주 역, 『자본주의 4.0』, 컬처앤스토리, 2011.
콩도르세(Marquis de Condorcet), 장세룡 역, 『인간 정신의 진보에 관한 역사적 개요』, 책세상, 2007.
크릴(H. G. Creel), 이성규 역, 『孔子 : 인간과 신화』, 지식산업사, 2007.
탤벗(William J. Talbott), 은우근 역, 『인권의 발견』, 한길사, 2011.
토니(Richard H. Tawney), 김종철 역, 『宗敎와 資本主義의 발흥』, 한길사, 1983.
테일러(Charles Taylor), 박찬국 역, 『헤겔철학과 현대의 위기』, 서광사, 1988.
테일러(Charles Taylor), 송영배 역, 『불안한 현대사회』, 이학사, 2001.
트리그(Roger Trigg), 최용철 역, 『인간 본성에 대한 철학적 논쟁』, 간디서원, 2003.
팰프리(John Palfrey) · 가서(Urs Gasser), 송연석 · 최완규 역, 『그들이 위험하다』, 갤리온, 2012.
페인(Tom Paine), 이가형 역, 『인권론』, 을유문화사, 2005.
포퍼(Karl R. Popper), 이한구 역, 『열린사회와 그 敵들 I : 플라톤과 유토피아』, 민음사, 1982.
프레드먼(Sandra Fredman), 조효제 역, 『인권의 대전환』, 교양인, 2009.
프롬(Erich Fromm), 김진홍 역, 『소유냐 삶이냐』, 홍성사, 1979.
프롬(Erich Fromm), 이극찬 역, 『자유로부터의 도피』, 전망사, 1980.
플라톤(Platon), 박종현 역, 『국가 · 政體』, 서광사, 1997.
플라톤(Platon), 김태경 역, 『정치가』, 한길사, 2000.
플라톤(Platon), 김인곤 역, 『고르기아스』, 이제이북스, 2011.
피터슨(Mark Peterson), 김혜정 역, 『儒敎社會의 創出』, 일조각, 2000.
필즈(A. Belden Fields), 박동천 역, 『인권』, 모티브북, 2013.
헌트(Lynn Hunt), 전진성 역, 『인권의 발명』, 돌베개, 2009.
헤겔(Georg W. F. Hegel), 서동익 역, 『哲學綱要』, 을유문화사, 1987.
헤겔(Georg W. F. Hegel), 임석진 역, 『정신현상학』 II, 지식산업사, 1988.
헤겔(Georg W. F. Hegel), 임석진 역, 『법철학』, 지식산업사, 1994.
호이어 · 쉬르머, 강현석 역, 〈인권제국주의〉, 『길』, 1998년 5월호.
호킹(Stephen Hawking), 김동광 역, 『시간의 역사』, 까치, 1998.
후쿠야마(Fransis Fukuyama), 이상훈 역, 『역사의 종말』, 한마음사, 1999.

Alasdair MacIntyre, *After Virture*, Third edition, University of Notre Dame Press, Notre Dame, Indiana, 2007.
Anthony Arblaster, *The Rise and Decline of Western Liberalism*, Basil Blackwell Publishers

Ltd., Oxford, 1984.
David Hume, *A Treatise of Human Nature*, edited by L. A. Selby-Bigge, London, Oxford University Press, 1958.
Hans Fink, *Social Philosophy*, Methuen & Co. Ltd, 1981.
Isaiah Berlin, *Four Essays On Liberty*, Oxford University Press, London, 1984.
Isaiah Berlin, *Freedom and its Betrayal*, Princeton University Press, London & Princeton, 2002.
John Locke, *Two Treatises of Government (The Second Treatises of Government)* in Political Writings, Penguin Books, London, 1993.
John Locke, "A Letter Concerning Toleration" in *Political Writings*, edited by David Wootton, Penguin Books, London, 1993.
John Stuart Mill, *On Liberty*, edited by Elizabeth Rapaport, Hackett Publishing Company, Inc., Indianapolis, 1979.
Karl R. Popper, *The Open Society and Its Enemies*, Vol. 1, Routledge & Kegan Paul, London, 1973.
Leo Strauss & Joseph Cropsey (ed), *History of Political Philosophy* (Second Edition), The University of Chicago Press, Chicago, 1972.
R. G. Collingwood, *The Idea of History*, Oxford University Press, 1961.
Steven Lukes, *Individualism*, New York, Harper & Row, 1973.
Thomas Hobbes, *Leviathan*, edited with an introduction by C.B. Macpherson, Penguin Books, London, 1985.
Wm. Theodore de Bary, *Asian Values and Human Rights*, Harvard University Press, 1998.

찾아보기

인명색인

ㅅ

ㅇ

ㅈ

사항색인

ㅇ

ㅋ

ㅌ

ㅍ

ㅎ

著者 略歷

이상익(李相益)

成均館大學校 儒學大學 韓國哲學科 졸업

同 大學院 東洋哲學科 졸업(哲學博士)

육군사관학교 철학과, 영산대학교 학부대학 교수 역임

現 부산교육대학교 윤리교육과 교수

저서 : 『歷史哲學과 易學思想』(성균관대 출판부, 1996)
『서구의 충격과 근대 한국사상』(도서출판 한울, 1997)
『畿湖性理學 硏究』(도서출판 한울, 1998)
『儒家 社會哲學 硏究』(심산, 2001)
『儒敎傳統과 自由民主主義』(심산, 2004)
『畿湖性理學論考』(심산, 2005)
『朱子學의 길』(심산, 2007)
『사람의 길, 文明의 꿈』(심산, 2009)
『嶺南性理學硏究』(심산, 2011)

역서 : 『隱峰野史別錄』(安邦俊 原著, 崔英成 공역, 아세아문화사, 1996)
『譯註 四七新編』(李瀷 原著, 도서출판 다운샘, 1999)
『譯註 庸學辨疑』(趙彦儒 原著, 심산, 2006)
『譯註 己亥封事(外)』(李惟泰 原著, 李達雨 外 공역, 심산, 2007)

인권과 인륜
자유주의 · 사회주의 · 전통유교

초판 1쇄 발행일 2015년 8월 15일

지은이 | 이상익
발행인 | 최원필
발행처 | 심산출판사
주　소 | 서울시 은평구 불광동 219-7 예은 101호
전　화 | 02-357-0633
팩시밀리 | 02-357-0631
E-mail | simsan@korea.com
등록번호 | 제1-2114호(1996년 11월 28일)

ISBN 978-89-94844-37-4 93190

* 책값은 뒤표지에 표시되어 있습니다.